国家工信部品牌培育系列丛书

中华人民共和国工业和信息化部《品牌培育管理体系　第一部分：实施指南》解读与应用

陈　明　林典勇　方建春　编著

工业和信息化部电子第五研究所
赛宝认证中心　组编
华南理工大学工商管理学院

中国标准出版社

北　京

图书在版编目(CIP)数据

中华人民共和国工业和信息化部《品牌培育管理体系　第一部分：实施指南》解读与应用/陈明，林典勇，方建春编著．—北京：中国标准出版社，2016.7
ISBN 978-7-5066-8302-9

Ⅰ.①中…　Ⅱ.①陈…②林…③方…　Ⅲ.①品牌—企业管理—质量管理体系—研究—中国　Ⅳ.①F279.23

中国版本图书馆CIP数据核字（2016）第148944号

中国标准出版社出版发行
北京市朝阳区和平里西街甲2号（100029）
北京市西城区三里河北街16号（100045）
网址：www.spc.net.cn
总编室：（010）68533533　发行中心：（010）51780238
读者服务部：（010）68523946
中国标准出版社秦皇岛印刷厂印刷
各地新华书店经销
*
开本787×1092　1/16　印张27.25　字数700千字
2016年7月第一版　2016年7月第一次印刷
*
定价98.00元

国家工信部品牌培育系列丛书

编 委 会

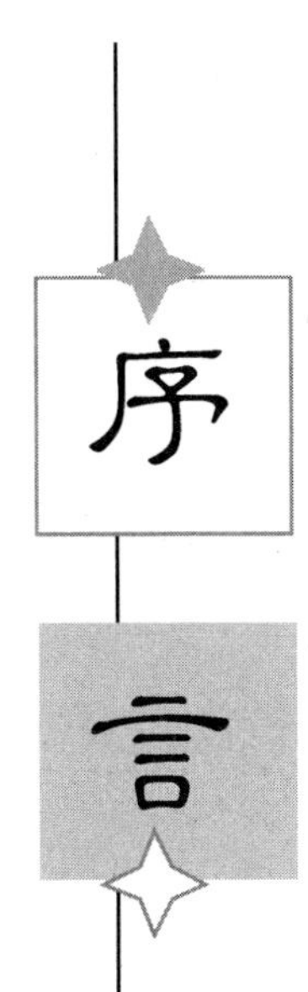

序言

工业质量品牌建设是我国工业经济实现转型升级，提高发展质量和效益的一项具有重要意义和深远影响的长期性任务。为指导中国工业企业品牌培育工作，工信部组织赛宝认证中心、中国质量协会和中国航空综合技术研究所等专业力量，借鉴国际通用的管理体系思想和成熟度评价模型的思路，研究提出了《品牌培育管理体系　第一部分：实施指南》和《品牌培育管理体系　第二部分：评价指南》。为中国工业企业提高品牌培育能力、提升品牌价值，提供了科学的理论方法和工作指南。

《〈品牌培育管理体系　第一部分：实施指南〉解读与应用》的出版，深入浅出地阐述了工业企业实施品牌培育管理体系以来，逐步将品牌培育的工作从纯粹的产品管理、市场管理中超越出来，通过促进工业企业提高创新能力和品牌培育意识以及商标注册、运用、管理和保护能力，增强品牌附加价值和影响力。通过国家品牌培育示范标杆企业可持续健康稳健发展效应，树立和维护质量品牌信誉，提升品牌溢价能力和市场影响力，打造独具市场号召力的品牌信仰，积极探索我国工业企业品牌发展道路。

《〈品牌培育管理体系　第一部分：实施指南〉解读与应用》特别强调，要坚持以企业为主体，发挥企业在品牌建设中的主体作用；坚持突出质量、技术、创新在品牌建设中的核心作用，加大工业产品知识产权的创造、运用、保护和管理力度，鼓励推广具有自主知识产权的技术标准；坚持以市场为导向，通过市场竞争、优胜劣汰，培育拥有较高知名度和美誉度的工业品牌；以中国特色的品牌风格傲步强手如林的世界市场，进一步提升我国工业企业“中国制造”的国际形象和影响力尤为迫切和意义重大！

中华人民共和国工业和信息化部
科技司司长

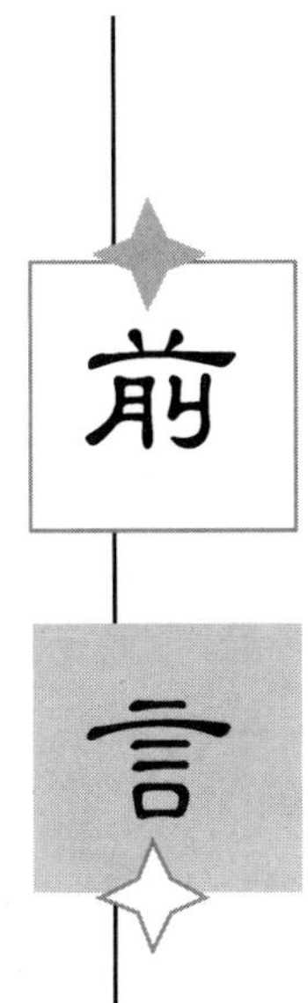

前言

一个没有灵魂的人不可能成就美好的人生。同样，一个没有核心价值的品牌也不可能成长为强势品牌。

品牌是企业无形资产的重要组成部分，是企业竞争力的集中体现。拥有品牌就等于拥有市场。当看到IBM、微软以迅雷不及掩耳之势席卷全球市场时，我们都惊叹品牌之威力。有一句话可以看出品牌的影响非同一般："如果可口可乐全世界的工厂一夜之间被大火烧掉，世界上各大银行都会争相给它贷款。"

改革开放三十多年来，中国也先后涌现出了一批全国性的知名品牌，其中有相当一部分品牌在国际上也产生了一定的影响力。但现在有一部分人对企业创品牌仍存在一些误解，认为创品牌是大企业的事，自己作为中小企业，生存可能都存在问题，没有必要、也没有能力去创品牌。其实，任何大企业都是从小企业开始的，联想、华为、美的、海尔、TCL、罗西尼、坚美铝材等都是由典型的小企业发展起来的企业集团，由于一直重视品牌实质和内涵的培育，在市场上有很高的品牌美誉度。事实证明，在发展初期就制定了长期的品牌战略目标、有品牌意识和长远品牌经营理念的企业，会有更大的市场空间和更快的成长机会。

日本企业在全世界的快速成长就是最好的佐证。包括SONY、爱华、日立、东芝、TDK等在内的众多日本名牌，均以世界性的眼光、正确的品牌运作方式经营，即使在最困难的时候，也坚持不变。最终，一改世人心目中日本货低档、质次的印象，创建了一个个国际知名品牌。这对于中国众多中小企业来说，无疑是个良好的启示。品牌建设，已不容忽视。

中国一些企业为别人做OEM，比如电子行业，他们依靠稳定的质量生存着。但只能获得相当有限的利润，不能使自己的品牌发展起来，难以获得长久的竞争优势和溢价空间。在一些尚未有强势品牌的领域，虽然暂时缺少知名的品牌，但从长远来看，品牌消费逐渐会形成一种习惯，一旦其他企业进入，迅速建立品牌，形成第一品牌的印象，现有企业将会后悔莫及。如果在某行业中还没有领导品牌且产品处于市场发展阶段，则恰是创建品牌的大好时机。三一、方太、联想等国内知名品牌，基本上都是在该行业尚无强势品牌的时候占据有利时机快速发展起来的。尤其在一个完全竞争的行业环境中，产品的同质化非常严重，这时靠品牌突围就是必然的选择。

品牌是企业在市场竞争中的法宝。中国的营销环境每天都在变化，市场竞争每天都在加剧，中国早就进入了买方市场时代，品牌力时代已经来临。以前单纯地依靠广告的密集轰炸，订单就雪片般飞来，但这种日子已经过去了。在信息爆炸的时代，靠品牌来建立竞争优势日益显得重要。

品牌创建是一个长期的过程。因它是一个系统工程，需要进行整体的规划，很多企业没有创品牌的经验而感到无从下手，但对专业人员来说，并不复杂。万丈高楼平地起，小树终能长成良材。只要树立信心和长远的目标，即使企业尚小，终有一日能打造出自己的品牌。中国有句老话，“临渊羡鱼，不如退而结网。”赶快行动吧，很可能在十年以后，你将会成长为一个本行业的知名品牌！

中国赛宝品牌培育战略研究管理委员会组织中国赛宝品牌培育项目组全体成员，包括国内知名大学管理学院品牌管理教授、专家们，经过长达三年时间的共同实践与研究，编写了这本名为《〈品牌培育管理体系　第一部分：实施指南〉

解读与应用》的实用书籍。本书是立足于中国特色的工业企业品牌培育而制定的品牌管理教科书。书中详细阐述了中国工业企业如何建立、实施、保持、持续改进品牌培育管理体系的具体流程和工作方法，汇集国内外知名品牌培育经典案例，为指导中国工业企业有效建立品牌培育管理体系提供帮助。

本书从作为工业和信息化部科技司发布《品牌培育管理体系　第一部分：实施指南》和《品牌培育管理体系　第二部分：评价指南》标准起草单位之一的角度，通过标准理解、企业应用、企业案例，按过程方法的思路，详细阐述了如何从过程方法和为企业服务活动增值的角度理解和实施标准，并提供了关于相关的实施理念供工业企业参考。感谢匡聪、蔡志明、陈子行、高洪昌、吴锦鹏、肖萌、郑相辉、郑若群、刘晓如、邵蕾等同志帮忙收集和整理了大量的资料，从而使本书的编写得以快速完成。

本书是集众多专家的研究成果以及多年来从事美资、日资、港资、国资及民营企业等国内外知名大中型企业的重要管理岗位的经验，试图对国家标准进行深入浅出的解读和应用指导，限于篇幅，不能一一列举原作者的姓名，谨此一并予以诚挚的感谢。

本书可供品牌管理咨询行业的咨询师、品牌管理者、品牌运营经理、品牌管理专员和相关实施品牌培育管理体系及其他相关品牌培育工作者参考和学习，不妥之处，还望批评指教。

编著者　谨识

2013 年 5 月

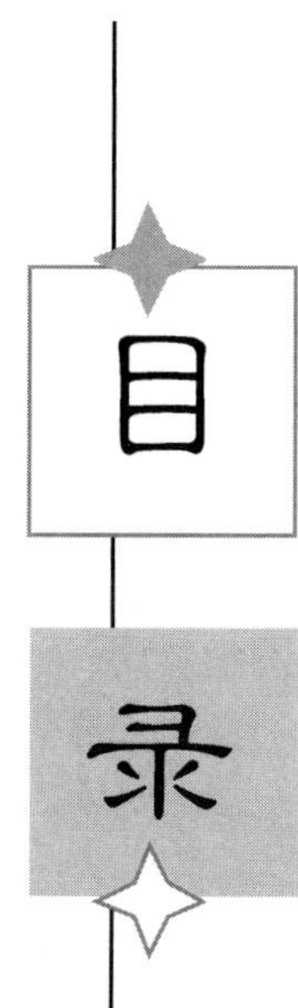

第1章

品牌培育管理体系综述

1.1 品牌培育管理体系标准产生的背景

在经济全球化的今天，中国在世界经济中扮演着“世界加工中心”的角色，成为全球经济增长的发动机。中国有近300种产品的产量居世界第一，中国制造的服装、鞋、玩具、茶叶、钟表、家具、日用陶瓷、家用电器、自行车、文教体育用品等产品的出口量都名列世界前茅，在全球各大都市的商场中，随处可见“中国制造”的身影，物美价廉的“中国制造”商品充斥着世界各国的货架，世界消费者已经到了离不开“中国制造”的地步。尽管如此，中国在世界上的知名品牌却凤毛麟角，难寻“中国品牌”的芳踪，因为缺少知名品牌，产品价格远远低于其他国家的同类产品。

据统计，我国出口商品中90%是贴牌产品，拥有自主品牌的不足10%。品牌缺失之痛，导致我国企业只能陷于全球价值链中生产加工的低端环节，辛辛苦苦“为他人做嫁衣”，却踏不上令人瞩目的红地毯。

当前中国经济总量虽稳居世界第二，但在发达国家的GDP中，品牌所创造的价值超过66%，在拥有众多全球著名品牌的美国，这个比例更高，而我国的GDP中，品牌所创造的价值不足18%。品牌的短板导致中国并没有获得与经济总量相匹配的整体竞争力。温家宝总理曾指出，品牌是一个国家经济实力的象征，是一个民族整体素质的体现。

党中央、国务院领导高度重视中国工业企业产品质量品牌建设工作。2010年10月15日至18日中共第十七届第五次全体会议研究制定的国民经济和社会发展“第十二个五年规划”中提出：以加速推进自主品牌建设为核心，大力培育和保护自主品牌，加大自主品牌营销宣传力度，扩大自主品牌国内外知名度。要进一步优化政策环境，充分发挥行业协会作用，充分利用专业展会平台，为企业自主品牌建设创造良好条件。

为积极响应党中央、国务院落实《中华人民共和国国民经济和社会发展第十二个五年规划纲要》中提出“推动自主品牌建设，提升品牌价值和效应，加快发展拥有国际知名品牌和国际竞争力的大型企业”的要求，随后，张德江副总理在“十二五规划”工作报告“工业质量品牌提升专项行动”一文中明确提出：2012年的工作重点是开展“五十百千项目”。即：50家工业产品质量提升；100家企业品牌培育试点；1000家企业“质量标杆”。

2011 年 7 月 26 日，工业和信息化部、国家发展和改革委员会、财政部、商务部、中国人民银行、国家工商行政管理总局、国家质量监督检验检疫总局联合印发《关于加快我国工业企业品牌建设的指导意见》（工信部联科〔2011〕347 号）提出：要从国民经济发展全局和实现“十二五”规划任务的战略高度，理解和认识工业企业品牌建设的重要意义。

工业和信息化部办公厅于 2011 年 9 月 14 日印发《关于开展工业企业品牌培育试点工作的通知》（工信厅科函〔2011〕719 号），对试点工作的目标、组织管理、指导依据、试点企业的条件和试点工作的内容等作出明确规定。明确以工业和信息化部科技司发布《品牌培育管理体系　第一部分：实施指南》和《品牌培育管理体系　第二部分：评价指南》作为中国首批工业企业品牌培育试点工作的指导和评价标准。赛宝认证中心等三家机构作为技术支持单位对试点企业进行调研指导。

工信部科技司于 2011 年 11 月 9 日印发《关于品牌培育试点工作暨召开培训研讨会的通知》（工信科简函〔2011〕504 号），明确工业企业中开展品牌培育试点工作，保证品牌培育试点工作顺利进行。2012 年启动 141 家工业企业品牌培育试点企业的品牌培育试点，拉开在全国范围内工业企业的品牌培育建设工作的序幕。

1.2　品牌培育管理体系标准的发展概况

在当今的经济领域，国际竞争的本质就是品牌的竞争；未来世界经济的版图，就是品牌的版图。中国只有完成从产品大国向品牌大国再向品牌强国的转变，才能真正实现从制造大国走向制造强国、从经济大国步入经济强国的跨越。品牌是抢占市场的利器，品牌是竞争力的象征，品牌是国家实力的体现。中国大国地位的取得，离不开中国品牌的支撑；中国综合国力的提升，需要有中国品牌作为后盾。中国从产品大国迈向品牌强国，不仅能够拓宽我们自主品牌的国际市场空间，提高跨国跨洲的持续盈利能力，而且有助于减少外贸摩擦，促进双边投资和贸易的正常发展，创造更加良好的全球一体化发展前景；不仅能够带动中国经济的可持续发展和国际地位的提升，而且有助于引领全球经济走出低谷，促进国际分工与合作的纵向深入，为维护世界和平与稳定做出更大的贡献。党中央、国务院领导高度重视工业质量品牌工作，曾多次做出重要批示指示，明确要求把提升质量品牌作为长期性战略任务，持之以恒，常抓不懈。在国务院颁布的《工业转型升级规划》《质量发展纲要（2011—2020 年）》以及由工业和信息化部颁发的 56 个行业和专业规划中，都对质量品牌工作提出了指导和要求。在推动工业转型升级的工作部署中，把加快质量品牌建设，打造支撑工业强国的核心竞争力作为突出重要的内容。地方、行业和广大企业也积极策划和推进质量品牌工作。从中央到地方，从政府到企业，共同营造了一个长期、深入地推进质量品牌建设的良好氛围。

工业和信息化部科技司沙南生副司长在品牌培育工作会议上曾表示，国际金融危机爆发以来，国内外市场需求持续低迷。如何尽快走出危机阴影，赢得发展先机是中国工业企业共同关心的问题。党中央、国务院提出要构建扩大内需长效机制，促进经济增长向依靠消费、投资、出口协调拉动转变。在这一进程中，品牌建设“化危为机”的作用

突显重要。

从国内市场看，扩大内需首先要满足现有需求。提升质量、开发品种，更好地满足不同层次的消费需求，是扩大内需的基础；树立信誉、培育品牌，增强消费信心，是扩大内需的推动力。扩大内需还要拉动和创造需求。坚持技术创新、产品创新和服务创新，不断增强品牌的内涵，释放消费潜能，是持续扩大内需的保障。

从国际市场看，金融危机引发的国际市场变化为我们更广泛地参与国际竞争提供了机遇。近年来，我国工业企业多次成功收购国际知名品牌，也进入了一些长期被发达国家占据的市场领域。但是，收购了品牌能不能继续发挥这些品牌的价值，进入了新市场能不能站住脚持续发展，归根到底还在于品牌建设能不能跟上国际市场需求的步伐。

马克思主义认为，任何事物的发展都有一定的规律。人们只有深刻认识、正确理解、适时把握这些规律，才能使改造客观世界的活动更加富有科学性、预见性和创造性。为了适应经济全球化的趋势，指导当前中国工业企业调整产业结构、转变发展方式、提高我国产品国际竞争力的战略任务。2010 年，工信部科技司组织专家成立“品牌培育标准研究技术委员会”。其出发点是“通过在全国工业企业范围内建立、实施、保持并持续改进品牌培育管理体系标准，持续增强组织的品牌培育能力，创造品牌溢价，提升品牌价值和组织盈利能力，培育一批具有国际影响力的自主品牌，打造‘中国制造’的国际形象和影响力。”

为此工业和信息化部科技司组织中国航空综合技术研究所、赛宝认证中心、中国质量协会的专家们制定品牌培育和品牌管理领域的国家标准及相关文件。制定标准的工作是由代表广泛相关方的国际管理体系标准专家和各行业专家来进行的，再由这些专家在“遵循国际惯例、国际品牌管理通用法则、中国特色社会主义工业企业成长特点”的基础上完成。

工业和信息化部科技司于 2011 年正式发布了《品牌培育管理体系　第一部分：实施指南》《品牌培育管理体系　第二部分：评价指南》。实施品牌战略的实质就是开展差异化的竞争战略，是企业综合素质和科学管理水平的集中体现，发挥企业在信誉、文化、管理和技术等方面的优势，提高特定顾客群体对产品的认知程度，提高顾客对其产品的提供企业的忠诚度和美誉度，创造品牌溢价，增强市场竞争能力，提升企业的盈利能力。

品牌培育管理体系问世以来，在全国范围内得到了广泛的采用和运用，对推动企业的品牌培育管理工作和促进中国工业企业调整产业结构、转变产业布局发挥了积极的作用。2012 年在全国工业企业中启动了 141 家全国性试点企业，1000 多家地方和行业试点企业。在试点中已经并将继续获得很多宝贵的经验，为实现“到 2015 年，在全国 50％以上大中型工业企业实施品牌战略”的工作目标打下了坚实的基础。

1.3　品牌培育管理体系标准构成及特点

建立、实施、保持并持续改进品牌培育管理体系，持续增强企业的品牌培育能力，提升品牌价值是企业一项战略性决策。品牌培育管理体系是企业总的管理体系的组成部分，应与企业管理体系中的其他部分，如质量、环境、职业健康安全、诚信经营、社会责任等管理体系协调一致，以保证企业总目标的实现。

品牌培育是系统性的活动，品牌培育的成功取决于品牌培育过程与组织管理的其他方面（质量、财务、风险、环境、职业健康安全、社会责任等）的协调一致。品牌培育管理体系标准分为两部分：《品牌培育管理体系　第一部分：实施指南》（以下简称《实施指南》或“本指南”）、《品牌培育管理体系　第二部分：评价指南》（以下简称《评价指南》）。

《品牌培育管理体系　第一部分：实施指南》旨在指导企业增强品牌培育能力，提高品牌培育的有效性和效率，着重说明与品牌培育直接相关的过程。诸如品牌战略制定、部署、沟通，品牌资源管理（财务资源、人力资源、供方和伙伴、自然资源、知识、信息和技术），品牌培育关键过程（品牌定位、品牌设计、技术创新和产品开发、品牌传播、品牌更新、品牌延伸、信誉和风险管理、品牌保护、品牌文化塑造）。对诸如符合法律法规要求、标准规范以及保证和持续改进产品质量等过程没有进行专门的阐述，但这些过程及其结果仍将作为品牌培育过程成熟度评价的重要因素。

本指南制定过程中充分参考并正解引用《关于加快我国工业企业品牌建设的指导意见》（工信部联科〔2011〕347 号）、ISO 9004：2009《组织持续成功管理　一种质量管理方法》、GB/T 19000—2008《质量管理体系　基础和术语》、GB/T 19001—2008《质量管理体系　要求》、ISO 10668—2010《品牌评价　货币化品牌评价要求》。重点考虑了 ISO 组织阐明的质量管理八项原则以及品牌培育的理论和实践。本指南对品牌领域不同流派、理论和方法不带有倾向性观点，鼓励企业学习和实践适合自身需要的品牌培育知识和方法。本指南为评价企业的品牌培育能力提供了框架，该评价有助于企业持续改进品牌培育过程，改善品牌培育的绩效。

本指南不是对品牌培育管理体系提出要求，因此没有采用与 ISO 9001 相似的结构和内容，而是选择了与 ISO 9004 相似的结构和内容，以更好地指导企业提高品牌培育管理能力，包括品牌战略、资源优化、关键品牌培育环节管理、持续改进的过程，提高特定顾客群体对产品的认知程度，提高顾客对其产品的提供企业的忠诚度和美誉度，创造品牌溢价，增强市场竞争能力，提升企业的盈利能力。为企业的管理者在复杂的、要求更高的和易变动的环境中获得持续成功提供指南。通过系统地和持续地改进企业的绩效，满足所有相关方的需要和期望，从而进一步提升和巩固顾客对其产品或企业的品牌影响度、知名度、美誉度、联想度，创造品牌溢价，持续保持企业盈利能力和核心竞争力。

1.4　实施品牌培育管理体系标准的意义

1.4.1　实施品牌培育管理体系标准的作用

工业和信息化部科技司发布的《品牌培育管理体系　第一部分：实施指南》是党中央、国务院领导高度重视中国工业企业产品品牌建设工作的一项重要成果。也是新中国

成立以来，国家政府第一次以组织起草标准、发布标准来作为推动“工业企业产品质量品牌建设专项行动”的指导标准和评审标准文件，对促进中国工业企业调整产业结构、转变经济发展方式发挥重要作用。

（1）帮助企业组建高效的品牌培育管理团队和实施团队。

（2）通过品牌调研与诊断，帮助企业发现自己在品牌管理过程中的短板，引导企业做出品牌战略和目标的调整与修正。

（3）帮助企业开展品牌培育知识宣导和学习，提升企业相关人员的专业能力。

（4）对企业品牌培育管理的八大关键过程进行梳理，并提出改进建议，企业可以据此获得品牌培育持续改进的方向。

（5）引导企业对其品牌发展历史进行全面的回顾与梳理，结合品牌培育管理体系，理清品牌培育发展思路与方向。

（6）帮助企业培养自己的品牌培育自我评价师，提升企业品牌培育的持续改进能力。

（7）帮助企业组建一个稳健的持续改进的品牌培育管理系统。

（8）借助国家首批品牌培育的机会和平台，创造良好的品牌传播渠道和方式。

（9）全面提升企业全体人员的品牌培育管理意识，从而，推进相关人员从局部思维转向整体思维。

1.4.2 实施品牌培育管理体系标准的意义

本指南完全依据工信部《关于加快我国工业企业品牌建设的指导意见》（工信部联科〔2011〕347号）的要求，同时结合我国采用GB/T 19000族标准的实践，更大范围地满足不同性质、不同规模和提供不同产品的工业企业品牌培育建设的目的。融合了世界上许多先进发达国家在品牌培育管理方面的成功经验，而形成的一套系统的、操作性较强的体系标准，在形成指南时又考虑了不同性质、不同规模和提供不同产品的工业企业的情况，尽量做到了使标准能够广泛适用。贯彻实施这套标准是借鉴发达国家在品牌培育管理方面的经验、提高我国企业的品牌培育管理水平、缩短与先进国家在品牌建设管理方面差距的一个机遇。

品牌培育是一项综合管理，涉及企业的方方面面，品牌培育管理水平的提高，必定促进和带动企业整个综合管理水平的提高，从而有利于推动我国工业企业坚持品牌要以质量信誉为基础，质量信誉要通过品牌价值获得市场回报。发挥技术改造、财政金融、品牌激励等方面政策的作用，推进企业实施商标战略，努力打造知名商标，推动培育自主品牌。为质量信誉建设营造良好的市场环境。以正式发布品牌培育管理体系标准为契机，提高各有关企业、人员对品牌培育标准的认识与理解，对促进企业品牌培育管理体系的有效性和效率的不断提高、实现企业综合管理体系工作的一次整体提升具有积极的意义。

品牌不仅是一个企业的经济实力和市场信誉的重要标志，拥有知名品牌的多少还是一个国家经济实力与民族整体素质的体现。品牌培育的推广与实践，可以推动整个行业的转型升级，打造区域品牌的集约式发展，为中华民族的伟大复兴、实现“中国梦”添砖加瓦。

第2章 品牌培育管理体系的理解与实施

2.1 范围

> **1 范围**
>
> 本指南为组织建立和实施品牌培育管理体系，增强品牌培育能力，持续改善品牌培育绩效提供指导，并为评价组织的品牌培育能力和绩效提供了框架。
>
> 本指南适用于不同性质、不同规模和提供不同产品的工业企业。对其他类别组织的品牌培育活动也具有指导作用。
>
> 本指南不适用于认证或合同目的。

2.1.1 工业企业的特征

1. 工业企业的性质

工业企业如果按其性质划分，则有多种分法。如按生产过程可分为：原料工业企业、加工工业企业、装配工业企业；如按行业和产品可分为：重工企业（为国民经济各部门提供物质技术基础的主要生产资料的工业企业）、轻工企业（提供生活消费品和制作手工工具的工业企业）；如按工业企业的组织结构形式及其复杂程度分为：单一企业（即一个工厂就是一个企业）和联合企业（由两个或两个以上性质相同或生产、劳动、技术、工艺过程密切相关的工厂企业所组成的经济联合体）；如按企业的生产资料所有制分为：全民所有制工业企业、集体所有制工业企业（城镇、乡村集体所有制企业）、私营企业、外商投资企业（中外合资经营企业、中外合作经营企业、外商独资企业）。

2. 工业企业的规模

工业企业按其规模可分为大型工业企业，中型工业企业，小型工业企业。以什么标准区分大中小型，各国规定不一。我国主要采用生产规模（生产能力）标准，同时兼用投资额标准。1988 年 4 月 5 日，国家经委、国家计委、国家统计局、财政部、劳动人

事部共同发布的《大中小型工业企业划分标准》，根据劳动力、劳动手段、劳动对象和产品在企业中的集中程度，将工业企业划分为：特大型；大型（大型一档，大型二档）；中型（中型一档，中型二档）；小型。根据国家经贸委、国家计委、财政部、国家统计局《关于印发中小企业标准暂行规定的通知》（国经贸中小企业〔2003〕143号），具体划分如表2-1所示。

表2-1 工业企业类型的划分

行业名称	指标名称	计算单位	大型	中型	小型
工业企业	从业人员数	人	2000以上	300～2000	300以下
	销售额	万元	30000以上	3000～30000	3000以下
	资产总额	万元	40000以上	4000～40000	4000以下

3. 工业企业的产品类别和行业

重工业企业如果按照产品类别和用途可以分为以下几种：①采掘（伐）工业企业，是指对自然资源的开采，包括石油、天然气开采、煤炭开采、金属矿开采、非金属矿开采和木材采伐等工业企业；②原材料工业企业，是指向国民经济各部门提供基本材料、动力和燃料的工业，包括黑色和有色金属冶炼及加工、炼焦及焦炭、化学、化工原料、水泥、人造板以及电力、石油和煤炭加工、玻璃纤维原料、锯材及人造板工业等工业企业；③加工工业企业（制造工业），是指对工业原材料进行再加工制造的工业，包括装备国民经济各部门的机械设备制造工业、电子工业、化肥、金属结构、水泥制品、其他建筑材料制造等工业，以及为农业提供的生产资料如化肥、农药等工业企业。

轻工业企业如果按照产品类别可以分为：①以农产品为原料的轻工业，指直接或间接以农产品为基本原料的轻工业，主要包括食品制造、饮料制造、烟草加工、纺织、缝纫、皮革和毛皮制作、造纸以及印刷等工业；②以非农产品为原料的轻工业，指以工业品为原料的轻工业，主要包括文教体育用品、化学药品制造、合成纤维制造、日用化学制品、日用玻璃制品、日用金属制品、手工工具制造、医疗器械制造、文化和办公用机械制造等工业。

本指南对于工业企业的适用性比较广泛，本指南规定的要求是通用的，意在适用于各种类型、不同规模和提供不同产品的企业。当本指南的任何要求由于企业及其产品的特点而不适用时，可以考虑进行调整。

2.1.2 不适用于认证或合同目的

本指南的解读内容是不具法律效应的，仅是用于工作的指导，旨在为企业建立和实施品牌培育管理体系，增强品牌培育能力，持续改善品牌培育绩效提供指导，并为评价企业的品牌培育能力和绩效提供了框架。

企业可以根据自身规模、行业特色投入相应的资源，来进行品牌培育管理体系的建设与实施，其目的不是为了认证，而是为了增强企业品牌培育能力，提高品牌培育绩效。

2.2 引用和参考文件

2　引用和参考文献

本指南参考了以下文件和标准：

《关于加快我国工业企业品牌建设的指导意见》(工信部联科〔2011〕347 号)

ISO 9004：2009 组织持续成功管理　一种质量管理方法

GB/T 19001—2008 质量管理体系　要求 (ISO 9001：2008，IDT)

GB/T 19000—2008 质量管理体系　基础和术语 (ISO 9000：2005，IDT)

ISO 10668：2010 品牌评价　货币化品牌评价要求

【解读】

略，参见相关文件和标准。

2.3 术语和定义

2.3.1 品牌

3　术语和定义

3.1　品牌

为组织带来溢价、产生增值的无形资产。其载体是用以与其他竞争者的产品相区分的名称、名词、符号、设计等，或者它们的组合。在本质上代表组织对交付给顾客的产品特征、利益和服务的一贯性承诺。

【解读】

品牌是企业与顾客之间的心理契约，是企业与顾客关系的纽带，顾客依赖品牌来辨别、选择产品和服务，乃至依靠品牌来表现自身的品位、价值观和情感取向；企业则通过品牌来传达产品及服务的质量和生产者的价值取向，以赢得顾客忠诚和随之而来的长远发展。

1. 品牌的定义

品牌是为企业带来溢价、产生增值的无形资产。其载体是用以与其他竞争者的产品相区分的名称、名词、符号、设计等，或者它们的组合。之所以能够为企业带来溢价，是因为品牌能为顾客提供独特的关系价值、体验感受和利益承诺。

1）承诺说

营销大师菲利普·科特勒认为：品牌在本质上代表着企业对交付给顾客的产品特征、利益和服务的一贯性承诺。

品牌专家 Walter Landor 认为：简单说来，一个品牌就是一个承诺。通过识别和鉴定一个产品或服务，它表达一种对品质和满意度的保证。

在日益开放的市场环境中，企业必须直接面对顾客的选择，直接面对竞争对手的压力，直接面对政府、媒体等机构的监督。为了赢得顾客的信赖、区别对手，表明企业的态度和责任，企业有必要做出适当的承诺。

企业创造高质量、满足顾客需求的品牌，消费者通过使用产品感知其价值，由理性判断习惯性选择该品牌，久而久之便会形成情感性依赖，从而产生品牌忠诚。从这个意义上说，品牌承诺就是给消费者的一个保证，将产品的真实信息传达给消费者，并全力提高产品和服务的全方位水平，提供更符合消费者需要的产品，减少信息不对称给消费者带来的疑虑，让消费者相信并主动和乐于购买企业的品牌产品。

北京同仁堂药店，成立于康熙八年，距今已近 300 年的历史，之所以能保持旺盛的生命力，历经世事变幻而不衰，是因为它在成立的时候就在门口挂了一副对联，上联是："炮制虽繁必不敢省人工"，下联是："品味虽贵必不敢减物力"，坚守这一承诺的努力，为同仁堂换取了高度的品牌信任和长期追捧，并自 1723 年开始，为皇室供奉御药。

品牌承诺就是要取得顾客对品牌的信赖和亲近。要想获得信赖，品牌经营者必须在实力、人员、市场（服务）、未来性四个方面做出承诺，要想获得亲近则品牌经营者必须在情感、道德、个性与价值观四个方面做出承诺（见图 2－1）。

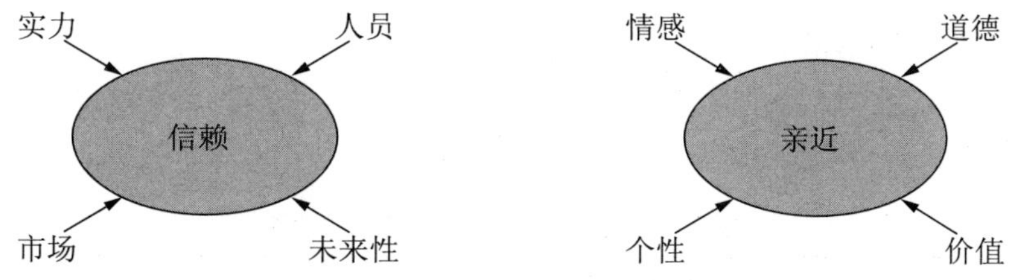

图 2－1 品牌承诺的具体内容

（1）信赖方面的承诺

①实力承诺：企业实力的强弱是顾客对企业及其产品信赖程度的重要依据之一。例如 ABB 的传播口号是"领导世界之电气工程巨人"，格力的"好空调，格力造"，科健的"最先 最新 最高"，M&M 糖果的"只溶于口，不溶于手"，还有哥伦的"五十年不变——哥伦彩色铝型材料"等都是品牌承诺在实力方面的体现，是赢得消费者信赖的而作出的保证。实力包括产品、技术、物质和管理四个方面（见表 2－2）。

表 2-2　品牌实力承诺包含的内容

要素	含义
产品形象	企业生产的产品和经营的商品，其外观、名称、商标、包装、价格、品质、功用、特点等给人的总体印象
技术形象	企业在劳动生产方面的经验、知识和技巧，包括技术是否优良、研究开发的能力和对新产品的开发热心程度
物质形象	企业物质设施、地理位置、环境、规模、商店布局、建筑设计以及技术水平等给人的整体印象
管理形象	企业的经营宗旨、经营方式、管理模式以及管理者的品质作风等给人的整体印象

②人员承诺：是指企业给予顾客信赖感的标志。包括企业的管理者和职工的仪表、装束、知识、技能、精神面貌、职业道德等给人的整体印象。这些整体印象能否给顾客一个可信赖的感觉是很重要的。设想如果一个企业的职工给人的感觉是松懈的、不修边幅的、做事马虎的，你还会对这个企业或是它的产品产生信赖的感觉吗？联邦快递的品牌广告说："强大的网络，值得你托付的团队"，体现的就是人员承诺。

③市场（服务）承诺：是指企业为顾客提供的服务，其内容、范围、方式、质量、态度等给人的整体印象。像柯达的"You press the button，We do the rest"，海尔的"星级服务"，黄页电话簿的"让你的手指代替跑腿吧"，中华航空公司的"乘坐华航，舒适无比"都给了顾客一种不言而喻的信赖感。

④未来性承诺：是指企业发展的稳定性、未来的发展力、企业生产的产品否合乎时代潮流、具有时代感等给人的印象。例如飞利浦的"让我们做得更好"，香港万国宝通银行的"不断创新的现代化银行"等都是在向顾客承诺企业或产品的未来性。

（2）亲近方面的承诺

①情感承诺：情感从本质上说，是人类对真善美的事物的追求与迷恋的精神活动。它包括了理智感、道德感和美感三个方面（见表 2-3）。

表 2-3　品牌情感承诺包含的内容

理智感（真）	求知感、确信感、成就感
道德感（善）	爱国主义情感、国际主义情感、集体主义情感、人道主义情感、义务感、责任感、友谊感、自尊感、爱情感
美感（美）	自然美感、社会美感、艺术美感

凡是具备真善美特征的事物都能引起人们积极肯定的审美情感。而情感是态度产生的原动力，态度又是导致人们采取行动的关键动因。承诺要达到诱导消费行为的目的，以情诱导，以理说服的情理交融式的情感诉求方式是有效的手段。例如"南方芝麻糊"的广告片体现了蕴含传统亲情的诉求倾向，通过娴熟流畅的影视语言，营造了一个怀旧、牵人心肠的感情故事，渲染一种浓厚温情、令人回味留恋的往事景象，给人带来较

强的情感煽动和很亲近的感觉，从而很好地达到了表现品牌承诺的作用。类似的还有创维的“创维情，中国心”，美的的“原来生活可以更美的”，丽斯达“东方柔美型的丽斯达——献给您神秘而妩媚的东方美”的品牌传播口号等。

②伦理道德承诺：是指一定社会阶级用以调整人们之间以及个人与社会之间关系的一种行为规范，是社会对人的行为的是非、善恶、荣辱等的评价标准（见表2-4）。例如，新飞“接触未来，关切民生”，“中国绿色环保冰箱第一品牌”，长虹的“产业报国，以民族昌盛为己任”，威力洗衣机的“献给母亲的爱”和雀巢全脂奶粉的“爱我最爱的宝宝”等。

表2-4 品牌伦理道德承诺包含的内容

类型	审美取向内容
道德理想取向	为国家为人民而献身、勇于创新与变革、不懈的拼搏与进取、共产主义的劳动态度、热爱科学、坚持真理、为人民服务
道德情操取向	克己节约、有涵养、忘我精神、牺牲精神、高风亮节
道德人格取向	忠诚老实、爱国爱民、大公无私、清廉正直、善良厚道、襟怀坦荡、光明磊落、自尊自重、舍己为人、为正义而牺牲、为真理而献身、坚定刚毅、谦虚宽容
道德行为取向	真诚、热情、尊敬师长、信守诺言、廉洁奉公、乐于助人、讲究公德、遵守公共秩序、保护环境和资源、爱护公物、文明礼貌、爱情专一、敬老爱幼、同情弱者、疾恶如仇、舍生取义、见义勇为、勤劳、友爱、守纪律、尊重科学、追求真理
道德情感取向	爱、友谊、理解、同情、怜悯、互助、怀念、谦让、礼仪、乐观、重义轻利、讲良心、有是非感、正义感、羞耻感、义务感、荣辱感、责任感、幸福感

③个性承诺：人有人的个性，品牌有品牌的个性，人的个性是指个人特有的心理特性，是区别于其他人的、特殊的比较固定的特征。不同的顾客就有不同的个性。而品牌的个性就是品牌的人格化属性，与产品特性相比较，它能够提供象征及自我表达的功能。顾客可以通过购买，使用能符合其自我个性的品牌来展示自我。如果品牌的个性与目标消费者的个性相一致或与他们所追求的个性相一致，那么就很容易产生品牌忠诚（见表2-5）。

例如，抽烟的人都相信透过自己桌上的香烟品牌或放在餐厅桌上的一包烟，会透露给外界有关自己的看法，展现自我的个性。服饰也清楚地通过附于在服装上的品牌个性来展示顾客的个性特征。在大多数情形之下，名牌的标签都在衣服内，所以实际上，许多人从来不知道你穿的是何种牌子。但是，如果你觉得别人知道你穿着何种名牌就会如何对待你时，你就会充满信心，那种信心来自于产品附加的品牌个性。鲜明的品牌个性可以影响消费行为。而品牌承诺也应在这个方面得到体现。一些鲜明的例子就是RADO——“真正独特，是忠于个人的信念，敢于保存真我。当众人只顾跟随潮流的时候，真正独特的人始终自我，绝不随波逐流”，还有龙徽葡萄酒的“成功人士，享受之道”和金利来领带的“充满魅力的男人世界”的品牌口号等。

表 2-5　品牌个性承诺包含的内容

品牌个性的 5 个维度	品牌个性的 15 个层面	42 个品牌人格
纯真	务实	务实，顾家，小城镇的
	诚实	诚实，直率，真实
	健康	健康，原生态
	快乐	快乐，感性，友好
刺激	大胆	大胆，时尚，兴奋
	活泼	活力，酷，年轻
	想象	富有想象力，独特
	现代	追求最新，独立，当代
称职	可靠	可靠，勤奋，安全
	智能	智能，富有技术，团队协作
	成功	成功，领导，自信
教养	高贵	高贵，魅力，漂亮
	迷人	迷人，女性，柔滑
强壮	户外	户外，男性，西部
	强壮	强壮，粗犷

④价值承诺：价值观是指一个人对周围的客观事物的意义及其重要性的总评价和总看法。当人们用以来区分和判断事物的好坏、对错的时候，价值观总是带着强烈的情感趋向；当人们用以判断事物的可行与否，是否符合人们的愿望，价值观总是带着鲜明的理情色彩。正因为价值观是人们态度与行为的内在准则，它必然也充分体现在顾客的消费行为当中。价值观念影响着人们的消费习惯。很自然地，品牌承诺必须迎合顾客的价值观，才能真正让顾客产生亲切感（见表 2-6）。

台湾亚瑟士运动鞋的传播口号就是“成功人士一连串不断的奋斗，在这个过程中充满挑战，您必须以充满自信的脚步去克服一切障碍。亚瑟士运动鞋是你在人生旅途上最好的搭档”。这个承诺很明显是在提倡一种不畏艰难、积极进取的价值观念，其给人的启迪和审美体验远远超过了商品自身的形式局限，使商品带有了审美价值极高的“附加值”，而为消费者所欣赏接受。

表 2-6　品牌价值承诺包含的内容

价值观	含义
成就	成功；通过决心、坚持和努力而达到的结果
审美	为了美而欣赏、享受美

续表 2-6

价值观	含义
利他	关心别人，为别人的利益献身
自主	能够独立地作出决定的能力
创造性	产生新思想及革命性的设计
情绪健康	能够克制焦虑的情绪，有效阻止坏脾气的产生；思想平静，内心感觉安全
健康	生命存在的条件，没有疾病和痛苦，身体总体条件良好
诚实	公正或正直的行为，忠诚、高尚的品质或行为
正义	无偏见，公平、正直；遵从真理、事实和理性；公平地对待他人
知识	为了满足好奇心、运用知识或满足求知欲而寻求真理、信息，或原则
爱	建立在钦佩、仁慈基础上的感情；温暖的依恋、热情、献身；无私奉献，忠诚地接纳他人，谋求他人的益处
忠诚	效忠于个人、团队、组织或政党
道德	相信并遵守道德标准
身体外观	关心自己的容貌
愉悦	是一种惬意的感觉，是伴随着对美好事物的期待和对伟大愿望的拥有而产生的。愉悦不在于表面上的高兴，而更在于内心的满足和喜悦
权力	拥有支配权、权威或对他人的影响
认可	由于他人的反应而感到自己很重要、很有价值；得到特别的关注
宗教信仰	与神交流，服从神，代表神行动
技能	乐于有效使用知识、完成工作的能力；具有专门技术
财富	拥有大量的物质财富；富足
智慧	具有洞察内在品质和关系的能力；洞察力，智慧，判断力

鉴于品牌分为产品品牌和企业品牌，对应地，品牌承诺也分为产品品牌承诺和企业品牌承诺两个方面。但是两者区别不是很大。在承诺的信赖层面上，产品品牌承诺会侧重于产品的品质、技术、服务和未来性；而企业品牌承诺会侧重于企业的实力、人员、市场和未来性。对于承诺的亲近层面，两者是可相互融通的。品牌承诺的内容是多方面的。企业可以根据自己的能力、优势等具体情况，选择一个或多个方面来构建自己的品牌承诺。

2）关系说

著名广告公司 O&M 则认为：品牌是一个商品透过消费者生活中的认知、体验、信任及感情，挣到一席之地后所建立的关系。

广告界权威大卫·奥格威也认为：品牌是产品与消费者的关系。

品牌创造的是一种关系，这种关系体现在五个词上，即关联、关注、关心、关怀、关切。所谓“关联”，就是指你的品牌卖给谁；所谓“关注”，就是明白品牌关联的顾客有什么问题需要解决；所谓“关心”，就是搞清楚顾客的问题是如何产生的，原因是什么；所谓“关怀”，就是做出怎样的承诺、提供怎样的产品或服务帮助他们解决问题；而所谓“关切”，就是问问，一路走来，顾客还有哪些问题需要你解决，如何做好客户的长期管理和终身价值的维护。

比如，奔驰的品牌广告：“精英眼界，奔驰人生”，就是跟社会的高端人群建立关系，并为他们提供身份、地位和财富的象征。宝马的品牌广告：“驾驶的乐趣”，更多的是关心喜欢驾驶的人所追求的操纵的快感；沃尔沃的品牌广告：“关爱生命，享受生活”，满足的是那些特别关注生活品质且性格内敛的高端顾客。

3）体验说

伯恩德·H·施密特在其《体验式营销》一书中认为，品牌在表面上是企业产品和服务的标志，代表着一定的质量和功能，深层次上则是人们心理和精神层面诉求的诠释，可以作为一种独特的体验载体。

品牌体验是品牌与顾客之间的互动行为过程，是通过令人耳目一新的品牌标识，鲜明的品牌个性、丰富的品牌联想、充满激情的品牌活动来让顾客体验到“快乐”“酷”“爽”，从而与品牌建立起强有力的关系，达到高度的品牌忠诚。简单说，品牌不但要具备“功能”上的效益，而且还要有“体验”或“情感”上的效益。

根据斯密特教授提出的 SEMs（战略体验模块），品牌体验依据消费者心理认知过程，包括感觉、情感、思维、行动和关联五个层面的体验。

（1）感觉体验

感觉体验的诉求目标是创造感官冲击，经由视觉、听觉、触觉、味觉与嗅觉达成刺激，为产品或服务增添附加价值。感觉体验成功运用的典型案例像哈根达斯在冰淇淋大厅准备样品让人们品尝；宝马赞助的网球与高尔夫巡回赛为人们提供试车的机会；衬衫制造商托马斯·平克的商店里充满了亚麻织物的气味等。

（2）情感体验

情感体验是使用情感刺激物（活动、催化剂和物体）引出一种心情或者一种特定的情调，来影响消费者的情绪和感情，并使消费者主动参与。提供情感体验的典范如星巴克咖啡店，起居室般的家具摆设，典雅的色调，清雅的音乐，热情的服务，浓浓的咖啡香味，嘶嘶的煮咖啡声，这一切让每一位走进星巴克的顾客无不体验到优雅、安静、和谐、舒适与温馨，成为他们生活的“第三空间”。

（3）思维体验

以上两种体验都是感性上的，而思维体验则是理性方面。它要启发的是人们的智力，创造性地让人们获得认识和解决问题的体验。它运用惊奇、计谋和诱惑引发顾客产生一系列统一或各异的想法。比如微软“今天你要去哪里”的宣传，目的就是启发人们去理解“计算机在 20 世纪 90 年代对人们的意义”。联想“人类失去联想，世界将会怎样?”品牌双关，引发出人们无尽的遐想。

（4）行动体验

人们的主动参与将会获得更深刻的感受。在此阶段，品牌体验要通过吸引人们主动

参与，提高人们的生理体验，展示做事情的其他方法和另一种生活方式来使品牌成为人们生活的一部分，像耐克的“JUST DO IT”广告家喻户晓，潜台词是“无需思考，直接行动”颇具煽动性。

(5) 关联体验

品牌体验的最终目的就是要使品牌与消费者结成某种关系。要建立关系必须对消费者有深刻的了解。首先要找到他们的动心之处——他们生活的一部分，能够表现出自我观念和认同；其次，把消费者当做一个个体而非群体来了解品牌是如何与其自我观念和生活方式发生联系的；最后要观察消费者的价值观、信仰、行为、兴趣和所拥有的物品。像哈雷摩托车车主们将哈雷的标志纹在胳膊上或全身，哈雷摩托已成为车主生活的一部分，象征着一种自由、洒脱、叛逆的生活方式。正如《纽约时报》写到：“假如你拥有了一辆哈雷，你就成为兄弟会一员；如果你没有，你就不是。”

2. 品牌的内涵与核心价值

1) 品牌的内涵

营销大师菲利普·科特勒在其著作《市场营销管理》(2000，千禧版）把品牌的内涵分成六个层次：

(1) 属性。品牌首先使人们想到某种属性。因此奔驰牌意味着昂贵、做工精湛、马力强大、高贵、转卖价值高、速度快等。企业可以采用一种或几种属性为汽车做广告。多年来奔驰的广告一直强调“世界上工艺最佳的汽车”。

(2) 利益。品牌不止意味着一整套属性。顾客不是在买属性，他们买的是利益。属性需要转化成功能性或情感性的利益。耐久的属性可转化成功能性的利益：“多年内我不需要再买一辆新车。”昂贵的属性可转化成情感性利益：“这辆车让我感觉到自己很重要并受人尊重。”制作精良的属性可转化成功能性和情感性利益：“一旦出事时我很安全。”

(3) 价值。品牌也说明了一些生产者价值。因此奔驰牌代表着高绩效、安全、声望及其他东西。品牌的营销人员必须分辨出对这些价值感兴趣的购买者群体。

(4) 文化。品牌也可能代表着一种文化。奔驰汽车代表着德国文化：高度组织、效率和高质量。

(5) 个性。品牌也反映一定的个性。如果品牌是一个人、动物或物体，会使人们想到什么呢？奔驰（梅塞德斯）可能会让人想到一位严谨的老板、一只狮子或庄严的建筑。

(6) 用户。品牌暗示了购买或使用产品的消费者类型。如果我们看到一位二十来岁的秘书开着一辆奔驰时会感到很吃惊。我们更愿意看到开车的是一位五十多岁的高级经理。

品牌六个方面内涵之间并不是一种并列的关系，它们之间的关系如图 2-2 所示。

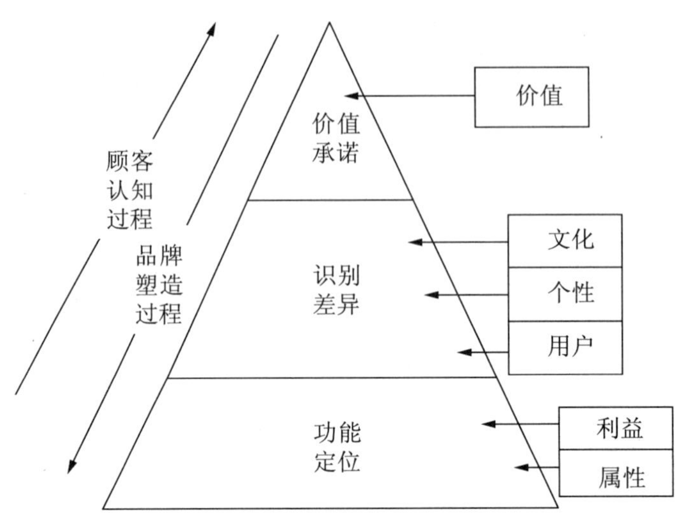

图 2－2　品牌内涵的金字塔模型

可以看到，品牌的内涵的六个方面其实是归结于三个层次的。

从顾客的认知过程来看，往往是从品牌的利益、属性感受到品牌的功能定位，之后才意识到品牌在用户、文化、个性上的独特，最后才能领悟到品牌的核心价值。例如消费者总是先体会到奔驰汽车的高性能，之后才认同它的市场定位，对它产生文化和个性的联想，通过长期大量的积累才能相信其做出的价值承诺“世界上工艺最佳的汽车”。

从企业品牌塑造来看，则应该以其作出的价值承诺为核心，建立品牌文化，树立品牌个性，定位目标市场，从这几个方面出发去设计品牌的属性和提供的利益。以品牌的核心价值统率品牌的塑造过程，这样才能保证品牌培育的成功。

2）品牌的核心价值

（1）品牌价值

要理解品牌的核心价值，首先必须清楚品牌价值的内涵。所谓品牌价值，就是指品牌带给顾客的利益，包括功能利益、情感利益和社会利益（见图 2－3），即一个品牌不但可以带给顾客在物质层面的产品功能的满足，而且还可以带给顾客一种审美体验、快乐感觉以及表现财富、学识、修养、自我个性、生活品位与社会地位。

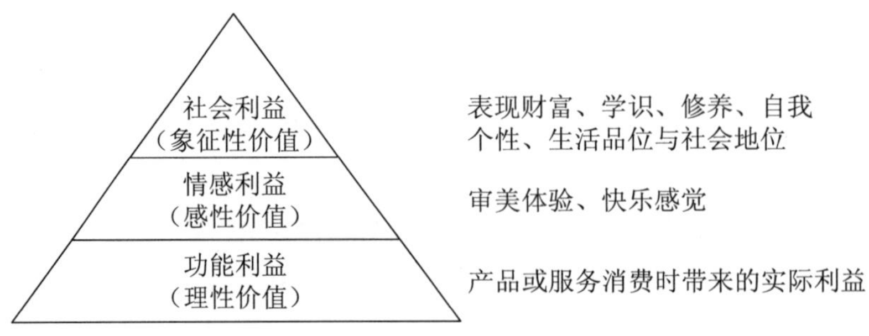

图 2－3　品牌价值的金字塔模型

品牌的功能利益是指某品牌的产品或服务在解决顾客实际问题时所体现的理性价值。品牌要想在这个层面上得到顾客的认同，必须是把品牌产品的功能做到极致或者有与众不同的性价比。

品牌的情感利益指的是消费者在购买使用某品牌的过程中获得情感满足时所体现的感性价值。“钻石恒久远，一颗永留传”能让我们洗却浮躁，以一颗宁静的心灵感动于纯真爱情的伟大；“不在乎天长地久，只在乎曾经拥有”让每一位经历沧桑不禁感叹“此情可待成追忆”的老人回首往事时，有刻骨铭心的共鸣；美加净护手霜“就像妈妈的手，温柔可依”让我们的内心世界能掀起阵阵涟漪，觉得美加净的呵护有如妈妈一样温柔；大白兔奶糖让人们沉浸在对童年天真无邪的温馨回忆。品牌的情感利益让消费者拥有一段美好的情感体验。在产品同质化、替代品日益丰富的时代，如果产品只有功能利益而没有“爱、友谊、关怀、牵挂、温暖、真情……”，那就会变得十分苍白无力。如果丽珠得乐仅仅是高科技的胃药，没有“其实男人更需要关怀”的情感价值去感动人们的内心世界，就会沦落为与一般胃药没什么区别的东西。

品牌的社会利益（也称品牌的自我表现利益）是指品牌成为消费者表达个人价值观、财富、身份地位与审美品位的一种载体与媒介的时候所体现的象征性价值。“午夜妖姬”的首饰，名字十分鬼魅与香艳撩人，所折射出来的品牌内涵“游离于主流价值观”，很有不可思议的味道，这种品牌内涵正好与另类人士表达自我、张扬“叛逆、酷、有新意”的个性，并以此界定自己的身份、确定自我形象的动机十分吻合，“午夜妖姬”所具有的自我表现型利益打造出一个颇为诱人的购买动机；可口可乐宣扬“酷·爽”获得渴望长大与独立的少年的热烈追捧；穿派牌服饰的人能让人感受到“自由自在、洒脱轻松”的个性品质；百事可乐张扬着“青春的活力与激情”；奔驰车代表“权势、成功、财富”；沃尔沃代表着“含而不露的精英阶层”。这些品牌都以给予消费者自我表现型利益而成为强势品牌。

随着科技的进步、产品的同质化越来越严重，品牌所体现的产品属性即功能上的差异越来越小，只能更多地依赖情感利益与社会利益（即自我表现利益）来与竞争品牌形成差异。道理很简单，比如服装，当大家都不富裕，制衣工业很不发达，衣服品质保证还不十分稳定的时候，能买一件布料好、透气舒服、做工精细的衣服就成了主要的购买动机和品牌吸引力；而制造技术成熟了，服装的品质都很有保障，生活富裕了以后，衣服的原始功能退而求其次，此时消费者要的也许是能折射出或“富有、尊贵”，或“青春、活力”，或“另类、个性”，或“成熟、稳重、不张扬”等符合自身个性偏好的服装品牌。

正因为如此，一个具有极高的品牌资产的品牌往往具有让消费者十分心动的情感与社会（自我表现）利益。强势品牌都有醒目的情感与社会（自我表现）利益、鲜明的个性及企业联想。阿迪达斯原先十分强调功能利益，但随着市场的成熟，这个策略失效了。20世纪90年代，阿迪达斯为品牌注入了情感因素，品牌重新赢得了消费者的厚爱。手表的功能利益是“走时准、防水”等，而名表的品牌核心价值主要不是这些功能利益，而是品牌所代表的文化与精神价值，如劳力士、浪琴和上百万元一块的江诗丹顿能给消费者独特的精神体验和表达“尊贵、成就、完美、优雅”等自我形象。

（2）品牌的核心价值

而品牌核心价值，就是品牌所代表的独特利益以及由此形成的个性差异，是指一个品牌承诺并兑现给消费者的最主要、最具差异性与持续性的理性价值、感性价值或象征性价值，它是一个品牌最中心、最独一无二、最不具时间性的要素。所以，品牌的核心价值既可以是独具特色的功能属性，也可以是令人感动的情感诉求，以及具有自我价值表现的象征意义。

除非有独特的顾客利益或者极致化的功能表现，否则功能利益是不能成为品牌的核心价值的。然而这并不是说，功能利益不重要和可有可无，只不过具体到许多产品与行业，情感利益与社会（自我表现）利益成为消费者认同品牌的主要驱动力，品牌的核心价值自然会聚焦到情感利益和社会（自我表现）利益。但这都是以卓越的功能利益为强大支撑的，也有很多品牌的核心价值就是三种利益的和谐统一。没有功能性利益，情感利益与社会（自我表现）利益就根本没有根基，像随波逐流的浮萍。尽管前面提到的阿迪达斯现在以强调个性与情感利益为主，却仍旧大力宣传先进的产品和技术创新，因为阿迪达斯深知品牌需要物质的支持，阿迪达斯从一开始就形成了技术创新的传统，不断创造令人心动的产品，提供实实在在的功能利益。又如欧米茄表的确在走时准确与防水防雾等品质上有非凡表现，有人曾做过实验，不仅常温下能防水，接近零度的水里和蒸汽房里放一个多小时也不会浸水，这是几百元和 1000 多元的日本品牌如西铁城、精工等所做不到的。欧米茄牌手表凭借走时准确、做工精良，多次被选为重大的世界公众活动计时之用。1969 年太空人阿姆斯特朗戴着它登上月球，使其名声大增。从 1932 年起世界奥林匹克运动会 50 多年间一直采用欧米茄表计时。可见欧米茄的品质与计时的准确性极受信赖，这种硬碰硬的功能性利益是欧米茄“代表成就与完美”的情感利益与社会（自我表现）利益的基石。

品牌的核心价值既可以是功能利益，也可以是情感利益和社会利益，对于某一个具体品牌而言，它的核心价值究竟是哪一种为主？这主要应按品牌核心价值对目标消费群起到最大的感染力与竞争者形成最为鲜明的差异为原则。比如家用电器，消费者最关注的是“产品的技术、品质、使用便捷等”，所以功能利益往往成为电器品牌的核心价值；食品、饮料则较多地通过传达情感利益去打动消费者；保健品、药品讲究技术与功效，而保健品常用于送礼，药品常能体现家人之间的关怀，故品牌的核心价值中功能与情感利益兼而有之；高档服饰、时尚产品、皮具、名表、名车则主要以自我表现的社会利益为品牌的核心价值。品牌的核心价值可能是三种利益的一种，也可能是两种乃至三种都有。

3）品牌内涵的扩展

在品牌的发展历史上，品牌内涵的演变经过了三个不同的阶段。在这三个不同的阶段中，人们对品牌的认识也不断发展（见图 2－4）。

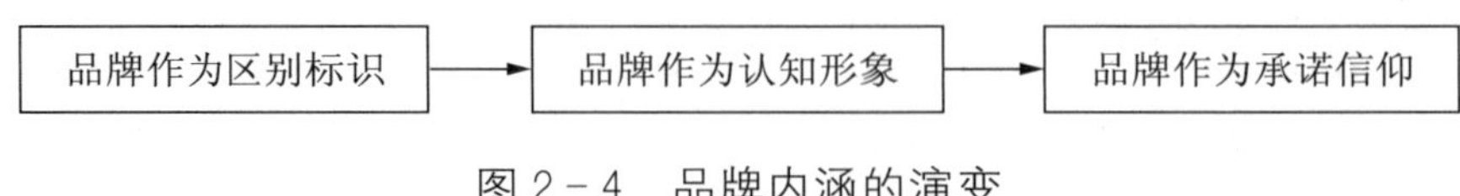

图 2－4　品牌内涵的演变

从区别标识到认知形象再到承诺信仰，品牌的发展经历了一个内涵不断扩张的过程。

首先，品牌作为区别标识，其主要功能是作为一种速记符号，代表产品和服务的相关信息。消费者通过对品牌进行记忆，也就能够将众多的产品信息储存头脑当中，此时，品牌也就成为了他们对产品记忆搜索的线索，其内涵集中表现为品牌属性和利益。

其次，品牌作为认知形象。在这一阶段企业和消费者关注的焦点由产品本身转向了品牌形象和个性。他们认识到，品牌并不仅仅作为一种区别标识，其内涵还与产品的生产、制造、售后服务等环节密切联系。此时品牌是产品整体形象的代表，当消费者购买产品时，品牌能够引发消费者对产品的个性、文化产生联想，同时一些品牌也逐渐出现了特定的消费群体。

最后，品牌作为企业的承诺信仰。在这一阶段，品牌体现的是与产品、服务和企业本身相关的一种持久、可信的价值承诺，并标志着承诺的来源。如朗讯公司的信条是"竞争者或许有一天会赶上我们，但最先进的技术永远掌握在我们手里"，这其中所隐含的价值承诺是：向客户提供技术最先进的产品。企业提出这种价值承诺并信守这种价值承诺，从而逐渐形成顾客对品牌的忠诚。

由此可以看出，品牌发展的三个阶段对应着品牌内涵的三个层次。品牌的意义随着市场、经济的发展而不断地丰富起来。时至今日，品牌的内涵更多地集中在消费者的价值体验。在崇尚DIY和讲究体验的网络时代，除了品牌所表现出来的实力和被传诵的程度外，人们越来越倾向于用参与和被关怀的程度来评价一个品牌的价值和在其心目中的地位。

3. 品牌要素

参考Davidson（1997）提出的品牌冰山模型，推导出品牌冰山理论的演变模型（如图2－5所示），品牌的显性要素是品牌外在的、显露的东西，可直接给消费者较强的感官冲击，体现了品牌的识别功能，主要是指品牌名称和视觉标识。而隐性要素，也就是品牌的灵魂所在，品牌所代表的利益认知、个性、宗旨等。消费者通过购买并使用品牌商品体验品牌，品牌的个性吸引顾客，从而品牌赢得顾客的青睐，与此同时，双方形成承诺。品牌的个性特征是品牌本身的神韵所在，而品牌与消费者之间的忠诚和情感联系最终形成品牌承诺，消费者对品牌的使用感受和反馈都归结为品牌体验。品牌承诺、品牌个性、品牌体验三点构成了品牌的不可见要素，即隐性要素。

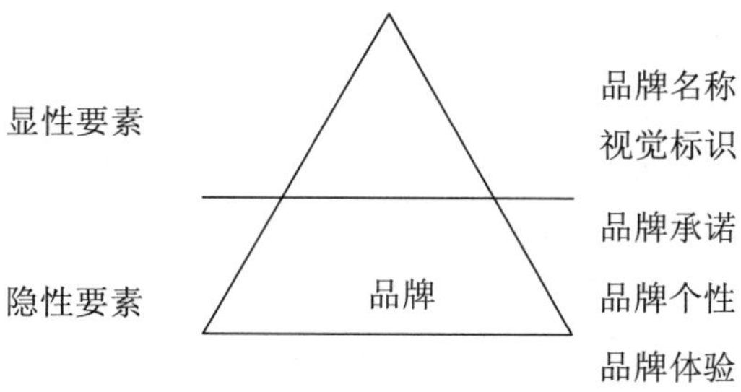

图2－5　品牌要素的冰山模型

1）品牌名称

与品牌的其他要素相比，品牌名称是品牌识别系统的核心要素，是品牌资产所依附的对象，所有品牌的无形资产都与特定的品牌名称联系起来。从另一个角度看，已经形成的品牌资产也正是透过品牌名称，影响着消费者的购买行为，影响着一个品牌的兴衰。大量研究证明，品牌名称是顾客判断产品质量的关键线索，是影响消费者品牌选择和消费的最主要因素之一。

品牌名称在顾客心目中可以成为类别的替代物。如果企业能够使得品牌最先进入顾客的心智模式，那么在“初始效应”的作用下，该品牌会给顾客以深刻的印象和影响，极易成为类别产品的代名词。例如，在顾客心目中，“拜耳”就是阿司匹林的代名词。正如品牌专家艾・里斯所说：“我们向顾客灌输关于品牌的意识，实际上灌输到顾客心目中去的根本就不是产品，而只是产品的名称。”

品牌名称在一定程度上也影响着品牌资产的形成速度和规模。因此，许多企业对品牌命名十分重视。根据 P&G 报告，在 Coast 肥皂进入市场前，企业为该名称花费了 100 万美元。美孚石油公司曾拨款 140 万美元用于选定品牌名称。他们组织心理学、语言学、社会学和统计学等方面的专家，耗时 6 年，对 55 个国家的语言、民俗进行调查分析，提出了 1 万多个草案，最后选定“Exxon”这一名称。

品牌命名的原则、过程和方法参见 3.2.1。

2）视觉标识

品牌的视觉标识是指具体可感的品牌形象符号，包括标识标志、标准字、标准色和包装。标识代表了品牌的个性、宗旨、理念、风格等，标识包含的形状应该是让人一眼难忘的（参见 3.2.3）。

3）品牌承诺

（1）品牌承诺的定义

品牌承诺就是给消费者一个对品质和满意度的保证。好的品牌承诺会使消费者在接触这个品牌时有十足的信心。一家企业是否有优越的技术，对品质是否有很高的要求，对环境品质是否很重视，这些属性、理念在很大程度上决定着消费者对产品的好感。麦当劳作为一个经营快餐的企业，带给顾客的理念不仅仅是简单的吃饱吃好，而是更高层次的“生产快乐”，有了这样的理念和承诺，顾客在任何时间用餐都会体验到一种轻松快乐的氛围。

（2）品牌承诺的作用

①提高顾客的忠诚度

如果企业能为履行品牌承诺采取一贯和一致的业务政策，品牌承诺将有助于增强顾客对企业的信任和提高顾客对品牌的忠诚度。品牌承诺能够为企业带来持久的业绩表现和商誉，重要的是品牌承诺还能缓和关于企业的负面消息和负面宣传所造成的不良影响。研究表明，对品牌的承诺有高度认同的顾客会对品牌的负面信息产生一定的抵抗性，即使该信息有很高的可信度。有趣的是，这些顾客甚至会尝试反驳那些负面信息。相反地，如果顾客对某品牌的承诺认可度低或没有，那么他们就会很容易接受并相信那些关于品牌的负面信息。

现在，并没有很好的、成形的理论架构来处理品牌负面信息与解决方案，品牌承诺理论可以充当一个很好的尝试。

②激励员工

品牌承诺与激励员工是相辅相成的。一个企业有一份很好的品牌承诺并履行到位的话，可以为企业产生很大的社会价值。企业的自豪感和产品的自豪感可使员工以能作为企业的一分子而引以为豪，并产生归属感从而尽心投入到工作中去。而员工产生归属感、尽心投入工作正是品牌价值和形象的维护与提升的关键。由于顾客对于品牌的体验是三维的，即品牌所传达的内容和承诺、现实产品所带来的利益以及围绕着品牌所体验到的服务。这就要求员工有一个健康积极的形象，为这些体验作出努力，这是品牌承诺就变成了一种对员工行为的要求准则。如果顾客的期待与顾客所得到的利益与体验产生差距，就会使通过巨大投资精心营造的品牌慢慢遭受腐蚀。这种落差可以通过员工的尽心工作，创造更好的产品和服务来避免或降低。当员工维护好顾客的体验时，又可以促进企业业绩的增长，从而产生更大的社会价值。

③指引企业的行为

企业拥有一份良好的品牌承诺有助于令企业的所有成员在处理所有与企业名义相关的构思、活动和工作关系时，有更明确的方向指引。良好的品牌承诺会让企业的所有成员深刻地理解该品牌的价值，明白品牌所代表的意义，那么他们在从企业政策制定、营销策略选择到公关宣传活动甚至于日常的言行举止都会与品牌承诺相符合。品牌的承诺和形象最终通过他们的工作传达到顾客那里，并通过顾客的积极反馈得以强化。

4）品牌个性

（1）品牌个性的定义

品牌个性是指品牌被赋予的一种人格特征，品牌个性不只是品牌本身的特征，也可以成为消费者自我表达的途径。

品牌个性是品牌向外展示的品质，是品牌形象自我定位的延伸，是品牌融入消费者生活过程的联系纽带。将品牌看成一个人，像人类一样，一个品牌也可以是有能力的、自信的、可靠的、幽默的、聪明的、年轻的，等等。大卫·艾克曾在《品牌经营法则》中提到品牌有五大个性要素：纯真、刺激、称职、教养、强壮；将品牌个性化后，会使消费者更容易接近并接受。

例如，百事可乐的品牌个性被描述为“年轻的、活泼的、刺激的，并且喜爱体育运动和音乐的”；惠尔普的品牌个性则被描述为“有教养的、有影响力的、称职的”；柯达的品牌个性是“纯朴的、顾家的、诚恳的”。相对于品牌的“产品功能属性”，品牌个性主要用于表达品牌的情感利益或用于使用者的自我利益表达，也即表达某种“象征意义”。品牌个性甚至还包含某些社会人口统计特征，如性别、年龄和社会阶层。

（2）品牌个性的特点

品牌个性具有开放性、发展性和继承性的特点。开放性即品牌个性在品牌经营中通过交流、传播，不断吸收新的品质要素；发展性即通过培育、塑造和扩展品牌特征而不断地推进或提升品牌个性；继承性即将个性有机延伸至任何与品牌和其顾客有关的事物。因此，品牌个性的塑造表现为一个随实践发展而不断变迁的过程。

需要强调的是，品牌个性不同于品牌形象。品牌形象是指人们如何看待这个品牌，它是人们对品牌由外而内的评价。而品牌个性则是品牌所自然流露的最具代表性的精神气质，它是品牌的人格化表现。品牌形象比品牌个性的内涵更广，并且包含了品牌个性的内容。品牌形象包括硬性和软性的属性，而品牌个性强调其软性的属性。例如，可口可乐的品牌形象包括独特口感、弧线瓶包装、历史悠久、品质过硬、真实、可信等。但其中软性的部分如真实和可信才是品牌个性。外表的形象是可以模仿的，但个性却无法模仿。因此，品牌个性是品牌形象中最能体现差异、最活跃激进的部分。

（3）品牌个性的形成因素

①与品牌商品直接相关的要素

A. 商品特征

在商品个性的塑造过程中，一些企业针对品牌商品自身的内在属性进行品牌个性的挖掘和提炼，商品本身和消费者有最亲密的接触，可以通过其取得理想的传播效果。

B. 包装设计

包装设计是品牌商品个性的外在体现。独具匠心的包装材料、造型、色彩、字体、标志等各种要素的综合运用，无疑有助于品牌个性的彰显与传播。

C. 商品价格

对于消费者而言，品牌商品的价格是其判断选择的重要依据，同时消费者也会根据品牌商品的价格形成对某一品牌商品的印象。如果一个品牌的商品持之以恒地以高价作为其品牌的个性加以传播的话，就有可能在消费者心目中形成两种相反的品牌印象：高品质的、尊贵的、富有的、豪华的、精致的、奢侈的品牌个性；或者是势利的、庸俗的、高高在上的、为富不仁的品牌个性。如路易·威登的品牌个性就是坚持其高价格的市场营销策略，使得其长期位居十大国际著名奢侈品牌之列。

②与品牌商品间接相关的要素

A. 使用者形象

所谓使用者形象，是指企业在对品牌个性的塑造过程中，将品牌商品的目标消费者的共性特征加以提炼和整合，塑造出该消费者群体广为认同和喜欢的典型人物，并将该典型人物的个性特征融入品牌的个性特征之中，逐步形成自己独特的品牌个性。

B. 广告风格

所谓广告风格，是指企业在其长期的广告诉求活动中，持之以恒地采用相同的表现手法，使其广告作品逐渐形成一种有别于同类品牌商品的独特的表现方式，当消费者将这种广告诉求的表现方式与品牌商品形成一对一的对应联想时，品牌的个性特征就已经在消费者的心目中牢牢地确立了。

C. 上市时间

品牌上市时间的长短，在客观上会给消费者造成不同的印象，这种印象实际上会在很大程度上影响消费者对品牌个性的基本判断。比如，历史悠久的品牌从积极的方面而言，往往给人以成熟、稳重、老练、友善、值得信赖的整体感觉；但是，如果从消极的方面来说，这种品牌常常又有可能在消费者的心目中生成老迈、守旧、无趣、缺乏活力等负面印象。同样，对于上市时间较短的品牌而言，即有可能在消费者心目中产生年

轻、新颖、时尚、活力的整体感觉，也有可能在消费者心目中产生华而不实、哗众取宠、昙花一现的感觉。因此，策划人员应根据品牌上市时间的具体情况，有意地扬长避短，努力提炼出更具竞争力的品牌个性。

③与目标消费者直接相关的因素

A. 价值取向

在品牌的传播过程中，策划人员也可以将目标顾客的价值取向植入品牌，通过长期不间断的广告活动，就可以逐渐形成具有独特气质的品牌个性特征。

B. 审美情趣

审美情趣是指消费者在认识和接受事物过程中判断事物美丑的兴趣与爱好。显然，不同的消费者由于其价值取向的不同，其审美情趣往往也会大相径庭。对于相同品牌，不同的消费者之所以会有不同的判断和选择，其中一个重要因素，就是消费者大都具有不尽相同的审美情趣。因此，策划人员在为企业提炼品牌个性的过程中，还应对本品牌的目标消费者的审美情趣进行深入的分析，并努力根据目标消费者的审美情趣提炼出更能被目标消费者所接受、认同甚至喜爱的品牌个性。

（4）品牌个性的塑造

对于品牌个性的塑造，应该以满足目标顾客的需求为重点。如果品牌个性与目标消费者的个性相一致或与他们所追求的个性相一致，那么就很容易产生品牌忠诚，对于品牌个性的塑造：

①品牌定位：品牌定位是确定品牌个性的必要条件。只有品牌定位完成之后才能根据特定的消费群与其相符合的消费文化特征塑造品牌个性。

②品牌形象：品牌的定位确定后，企业必须随之做出一系列的品牌形象的跟进，包括品牌名称、品牌标志等，通过品牌形象来彰显品牌个性。

③打造情感性品牌：要打动消费者使消费者产生心灵上的共鸣，就必须走情感路线，从心灵上震撼消费者，赢得消费者的信赖。注重品牌的精神价值，同时传达企业的文化精神。

④考虑消费者现在和潜在的期望。通过深入的不时调查，了解消费者的心理和需求，不断创新，达到应有的效果。

5）品牌体验

品牌体验是指消费者被品牌相关刺激所引发的一种主观上的内在（感官、认知）反应和行为反应，相关刺激包括品牌设计、品牌标志、包装、沟通和环境等。

【案例1】

从七匹狼品牌管理案例看品牌个性的塑造

七匹狼是福建晋江的服装品牌，创建于1990年6月18日。1989年注册商标，至今在多个行业领域以及几十个国家和地区注册。1993年，集团全面导入CIS并成功运作。1996年与晋江烟草专卖局、龙岩卷烟厂联名推出的七匹狼高档香烟取得巨大成功。

1997 年，七匹狼酒业有限公司成立，实现了跨行业经营的第二次重大转变。2000 年，七匹狼发展股份公司成立，标志着七匹狼的规范化经营向现代化企业迈进。同时，策划推出七匹狼白酒，成功上市。至此，公司先是主动放弃其他市场、专门生产男装，而后逐步突入皮具业、香烟、酒业、茶业等领域，成功地把七匹狼品牌延伸至其他行业，建立“统一品牌的多元化经营”战略。到 2004 年，七匹狼的品牌价值已经高达 34165 亿元。

品牌个性塑造的视点

品牌资产的核心是产品与消费者之间的关系，它决定该品牌在未来市场的影响力，来源于品牌客户价值和企业价值的整合与互动。掌握品牌精髓，把握品牌个性，是成功地进行品牌资产建设和运营的关键所在。七匹狼案例的核心就在于它使狼性和男性达到完美的契合。一般而言，品牌个性的运作必须坚持以下视点：

（1）消费者、企业和工作单位是品牌经营的三大组织要素。品牌经营必须进行有效的组织和管理，内外互动，深入分析和把握品牌的内涵圈和外延圈、企业的价值和顾客价值。

（2）品牌管理工作，贯穿于品牌营建、品牌维护、品牌的发展与延伸以及品牌再造的每一个环节。

（3）品牌建设中，品牌沟通是品牌经营的核心任务。“营销即传播”。只有为品牌形象塑造最体现差异最活跃最激进的部分，才可能触及品牌的核心领域，为品牌造就忠诚、崇拜——这就是品牌个性。

（4）品牌个性创造，犹如胚胎移植，是个高度精细的创意传播过程，必须整体掌握并细致运用驱使品牌个性的多种因素，运用良好的品牌经营手段。七匹狼的运作坚持差异化创造价值和品牌延伸策划管理空间两个基本经验。

品牌个性塑造的方法

1. 内外价值互动，认识品牌身份

品牌资产来源于品牌客户价值和企业价值的整合与互动，是企业与消费者在彼此关系、长期的持续对话、使品牌信息与顾客体验合二为一的过程。也就是说品牌在沟通中获得自己的状态、自主性和自身的身份，它存在于公众的理解和记忆之中。这就是品牌资产的实质。因此对品牌身份的各个侧面做详尽的调查，是形成品牌特权，进而成为品牌营建的基础。

七匹狼首先进行详尽细致的 720°品牌扫描，分别从 360°品牌内涵圈（战略—个人—团队—效率）和 360°品牌外延圈（产品—市场—行销—绩效）着手进行。通过对发展过程的考察，同时与经销商和消费者互动沟通得出。七匹狼的品牌现状是：通过十五年的品牌运作，成为一个具有较高的品牌认知度和较多品牌认同的纯粹男性品牌（这是七匹狼独特的品牌文化和个性的根基所在）。但大部分消费者对“七匹狼”的品牌认知仍基于其品牌名称所带来的自然联想，仅仅停留在“名称记忆”阶段。换句话说，七匹狼的标识充其量只是个没有价值的商标和用于识别的符号。在品牌印象感知的测试中发现一

个极具趣味性的现象：大部分消费者对“七匹狼”品牌的联想依然集中于“狼”这种肉食群居动物之上，对“狼性”的描述出现同样特征却完全相反的描述：其具有狡猾、阴险、凶恶的兽性特征和具有自由、勇敢、智慧的挑战特质。究其根源，乃是“印象”问题。“狼性”的名称在汉民族文化中是兽性中最要不得的特质。其实这完全是个误会，它源于汉民族农耕文化的一个重大缺陷，缺乏对狼的智慧运动哲学的深刻体悟，这也是七匹狼的原产地——晋江人在发展初期给国人印象的双重性格的直接反映。

因此，七匹狼与消费者的沟通中存在相当大的滞障因素，品牌个性不强，品牌凝聚力不足。所幸的是目标消费群的心智对七匹狼提倡的男性品牌文化有着较广的接纳空间，甚至可以去拥抱更具内涵鲜明的品牌个性。显然，七匹狼品牌管理的当务之急是提升品牌个性，使之具有优秀的品牌身份凸显出某种形态的人，代表某种特殊的生活方式，能与顾客真诚相待，持续沟通，共同进步。

2. 挖掘文化意蕴，凸显品牌性格

品牌个性是品牌与消费者沟通的最高层面，是从标识、形象到个性的不断深化过程。造就品牌的特征，造就崇拜，是品牌经营的归宿。品牌个性本质是品牌的人性化。具体思路则是把品牌视为一个人、一群人或一个主体，而这群人应具有什么特征呢？任何品牌创意都是基于此文化特征的，而绝非空穴来风。也就是说，任何生活形态方面的细节都可能成为沟通的基点，一个富有个性化的品牌形象，又代表着特定的生活方式、价值取向和消费观念。只有这种为引起消费者共鸣而进行的生活方式的设计和消费观念的倡导，才能通过产品与消费者建立起一种情感上的沟通和联系，进而激发消费者的欲求与联想。

因此七匹狼的个性化之路，只能以“狼”为品牌形象的主体，并把品牌人格化。研究发现：在现代社会的竞争环境中，男士的世界是一个“群狼混战的世界”。男士面临巨大的社会压力，包括家庭责任、社会关系、事业成败等。生存本身意味着沉勇机警，不懈奋斗。而追求不懈奋斗的男士部落在表面和潜质上兼具狼的性格：孤独、荣辱胜败、勇往直前、百折不挠、精诚团结，这些是男性中追求成功的人士必经的心灵历程。成功和走向成功的“男士族群”大多数时候只是表面的辉煌灿烂，更多折射一种在人生旋涡里，激流勇进、百折不挠、积极挑战人生的英雄气概，一种在冷静中思考，在负重中专注，在豪迈、自信、慷慨甚至不羁反叛中充分展示自己的理想人格。显然，现代男人个性张扬的时代已经过去，更为内敛的精神内涵和群体合作成为新追求。这是一种个人英雄主义和传统集体主义并重的精神综合体，它正契合了七匹狼的品牌个性的内涵，也该成为企业文化内涵之所在，更构成品牌个性延伸方向。由此七匹狼个性的提升必须使狼性和男性完美契合，遵循两个基本点：第一，以“狼”为品牌形象主体，作为其个性的表达语言；第二，深化形象认知，提升“狼”的男性世界文化，沟通品牌个性。

基于如此的现实，通过主体消费群的准确创建以及男性精神的精确把握，七匹狼的品牌性格的规划是：“狼的智慧——无止境的生命哲学”，代表着团队挑战、个性、执着、忍耐、时尚、成熟、朋友、忠诚、锲而不舍、善于交流、正视失败。以此七匹狼擎起男士族群的精神旗帜，以勇猛精进、顽强拼搏，笑看沧桑的男士精神感召成功和正在走向成功的男性，拥抱光荣、完成自我、成就自我、展现自我。

3. 形象定位规划，沟通品牌资产

文化意蕴挖掘为我们找到一条塑造形象差异的具有真正生命力的途径——创造品牌的性格而非特征。一个获得特殊文化品格和精神气质的品牌让标识、形象、个性形成了统一的整体，并为自身提供了一个发展品牌识别和品牌传播、成为完整的营销规划的有力工具。

(1) 刻画品牌性格，规划品牌地位

品牌个性的提升，使七匹狼能对品牌进行全面的梳理与整合，提出“JUST FOR MAN”的理念，公司提供的是至情至酷的男士用品，而公司品牌则是一个纯粹的男性品牌，将七匹狼涉及服装、香烟、酒类等产业蕴涵在“男性文化”之中，重新打造个性鲜明的“男士精神”品牌，最终取得中国男性群体时尚消费生活的代言人地位。

(2) 探求市场区隔，创造品牌利基

品牌地位决定了品牌的利基点。80 /20 法则和十多年来在中高档市场打拼中与消费者结下的关系，决定了七匹狼的品牌运作和市场运作必须保持品牌的中高档形象。这是七匹狼的市场利基点，所以七匹狼把目标消费者牢牢地锁定为私营企业主、政府官员、公司职员等 20～50 岁的社会主流消费群体，核心群体为 28～35 岁的已经成功和正在走向成功的男性。他们购买的是成熟、热情、个性、品位、男子汉气。他们也是忠诚、稳定的品牌消费群体。

(3) 重新阐述品牌名称和标识

因为有了性格（个性），品牌标识不仅有助于品牌的识别，同时可以烘托准确的市场定位和深厚的品牌文化。七匹狼标志是一头向前奔跑的彪狼，整体呈流线型，充满动感与冲击力，给人奋勇直前的感觉，象征企业不断开拓的进取精神。这款金黄色的奔狼型设计是七匹狼的外显标志。“七”是一个吉祥数字，既代表一个由奋斗产生的团队，又蕴含创业者的美好愿望，寓意胜利吉祥，代表生命力和活力。狼与郎通音，又有狼的极具拼搏力和顽强奋斗之意。“SEPTWOLES”是英文“七”和“狼”的组合，寓意一个团结的整体，是创建品牌的七个人，他们的故事就是七匹狼文化的精神内核。

(4) 整合传播，无限延伸主题

在统一的品牌文化和主题的指引下，品牌的沟通需要有个高度的整合态势，能够全面结合产品的核心利益（适用于正式、休闲、拼搏场合，使人无须为着装问题而烦恼）、品牌规划（狼的精神）和目标消费心理（仍在与团队一起拼搏），打造沟通的独特符号和高位的沟通空间，创造一个无限的主题。

对七匹狼目标消费群的心灵的深入刻画：他们一生动荡，经历过国家、政策的变革，个人工作生活方式的改变，时时面对压力，只有他们了解自己所经历过的一切；他们从不将疲倦和失败的一面示人，但是他们也渴望人们的理解；他们需要一个能够代表他们的人或事来表达出他们没有说出的心事。因此，齐秦出任七匹狼的品牌代言人，皇马的七大巨星集体作证七匹狼，通过媒体、专卖店、公关事件，促销活动等，人们实实在在地接受着来自七匹狼的空中和地面的动态的传播体验。它们共同传播着七匹狼所倡导的“狼的智慧——无止境的生命运动哲学”。

4. 调性（TONE）设计，策划传播空间

传播既要遵循品牌的文化概念与个性特质，又要照顾到品牌中产品的个性。品牌个

性有很多特征，而每个产品都具有“与生俱来的戏剧性”。特别是公司旗下涉及多种不同类型的产品，为达到更佳更精妙的沟通效果，就必须对各类产品进行定位开发，规划不同产品的属性特征使之相互区隔，又互为统一，共同融入母品牌个性之中，使每个产品的调性（TONE）与母品牌的个性吻合，最终丰富母品牌个性。

七匹狼的具体执行路线是：服装——自信端重；香烟——凝重思索；啤酒——潇洒豪放；茶品——安静兼容；白酒——至醇至酷等。将男士主要性格特征提炼出来，在男性（狼性）个性之中注入尚真、尚纯、尚朴、尚淡的新流行文化，将21世纪中国男性自信心与豪放的个性，深刻而博大的人文精神进行全面的注释，使更多消费者在感悟七匹狼男性族群文化的过程中，升华自己的性格魅力和人生涵义。

一个品牌个性和文化具有无限延展和精细规划的特质，是其品牌延伸（属于间断延伸）之所以成功的关键所在。品牌系统下每一项产品与服务的推出，都要能不断充分利用品牌资源，帮助发展和丰富品牌意义，才能做到主力产品和延伸产品因相连性而均获益。

七匹狼的品牌就是多维度建立起来的，它的每个产品都有自己独特的品牌主张，但都服从于“男性”的大概念，而不同的性格传递给消费者统一的信息是：男人与男人的关系是你生活的舞台。

同时，目标消费者需要一个能够代表他们并表达出他们没有说出的心事的人或事件，品牌传播就必须在高度整合的基础上，创造一种全新独特的符号。这个符号的特质必须结合产品的核心利益、品牌规划和目标消费心理。

为表现坎坷奋斗的特质，七匹狼为品牌代言人制定了六条标准：①代言人不能是年轻时尚的，因为没有类似的经历，不足以代表目标群，不能唤起认同感；②当提到狼的时候，他应是消费者脑海中的第一联想；③代言人本身应是常人眼中的成功者，但他仍在不懈地奋斗；④代言人的性格应与七匹狼的品牌个性和文化内涵相符；⑤代言人的元素应该能够将目标消费者带回旧日奋斗的时光，能够引起认同感；⑥代言人相似的艰难奋斗经历能够触动目标消费者心中最柔弱的部分。正因如此，齐秦出任七匹狼的代言人，演绎一部经典的、感性又不失理性的“都市森林”。该广告获得全广展的铜奖，齐秦也被列为最受欢迎的品牌代言人，这说明了七匹狼沟通的效应。

反观目前国内服装品牌传播的现状，它们也一直选择明星代言的路子。但策略创意方式相似，明星硬接品牌名，并没有给消费者留下任何的东西，又有谁能记住它们呢?

5. 差异经营，创造品牌价值

差异创造价值，差异创造品牌的“第一位置”。品牌个性传播的关键在于造就崇拜和忠诚。必须整体性地掌握和积极驱动有利因素，形成差异性的优势，才能在消费者心目中占据与众不同的位置。这种差异性的创新智慧体现在产品行销传播和通路等具体执行中，力图实现企业的价值链和企业的经营模式的完美结合，使企业精心挑选客户群体，为之提供独特的、不可替代的产品和服务。这种独特性体现在：

（1）重塑价值链

价值链是企业建立竞争优势的砖砖瓦瓦，是企业通过自身经营活动的选择和专注，建立差异的来源。具体体现为：一个企业对客户的承诺并体现在产品和服务的定价、质量表现、选择性，方便性和美观性等。

为了更加专注自己的文化承诺和品牌质量，早在 2000 年，正当其他企业热衷于通过多元化扩张规模，盲目追逐国内市场因转型期的各种不确定的机会时，七匹狼却做出让业界震惊的决定，毅然转让七匹狼香烟的股权，中止啤酒和茶叶的经营，专注于男性服装。更难能可贵的是，没有放弃对一切关于品牌的运作监控。

(2) 组织以价值链为基础的企业运营模式

为保证企业所作的承诺，企业必须重新整合和完善集团的经营过程、管理系统、客户服务、组织结构、管理团队的组成，以保证企业在每个细节上服务好消费者。

七匹狼的白酒个案是通过建立和实施“品牌经理制”实现的。从开发研制、生产、包装设计、市场研究、业务拓展、广告制作、促销支援到其他经营工作，主创人员都一一提出详尽的执行细则。因为创意不仅是去发现一个“惊人”的点子，更体现在对细节的独具匠心上。如为了白酒的独特包装，从瓶身、瓶盖、烤花、外定、内垫、海绵，主创人员亲临成都、重庆、深圳等全国各地并与生产厂家一起工作，研讨问题，修正工艺。

(3) 选择独特的价值营销法则，突出品牌形象

一个成功的品牌个性营销准则是：独特的市场区隔与定位+成功的品牌延伸，创造忠诚、稳定的品牌消费群。因此在品牌建设中坚持一切以消费者为中心，直接、简单、到位的品牌管理与市场行销概念，并在经营中创造为自己低成本扩张与快速品牌塑造的最有力的模式。同时，注重营销战略的系统化运作。而营销工作必须以战略策划为主，讲究策略间的有机配合，决策建立在调研的基础上，通过准确的产品和目标市场定位，制定有效的营销战略。

以七匹狼白酒为例，公司创造性地提出必须致力于在中国市场发展白酒特许经销事业，为市场提供优异的白酒品牌与个性体验的战略。在销售策略上则利用直营、区域特许经营系统，应用零售网络相互配合、协调的分销方式。在运作中为保证事业的成功，在公司内部建立了特许经销七大体系：品牌运作、行销管理、商业培训、支持、督导、VIS 和整合推广体系。在促销策略上、不是单一依赖广告或其他促销手段，而是将人员推销、广告、销售推广和公关策略以及品牌文化延伸进行组合性运用，增强整体促销合力，为七匹狼品牌的顺利延伸与迅速发展提供了广阔的发展空间。

(资料来源：蔡清毅．从七匹狼品牌管理案例看品牌个性的塑造．厦门理工学院学报．第 14 卷 第 1 期：58 - 62)

【案例 2】

百事食品：创造最 Cool 的品牌体验

在休闲食品领域已拥有乐事、奇多等多个品牌的百事食品公司近期在上海推出了零食品牌多力多滋 (Doritos)。在接受采访时，百事食品公司高层表示，目前中国已成为百事海外最大的市场，通过推出多力多滋，百事食品公司期望赢得更多新一代消费者的青睐，进而扩大市场份额。百事品牌一向充满了活力与个性，作为百事食品公司的一

员，多力多滋在炫银与酷黑的包装下，将目标消费群体锁定为“80后”“90后”“玩酷一代”，并在包装、口味、推广方式等方面强调其Cool的品牌体验。

最创意的元素组合

百事食品公司的乐事品牌已在国内薯片品类中排名第一，覆盖的受众群比较广泛，是老少皆宜的大众化品牌。而多力多滋剑走偏锋，消费者定位为“80后”“90后”的D世代。

百事食品公司大中华区市场部副总裁蔡德表示，近两年中国零食市场特别是膨化类食品的市场规模迅速扩大，不过各个品牌建立的品牌形象接近于同质化，总体偏向于口味齐全，更多地看重口味开发，缺乏对品牌个性的打造。而要迎合“80后”“90后”等新一代消费者的需求，品牌塑造必须符合其性格特征。

多力多滋的目标消费者极具个性：他们充满创造力，是站在时尚前沿的弄潮儿，他们不仅仅满足于追逐时尚，而是敢于创造时尚。

基于此，多力多滋将自己定位于一个“大胆却不另类、独特却不小众、充满创意、敢于玩乐、领导零食劲酷潮流的时尚品牌”。

多力多滋的外包装采用了酷劲十足的银色与黑色以及Hip Hop涂鸦风格的背景图案，有D2拉风芝士与D3摇摆塔可两种口味，其独特的三角形切片设计，意欲成为D世代的潮流标志。

为了更加贴近D世代的新一代消费者，多力多滋带给消费者的是与众不同的品牌体验。舍弃明星代言，除了颠覆传统的包装设计风格和口味外，多力多滋致力于将劲酷的品牌体验渗透到消费者的一言一行中。针对网络上玩拆字游戏的热潮和年轻人另类的出行方式，多力多滋制造了D—language和D—car（跨斗摩托车）潮流，为D世代寻找一个新的文化标志，从而让消费者通过每一个细节去认同多力多滋。

谈到品牌元素“Doritos跨车”的运用，蔡德说：“跨车在外形上是三角形结构，这是最具创意、最锋利的外形，但同时具有最稳固的结构，它与多力多滋独特的产品外形具有相同的外在特征；其次，在很长的一段时间内，跨车都是年轻人心目中很‘拉风’的一种交通工具，特别能彰显他们的个性。而新一代消费者，‘80后’‘90后’，他们充满了叛逆，更敢于创造，更敢于尝试。”为此，多力多滋创作了6台D世代专属跨车，涂成银、黑两种颜色，以银色对应D2拉风芝士，以黑色对应D3摇摆塔可。

“品牌原创，才能与众不同，引领风潮，所以多力多滋创造了最Cool、最有创意的品牌元素集合，从劲酷跨车到创意拆字，这些在市场上从未有过的品牌元素以其独特性迅速抓住了目标消费群的眼球，让目标消费者产生品牌喜好。”蔡德说。

最酷的沟通方式

从饮料转向食品，百事食品公司起初面临着很大的挑战。

“两个品类的消费者行为不同，产品创新模式也不同。百事可乐的配方一百多年来都没有改变，因此营销更多的是沟通方式的创新，向人们传达百事可乐是一个历久弥新的品牌。百事食品的配方是灵活多变的，针对不同地区的消费者可以提供很多创新性的产品，除了表达方式的创新外，产品创新也很重要。在百事食品公司工作对我而言是相当具有挑战性的，因为这会涉及不同层次消费者的不同习惯。”蔡德说，“另一方面，既要延续百事创意不断的品牌内涵，又要挖掘新的专属于多力多滋的品牌风格；百事擅长通过巨星代言，而多力多滋则崇尚让每个消费者感觉自己就是最好的代言，要为 80 后、90 后消费者创造全新的体验和新鲜的法则，也是很大的挑战。”

蔡德认为，成功的零食品牌离不开两个重要因素：首先，要和消费者有深层次的互动，要有打动消费者心灵的东西。这种东西是超越产品本身、超越口味的，比如当人们处于某种情绪状态时，就会想到这个产品，这种精神层面的体验就像品牌的磁场一样。其次，要对产品进行本土化创新。当然，要做到这一点并不容易。本土市场的很激烈，产品必须不断地提升体验，不能因为一个产品成功了就停留在这个点上，产品必须走在消费者的前面，不断地给消费者带来新的惊喜，给消费者意想不到的体验。

零食品牌要想取得成功，还不能囿于行业行规的限制，要在产品的各个体验点上都要有创新的方法，同时品牌的成长一定不能和消费者脱节。但在这种求变的过程中，也要有恒定不变的东西，比如品牌的追求、价值观等体现品牌内涵的东西。表现手法必须根据产品特点有所创新。

品牌个性是品牌人性化的表现，是目标消费群已有或正在追求的“个性”。通过品牌定位确定目标消费群体，他们具有或追求的共同的性格特征就代表了这一群体的“个性”。年轻人具有洒脱、奔放、自由、热情、活力、动感等性格特征，这就是该消费群体的普遍“个性”。

多力多滋的目标消费群体是“80 后”“90 后”，品牌个性是充满活力，敢于展现自我，追求和享受，敢于创新，敢想敢做。多力多滋倡导“Dare To Do”的生活态度。“大胆，自信，勇于尝试新事物，敢于梦想又享受当下”，类似的品牌态度正是当下新新人类的精神文化缩影。在此基础上，多力多滋的沟通方式必然基于目标消费者的需求，致力于创造一种足够 Cool 的体验。

除了三角造型、银黑色包装、Hip Hop 涂鸦风格的设计图案、用代码“D2”“D3”表示口味等时尚元素的运用外，百事食品公司还采用了一系列营销手段，突出多力多滋品牌 Cool 的个性。

未来几个月，多力多滋品牌将在全国范围内举行劲酷 Doritos 跨车、创意拆字、D 飙语大赛等推广活动，目标直指以“80 后”“90 后”为代表的 D 世代人群。

消费者可以参加多力多滋在上海、北京举行的 D-car（Doritos 跨车）活动，乘坐劲酷跨车，在极富跳动感的马达声中，穿行于上海、北京最时尚、最有人气的街区，体验多力多滋品牌独特的个性。

去年 9 月，多力多滋在三大网站（猫扑、校内网和 QQ 空间）举办 D 态度大赛，号召 D 世代写出自己大胆、有创意、让人崇拜的宣言，得票最多的可以赢取劲酷D-car，甚至被选为多力多滋 2009 年新广告片的主角。

通过一系列市场推广活动，多力多滋希望与目标消费者进行深层次的心理需求互动，营造品牌“磁场”。

（资料来源：闫芬．百事食品：创造最 Cool 的品牌体验．Marketing Review 营销评论：72－73）

4. 品牌相关概念辨析

1）品牌与产品

产品与品牌的一个重要区别是，产品是通过自身带有的利益和功能属性，直接满足消费者的需求；而品牌是通过产品本身的体现的功能利益，引发消费者对其用户、个性、文化等方面的联想，实现企业的对消费者的价值承诺。从消费者的角度来看，品牌带来的满足是一个更加间接的过程。产品与品牌具体说来有以下四点重要关系：

（1）品牌与产品名称是两个完全不同的概念。产品名称主要体现的是辨别功能，将一产品与另一产品区别开来，而品牌则传递更丰富的内容，价值、个性、与文化都能通过品牌来表现。产品可以有品牌，也可以无品牌。无品牌商品以其价格低廉也能赢得一部分顾客，但如今厂家越来越重视品牌创造，一件产品可以被竞争者模仿，但品牌独一无二，产品很快会过时落伍，但成功的品牌却能经久不衰，一种品牌可以只用于一种产品，也可以用于多种产品，进而产生品牌延伸，多品牌策略，这取决于厂家的选择。

（2）产品是具体的存在，而品牌存在于消费者的认知中，品牌是消费者心中被唤起的某种情感、感受、偏好、信赖的总和。同样功能的产品被冠以不同的品牌之后，在消费者心中产生截然不同的看法，从而导致产品大相径庭的市场占有率。

（3）品牌形成于整个营销组合环节，品牌是根据产品而设计出来的。营销组合的每一个环节都需传达品牌的相同信息，才能使消费者形成对品牌的认同。如，一种定位于高档品牌的产品，必然是高价位，辅之以精美的包装，在高档商店或专卖店出售。商业传播与品牌的关系更加密切，名牌产品的广告投入要大大高于一般品牌。

（4）产品重在质量与服务，而品牌贵在传播。品牌的“质量”在传播，品牌的传播包括所有的品牌与消费者沟通的环节与活动，如产品的设计、包装、促销、广告等。传播的效用有两点：一是形成和加强消费者对品牌的认知；二是传播费用转化为品牌资产的一部分。

2）品牌与商标

英文中品牌是 Brand，商标是 Trade Mark，两者是不同的概念。

商标是企业生产的产品的标志，经申请注册核准就获得法律的保护，商标即代表厂商的信誉，同时又是商品在消费群体中的信誉。商标不仅是商品流通的重要工具，客观上在商品市场竞争中也起着重要作用。

商标是产品文字名称，图案记号，或两者相结合的一种设计，经向有关部门注册登记后，经批准享有其专用权的标志。商标作为一个法律概念首先出现在 1883 年的《保护工业产权巴黎公约》上。在我国，国务院工商行政管理部门商标局主管全国商标注册和管理工作，商标一经商标局核准即为注册商标，商标注册人享有商标专用权，受法律保护。假冒、仿冒、抢先注册都构成对商标的侵权。《中华人民共和国商标法》于 1982 年第五届全国人民代表大会常务委委员会第二十四次会议通过，1993 年第七届全国人民代表大会常务委员会第十三次会议修正。1996 年，又发布并施行了《驰名商标认定和管理暂行规定》，明确定义了什么是驰名商标，“驰名商标是指在市场上有较高声誉并为相关公众所熟知的注册商标”。商标作为一个法律概念，现已被世界上大多数国家所确认。但是在经济学界，使用得比较多的是品牌（Brand）这个概念。而且，品牌比商标有更广泛的内涵。

商标与品牌既有联系又有区别，其联系主要表现为，它们都是无形资产，都具有一定专有性，其目的都是为了区别于竞争者，有助于消费者识别。所以商标与品牌经常被混淆使用。有些人误以为两者无本质区别，其实不然，两者区别主要表现在：品牌无须办注册，一经注册，品牌的标识就成为商标。商标一般都要注册（我国也有未注册商标）它是受法律保护的一个品牌或品牌的一部分，其产权可以转让和买卖；品牌主要表明产品的生产和销售单位，而商标则是区别不同产品的标记。一个企业品牌和商标可以是相同的，也可以不相同；品牌比商标有更广内涵，品牌代表一定文化和个性，代表企业对消费者的价值承诺，也可能包含顾客对商家的信赖和忠诚，而商标只是一个具有排他性的法律认可的识别标记。

3）品牌与名牌

名牌并无准确的概念，但名牌一定是有一定知名度和美誉度的品牌，名牌代表着优良品质，但名牌并不代表高价位，它可以是高质高价，高质中价，甚至高质低价。“茅台”是高质高价，“大宝”化妆品则高质中价，“格兰仕”则高质低价。

另外，名牌是有时效性的，昨日的名牌今日未必是名牌，“荷花”牌洗衣机、“燕京牌”VCD 都曾是昔日名牌，但如今市场上已很少见到此品牌。所以品牌可以转化为名牌，名牌若不注意宣传或经营不当就会失去名牌效应，甚至消失。1995 年我国家电业品牌 200 多个，其中知名品牌也不少，到如今却只有 10 个左右的大品牌主导着市场。

2.3.2　品牌培育

> **3.2　品牌培育**
>
> 组织为提升品牌价值而开展的旨在提高履行承诺能力、增强竞争优势，并使这一承诺和竞争优势被其顾客获知和信任的全部活动。

【解读】

目前，国内企业普遍面临的一个问题是信任危机，尤其表现在食品行业，从毒牛奶到双汇的问题产品，再到今天的速成鸡，食品安全问题仍得不到解决。这种现象不仅是发生在地下工厂和私人的小作坊，而是爆发在人们都认可的“大企业”“名牌产品”“驰名商标”之中。食品行业的现状仅仅是国内企业的一个缩影，背后是国内企业发展和企业品牌建设出现了严重的不同步。无视法律、无视消费者，没有承诺的概念，即使有承诺，也只是用来践踏，这样的企业怎么可能在激烈的市场竞争中获得消费者的认可，脱颖而出？因此，当前品牌培育的目的应为：提高履行承诺的能力，增强竞争优势。

要提升自主品牌的竞争力，必须进行科学有效的品牌培育。所谓自主品牌，是指在拥有自主知识产权的前提下，通过自主研发，在消费者心中形成独有的特征，并能有效促进消费者购买其产品，乃至产生品牌忠诚的名称、符号、形象或设计。自主品牌以技

术或者服务创新为基础，企业对品牌拥有、控制和决策权，同时自主支配品牌所产生的经济利益，对品牌的知识产权拥有所有权。

品牌培育，是以企业总体战略以指引，以品牌资产为核心，围绕企业创建、维护和发展品牌这一主线，综合运用各种资源和手段，以达到增加品牌资产、打造强势品牌目的的一系列活动的总称。

品牌培育的本质从宏观上来说，是在各种不同的变量当中求取平衡，在外部市场及企业内部能力之间、企业资源及消费者认知之间、短期利益及长期发展之间力求均衡发展。从微观上说来，品牌培育是一个有效监管、控制品牌与消费者之间关系的全方位管理过程，需要在企业价值链的每一环节做出正确的决策和行动，因此品牌培育涉及企业各职能部门并贯穿整个商业流程，成为企业整体战略的核心。它是企业战略管理的重点，企业的市场开发、质量管理、广告、公关等都要围绕品牌培育战略来展开。

品牌培育的目的是最终形成品牌的竞争优势，使品牌在整个企业运营中起到良好的驱动作用，使企业行为更服从和体现品牌的核心价值与精神，不断提高企业的品牌资产，为企业造就百年金字招牌打下坚实的基础。

2.3.3　品牌培育管理体系

3.3　品牌培育管理体系

在品牌培育方面指挥和控制组织的管理体系。

【解读】

品牌培育管理强调的是对品牌培育的全过程进行有机的管理，主要是指以品牌资产构建为核心，调动企业全部资源，从品牌战略策划到实施控制，从品牌管理组织的建立开始，到进行品牌监控的一系列有组织有计划的管理行为，承担着对品牌培育活动进行计划、组织、协调、控制的任务。品牌培育管理的职责是保证品牌培育的目标得以高效的实现。

因此企业必须在品牌培育方面建立系统高效的指挥和控制企业的管理体系，形成文件，加以实施和保持，并持续改进其有效性和效率，以确保企业可以更高效地利用资源，培养顾客的忠诚，提升品牌价值，获得和保持竞争优势。品牌培育管理体系文件可包括：形成文件的品牌培育方针和品牌培育目标；品牌培育手册；企业确定的为确保其过程有效策划、运作和控制所需的文件（包括记录）。

品牌培育关乎企业战略的成败，所以是一把手工程。为了建立并保持品牌培育管理体系，持续改进其有效性和效率，最高管理者应当进行品牌培育的长远规划；不断监视和定期分析与品牌培育相关的环境；平衡地满足相关方对品牌的需求和期望；持续保持相关方的参与，并让其了解企业的品牌培育活动和计划；创造适于品牌培育的工作环境；预测未来的品牌培育资源需求；识别品牌培育过程中的风险，并制定应对措施；建立品牌培育程序，确保其对环境变化做出快速响应；定期评价品牌培育过程，并持续改进和创新。

【案例 3】

我国 OEM 企业自主品牌培育的策略与思考

以 OEM 形式参与国际分工是我国中小企业迅速进入国际市场的有效途径，全球 1/3 的 OEM 业务由中国大陆的企业提供。近年来，受到生产要素成本的提高、人民币升值以及全球金融风暴的影响，我国 OEM 企业的利润持续下滑，大批企业陷入生存危机。OEM 企业的转型刻不容缓，尤其是如何培育 OEM 企业的自主品牌，探讨其策略运用，是一个很重要的问题。

现状及问题

1. 产业链分工上处于弱势地位，缺乏经营主动权

OEM 企业通常不参与产品设计与开发，只负责按外商提供的产品样本生产，没有自己的营销网络。由于不直接与市场客户接触，OEM 企业的生存依赖于委托方，沦为国外品牌的“制造车间”，导致我国企业在国际分工中处于弱势地位，只能在较低的层次上参与国际产业链分工。

2. 习惯于贴牌生产，品牌意识淡薄

我国 OEM 企业一般是为同行的知名企业做贴牌，自己只是赚取价值链末端微薄的利润，一般在 8%以内，高额的附加利润则被品牌商赚取。如，我国服装 OEM 企业每加工生产一件衬衫获得的加工费仅为售价的 1%，而掌握了销售渠道的外国企业却拥有 63.7%的价值增加值。近年来，我国的很多 OEM 企业已经认识到了培育自主品牌的重要性，开始有意识进行品牌管理，但是由于品牌认知上的偏差，企业大多缺乏完整的品牌管理模式，加之品牌建设本身周期长且投资大，其产出具有相对滞后性，使得许多发展中的中小企业无心进行品牌建设，更缺乏品牌管理和提升品牌竞争力的有力措施。

3. 自主创新能力差，缺乏核心竞争力

国外企业采用 OEM 与我国企业搞贴牌生产，最主要的目的是将生产制造环节外包转移，重新调整企业资源在价值链上的分布结构，集中优势资源打造自己的核心竞争力，而这正是我国 OEM 企业所缺乏的。从国际价值链分工的格局来看，中国 OEM 企业往往处于整个价值链分工的底层，并且陷入持续性产品研发和品牌推广不利的恶性循环：由于缺乏核心技术和知名品牌，处于“微笑曲线”谷底的中国 OEM 企业对其上游和下游的讨价还价能力很弱；由于产品附加价值低，使得企业利润微薄，因而没有能力在研发和品牌推广上增加投入，很难建立差异化竞争优势；又因为缺少非价格竞争筹码，降价成为企业竞争的主要手段。

4. 缺乏品牌建设的管理部门及专门人才

人才是制约 OEM 企业品牌建设的一个重要因素。相对而言，OEM 企业人员的平均素质较低，企业本身财力又有限，因而对人员教育与培训的投入较少甚至没有，而且 OEM 企业人员流动率较高，人才外流现象严重，因此能独当一面的品牌建设专门人才严重缺乏。

OEM企业自主品牌培育策略

1. 品牌差异化定位

OEM企业自主品牌的培育首先要建立企业的品牌意识，从根本上转变企业的运作模式：①从原来的企业对企业（B to B）的经营模式转变为企业对消费者（B to C）的经营模式；②企业的目标要从满足个别组织性客户需求转变为满足不同消费者的需求；③企业的业务重心要从原来的提升企业的“生产能力”或“产品能力”转变为在整个垂直价值链中扩展业务，在新的职能领域（市场调研、渠道建设、品牌推广、技术服务等）形成全新的资源与能力结构。通过对市场的评估以及消费者需求的深入调查，结合企业的自身情况，打造企业的核心竞争力。OEM企业承接委托方业务的同时，需通过工艺改进掌握产品关键制造技术，逐渐形成和加强企业自身的工艺创新和产品研发设计能力，以企业的核心竞争力作为依托，培育自主品牌以及品牌的差异化定位。品牌差异化定位的核心是提炼品牌的核心价值。通过提炼品牌的核心价值，建立企业的差异化品牌形象。

以华昌泰（深圳）珠宝首饰有限公司为例，该公司以前的基本业务是承接国际订单进行加工。该公司经过市场分析发现欧美等国消费者追求贵金属，银饰品的贵金属材质和价格优势正好满足了这些经济允许的国外消费者心理上的贵金属情节；与此同时，内地市场在银饰品本身的价格优势和明星示范作用的带动下需求猛增，在杭州、上海等经济发达的东部城市尤为明显。凭借在产品质量、研发上的独特性，该公司定位于高档银饰珠宝的设计与制造，并创立自主品牌“AONAK”（欧诺卡），通过对欧美及中东等国家时尚银饰的风格走向及流行趋势的把握，设计具有独特性和吸引力的产品，受到海内外厂商的青睐。

2. 搭建营销渠道

有效的营销渠道是企业品牌得以迅速推广的必要条件。在品牌价值的创造和传递中，经销商扮演着重要角色。在以消费者需求为核心的利益博弈中，厂商和经销商必须寻找利益平衡点，获得双赢。鉴于OEM企业自身的资源、能力等限制，不提倡自建销售渠道，应主要委托经销商进行产品销售。由于新培育的自主品牌知名度较低，品牌影响力不够，经销商通常对推广其产品缺乏信息和兴趣。因此企业必须在产品独特性、适用性、广告宣传、成本等方面做出较大努力来争取渠道成员的合作。

安徽省的扬子空调，早在2002年，就专门针对农村三、四级市场着手建立了销售渠道。2004年扬子空调逐步建成一套延伸至各县城和乡镇的农村市场物流配送、空调专卖店和售后服务网点体系。完善的渠道体系确保扬子空调在家电下乡活动启动后就能够迅速销售上量。扬子空调的渠道策略目标是：充分保证渠道经销商的利益最大化，厂商双方形成携手共赢、共生的关系。扬子空调一直坚持顺价销售政策，免除商家倒挂销售、依赖工厂政策支持的经营风险，同时给予商家充分的自主权，由商家根据实际情况，在扬子空调规定的价格空间内进行调整，获得最合理的利润回报。在厂商的通力合作下，扬子空调取得了不俗的成绩：2009年全国推广家电下乡活动推广前3个月，北京、四川等主要省份空调销量排名格力、美的、扬子分列前三位。

3. 品牌传播推广

品牌的传播与推广要以顾客价值为导向。企业要把消费者作为整个营销传播过程中每一环节的焦点并继续贯穿于下一次整合营销传播的始终。媒介是品牌信息传播的主要载体。不同的媒介，传播的特性不同，对消费者观念、行为的影响作用也呈现出差异性。企业要依据品牌实体的特性、目标消费者和传播效果进行媒介的甄选，选择最佳的媒介组合策略。在广告费用越来越高，广告效率越来越低的市场条件下，OEM 企业可以通过精心设计具有创意的活动或事件，使企业的活动成为大众关注的话题，媒体喜欢的新闻，吸引媒体积极报道，消费者踊跃参与，从而达到提升品牌的市场认知度和品牌附加价值的作用。

2000 年至 2002 年，奥克斯空调抓住当时新闻媒体和消费者关注的焦点，通过米卢、足球、价格、白皮书、红皮书等一系列活动和事件营销，迅速提升了品牌的认知度和市场销量，成为空调市场的价格领导品牌。

4. 品牌资产管理

品牌资产是透过品牌唤起消费者思考、感受、知觉、联想的组合，影响消费者的决策能力。顾客对品牌的评价，品牌产品带给顾客的利益是企业构建品牌资产的关键。顾客的忠诚是品牌资产建设的核心，品牌资产的价值通过顾客的忠诚来体现，提高顾客的忠诚度是提升品牌资产的主要途径。

广东东莞市的尚景服装有限公司 1986 年开始靠服装加工起家，当时主要以接外单生产为主。在发展过程企业开始转向自己做市场，逐步在广州、虎门等批发市场打开了市场通路。2000 年开始，该公司创立自主品牌“泰东双铃”，从休闲情侣装这一新领域突破。公司将 80%以上的生产都外包出去，而将主要的精力放在研发和市场销售上。2005 年，邀请香港情侣明星林祖辉和姚嘉妮作为企业形象代言人，通过自有品牌、自主研发、外包生产的经营模式逐步提升“泰东双铃”的品牌价值。

（资料来源：摘自刘晓丽《我国 OEM 企业自主品牌培育的策略与思考》，对外经贸实务，2011/12，有改动）

3.4　品牌战略

组织为增强品牌培育能力，改善品牌培育绩效而制定的总体发展规划和行动方案。

注：品牌战略通常包括品牌培育方针和目标的制定、品牌化决策、品牌模式选择、品牌识别界定、品牌延伸规划、品牌管理规划等方面的内容。

3.5　品牌培育方针

由组织最高管理者正式发布的关于品牌培育方面的全部意图和方向。

注：通常品牌培育方针与组织的总方针相一致，并为制定品牌培育目标提供框架。

3.6　品牌培育目标

在品牌培育方面所追求的目的。

注 1：品牌目标依据组织的品牌培育方针制定。

注 2：通常对组织的相关职能和层次分别规定品牌培育目标。

【解读】

略，参见2.5。

2.4 品牌培育管理体系

4 品牌培育管理体系

4.1 总要求

组织应建立品牌培育管理体系，形成文件，加以实施和保持，并持续改进其有效性和效率。以确保组织可以：

a）更高效地利用资源；

b）培养顾客的忠诚；

c）提升品牌价值；

d）获得和保持竞争优势。

注：品牌培育管理体系文件可包括：

a）形成文件的品牌培育方针和品牌培育目标；

b）品牌培育手册；

c）组织确定的为确保其过程有效策划、运作和控制所需的文件（包括记录）。

组织应妥善管理品牌培育管理体系所要求的文件和记录。

【解读】

2.4.1 建立品牌培育管理体系的必要性

品牌培育管理体系是在品牌培育方面指挥和控制企业的管理体系。

企业品牌培育活动是一项庞大的系统工程，有众多影响该系统运作的因素，这些因素既有系统内部的，也有系统外部的，品牌培育活动的成效是这些因素相互作用、综合影响的结果。当然，这些因素对企业品牌培育活动的影响是动态，其中有时大有时小，有时积极也有时消极，不过，他们的作用到底如何，不仅取决于它们在品牌培育活动中的地位，还取决于对它们管理的有效性。为此，企业必须对影响品牌培育活动的各种因素加以规范和控制，而这种规范和控制事实上就是品牌培育管理的主要内容。

品牌管理体系是一个文件化的体系。企业应编制品牌管理手册，作为品牌管理体系的纲领性文件，手册需要阐述企业品牌管理体系的各个环节、各个过程及其相互关系。同时企业需要将品牌战略和方针形成文件。品牌管理体系文件还包括企业为策划、运行、实施和改进品牌管理体系所需要的其他文件及记录。

所谓品牌培育的有效性是指完成品牌培育的活动和达到品牌培育结果的程度。而品牌培育的效率从过程来看是指在特定时间内，企业开展品牌培育活动的各种资源的投入与产出结果之间的比率关系。效率与投入成反比，与产出成正比。品牌培育活动的效率从结果来看，包括两方面：一是生产效率，它指企业开展品牌培育工作的平均成本；二是配置效率，它指企业所提供的品牌是否能够满足利害关系人的不同偏好。

企业应建立品牌培育管理体系。企业若有其他的管理体系，那么应努力将品牌管理体系与企业其他的管理体系（如质量、环境、职业健康、信息安全等体系）进行整合，以节约运行成本和提高运行的有效性和效率。

该体系应在企业设立的品牌战略和方针的指导下建立。

在建立、实施和运行品牌管理体系时，质量管理体系中推荐的过程方法和作为基础的 PDCA 模式可作为方法论。

2.4.2　建立品牌培育管理体系的意义和作用

1. 建立品牌培育管理体系的意义

建立品牌培育管理体系第一可以对品牌培育工作的全程进行监控，保证品牌的运作不会远离既定的品牌目标，确保品牌发展处于受控状态。第二，可以确保品牌形象的一致性，使得无论是在标志设计、产品、包装、传播等诸多环节以及过往、现在还是未来的任何一个时段，品牌形象都能保持一贯的主题和风格，防止品牌形象的混乱和歧化。第三，可以通过不断的市场监测、计划修正、组织调整和绩效考核，保持品牌活力，防止品牌老化。第四，可以保证品牌培育的所有活动都能聚焦品牌的核心价值，提高品牌资源积累效力，使品牌资产不断增值。第五，可以通过有效的环境监测，建立及时反馈机制和预警系统，以及应急预案有效规避和应对品牌成长过程中的危机，提高品牌的抗风险能力。

2. 建立品牌培育管理体系的作用

建立品牌培育管理体系，能够更高效地利用企业的内外部资源（详见 2.6），培养顾客的忠诚度（详见 3.7.2），提升企业的品牌价值（详见 2.3.1），从而获得和保持企业的竞争优势（详见 2.3.2）。其目的是增加品牌资产，造就强势品牌。营销大师菲利普·科特勒认为，拥有高品牌资产的强势品牌具有如下的竞争优势：

1）带给企业的利益

（1）由于其高水平的消费者品牌知晓度和忠诚度，企业营销成本减少了；

（2）由于顾客希望参与零售经营这些品牌，这加强了企业对他们讨价还价的能力；

（3）由于该品牌有更高的认识品质，企业可比竞争者卖更高的价格；

（4）由于该品牌具有高信誉，企业可容易地开展品牌拓展；

（5）在激烈的价格竞争中，品牌给企业提供了某些保护作用。

2）带给顾客的利益

（1）识别产品；

（2）节省时间和精力，帮助选择，降低购物风险；

（3）提供质量一致性的保证；

（4）提供最佳品质的选择；

（5）代表特定的形象，表现个性，体现生活品位；

（6）多年使用同一品牌，提高对产品的熟悉和满意程度；

（7）感受品牌带给自己的愉快感觉。

2.4.3 品牌培育管理体系的内容

品牌培育的具体活动贯穿于品牌创立、品牌维护、品牌发展以及品牌更新等的建设与成长全过程的每一环节，是一项长期、系统的工作，需要企业实施全员、全方位、全过程的全面管理。即既要有企业高层对品牌进行总体规划和协调，也要有全体员工的强烈品牌经营意识为基础；既要有战略层面的品牌战略管理，也要有执行层面的品牌规范管理和营运管理；既要包括实施过程的管理，也要包括对实施的考核和激励。

因此，当企业建立起品牌培育管理体系，其品牌经营发展就逐步从纯粹的产品管理、市场管理中超越出来，进而将产品经营与品牌这一无形资产结合成统一整体。同时，品牌培育以及管理的业务活动，也超出了简单的品牌命名和品牌推广，而扩大为涉及品牌创造的全过程以及全方位的工作，这一工作涵盖了五大模块，形成一套完整的品牌培育管理体系：品牌战略规划模块、资源整合模块、过程管理模块、组织保障模块以及绩效测评模块。具体如图 2－6 所示。

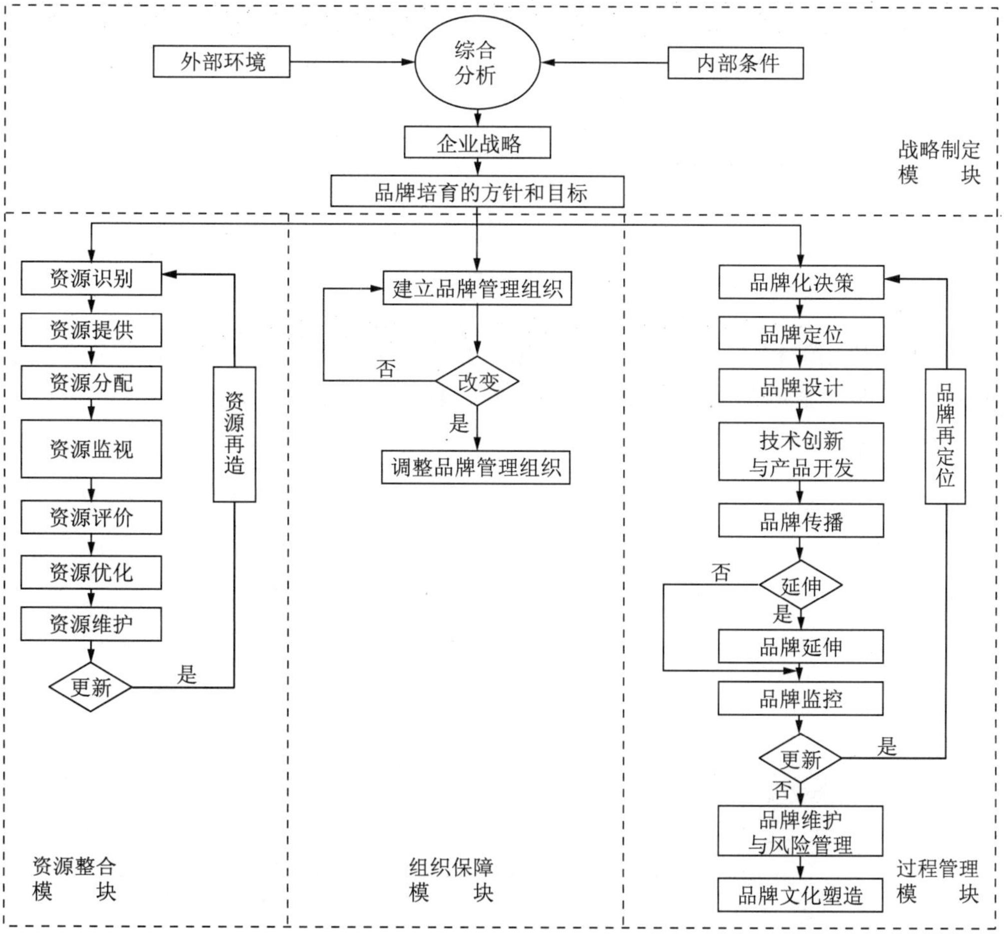

图 2－6　品牌培育管理体系全图

品牌培育的绩效主要反映在提升品牌的资产。围绕着品牌核心价值所开展的品牌培育工作，最终的结果是有效提升了品牌的认知度（知名度）、感知质量（美誉度）、忠诚度、联想度以及其他资产（见图 2-7）。

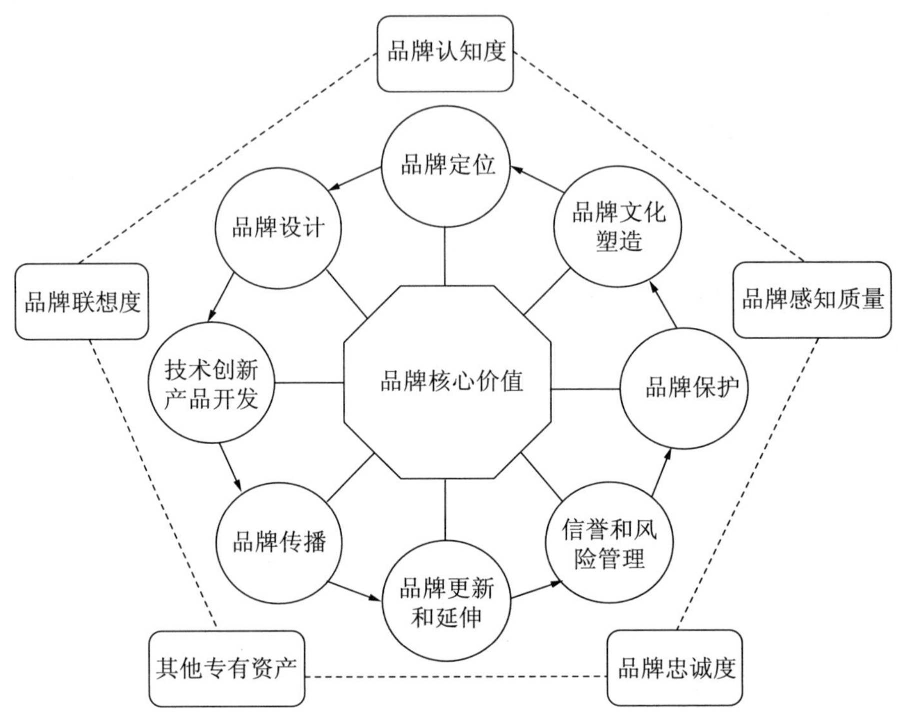

图 2-7　品牌过程与品牌绩效互动模型

这五个模块相辅相成，互相支持、渗透，并从一个品牌到另一个品牌，从一般品牌到知名品牌，从企业级品牌到世界级品牌，周而复始直到永恒（见图 2-8）。

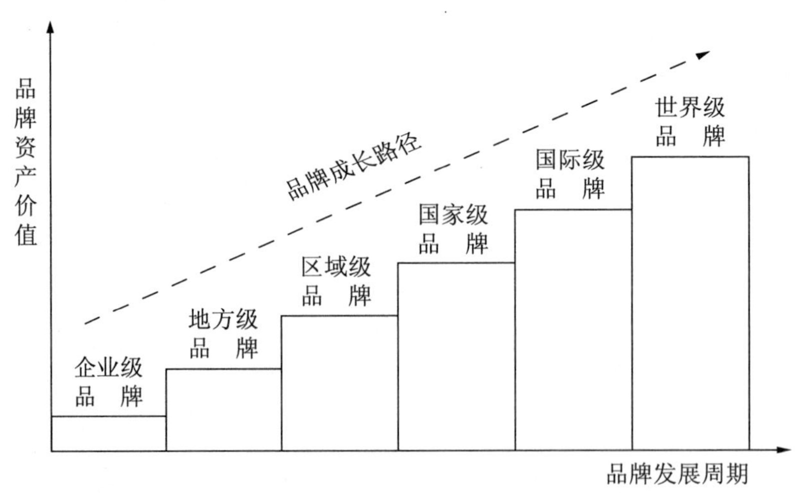

图 2-8　品牌成长路径

1. 战略规划模块

企业开展品牌培育，首先必须进行品牌战略规划。品牌战略规划的具体内容包括在企业总体战略的指导下所进行的品牌培育战略和方针的制定、部署及沟通（详见 2.5）。

2. 资源整合模块

充足的资源是企业开展品牌培育的有效保证。企业应识别品牌培育所需的内部和外部资源，为确保资源利用的有效性和效率，企业应制定提供、分配、监视、评价、优化、维护和保护资源的程序并寻找资源利用的改进机会（详见 2.6）。

3. 过程管理模块

为保证品牌培育活动的有效实施，企业应通过“过程方法”对过程进行管理，具体包括过程的策划和控制、职责和授权以及从品牌定位到品牌文化塑造八大关键过程的管理和执行（详见 2.7.1）。

4. 组织保障模块

在品牌培育活动中，即使在品牌发展战略指导下对基本的品牌行为和形象识别做出了明晰的规范和约定，仍然需要与其匹配的组织支持，以使品牌愿景和相应的行为规范能能植入组织结构和管理体系中，经由相应的约束和激励机制来管理企业和员工的行为，从而共同推进品牌的成长（详见 2.4.4）。

5. 绩效测评模块

品牌培育活动地目的主要是增加品牌资产、造就强势品牌。一个阶段的工作完成后，是否取得了期望的成效，是否达成制定品牌战略和方针时所设定的目标，必须对品牌培育活动的绩效进行测评。品牌培育的绩效评估有两个角度：一是消费者的角度，测评品牌的市场影响力和市场地位；二是企业或财务的角度，测评品牌培育所给企业带来的经济贡献（详见 2.8.3，3.7.3，3.7.5）。

2.4.4　品牌培育管理的组织形式

建立品牌培育管理组织体系是进行品牌培育管理的基础性工作，其目的是明确对品牌培育进行管理的主体及其职责和权限，从而确保品牌培育工作有条不紊地进行。目前大多数企业都没有专门的品牌培育管理机构，品牌培育管理的工作由市场部、销售部或营销部甚至是行政部门来执行，因此，企业应根据自身的实际情况，确定是否需要建立品牌培育管理组织，以及建立何种形式的品牌培育管理组织。一般而言，品牌培育管理组织由企业内部组织与企业外部组织组成：企业内部的管理组织一般可以由从事品牌培育管理的专业岗位以及相匹配的各个部门共同组成，对于外部品牌培育管理组织而言，可以选择专业机构介入的方式，请他们担任品牌培育管理与部分执行工作的代理人。欧美国家在品牌培育管理方面还分成了专门的职能管理制或推行某品牌管家制等。

品牌培育管理的组织体系是指企业在计划、组织、协调、控制与某一品牌培育和发展相关的各项活动时所做的制度安排。就其实质而言，它反映了品牌培育管理活动中企业内部各部门、各层次的权利与责任关系。品牌培育管理组织体系的产生和发展有一个历史演变的过程，经历了企业与产品驱动型的管理模式（业主负责制、职能负责制、产品品牌经理负责制、品类经理负责制、企业品牌经理负责制）向顾客和市场驱动型的管理模式（客户经理负责制、区域经理负责制、产品/市场型品牌管理组织和品牌事业部制组织）转变的发展历程。

在此需要说明的是，在品牌管理组织体系的演进过程中，各种管理组织形式间不是简单的替代关系，而是共生关系，即并不是一种新的组织体系出现后，以前的组织体系就消亡，而是可能共同存在。

1. 业主负责制

业主负责制是一种高度集权的品牌管理制度。在这种组织形式下品牌（或产品）层次的决策活动乃至很多的组织实施全由业主或公司经理以及企业的高层领导承担，而只有那些低层次的具体工作才授权下属去执行。如宝洁公司的总经理普罗克特在 19 世纪八九十年代为象牙（Ivory）肥皂进行的促销过程中，不得不花费大量的时间与内部的合伙人以及外部的资源方进行周旋，说服他们相信和支持他对品牌打造的意见和做法。又如可口可乐公司总经理坎德勒从 1888 年买下可口可乐专有权后至 1916 年，用一种几乎宗教般的激情来创建全国性的分销网络，并亲自参与对广告代理商的选择等活动。

这种品牌组织形式的许多活动，如品牌命名、广告代理商和媒体的选择以及各种大型的促销活动的安排等，都由业主或企业领导一手策划。这样高度集权的品牌管理体制有其积极的一面，也有其消极的一面。其积极的一面就是业主和经理的直接参与使得决策效率高，能很好地抓住机遇，同时能较好地协调企业内部各部门间的工作，还可以在品牌创建中注入业主（或企业经理）的企业家精神，为品牌发展提供强大的内在动力。而其不足之处在于，由于缺乏组织体系的集体决策机制，使得这种体制的随意性较强。在品牌建立的初期需要这种强势的管理模式，受业主和经理的时间和精力限制，业主负责制只适合规模较小品牌单一的企业。当企业规模或业务快速发展到一定程度，或存在多个品牌时，这种品牌管理组织形式就会显示其不足。尽管如此，目前我国的许多中小企业依然在采用这种品牌管理形式。

人们一般认为业主负责制是品牌管理的最初级组织形式，但也有观点认为，业主负责制并不是严格意义上的品牌管理组织形式。

2. 职能负责制

职能负责制是指在企业统一领导和协调下，内部各职能部门在各自的权责范围内行使本部门的品牌管理职能并承担相应的义务的品牌管理组织制度。

职能负责制的主要优点是：品牌管理的主要工作由受过专业训练的管理人员来负责，这样可以大大提高品牌管理的专业化水平，使品牌管理从传统的直觉、经验管理走向以知识为基础的科学化和专业化管理。同时，也可以使企业领导从繁多的品牌管理具体事物中解脱出来，集中精力思考和解决品牌培育和发展的战略性问题。在职能负责制下，品牌政策和计划的制定不是由一个人而是由一群专业人员来共同完成的，计划的执行也不是由一个人而是由不同的职能部门分别来实施的。他们分工协作，共同承担和履行品牌管理的任务。与业主负责制相比，这显然是一种进步，因为密切的分工和协作可

以提高工作效率。此外，职能负责制还有助于企业从外部寻求管理服务，从而进一步推动职能分工的深化，而这反过来又可促进管理水平的进一步提高。

随着品牌管理的发展，职能负责制开始暴露出一些问题。其中最为突出的有两个：一是职能部门间如何协调和沟通，这也是职能负责制本身所固有的问题；二是当企业有多个品牌尤其是多个相类似的产品或品牌时的管理权限归属问题。由于企业内部各个部门是相对独立的利益体，部门间存在利益上的不一致，这使得内部冲突时有发生，而这些冲突导致企业内部在如何发展品牌的问题上难以达成共识，甚至出现一个部门的努力被其他部门抵制而抵消的内耗现象，这些问题的存在使得职能负责制步入捉襟见肘的困境。

3. 产品品牌经理负责制

产品品牌经理负责制就是企业为每个品牌的产品或产品线配备一名具有较高组织能力的经理，让其对某一产品品牌的开发、推广、产品销售及其利润负全责，并由其来具体协调与市场研究、产品开发研制、生产、包装设计、业务拓展、广告制作、促销支援等其他职能部门间的配合关系，并直接向企业的营销总监或总经理负责。需要说明的是，产品品牌经理虽然负责协调与品牌培育相关的各职能部门的工作，但这些部门并不是产品品牌经理的直接下属，产品品牌经理不能对他们提出任何强制性要求。1993 年，由美国宝洁公司负责“佳美”品牌的尼尔·麦凯瑞率先提出并执行。其具体的组织形式如图 2-9 所示。

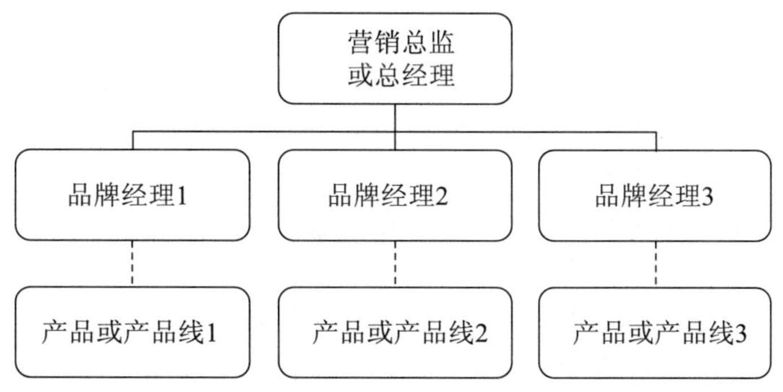

图 2-9　产品品牌经理负责制的组织体系图

产品品牌经理负责制适用于这样的企业：

（1）品牌多，产品差异很大，用职能体制难以高效经营各个品牌。

（2）企业所在行业的市场特点应该是个性化和感性化特征明显的细分市场，只有这样才能支持多个产品品牌经理的同时成功运作。

（3）各产品品牌的目标市场前景广阔。只有各产品品牌的目标市场足够大，每个产品品牌获得的经营利润可以独立支持自身发展时，各产品品牌经理才有足够的生存空间。

（4）规模较大、资金雄厚的企业。对于资金实力有限的一般的中小企业来说，它并不是资源高效配置的一种管理模式。

（5）具有良好的企业文化和畅通的沟通渠道，各职能部门能够在品牌经理的统一协调、安排下合理配置资源，为品牌的塑造服务。

产品品牌经理的职责是：

（1）在充分调研和市场分析的基础上，制定培育和发展所负责产品品牌的长期战略与方针，为品牌的定位和识别差异确定方向。

（2）制定所负责的产品品牌培育与发展目标，为该目标的实现选择合适的途径和方法。

（3）编制产品品牌培育与发展年度计划，确定预算，并进行销售预测和制定营销推广方案。

（4）根据计划和目标的要求，协调企业内部各个职能部门，以及它们与市场、消费者之间的关系，并有效联动外部各关联组织，快速反应、积极配合，使品牌培育活动有效实施并不断得到适时的调整，更好地适应竞争和消费者的需要。

（5）与广告和销售代理商共同策划广告、公关以及其他品牌促销方案。

（6）激励品牌的销售队伍和经销商，获取他们的兴趣和支持。

（7）不断收集市场上有关客户、经销商、竞争者等方面的信息，不断寻找新问题和新机会，为产品开发部门提供合理化的建议与信息。

（8）督导计划的执行，如果存在重大的偏差，必须及时采取改进和纠偏的行动。

具体到不同类型的企业，产品品牌经理的职能范围和工作侧重点并不完全相同。如在通用仪器公司的一个分部中，产品品牌经理的职能在大多数情况下表现为协调产品开发与营销、营销与销售之间的关系，他们对有关产品线的广告事宜和促销预算负有直接的责任，但对产品项目开发仅仅负责提供营销信息。而惠普公司的产品品牌经理往往是新产品开发的核心人物，他们要制定产品开发计划，主持和监督计划的实施过程。

产品品牌经理负责制的优点有：

（1）有利于加快企业创品牌、发展名牌的进程。产品品牌经理制从品牌和企业整体利益出发，并借助制度的力量围绕品牌运营，坚持运用整合运作原则，使企业对品牌的设计、品牌的注册、品牌的发展和品牌的投资组合等各个阶段的管理有了完整的保证体系，有专门的人才和部门实施对品牌的全面管理，使企业的品牌资源和营销活动能最大限度地协调一致，并最终能通过满足消费者对品牌商品的需求来实现企业的经营目标。实施产品品牌经理制，可以实现对产品销售进行全方位的计划、控制与管理，减少人力重叠、广告浪费和顾客遗漏等现象的发生，有利于提升品牌的竞争力和生命力。同时，多产品品牌经理负责制充分引发各品牌之间的内部竞争，有利于促进品牌和企业的整体发展。

（2）有利于形成差异化竞争优势，培养消费者对品牌的偏好和忠诚。产品品牌经理会更多地抛开产品的思考，而极大地关注品牌竞争的差别性优势，包括价格成本差别性、产品特点差别性、服务质量差别性、品牌风格差别性、促销手段差别性，有效消除产品、品牌的趋同现象以差别性改进品牌的市场定位，以差别化战略参与竞争并最终赢得胜利。这样能够增强消费者对品牌的偏好，从而促进消费者忠诚于该品牌。

（3）有利于形成双赢或多赢的局面。产品品牌经理负责制不是要求某个产品品牌的成功，而是要求每个产品品牌在企业内部和市场上获得全面的平衡，企业不再以产品和单纯的成本考量为出发点，而是以品牌所服务的消费者和零售商的需求为出发点，谋求利益相关群体需求的全面满足，以便为企业的品牌经营创造良好的市场环境。同时，由于产品品牌经理要对他所负责的产品品牌的销售额和利润负责，这就促使产品品牌经理更多地关心市场需求的变化并针对性的作出快速反应，在品牌策划和利益的均衡考虑上做出缜密、周到的部署和安排。

产品品牌经理负责制的局限性有：

(1) 过于强调竞争，导致竞争有余而合作不足。产品品牌经理制的设置会在企业内部产生一些冲突或摩擦。一方面因为产品品牌经理所拥有的权力往往小于他们所承担的责任，他们必须花大量的时间和精力来说服生产、广告、销售等其他职能部门支持他的工作，他们常被人们看做是低级别的协调者。另一方面各产品品牌经理相互独立，品牌之间缺乏必要的合作和协调机制而导致竞争无序化的状况。

(2) 品牌条块分割使品牌管理缺乏统一的规划和领导。产品品牌经理在组织架构中所处的位置，决定了其拥有的权力是十分有限的，他们只是战略的执行者而不是制定者，他们对企业品牌整体规划和领导的影响力也十分有限。这种分散的品牌管理方式虽然有利于激发各产品品牌经理的管理积极性，但由于缺乏必要的合作机制和统一规划，往往导致企业资源浪费和效率低下，同时也往往使品牌管理难以有效控制。同样，由于产品品牌经理有一个工作的期限，在他调离去负责另一个品牌或者其他岗位之后，甚至离开企业，其负责的产品品牌的市场表现将会大受影响。

(3) 缺乏有效监控而容易导致腐败滋生。由于产品品牌经理有着较大的权力空间，分权制的产品品牌经理制组织形式意味着权力更多地是受品牌经理支配，因此，在企业权力监控体系不力的情况下，很容易导致权力滥用，滋生腐败。

(4) 产品品牌经理过分强调短期成果而导致“品牌短视”。由于产品品牌经理只对产品的研制、市场开发和销售行使有限的权力，但却要对利润负责，这势必会形成权力与责任之间的矛盾，易产生短期行为。

(5) 多个品牌不同风格的出现往往难以形成完整、统一、鲜明的企业现象。

(6) 产品品牌过多，往往得不到消费者足够的注意，难以建立品牌价值，不利于强势品牌的建设，易被竞争对手击破。

(7) 为每个产品品牌做推广，造成的资源分散，费用开支加大。

(8) 由于实施以单个品牌为基点的管理，使得产品大类中产品品牌的数目大幅度膨胀，例如当时在宝洁公司的洗衣粉产品大类中，就有 Tide、Cheer、Gain、Dash、Bold、Dreft、Ivory、Snow、Oxydol、Era 十个品牌产品，品牌之间必然存在相互的蚕食，面对同一消费群体的产品品牌，为争夺市场往往会互相残杀，内部开战，削弱企业的整体竞争力。同时，也使得与零售商的谈判变得复杂，一个零售商需要与众多归属于同一个企业的具有不同想法和营销理念的产品品牌经理沟通，大大增加了零售商的运营成本，且加大了店面管理的复杂性和成本。

(9) 产品品牌经理制度要求各职能部门全面与市场接轨，以消费者为中心，敏捷地适应市场变化，达不到这一点，就难以支持产品品牌经理追求商业机会，极易给企业整体发展带来致命打击。

随着时代的发展，大公司、大集团战略已经成为我国企业发展的一个重要方面。而大公司、大集团的建立，以一个品牌来征战全球市场，定会造成浪费，多品牌策略势在必行，而如何在保持企业整体形象、价值观念和企业文化的前提下，或者说在一个总品牌形象下，塑造产品品牌的各自特色，形成各自产品品牌的忠实消费群体，为企业赢得更为广阔的市场和生存空间，无疑，“产品品牌经理负责制”有许多方面可资借鉴。

【案例 4】

上海家化品牌经理的职责

在上海家化，每一个品牌均有专人专职负责，也就是我们所说的品牌经理负责制。品牌经理们在公司整体营销战略的指导和协调下，全面负责各自品牌的发展。他们共享公司资源，既相互竞争，又相互启发，保证了各个品牌从营销策略、营销计划、营销执行直至营销评估的全方位的营销管理工作都在各自的轨道上有条不紊地推进，从而实现上海家化的整体营销目标。

上海家化的品牌经理有两方面的职能：

第一，品牌经理需要在对消费者、竞争者和外部市场环境进行分析研究的基础上，为品牌制定营销目标、战略营销计划和战术营销计划。具体说来，战略营销计划着重于细分市场的确定、品牌定位及在此基础上的品牌中长期发展策略；战术营销计划涉及短期内的产品开发、价格制定、分销渠道选择、广告、促销、公关等营销战术的具体拟定。

第二，品牌经理需要组织、协调公司内外所有相关职能去实施围绕品牌的营销组合与相关决策，以实现品牌营销目标。在公司内部，品牌经理是消费者的代言人；而针对于外部市场，品牌经理则是公司内外营销力量的组织者和推动者。

为配合品牌经理的两大职责，公司也赋予了品牌经理们具有实质性意义的三大权力，使得他们真正意义上承担起品牌管理者的责任：

第一，产品开发制造权。品牌经理有权根据市场需求及品牌定位，提出新产品开发、改进或淘汰建议。品牌经理牵头、科研部门深入开发、其他相关部门予以全力配合，这是上海家化在实践操作中摸索出来并不断完善的产品开发体系。唯有建立在强大科技研发能力基础上的品牌管理，才不会成为无源之水、无本之木。

第二，整体市场活动组织权。具体体现为品牌经理对市场费用负责。尽管在财务概念上市场费用体现为费用支出，但上海家化却认为这种支出是公司持续性收入的保证，甚至是源泉。因此市场费用全部由品牌经理决定，有利于品牌市场活动有效持续地推行。

第三，产品价格制定权。上海家化产品的价格制定，不同于传统意义上的以成本为导向的价格制定方法，品牌经理对于产品价格的控制是以市场为导向，以毛利为杠杆，进而对产品零售价、批发价及制造成本全面负责。

（资料来源：品牌管理在上海家化．世界品牌实验室案例，2004，有改动）

【案例 5】

通用汽车：品牌身份不通用

——兼谈多品牌公司的品牌经理制度

世界汽车工业上百年的发展历史，形成了以美国底特律、日本丰日、德国沃尔夫斯堡和斯图加特以及意大利都灵为中心的世界五大国际级汽车城，锻造出了世界汽车业三大顶尖品牌：美国通用、日本丰田以及德国大众。从消费者的角度看，各个国家的汽车品性各异，或豪放或玲珑或沉静。例如美国汽车狂野不拘小节，外观大方有派头；日本汽车轻便省油，经济安全并重；德国汽车深藏不露，不以外观“哗众取宠”；意大利汽车马力强劲，艺术色彩浓厚……

美国通用汽车公司为当今世界最大的汽车制造企业，成立于 1908 年。20 世纪 90 年代以来每年在国际上销售 830 万辆汽车，其中包括通用汽车旗下的四大国际畅销品牌：欧宝、凯迪拉克、别克和雪佛莱。产品销售覆盖世界 170 多个国家和地区，净收入达 69 亿美元，其主导产品的先进性和经济实力之雄厚都名列全球同行业之首。令人欣喜的是，中美合资的 SGM（上海通用汽车）项目落户上海浦东金桥开发区，它将成为上海汽车工业向 20 世纪 90 年代国际先进水平挺进的标志。美国通用汽车公司总裁约翰·史密斯在合资签约仪式上宣布：SGM 项目是通用汽车公司全球网络中的一个关键环节，也是亚洲地区规模最大的项目……这一项目将在今后几年内为美国创造近 16 亿美元的出口。SGM 项目的启动建设，目前已引起世界汽车业的瞩目。

而在通用的营销领域，同样有一个令业界瞩目的大举措。这就是通用 1996 年以来的品牌营销改革。具体地说，通过实行品牌经理制，给通用旗下的 40 多个品牌分别塑造各自清晰的形象，以使每种车都有自己一个明确的身份。

通用汽车公司在汽车制造业中确实创造出了一些颇负盛名的品牌。早在半个世纪以前，小艾尔弗雷德·思隆力求制造“一种用途广泛，又人人买得起的车”，那可算是通用公司的鼎盛时代。在当时，如果你提到 Pontiac 车，每个消费者都能告诉你是什么样的人开这种车。然而，近几十年来，由于市场目标模糊，加上相互竞争的通用各分部竞相推出类似车型，这些品牌的形象因为界限模糊，而使得各自的光芒日渐黯淡。虽然市场营销只是问题的一方面，但通用公司已为这种品牌沟通上的疏忽大意付出了昂贵代价。它在美国的市场份额几十年来一直呈下降趋势。仅从 1991 年开始，它就从 35%下降到 32%。最大的代价来自关键的中型轿车市场。在该市场上，福特推出了 4 种车型，本田 3 种，马自达仅 1 种，而通用有 10 多种。由于车型太多，款式陈旧，目标消费群重合，损失之大可想而知。近 5 年来，通用公司中型轿车的销售额仅增加 4.5%，而同期市场的总体增长率高达 14%。

现在，为了给众多的轿车、卡车和微型货车创立一个明确的身份，通用公司开始采用类似销售爆米花和牙膏的品牌管理技巧来推销不同的车型。这次行动是由前通用公司董事长，后来从宝洁公司总裁位置上退下来的约翰·斯梅尔倡导的。他在 1994 年下半年，聘用了当时博士伦公司任第二把手的罗纳德·扎莱拉。在扎莱拉的领导下，一位经理就成为一个品牌的内部总裁，负责该品牌所有的市场营销。

1997 年，通用公司打算更换 1/4 的车型，其中包括 5 种中型轿车和 5 种微型货车。如果通用不能为新车型标示明确身份，那么它会随市场的增长而苦苦挣扎。正如莱曼兄弟公司分析人士约瑟夫·菲利普所说："要想这些车型不至于落后太多"，品牌管理将"至关重要"。

作为开端，通用的品牌经理将与工程师们密切合作，共同设计新车型，以保证他们提供给消费者的东西也正是消费者所需要的。而在过去，设计部门都是工程师们控制的，他们一味地追求设计，使车型更具良好的性能，以期打败竞争对手。而品牌管理的关键是停止对竞争的追逐，而去追逐顾客。

新的管理系统将需要人们具有更多的责任感。这与从前相比，是个巨大的变化。那时候，在推出某个新车时，主管营销、销售和计划的经理们各负其责。而且每个人都同时为几种车型服务。如果某个车型的形象不太明确，或者说年年变化，没有人会为其不佳的销售情况负责。

现在，通用的 40 多个品牌——每个品牌都代表通用在美国市场销售的某种轿车和货车系列——都各自以独立身份来运作了。品牌经理们（其中个别负责两个品牌）对自己营销的车型全权负责。所谓"全权"，从"品牌经理制"的理论角度看，即是包括对该品牌的产品开发、广告、定价、促销以及销售额和毛利率等全部负责，并由他来具体协调产品开发部门、生产部门及销售部门等与他所负责的品牌产品相关联的工作，使其成为影响产品的所有活动的"聚焦点"。他们的收入也直接与他们所负责营销的车型的销售情况挂钩。不能忘怀的是，品牌经理制首先运用于美国的宝洁公司。那是 1931 年 5 月 13 日，当时的宝洁总裁杜布里先生签署了尼尔·麦乐毅起草的一份以"品牌管理"为题的备忘录。没想到，一份三页的 Memo，不仅重写了宝洁的发展史，更写下了美国辉煌的营销史。实行品牌经理制后的品牌管理与传统的做法之间存在的区别，详见表 2-7。

表 2-7　通用品牌管理比较表

	传统做法	实行品牌管理之后
产品开发	工程师考虑最多的是竞争，而非顾客	品牌经理与工程师们共同努力，确保轿车满足消费者需要
市场定位	相似车型争夺同一消费群	每种车型必须明确自己的位置
市场营销	由不同的人来分管广告、定价和计划	一个人对某种车型的营销全权负责
产品形象	也许每年都会改变车型	一个连续的主题
承担责任	个人对某一车型的成功与否不负责任	品牌经理的收入与车型的成功与否挂钩

为把新方法付诸实施，通用公司的扎莱拉自 1996 年 10 月份以来，已任命 35 位品牌经理。当然，通用想要明确区分开它那五花八门的品牌，并分别给出一个明确的定

义，还面临着种种困难，要知道，这是一项长期性的工作。扎莱拉已经要求品牌经理们把所负责品牌的关键特征或属性简明扼要地提炼出来。Grand Prix 品牌经理威廉·霍夫正试图把他的中型轿车重新塑造成一部富于男子阳刚之气的跑车形象，其广告也再一次表现出一种奔放的气势。其他品牌也正在为寻找自己的正确位置而苦苦奋斗。下面是通用公司的中型轿车的形象定位：雪佛莱 Malibu：看重价值的消费者买得起的实用轿车；Pontiac 系列 Grand Prix 跑车：速度快，时髦，适合年轻人驾驶；别克 Century 豪华型轿车：驾驶舒适；Oldsmobile Intrigue ：款式高雅，适合上流社会。

对通用公司新方法的第一个考验是 1996 年秋季对凯迪拉克 97 车型的推出。再没有谁比凯迪拉克更需要对市场进行重新定位了。因为它将首次推出 Catera 豪华轿车。品牌经理大卫·洛特利更改了凯迪拉克传统上的“财富和花环”的形象。他从 6 只面朝左的鸟中挑选了一只，然后把它转过来，染成红色，又在广告中制成卡通吉祥物，以此来吸引第二次世界大战后出生的人。他的目的是设计一种无拘无束的形象来表明 Catera 与老式墨守成规的凯迪拉克迥然不同。

尽管通用公司加大品牌营销力度的决心已下定，但各方面的工作还处于起步阶段。例如，到目前为止，通用的品牌经理除了做广告，还看不出其他有什么作用；迄今为止，雪佛莱中的中型轿车 Cavalier、Malibu 和 Lumina 的定位听起来还是十分相似。也许，还要给通用公司更多一些的时间。新车型的设计已历时多年，而大多数品牌经理是 1996 年 10 月才走马上任的。通用的经理们承认，他们要实现最终目标还需要几年。这个目标就是使品牌经理从一开始就参与新车型的设计。扎莱拉认为，如果品牌经理们能给通用每一辆中型轿车都确定一个明确的身份的话，那么，众多的选择机会肯定能让消费者满意，从而使其战胜福特金牛和本田雅阁这样一些没更多选择的竞争对手。他说：“如果这一步走对了，就没有其他的汽车制造商能与我们匹敌了。”

目前，通用在推行品牌管理的道路上也存在着一些意想不到的难题。通用的 6 个营销部门，如凯迪拉克和雪佛莱必须划分包罗万象的品牌形象，以免混乱不堪。另外，如果工作达不到预期效果，通用要想留住这些外来的品牌经理，怕也很难。当然，品牌经理制本身也存在一种风险。这就是为了争取管理层的青睐及营销经费，互相竞争的品牌经理们最后可能会在内部打起来。具有讽刺意味的是，这种担心曾使宝洁公司自己在 8 年前放弃了品牌管理这种做法。考虑到以这种体系命名的 Camay 和 Ivory 这两个牌子之间产生了摩擦，目前宝洁采用了另一种方式，称为“目录管理”，就是说经理们需要了解整个产品目录。扎莱拉说，通用公司的代理商结构使得“目录管理”方式在通用公司行不通。

最后顺便提一下，通用汽车自推出品牌管理体系以来，其广告预算不断上升。1997 年它在可衡量媒体方面的投入为 22 亿美元，位居全球第一（宝洁公司第二）。该公司的一位女发言人说，其原因在于他们的品牌数目。

（资料来源：何佳讯．现代广告案例——理论与评论．复旦大学出版社，2001 年 11 月，有改动）

4. 品类经理负责制

品类经理制度是产品品牌经理制度的演变，通常被称为品类管理，其特点是依据不同类别或性质的产品分别形成若干代表类别的品牌，并设置相应的品类经理和管理部门，管理该类别所属同类产品的品牌，目的在于减轻由于产品品牌过多产生的内部矛盾，提高资源的有效利用及管理的效率，同时也是为了适应经销渠道及零售渠道对同类产品采购的要求。在这一制度下，产品品牌经理向品类经理负责，品类经理对整个产品线负责，这使得产品品类管理更加完整、协调，并能更好地连接新的零售商上“品类采购”系统。

例如，在宝洁公司，黎明牌（Dawn）液体洗碗清洁剂的品牌经理向负责黎明、象牙（Ivory）、欢迎（Joy）和其他所有液体清洁剂的经理汇报。然后，该液体清洁剂经理再向负责所有宝洁公司包装肥皂盒清洁剂（包括洗碗清洁剂以及液体和干洗洗衣清洁剂）的经理汇报。

采取该形式的国内企业曾有广东乐百氏集团，其对下属乳酸奶、纯净水、牛奶、果冻、茶五大类产品都分别设置了品类管理部门。

相对于产品品牌经理负责制，品类经理负责制有以下的优点：

（1）首先，不再局限于具体的产品品牌，品类经理决定企业的整个品类供给情况，这使得产品品类供给更加完整和协调。

（2）由于品类部门所管理的对象是具有相似性的同类产品及其品牌，因此，对本品类的运作具备较高的专业水准，对于推广可以采取有针对性的策略，同时也具有经验上的优势。

（3）由于品类部门专注于本品类的市场发展形势，对市场的反应较为敏感，对于竞争形势的变化、产品的发展、促销形式的运用、消费者态度的变化、市场所出现的问题和机会等，品类部门都能在最短的时间内得到信息，并及时做出反应。

但是，品类经理负责制也存在着以下问题：

（1）协调有难度。由于品类管理部门不是权力部门，因此对于工作的进程无法准确把握，在品类部门与其他部门进行工作协调时，常常会碰到有关部门不能按时完成工作的情况，往往需要品类部门进行大量的协调，从而降低了效率。

（2）专业化能力没能充分发挥。各品类部门在本行业都应该是专家，对于产品的发展和市场形势都要非常清楚，但在实际的运作中，有很多方面由于品类部门无法直接控制，使得很多关键环节的工作（如产品研发、分销网络、促销方式等）不能做到位，显得不专业，面对竞争非常被动。

（3）品类经理的策略难以得到充分贯彻。实行品类经理负责制，事实上是增加了品牌管理的管理层次，不利于上下级的快速及时地沟通和政策的有效执行和贯彻，影响了策略实施的效果（见图 2－10）。

5. 企业品牌经理负责制

企业品牌经理负责制将重点放在企业整体品牌（或旗帜品牌）的培育上，使品牌系统中各品牌相互支持而形成一个有机整体。企业品牌经理负责制的出现说明，企业已认识到品牌建设是一个有机整体，必须将其作为整体来对待才能最大程度地发挥其功效。

实施企业品牌经理负责制有如下的意义：

（1）实施企业品牌经理制能有效避免企业采用多个品牌可能导致品牌冲突而损害企

业形象的情况，提高企业竞争力、增加企业经济效益。

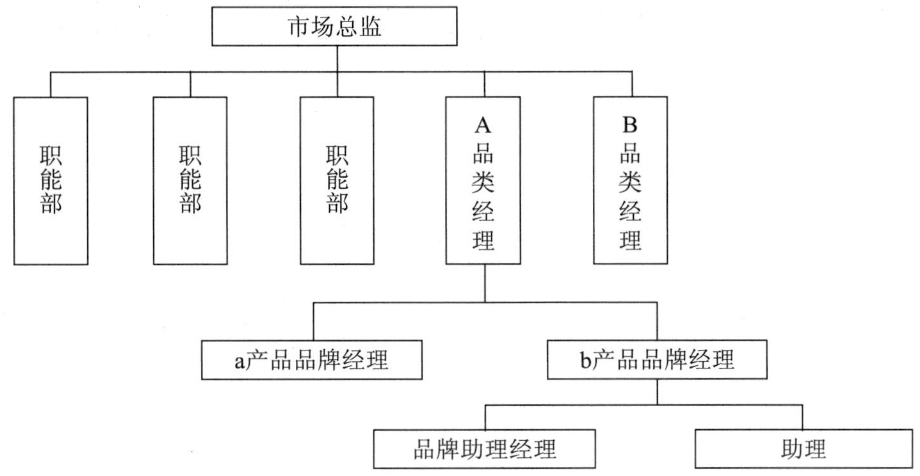

图 2-10 品类经理负责制组织体系图

（2）可以使企业从战略高度对品牌进行系统管理，而不是像以前的品牌管理组织那样将品牌割裂开来进行分散管理。企业品牌经理制克服了产品品牌经理制和类别品牌经理制下缺乏协作的致命缺陷，使得企业品牌经理可以从大局和整体上对企业品牌进行统一管理，以实现品牌管理的系统化。

（3）可使众多品牌相互支持，成为一个有机整体，形成“1+1>2”的整体效应。

（4）有利于企业集中培育企业品牌，以维持统一的公众形象。重点培育企业品牌，可以使企业产品品牌在其理念的支持下共同维持统一的对外形象。

（5）有利于更好地实现资源的合理利用，减少资源浪费，提高企业的经济效益。

企业品牌经理的主要职责包括：

（1）对企业品牌管理进行统筹规划，形成品牌管理的战略性文件，规定品牌管理与识别的一致性策略方面的最高原则。

（2）建立母品牌的核心价值及定位，并使之适应企业的文化及发展需要。

（3）定义品牌构架与沟通组织的整体关系并规划整个品牌系统，使企业的每个品牌都有明确的角色。

（4）解决品牌延伸、提升等方面的战略性问题。

（5）对品牌体验、品牌资产评估、品牌传播进行战略性监控。

（6）协调与生产、设计等职能部门的关系。

当然，企业品牌经理也可以借助外部的力量，即专业的品牌顾问咨询公司来进行管理。

在企业品牌经理制下，实现品牌系统管理的途径主要包括以下几点：

（1）建立协调运作、强有力的品牌管理机构。建立协调运作、强有力的品牌管理机构是企业实现品牌系统管理的前提条件。协调运作的品牌管理机构一般由企业品牌经理、品牌管理委员会、类别品牌经理、产品品牌经理等组成，其基本结构如图 2-11 所示。一般而言，企业品牌经理是品牌组织的发言人、重要的人事决定者及高层协调者。品牌管理委员会负责审议品牌计划并提出建议，类别品牌经理和品牌经理则负责各自品牌的具体执行和监督工作。

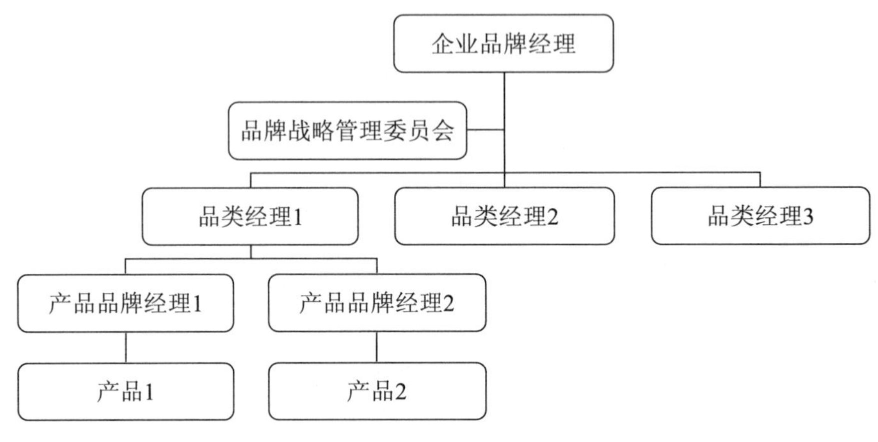

图 2－11　企业品牌经理负责制组织体系图

（2）建立系统的品牌体系。企业的品牌应该是一个层次分明的有机整体，这一整体包括三个层次。第一个层次是企业品牌或旗帜品牌。一般为全国性或国际性的品牌，它的市场覆盖面大、投资多，是企业战略性利润的主要来源。第二个层次为辅助品牌。一般为区域性品牌，其作用在于支持企业品牌的发展，满足区域消费者多样性的需求。第三层次为市场品牌。它是针对特殊消费群体的品牌，一般市场规模较小。上述品牌的三个层次形成一个金字塔式的结构，以支撑企业品牌或旗帜品牌的发展。

（3）品牌系统的建设。在具体品牌的建设上，企业首先应该集中资源保证第一层次品牌发展的需要，然后依此考虑第二、三层次品牌发展的需要。第一层次品牌的培育通常的做法有三种：一是老品牌再生，即通过对老品牌进行再定位和宣传来树立其强势品牌地位，使之成为旗帜品牌；二是提升明星品牌，即对企业中现有盛誉的品牌重点加以扶持，使之成为企业品牌；三是创建全新企业品牌，对上述两种做法企业应在全面评估的基础上，考虑企业的现状后选择有发展前途的品牌进行培育。

（4）进行长期一致、全面统一的品牌管理。进行长期一致、全面统一的品牌管理也是建立协调统一的品牌管理系统的重要举措。它有利于长期保持企业形象的一致性，提高企业品牌资产的价值。

6. 客户经理负责制

一个大的市场由各个细分的子市场组成，客户可以按其特有的购买行为或产品偏好分为不同的用户类别，例如，电脑设备，既卖给个人消费者，也卖给企业和政府。此时，企业可以建立客户经理负责制品牌管理组织。它同品牌经理负责制组织相似，由一个品牌经理管辖若干细分客户品牌经理。各个客户品牌经理负责自己所辖市场的年度销售利润计划和长期销售利润计划。这种组织形式是把企业的组织机构集中在一起，使主要客户成为企业各部门为之服务的中心，由各客户经理来协调。如图 2－12 所示。

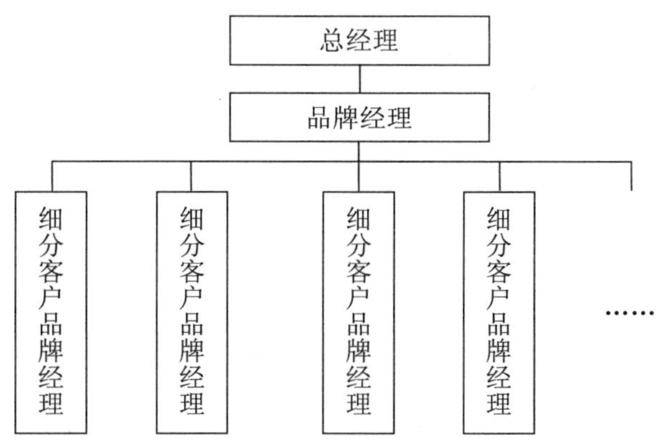

图 2-12 客户经理负责制组织体系图

国外许多著名的跨国公司正在按照客户系统重新安排它们的品牌管理机构。最早导入客户经理负责制组织体系的是高露洁公司，它从产品品牌管理（高露洁牙膏）转到品类管理（所有高露洁-帕默里夫牙膏品牌）再到一个新的层次——顾客需求管理（顾客的口腔健康需要）。亨氏公司以前是围绕产品品牌经理负责制组织起来的，如汤料、调味品、甜食等，各有产品品牌经理专管，每个产品品牌经理既负责对杂货店和超市的销售，也负责对各种机构团体的销售。现在，亨氏公司设立了三大客户组：杂货零售店、饭店和机构团体。其中，机构团体销售部又有熟悉学校、医院和监狱市场的专家，譬如针对监狱市场，他们推出较低级的食品、调料等而非常成功。同样，施乐公司已把按地理区域的销售模式改为按顾客行业销售，施乐的这种新营销组织结构分四个组：全国性客户经理、主要客户经理、客户代表和营销代表。

这种组织的最大优点是，其营销活动是按照满足各类显然不同的顾客需求来组织和安排的，而不是集中在营销功能、销售地区或产品本身上。

7. 区域经理负责制

由于各地区的市场环境不同，许多企业按照地区来组织其品牌管理结构，设立区域经理负责制的品牌管理组织。无论在国际上还是在地域广且地区差别复杂的中国，许多大型企业也采用这种组织形式，如联合利华、IBM、金宝汤料和丝宝集团等。在中国，企业可以在总经理下设有中国市场品牌经理（或者是全国销售总经理），下有华东、华南、华北、西北、西南、东北等大区市场品牌经理。在每个大区品牌市场经理的下面，按省、市、自治区设置区域市场品牌经理。在下一级还可以设置若干地区市场品牌经理，然后是销售主任、销售主管和销售代表。各个地区经理根据各地不同的情况进行营销策划，甚至对产品改进提出建议。对于高销售量和独特的地区，公司还增设地区市场专员，以支持这些地区的营销方案。地区专员也必须制订年度和长期计划，并在总公司与地区经理之间起沟通作用。区域经理负责制品牌管理组织的创始者金宝汤料公司为不同的地区推出不同配方的汤料，并在美国市场分区域进行品牌的营销和管理。

当企业的产品线和产品品类很多时，企业会在区域管理的同时，强化对单一产品线品牌和产品品牌的管理力度，一般的情况下是在总部设立品牌管理委员会统一对所有品牌进行规划和管理，各区域市场相应地成立了品牌管理小组，分管品类品牌和产品品牌的市场推广工作。其组织结构如图2-13所示。

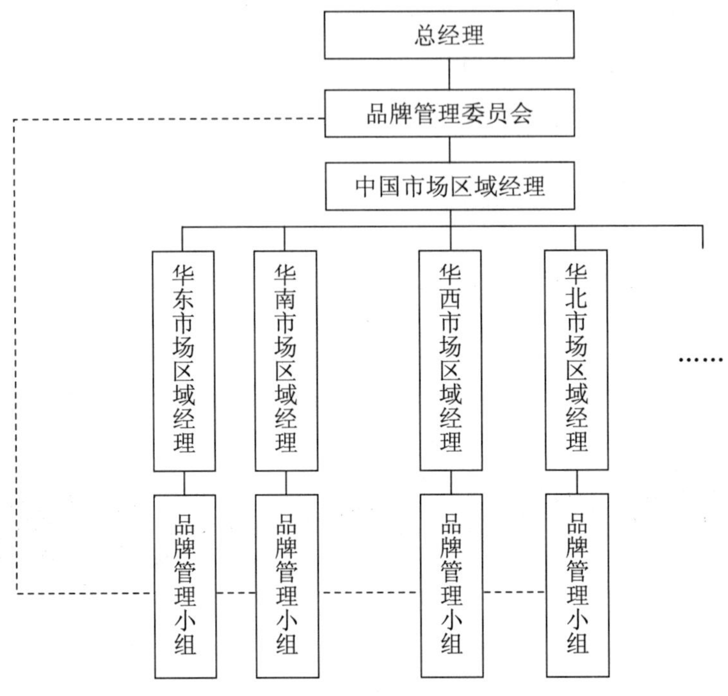

图2-13 区域经理负责制组织体系图

品牌管理委员会人员通常是要解决企业品牌体系的规划、品牌战略的原则等问题，同时，其委员会对下级品牌小组实施虚线管理，承担指导与协调的工作。

地区型品牌管理组织形式是一种多品牌的组织形式，其重点在于为不同的市场提供相应的产品和品牌，使品牌能够充分满足不同市场的需求。实质上，地区型品牌管理组织是以地域作为细分标准的客户型品牌管理组织形式。

地区型品牌管理组织是一种矩阵式的结构，品牌管理和市场管理互相交叉，比较复杂。其优点在于能够兼顾产品和市场，但是组织的效率不高，需要进行充分的沟通，而且会由于地区分散，部分地区品牌经理可能成为独立王国，再加上地方保护主义，会造成公司总部管理的不到位。

【案例6】

丝宝集团的区域经理负责制品牌管理组织

丝宝集团在进行品牌管理时采取的是以地区为基本区别的品牌管理组织结构与以“集权”为核心的品牌管理流程紧紧地联系在一起。在高层组织结构中双线并行，销售总公司和策划总公司分别对下面的地区经理实施销售、渠道建设的管理和广告策略、终

端建设的管理，见图 2-14。

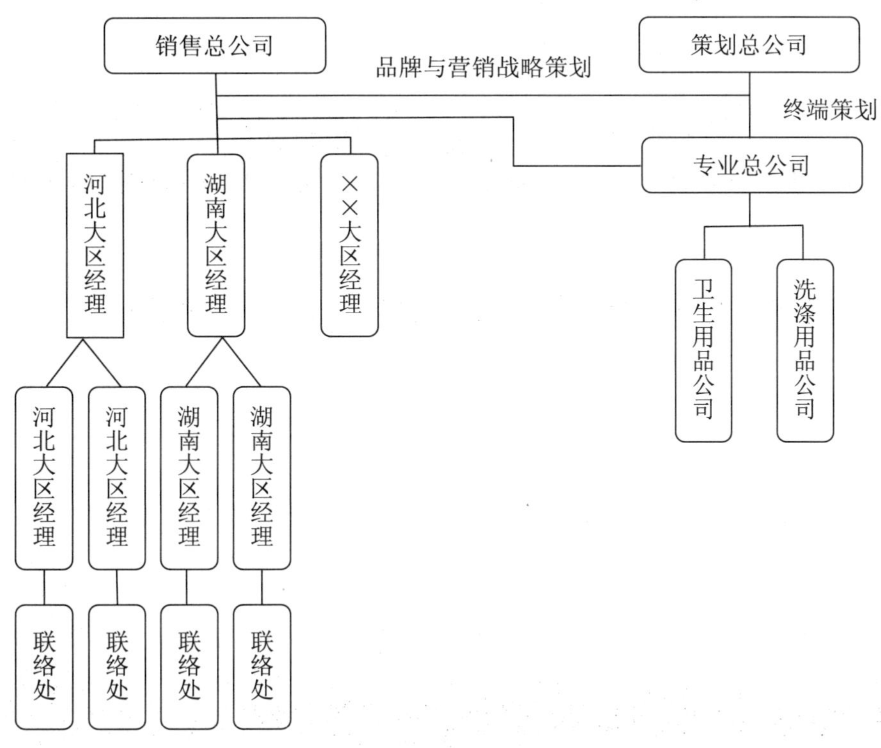

图 2-14 丝宝集团的品牌管理组织结构图

这一组织形式使得丝宝集团上下的行动空前一致，比较容易在全国范围内形成一股合力；策划总公司站在丝宝整个组织及权力结构的顶端，对各品牌特点、个性和发展趋势一目了然，有利于制定出科学的品牌推广计划；此外，丝宝的专业总公司实际上是专门实施终端管理的部门，它在策划总公司的指导下执行终端建设工作，并培训大量的直销人员，随时向有需要的销售公司提供。但这种集权式的管理使得地方市场上的品牌管理者仅成为事实上的执行者来推广营销策略，到了下级市场便成了空洞的条文，品牌经理只埋头于自己的一亩三分田，品牌之间缺乏沟通，各自为政，甚至为了各自的利益而相互倾轧。而且每个大区域设有相同品牌的品牌经理，不仅人力资源被浪费，还使品牌经理对自己管理品牌的全国乃至全球状况不甚清楚，导致职责不清、管理混乱。

8. 产品/市场型品牌管理组织

面向不同市场且生产多种产品的企业，在确定品牌管理组织结构时经常面临一个重要的选择：采用产品管理型（产品品牌经理负责制），还是市场管理型（客户经理负责制、区域经理负责制），还是吸收两种品牌管理组织形式的优点，扬弃它们的不足之处。所以，有的企业建立一种既有产品品牌经理、又有市场品牌经理的矩阵组织，以求解决这个难题。

杜邦公司就是按矩阵结构设置品牌管理机构的。杜邦公司的纺织纤维部分分别设有主管人造丝、醋酸纤维、尼龙、奥纶和涤纶的产品（品牌）经理，同时也设有主管男士服装、女士服装、家庭装饰和工业用料等市场的市场经理。产品（品牌）经理负责制订各自主管纤维品种的销售计划和盈利计划，集中精力研究如何改善自己主管纤维品种的盈利状况和如何设想增加这些纤维的新用途等。另一方面，市场经理则负责开发有盈利前景的市场去销售杜邦公司现有的产品（品牌）和将要推出的新产品（品牌），在制订市场计划时，他们需与各产品（品牌）经理磋商，了解各种产品的计划价格和各种原材料的供应状况。如图 2－15 所示。

产品经理 \ 市场经理	男士服装	女士服装	家庭装饰	工业市场
人造丝				
醋酸纤维				
尼龙				
奥纶				
涤纶				

图 2－15　产品/市场型品牌管理组织

但是，矩阵组织的管理费用高，容易产生内部冲突。绝大多数大企业认为，只有相当重要的产品和市场，才需要同时设产品（品牌）经理和市场经理。也有的企业认为，管理费用高和潜在矛盾并不重要，这种组织形式能够带来的效益，远远超过需要为它付出的代价。

9. 品牌事业部制组织

品牌事业部制组织是欧、美、日等经济发达国家的大企业所采用的典型的品牌管理组织结构。从组织结构理论来看，事业部制结构是在一个企业内对于具有独立的产品和市场、独立的责任和利益的部门实行分权管理的一种组织形态。

在品牌事业部制的管理组织下，各事业部各自分管不同品牌的产品和市场，是整个企业多品牌经营责任单位。品牌事业部划分了企业最高层与业务层的职责范围，构建了成本中心、利润中心以及管理中心的三层次组织体制，最高管理层即企业总部负责战略管理与协调，属于管理中心；而业务层即各品牌事业部负责具体产品品牌的经营运作，属于利润中心，同时，事业部还充分体现集权，各事业部实行独立的财务核算；还下设成本中心——生产工厂实现自主经营。

品牌事业部制的组织结构如图 2－16 所示。

作为多品牌管理体制中的一种，品牌事业部制组织主要适用于品牌多样化、市场独立化，且市场环境变化较快的大型企业。具体地说，它对企业有以下的几点要求：

（1）要求企业具有良好的外部发展环境

一方面品牌多元化属于一种扩张性战略，需要良好的外部环境支持企业的发展；另一方面，品牌事业部制在机构设置和费用支出上的要求都高于品牌经理负责制。所以，当企业处于经济景气、行业势头较好的时候，采用品牌事业部制组织可充分发挥各种资源的效用和以积极主动的态势参与市场竞争。

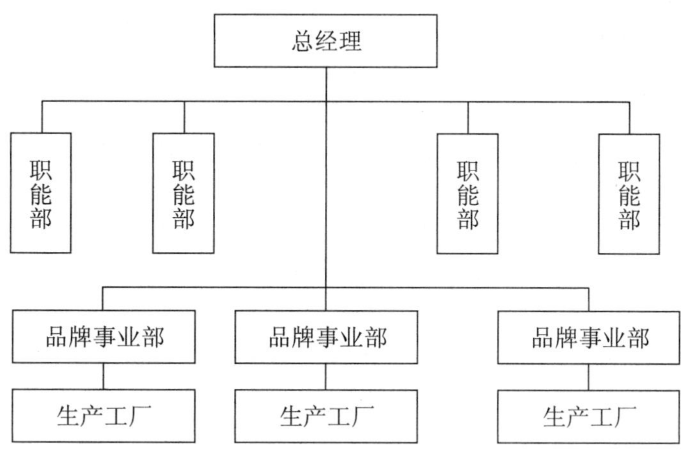

图 2-16　品牌事业部制的组织结构

（2）企业具有按品牌划分为不同事业部的可能

根据不同的品牌划分事业部是实施品牌事业部制的基本原则，并且，所划分的各种品牌事业部必须具备生产、技术、经营活动等方面充分的独立性，以便承担起利润责任。

（3）各品牌事业部间关联密切

各个品牌事业部之间应该是具备一定的关联性和依存性，以降低各品牌事业部之间的内耗，以促进其协调与合作。

（4）企业总部对各品牌事业部拥有较为完善的经济调控机制

企业要具有管理各品牌事业部的经济调控（主要是内部价格、投资、贷款、利润分成、奖励制度等），而不是单纯的行政手段。这一点对于企业合理配置资源，贯彻实施企业总部多品牌整体战略规划十分重要，并有利于降低企业总部管理失控的风险。

实行品牌事业部组织形式的企业，各事业部对本部门的盈利负全责，并直接建立各地的销售组织，不再实行统一的办事处机构。这样一来，使得各品类发展成完全独立的机构，可以更直接地接触市场，灵活地适应竞争形势的变化，并更加具有利润和发展意识。而且，生产和供应部门也将独立出来，完全成为事业部的服务机构。此时原有模式下难以解决的协调难的问题将不再出现，效率低下的弊病也会减轻到最低程度，这样就加快了市场反应的速度，增强了竞争优势。

许多大公司或集团公司下的品牌事业部，都是独立核算的利润中心，这些品牌事业部都有自己的职能部门。这样就产生了一个问题，集团公司总部应当保留哪些营销功能和怎样开展营销活动？这应根据各企业的具体情况分别处理。

目前流行的有以下三种结构：

第一种是集团公司设营销部门，品牌事业部不设营销部门。这种模式适合于产品种类较少的生产型集权公司或超市等商业集团。公司的营销部门制定企业营销计划，开展统一的市场调研活动，统一安排广告，统一开展促销活动，统一进行行政管理。

第二种是集团公司保持适当的营销部门，品牌事业部也设营销部门。这是国际上比较流行的一种组织管理结构，适合于集权与分权相结合的大型集团公司。集团公司营销部门的任务如下：①协助公司总部全面评价营销机会；②促进公司其他部门树立营销观念；③应品牌事业部的要求向其提供营销咨询；④帮助营销力量薄弱的品牌事业部解决营销问题。品牌事业部在集团营销部门的指导下实际操作营销活动。

第三种是集团公司基本不设营销部门，品牌事业部设很强的营销组织。这种模式适合于多元化经营或实行分权式管理的集团公司。集团公司主要向品牌事业部提供市场和竞争信息，做必要的指导工作，而放手让品牌事业部的营销部门从事市场研究与开发工作。

当然，品牌事业部制组织机构臃肿，对事业部的经理要求高，当权利协调不当，可能出现架空集团领导的现象，同时，每个事业部发生利益冲突时，可能发生内讧，协调起来比较困难。

10. 品牌管理委员会

前述的几种品牌管理的组织形式都会产生各职能部门之间难以协调的问题，而最具操作性的品牌经理负责制度则主要侧重于各个品牌战术性的计划与控制，很容易忽略整体品牌文化，缺乏对品牌体系的通盘考虑。所以，成立品牌管理委员会，以战略性的品牌管理部门或人员来弥补上述品牌管理体制的不足，就成为一些大公司的选择。像惠普公司等就成立了品牌管理委员会，其主要职责是建立整体品牌体系策略，确保各事业部品牌之间的沟通与整合，他们不再隶属于市场营销部门，而直接归属于公司最高层决策人。

品牌管理委员会，主要是要解决企业品牌体系的规划、品牌视觉形象的关联、新品牌推出的原则等战略性问题，其主要职责包括：

（1）制定品牌管理的战略性文件，规定品牌管理与识别运用的一致性策略方面的最高原则；

（2）建立母品牌的核心价值及定位，并使之适应企业的文化及发展需要；

（3）定义品牌架构与沟通组织的整体关系，并规划整个品牌系统，使企业每一个品牌都有明确的角色；

（4）品牌延伸、提升等方面战略性问题的解决；

（5）品牌体检、品牌资产评估、品牌传播的战略性监控等。

具体的一些品牌管理工作还有：①为决策层及时提供品牌信息；②申请注册商标；③设计或参与设计品牌；④研究竞争对手的品牌特点与竞争战略；⑤监控品牌运营；⑥加强品牌知识培训；⑦打假护真，处理品牌纠纷；⑧管理商家档案；⑨管理品牌标识的复制、领用与销毁；⑩品牌更新工作的展开等。

在一个管理委员会里，主要构成人员应该包括企业的主管副总、品牌委员会委员、品牌项目经理（管理一个大类多个品牌）、品牌经理、技术人员、营销人员、财务人员等。此外，非常重要的就是引进“外脑”，聘请专门的品牌助理或品牌顾问。

在企业决心创立品牌时就应该聘请品牌助理或品牌顾问，品牌助理或品牌顾问应当参与到企业品牌生命周期的每一个环节中去，使他们可以在如下方面有力地推进企业品牌建设：

(1) 品牌培育环境的SWOT分析；
(2) 竞品的特征与策略研究分析；
(3) 消费者研究，目标受众界定；
(4) 品牌培育的战略与方针的制定；
(5) 品牌产品的市场容量、定位、属性及前景分析；
(6) 营销渠道及方式的调查分析；
(7) 广告媒体的研究与调查；
(8) 整合营销传播策划、广告的创意与制作；
(9) 媒体广告发布执行；
(10) 方案实施的效果测评与改进；
(11) 重大危急事件的公关策划；
(12) 主要技术与市场发展趋势及品牌建设与发展规划。

【案例7】

梅林正广和的品牌系统

上海梅林正广和（集团）有限公司是由上海轻工控股（集团）公司、上海外贸（集团）有限公司等共同投资组建的工贸结合的企业。该企业注册资本是6.67亿元人民币，是一家大型的综合性食品企业集团，也是上海市政府确定的50家重点企业之一，于1997年年底成立。

上海梅林正广和（集团）有限公司在实施名牌战略过程中逐步形成了一套思路和体系，即以“梅林”“正广和”“光明”三大名牌产品和名牌企业为龙头，以资产为纽带，以收购、兼并、参股、控股或定牌加工为手段，把扩大国内外市场份额作为目标。

由于品牌众多，诸多品牌犹如“天女散花”，只能广种薄收，且自相拼杀，在品牌宣传及市场拓展上势单力薄，无力再做大品牌与产品市场。为了改变这种状况，梅林正广和坚持“有所为，有所不为”的原则，推出以“梅林”“正广和”“光明”三大国有品牌为中心的品牌战略，在对产品进行分类和以三大品牌为中心进行资产重组的基础上，加大对产品结构调整的力度和深度，确立了三大品牌发展的具体内容。

“梅林”品牌以发展“厨房工程”产品为主要特色，执掌罐头、调味品、熟食和微波食品及蔬菜加工四大门类。

“正广和”品牌以发展“饮水工程”产品为主攻对象，统领大桶饮水机、豆奶、软饮料和葡萄糖四大家族。

“光明”品牌以发展“冷冻食品”为主要内容，收揽冷饮、速冻、休闲和营养保健四大系列于旗下。

围绕“梅林”品牌，组建了以上海梅林食品有限公司（梅林罐头食品厂）等为内层企业，以梅林股份（绵阳）分公司、三得利梅林食品有限公司、梅林美达食品有限公司等为外围企业的“梅林”品牌企业群。

围绕“正广和”品牌，形成了以上海正广和饮用水公司、正广和江川饮料有限公司、上海咖啡厂等为内层企业，以北京正广和饮用水有限公司等为外围企业的“正广和”品牌企业群。

围绕“光明”品牌，以益民食品一厂有限公司为主体组建了光明食品有限公司、光明泰康食品有限公司、益民食品一厂等光明品牌企业群。

三大品牌两个门类分成三条线由两级品牌管理委员会统一领导。

一级品牌管理委员会属于品牌管理系统的最高层次，制定统一品牌战略，管理梅林、正广和、光明三大企业品牌；梅林、正广和、光明属于二级品牌管理委员会，二级品牌管理委员会直接向一级管理委员会负责。在整个系统中，三大品牌相互支持，从而实现了品牌建设整体最优。

（资料来源：魏国．100 个成功的品牌策划．北京：机械工业出版社，2002）

2.4.5　品牌培育组织管理规范

品牌培育组织管理规范，包括组织设计规范、组织管理流程规范和组织管理原则三个部分。

1. 组织设计规范

在基于品牌培育的组织结构设计时，应从品牌发展战略的角度出发，遵循动态、弹性、适用的设计思路对品牌培育管理组织进行设计，以确保品牌培育工作的顺利进行。一般来说，全面基于品牌培育的组织结构设计规范包括三个部分：

（1）结构框架的设计。结构框架的设计是对从品牌战略到品牌营运管理所需要的组织结构的基本约定和说明，包括决策管理机构、决策执行机构和执行支持机构三个部分。决策管理机构是对事关企业品牌培育、发展战略及扩展与收缩等重大事项进行决策和管理的专门决策机构。决策执行机构上承品牌决策管理机构，下接执行支持机构，是推进品牌决策执行的核心机构。品牌执行支持机构接受品牌执行机构的指导和管理，共同支持品牌决策的执行。这些机构包括基本的产品研发、市场销售、广告传播等职能部门，也包括区域性的销售组织和相应的供应、分销和推广合作伙伴。结构框架设计的目的就是要使三个层次的结构密切配合，使企业的品牌培育管理与企业战略、目标、市场规模等相适应，充分调动品牌营运人员的积极性和主动性，确保品牌培育战略目标的实现。

（2）部门与职位序列。部门和职位序列是组织框架的具体化，是对不同管理层级及不同关键性职位间的隶属关系的进一步说明和规定。明确的部门和职位序列有助于品牌培育管理活动营运的有序化，防止因管理关系紊乱造成系统性管理混乱。

（3）职责和权限。职责和权限是对具体的部门和岗位权责的系统规定和说明。明确的职权不仅使部门和相关人员了解自己在品牌培育管理中应该做什么，哪些是自己应该做的，而且赋予完成职责所需要的权限，确保权责对等，保证各项工作的顺利完成。现实中，许多管理问题的产生大多是因为权责不清所致，因此，明确的职权是品牌组织管理的重要内容。

品牌培育管理人员的工作职责主要包括五项工作，即调查研究、制定品牌培育规划、实施、协调、检讨与改进。

调查研究包含了战略层面和业务层面两部分。战略层面是对于对品牌培育具有影响的外部经济环境、产业环境、竞争环境、政策、社会人文等宏观环境态势的研究；业务层面则是针对具体业务开展的竞争动态、顾客需求的研究。由于具体的市场调查工作由专业人员来完成，因此，品牌培育管理的工作在于明确调查对象、调查目标、调查时间等，结合工作实际对调查结果进行更深入的剖析并作为制定相关策略的依据。

品牌培育规划是就品牌培育的既定目标在实现方式、时间、步骤、资源安排、可能出现的问题及其相应措施等内容所进行的、较为详细的安排。品牌培育规划分为品牌形象规划和品牌发展规划。品牌形象规划是以市场研究及品牌策略为基础，对品牌形象的创建和维护进行的运筹安排，包括建立品牌名称、品牌标识、品牌视觉及理念识别体系、品牌口号、发掘品牌历史等方面的安排。品牌发展规划是针对品牌与顾客和社会利益群体进行沟通的对象、时间、方式和目标等内容所做的安排。

对品牌培育管理具体方案的实施包括：广告表现、媒体、公关活动、销售促进、品牌联合、形象设计等。

品牌培育管理实施过程需要许多不同部门的共同努力才能完成，因此，在实施过程中必然存在许多矛盾和冲突，而这些矛盾和冲突需要品牌管理人员来协调。

最后是对于品牌培育实施过程中的各项工作及方案，品牌培育管理人员需要定期不定期地检讨。检讨一是自省，即通过例行的工作检查，对于实施的过程及结果进行评价，如果出现与目标的偏差应及时提出矫正方案；二是听取来自外部及上级的批评意见和建议，这些都是品牌培育管理人员知识库中不可或缺的财富。检讨的目的在于发现存在的问题和不足并进行改进，以便于在以后的工作中防止类似问题的再发生。

2. 组织管理流程规范

组织结构规范的实施要求有相应的管理流程规范与之相匹配。管理流程规范从战略决策、核心执行和执行支持三个部分与组织结构规范一起形成组织管理规范的主体内容，为品牌培育的运作管理提供基本的组织管理指导和约束。

战略管理流程规范涉及的是品牌培育的基本战略及重大决策事项，包括品牌领域、品牌定位、品牌识别等战略管理层面的内容，也包括品牌延伸、并购、保护、本土化和国际化经营、品牌危机处理等规范管理层面的内容。常见的战略决策模式有集权式、分权式或均权制衡式等基本类型。与战略决策流程规范相适应，核心执行流程规范和执行支持流程规范是在品牌营运管理的层面上展开的战略执行流程规范。前者侧重于品牌成长的主要驱动因素，如产品策略、营销策略、传播策略等；后者侧重于品牌成长的支持性驱动因素，如区域市场营销计划等。对于市场面广，组织结构复杂的企业来说，战略执行流程规范应本着分层执行的基本法则来编制。

3. 组织管理原则

品牌培育组织管理包括以下四个基本原则：

（1）适宜性原则。该原则是指组织结构和管理流程的设计应与品牌战略、品牌归属和品牌谱系等保持一致，为目标品牌的发展提供切实的组织支持，防止僵化的组织管理成为目标品牌发展的障碍。

（2）系统性原则。系统性原则要求品牌的组织管理应该根据企业的品牌培育整体战略要求来展开，将结构框架设计、部门和职位序列、职责和权限以及各管理流程融为一个有机整体，为品牌战略提供系统的组织支持，而不可割裂开来单独处理。

（3）动态性原则。该原则是指品牌组织结构、人员的职权等应与企业的具体情况、品牌战略及市场发展等相一致，要随着战略、内外部环境的变化作相应的调整。如对于以品牌战略为企业核心经营战略的企业来说，随着企业旗下品牌的成长和发展，其品牌培育组织管理体系应该做相应的调整，由内嵌式组织管理向交互式、并行式的组织管理转变。因为内嵌式品牌组织管理适用于企业刚开始创立自有品牌且品牌单一的阶段，随着品牌数量的增多，品牌关系日趋复杂，品牌资源分配难度加大，原来的内嵌式组织管理显然就不能适应了。这时需要向交互式和并行式品牌组织管理转化，否则，现有的品牌组织管理就可能成为品牌战略实施的障碍。

（4）执行性原则。这一原则要求品牌管理者在制定组织管理规范时要从品牌培育管理的基本目的出发，保证组织管理能够对更为具体的品牌培育工作做出清晰的指引和约束，经由组织规范管理将品牌规范管理和品牌营运管理有机结合起来，共同支持品牌培育战略的实现。在制定品牌组织管理规范时，应分辨成长管理和延续管理的异同，既保证组织结构与执行流程能够满足品牌不断扩张的要求，又能够进行适时调节，控制品牌成长风险，保证目标品牌的可持续成长。

2.4.6 品牌培育管理体系的形式

企业应妥善管理品牌培育管理体系的相关文件和记录，以便更好地形成系统规范文件。其中包括：

（1）品牌培育方针和品牌培育目标的相关文件。品牌培育方针由企业最高管理者正式发布的关于品牌培育方面的全部意图和方向。通常品牌培育方针与企业的总方针相一致，并为制定品牌培育目标提供框架。品牌培育方针和目标是指导企业成员开展品牌培育相关活动的准则，必须形成文件。

（2）品牌培育手册。品牌培育手册规定了工业企业在品牌培育过程中的基本职责、操作程序、操作要求、工作标准以及业绩考核指标等内容，适用于工业企业开展品牌培育工作。

（3）企业确定的为确保其过程有效策划、运作和控制所需的文件（包括记录）。确定品牌培育管理体系所需的过程及其在整个企业中应用的各类文件。确定这些过程的顺序和相互作用；确定为确保这些过程的有效运作和控制所需的准则和方法；确保可以获得必要的资源和信息，以支持这些过程的运作和监视；监视、测量（适用时）和分析这些过程；实施必要的措施，以实现对这些过程所策划的结果和对这些过程的持续改进。企业应按标准的要求管理这些过程。

【案例8】

珠海罗西尼表业的组织结构调整实践

罗西尼系香港上市公司中国海淀集团（HK. 00256）旗下全国知名企业，中国领先腕表品牌。罗西尼以钟表制造为基石。前身是瑞士钟表商在新加坡开设的表壳制造工厂，1984年移师珠海，成立了中国钟表业第一家中外合资企业，致力于为消费者打造高质量、高品位、高技术的知名时计文化产品。罗西尼坚持“开百年老店，做百年品牌”的发展战略，把质量作为品牌发展的根基，努力加大生产投入，提高产品质量。新厂房成表车间采用食品及药用企业GMP无尘无菌标准，建设洁净厂房，实现洁净生产保证产品质量；机加工车间数控机床油回收装置既实现生产环境洁净，又保证了手表生产精密度；抛光车间工业噪音和防尘工艺改革，在保证员工职业健康安全和环境保护方面取得极大改善的同时降低了产品尘粒附着。罗西尼钟表产业基地是目前广东省内第一家集设计研发、生产制造、品牌运营、钟表博物馆、旅游参观、科学普及等于一体的大型钟表文化产业园区，是功能分区合理、产品结构完善、接待功能完备、交通便利、形象鲜明、个性突出的以时间为主题的工业旅游景点特色企业。

问题所在

作为中国民族钟表行业中型企业共同面临以下困扰亟待解决：

（1）市场环境变化：产品和质量的差异减少；品牌间的竞争更加剧烈；品牌的求异战略受到挑战；消费者的需求层次增加，消费习惯发生变化，而且消费者变得更加挑剔，同时产品的可替代性增强；瑞士等进口品牌的冲击。

（2）电子商务的快速发展：网上的不正当竞争，低价销售对品牌的影响；国家有关职能部门对网络的管理缺乏完善的法规支持，跟不上电子商务市场发展的需要。

（3）国内部分商业场所未能有效保护民族品牌，制约了民族品牌的进一步发展。

（4）随着企业不断向前发展，公司的各项改革不断向纵深推进。原来组织结构是在制造型企业的基础上形成的，随着市场竞争日益激烈，改制后的公司制运行使企业的运作与管理模式发生深刻变化。如何根据公司发展战略规划的要求，通过组织结构的调整，进一步提高组织能力，调动员工的积极性、主动性和创造性，保持企业的持续稳定地发展是当前所面临的非常紧迫的问题。

解决思路

罗西尼倡导的是一种“和”的文化，坚持“开百年老店，构建和谐大家庭”的核心理念，打造的是一个学习型的企业。罗西尼人拥有“梦想、激情、创新”的企业精神，梦想在于敢想，激情乃做事的态度，创新则是实现梦想的途径。梦想，督促罗西尼人志存高远，立志打造成为一流的钟表集团；激情，鞭策罗西尼奔向更大的辉煌，去不断拼搏创造，永葆旺盛生命力；创新，昭示着罗西尼人要持续地革新与超越，用最优化的产品供给市场，用品质去构筑品牌的战略发展。

为进一步推进罗西尼品牌建设，提升罗西尼品牌价值，企业最高管理层会议决定成立“二委一心”，建立、实施和保持并持续改进公司的品牌培育管理体系。

品牌培育战略执行委员会主要负责完成品牌培育管理体系文件的评审、改进、修订、完善和定稿；品牌培育战略规划中心主要负责完成对品牌培育管理体系适宜性和可操作性的持续改进，对品牌培育试点工作取得的成果和经验进行整理、归档、备案，并保留相关证据。

从罗西尼表业有限公司组织架构（见图 2－17）中可以很清晰地看出罗西尼组织结构、品牌培育管理体系和品牌培育八大关键过程之间的关系以及体系运行的主要流程。同时可以识别八大关键过程相互作用中存在的潜在问题、改进的优先次序以及为罗西尼组织结构各层级建立分解目标，并不断调整和细化展开为可量化、可执行的目标。

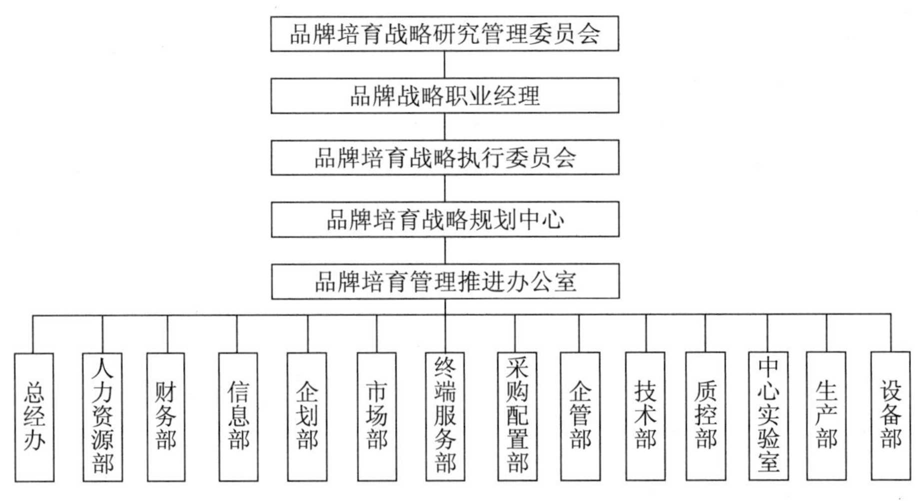

图 2－17　罗西尼表业有限公司组织架构

在制定品牌培育战略和方针过程中所考虑的因素有：资源是否满足需要、市场变化情况、公司运营情况以及技术发展方向等。当出现资源不能满足要求时，由品牌培育战略研究管理委员会调整不满足因素以达到公司未来的发展需求。

公司品牌培育战略研究管理委员会负责制定罗西尼品牌战略方针和目标。罗西尼品牌培育执行委员会负责监督罗西尼品牌战略方针的制定及执行情况。罗西尼品牌培育推进办公室负责罗西尼品牌战略方针的执行工作，在品牌培育战略研究管理委员会指导下，根据品牌战略设定下一年的品牌目标方向，并根据上一年度业绩情况、管理评审的改善意见、相应资源计划的提供等，将目标进行层层分解细化为定量、定性的目标。最终分解为：本年度品牌目标计划、资源需求计划、各部门目标分解要求、品牌定位/设计等指导方向、部门内部年度品牌目标计划等。各部门执行情况要通过部门年度计划实施进度管理表进行实时监控管理，包含各职能部门应分解和制定本部门的品牌目标，设定每个项目目标完成的时间和责任人等信息，执行过程监控资料形成计划实施汇报材料向品牌培育战略研究管理委员会定期汇报。

为建立、实施和保持罗西尼品牌培育管理体系有效运行和管理，任命公司副总经理王永宁为公司品牌战略职业经理，并明确其职责和权限。

为确保罗西尼品牌战略方针和目标的有效实施，在品牌培育战略执行委员会指导下，由品牌培育战略规划中心和各部门按照设定的项目计划内容实施罗西尼品牌培育的各项活动。

公司召开品牌培育责任书签约仪式。由总经理商建光先生亲自与各部门负责人签订责任书责任到人。各部门一把手领下军令状后，纷纷表示要把品牌培训管理体系落实到位，夯实基础、稳步推进。

罗西尼推行以“市场为导向，标准为基础，品牌为核心”的标准化管理模式，不断强化企业的自主创新研发实力，无论在硬件还是软件上都力求与世界表业的先进技术接轨。作为早期国内首屈一指的专业化制表公司，20 世纪 90 年代，罗西尼就拥有国内一流模具加工中心和行业少有的钻石刀加工工艺。近年来，为了创造出最精密可靠的设计，提供给消费者功能卓越的高品质、高品位腕表。公司每年不惜投入大量资金，配置属国际水准的钟表设计制造系统、添置高精尖检测设备，凭借先进技术和精工细作实现对品质的极致追求，加速技术成果转化。罗西尼建设自主的企业技术中心，并通过广东省省级企业技术中心认定，企业荣获国家高新技术企业称号。

实践效果

经过多年的品牌积淀和品牌运营，2012 年度罗西尼品牌价值呈现 300%的增涨幅度见证成长，现已成长为中国表业唯一“亚洲品牌 500 强”，正逐步发展成为国际多元化的时尚精品集团。目前同步开设有钟表、眼镜精品制造与品牌营销及华南首个钟表文化工业旅游项目，具备了年开发新品上百款，年生产成表上百万只的能力，拥有总部员工 500 人及 2000 余人的销售团队，网点遍布全国，品牌价值、市场销量和市场综合占有率均位列中国表业之首，是国内手表行业的“中国驰名商标”和最受欢迎的名牌产品。

每一只罗西尼手表的诞生都凝聚着创新的设计、精湛的制表工艺和众多工序的锤炼。罗西尼所打造的每一款作品均是心灵与手艺的契合，气质高贵典雅、线条纤薄流畅、工艺精致考究，赋予佩戴者高雅浪漫的文化品位、舒适体贴的尊贵感受。

“打造中国人自己的世界钟表集团，让中国人戴上自己的世界名表”罗西尼正实施中国海淀集团致力于发展成为中国领先的知名钟表与时计产品及附件的生产与销售企业的战略构想，不断巩固行业领先地位，拓展国际市场、完善钟表产业链，多元化、全方位铸造国际化品牌。

组织架构优势与亮点

品牌经理制度是一种在公司统一领导和协调下，内部各职能部门在各自的权责范围内行使本部门的品牌管理职能并承担相应的义务的品牌管理组织制度。

企业品牌经理制度的主要优点是：

(1) 企业已认识到品牌建设是一个有机整体，必须将其作为整体来对待才能最大程度地发挥其功效。企业应将重点放在企业整体品牌（或旗帜品牌）的培育上，使品牌系统中各品牌相互支持而形成一个有机整体。实施企业品牌经理制能有效避免企业采用多个品牌可能导致品牌冲突而损害企业形象的情况，提高企业竞争力、增加企业经济效益。

（2）建立协调运作、强有力的品牌管理机构是企业实现品牌系统管理的前提条件。协调运作的品牌管理机构一般由企业品牌经理、品牌管理委员会、类别品牌经理、产品品牌经理等组成。企业品牌经理是品牌组织的发言人、重要的人事决定者及高层协调者。品牌管理委员会负责审议品牌计划并提出建议，类别品牌经理和品牌经理则负责各自品牌的具体执行和监督工作。

（3）可使企业从战略高度对品牌进行系统管理，而不是像以前的品牌管理组织那样将品牌割裂开来进行分散管理。企业品牌经理制克服了产品品牌经理制和类别品牌经理制下缺乏协作的致命缺陷，使得企业品牌经理可以从大局和整体上对企业品牌进行统一管理，以实现品牌管理的系统化。

（4）可使众多品牌相互支持，成为一个有机整体，形成“1＋1＞2”的整体效应。有利于企业集中培育企业品牌，以维持统一的公众形象。重点培育企业品牌，可以使企业产品品牌在其理念的支持下共同维持统一的对外形象。有利于更好地实现资源的合理利用，减少资源浪费，提高企业的经济效益。

（5）可进行长期一致、全面统一的品牌管理也是建立协调统一的品牌管理系统的重要举措。它有利于长期保持企业形象的一致性，提高企业品牌资产的价值。

【案例 9】

广东猛狮电源科技的组织结构调整实践

广东猛狮电源科技股份有限公司成立于 2001 年，拥有福建动力宝电源科技有限公司、柳州市动力宝电源科技有限公司、遂宁宏成电源科技有限公司及汕头猛狮兆成新能源汽车技术有限公司四大子公司，是一家以研发、生产和销售各类铅蓄电池为主的新能源及节能技术领域高新技术企业，也是中国摩托车电池国家标准、蓄电池用胶体电解质国家标准、锂离子动力电池等国家标准起草单位之一。公司拥有省级的电源技术研发中心，研发团队由国内外行业技术精英组成，具备承担高科技电源产品开发和研究的实力，拥有一批自主知识产权的发明和专利，在品质保持、生产规模、技术创新等方面均为国内同行业前列。公司在全球率先推出纳米胶体高能免维护摩托车系列电池产品，覆盖了世界绝大多数摩托车车型，产品符合美国 SAE、欧洲 DIN、日本 JIS、中国 GB、国际电子协会 IEC 等各项技术标准，涵盖摩托车用、汽车用、备用电源、电信及照明、储能电池和动力用等各大领域。公司产品荣获国家质量免检、广东省名牌产品、广东省出口名牌产品等荣誉，畅销欧洲、北美、日本等 90 多个国家和地区。

问题所在

作为中国民营上市企业，公司的各项改革不断向纵深发展。随着公司的业务发展和

品牌培育工作的逐步导入和实施，原来的组织结构固有的问题开始暴露，如品牌工作权责不清，流程复杂，横向协作的效率较低，信息交流不够顺畅，沟通成本加大，尤其是难以在品牌管理工作中形成自上而下的通畅的系统联动，妨碍了品牌培育工作的开展。

解决思路

围绕这一课题，对公司组织结构的现状进行了系统的诊断。按照现代组织设计理论的思路，即结构本身设计和运行制度设计。确定了组织机构调整的关键任务：

（1）新组织机构调整的思路要求在组织运转上实现分层管理、授权管理、分工协作、权责清晰、标准规范，以达到以下基本目标：

①有利于强化责任，确保公司经营目标和发展战略的实现；

②有利于简化流程，快速响应客户的需求和市场的变化；

③有利于提高横向协作的效率，降低管理成本；

④有利于信息的交流与传递的顺畅；

⑤有利于培养和积累公司的核心能力。

（2）确定了新组织机构调整的原则从符合公司的客观实际出发，遵循“前瞻性”和“可操作性”并举的原则，统一策划，分步实施，逐步到位，建立以客户为导向，高效运作、规范化、专业化的组织管理体系。确定了适应性原则、层次化原则、专业化原则、责任清晰原则、权责对等原则、竞争力原则、协调一致原则。

（3）新组织需解决的问题公司新组织机构需解决问题总结如下：

①进一步提高市场运作能力；

②进一步提高公司整体计划管理水平；

③进一步提高整体运作效率；

④进一步加强各部门的沟通；

⑤进一步提高公司项目管理能力从而提高员工的积极性。

通过上述问题的解决，达到以满足客户为导向、降低内部消耗、提高组织运作效率的目的。

实施方案

为更高效开展组织品牌培育工作，确立了品牌战略带动下的公司长远发展战略，以提高客户满意度，确立行业领先优势作为公司发展的方向和目标。为公司重新梳理了品牌战略思路，培训了一批品牌培育体系建设方面的骨干，并更充分灵活调动公司资源，有计划、有步骤地积极推进品牌培育工作，公司特成立的品牌培育试点工作项目组（简称品牌培育小组，见图2-18），以国内销售副总吴樾为组长，副总兼董事会秘书赖其聪为副组长。明确了组织机构职能职责，营造品牌培育良好环境，提供可支配资源，实施系统化、科学化管理。举全力推广品牌培育工作。

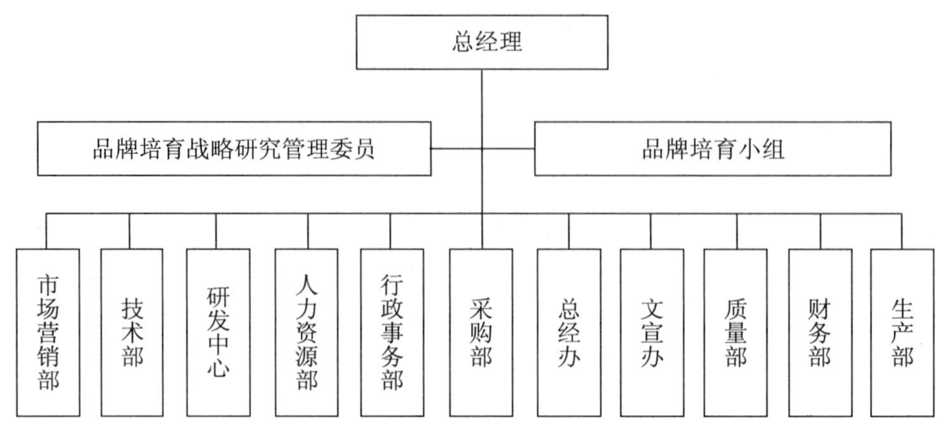

图 2－18　广东猛狮电源科技股份有限公司组织架构

（1）新组织机构调整的基本思路如下：

①总体架构：以矩阵式为主，有限事业部为辅；

②关键职能：从设计项目管理向总经销商项目管理发展；

③流程管理：加强以项目经理为主的项目管理；

④业务发展：产品管理为基础、品牌管理为核心、重点培育摩托车电池、汽车电池、新能源汽车电池、阀控式密闭电池等业务；

⑤部门协调：部门之间的信息和业务交流最小化；

⑥资源管理：以现有资源、人员为主进行调整。

（2）清理和编写了适合新组织架构的管理制度。为了组织机构运转更加有效，组织了一定人力制定体系性的管理制度。体系性的管理制度包括业务层面管理体系制度和公司层面管理体系制度。

（3）进行了高层职责的划分进行了高层职责的重新划分，并编写了高层职位说明书。

（4）编写了部门职责说明书在部门确定的基础上，编写了部门职位说明。旧的部门说明书重新进行了梳理，新部门的职位说明书进行了重新编写，进一步完善组织结构的功能。

根据实践方案，猛狮科技采取了如下的变革举措：

（1）猛狮科技于 2012 年 5 月 1 日发布了《品牌培育管理手册》及 12 个《品牌培育程序文件》文件，制定了品牌发展战略、品牌培育方针和目标，调整公司以品牌培育为主体的组织架构，明确职责和权限，配备和适当掌握相应资源，并从品牌定位、品牌设计、技术创新和产品开发、品牌传播、品牌更新和延伸、信誉和风险管理、品牌保护、品牌文化塑造的八大过程进行了全方位的品牌培育关键过程管理建设，以实现品牌形象的维护及品牌价值的提升。继续引用公司原有质量管理体系文件与品牌培育管理体系有机融合，如《品牌资源管理程序》《供方和伙伴管理程序》《品牌保护和文化塑造管理程序》等。提升公司整体管理效率和效益，合理运用公司资源，提升管理等级。

（2）自成为“中国首批工业企业品牌培育试点企业”以来，在品牌培育试点工作项

目组的领导和指挥下，完全遵照公司已建立的品牌培育管理体系要求，掌握每一次品牌培育机会。积极响应暨南大学参与《2012 年中宣部外宣局向全国高校发出“大学生眼中的西藏”征稿活动》的号召，联合策划并由公司冠名的“‘猛狮科技·我行我动’暨南大学中华学子西藏新疆深度采访行”，结合猛狮品牌建设，以广东省对口支援为平台，将猛狮品牌宣传延伸到新疆的喀什与西藏的林芝地区，全面开展的宣传“广东精神、猛狮科技品牌培育”活动结合起来，既展显猛狮科技品牌的形象，又展示广东援疆援藏成就，迎接党的十八大召开。

(3) 公司决策层高度重视，品牌意识提升，在职员工范围内深度宣导品牌培育的专业知识，强调品牌培育的优势，在全公司营造良好的氛围，从思想上灌输品牌培育理念。同时，积极开展一系列的品牌贯标活动，切实将品牌培育的相关知识宣传落实到公司的每一位员工身上。市场营销部从 2012 年 7 月起有组织、有计划地推出两活动：企业猛狮报派发活动、文稿征集活动，促进猛狮科技品牌影响力，树立企业文化，让广大“猛狮”产品的用户都能融入猛狮科技的大家庭中。活动得到了很多客户的认可，多次申请派发厂报，原因是要让其下游客户更详细地了解猛狮，共同分享猛狮文化。

(4) 在组织结构调整后，进行了全员竞聘上岗活动，确立了“能上能下”人员管理机制，使全体员工进一步认识到公司领导改革的决心，在员工中产生了巨大的震动。

实践效果

(1) 新的组织架构（见图 2－18）自正式运营以来，公司以品牌建设为重点，以品牌培育管理体系文件为主要内容，组织开展了全公司参与培训的活动有 6 场，以部门为单位的培训活动有 28 场，通过培训，即密切了员工与公司的关系，又使参训人员迅速掌握品牌知识。培训期间，受培训员工围绕如何做好品牌培育工作各抒已见，会后也积极展开对猛狮文化与猛狮品牌文化的深入探讨。通过培训，全体员工对“品牌”的认知度有了极大的提高。培训工作的有效实施，为下一步品牌培育工作的深入开展，打下了牢固的群众基础。

(2) 组织结构调整及进行全员竞聘上岗活动后，公司顺势已成功寻求到较适合品牌管理中心的主要管理人员的人选，新的品牌管理中心总经理的上任，将是推动广东猛狮电源科技股份有限公司品牌培育建设进入更上一层楼的佳绩，促进员工的积极性更高。

组织架构优势与亮点

品牌培育试点工作项目组管理是指在公司统一领导和协调下，内部各职能部门在各自的权责范围内行使本部门的品牌管理职能并承担相应的义务的品牌管理组织制度。

品牌培育试点工作项目组管理的主要优点是：品牌管理的主要工作由受过专业训练的管理人员来负责，这样可以大大提高品牌管理的专业化水平，使品牌管理从传统的直觉、经验管理走向以知识为基础的科学化和专业化管理。同时，也可以使公司领导从繁多的品牌管理具体事物中解脱出来，集中精力思考和解决品牌培育和发展的战略性问题。在品牌培育试点工作项目组管理负责制下，品牌政策和计划的制订不是由一个人而是由一群专业人员来共同完成的，计划的执行也不是由一个人而是由不同的职能部门分别来实施的。他们分工协作，共同承担和履行品牌管理的任务。因为密切的分工和协作可以提高工作效率。此外，品牌培育试点工作项目组管理负责制还有助于企业从外部寻求管理服务，从而进一步推动职能分工的深化，而这反过来又可促进管理水平的进一步提高。

（资料来源：彭文忠，林典勇，中国赛宝品牌培育项目组）

2.4.7 最高管理者及其作用

> **4.2 管理职责**
>
> 为建立并保持品牌培育管理体系，持续改进其有效性和效率，最高管理者应当：
>
> a）进行品牌培育的长远规划；
>
> b）不断监视和定期分析与品牌培育相关的环境；
>
> c）平衡地满足相关方对品牌的需求和期望；
>
> d）持续保持相关方的参与，并让其了解组织的品牌培育活动和计划；
>
> e）创造适于品牌培育的工作环境；
>
> f）预测未来的品牌培育资源需求；
>
> g）识别品牌培育过程中的风险，并制定应对措施；
>
> h）建立品牌培育程序，确保其对环境变化做出快速响应；
>
> i）定期评价品牌培育过程，并持续改进和创新。

【解读】

1. 何谓最高管理者

最高管理者，是指在最高层指挥和控制企业的一个人或者一组人，其通常的称谓有董事长、总裁、总经理、厂长、院长等。他们掌握着管理机构，负责制定总体计划、战略目标和大政方针，并且激发、指导、控制其下属人员。对于建立并保持品牌培育管理体系，持续改进其有效性和效率，最高管理者发挥着重要的作用。

2. 最高管理者的作用

领导的重视和参与是体系运行的关键成功因素。具体而言，最高管理者要在企业品牌培育中发挥以下四种重要的作用：

1）带领作用

企业管理者需率领全体员工为完成品牌培育任务，实现企业品牌建设目标。为完成品牌培育工作，最高管理者通过计划、组织、实施、控制的管理程序及管理方式，对人、财、物等基本资源和管理要素进行充分合理的配置，投入到品牌培育的管理活动之中，通过管理职能的作用，实施有效的转换、加工，达到企业品牌培育的最佳效果和社会效益的统一。

2）定位作用

任何一个企业必须要为自己培育的品牌选择正确的位置，这离不开最高管理者对自己

的企业有一个准确的定位，包括了三个层次的内容：一是对自己企业品牌在所在行业的定位，主要是对企业品牌所在行业的属性与性质的认识；二是对自己企业品牌在某一个地域内的定位，要因地制宜，要与当地的人文、社会等文化相适应；三是对自己品牌内部现有的竞争力的定位，包括了企业人力等资源的现状以及企业已经具备的品牌培育基础。

3）发动作用

品牌培育工作需要在管理者与员工之间相互联系和相互作用的过程中进行的。品牌培育的企业内部沟通顺畅与否，将关系到品牌培育工作成败。因此，管理者需以极大热情关心员工、爱护员工，为员工营造一个健康的心理环境、良好的人际关系、真诚的企业氛围，推动员工整体参与到品牌培育工作中。管理者需采取有效的激励机制和措施，制定奖惩分明的制度，运用多种管理方法，使企业员工有章可循，明确目标，齐心协力，完成品牌培育的任务。

4）推动作用

企业实行品牌培育是一项长期的工作。这需要一个长期的宣传发动、深化学习和教育完善提升的过程。要推动企业品牌培育工作向前发展就需要企业管理者充当企业品牌建设助推器的角色，要建立起一套完善的企业品牌建设管理机制，要让企业从品牌建设中获益。在员工对企业品牌建设产生偏差、误解时，企业管理者要在激励机制的基础上，做好协调沟通，确实有效地做好员工的思想工作，避免企业品牌建设的停滞乃至倒退，推动企业品牌建设向前发展。

2.4.8 最高管理者应如何发挥作用

1. 进行品牌培育的长远规划

主持确定品牌发展的方向，通过自身的表率行动和采取内部培训、宣传等多种形式，营造全员关注和参与品牌建设的良好氛围。同时，为本企业品牌培育工作进行一个中长期的规划，该规划为企业的品牌培育指明了方向，应具有鲜明的导向性、系统性和创新性（详见 2.5）。

2. 不断监视和定期分析与品牌培育相关的环境

对于与品牌培育有关的内外部环境进行持续监视和定期分析，以期能够进行相应调整。在企业内建立一套完善的品牌监测体系，该监测体系应是系统的和多维度的，涵盖了资源、组织和环境等各个方面，该体系应能为企业品牌培育体系的改进和品牌培育过程的调整提供输入。企业应能通过持续进行的监测提供的数据，证实企业的品牌培育绩效的不断和显著的提升（详见 2.8）。

3. 平衡地满足相关方对品牌的需求和期望

感受和预知到相关方对企业品牌培育工作的需求和期望，并能在体系的建立和实施中均衡考虑这些需求和期望，并最终实现各种利益的和谐共赢（详见 2.6）。

4. 持续保持相关方的参与，并让其了解企业的品牌培育活动和计划

通过与品牌培育相关方进行沟通和交流，激发相关方的参与热情，持续保持相关方的参与，并让其了解品牌培育的相关工作和计划，明确目标，调动相关方的主动性和积极性。

5. 创造适于品牌培育的工作环境

管理者需以极大热情关心员工、爱护员工，为员工营造一个健康的心理环境、良好的人际关系、真诚的企业氛围，推动员工整体参与到品牌培育工作中。

6. 预测未来的品牌培育资源需求

履行自身在品牌管理体系建立、实施和改进方面所负有的职责，如明确体系的责任人和过程的责任人，并明确赋予他们必要的权限；确保管理体系内审的实施和主持管理评审；预测企业在品牌管理体系建设方面的资源需求，并能适时提供这些资源；在企业内形成全员参与改进的环境，为改进活动的策划和管理提供支持和必要的资源等（详见 2.6）。

7. 识别品牌培育过程中的风险，并制定应对措施

在企业内建立一套系统的风险预警和评估机制，在系统、科学地识别、分析和评价品牌培育过程中各类风险的基础上，有针对性地制定风险规避和处理计划，这些措施的实施实现了企业对相关风险的控制（详见 3.6）。

8. 建立品牌培育程序，确保其对环境变化作出快速响应

通过计划、组织、实施、控制的管理程序及管理方式，对人、财、物等基本资源和管理要素进行充分合理的配置，投入到品牌培育的管理活动之中，确保企业能够针对具体的环境变化作出相应的响应（详见 2.7）。

9. 定期评价品牌培育过程，并持续改进和创新

企业应能通过持续进行的监测提供的数据，对品牌培育的过程进行客观合理的评价，找出不足之处，并持续改进和创新（详见 2.8）。

【案例 10】

张瑞敏：海尔实施全球化品牌战略的宣言

海尔一个新的战略发展方向，即全球化品牌战略，2006 年开始实施。这不仅是对海尔，对全国的企业都是一个新的课题，而海尔已提前进入了攻坚战。

为什么要进行这种全球化品牌战略

主要是全球经济一体化的形势逼迫。加入 WTO 之后，如果从市场的角度来讲，现在不可能在全世界找到一块不是国际市场的市场，都是国际市场。在加入 WTO 之前，有的企业负责人说，外国企业来了之后，让他占领大城市，我到农村去；而中国市场现在不管是城市还是农村，国内市场已成为国际市场的一部分。孟加拉国是全球 49 个最贫穷国家之一，但是，国际名牌全在他们那儿有竞争。所以，这是不能退缩而且必须迎上去解决的一个问题。在全球竞争中取胜的标志是品牌，因此必须运作全球范围的品

牌，但是如果想做成一个国际化的品牌，又取决于你的全球化品牌的战略。

在全球化运作的能力方面，我们的国际化名牌的对手，有着我们所不具备的全球市场网络和全球化竞争的素质。我们之前已经做了很多探索，我们将上一个阶段叫做国际化战略阶段。国际化战略和全球化品牌战略有很多类似，但是又有本质的不同：国际化战略阶段是以中国为基地向全世界辐射，但是全球化品牌战略阶段是在当地的国家形成自己的品牌。所以，这一点有非常大的不同。国际化战略阶段主要是出口，但现在是在本土创造自己的品牌。

海尔实施全球化品牌战略要过三道坎

我们从 1984 年创业至今只是抓住了国内机遇，但完成全球化品牌的战略还有很长的路要走。在全球化品牌战略阶段，对海尔来说还是非常困难的，我觉得至少要过三道坎：

1. 第一道坎就是从入围资格到进入决赛圈

现在的中国企业在全球化、国际化的市场上有没有资格都是一个问题，更不要说参加决赛了。就像奥运会一样，你要参加跳高，可能入围标准是 2m，你现在才跳 1.8m，连入围资格都不够。

入围资格首先是解决布局的问题。海尔在全世界有 30 个制造基地，要想在全世界都布满了，那还需要很大的力度。我们这几年利润下降，也有很多原因，但这是一个重要的原因。你到全球去布局，为品牌打广告，没有钱是做不成的。到中国来的外国企业，他们在全世界都布局完了，中国是他进入的最后一个市场，他可以利用原来上百年的积蓄、上百年的力量把中国的市场做好。我们只有 20 年，集中这点小小的力量要进入那么多的世界市场，对我们是一种制约。人家是集中力量以十攻一打中国市场，我们则是全面出击以一攻十，需要建立三位一体的营销体系以打造当地名牌。所以我们是刚刚开始，后边的路还很长，也非常艰苦。有一个跨国大公司到中国来，目标就是战略性亏损 5 年，报道说今年他们已经开始盈利了，但已经经历了 9 年，对于这么大一个公司需要 9 年，对于我们呢？所以我觉得这是一场攻坚战，而且是刚刚拉开序幕。我们的全球化的开拓更要面临长期的对发展和利润的影响。

从企业的全球化竞争力上看入围及决赛的问题，我们则要提升产品的竞争力和企业运营的竞争力。

产品的竞争力包括产品的质量和产品的研发。在质量方面，中国的企业都有质量管理体系，但是现在的质量管理体系入围国际市场非常困难。为什么呢？你可能只是小规模的生产。现在要求的质量水平是什么水平呢？是在大批量、多品种、新品多的情况下，仍能满足不同国家、地区用户的需求，只有这种满足全球化要求的质保体系，才可能进决赛圈。具备高质量是入门的资格。如果做不到，市场就会抛弃你。比如说在纽约销售的产品，如果到用户家上门服务的话，企业平均要花费的费用是 75 美元，如果你这个产品就卖 150 美元，我不可能拿和产品一样的价格来维修；即便 300 美金，拿出一半的钱来维修产品也是不可能的。如果你自己做不到这一点，你就不可能拥有市场，连入围资格都没有。

研发也是一样的，有可以参与竞争的基本素质才可能入围，如专利、标准等。我们的专利在中国家电企业算是最多的，我们的发明专利也是最多的。中国的家电企业，包括中国所有的企业，入围两项国际标准的，我们是第一个，在这之前没有，应该说是不错的。但是到国际市场这只是一个基本条件而已，或者说这只是一个竞争的必要条件，但不是充分条件。充分条件是你必须把这个专利转化到市场上有差异化的产品上。实际上国际标准也是这么定的。比方电热水器防电墙的标准，在发达国家的热水器不需要考虑电的安全问题，因为电路系统非常安全，但是到发展中国家不行。中国做过一个统计，中国家庭的接地不合格或者没有接地的占 52%，有的电线甚至接到水管上，这非常危险。如果没有接地，很可能地线带电传到热水器上，就会出问题。而我们的防电墙热水器在使用中，不管是地线还是上面的线带电，出来的水都不可能带电。

我们的产品差异化最后能做到多大？是国内的产品差异化还是全球的差异化？我们的目标是要做到全球的差异化。现在我们的不用洗衣粉的洗衣机做得非常好，世界各国政府肯定会支持这种工作，为什么呢？洗衣粉对环境污染非常厉害，不用洗衣粉的洗衣机没有污染，另外，也可以节约很多水。目前我们还需要取得全世界各地的水样，因为这种洗衣机的设计取决于当地水的特性。比如我们到印度去，在印度新德里卖得很好，到孟买就不行，所以我们现在准备解决不用洗衣粉洗衣机不管在全世界任何地方都可以使用的问题，我们就可以在全世界销售了。

要参与国际竞争很重要的是企业运营的竞争力。归结起来就是三个流：物流、资金流、信息流。这三个流我们在中国做得很好，到国际上也还有差距。

比方说物流，我们是中国物流协会确定的中国物流示范基地企业，在中国算是不错的，到国际市场上还不行。为什么呢？因为入围就是要进入全球的物流网络，但要进决赛就要能保证货物不落地。实际上你进入国际市场之后，即使有仓库，你也进不起。在青岛保税区，租一平方米仓库不到 8 美金，到美国纽约是 55 美金，所以落不起。

在资金流方面，正现金流是入围的标准。现在中国已经遇到了很大问题，我们中国企业出口，坏账率是 5%。5%是发达国家的 10～20 倍。大量的应收逾期会有很多坏账，所以这已经成为制约中国企业成为全球化企业很大的问题。在资金流方面，我们在国内可以，比方我们是唯一现款现货的，但是国外我们的品牌还没有足够大，你就不可能做到现款现货。

再一个就是信息流，信息流方面的内容归结起来就是说每台产品都有条形码，不管到哪个地方去，都有可追溯性。在国内我们基本上大城市都可以做到人码、物码、订单码三码合一，但是在国外还有很大的问题。

所谓物流、资金流、信息流，说到底都要有很好的客户网络支持，否则不可能流起来。比方到国外去，产品必须到仓库，原因在于你的客户网络还不支持，如果支持的话可以直接发到店里去。所以说到家还是企业的竞争力，要有产品的竞争力和营销的竞争力，体现的是系统整体的能力。国外市场有决赛资格的只是几家垄断企业，要挤进去就要做很长期的努力和奋斗。这是我们遇到的第一道难题。

2. 第二道坎是：进入决赛后，从机遇利润到双赢利润

有的可能刚刚过了入围的资格，进入决赛还不行；有的进入决赛，但是竞争力还不

行。如果进到决赛了，那不是目标，还有第二道坎就是利润问题，因为进入决赛不等于你有利润，没有利润你赔钱进去，最后还要退出来，所以这就是我们能从机遇利润到双赢利润。

中国企业一开始利润都很好，现在实现利润都非常困难，有的是全行业亏损，为什么呢？我们一开始的利润是怎么来的？不是靠我们企业的竞争力来的，是靠改革开放的形势带来的。原来整个市场是一片空白，你干什么赚什么，做什么可以卖出去什么。我们海尔也不例外，海尔一开始的利润就是这个机遇来的，而且我们的机遇抓得相对比较好。比方（说）冰箱，差不多有十年的时间，你出来的产品要多少钱就能卖多少钱。而且刚开始出来的时候，连续三年光空调一个产品每年就赚10亿以上的利润。机遇抓住了，很快就进入了多元化，又利用资本积累进入到国际化当中。但是现在再进入全球化不可能有这么好的机会，剩下的就要靠自己。

我觉得今后的利润没有机遇利润，而是双赢利润，就是你有什么样好的资源，人家给你什么样好的资源，是资源换资源。

上游的分供方能否给你优质资源完全取决于你的资源。像英特尔这种很大的公司，他给你的东西绝对取决于你自己，你要的量很大，你的发展前景很好，他给你的产品很好，而且价格会很低。如果说你要的量很少，价格高一倍。还有的分供方可以提供他的设计专利和资源，但这也取决于你的产品的竞争力。

下游企业也是一样。到大客户当中去，他们是否给你提供最好的位置，完全取决于你的产品是否能比他现在销售的产品赚得更多。我到欧洲去，到一个一个的连锁店去拜访他们，我们说海尔的产品怎么好，人家只是一句话，我这个商场一共就四五个品牌，你可以进来，进来之后，你能超过哪个产品你就进，超不过你就别进；我现在卖得最差的产品是什么，他给我的毛利是多少，你能超过他，我就叫他走掉。所以全球化完全取决于你自己的竞争力。

同样，对用户也是一样。你的产品可不可以变现，取决于用户能不能掏钱。用户能否掏钱则取决于你的产品能否比其他产品为他带来更多的实惠。第一个就是性价比，人家会比较：你这个价格对我来说合不合适？第二个就看你的产品能不能给我创造更大的附加值，也就是更大的差异化。如果做不到这一点，就很难换来利润。所以，在家电方面，全球一般就是四五个大的国际品牌，要和他们竞争，就需要有更强的竞争力。

3. 第三道坎是：获得利润后，要从单一文化转变到多元文化，实现持续发展

有双赢能力才能获取利润，也才有了真正在市场上发展的后劲。但双赢能力取决于你比竞争对手更多更快地创造需求。但这一切又取决于人的竞争力，而且是遍布全球的人的竞争力，因此就有一个企业文化的问题即怎么样从单一文化到多元文化。

海尔能够发展到今天，我们的外部机遇与其他企业相比都是差不多的，很多企业原来比我们好得多，现在都销声匿迹了，我们能够发展到今天，取决于领导的关心支持和员工的努力，另外很大的一方面就是我们的企业文化被大家认同了，我们的企业文化核心就是创新。

但是我们原来的企业文化是植根于中国传统文化当中的，而且面对的是中国的员工，大家有共同语言。中国的传统文化，很多东西都被我们吸收了，比如“三纲”，可

能就是我们这个文化的基础。三纲第一条就是“明明德”，现在中国很多企业、单位都不存在的一个氛围：就是透明的人际关系，所有人的上升、提拔都靠竞争，所有东西都是公开透明的。其实中国人希望有这么一个环境，而现在很多企业做不好，就是因为有小帮派。但开拓国际市场所有的都是靠竞争，所有都是公开竞争，人们心情很舒畅地工作。第二个是“亲民”，每个人都要有创新。第三个是“止于至善”，目标无止境。我们是以这三条制定海尔不同的发展战略，制定海尔的精神，也保证了海尔能够在中国这块土地上得到员工的认同。

但是到国际上去又有不同。到国外去，文化的差异很大。比方（说）到欧美，就是一种休闲文化，休闲是不可侵犯的。我们一开始到美国去，李肇星部长给我们很大的支持，亲自到我们在美国南卡州建的工厂开工仪式上给我们打气，到今天为止，我们在美国生产的空调在美国市场上销售很快，短短几年从 1 亿美元达到 5 亿美元。但是在发展过程中，文化的冲击越来越大，这种融合非常困难。我们到日本去，日本人对你很恭敬，但是日本人没法接受我们海尔的文化，特别是年纪比较大的，因为日本的“年功序列”工资制度与海尔的“彻底的成果主义”的文化有冲突。当然在东欧、中东，文化差异也给我们带来很多新课题。

所以，我们现在制定了新的企业精神和工作作风，其目的就是适应全球化品牌战略的发展。

企业精神就是“创造资源，美誉全球”，和原来的企业精神最大的不同是，原来强调以中国为据点，向全世界辐射；新的企业精神强调全球化，美誉全球。但是要做到这一点，前提就是要创造优质的资源以换取美誉的资源。德鲁克有句话叫做“创新就是创造一种资源”。两个工厂用的材料一样，但是做出来的产品价格就不一样，也就是很多世界名牌到中国来代工，我们交给他的产品是 10 美元，但是他可以卖到 100 美元，那个差价就是他创造的资源。确切地说就是创造一个世界名牌，这个世界名牌要靠创新来创造，不是一朝一夕能做到的。

另外我们新的工作作风是“人单合一、速决速胜”。原来主要是强调速度，在市场机遇多、市场空间大的形势下，速度是第一位的。更快地抓住市场机遇，虽然准备还不足，但市场供不应求，也会赢。开发的产品虽然有失败，但有一个成功也会赢，因为利润空间大。

但今天不但要有速度，还要有速度与精准的统一，因为环境变了。

人单合一就是要解决速度与精准统一的问题。“单”是市场第一竞争力，人与之合一就要服从这个要求，在事先确定的、而不是上级下达的市场空间里以最快的速度捕捉商机，产生快于对手的竞争力。

人单合一就是要解决内部管理和外部市场拓展两张皮的问题。管理历程的各阶段，中国企业未经历过。可以压缩其历程，但不能跨越。人单合一就是以外部市场目标为中心强化内部的管理。

人单合一可以让不同文化背景的人都可以接受。因为这是最起码的职业道德。这个新的发展模式被许多国际上的商学院和管理界人士看好，但均认为实施很难。

综上所述，对我们来讲还面临着很艰巨的任务，或者从某种意义上说，已经过去的

21年又是一个新的起点了！我们已经走上了一条虽然艰巨但对中国企业来说是必须要走的道路！我自己感觉现在越做越难做。到海外去，刚出去的时候觉得挺好，出去之后就觉得很难了，现在想退也退不回来，也没有退路。所以有一点像禅宗所说的那种境界：老僧三十年前，未参禅时，看山是山看水是水；入门之后，看山不是山看水不是水；悟道后，看山又是山看水又是水。这就是禅宗的境界。我现在就是处在“看山不是山看水不是水”的阶段，所以希望能够得到大家的帮助，让我们尽快能够看山又是山看水又是水。

（资料来源：兰度，张瑞敏：海尔开始实施全球化品牌战略［J］. 经理人，2006，有改动）

2.4.9 品牌培育环境的定义

> **4.3 组织的环境**
>
> 组织应监视不断变化的环境，识别、评价和管理与品牌培育相关的风险和机遇，及时做出变革和创新的决策，以保证品牌培育管理体系适应环境变化。

【解读】

组织环境是指所有潜在影响企业运行和企业绩效的因素或力量。组织环境对企业的生存和发展起着决定性作用。科学划分组织环境的类型，有利于我们更清楚地认识环境和把握环境。一般来讲，以组织界线（系统边界）来划分，可以把环境分为内部环境和外部环境，或称为工作（具体）环境和社会（一般）环境。

组织内部环境是指管理的具体工作环境。影响管理活动的组织内部环境包括：物理环境、心理环境、文化环境等。

组织外部环境是指企业所处的一般社会环境，外部环境影响企业的管理系统。外部环境可以分为一般外部环境和特定外部环境。一般外部环境包括的因素有：社会人口、文化、经济、政治、法律、技术、资源等。特定外部环境因素主要是针对企业组织而言的，包括的因素有：供应商、顾客、竞争者、政府和社会团体等。

简单来说，企业所面临的品牌培育环境包括外部的总体环境（宏观环境）、行业环境（中观环境）和内部的组织自身环境（微观环境）。环境分析是规划品牌培育战略的基础，外部环境的分析重在发现机会和威胁，内部环境的分析重在明确自身的优势和劣势，通过环境分析，企业可以确定影响品牌培育的关键性因素，为制定准确的品牌战略提供决策依据。

2.4.10 品牌培育环境分析

企业应对品牌培育的内外部环境进行监视、分析和评价。品牌培育环境监视的目的在于识别、评价和预测影响品牌培育的环境发展趋势，及时做出变革和创新的决策，从而使企业的品牌管理者能够充分利用机会、规避风险，降低环境变化对企业品牌培育工作的负面影响以保证品牌培育管理体系适应环境变化。

1. 品牌培育的总体环境分析

总体环境（又称宏观环境）指对企业营销活动造成市场机会和环境威胁的主要社会力量，主要包括政治法律环境、经济环境、科技环境、社会文化环境、自然环境、人口环境等。

1）总体环境分析的主要内容

总体环境分析是以一定的地区为对象，有计划地搜集有关政治（P）、经济（E）、社会文化（S）和技术（T）等情况，进行 PEST 分析（见图 2－19）。另外还有自然环境，即一个企业所在地区或市场的地理、气候、资源分布、生态环境等因素。由于自然环境各因素的变化速度较慢，企业较易应对，因而不作为重点研究对象。

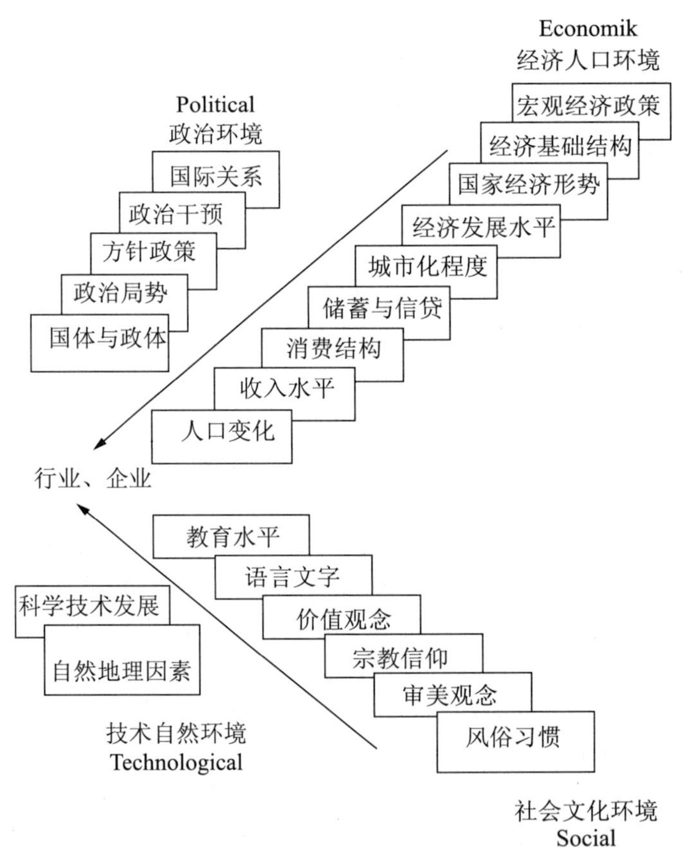

图 2－19　宏观环境的 PEST 分析模型

（1）政治环境

品牌的政治环境主要是指那些强制的和影响社会上各种组织和个人的法律、政府机构和压力集团等，涵盖政治制度、政府和法律等多个领域，主要有以下关键分析要素：政治法律环境的稳定性、政府更迭的程序性、政务管理的民主性、政府管制的合理性、司法体系的完整性、法案审理的公正性、判决执行的高效性以及群体利益集团的发展情况等。品牌的健康成长与整体政治环境息息相关，受到政府管制的强大影响，离不开法

律保护。

在品牌环境中，政府扮演着规则制定者、市场管制者、利益保护者、直接消费者等多重角色，影响着品牌的成长。而完善的司法体系、公正的法案审理、富有效率的判决执行等特征，则给予以知识产权形态存在的品牌成长以基本的法律保证。

需要注意的是，群体利益集团也是一种压力集团。影响品牌战略选择的群体利益团体主要是保护消费者利益的群众团队以及保护环境的群众利益团队等。这些群众团队疏通政府官员，给品牌施加压力，以保护消费者利益。目前消费者利益已经成为一种强大的社会力量，品牌经营者做市场营销决策时必须认真考虑这种政治因素。

（2）经济环境

品牌与整体经济景气性密切相关，品牌经营者必须关注经济环境方面的动向。进行经济环境分析时，要着重分析以下主要经济因素：经济发展的景气性、金融秩序的稳定性、投资结构的开放性、币值和汇率水平、产业政策的导向性、经营成本的可比性、消费者收入的变化和消费者支出模式的变化等。

品牌是在社会经济高速发展过程中市场需求多样化的必然产物。经济体量的持续扩容，金融秩序的稳定，投资结构的开放化，币值和汇率水平的相对稳定，社会经济发展的持续景气，意味着消费者的品牌需求旺盛。与此同时，社会财富分配的不平衡性以及社会阶级分层进程的加速，又使得代表基本品质保证的低端品牌进一步广泛参与到日益激烈的价格战行列中。

购买力是构成品牌的市场和影响市场规模大小的一个重要因素。而社会购买力又直接或间接地受消费者收入、价格水平、储蓄、信贷等经济因素的影响。

消费者收入包括消费者个人工资、红利、租金、退休金、馈赠等收入。消费者的购买力来自消费者的收入，所以消费者的收入是影响社会购买力、市场规模大小以及消费者支出和支出模式的一个重要因素。

消费者并不是将其全部收入都用来购买商品，消费者的购买力只是其收入的一部分。因此，进行经济环境分析时，要区别可支配的个人收入和可随意支配的个人收入。还要区别货币收入和实际收入，因为实际收入会影响实际购买力。同时，品牌经营者不仅要分析研究消费者的平均收入，而且要分析研究各个阶层的消费者收入。此外，由于各地区的工资水平、就业情况有所不同，不同地区消费者的收入水平和增长率也有所不同。

随着消费者收入的变化，消费者支出模式也会发生相应变化。消费者支出模式除了消费者收入影响外，还受家庭生命周期的阶段、消费者家庭所在地点、消费者储蓄和信贷情况的影响。

（3）社会文化环境

人们在某种社会中生活，久而久之，形成某种特定的文化，包括一定的态度和看法、价值观念、道德规范以及世代相传的风俗习惯等。文化是影响人们欲望和行为（包括品牌顾客的购买欲望和购买行为）的一个重要因素。如我国人民每逢农历新年都要进行大扫除、购买年货、贴春联、逛庙会、互相拜年；西方人每逢 12 月 25 日就大量购买节日用品和各种食品、日用品、圣诞树、礼品，互送圣诞卡，等等。人们的这种欲望和行为是受其传统文化影响的。

社会文化环境的分析主要涉及以下几个方面：基本价值观和文化的变迁、人口结构的变化、社会保障水平、文化形态的多元化、生活方式的多样性、社会教育水平和环境保护意识。

不同国家的人对事物有各自不同的态度或看法，有各自的风俗习惯，品牌的管理者必须了解和考虑各国的文化差异，而且还要分析亚文化群的动向。每一种社会或文化内部都包含着若干亚文化群，如青少年、知识分子等。这些不同的人群有一些世代相传的相同信念、价值观念和风俗习惯、兴趣等，因而他们的欲望和行为也有所不同。

而且，任何一个国家或地区的文化，都在保守与开放、传统与变革、排斥与包容、单一与多样、精英与通俗之间徘徊。体察不同的文化环境，可以避免目标品牌进入新的市场时遭到文化排斥乃至否定。进入一个新市场后，对特定地区文化的充分理解和尊重，将使目标品牌摆脱品牌文化与特定地区文化因价值差异带来的窘境，使其本土化进程日渐加快。

(4) 技术环境

在品牌战略选择和实施过程中，对于技术环境的忽略所造成的影响可能是灾难性的。因为对变革的威胁视而不见，未给予变革积聚力量的时间，或者由于过早拥抱变革而在破坏现有优势的同时未能有效建构起新的竞争优势，都将给企业的品牌带来危机。

技术环境的分析可以从以下几个方面展开：技术的创新性、设计的创新性、材料的创新性、工艺的创新性、技术协作趋势、技术权属状况和技术保护水平等。

每一种新技术都会给某些品牌造成新的市场机会，产生新的行业，同时，也会给某些行业的品牌造成环境威胁，使旧行业受到冲击甚至被淘汰。

技术环境分析的目的是通过发现目标品牌所属行业相关的或不相关的新技术、新设计、新材料、新工艺等，使品牌管理者识别隐藏其中的技术变革的趋向，及时发现行业性技术突破口，从而做出积极应对，防止由于技术反应迟缓或者研发投入不足造成在技术竞争领域落后，影响目标品牌的产品供应力，使品牌形象的塑造丧失技术因素的支持。

2) 总体环境分析的方法

总体环境分析除了前面所介绍的 PEST 分析方法外，还有一个结合行业环境所采用的外部环境综合分析工具，即 ETOP 分析法 (environmental threat and opportunity profile)。其主要内容为：判明关于品牌运营的外部环境的关键性因素；判明这些因素对品牌运营的影响（有利影响和不利影响）；制定关于如何更有效地推进品牌运营的基本策略。

表 2-8 是运用 ETOP 分析法对美国 IUD（避孕药）品牌环境所进行的分析。

表 2-8　IUD 品牌环境分析表

环境因素	对品牌的影响情况
经济社会	一IUD 在公众中的形象 一Searle's 和 A. H. Robin's 退出市场对公众的影响 一IUD 所面临的法律问题不断增加 ＋实行计划生育的夫妻及医生对 IUD 品牌产品的支持 ＋避孕药需求的巨大市场
技术	＋产品是独一无二的 ＋不含雌性激素，无副作用 0 一年一换
政府方面	＋FDA 的认证许可 一越来越多的法律问题，导致政府对品牌推广的阻挠 一品牌最适合于一夫一妻的稳定关系，而美国的离婚率高达 50% ＋以目前的市场来看，IUD 仍然拥有较高的用户依赖
供应商	一责任保险协议的变化，高额的保险费难以支付
竞争者	＋Searle's 和 A. H. Robin's 公司品牌产品退出市场 一对 IUD 产品的质量指责 一向市场推出更好的替代产品 一更具竞争力的营销推广
国际环境	＋国际社会人口问题与发展中国家计划生育政策
注："＋"表示有利机会；"一"表示不利机会；"0"表示中性。	

根据以上的 ETOP 分析法，可以发现 IUD 品牌的宏观环境还是不错的。国际、国内的人口和计划生育政策都给 IUD 品牌提供了有利的条件，再加上其品牌的技术性强，且具有独创性，消费者依赖度高，强有力的竞争对手 Searle's 和 A. H. Robin's 公司品牌产品的退出市场，都给品牌留出了市场发展的空间。但在品牌战略选择和实施的过程中，必须认真对待对原有形象的改进和对潜在竞争对手的防御等。

【案例 11】

SOHO 中国的宏观环境分析

1. P：政治-法律因素

国家调控思路由"控制土地，压缩投资"向"增加供给、抑制需求"的转变、由"一刀切"到"分类指导、区别对待"的转变，以及"90/双 70"政策的推行，房地产行业的结构有所改善，经济适用房和廉租房建设步伐加快。

2008 年 1 月 7 日，国务院办公厅在下发了《国务院关于促进节约集约用地的通知》，国务院通知的第六条尤其引人瞩目，这将大大控制地产中囤积土地扭曲住房需求的现象。

综上可见，政府对中国楼市宏观调控主基调是压制中国地产业快速泡沫化的增长。政府采取这种态度，一方面防止由于中国地产业高利润额所带来国民经济泡沫化增长；另一方面也是站在大众消费品角度来控制房价不合理增长，以解决目前的住房难问题。政治-法律因素对地产业是一个威胁，其中对低端楼盘的威胁较大，对于高端楼盘威胁较小。

2. E：经济因素

有 97%的经济学家预测 2007 年中国 GDP 增长达到或超过 10%，平均预测值达 10.8%。人民购买力将继续增加。预期温和通货膨胀而且房价上升趋势短期难以遏制。

但是 2007 年中，中国四大银行有 80%信贷投放到地产业，金融业对地产的过度支持造成房地产的扭曲发展。2008 年贷款银根紧缩，债券市场疲软；按揭贷款收紧，上市融资受限等问题，将使地产业的资金严重受限。目前房地产企业资产负债率偏高，如果不能及时应对信贷调整，2008 年至少三分之一房地产商将被挤出市场。从经济因素看，房地产业机会与威胁并存。

3. S：社会人文因素

中国几千年历史“家”的概念根深与每个人的脑中，这种家的概念不仅体现在血缘关系，更体现在一个固定的住所。无论是中国传统中结婚买房，还是现实中 5000 人长队购房的奇观，无不展示出中国商品房的紧缺。

2008 年北京奥运会的举办带动了中国经济的多方位增长，从而对于商铺、写字楼的需求量将有所增加。

从社会人文因素看，对房地产企业来说有巨大的潜力，这是一个机会。

4. T：技术因素

随着经济发展，个人生活水平提高，环保呼声的增强，市场对地产开发商的设计创新，建筑材料集约，建筑绿化等技术要求不断提高。

从技术因素角度看，对于开发高端地盘的地产企业将是机会，而对于那些低端地产企业是威胁。

（资料来源：SOHO 中国战略环境分析．豆丁网，2011，有改动）

2. 品牌培育的行业环境分析

行业环境，也称为中观环境，是指对处于同一行业内的企业都会发生影响的环境因素。行业环境只对处于某一特定行业内的企业以及与相关和支持性行业内的企业发生影响。由于行业环境与企业之间存在的相互影响、相互依赖的关系，使得行业环境在影响企业的同时，也不断地、明显地受企业战略性行为的影响。

在品牌培育环境分析中，行业环境分析的重点在于明晰行业发展的基本状态及其发展趋势，明晰主要竞争品牌的优势和劣势，理解消费者结构、需求及其变化趋势，以便品牌经营者充分优化行业性竞合策略，进一步整合品牌经营价值链，使目标品牌能够始终满足不断变化的消费者的需求，降低由于行业性变革及其他环境变化带来的品牌经营风险。

1）行业环境分析的主要内容

行业环境分析又称中观环境分析，是指对企业所处的行业内经营状况的分析，包括行业基本面、竞合环境和消费环境的分析，见图 2-20。

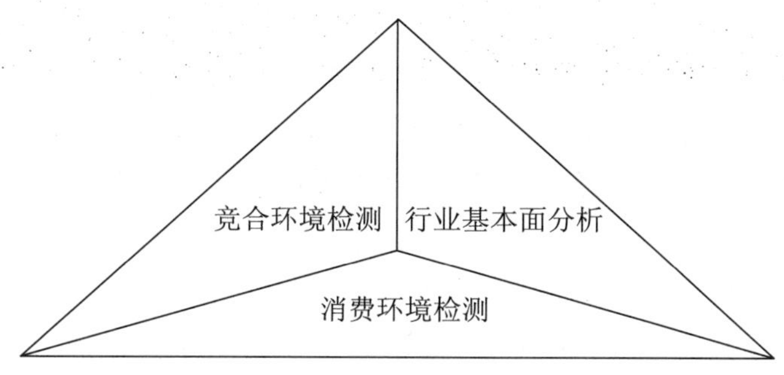

图 2-20 行业环境分析模型

（1）行业基本面

对行业基本面的分析一般从以下要素展开：市场体量与生命周期、稳定性与变化性、行业角色与政策、价值链构成与行业内竞争关系、行业形象与行业前景。

在特定的时间区间，不同行业的生命周期分别归属于发育期、成长期、成熟期和衰退期，如 21 世纪初期的地产业就处于成长期。在同一行业的不同生命周期，其市场体量是明显不同的。在进行市场体量分析时，不仅应该对现有市场规模的量和质进行评测，也应对其在未来一段时间内（通常分为短期、中期和长期）的发展总量和扩容速度做出分析。

任何一个行业都是在稳定和变化之间萌生、成长、壮大或者消失的。通过对资本壁垒、技术的独有性、相关行业的成熟程度、法规体系的完善性、整个行业的诚信度、整个社会对行业的认同度等要素的分析，可以明晰行业的稳定性如何；通过对行业市场的开放和封闭程度的评测，可以明晰整个行业的未来将处于渐变还是陡然进入突变的情景之中。

市场体量不同，生命周期不同，以及行业稳定性和变化性的差异，使得不同的行业在整个国民经济中担当着不同的角色，有的高居于战略性行业或者支柱性行业；有的低处于新兴行业或补充性行业。与此相伴随，政府管理部门制定的行业政策也有明显的不同。如 IT 业、电子业就属于积极鼓励发展的行业；烟草业、白酒业就属于被严格管控的行业。行业政策的每一次大变动，都是整个行业重新洗牌的契机。

价值链基本上由上游、中游和下游构成，如茶叶业就由上游的种植者、中游的制造者和下游的销售者所构成。对于行业内竞争关系分析，多采用波特的“五力模型”，包括供应商的砍价能力、购买者的砍价能力、潜在进入者的威胁、替代品的威胁和行业内竞争的激烈程度。

行业前景有朝阳行业和夕阳行业之分，不同行业的形象是不同的，对于行业形象的分析可以依据行业的开放性、进步性、健康性、成长性、技术性、亲和性和信用性等指标展开。

（2）竞合环境

有竞争就有合作。因此分析竞争环境的同时也要对合作环境进行深入了解，才能为品牌培育创造一个良好的外部发展环境。

①竞争环境

对竞争环境的分析主要涉及以下要素：竞争范围、竞争层次、竞争地位、竞争反应、市场竞争强度、市场集中度、整合性竞争者描述、进入与退出障碍、竞争趋向等。

按竞争范围的不同，可以将竞争细分为顾客导向的竞争、营销导向的竞争、资源导向的竞争和区位导向的竞争。为争夺顾客同一笔预算展开的竞争被称为顾客导向的竞争；为争夺有限的供应资源（如原辅料资源、雇员资源、财务资源等）所展开的竞争被称为资源导向的竞争；为争夺有限的营销资源（如分销资源、广告资源、公关资源等）所展开的竞争被称为营销导向的竞争；基于地理位置展开的竞争被称为区位导向的竞争。卓越的品牌在细密的竞争集合区分的基础上，往往会制定出系统的全面竞争策略。

对竞争层次细分不仅可以使竞争集合分析更为深入，更可以帮助品牌经营者及时发现潜在的竞争者，及时作出调整和应对。从营销学的角度看，竞争层次可分为产品竞争、品类竞争、形式竞争和品牌竞争四个层次。产品竞争又称为愿望竞争，指提供不同的产品以满足不同需求的竞争。例如消费者要选择一种万元消费品，他所面临的选择就可能有电脑、电视机、摄像机、出国旅游等，这时电脑、电视机、摄像机以及出国旅游之间就存在着竞争关系；还比如房地产与金融产品（股票、基金、储蓄等）也存在着竞争关系。品类竞争又称为间接竞争，指提供不同的产品以满足相同需求的竞争。如面包车、轿车、摩托车、自行车都是交通工具，在满足需求方面是相同的。产品形式竞争指生产同类但规格、型号、款式不同产品的竞争。如自行车中的山地车与城市车，男式车与女式车；服装中的男装、女装；女装中的休闲装、职业装以及运动装等。一般竞争又称为品牌竞争，指生产相同规格、型号、款式的产品，但品牌不同的竞争。以电视机为例，索尼、长虹、夏普、金星等众多产品之间就互为品牌竞争者。

基于不同的竞争定位，品牌竞争者可以细分为捍卫型竞争者、追击型竞争者、攻击型竞争者和游击型竞争者。捍卫型竞争者，属于市场领导者，占有市场的垄断地位，拥有最大的市场份额。他们的市场行为都受到了其他企业的模仿和追逐。在多数情况下，其营销行为都是为了捍卫自己的霸主地位。如IBM、可口可乐、麦当劳、中集、中国移动等。追击型竞争者，属于市场追随者，在行业中位居第二或第三的企业。他们喜欢抓住机会向市场的领导者发起猛烈攻击，扩大底盘，抢夺市场份额，时刻想争取第一的位置。如联想、DEC、百事可乐、汉堡王、中国联通等。攻击型竞争者，属于市场挑战者，在市场中有一定的竞争实力，并在一定的区域或顾客细分市场中占有相当的市场份额，他们在战略上通常都避免正面挑战，喜欢在侧翼寻找战机，随时向市场领先的企业的空档发动进攻。如苹果电脑和康柏电脑、温迪快餐等。游击型竞争者，属于市场补缺者，他们选择专业化的市场和产品，寻找无人注意或无暇顾及的市场生存，并在跟大公

司的合作而非对抗中寻求成长的空间。如荣冠可乐、卡斯尔快餐等。

按照竞争者的市场反应，又可以分为保守式竞争者、逼迫式竞争者、激进式竞争者和随机式竞争者。保守式竞争者，某些竞争企业对市场竞争措施的反应不强烈，行动迟缓。这可能是因为竞争者受到自身在资金、规模、技术等方面的能力的限制，无法作出适当的反应；也可能是因为竞争者对自己的竞争力过于自信，不屑于采取反应行为；还可能是因为竞争者对市场竞争措施重视不够，未能及时捕捉到市场竞争变化的信息。逼迫式竞争者，某些竞争企业对不同的市场竞争措施的反应是有区别的。例如，大多数竞争企业对降价这样的价格竞争措施总是反应敏锐，倾向于作出强烈的反应，力求在第一时间采取报复措施进行反击，而对改善服务、增加广告、改进产品、强化促销等非价格竞争措施则不太在意，认为不构成对自己的直接威胁。激进式竞争者，许多竞争企业对市场竞争因素的变化十分敏感，一旦受到来自竞争挑战就会迅速地作出强烈的市场反应，进行激烈的报复和反击，势必将挑战自己的竞争者置于死地而后快。这种报复措施往往是全面的、致命的、甚至是不计后果的，不达目的决不罢休。这些强烈反应型竞争者通常都是市场上的领先者，具有某些竞争优势。一般企业轻易不敢或不愿挑战其在市场上的权威，尽量避免与其作直接的正面交锋。随机式竞争者，这类竞争企业对市场竞争所作出的反应通常是随机的，往往不按规则出牌，使人感到不可捉摸。例如，不规则型竞争者在某些时候可能会对市场竞争的变化作出反应，也可能不作出反应；他们既可能迅速作出反应，也可能反应迟缓；其反应既可能是剧烈的，也可能是柔和的。

依照市场竞争的强度，可以把市场划分为完全竞争市场、半开放性竞争市场、垄断竞争市场和完全垄断市场四个层次。由于行业领域的不同和政府管制的约束，不同的行业领域的竞争发展阶段是不同的。品牌经营者在制定竞争策略时，一方面要把握当前的竞争发展阶段；另一方面也要充分洞察未来的竞争趋向，从而作出具有前瞻性的判断和抉择。

市场集中度是衡量一个市场成熟程度和竞争激烈程度的重要指标之一。市场集中度与市场发展阶段一般会呈现出紧密相关性。经常使用的集中度计量指标有：行业集中率(CRn，即该行业的相关市场内前 N 家最大的企业所占市场份额的总和）和赫尔芬达尔-赫希曼指数（Herfindahl-Hirschman Index，缩写：HHI，简称赫希曼指数，即将相关市场上的所有企业的市场份额的平方后再相加的总和，用以衡量企业的市场份额对市场集中度产生的影响)。

整合性竞争者描述应在明晰目标消费者的基础上，对竞争者的目标、竞争策略和未来发展策略做出分析，以便展开应对性的竞争策略设计。整合性竞争者描述一般采用5W 的方法，即竞争者正在做什么、为什么那样做、没有做的是什么、做得好的是什么、做得不好的是什么。正是有了整合性竞争者的描述，才使得品牌经营者能够准确把握竞争者的现实表现与未来趋向，从而做到审时度势、把握先机，作出积极的策略反应，见图 2-21。

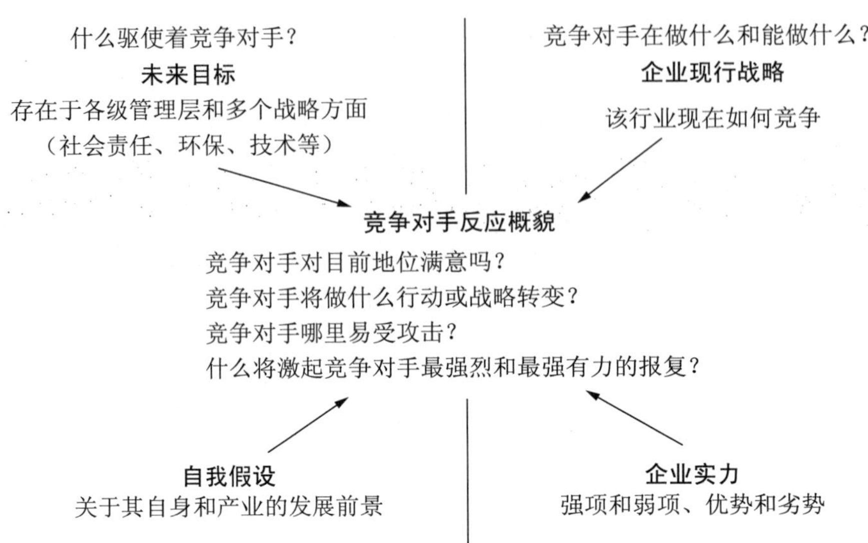

图2-21 波特竞争对手分析模

在不同行业领域或者不同品类的不同发展阶段，进入和退出的门槛（或者说障碍）是不同的，既包括显在的政策管制所带来的障碍，也包括隐藏的无形的学习成本；既包括投资门槛的变化，也包括资源置换空间的变化。明晰进入和退出障碍的基本状态及其变化趋势，同样有助于制定和调试整体的品牌经营策略。

竞争趋向需要分析和预测两个方面的问题：一是主要竞争者之间的基本攻防战略；二是关于发展持续竞争优势的基本趋向。对于特定的品牌来说，识别其主要竞争者将采取什么样的竞争策略，及时洞察竞争环境趋向及其中孕育的机会和威胁，有助于目标品牌适应竞争环境趋势，确立和调整自己的竞争战略。

②合作环境

对合作环境的分析一般从以下几个方面展开：合作范围细分、合作紧密度、合作地位分析、整合性合作者描述、进入与退出障碍、合作趋向和合作缺憾。

合作范围可以细分为核心合作群和外延合作群，其中前者包括供应商、分销商、零售商、行业协会等，还包括市场调查公司、广告公司、设计公司、管理顾问公司在内的商业服务机构等；后者包括政府、金融、媒体、社区、非营利组织等。

依照合作紧密度的不同，合作关系可以划分为高密度的排他性合作、中密度的半紧密性合作和低密度的松散性合作。资源供需条件、品牌地位以及企业发展策略的不同，都会影响到合作紧密度。

依照合作地位的不同，可以把合作关系划分为平等性合作、依附性合作和歧视性合作三个类型。在对商业利润的追逐中，强势者多采取歧视性合作策略，弱势者自然获得依附性合作地位，势均力敌者则可以维系相对稳定的平等性合作关系。

整合性合作者描述是制定和调整合作策略的基础。在对合作者进行描述时，应围绕下列一系列基本问题展开：目标合作者是谁？它们的合作资源有哪些？它们的发展策略是什么？它们的合作需求是什么？它们的合作遗憾是什么？与它们合作将会存在哪些合

作风险？替换它们的难度有哪些？等等。

围绕目标组织形成的合作链条，无论合作关系疏密，无论合作地位高低，都已经成为一个或显或隐、或短期或长期的利益共同体，相互依存，共同成长。在这样的一个利益共同体内外，同时存在着后来进入者和先行退出者。后来者的进入不仅要付出一定的学习成本，也会由于对已经形成的利益格局造成的破坏和重构，而遭到利益受损者的群体性防卫和反击；先行退出者也会由于逼使已有价值链进行重构，在资源转移让渡方面受原有合作方苛刻的压价。

合作趋向探测对象包括核心合作群和外延合作群两类。其中，核心合作趋向的研究重点应放在这些核心合作者之间的合作趋向对于整个合作链上各个角色砍价能力的影响上。外延合作趋向的研究重点在于如何分析它们对于未来合作环境气候的影响。

相对早已引起广泛注意的消费缺憾，合作缺憾的研究刚刚开始。但是，如同消费研究可以帮助品牌经营者洞察消费需求一样，对于合作缺憾的分析可以使品牌经营者获得以下重要信息：有哪些合作缺憾？合作缺憾是通过什么渠道产生的？它们的重要度如何？它们正在如何影响合作效力？合作缺憾可能的解决途径是什么？如何防止合作缺憾的产生？等等。

（3）消费环境

对消费环境的分析主要围绕以下方面：消费群落细分、消费习惯、消费需求、消费分配、品牌备选清单、消费趋向、消费抱怨等。

一个看似整体的消费群，在依照消费者细分的五大变量——地理变量、人口统计变量、社会经济变量、心理变量和行为变量进行细分后，可以被划分为不同的消费者群落。

由于消费者群落的存在，不同消费群落的消费观念、信息来源、决策过程、购买行为、使用习惯等特性就会产生不同的消费习惯。

消费需求可以简略地划分为物质需求和精神需求。就某一类产品而言，它将会经历从物质需求满足阶段到精神需求满足阶段的嬗变，从而适应不同消费需求，形成不同的品牌层级。

消费分配是对消费者可支配收入的分配比例的预算，它直接影响着消费者在某一产品领域的购买可能性。由于消费分配的存在，就有了潜在消费能力和现实消费能力的差异。充分理解消费分配，可以有效区别潜在需求和现实需求，从预算竞争的角度对特定目标消费者的消费能力做出准确的判断。

制作一份企业品牌备选清单，该清单上的企业需由组织认真梳理，品牌数量一般不超过5个，这样才能有效确认不同企业品牌的市场地位和竞争优势，并明晰自己真正的竞争对手。

消费趋向是对未来消费需求及其满足方式的预测，包括消费群落的可能性裂变和重组、消费评价要素的变化、消费分配的波动和调试、品牌备选清单的显著变动等内容。

对于消费抱怨的分析意在向消费者学习，使品牌经营者知道什么对消费者是有意义的，什么对消费者是有价值的，什么对消费者是重要而紧要的，并由此改善品牌表现，提高顾客满意度和忠诚度，防止品牌转移的发生。

2）行业环境分析方法

进行行业环境分析，一般采用的方法是波特五力分析（见图 2－22）。波特五力分析模型在产业组织经济学基础上推导出决定行业竞争强度和市场吸引力的五种力量。此处市场吸引力可理解为行业总体利润水平。“缺少吸引力”意味着前述五种力量的组合会降低行业整体利润水平；而一个非常缺少吸引力的行业则意味着该行业接近于完全竞争市场，该行业中的厂商利润率趋近于 0。

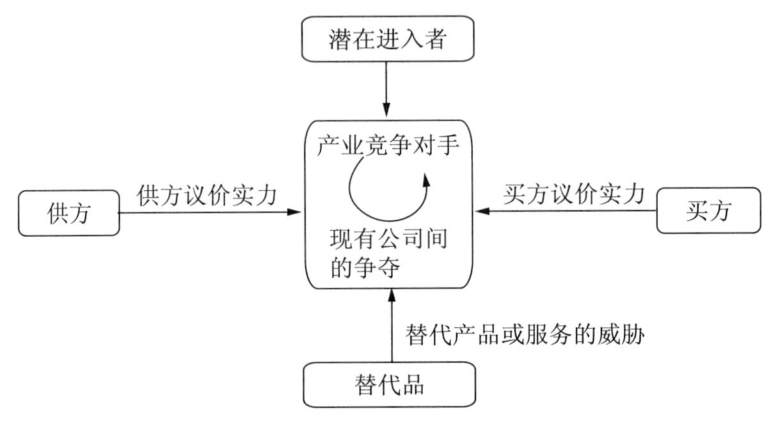

图 2－22　波特五力分析模型

（1）供应商的议价能力

供方主要通过其提高投入要素价格与降低单位价值质量的能力，来影响行业中现有企业的盈利能力与产品竞争力。供方力量的强弱主要取决于他们所提供给买主的是什么投入要素，当供方所提供的投入要素其价值构成了买主产品总成本的较大比例、对买主产品生产过程非常重要，或者严重影响买主产品的质量时，供方对于买主的潜在讨价还价力量就大大增强。一般来说，满足如下条件的供方集团会具有比较强大的讨价还价力量：

①供方行业为一些具有比较稳固市场地位而不受市场剧烈竞争困扰的企业所控制，其产品的买主很多，以致每一单个买主都不可能成为供方的重要客户。

②供方各企业的产品各具有一定特色，以致买主难以转换或转换成本太高，或者很难找到可与供方企业产品相竞争的替代品。

③供方能够方便地实行前向联合或一体化，而买主难以进行后向联合或一体化。

（2）购买者的议价能力

购买者主要通过其压价与要求提供较高的产品或服务质量的能力，来影响行业中现有企业的盈利能力。一般来说，满足如下条件的购买者可能具有较强的讨价还价力量：

①购买者的总数较少，而每个购买者的购买量较大，占了卖方销售量的很大比例。

②卖方行业由大量相对来说规模较小的企业所组成。

③购买者所购买的基本上是一种标准化产品，同时向多个卖主购买产品在经济上也完全可行。

④购买者有能力实现后向一体化，而卖主不可能前向一体化。

（3）新进入者的威胁

新进入者在给行业带来新生产能力、新资源的同时，也希望在已被现有企业瓜分完毕的市场中赢得一席之地，这就有可能造成与现有企业发生原材料与市场份额的竞争，最终导致行业中现有企业盈利水平降低，严重的话还有可能危及这些企业的生存。进入威胁的严重程度取决于两方面的因素：进入新领域的障碍大小与预期现有企业对于进入者的反应情况。

进入障碍主要包括规模经济、产品差异、资本需要、转换成本、销售渠道开拓、政府行为与政策（如国家综合平衡统一建设的石化企业）、不受规模支配的成本劣势（如商业秘密、产供销关系、学习与经验曲线效应等）、自然资源（如冶金业对矿产的拥有）、地理环境（如造船厂只能建在海滨城市）等方面，这其中有些障碍是很难借助复制或仿造的方式来突破的。预期现有企业对进入者的反应情况，主要是采取报复行动的可能性大小，取决于有关厂商的财力情况、报复记录、固定资产规模、行业增长速度等。总之，新企业进入一个行业的可能性大小，取决于进入者主观估计进入所能带来的潜在利益、所需花费的代价与所要承担的风险这三者的相对大小情况。

（4）替代品的威胁

两个处于不同行业中的企业，可能会由于所生产的产品是互为替代品，从而在它们之间产生相互竞争行为，这种源自于替代品的竞争会以各种形式影响行业中现有企业的竞争战略。首先，现有企业产品售价以及获利潜力的提高，将由于存在着能被用户方便接受的替代品而受到限制；第二，由于替代品生产者的侵入，使得现有企业必须提高产品质量，或者通过降低成本来降低售价，或者使其产品具有特色，否则其销量与利润增长的目标就有可能受挫；第三，源自替代品生产者的竞争强度，受产品买主转换成本高低的影响。总之，替代品价格越低、质量越好、用户转换成本越低，其所能产生的竞争压力就越强；而这种来自替代品生产者的竞争压力的强度，可以具体通过考察替代品销售增长率、替代品厂家生产能力与盈利扩张情况来加以描述。

（5）行业竞争者的竞争

大部分行业中的企业，相互之间的利益都是紧密联系在一起的，作为企业整体战略一部分的各企业竞争战略，其目标都在于使得自己的企业获得相对于竞争对手的优势，所以，在实施中就必然会产生冲突与对抗现象，这些冲突与对抗就构成了现有企业之间的竞争。现有企业之间的竞争常常表现在价格、广告、产品介绍、售后服务等方面，其竞争强度与许多因素有关。

一般来说，出现下述情况将意味着行业中现有企业之间竞争的加剧，这就是：行业进入障碍较低，势均力敌竞争对手较多，竞争参与者范围广泛；市场趋于成熟，产品需求增长缓慢；竞争者企图采用降价等手段促销；竞争者提供几乎相同的产品或服务，用户转换成本很低；一个战略行动如果取得成功，其收入相当可观；行业外部实力强大的企业在接收了行业中实力薄弱企业后，发起进攻性行动，结果使得刚被接收的企业成为市场的主要竞争者；退出障碍较高，即退出竞争要比继续参与竞争代价更高。在这里，退出障碍主要受经济、战略、感情以及社会政治关系等方面考虑的影响，具体包括：资产的专用性、退出的固定费用、战略上的相互牵制、情绪上的难以接受、政府和社会的各种限制等。

行业中的每一个企业或多或少都必须应付以上各种力量构成的威胁，而且还必须面对行业中的每一个竞争者的举动。除非认为正面交锋有必要而且有益处，例如要求得到很大的市场份额，否则企业可以通过设置进入壁垒，包括差异化和转换成本来保护自己。当一个企业确定了其优势和劣势时（参见 SWOT 分析），企业必须进行定位，以便因势利导，而不是被预料到的环境因素（如产品生命周期、行业增长速度等）变化所损害，保护自己并做好准备，以有效地对其他企业的举动做出反应。

根据上面对于五种竞争力量的讨论，企业可以采取尽可能地将自身的经营与竞争力量隔绝开来、努力从自身利益需要出发影响行业竞争规则、先占领有利的市场地位再发起进攻性竞争行动等手段来对付这五种竞争力量，以增强自己的市场地位与竞争实力。

3. 品牌培育的组织环境分析

企业组织环境即内部微观环境的分析主要是指对企业是否有足够的资源和能力创新品牌价值的分析，一般是围绕组织硬环境和软环境两大子环境而展开，并据此评估目标品牌对于组织环境的敏感反应能力。组织环境分析的重点在于明晰目标品牌赖以成长的组织环境的基本发展战略、资源条件、经营体制、管理机制等基本状态及其发展趋势，以便品牌经营者根据企业发展战略的需要和资源条件的变化不断调整品牌战略，使品牌战略符合整个企业发展战略的需要，提升整个企业的品牌经营能力和效力。

企业内部环境分析的内容和程序如图 2－23 所示。

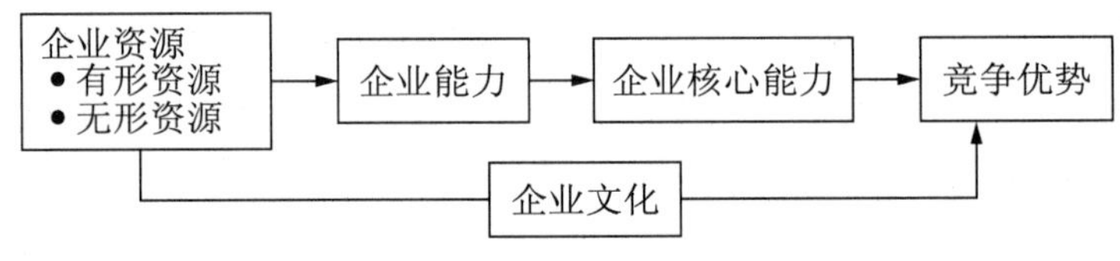

图 2－23　企业内部环境分析

1）组织环境分析的主要内容

（1）组织硬环境

组织硬环境就是指企业进行品牌培育的资源环境。

资源是指企业拥有的，或者可以直接控制和运用的各种要素，这些要素既是企业运行和发展所必需的，又是通过管理活动的配置整合，能够起到增值的作用，为企业的品牌带来利益的。企业资源按照表现形态可以分为有形资源和无形资源两大类，其中有形资源通常是指那些具有一定实物、实体形态的资源，如企业赖以存在和发展的自然资源以及建筑物、机器设备、实物产品、资金等。而无形资源是指那些不具有实物、实体形态的资源。企业赖以存在和发展的社会人文资源就是无形资源，典型的如信息资源、关系资源、权利资源等（见表 2－9，具体资源分析见 2.6）。

表 2-9 企业资源分析

资源分类		关键要素举例
有形资源	实物资源	·厂房或经营场所 ·机器设备（生产设备、办公设备、服务设备等） ·固定资产的市场价值
	财务资源	·现金、有价证券等 ·其他融资渠道
	组织资源	·组织结构 ·管理制度&流程（如供应链管理制度、先进制造制度、控制体系、知识管理制度、业务流程等） ·管理信息系统
无形资源	人力资源	·人才数量（人才是否充足等） ·人才质量（知识、经验、技能等） ·管理能力（是否拥有领导梯队、经理人才能等）
	技术资源	·专利（数量与重要性） ·专有技术
	声誉资源	·公司声誉 ·品牌形象（知名度、满意度、美誉度、忠诚度）
	关系网络	·合作伙伴关系 ·分销渠道网络 ·供应商关系网络 ·社会网络关系，如政府关系等
	其他无形资源	·知识 ·所有权（如著作权、商标、矿产开发权等）

资源分析的目的在于确定哪些是外围资源、哪些是竞争基础资源、哪些是核心资源、哪些是突破性资源、自己缺少哪些资源，以把握自己力量来源的类型及其强度。企业资源的四个层次见图 2-24。

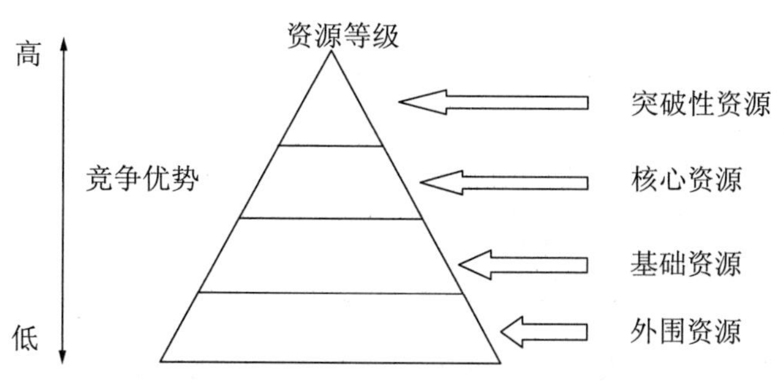

图 2-24 企业资源四层次模型

外围资源指由于便利或历史的原因，企业拥有或购买的一些必需的其他种类的资源，如广告、运输服务等，它们也是能够产生竞争优势；基础资源指对企业日常运作非常重要，但可能不具特色但可能创造一些竞争优势的资源；核心资源是竞争者不具备、将来也很难拥有的资源，如技术、人才、管理等；突破性资源指能够帮助企业更容易获得竞争者在短期内不易具备的优势的资源，如创新性资源。

（2）组织软环境

组织软环境及企业进行品牌培育的能力环境。

企业能力是在运用企业资源的基础上形成的，能力作为企业持续竞争优势的潜在来源，指的是一个企业比其他企业做得特别突出的一系列活动，它可能出现在特定的职能中，也可能与特定技术或产品设计相联系，或者存在于管理价值链各要素的联系之中。

从职能角度来看，企业一般拥有六大职能——营销、研发、生产、人力资源、财务、管理运营，对应的能力见表 2-10。

表 2-10　企业能力分析

企业职能	能力举例
市场营销	有效建立品牌
	开拓和管理分销渠道的能力
	实施有效促销的能力
	有效顾客服务的能力
	有效进行供应链管理的能力
研发	基础研发能力
	快速研发新产品能力
生产制造	生产高质量产品的能力
	柔性生产能力
	低成本制造能力
	精密制造能力
人力资源	激励、开发、授权和保留员工的能力
	战略领导力
财务	资本获取能力
	资本使用能力
管理运营	战略规划能力
	制定有效组织结构的能力
	资源整合能力

能力分析的关键，在于发现自身的核心能力。核心能力是企业持续竞争优势产生的源泉和基础。从企业角度来看，核心能力指企业内部一系列互补的技能和知识的结合，

它由独特的洞察力和执行力构成。而从顾客和市场的角度来看，则是指企业利用所拥有的资源创造出独特顾客价值的能力。判定一个企业的能力是否为核心能力，要看它是否特别有助于实现顾客所看重的价值；是否导源于企业的传统和系统，构成一种具有方法论特征的隐性知识，是竞争对手难以模仿和替代的；是否具有持久性，它一方面维持企业竞争优势的持续性，另一方面又使核心能力具有一定的刚性。

【案例12】

真功夫的"快功夫"

中餐代表着营养，这是麦当劳等西方快餐企业无法企及的，但中式快餐却往往难以"快"得起来——中餐难以标准化，如果谁能把中餐变快，那么凭借"营养"和"快"两个突出优势必定能吸引快餐消费者。然而真功夫——这家成立于1994年的中式快餐连锁企业，却苦练"真功夫"——60s餐到手，快的背后有什么核心能力支撑呢？

1994年真功夫的前身"168快餐店"在东莞开张了，以经营蒸饭、蒸汤、甜品等蒸制食品为主，由于蒸制食品时温度只会达到100℃左右，因而饭菜的营养能够更好地得到保存。然而消费者又有了抱怨——上餐太慢还叫快餐吗？2004年快餐店把品牌名换为真功夫，进行"快模式"转型。

在参照以快著名的麦当劳的运营体系后，真功夫开始了标准化进程，把餐厅经营的每个流程都细化为标准，最终形成后勤生产、烹制设备、餐厅员工操纵三位一体的标准化体系，从而提升整个系统的速度。在后勤生产标准化方面，真功夫组建了采购、加工和配送三大中心，从而保证选料、加工、配送的标准化；烹制设备标准化方面，真功夫独创"电脑程控蒸汽设备"，保证了产品营养、品质一致性和速度；员工操纵标准化，即对员工响应顾客需求、送餐服务等都制定标准规范。

标准化完成后，真功夫开始走出东莞，向广州、深圳、北京、上海等中心城市扩张，成为首家全国连锁的中式快餐企业，而截至2009年9月18日，真功夫已经在全国北京、上海、广州和深圳等多个城市开设了333家直营连锁餐厅，在快餐行业迅速崛起，并成为中式快餐的领导品牌。

（资料来源：真功夫餐饮连锁战略分析，职业餐饮网，2011，有改动）

2）组织环境分析的方法

对于品牌组织环境的分析，可以利用迈克尔·波特的价值链分析法进行说明。主要内容包括：每个企业都是用来进行设计、生产、营销、租赁以及对产品起辅助作用的各种活动的集合，所有这些活动都可以用价值链表示出来（见图2-25）。

价值链的组成分为基本活动和辅助活动。基本活动包括内部后勤、生产作业、外部后勤、市场和销售、服务。辅助活动包括企业基础设施、人力资源管理、技术开发、采购。

通过价值链的分析，可以达到对企业内部的基本活动和辅助活动的统一认识，统筹管理，发挥出综合的作用，为品牌在组织环境方面提供有利的条件。

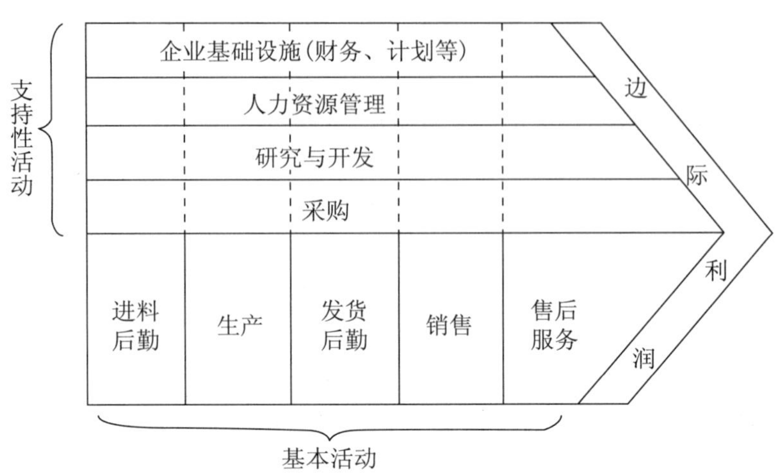

图 2－25　波特的价值链分析模型

对组织环境中企业现状的分析，还可以通过 DAAD 指标来进行，其内容如下：

愿望（desires）：企业的领导者是否注意到并真正愿意进行品牌的创新。

能力（ability）：对企业现有综合能力进行盘点。品牌战略需要技术上的能力、管理上的能力和一定的财力。这些能力的综合运用才是品牌战略选择和实施的可靠保证。企业可以根据对自身能力的盘点，选择不同的最有利的品牌战略。第二次世界大战之后，日本就选择了从美国购买大量的专利技术加以改进之后再销给世界各地的创新方式。这使其出口总额从 1952 年的 8 亿美元发展到了 1990 年的 2 860 亿美元，而代价则只有 57 亿美元的专利购置费。

优势（assets）：对企业品牌自身优势进行总结，这是品牌经营的捷径。企业品牌的优势是它区别于或优于其他同行品牌之处并由此形成的品牌生产规模、品牌壁垒等。利用这种优势来进行品牌经营，既省力又省时，还较容易被消费者接受。肯德基根据其优势为鸡类食品的独特口味，推出了一系列的炸鸡新产品：原味鸡、香辣鸡翅、香辣鸡腿汉堡、无骨鸡柳、田园鸡腿汉堡等，都深受消费者的欢迎。

方向（direction）：在根据企业自身特点进行全面盘点之后，确定品牌经营的方向，以保证品牌经营朝着正确的方向发展。如创维集团在推出大屏幕彩电之后，根据自身的特点，又推出了“健康彩电”——“不闪的，才是健康的”。这一准确的战略定位，为创维的新产品进入市场打开了销路。

【案例 13】

沃尔玛品牌建设组织环境分析

1. 资源

1）有形资源

（1）财务资源：沃尔玛作为一个闻名世界的零售商企业，拥有雄厚的资金实力，而它对资金的使用非常有规划，采用低成本战略，获得的利润也是不容小觑的，正如它的发展。

从表 2-11 中可以看出，沃尔玛连续 50 年的高速扩张，每隔 10 年就上一个台阶，直至今日仍未停止。

表 2-11 沃尔玛的高速扩张数据

年份	1960 年	1970 年	1980 年	1990 年	1998 年
销售额	$140 万	$3100 万	$12 亿	$260 亿	$1332 亿
利润	$11．2万	$120 万	$4100 万	$10 亿	$41 亿
商店数	9 家	32 家	276 家	1528 家	3000 多家

（2）组织结构：沃尔玛采用的是精简的事业部制组织，每家分店由一位经理和至少两位助理经营管理，他们又领导着 36 个商品部门经理。商店经理向地区经理汇报工作，每位地区经理约负责 12 家分店；地区经理又向区域副总裁汇报工作，每位副总裁下又设 3～4 个地区经理；最后，区域副总裁向公司执行副总裁汇报工作；另外还有 2 位高级副总裁分别负责新店发展和公司财务等。虽然沃尔玛扩展迅速，但是管理结构仍然简单精炼和有效。

（3）自然资源：沃尔玛在进行店面扩张时遵循“饱和”战略，即分销中心可以在一天之内把货物运到商店。因此，分销中心的地址符合这一战略，以便于能够在一天之内为 150～200 个商店进行配货。商店的位置不管多么远，必须与分销中心保持一天的运输路程之内；所在地区再将相应的订单发回分销中心。沃尔玛自己拥有的由 3000 多辆卡车和 12000 多辆拖车构成的运输队使得在沃尔玛销售的全部商品中，85%是用自己的分销系统运到每一个商店成为可能。

2）无形资源

（1）人力资源：沃尔玛最独特的优势是其员工的献身精神和团队精神，这得益于沃尔玛的人力资源政策——留住人才、发展人才、吸纳人才。沃尔玛把员工当成“合伙人”，他们是沃尔玛最宝贵的资源。沃尔玛人始终坚持“日落原则”，尽最大可能在太阳下山也就是下班之前把当天的问题全部解决，绝不拖到第二天。沃尔玛通过培训主动帮助员工提高工作能力，并给员工平等竞争机会，因此，不少总经理都出自买货员、收银员之类的普通员工。沃尔玛强调“诚实”，每个沃尔玛的同事都知道，沃尔玛不怕员工犯错误，而且会有专门的人帮助你去改正错误，因为诚实，沃尔玛才能成为最遵纪守法的企业，经营业务才能顺利发展。为了保障食品安全和消费者的身体健康，员工健康是根本，每一位新同事在入职之前，沃尔玛都会组织到市级医院进行体检，确认无任何传染性疾病之后方可聘用，若发现有患遗传病者立即暂停工作进行治疗，治愈后方可返岗。

（2）名誉资源：沃尔玛在促销商品上一再缩减广告费用，但在对非盈利组织和公益事业进行捐赠时，却不吝金钱，十分慷慨。1983 年以来，沃尔玛为美国各州“联合之路”慈善机构捐赠了 5200 万美元。1988 年以来，为协助各儿童医院开设的“儿童的奇迹”电视栏目，沃尔玛筹集了 5700 万美元，是其中最大的赞助商。沃尔顿还积极资助公、私立学校，成立特殊奖学金，协助拉丁美洲的学生到阿肯色州念大学，他还将自创品牌“山姆美国精选”商品营业额的一定比例捐做奖学金，提供给研究数学、科学与计算机的学生。沃尔玛建立了良好的公益形象，建立了一定的品牌形象，吸引了大批客户群。

(3) 管理系统：每一家商店都构成一个投资中心，因此可以用利润与存货投资的比例考核它的业绩。所有商店的销售额、费用以及盈亏数据可以通过网络进行收集、分析以及实时传输。可以根据区域、地区、商店、商店中的不同部门，甚至是每一个部门中的各个种类，对数据进行分析。公司在技术方面进行了大规模的投资，以不断改进订单处理、货物运输、通信和物流的自动化程度，商店经理可以通过销售额的变化了解当地消费者的采购模式。

2. 能力

1) 快速高效的物流配送中心

沃尔玛可以保证，商品从配送中心运到任何一家商店的时间不超过 48 小时，沃尔玛的分店货架平均一周可以补货两次，而同业商店平均两周才能补一次货；通过维持尽量少的存货，沃尔玛既节省了存贮空间又降低了库存成本。这得益于沃尔玛的“不停留送货”供货系统、高效的配送中心、迅速的运输系统、先进的卫星网络以及连锁经营的流通组织。为合理调度大规模的商品采购、库存、物流和销售管理，沃尔玛建立了专门的电脑管理系统、卫星定位系统和电视调度系统，拥有世界一流的先进技术。结合出色的补货系统和零售链接，沃尔玛实现了产品从工厂到商品货架的“无缝”物流。经济学家斯通博士在对美国零售企业的研究中发现，在美国的三大零售企业中，商品物流成本占销售额的比例在沃尔玛是 1.3%，在凯马特是 8.75%，在希尔斯则为 5%。如果年销售额都按照 250 亿美元计算，沃尔玛的物流成本要比凯马特少 18.625 亿美元，比希尔斯少 4.25 亿美元，其差额大得惊人。

2) 有效的信息收集系统

沃尔玛领先高效的信息系统备受业界推崇，借助自己的商业卫星，沃尔玛便捷地实现了信息系统的全球联网。通过这个网络，全球 4000 多家门店可在 1 小时之内对各种商品的库存、上架、销售量全部盘点一遍，内外部信息系统的紧密联系使沃尔玛能与供应商每日交换商品销售、运输和订货信息，实现商品的销售、订货与配送保持同步。沃尔玛是最早使用信息化管理的零售企业，也是对信息通信系统投资最大的企业。沃尔玛的电子信息通信系统是全美最大的民用系统，甚至超过了电信巨头美国电报电话公司。信息技术的投资强化了沃尔玛的核心价值，使沃尔玛走上数字化道路。同时，沃尔玛运用科技手段促进业务发展为各界树立了成功的典范。

3) 评定员工的能力

星期六早晨的集会上，沃尔玛会邀请有能力有想法的员工分享心得，事实上沃尔玛最好最有创造力的想法通常来自店内员工，沃尔玛也对此进行奖励和表彰，并采取了利润分成、奖金、股票折买等办法充分调动员工的创造力和积极性。

3. 核心竞争力

沃尔玛的核心竞争力在于其低价战略，供应链的管理是其中的重中之重，其卓越体

现在以下四个方面：

1）顾客需求管理

沃尔玛的供应链管理是典型的拉动式供应链管理，即以最终顾客的需求为驱动力，系统集成度较高，信息交换迅速，反应敏捷。沃尔玛创造顾客的经营实践表现在一方面千方百计为顾客省钱，让消费者满意；另一方面专注于他人忽视的市场，创造需求。"顾客永远是对的"是沃尔玛的每一个员工必须遵循的金玉良言，"三米微笑原则"、"日落原则"、"比满意更满意原则"等是公司对每一个员工的要求。正是这种时刻把顾客需要放在第一位、善待顾客的优良服务品质，以及在价格上为顾客创造价值的经营战略，使沃尔玛赢得了顾客的信任，并带来了巨大的回报。

2）供应商关系管理

与供应商和谐的关系，使沃尔玛始终能够保持长期稳定的廉价货源，同时，这些产品也不会因为低价而导致质量下降，因为沃尔玛亲自参与了帮助企业降低生产成本的努力。一方面，供应商的产品只要能卖到沃尔玛，就不需要进场费和保证金，而且程序简单，承诺一致；另一方面，沃尔玛为关键供应商在店内安排适当空间，让供应商自行设计布置自己商品的展示区，在店内造成更吸引、更专业的购物环境；另外沃尔玛还会免费为供应商提供信息管理系统的软件支持。在为供应商提供帮助和支持的同时，沃尔玛也对供应商制定一系列规范并督促他们遵守，包括沃尔玛对供应商自身的报酬、工作时间、歧视权利、工作环境、环境问题和机密性等方面的标准和要求。

3）物流配送体系管理

"配送设施是沃尔玛成功的关键之一，如果说我们有什么比别人干得好，那就是配送中心。"沃尔玛的前任总裁大卫·格拉斯这样说。高效的配送中心，迅速的运输系统，先进的卫星网络，连锁经营的流通组织，其独特的配送体系大大降低了成本，加速了存货周转，形成了沃尔玛的核心竞争力。

4）供应链信息系统管理

信息共享是实现供应链管理的基础，有效的供应链管理离不开信息技术的可靠支持。山姆·沃尔顿认为，信息化对商业企业的影响绝不只是技术应用本身，更重要的是在于它对企业组织结构管理方式、营销规划，进而整个企业管理思想现代化演进中的重要影响。通过供应链管理运作，沃尔玛大幅减少了商品库存，节约了管理费用，简化了采购程序，提高了工作效率，降低了运营成本，而且与供应商建立了长期稳定的合作伙伴关系，形成了各方共赢的局面，最终成就了自己的零售王国。

（资料来源：沃尔玛公司环境分析报告．道客巴巴网，2012，有改动）

4. 品牌培育内外环境综合分析

品牌环境本身就是一个内外结合的整体，因此，在对其分析时，也应结合内外环境的各种因素加以考虑，并在此基础上选择最适合企业发展阶段和内外条件的品牌培育战略。以下是常用的几种分析方法。

1）SAP 分析法

SAP（strategic advantages profile）分析法也称品牌战略优势分析法，主要是对品牌和品牌运营竞争性的分析。

SAP 分析法的主要内容为：①判明品牌核心竞争力的关键要素；②确定品牌竞争的资源基础和能力；③制定完善品牌运营的有效对策。

表 2－12 是 IUD 品牌运用 SAP 分析法的实例。

表 2－12　IUD 品牌营运 SAP 分析表

内外环境因素	品牌和品牌运营竞争性
品牌市场	＋品牌产品系列化 ＋完善的服务 ＋健全、有效的影响网络 －营销创新落后
品牌 R&D	＋R&D 投资持续增长 ＋R&D 计划 ＋R&D 机制 －R&D 科技人员相对较弱
品牌产品生产	＋有效的供应体系
品牌资源来源	0 中等企业规模 0 利润增长缓慢 ＋相对稳定的顾客资源 ＋R&D 资源
品牌财务状况	＋资金平衡表显示企业具有较好的经济实力、较低的债务率和较高的流动资金周转率
注：“＋”表示有利机会；“－”表示不利机会；“0”表示中性。	

2）品牌生态系统分析法

詹姆斯·穆尔提出了“品牌生态系统”，即“由各种不同的关系组成的互动式环境，而品牌则是这些关系互动的结果，品牌的增值是一个融合了互动、交易与反馈的过程”。

在给定的品牌生态系统中，核心品牌的培育、成长和创新是在一个相互竞争与合作的关系结构中形成的。品牌生态系统中的品牌企业的竞争内涵是：顾客网络、企业资源（包括人才、资金、原材料、科技、信息资源等）、市场地位、产品地位、社会声誉、社会支持等，如图 2－26 所示。

品牌生态系统通过竞争得到发展或衰退。在一个竞争性的品牌生态系统中，品牌密度、品牌价值链、系统结构对品牌具有至关重要的影响。一般来说，在一个品牌密度极大的品牌系统中，品牌价值链和系统结构状态直接决定品牌的竞争。如果一种品牌的价值链较强，而品牌厂商又能够主导品牌的系统结构状态（即形成以品牌厂商为主导的供应链体系），那么该领导型品牌能够持续增强品牌的竞争力，而那些相对“小而弱”的品牌则具有较高的死亡率。

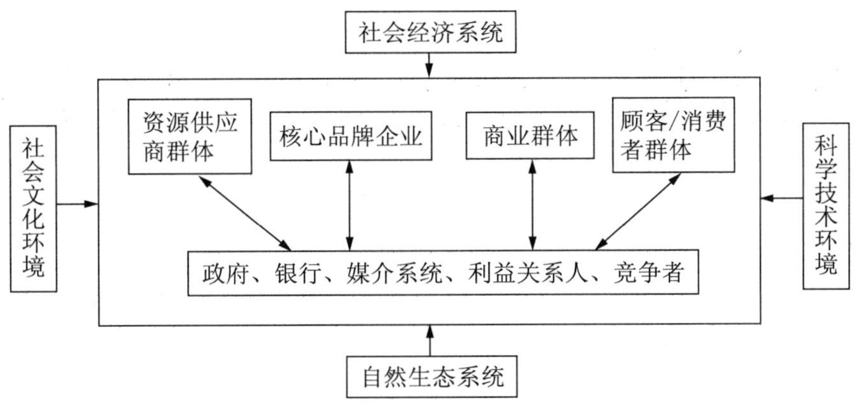

图 2－26　品牌生态系统图

3）SWOT 分析法

SWOT（strengths-weakness-opportunities-threats）分析法，即企业优势一劣势一机会一威胁分析。它是帮助企业在品牌经营过程中通过对内部环境的优势劣势和外部环境的机会威胁的分析而确定正确的品牌战略；其中，优势和劣势分析主要是着眼于企业自身的实力与竞争对手的比较，而机会和威胁分析则将注意力放在外部环境的变化及对企业的可能影响上。但是，外部环境的同一变化给具有不同资源和能力的企业带来的机会与威胁却又可能完全不同，因此，两者又是紧密联系的。其主要内容为：

（1）判明当前品牌及品牌运营所能获取的机会资源；

（2）判明当前品牌及品牌运营之相对优势所在；

（3）判明当前品牌及品牌运营所面临的弱势和不利因素所在，以及它们对品牌成长与竞争力形成所构成的威胁机制；

（4）制定企业在当前及未来时间内可以采取的发挥内部优势、利用外部机会、避免外部威胁和克服品牌弱点的基本策略。

SWOT 分析法绝不仅仅是列出四项清单，它最重要的意义在于可以评价一个企业品牌的优势和劣势、机会与威胁，并解决以下问题：

（1）为了更好地对新出现的行业与竞争环境做出反应，必须对企业品牌资源采取哪些调整？

（2）是否存在需要弥补的资源缺口？企业需要从哪些方面加强其资源？

（3）要建立企业未来的资源必须采取哪些行动？

（4）在分配企业资源时哪些机会应该拥有最高的优先权？

SWOT 分析可以提供四种可行的战略选择（见表 2－13）。

表 2－13　SWOT 分析法

	优势（S）	劣势（W）
机会（O）	SO 战略 发挥品牌优势，利用外部机会	WO 战略 利用外部机会来弥补品牌自身弱点

续表 2-13

	优势（S）	劣势（W）
威胁（T）	ST 战略 利用品牌优势回避外部威胁	WT 战略 减少品牌劣势，回避外部威胁

当企业制定品牌战略时，总是试图将战略建立在其优势的基础上而消除劣势。当企业不具备利用机会去避免威胁的技能时，就可以从 SWOT 分析中识别必要的资源，并采取措施获得优势而减少劣势。

将 SWOT 进行分解，对 SO——优势与机会、WO——弱势与机会、ST——优势与威胁、WT——劣势与威胁等条件因素进行细分分析，并根据分析选择出企业的品牌战略方向。

表 2-14 为 IBM 在推出其创新产品之前利用 SWOT 对中国市场进行的分析。

表 2-14 IBM 对中国市场进行的分析

外部环境分析（O T） 内部环境分析（S W）	机会	威胁
	1. PC 普遍进入家庭 2. 网络逐渐兴起并主导市场需求 3. 客户更需要整体解决方案	1. 各种网络相关产品公司兴起 2. 微软占有 PC 系统 S/W 市场 3. 硬件价格下降
优势	优势机会策略（S O）	优势威胁策略（S T）
1. 经过深度培训的各类专业人才 2. 广大的客户群 3. 优势的研发能力	1. 成为全球服务事业部门，并着手提供整体解决——系统整合 2. 创新并持续推出适应综合网络需求的更新产品	1. 增加策略联盟，并购有潜力的公司，以增加网络与整合的能力 2. 投入研发数据库系统与 NT 的中间设备（m）dd（eware）以及配合 Linux 的研发投入
劣势	劣势机会策略（W O）	劣势威胁策略（W T）
1. 组织庞大，不易管理 2. 对低价或 PC 相关产品的营销策略不太内行 3. 思想上，仍有人难脱中大型硬软件才是重要收入	1. 将人员往有潜力的市场区域调整，并配备所需人力 2. 将人员按整合模型混合编组与区域编组来开拓市场 3. 逐渐导向以网络为基础的整体方案公司	1. 裁减数万不适应的员工，并将组织改为矩阵式 2. 强调 W. E. T 的思想教育与绩效管理 3. 积极与低价产品的大型渠道建立良好的合作关系

根据表 2-14 中 SWOT 的环境因素分析，IBM 凭借自己强大的优势与机会，调整组织构架与市场组合，以电子商务时代市场领导者的地位自居，其新产品的推出将会得

到市场的认同，从而达到壮大品牌资产价值的预期目的。

4）SPACE 矩阵分析法

企业品牌战略地位和行动评估矩阵（Strategic Position and Action Evaluation Matrix，简称 SPACE 矩阵，如图 2-27 所示）是企业品牌战略方向选择时可借助的一个工具。它是在 SWOT 分析的基础上，通过确定两组具体反映品牌内外部条件的量化指标，能够更加准确地进行企业品牌战略的选择和定位。

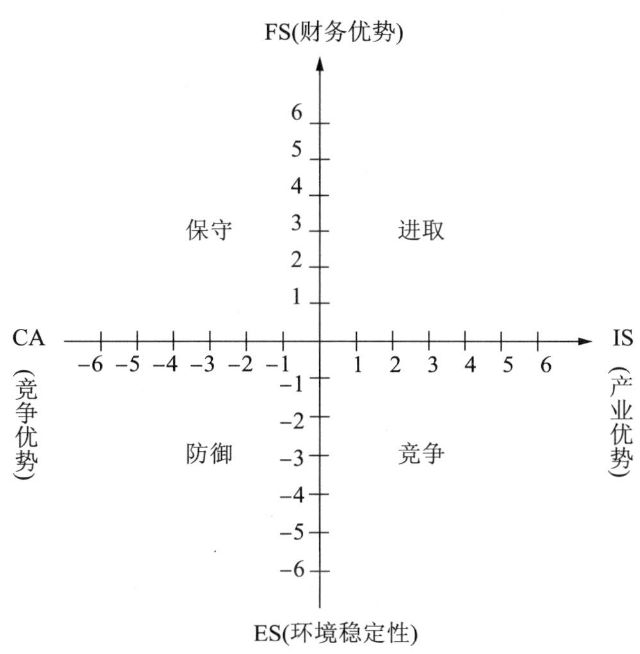

图 2-27　SPACE 矩阵

经过定位和评价，将会有多种组合的结果，其中最典型的是以下 4 种：进取型、竞争型、保守型、防御型。

（1）进取型：产业吸引力强，环境不确定因素极小，品牌有一定的竞争优势，且企业财务实力较强，可提供巨大的支持，这时，企业可采取发展企业品牌的战略。

（2）竞争型：产业吸引力强，但环境处于相对不稳定的状况，品牌占有竞争优势，但缺乏财务实力，这种情况下，企业应寻求财务资源以增加品牌营销能力。

（3）保守型：品牌处于稳定而缓慢发展的市场，品牌竞争优势不足，但财务实力较强，在这种情况下企业应削减其产品系列，争取进入利润更高市场。

（4）防御型：品牌处于日趋衰退且不稳定的环境，且缺乏竞争性产品，财务能力不强，此时，应考虑退出该市场。

除以上工具外，还可以使用诸如 V 矩阵（以财务数据分析为基础，通过盈利能力和加权资本之比来反映品牌业绩，从而决定品牌组合的方法）和产品市场多元化矩阵

（安索夫矩阵）来进行品牌战略的制定和选择。

【案例 14】

施振荣的宏碁之道

宏碁，一个在几乎没有品牌的环境中成长起来的世界名牌；一个世界上股权最分散的上市公司；一个像卖汉堡包一样卖电脑的 IT 名门；一个像小公司一样迅捷抓住互联网的大企业。根据《亚洲商业周刊》发表的亚洲企业评价报告，宏碁被评选为最受推崇的亚洲籍高科技公司，超越索尼、东芝与松下。Acer 集团目前是台湾第一大资讯公司和最大的自创品牌厂商，同时也是全球第三大 PC 制造厂商。1999 年，宏碁的营业额达到 85 亿美元，利润 75 亿台币。2000 年，宏碁集团向年收入 100 亿美元的里程碑迈进。推动这一切的是现年 56 岁的施振荣，宏碁的创始人，一个信奉挑战哲学的企业首脑。《财富》称他"集优秀的工程师、传统的中国生意人、先锋派经理与国际企业家于一身，有远大的志向和宽阔的视野"。

宏碁为什么叫"Acer"

1976 年，施振荣与一些朋友以 35000 美元起家创办了宏碁公司。公司最初投资微处理芯片。施振荣是最早看出微处理器发展潜力的技术人员之一，他也果真在一场新的产业革命中扮演了重要角色。"Acer"取自英文单词尖锐（acute）和锋利（sharp）的拉丁语词根，有"积极、有活力"之意，还隐含着"王牌"的意思，代表"优秀和杰出"，而且不与其他产品重名，在法律上能够得到保障。事实印证了他的远见。"Acer"出来后一炮打响，很快走红市场，并连续多年蝉联国际知名度最高的台湾品牌电脑。

宏碁也曾面临危机

根据美国某评估公司的数据，宏碁在 1994 年的品牌价值已达 1.8 亿美元，是当时台湾价值最高的品牌。然而，在辉煌的背后，施振荣也曾带领宏碁走过一段艰难的岁月。1988 年 11 月，宏碁在台湾上市。但此后，由于成长过快，国际化的步伐太大，连续两个会计年度的运营表现不佳，1991 年出现创业以来首次财务赤字，亏损 6 亿元。

施振荣明白，如果不对宏碁实施改造工程，公司的前程堪忧。他分析，导致宏碁体质弱化的病因有五种：资金太多引起的"大头症"；企业大而无当造成的"肥胖症"；缺乏忧患意识的"安乐症"；反应迟钝的"恐龙症"；责权不分的"大锅饭心态"。必须寻找这些病症的解决办法。

富于想象的"三大赢"策略

这时，美国《哈佛商业评论》的一篇重要文章吸引了施振荣的注意，对他正在进行中的改革产生了重要影响。这是一篇评论世界个人电脑产业发展趋势的文章，指出由于科技和交通的发达，未来能继续保持竞争力、主宰市场的将是不制造电脑的电脑公司和不制造半导体的半导体公司。这个看似荒谬的预言，实际上预示着产销分工、海外组装的方向。施振荣看到：采用台湾主板的兼容电脑厂商，全世界到处林立，但厂商品质参差，没有品牌形象可言，就好像遍布全球的中国餐馆，虽然经济实惠，但却缺乏企业化经营一样。而麦当劳却以简单的菜单、统一的品牌、企业化经营雄霸全球。麦当劳在世界各地贩卖的汉堡和其他食物并不是从美国总公司出货，而是在各地采购原料，由当地员工依照麦当劳严格规定的食谱烹调而成。它这种“当地组装”的做法，并没有影响规定的口味，反而因为食物新鲜而大受欢迎。

“宏碁为什么不能贩卖‘新鲜’的电脑?”施振荣想。他提出“快餐店产销模式”：“很简单，我们就是要像麦当劳一样，在当地采购，在当地组装，让消费者买到功能新鲜、品质一致的宏碁电脑。”在此理念下，宏碁由系统发展模式转为零件发展模式。从1992年下半年起，宏碁已极少出口全系统的产品，除了电脑外壳海运外，显示器、键盘等从宏碁在海外的工厂出货，软硬驱动器由供应商从世界各地工厂就近支援宏碁分散世界各地的34个组装据点，主机板等附加价值较高的零件则依订单的规格随时从台湾空运到各组装据点。

施振荣最引人注目的地方是他的想象力。他的目标是建立一个全新的跨国公司，这一目标将通过“三大赢”的策略来实现，即用以改造流程的“快餐店模式”、用以改造企业的“主从架构”和在新的经营学下产生的“全球品牌，结合地缘”的国际化品牌战略思维。“主从架构”策略是从电脑网络的观念引申而来的。进入20世纪90年代，电脑的发展趋势已由大型主机、小型机转变为个人电脑，客户-服务器模式开始出现。1993年，施振荣借用这个新兴的电脑架构，着手建筑宏碁的新型组织。简单地说，“主从架构”是指许多可以独立作业的“主”（client）和功能更强的“从”（server）密切结合的网络系统。用于宏碁的运营上，施振荣把分散的关系企业和子公司全都当成主从架构中的“主”，要求它们自行决策，独立经营；企业总部则扮演“从”的角色，退居第二线，不再对子公司和关系企业发号施令，只在它们有所求时，出面发挥协调功能。与此并行不悖的第三项策略“全球品牌，结合地缘”国际化模式是1992年施振荣投资墨西哥时首次提出的，核心是“当地股权过半”，即海外子公司把大部分股权分配给当地人，并由当地人经营。1994年，《世界经理人文摘》首先大幅报道这一模式，指出宏碁已替亚洲企业开辟出有别于日本、美国和欧洲厂商的第四种国际化模式。同年，哈佛大学把施振荣改造宏碁的经验编成教材，评宏碁为“企业国际化管理的杰出个案”。

［资料来源：管理营销资源中心（M&M Resoures Center）http：//www.mmrc.net］

2.4.11　相关方的需求与期望

4.4　相关方需求和期望

组织应通过识别和满足相关方的需求和期望，提升品牌培育能力和绩效。各相关方的需求和期望是不同的、不断变化的，组织应通过多种方式，协调和满足相关方的需求和期望。典型的相关方及其期望见表 1。

表 1　典型的相关方及其对品牌的需求和期望

相关方	需求和期望
顾客	产品质量、价格和交付表现； 通过品牌获得身份认同； 获得与品牌宣传相一致的产品和服务
所有者/股东	持续高效的盈利能力
员工	自我价值实现、个人能力提升
供方和伙伴	业务连续性、品牌价值的共同提升
社会	落实质量责任、维护质量信誉、保障经济发展

【解读】

品牌所满足和影响的对象是顾客。广义的顾客概念就是指企业的相关利益群体。所谓相关利益群体，或者相关方，是指能够影响一个企业目标实现的个人或者组织，或者能够被企业目标实现影响的个人或组织。相关利益者除了股东之外，还包括：经营者与企业员工；用户；供应商；债权人；竞争者；政府；其他利害关系者（包括工会、营销中介、公众与社区、合作院校及科研机构、媒体等在内的其他利益相关者）。这些相关方能够影响该企业的决策与行动，企业与相关方是互动、交叉影响的关系。

典型的相关方及其对品牌的需求和期望论述如下：

1. 顾客

1）顾客的定义

顾客原指购买物品和商品的人，现解释为消费者。顾客是商业服务或产品的采购者，他们可能是最终的消费者、代理人或供应链内的中间人。

2）顾客的需求

在不同时期，顾客有不同的需求。产品经济时代，产品供不应求，人们以农产品作为经济提供品满足他们生存的需要；商品经济时代，商品日渐丰富，顾客需求开始变得苛刻起来，商品质量和技术含量的提升引起他们的关注，这一时期主要以工业产品作为主要经济提供品来满足他们生存和安全等较低层次的需要；服务经济时代，商品经济空前繁荣，顾客对服务的需求不断增加，对服务的品质日益挑剔，顾客对社会地位、友

情、自尊的追求，使得高品质的服务成了满足它们需求的主要经济提供品；体验经济时代，随着社会生产力水平、顾客收入水平的不断提高，他们的需求层次有了进一步的升华，产品和服务作为提供品已不能满足人们享受和发展的需要，从社会总体上看，顾客需要更加个性化、人性化的消费来实现自我，因此，顾客的需求也随之上升到了“自我实现”层次。

3）如何满足顾客的需求

（1）了解顾客的心理和需求：建立“顾客至上”的理念，投其所好，根据其喜好来安排和组织生产。针对顾客不同的消费需求，企业相应提供最能满足其利益的产品。例如，对追求个性消费的顾客来说，企业应提供与众不同的产品或者购买体验，满足其彰显个性的需求。对于追求身份地位和生活品质的顾客来说，企业应强化品牌的社会性价值，使顾客能通过品牌获得社会的认同。

（2）向顾客提供优质的产品：生产满足顾客需求的产品仅仅是第一步，企业应该生产质量过硬的产品。不仅仅是降低次品率，企业还应追求成为同类产品中质量的代表。企业推行 ISO 9001、ISO 14001 等管理体系，满足顾客对产品质量以及性价比的要求，同时要保证产品和服务的按时交付，尽可能地提高合同按时履约率和大大减少退货率，以追求更高的客户满意度。

（3）向顾客提供完善的服务：包括事前、事中、事后三个方面。事前可以给顾客输送有关企业的信息，如企业的历史沿革、服务项目、经营方式、售后服务的具体标准等，争取顾客对企业有一定的了解。事中应该热情礼貌周全地接待顾客，尽量提高去接受企业服务和产品的愉悦程度。事后应该提供良好的售后服务，及时建立客户档案，完善售后维修中心和提高售后服务的及时响应程度。公关部门应该及时处理顾客投诉和不满，经常性地保持和顾客的联系，例如上门拜访、电话访问等。并保证顾客能获取与品牌宣传相一致的产品和服务。

（4）尊重并保护顾客的权益：顾客享有消费者保护法规定的一系列法律权益，企业应充分尊重顾客的选择，在消费者的权益受到伤害时及时处理，保障企业不会因此而导致顾客流失。

2. 所有者/股东

1）所有者/股东的定义

股东是指通过向企业出资或其他合法途径获得企业股权，并对企业享有权利和承担义务的人。从一般意义上说，股东是指持有企业股份或向企业出资者。严格而言，有限责任公司股东与股份有限公司股东的内涵有所区别：有限责任公司股东是指在企业成立时向企业出资或在企业成立后依法继受取得股权，对企业享有权利和承担义务的人，有理论将此类股东称为企业的所有者；股份有限公司股东是指在企业设立时或设立后合法取得股份，对企业享有权利和承担义务的人。所有者/股东是企业存在的基础，是企业的核心要素；没有所有者/股东，就不可能有企业。

2）所有者/股东的需求

所有者/股东的需求和期望是持续高效地盈利，是良好的财务状况。一般说来，所有者和投资者对企业的盈利都有相应的计划或期望，这也就是企业的赢利目标。企业对这样的目标应当进行识别，并采取相应的措施以保证目标的完成。

3）如何满足所有者/股东的需求

提高质量管理体系的有效性和效率可对企业的财务结果产生积极的影响，并保证高效盈利目标的实现。企业可以通过质量成本核算，减少过程和产品故障，减少材料和时间浪费，降低因担保而引起的赔偿费用，以及减少因失去顾客和市场所付出的代价。

但是，又不能不看到，所有者和投资者也可能短视，也就是可能因短期的效益而牺牲长远的利益。即使是在市场体制相当健全的情况下，企业也可能寻找到市场或政府监管空档，用降低质量的手段去获取短期的效益。如果所有者和投资者具有投机心理，很可能要求企业这样去做。因此，企业应当从长远利益出发，抵制这种短视行为，以保证企业的长期持续盈利，获得稳定的增长。

3. 员工

1）员工的定义

企业的员工，是指企业中各种用工形式的人员，包括固定工、合同工、临时工、代训工和实习生等。

2）员工们的需求

从某种意义上说，员工也是企业的另一类顾客，企业应当尽可能满足员工的需求和期望，使员工满意。只有员工满意了，员工才能真正参与，企业也才能真正获得他们为企业带来的收益。

按照企业实际用工情况，可以把员工分为两个大类，即知识型员工和企业核心员工。知识型员工的需求主要有收入报酬、自我实现、个人成长、文化支撑和工作自主。企业核心员工的需求主要集中在业务成就、环境支撑、自我发展、薪酬福利、工作自主五个方面。

经典的需求描述是马斯洛的需求层次理论，按照这一理论，我们可以把员工的需求理解为生理需求、安全需求、社交需求、尊重的需求、自我实现的需求五大层次。这五类需求从低到高，将人的需求分为不同的等级。马斯洛认为除了自我实现需求外，这些需求的满足具有顺序性，当一个层次的需求相对满足后，就会向高层次发展，但低层次需求同时存在。

3）如何满足员工的需求

要使员工满意，首先就要识别员工的需求和期望。员工典型的需求和期望是工作满意，主要包括以下三个方面：

（1）工作业绩得到承认。首先，企业应当制定评定员工个人和集体的业绩以及他们对企业成果所作贡献的方法，定期进行测量和评定。其次，企业应当根据测量和评定的结果，按规定给予相应的表彰奖励，包括给予相应水平的工资和其他奖励，使员工有自我价值实现的成就感。这样，员工才能争先创优，企业也才能获得不竭的活力。

（2）对工作感到满意。企业应当为员工创造一个轻松的、能够充分发挥其潜能的环境，使员工增强自豪感。这种环境既包括物理环境（自然环境以及对自然环境的改造控制，符合安全、卫生、舒适等要求），但更重要的是人文环境（特别是人际关系）。当由于客观原因前者不能满足员工需求和期望时，更要优化后者。

（3）在个人发展上取得进展。企业应当通过教育、培训及总结经验等方式来提高员工的能力，增加他们的知识，对确有潜力的员工应当及时赋予更多的职责或更高的职位，使员工不断增强成就感。企业还可以通过技术比武、课题招标、竞争上岗等方式，来激发员工的潜能，促进员工的个人发展。

4. 供方和合作伙伴

1）供方

（1）供方的定义

供方是指提供产品的企业或个人。例如制造商、供应商、分销商（批发商、零售商）、服务或信息的提供方。供方是企业所需产品的提供者，企业是供方的顾客。供方当然应当“以顾客为关注焦点”，但从企业的角度来看，供方是企业的重要资源，企业通过处理好与供方的关系，可以获得各种增值机会，同时也可以为供方提供效益。

（2）供方的需求

虽然企业是供方的顾客，但企业与供方依然是一种平等互利关系。双方所谋求的当然是业务的连续性和品牌价值的共同提升。与一般消费者不同，在相当大的程度上，企业对供方，特别是对那些长期合作的供方承担着社会责任或道义责任。企业发生的重大质量问题，往往也可能涉及供方；而企业如果因为质量责任而受到严重损失，例如停业或破产，也会使供方受到连带损失，甚至也会引起供方停业或破产。因此，供方对企业的质量往往相当关注，也会或直接或间接地给企业施加相应的质量压力。

企业与供方又是一种特殊的人际关系（厂际关系）。相互沟通对双方都具有重要意义。在双方企业的合适层次上双向沟通，从而促进问题的迅速解决，避免因延误或争议造成费用损失仅仅是一个方面。诸如“对顾客的需求和期望达成清楚一致的理解”之类，更需要有效沟通。因此，企业要满足供方的需求和期望，很重要的一个方面就是做好沟通工作。

由于供方是企业的顾客，企业往往处于有利或较高的地位，因此往往难以平等对待供方，甚至可能盛气凌人。这样，虽然供方可能一时地忍气吞声，但却依然可能存在不满，并可能在某种场合发泄。一旦供方找到新的顾客，很可能抛弃企业，这对企业也是不利的。

（3）如何满足供方的需求

供方的需求和期望主要是继续经营的机会和相互间的互促互进，共同提升。要建立与供方互利的关系，要满足供方的需求和期望，企业就应当与供方建立合作关系，推动和促进交流，共同提高增值过程的有效性和效率。为此，就需要双方对顾客的需求和期望达成清楚一致的理解；建立确保持续合作机会的目标；加强双方的沟通；对供方作出的努力和成就进行评价并给予承认和奖励等。

企业与供方的合作关系是基于共同的战略、共享的知识和利润以及共同承担损失，这三个“共”就确定了双方的平等关系。企业可以通过对供方的质量管理体系进行认证，对供方交付合格产品的能力等进行监视，还可以帮助供方改进质量和质量管理，甚至可以“强迫”供方采用先进的工艺手段或管理方法，但这些都只能在平等互利的基础上进行。

2）伙伴

（1）伙伴的定义

伙伴是与品牌培育相关的产品和服务的提供者、技术和财务机构、政府和非政府组织或其他利益相关方（如行业协会、市场调查公司、品牌策划公司、广告公司、管理顾问公司、媒体等）。合作伙伴关系是为了某种特定的目标，与合作方企业达成的一种长期的合作关系，在合作过程中，企业间分工合作，互相传递有价值的信息，通过信息共享，实现风险共担，共同获利的长期关系，是人与人之间、企业与企业之间达成的最高层次的合作关系，主要包含以下方面的含义：这种合作关系是长期的、相互信赖的、相对稳定的；合作伙伴之间交流沟通及时方便，增强信息的共享，保持和伙伴操作的一贯性；双方有着共同的目标并且为着共同的目标适时地调整自己的计划；合作双方共同研究和共同投资开发，相互之间交换数据和信息；以严格的尺度衡量合作表现，以战略的眼光看待合作带来的整体竞争优势。

（2）伙伴的需求

合作是以目标的兼容为基础，旨在获得共同利益的协同行动。企业所赖以生存的环境就包括各种组织，企业为了实现其特定的目的，必然会与其他组织进行合作。环境的快速变化使得企业仅凭自身的力量难以驾驭环境，产品和服务的设计、生产、运输活动变得越来越复杂。一个企业如果要同时具备生产经营所需的全部资源和能力十分困难，甚至不可想象。企业与伙伴的合作，在当今企业面临的新形势下显得尤为重要。

企业与其他组织进行合作的具体原因、目的、关系和形式是多样化的，其共同的追求当然是长期的互惠互利与合作共赢。近年来，企业之间的竞争日趋激烈的同时，也呈现出全方位合作的趋势。最为引人注目的是企业之间一改以往只在经营活动的某些技术环节上进行合作的传统，使合作水平在战略的层次上展开，其合作的广度和深度都是空前的。

（3）如何满足合作伙伴的需求

建立信息共享机制，加强与合作伙伴的信息沟通。信息在市场竞争中占据重要地位，信息共享可以加快信息的传递，从而增强企业对市场需求的感知和响应能力。同时企业可以与合作伙伴建立长期稳定的合作关系，进行技术和资源的共享，从而提升合作伙伴的忠诚度。

建立利益共享与风险共担机制，进而对合作伙伴进行业务捆绑，降低企业自身的经营风险。为合作伙伴提供必需的资源，帮助合作伙伴改善经营管理，增强其市场影响力，提升其品牌价值，帮助改善市场绩效，从而推动合作双方的共赢。

5. 社会

1）社会的定义

对于企业来说，可以把社会分成三个层次：一是企业所在的社区；二是受到或可能受到企业或其产品影响的其他社会团体和公众；三是代表社会的政府。这三个层次的社会对企业的需求和期望虽然具有一致性，但其重点却有所不同。

2）社会的需求

任何一个企业都存在于社会之中，其所有的活动都或直接或间接或大或小地影响着社会。例如企业发展了，可以为社会解决就业问题，可以增加税收；企业要生产，必然要消耗资源，而资源属于全社会所有；企业在生产过程中很可能污染环境，而环境污染的直接后果是由社会来承担的。因此，任何社会都会对企业的生产经营活动进行或多或少或直接或间接的干预。其共同的需求都是希望品牌企业落实质量责任，维护质量信誉，保障经济发展，为社会和人类造福。如果企业能够满足社会的需求和期望，使社会满意，社会就会大力支持企业的生产经营；如果企业不能满足甚至侵犯了社会性的需求和期望，社会就不会满意，也就会采取诸如限制、抗议等手段来进行干预。因此，任何企业都不能漠视社会的需求和期望，更不能漠视社会的态度和取向。

3）如何满足社会的各类需求与期望

（1）对社区需求和期望的满足。企业所在的社区直接受到企业产品、过程和活动影响，这样的影响如果对社区具有正面意义，社区就会支持企业；如果具有负面意义，社区就会报怨、批评、抗议甚至反对企业。

具有正面意义影响的有：解决就业问题、改善环境条件（例如改善交通状况之类）、增加税收、增加经营的机会（例如出租房屋、开办服务业之类）、降低企业所生产的产品价格（包括节省运费之类）、获取企业带来的新的文化、给社区带来繁荣等。正面意义的影响可能仅仅是企业的“副产品”，企业可能并没有刻意为之，但这样的正面意义的影响又的确是各地招商引资的出发点。对于企业来说，尽可能发挥这些正面意义的影响，也是自己应尽的社会责任。如果能够积极参与社区的公益事业，能够自觉促进正面意义的影响，企业更能够得到社区的支持，从而也为企业自己创造了一个良好的社区环境。

企业更应当关注自己的产品、过程和活动可能给社区造成的负面意义的影响，其中最重要的是三个方面：一是要考虑对卫生和安全的责任；二是要考虑对自然环境的影响；三是要考虑对人文环境的影响。事实上，如果相应的措施没有跟上，企业的产品、过程和活动都可能对社区居民的健康造成危害，甚至引发安全责任事故。生产过程中排放的“三废”（废气、废水、废物）以及噪声、辐射、光污染等，都可能危害社区居民。相当多的产品、过程和活动还可能存在着安全隐患，一旦发生安全事故，社区居民也可能身受其害。

即使对居民健康和安全不存在威胁，但企业依然要考虑环境污染给自然环境造成的影响。随着人们环境保护意识的增强，破坏自然环境、浪费自然资源、过多消耗能源，都会引起社区居民的反对。此外，如果企业的产品、过程和活动不符合当地的社会文化心理，也会引起社区居民的抵制。

（2）对社会需求和期望的满足。社区可能是一个小社会，也可能是社会的一部分。社区可能受企业的产品、过程和活动的直接影响，社会则可能受间接影响。受间接影响的社会，对企业的反应虽然没有受直接影响的社区那样直接、强烈，但依然可能在社区受影响居民的带动下，投入到批评、抵制、反对、抗议企业的行列中来。事实上，社会往往是社区抗议企业的后盾。因此，企业应当通过满足社区的需求和期望，同时满足社会的需求和期望。

但是，某些企业或某些企业的产品、过程和活动可能对社区具有更大的正面意义的影响，或者其正面意义的影响超过了负面意义的影响。在这种情况下，社区就可能容忍企业或企业的产品、过程和活动。但企业的产品、过程和活动却可能对社会没有多少正面影响，甚至可能给社会造成更大的负面影响，社会也就可能与社区居民相左，采取反对的态度。例如生产假冒伪劣产品的企业，可能不会给社区带来过多的负面意义的影响，但却危害到了整个社会，社会也就不会容忍。一般说来，由于社会与企业之间往往没有直接的利益共享或利益冲突，因而社会更可能从一般道义上与企业发生关系。企业的产品、过程和活动如果能够符合社会文化心理和道德倾向，往往就可以得到社会的支持；反之，如果企业与社会文化心理和道德倾向背道而驰，就可能引起社会的反感，甚至引起社会的反对。因此，企业应当合法经营，尽可能在政治、文化、管理以及社会事业方面与社会主流文化保持一致，尽可能为社会提供诸如慈善捐款之类的帮助，以树立自己的正面形象。

（3）对政府需求和期望的满足。政府是社会的代表，政府对企业具有相应的管理权、监督权。任何企业都不可以忽视政府的需求和期望，而且只有努力去满足这样的需求和期望才能得到政府的支持。

政府的需求和期望体现于相应的法律法规之中，企业应当具有适用于产品、过程和活动的法律法规要求方面的知识，并应当将这些要求作为质量管理体系的要素之一。但是，由于长期计划经济的影响，中国政府对企业的干预相对而言较多，在法律法规之外的要求也较多，往往使企业穷于应付。虽然政府已经通过废除、修订、合并等手段，革除了相当多的行政干扰，但事实上的干扰却依然存在。如何做到既要满足政府的需求和期望，又要对无理的要求进行抵制，对企业来说需要认真对待和妥善处理。

2.4.12　打造和提升品牌满足相关方的需求与期望的能力

立足于满足相关方需求和期望打造和提升企业的品牌竞争力，从品牌建设的最初要均衡考虑 5 大相关方（顾客、所有者/股东、员工、供方和合作伙伴、社会）对企业品牌培育能力和绩效的需求和期望。

企业的品牌能力是企业在市场竞争中，为扩大市场份额，获取高额利润而对其资源进行有效配置和使用，使其产品和服务比竞争者更好地满足消费者的需求，从而使企业品牌产生持续竞争优势的能力。企业的这个能力是一个综合的能力，分为三个层次：基础能力、管理能力和市场能力。

1. 企业品牌的基础能力

企业品牌的基础能力是企业品牌竞争力的基础，其典型的绩效指标包括管理费用比重、人均技术装备水平、能源消耗利润率、原材料消耗利润率、新产品产值率、员工平均受教育程度、人力资本开发成本率、企业文化建设投入率、企业凝聚力等。

2. 企业品牌的管理能力

企业品牌的管理能力是指企业在一系列具体的品牌管理活动中所形成的能力体系，具体包括了从企业品牌定位、企业品牌传播到品牌运作等多项能力，其评价指标诸如市场调研费用、广告投入、企业品牌沟通能力、企业品牌分销能力、企业品牌知名度和企业品牌忠诚度等。企业品牌的基础能力是由企业运作系统中若干项最基本的工作所组成，包括企业管理、技术创新、人力资本和企业家素质、企业文化等。

3. 企业品牌的市场能力

企业品牌的市场能力是指企业品牌在市场上与竞争品牌相比较而产生的，具体表现在企业品牌的超值创利能力，它是企业品牌竞争力的外在的、显性的表现，通常用市场占有率、利润率等指标来表示。

【案例15】

可口可乐：与利益相关者共同参加社区建设

可口可乐公司（Coca－Cola Company）成立于1892年，目前公司总部设在美国乔治尼亚州亚特兰大市，是全球最大的饮料公司，其系列产品畅销200多个国家和地区，拥有近400个饮料品牌。可口可乐公司在全球生产超过2600种产品，每日销量超过14亿杯，并拥有全球最畅销软饮料品牌前5名中的4个，包括可口可乐、健怡可口可乐、雪碧和芬达。可口可乐是中国最著名的国际品牌之一，是中国软饮料市场的领导企业，其多元化的系列产品包括：可口可乐、雪碧、芬达、醒目等，在中国市场上均是广受欢迎的软饮料。

可口可乐在中国开展业务的同时，如何与利益相关者保持良好的关系，并参与到利益相关者的社区活动中，让利益相关者能够感受到可口可乐公司与社区同步发展？

网络联结社区居民

可口可乐为农村教育项目提供了崭新的观念和实践。借助可口可乐公司在全国35家装瓶厂的网络优势，可口可乐公司在建厂地与当地政府、文教卫生等职能机构合作，开展了多个持续性项目。

2001年，我国政府提出"校校通"计划，希望用10年的时间，让农村的学生可以和城市学生一样共享网络带来的知识。为了支持与响应政府的号召，可口可乐又发起了"E学一生"项目，在全国偏远地区建立30个网络中心和55个多媒体中心，希望提早让中国农村地区实现网络教育。网络联通农村与外面的世界，这不仅让22000多名学生和1200位教师跨越了城乡的数字鸿沟，并且使当地政府意识到了网络的重要意义，积极支持并参与到构建网络化学校的建设中来，使所在社区的普通居民也得以从中受益。

政府和公司共同参与，社区居民受益良多

可口可乐公司通过调查发现，广大居住在经济落后的农村地区儿童饮食严重缺乏营养，同时，农村学校的卫生条件也相对落后。尽管这是一项涉及食品安全这一有可能出现问题的领域的重大举措，但出于关心和照顾下一代健康和成长的战略承诺，可口可乐公司于2005年4月启动了"健康之旅"项目，为35家装瓶厂所在地的51所农村学校近21000名师生，开发并研制出适合农村人营养需求的豆奶粉。选择装瓶厂所在地作为项目实施地区是基于装瓶厂的物流配送渠道优势。在开展项目的同时，装瓶厂与当地政

府、文教卫生等职能机构加强沟通，很多县镇都是由当地的教育局局长亲自主管发放豆奶的事项，引起社会公众对农村青少年营养健康问题的重视。

可口可乐公司在与各校合作的过程当中发现，许多农村地区的饮水质量和卫生条件仍需改善才能达到冲泡豆奶粉的要求，项目又在配送豆奶粉的同时派出可口可乐公司在当地装瓶厂的员工，帮助学校铺设新水管、挖掘新水井、建造新锅炉房、安装热水器，以及使用绝热筒及保温瓶等来帮助这些学校升级他们的厨房设备，提升饮用水的质量。同时，项目还为所在学校提供急救箱以及各种必需的药品，其核心在于建议并帮助学生通过学习养成正确的个人卫生习惯，以及为教师提供有关基本卫生知识方面的培训。

与政府一起为农村脱贫而努力

随着中国日益加快城市化进程，农村劳动力迅速向城市转移已经成为一个重要趋势，而一些农村富余劳动力却缺乏适合城市要求的相应专业技能，这个问题对亟需通过在城市就业以摆脱贫困的农村家庭就显得尤为重要。为此，可口可乐公司于 2005 年 4 月与中华职教社合作，提供 100 万元人民币的资金，启动了在湖南省江永县的农民培训与就业活动。

成效

可口可乐公司自进入中国以来，积极参加各类社会公益活动，取得了显著的成效：

（1）在取得经济效益的同时与社区关系更加融洽

可口可乐公司自 1979 年重返中国大陆市场后，目前中国每年人均饮用可口可乐公司产品数量为 20 瓶（每瓶 8 盎司或 237 毫升），而中国亦成为可口可乐公司全球第四大市场。可口可乐同中国青少年基金会（CYDF）及地方政府建立了有效的合作，合理利用人才，可口可乐公司的战略发展计划得到了更广泛的认可与支持。

（2）可口可乐与社区共同发展提升了品牌号召力

可口可乐公司在华 28 年来，目前所有中国可口可乐装瓶厂所用的浓缩液均在上海制造，在华累计投资达 12.5 亿美元；装瓶公司以及装瓶厂从无到有，现已在全国建立了 29 家装瓶公司以及 35 个装瓶厂。据知名经济学家联合调查显示，可口可乐在中国间接创造了 40 多万个就业机会，每年为中央和地方税收部门直接或间接带来利税 16 亿元人民币。

（3）与各级政府加强合作促进中国可持续发展

可口可乐公司通过与投资所在地的政府等机构合作，为所在地教育、文化、卫生以及劳动力转移做出巨大贡献，让所在地的社区与可口可乐公司共同成长与发展，形成了与当地共同进步的可持续发展战略。

通过开展农村教师培训项目，为地处偏远山区以及少数民族地区的师资进行培训，至今已累计培训 11492 名教师及校长，惠及学生达 11 万人；通过发放豆奶的“健康之旅”项目，现在每周分三次为分布在中国 27 个不同省份的 51 所学校 22000 人提供豆奶粉；同时，通过改造供水设施，使 51 所学校的饮用水质均达到“国家饮用水标准”；而通过可口可乐健康教育培训过的教师在当地政府的组织下开办讲座，将营养与卫生知识

传授给地区内其他学校的老师。可口可乐公司希望建立双赢的合作模式坚定合作伙伴关系，激励员工发挥自身潜能，提供推陈出新的产品，不断满足市场以及消费者需求，在回报股东的同时不忘履行企业公民责任，成为全球企业公民典范。

（资料来源：王蒲．可口可乐：带动利益相关者参与社区建设［J］．WTO经济导刊，2007（10）。有改动）

2.5 品牌战略和方针

2.5.1 品牌战略的定义

3.4 品牌战略

组织为增强品牌培育能力，改善品牌培育绩效而制定的总体发展规划和行动方案。

注：品牌战略通常包括品牌培育方针和目标的制定、品牌化决策、品牌模式选择、品牌识别界定、品牌延伸规划、品牌管理规划等方面的内容。

【解读】

品牌战略就是企业为增强品牌培育能力，改善品牌培育绩效而制定的总体发展规划和行动方案。它也是企业将品牌作为核心竞争力，以获取差别利润与价值的企业经营战略。

2.5.2 实施品牌战略的意义和作用

1. 实施品牌战略的意义

企业品牌战略的实施是市场发展、特别是市场竞争的需要。市场发展到一定阶段，品牌战略甚至会成为企业战略组合的核心。品牌战略对于中国企业参与市场竞争、稳固和强化市场地位、特别是参与和赢得国际市场竞争显得更加重要。

（1）品牌战略是企业处于优胜劣汰竞争阶段时，强化自身竞争优势、稳固自身竞争地位的有力手段。市场竞争通常经历初期竞争、混战、优胜劣汰、势力划分和联合竞争几个阶段。在初期竞争阶段参与竞争者数量少，竞争程度较弱，竞争空间较大。在该阶段的后期，各竞争者均获得较大的市场收益，因此，也吸引了更多的竞争者参与。由于竞争品牌众多，竞争空间变得狭小，使得竞争难度加大，这时，企业及其产品的个性化竞争优势愈加淡化。而品牌是同类产品中最具个性化和差异化的元素，最终，差异化竞争的重任很大部分落在了品牌的身上。故此，在该阶段品牌战略就成为获得生存、并顺利进入下一阶段竞争的主要战略。它需要清晰的战略定位和执行来强化自身的差异性和个性化优势，也给消费者提供偏爱和忠诚该品牌，甚至排斥其他品牌的理由。一旦自身差异性和个性化品牌定位和品牌形象得以形成，企业产品市场今后的发展就具有了明确和统一的方向，同时也将能够与其他竞争对手和平共处、甚至在共同关心的领域联合竞争。

（2）品牌竞争是市场竞争中更高层次和更具综合性的竞争。相对于单一的产品竞争、价格竞争、渠道竞争、促销竞争而言，品牌竞争是更高层次和更具综合性的竞争。单一产品竞争只能发挥创新优势，但其在消费者心目中的统一性、长期性、稳定性印象不深。而品牌战略则是一种综合性的战略，它包括了上述战略的辅助和配合，同时，在实施过程中它与其他战略也相辅相成、相互作用。

（3）品牌战略在企业营销战略组合中属统领性战略。品牌管理作为一种战略，具有长期性、连续性、系统性、全局性、稳定性及全员性的特点。在企业营销战略组合中，品牌战略具有统领性，它应是其他配套营销战略制定的基础、核心和出发点，在品牌定位和品牌战略不明确的情况下，其他战略都是没有意义、无从下手和盲目的。

（4）品牌战略也是指导市场和引导消费的重要手段。消费者的购买与消费决策过程需要建立在充分准确的市场信息和企业及产品信息获得的基础上，而品牌战略的实施不仅可以给消费者提供其所需的充分信息，还可以给消费者提供选择该品牌的参考依据和理由，更可以给消费者一种消费该品牌的信心，最终目的是在企业获得市场的同时给消费者提供生活质量上的满足，因此，有效的品牌不仅有利于企业，而且有利于消费者，更有利于市场的发展。

2. 实施品牌战略的作用

随着市场竞争的加剧，企业都会不同程度地树立品牌战略的思想，即通过创建品牌来获得市场竞争优势。但是由于许多企业对品牌战略的特性把握不准，因而导致了在实施品牌战略过程中出现了急功近利和追求短期效益的行为，其结果就是品牌战略的失败，致使企业陷入更大的困境，甚至退出竞争市场。因此，组织应说明建立和更新品牌战略和方针的理由和程序，提供证据说明更新后的效果，以及对相关方的影响。实施品牌战略的影响体现在：

（1）对产品营销的利益。知名品牌可提高产品的市场占有率，促进产品的销售；知名品牌可提高市场渗透能力，帮助企业迅速进入新的市场。

（2）能有效实现资产增值和利润最大化这一企业最终经营目标。知名品牌可提高产品的附加价值，为企业产品销售创造更高的利润率和价格自由度。据统计，一个名牌企业的以品牌为主体的无形资产往往是企业实物资产的几十倍乃至更多。同时，和有形资产相比，品牌资产有更大的活力，是各界公认的企业最有价值的资产。

（3）创造差异、建立和保持核心竞争力。能建立起对付产业内五种竞争作用力的防御地位，并获得超过产业平均水平的效益。

（4）为企业快速增长提供了条件。以品牌为纽带，通过品牌连锁经营模式或集团化经营模式，可实现企业超常规的扩张发展。

（5）有助于塑造良好的企业形象。具有名牌产品的企业可获得银行金融机构、政府机关、协作厂家、社会团体的信任和尊重，从而协调企业与各利益集团的关系，为企业的发展创造良好的外部环境、赢取更多的机遇。

（6）企业有较强的抗风险能力。当企业遇到市场不景气或价格战时，名牌通常能表现出较大活力。

（7）对企业内部管理的利益。较普通企业，名牌企业对各类人才有很强的吸引力，企业可以更容易获取优秀而充分的人力资源，实现组织职位的优化配置，尤其在需要特殊人才和员工素质对经营效果影响大的行业，有着更重要的意义：名牌企业对内部员工有更强的凝聚力，作为名牌企业的一员而产生的荣誉感是对员工进行激励的源泉；在名牌的创造和不断发展过程中，容易形成强势和优秀的企业文化。

（8）对企业财务的利益。企业声誉增强企业的长短期融资能力，增强企业与供应商或客户的讨价还价的能力，能争取到超过市场平均水平的收付款条件，获得更有利的现金流。品牌这一无资产的特殊效应可盘活已暂时失去盈利能力的有形资产、优化企业的资源配置。

品牌战略从时间上看，应该是贯穿于企业发展的始末，一个品牌的创立需要在国内外市场的激烈竞争中，在不断比较中逐步赢得越来越多的顾客的信任和喜爱，从而带来高的品牌忠诚度。同时，只要企业确立了品牌战略，那么它就会永远地伴随着企业的发展而发挥作用。品牌战略实际上是企业创建、维护和发展品牌的一个不断循环的过程，是从技术、生产、经营组织管理等诸多方面采取重大措施相互配套的系统工程，这过程可能会涉及企业内部资源能力和管理的大规模变化，将影响到企业方方面面的经营决策与管理，也就是说品牌战略和企业的全局发展是密不可分的。品牌战略的成败与企业所处的外部环境和企业所拥有的内部资源具有密切的关系。企业要想取得品牌战略的成功，就必须让品牌战略与所处的外部环境相适应，与所支配的内部资源相契合。

2.5.3 品牌战略规划的内容

企业开展品牌培育，首先必须进行品牌战略规划。品牌战略是企业根据外部竞争环境的现实状况和未来趋势分析，根据自身条件，围绕企业及其产品的品牌所展开的形象塑造活动；是企业为了生存和发展而围绕品牌进行的全局性的谋划方略，是企业整体发展战略的重要内容。具体的过程和内容见图 2－28。

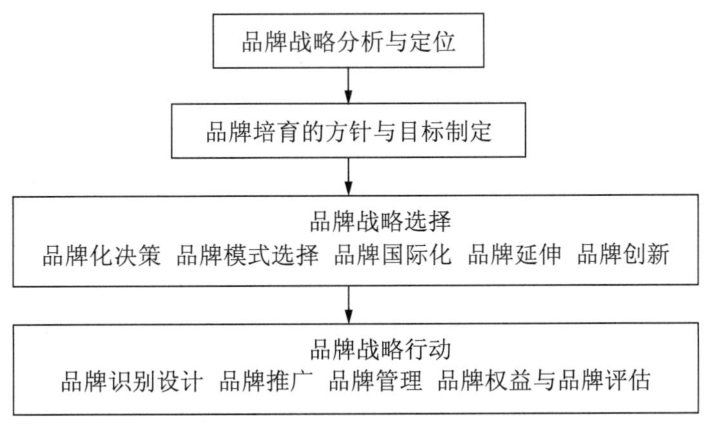

图 2－28 品牌培育战略规划体系

1. 品牌战略分析

品牌战略规划从环境因素分析开始，在此基础上作出战略判断与决策，并给定品牌培育的战略方针。通过对外部的总体宏观环境、行业环境以及内部的组织环境因素的分析，企业可以发现外部的机会和挑战，明确自身的优势和劣势，确定影响创建品牌的关键性因素，为战略规划中的各种决策提供依据（详见 2.5.8）。

在整个品牌战略决策过程中，品牌管理组织需要考虑两大因素：从企业内部环境着手，总结、提炼企业战略愿景，同时分析企业核心价值；从外部环境着手，通过市场调研，研究消费者状况以及竞争者状况，综合考虑外部环境对企业的各种影响，从而有效地制订品牌培育计划。这计划包括品牌战略方针、目标、步骤、进度、措施，对参与管理与执行者的激励与控制办法、预算等。

2. 品牌战略定位

品牌的战略定位不完全等同于品牌的定位。品牌的战略定位是在品牌培育的内外环境分析的基础上，根据利益相关者等目标对象的特点和需求，为品牌所设定的特定的战略愿景和战略使命的描述。而品牌的定位则是在各种品牌信息中选择最具个性化、最具号召力和与竞争者明显区别的简明信息，通过积极传播建立差异化竞争优势的一种过程。面对众多同类产品和竞争性品牌，企业的品牌战略定位决定了品牌的特性以及品牌未来发展的潜力。而品牌定位作为品牌内在的价值主张，它是品牌培育工作的出发点与核心，品牌形象建构、品牌推广、品牌延伸等都是建立在这个核心基础之上的（具体内容详见 3.1）。品牌内在的价值主张跟品牌所承诺的使命保持一致时，品牌的战略定位也就转化为了品牌的定位。

3. 品牌培育方针和目标制定

品牌培育的方针是指由企业最高管理者正式发布的关于品牌培育方面的全部意图和方向。通常品牌培育方针与企业的总方针相一致，并为制定品牌培育目标提供框架。品牌培育方针是指实现品牌培育战略目标的总的行为准则和行动纲领。它有助于确保企业中的一切单位按相同的基本准则来行动，也有助于企业内部各单位之间的协调和信息沟通。品牌培育方针要服务于品牌培育的战略目标，须简明、扼要，使人们容易掌握要领。因此，它既不能过于琐碎，全是细微末节，又不能过于空泛，流于形式。战略方针切忌公式化、一般化。战略方针越具体，对指导战略的实施越有利（详见 2.5.8）。

4. 品牌化决策

品牌化决策解决的是品牌的属性问题。是选择制造商品牌还是中间商品牌？是塑造企业品牌还是产品品牌？是自创品牌还是加盟或使用许可品牌？在品牌创立之前就要解决好这个问题。品牌化决策是决定企业是否使用品牌、使用哪种类型的品牌，以及使用什么形式的品牌等一系列的决策过程。不同的品牌经营策略，预示着企业不同的道路与命运，或如选择“宜家”式产供销一体化，或似“耐克”一样虚拟经营，或走“沃尔玛”的中间商品牌路线，还是像“麦当劳”一样特许加盟。总之，不同类别的品牌，在不同行业与企业所处的不同阶段有其特定的适应性（详见 2.5.7）。

5. 品牌模式选择

品牌模式选择解决的则是品牌的结构问题。是选择综合性的单一品牌还是多元化的多品牌？是联合品牌还是主副品牌？品牌模式虽无好坏之分，但却有一定的行业适用性与时间性。如日本丰田汽车在进入美国的高档轿车市场时，没有继续使用“TOYOTA”，而是另立一个完全崭新的独立品牌“凌志”，这样做的目的是避免“TOYOTA”会给“凌志”带来低档次印象，而使其成为可以与“宝马”“奔驰”相媲美的高档轿车品牌（详见 2.5.7）。

6. 品牌国际化

品牌国际化战略是品牌开拓全球化市场的必然选择。品牌国际化需要确定品牌的全球化经营战略以及品牌国际化的进入方式，并研究全球品牌管理的问题。

7. 品牌延伸

品牌延伸规划是对品牌未来发展领域的清晰界定。明确了未来品牌适合在哪些领域、行业发展与延伸，在降低延伸风险、规避品牌稀释的前提下，谋求品牌价值的最大化。如海尔家电统一用“海尔”牌，就是品牌延伸的成功典范。

品牌延伸应用广泛，但也存在风险。当企业的品牌资源积累到一定程度而又存在较好的市场机会时，高层管理者可以考虑品牌延伸策略以开发新的市场（详见 3.5）。

8. 品牌创新

品牌创新是品牌成长的源泉与根本，是品牌保持和提升知名度、美誉度、忠诚度的必经之路。品牌创新的核心是围绕顾客价值创新进行品牌的重塑、更新、维护和危机管理（详见 3.3）。

9. 品牌识别与设计

品牌识别确立的是品牌的内涵，也就是企业希望消费者认同的品牌形象，它是品牌战略的重心。它从品牌的理念识别、行为识别与符号识别三个方面规范了品牌的思想、行为、外表等内外含义，其中包括以品牌的核心价值为中心的核心识别和以品牌承诺、品牌个性等元素组成的基本识别；还规范了品牌在企业、企业家、员工、代言人与产品、推广、传播等层面上的“能为和不能为”的行为准则；同时为品牌在视觉、听觉、触觉等方面的表现确立了基本标准。如 2000 年海信的品牌战略规划，不仅明确了海信“创新科技，立信百年”的品牌核心价值，还提出了“创新就是生活”的品牌理念，立志塑造“新世纪挑战科技巅峰，致力于改善人们生活水平的科技先锋”的品牌形象，同时导入了全新的 VI 视觉识别系统。通过一系列以品牌的核心价值为统帅的营销传播，一改以往模糊混乱的品牌形象，以清晰的品牌识别一举成为家电行业首屈一指的“技术流”品牌。

品牌命名与设计是实现品牌定位的重要环节。企业需要规划以核心价值为中心的品牌识别系统，使品牌识别与企业营销传播活动具有可操作性。

规划差异化的品牌识别并以此引导一切整合营销传播活动是品牌管理的重要内容。触动消费者内心世界的品牌识别设计能以较少的广告传播费用使消费者认同品牌。

在品牌设计中，品牌管理组织要注意针对消费者的感知与体验过程而进行，由此品牌设计可以分为两大层次：品牌感知与品牌体验。在品牌感知层次中，企业设计什么品牌风格与消费者的感知是紧密相连的。要通过研究消费者感知过程，获取品牌识别在消费者心目中的形象。在品牌体验层次中，企业设计的品牌主题应当考虑消费者的体验层次，通过市场行动激发消费者对品牌的购买与拥有欲望。

另外，品牌识别系统需要反映品牌的核心价值，保持相对的稳定。同时，应根据环境状况的变化，对品牌的识别部分内容进行适度创新性的调整（详见 3.2）。

10. 品牌推广

品牌推广是品牌价值传播的手段。它主要的工作是通过营销传播活动影响目标顾客。企业要以品牌识别统帅企业的营销传播活动，使每一次营销行为都传达品牌的核心价值，不折不扣地在任何营销和广告活动中演绎出核心价值，即从包装设计、电视报纸电台广告、海报等 POP 广告，促销品、新闻炒作等活动，都把握与消费者沟通的机会，从而使消费者在任何一次接触品牌时都能感受到核心价值的信息。

整合营销传播分为间隔性的整合营销传播以及持续性的整合营销传播。

间隔性传播是包括广告、公共关系、直接营销、事件营销、销售促进，以及产品与服务、价格、销售渠道。从传播角度看，这些因素都是向顾客传达信息的载体，都应纳入传播途径中。这个阶段的品牌形象，更多是满足特定的某一时期顾客与竞争的要求，或者是特定的某一市场区隔顾客群与竞争的要求，因此，它具有阶段性特点。

持续性整合传播是运用统一的大众传播组合以及互动式沟通的办法，按照既定的品牌设计，调动沟通性传播与非沟通性传播的各方面创造性努力，形成面向顾客的统一品牌形象与品牌价值实证。而品牌的传播并不是一个短期的过程，乐百氏在 1997 年 5 月—7 月内在上海地区就花了 560 万元高额投入电视广告后立即进行调查，然而只有 7% 的人在不提示下能回忆起“27 层净化”。由此，品牌的创造需要一个较长的时间周期和覆盖一个较大的市场，只有在长期的、持续的传播过程中保持品牌的一致性，才能在消费者心中形成深刻的品牌形象（详见 3.4）。

11. 品牌管理规划

品牌管理是以品牌战略选择为指引，以品牌资产为核心，围绕品牌的创立、维护和发展所展开的一系列管理活动。品牌管理规划从组织机构与管理机制上为品牌建设保驾护航，在上述规划的基础上为品牌的发展设立远景，并明确品牌发展各阶段的目标与衡量指标。企业做大做强靠战略，“人无远虑，必有近忧”，解决好战略问题是品牌发展的基本条件（详见 2.4）。

12. 品牌权益与品牌评估

品牌权益与品牌评估涉及如何认识、衡量与评估品牌资产。要开展品牌监控，其目的是及时掌握品牌的市场表现，为品牌的有效管理提供信息和决策依据。通过品牌监控，企业可以科学系统地对品牌定位、品牌设计以及品牌的整合传播等作出全面、客观评估，修订完善整体品牌的管理方案，进而不断地完善与提升品牌。企业还可以通过权威机构对品牌的权益或资产进行评估，把品牌确定为量化的资本财富，这是将品牌资产

运用到融资与合作、合资上的必要手段（详见2.8）。

2.5.4　品牌培育的战略愿景与使命

在制定企业品牌培育的战略方针之前，必须明确企业进行品牌培育的战略愿景与战略使命。

品牌培育的战略要服从企业的总体战略。企业战略本质上是一种价值选择，在选定了自己未来所要从事的业务和市场范围即经营主业和经营内容后，就需要对内对外作出长期而庄严的承诺，以保证在所选择的事业领域获得期望的成功。内源性承诺即对企业内部相关利益者（股东和员工）的承诺就是企业的战略愿景，外源性承诺即对企业外部相关利益者（消费者、供应商、合作伙伴以及社会，广义上也包括作为内部顾客的员工）的承诺就是企业的战略使命。

战略愿景是要告诉自己和内部相关群体：自己是干什么的和希望干成什么样子，以促进沟通、赢得认同和支持以及寻求监督，更多的是内部沟通和资源整合的必要。它要表述企业希望努力达到的目标，也就是企业自身的价值追求，这种价值追求可以是第一、领先、品牌影响、顾客信任和专业水平，但不能将投资收益最大化作为价值追求，因为这不能够使自己区别于其他企业，且很难使企业管理者对一个具体的行业作出和保持长期承诺，长期专注于一项具体的业务。

而企业的战略使命则是企业对社会以及外部利益相关者所作的满足其多方面需求的承诺。它要告诉自己和外部相关群体：我们为什么而存在？更多是外部沟通和资源协同、赢得认同和支持的必要。

战略使命是企业的一种根本的、崇高的责任和任务，是对企业实行其社会目标的构想。换句话说，战略使命是企业之所以存在的理由和对顾客和社会价值追求的充分理解和表达。一方面，它是企业“存在理由”的宣言；另一方面，它是企业的对外部市场“价值追求”的体现，反映和体现企业的核心价值观的根本取向。

品牌管理企业是从企业内外环境着手，总结、提炼企业战略愿景，同时分析企业核心价值，清晰化企业的战略使命，并将此作为品牌战略定位的重要依据。

企业的战略愿景是品牌管理的立足点，总结、提炼企业战略愿景能使企业明确发展方向，从而准确地制定品牌战略定位。在提炼企业战略愿景中，品牌管理组织需要明确企业的发展现状，发展目标以及如何能实现发展目标。同时，要注意所设立的品牌战略愿景具有前瞻性和市场覆盖性，要员工真心奉为信念。当中集集团将自己的战略愿景界定为“成为世界一流现代化交通运输装备和相关服务的提供商”时，品牌的战略就要回答如何在品牌的知名度、美誉度、忠诚度、联想度以及市场影响力方面实现这一企业的战略愿景，并将此作为品牌培育的战略方向。

企业的核心价值即企业的战略使命是企业获取和配置外部资源，形成并能保持竞争优势的能力。提炼企业核心价值是在品牌调研的基础上，提炼高度差异化、清晰明确、易感知、有包容性和能触动感染消费者内心世界的品牌核心价值即品牌的战略使命。品牌管理要注意持久保持核心价值的稳定，否则品牌无法在消费者心中留下一个清晰的印记。同时，品牌管理组织要注重动态环境的变化，不同类型的企业形成的核心价值的外部环境不同，在变化的环境中应当根据市场进行形式的调整。当中集集团将自己的企业核心价值观界定为“诚信为本、客户至上、简明高效、创新无限、尽心尽力、尽善尽美”，并将企业的经营宗旨设定为“在全球市场上中，成为能按照客户需求，提供世界一流的现代化交通运输设备和相关服务的主要供应商，创造为客户所信赖的知名品牌，同时保持公司的健康发展和持续增值，为股东和员工提供良好的回报”，品牌的战略就要努力通过创新和真诚服务在满足不同顾客的多面需求、充分获得顾客的信赖并保持良好的社会口碑方面为企业使命的实现提供强力的支持。

2.5.5　品牌培育的方针

> **3.5　品牌培育方针**
>
> 由组织最高管理者正式发布的关于品牌培育方面的全部意图和方向。
>
> 注：通常品牌培育方针与组织的总方针相一致，并为制定品牌培育目标提供框架。

【解读】

在企业品牌培育活动中对全局性、长远性、主导性问题的谋划就是战略。一个战略主体要发展，就要进行战略性谋划。那么，首先应该谋划什么？发展战略学认为，首先应该谋划品牌培育与发展的基本出发点（即品牌培育方面的全部意图和方向），以及走向这个基本出发点的行为准则也就是行动不能偏离的原则。品牌培育与发展的基本出发点和基本行为准则就是品牌培育的战略方针或者说是战略指导思想。对品牌活动要进行战略谋划，首先就应谋划战略方针。如果基本的出发点是品牌战略愿景和战略使命中所规定的任务和价值追求的承诺，那么基本的行为准则就是如何实现这一承诺的策略。

例如，在品牌培育初期即品牌的导入期，我们给到企业的品牌培育的战略方针是“加大宣传，提高知名度”。那么这一阶段企业培育工作的基本出发点就是提高知名度，而不是别的；实现这个基本出发点的对策，只能是加大宣传，而不是别的。这个总方针在品牌培育初期对整个工作的全局具有极强的指导作用，所以它就是品牌培育工作在初期阶段的战略方针，有了这样的战略方针作为指导，品牌培育的战略过程就是要规划和实施如何加大宣传，以及如何提高知名度，这一时期品牌培育工作的战略目标也是依据这个来制定。

当然，时代与历史任务变化了，战略方针也是会改变的，进行战略谋划时，所依据的方针和原则不同，谋划的方向和内容就不同。比如到了品牌的成长期，品牌培育的战略方针则为“狠抓品质，深化服务，提高顾客的信赖感和满意度”；而到了成熟期，品牌培育的战略方针则调整为“加强客户管理，提高品牌忠诚”；而到了品牌发展的维护与完善期，品牌培育的战略方针应该定为“创新改革，维护品牌的领导地位”。战略方针调整了，那么各个阶段的战略谋划的方向和内容也要相应地改变。

可见，战略方针从整体宏观的层面来看，更多地像是企业的宗旨陈述。如“青岛啤酒”的企业宗旨陈述为“公式司的经营宗旨是利用内外社会资金，发展民族啤酒业，开拓国内国际两个市场，以质量为中心，以名牌为先导，以市场为依托，以效益为目的，

创世界一流公司，并使全体股东获得满意的经济利益”，这里面既有战略的基本出发点，即“发展民族啤酒业，创世界一流公司，并使全体股东获得满意的经济利益”，也有战略行为的基本原则，即“利用内外社会资金，开拓国内国际两个市场，以质量为中心，以名牌为先导，以市场为依托，以效益为目的”。

依照企业的规模和战略的进程，可以有通管全局和全过程的总的战略方针，也可以有某一方面或某一阶段的具体的战略方针。企业的品牌培育是企业特定主体（品牌）的在特定方面（品牌培育）的发展战略，因此其战略方针的制定不应该笼统而抽象，而应该在企业整体战略方针的指导下针对其具体阶段具体工作任务的特点和要达成的愿景和使命的目标制定具体可行的战略方针。

宜家家居于1943年创建于瑞典，“为大多数人创造更加美好的日常生活”是宜家公司自创立以来一直努力的方向和品牌战略方针。宜家品牌始终和提高人们的生活质量联系在一起，并秉承“为尽可能多的顾客提供他们能够负担、设计精良、功能齐全、价格低廉的家居用品”的经营宗旨。

在提供种类繁多、美观实用、老百姓买得起的家居用品的同时，宜家努力创造以客户和社会利益为中心的经营方式，致力于环保及社会责任问题。今天，瑞典宜家集团已成为全球最大的家具家居用品商家，销售主要包括座椅/沙发系列、办公用品、卧室系列、厨房系列、照明系列、纺织品、炊具系列、房屋储藏系列、儿童产品系列等约10000个产品。

2.5.6 品牌培育的目标

3.6 品牌培育目标

在品牌培育方面所追求的目的。

注1：品牌目标依据组织的品牌培育方针制定。

注2：通常对组织的相关职能和层次分别规定品牌培育目标。

【解读】

在制定了品牌培育工作的战略和方针之后，最高管理者应设定品牌培育的目标，包括短期和长期目标。品牌培育的目标是指在实施品牌培育战略和方针过程中所希望达到的阶段性结果，而且这些结果具有一定的可测性，无论是定量还是定性的目标，它是企业使命中确认的企业经营目的、社会责任的进一步阐明和界定，也是企业在既定的品牌战略经营领域，所要达到的水平的具体规定。如果没有具体的目标，企业品牌培育的战略和方针将不会转化为品牌培育的决策和行动。品牌目标依据企业的品牌培育方针制定，通常对企业的相关职能和层次分别规定品牌培育目标。

以“中集集团”为例，它将企业发展的战略方针即企业宗旨描述为：“在全球市场中，成为能按照客户需求，提供世界一流的现代化交通运输装备和相关服务的主要供应商，创造为客户所信赖的知名品牌，同时保持公司的健康发展和持续增值，为股东和员工提供良好回报”。中集集团的企业战略管理者必须考虑清楚以下若干问题的答案：①现代化交通运输装备和服务是什么？包括哪些产品和相关的服务？什么叫做主要供应商？②作为现代化交通运输装备和相关服务的主要的供应商，要在哪些领域达到什么要求才可以成为“世界一流”？在市场占有率、投资收益率、技术创新能力或者其他领域进入世界前几名，能否被称为“世界一流”？③如果要在客户信赖程度和品牌知名度等方面达到“世界一流”，那么怎么样衡量这些指标以及在指标上要达到什么样的水平或者程度？④什么叫做“健康发展和持续增值”？健康发展和持续增值与哪些指标和比率有关？这些指标和比率要达到多少才能被认为是“健康发展和持续增值”？⑤要给股东和员工什么样的回报才能够称为“良好回报”？在此基础上，中集集团的战略管理者必须在一些与宗旨对应的领域建立一些可以测定的目标——这些目标的实现将最终导致中集集团能够向相关利益团体兑现自己的承诺。如果战略意图和宗旨中承诺的内容没有在企业目标体系中得到实现，那么将来就有可能在兑现承诺上大打折扣。

同样，一个品牌培育战略方针也规定了企业开展品牌培育活动的全部意图和方向，表述了企业品牌战略愿景和使命的价值追求。应该用量化的方法转化为具体可测的数据，或者用定性的方式转化为具体可感的指标。并且把它分解到企业的各个职能和层级以及品牌培育的各个活动环节中去。

比如，诺基亚将其品牌培育的战略方针确定为“诺基亚：科技，以人为本”，那么其品牌战略的管理者就要制定如下的目标体系：

首先，从“以人为本”出发，要考虑：如何制定手机通话的品质质量标准才能让消费者有物有所值的感觉？如何制定手机的感知质量标准才能满足消费者对手机操作便利性、手感舒适性、外形美观性、体积便携性、功能延展性等人性化的追求？如何通过手机的使用才能体现消费者的身份、地位、个性、品位、情趣和观点？消费者有哪些身份、地位、个性、品味、情趣和观点的内容需要通过手机来展现？设计怎样的广告和传播活动才能传达和体现诺基亚品牌“刺激、活力、时尚”的品牌个性？卖场如何做到生动化和人性化？增值服务如何规划才能体现人性化的关怀？……

其次，从“科技创新”出发，要考虑：在品牌培育的工作中要投入多少的研发费用？占净销售收入的多少比例？建立多少个研发中心？分布在世界哪些地区比较合适？需要雇佣多少科技人员？其中高级、中级、初级科技人员的比例设定为多少比较合适？占员工总数的多少比例？需要与哪些机构展开合作？合作的目的如何设定？哪些核心的零部件需要在研发上寻求世界级的突破？有哪些对手的品牌需要作为超越的标杆？在哪些个具体的指标上要达到怎样的程度才能实现超越？实现行业的创优领先的目标如何设定？……

同时，这些目标要分阶段进行分解并落实到企业内部后勤、生产作业、外部后勤、市场和销售与服务等基本活动职能以及基础设施、人力资源、技术研发和采购等辅助活动职能，同时，还要确定与品牌培育活动密切相关的市场研究、品牌识别设计、包装、广告创意制作、促销支援、绩效考核等环节的目标。

品牌战略的目标包括长期和短期的目标。长期目标是指五年以上的目标，是企业通过实施特定战略所期望的结果。短期目标是长期目标的基础，任何长期目标的实现必然是由近及远，在长期计划的第一年中实现的短期目标应该是全面而具体的。一方面，第一年所要做的工作必须为以后相继各年所要做的工作打下基础；另一方面，短期目标必

须体现长期目标，必须是为了实现长期目标。为了使长期计划和短期计划之间形成一个整体关系，首先应使长期目标和短期目标之间形成一个整体关系。所以，确定短期目标的过程实质上是确定长期目标实现的先后次序的过程。为了使短期目标有助于长期目标的实现，必须拟定实现每个目标的计划，并把这些计划汇合成一个总计划，以此来检查它们是否合乎逻辑，是否协调一致和是否切实可行。

根据企业发展战略，品牌培育的目标是通过研究目标消费者的需求，通过整合企业资源和有效运用各种营销手段，使目标消费者对品牌有深入的了解，在消费者的心目中建立品牌地位、促进品牌忠诚，以延长和扩大品牌作用的时间和空间进而增强品牌的创利能力。

建立有效的品牌培育目标体系必须达到以下三个要求：

(1) 目标体系的依据合理

选择什么领域建立什么样的目标主要以企业的品牌战略和方针的内容和要求为依据。

(2) 目标体系的结构合理

一般都需要在以下若干领域建立相互平衡和匹配的目标。结构合理才能保证企业品牌培育的战略行为的合理性和品牌的稳定、持续和健康发展。

①目标体系的内容结构

A. 规模目标：关乎品牌的潜力挖掘（即扩大品牌的获利范围和影响空间）的目标，包括销售规模、市场占有率、区域覆盖率及其年平均增长率等。

B. 财务目标：关乎品牌增值（即品牌的创利能力）的目标，包括总投资收益、自有资本收益率、利润总额及年平均增长率等。

C. 创新目标：关乎延长品牌作用时间（即延长品牌的寿命周期，防止品牌随主导产品的过时而失去依托，造成品牌价值的流失和浪费）的目标，包括技术创新与管理创新的目标。如拥有专利数量、新产品占总销售额的比重等。

D. 社会责任目标：关乎品牌社会影响力的目标，包括员工收入、股东回报、减少污染、社区贡献。

②目标体系的层次结构

A. 集团总部的目标：投资收益率。

B. 事业部和分公司的目标：市场占有率和利润。

C. 职能部门的目标：职能活动的有效性和速度。

③目标体系的时间序列

长期（5年及以上）、中期（1～5年）、短期（1年及以下）。

(3) 目标体系的方法合理

①结果与手段的关系：手段对结果予以约束性

目标管理重视结果，强调自主，自治和自觉。这并不等于领导可以放手不管，相反由于形成了目标体系，一环失误，就会牵动全局。因此领导在目标实施过程中的管理是不可缺少的。首先，进行定期检查，利用双方经常接触的机会和信息反馈渠道自然地进行；其次，要向下级通报进度，便于互相协调；最后，要帮助下级解决工作中出现的困难问题，当出现意外、不可测事件严重影响企业目标实现时，也可以通过一定的手续，修改原定的目标。

②定量目标与定性目标的关系：定性目标对定量目标给予灵活性

企业管理目标可以分为定性目标与定量目标两个层次，定性目标是指企业的发展方向或企业定位，它是企业目标的本质；定量目标则是定性目标的具体表现或分解，它是企业目标的具体描述。

定量目标优点就是直观、量化、清晰，便于监督考核，而不足的地方就是没有主导方向，在鱼和熊掌不能兼得时，不能做出清晰的判断和抉择。如销售额和回款额、产量和废品率出现矛盾时，是保销售还是保回款，是要产量还是要质量，这就要取决于企业的定性目标，是追求稳定发展还是确保市场份额，如果追求稳定和可持续性，就要选择回款和质量，如果追求市场占有率，则要选择销售和产量，这就是定性目标所决定的，所以定性目标决定了定量目标的方向和重点。

我们强调目标必须是可考核的，而使目标具有可考核性的最方便的方法就是使之定量化。但是许多目标是不宜用数量表示的，硬性地将一些定性的目标数量化和简单化这种做法可能是危险的，其结果有可能将管理工作引入歧途。在企业的经营活动中，定性目标是不可缺少的，主管人员在企业中的地位越高，其定性目标就可能越多。有时，提出一个定性目标可能比规定一个定量目标使主管人员处于更有利更主动的地位。

③可能性与挑战性的关系：二者之间要保持平衡

根据弗鲁姆的期望理论，如果一项工作完成所达的目的对接受者没有多大意义的话，接受者也是没有动力去完成该项工作的；如果一项工作很容易完成，对接受者来说是件轻而易举的事件，那么接受者也没有动力去完成该项工作。目标的可接受性和挑战性是对立统一的关系，但在实际工作中. 我们必须把它们统一起来，并使两者之间保持平衡。

④坚持目标与动态调整的关系

A. 定性的目标更应该保持刚性，而定量目标则容许有一定的弹性。

B. 以手段为导向的目标更应保持刚性，而以结果为导向的目标则容许有一定的弹性。

C. 长期目标更应该保持刚性，但是短期目标则容许有一定的弹性。

2.5.7　品牌化决策与模式选择

品牌化决策与模式选择在品牌战略规划中占有举足轻重的地位，企业经营首先会面临的一个重要决定：是否为自己的产品设置品牌名称？使用谁的品牌？是为自己的企业和产品设置统一的品牌名称还是选择不同的品牌名称？随着企业规模不断扩大以及跨行业的多元化经营，产品日益增多，种类逐渐丰富，企业面临的品牌模式选择（即品牌名称决策）问题就更加突出（见图 2-29）。

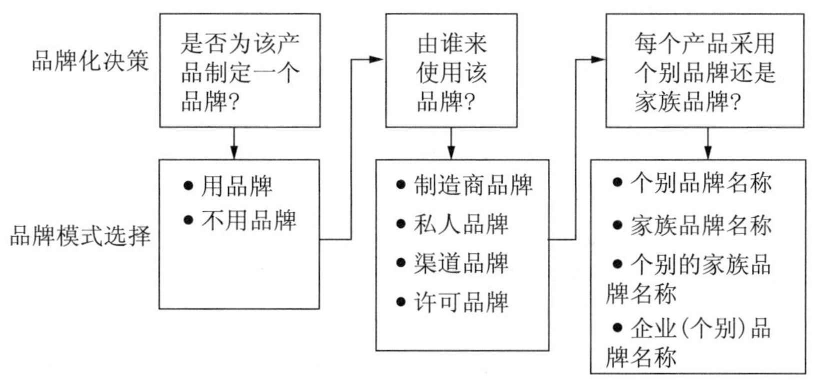

图 2-29　品牌化决策与模式选择一览表

1. 品牌化决策

1）品牌有无决策

品牌化决策的第一步应该是决定企业是否要给产品标上品牌名称。品牌有无决策又称品牌建立决策。在早期的经营活动中，许多产品不用品牌。生产者和中间商把产品直接从桶、箱子和容器内取出来销售，无需供应商的任何辨认凭证。中世纪的行会经过努力，要求手工业者把商标标在他们的产品上，以保护他们自己并使消费者不受劣质产品的损害，这便是最早的品牌标记。

今天，品牌化的发展是如此迅速，以至今日很少有产品不使用品牌。食盐被包装在表示有特色制造商的包装物内，柑橘上贴有柑橘种植者的姓名，一般的螺帽和螺丝被包装在有经销商标签的玻璃纸内，汽车部件火花塞、车胎和过滤器分别标有汽车制造商的品牌名称。但是，任何事物都不能绝对而论，必须辩证地看问题。实行品牌化，推行名牌战略，固然有其长处；但是，实行“放弃品牌”的策略，也有其独特的优势。任何企业，不管其自身状况与条件如何，不管其所生产的产品特点怎样，如果一味强调要“品牌化”，要创名牌，这样一刀切的做法是不足取的。

（1）决定是否品牌化的因素

我们认为，判断企业要不要使用品牌可以参考的因素见图 2-30。

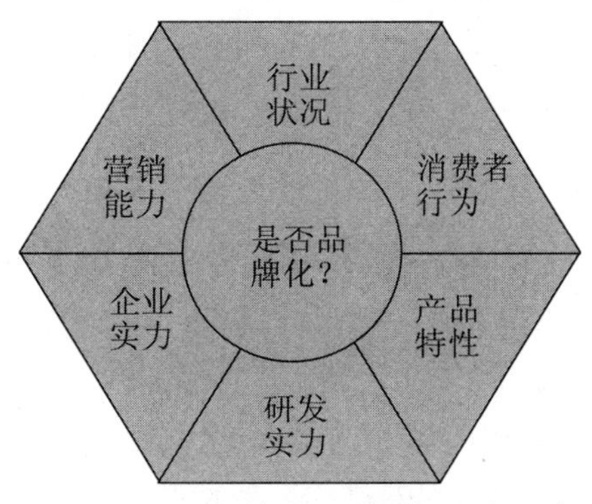

图 2-30　品牌有无决策影响因素

①产品所在的行业领域是新兴的还是成熟的?

这是一个很重要的因素，在一个已经成熟的市场领域中创品牌的难度肯定大于在新兴的市场领域中创品牌，而且不同情况下选择 OEM（贴牌生产）或创造品牌的利润空间也是不一样的。

②目标顾客的消费行为如何?

如果目标顾客看中的是低价格，而不是冲着特定的品牌，那么商家就会倾向于“非品牌化”。由于品牌化必然要增加广告、包装及其他成本，而这些开支势必最终要转嫁给消费者，使消费者支出了较多的费用。而“非品牌化”的目的，就是要节省广告和包装费用，降低成本与价格，增加竞争能力。在美国，无品牌产品的价格要比品牌产品通常低 20%～40%。

美国的两家大零售商“W－MART”和“K－MART”，近年来相继推出了无品牌商品大宗售货法，他们要求消费者成打、成箱或按一定散装量来购物，商品仅限于无品牌、甚至是无正式装潢包装的统货，单价相当低廉，此举一发而不可收，迅速在美国、加拿大的超市甚至是街头集市上风靡开来。美国零售商从中悟出当今消费者以内在价值而不是以包装、宣传来衡量价格的购物趋向。调查表明，消费者选定一家商店购物，首先考虑的是售价是否低廉。这一结论促使像“W－MART”这样的零售商着力进一步开拓这种经营方式，扩大商品的供应品种和范围。

③企业的产品的特性如何?

不可否认，有些产品由于生产过程中的普遍性，在制造加工过程中不可能形成一定的特性，以及不易同其他企业生产的同类产品相区别，即产品不具备因制造者的不同而产生不同的质量特点；有些原料，不需要进行改变形状和特色的加工；还有一些产品，其质量难以统一保证或难以统一衡量，以及消费者不需要或不容易进行有效辨认；还有一些临时性或一次性生产的商品，这些产品原则上要采用无品牌策略，使用品牌，则意义不大，甚至毫无意义。如工业用原材料，电力以及矿石、粗钢坯、铁坯和木材等，一般采取无品牌策略。相反，许多消费类的产品，如电子产品、快速消费品和珠宝首饰等，对品牌的依赖相对高一些。

④企业自身是否具备很强的研发实力?

创建一个品牌是一项长期艰巨的活动。第一，产品应该有自己的特点；第二，产品必须能不断地改善提高或有新产品推出。这些都依赖于企业的研发能力。全球消费类电子制造的领军“索尼”和近期崛起得非常快的韩国“三星”，他们的品牌优势是建立在强大的研发实力的基础上的。

⑤企业在市场中的相对地位以及自身的实力如何?

培育品牌需要企业大量的人力、物力和财力，企业如果没有足够的实力，就盲目建造和培育品牌，就有可能把企业拖垮。企业需要有很强的管理能力和财务实力，否则，企业在品牌建立起来以前就很可能倒下了。

⑥企业有没有强大的品牌营销能力?

培育品牌是一个讲求科学和艺术的过程，要使品牌成功需要很强的营销能力作为支持。品牌定位、品牌战略制定、品牌形象推广和传播、品牌管理和维护等品牌营销环

节，每一步都需要企业有强大的品牌营销能力。

品牌名称的选择切记以假乱真、混淆视听，产品的通用名、品名、别名或者是市场名（即俗称）并不能用于品牌名。例如在建材市场，有一种市场名叫做“钢柏木”的地板板材，其别名有“南洋红木”“金不换”等，这些都不是品牌名，如果当成品牌名来使用很容易让消费者摸不着头脑，有些经销商把山榉木叫做“红榉”、桦木叫做“樱桃木”，其实是混淆视听，因为这些不同的木材在品质上差别很大。这个时候，正规的生产商就应该使用能准确反映产品特征和属性的品牌名来使自己与竞争和模仿者区别开来，并给消费者一个理智的选择。

（2）品牌化的好处

使用无品牌策略可以节约成本，因为可以使用简单的包装、较低的质量要求、不用专门设计品牌和标签等。

建立品牌则需要付出成本，包括品牌设计费用、包装费、标签费以及注册商标后的注册费用，而且如果某品牌被证明不受欢迎时，还需要进行修改，需要再追加投资。那么为什么那么多的企业使用品牌呢？品牌的作用有以下几点：

①有了品牌名称可以使销售者比较容易处理订单并发现一些问题。例如蓝带酒公司接到一份订单，指名要购买蓝带啤酒 100 箱，蓝带啤酒公司就可以根据这个订单发货，如果购买者只是提出 100 箱啤酒，蓝带啤酒公司就不知道该如何发货了。假如货物装运发生差错，企业还会比较容易地追踪订单查找原因，纠正差错。

②销售者的品牌名称和商标对产品独特的特点提供法律保护，避免被竞争者仿制。

③品牌化给了销售者这样一个机会，即吸引忠实的有利于企业的顾客。品牌忠诚使销售者在竞争中得到某些保护，并使他们在规划营销方案时具有较大的控制能力。

④品牌化有助于销售者细分市场。宝洁公司推出潘婷、飘柔、海飞丝等不同的洗发水，能吸引对洗发水有不同要求的顾客，推出不同品牌的洗衣粉适应不同消费能力的顾客需要。

⑤强有力的品牌有助于建立企业形象。品牌形象好，可以使经销商和消费者更有信心，可以更容易地推出同品牌的新产品。

2）品牌使用者决策

见图 2－31。

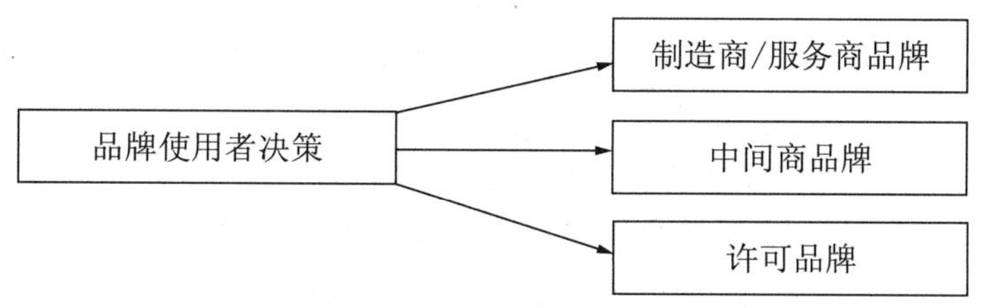

图 2－31　品牌使用者决策内容

（1）使用制造商/服务商品牌

推出产品可能用属于制造商或服务商的品牌，大部分企业都在使用这类品牌决策，因为生产和服务型企业使用自己的品牌，可以为自身树立形象、建立长期的影响，有利于企业的发展和新产品的推广。

（2）使用中间商品牌（又称为渠道、零售商、商店或私人品牌）

例如，华联超市已经登陆中国的许多大中城市。当顾客走进华联超市，大家都会发现，从针线包、螺丝电线、文具用品、水暖配件到护手霜一系列的以“华联超市”为品牌的系列组合袋装小商品。这些商品当然不是华联超市自己生产的，其针线包来自江苏一家不知名的企业，而护手霜竟产自上海高姿化妆品公司。

（3）使用许可品牌

企业采用一个经授权许可使用的品牌名称（或者还可能在使用许可品牌的同时，也贴上自己的品牌名称，以便在产品被广泛接受时改用自己的品牌），并向品牌拥有者支付授权费用。例如台湾的宏碁电脑，他起家于为国际电脑公司 OEM，在积聚足够的实力后，在一边为国际电脑公司 OEM 的同时，生产自己品牌的电脑产品，打上“Acer”的标志。现在宏基是全球最大的电脑设备生产商之一，继续接其他公司的 OEM 订单，同时“Acer”也已经成为了国际著名的电脑设备品牌。

2. 品牌模式选择

品牌模式选择属于品牌名称决策。企业一旦决定使用自己的品牌，下一步就要决定使用什么样的品牌名称。通常，一个企业的产品不仅只有一个品种，而是有系列的产品，在企业的产品组合中决定使用怎样的品牌名称，如何建立自己的品牌形象和品牌系列也是非常重要的，常见的品牌名称决策模式有如下几种（见图 2－32）。

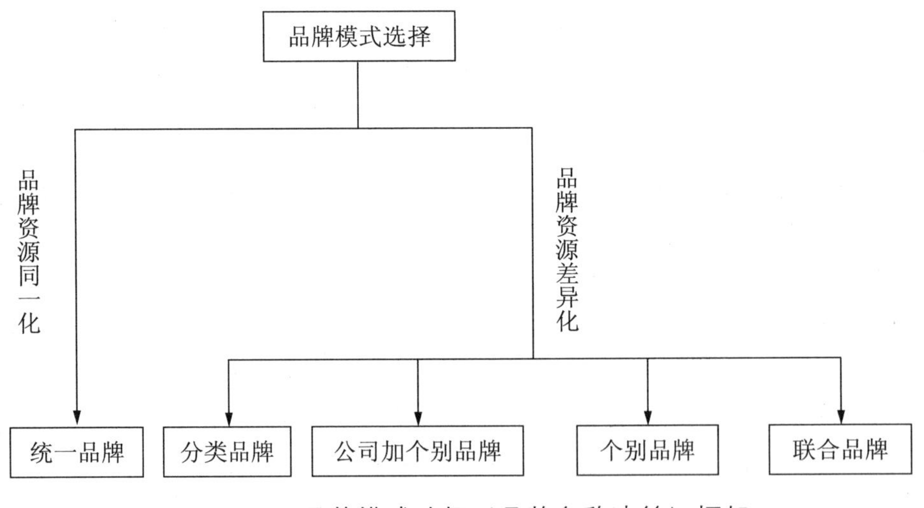

图 2－32　品牌模式选择（品牌名称决策）框架

品牌资源同一化的优点十分突出：有利于消费者、公众很快识别企业；减少内部混乱；降低创造名牌的成本，能够最快、最集中地创造出知名品牌；减少企业运作中的品牌印刷费用；有利于无形资产载体聚集；并且有利于新产品销售。但是，品牌资源同一化也有一定的缺点和限制：使用风险大，任何一个恶性、不利事件都集中到品牌上，容

易受到伤害；不利于商品多元化，如果不同质商品（如餐巾和卫生纸）都用一个品牌，容易混淆品牌定位，引起混乱，甚至令人啼笑皆非；还有，统一品牌形成后有不合理处难以修正。

品牌资源差异化也有相当明显的优点：能够起到分散风险的作用，对每一种资源的破坏，不一定殃及整个名牌体系，减轻损失；针对不同的细分市场，对每一个或每一类商品选用符合其特性的名称和商标，有利于消费者和公众识别，有助于促销；可以不断提升和优化名牌结构。同时，品牌资源差异化缺点包括：各类名牌资源太多时，在消费者中引起混乱，难以很快识别；内部管理工作量和成本上升；培植每一个品牌成为名牌较为困难。

1）统一品牌名称决策

企业可以为自己的所有产品建立一个品牌名称，即多种不同门类的产品公用同一个品牌。统一品牌模式又称为家族品牌模式或单一品牌模式（见图 2－33）。

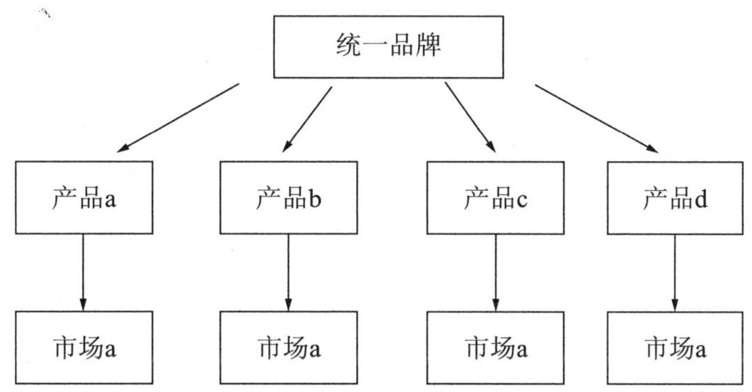

图 2－33　统一品牌名称决策示意图

例如，日本索尼公司就是使用统一品牌决策很成功的企业，索尼的各种产品都打上了 SONY 的商标，对外传播都是围绕着 SONY 这个品牌（见图 2－34）。

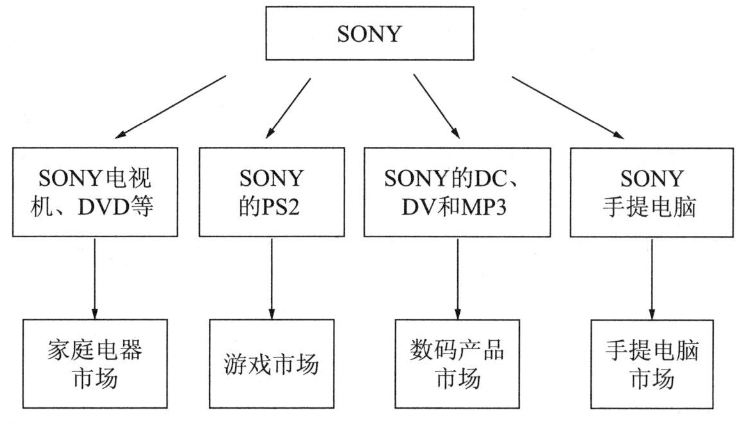

图 2－34　索尼品牌名称结构

（1）统一品牌名称决策的优点

①企业所生产的所有产品都同时使用一个品牌的情形，更能集中体现企业的意志，容易形成市场竞争的核心要素。同时可以在企业不同的产品之间形成了一种最强的品牌结构协同，使品牌资产在完整意义上得到最充分的共享。商家可以集中力量塑造一个品牌形象，壮大企业的声势和实力，减少顾客的认知不协调，让一个成功的品牌附带若干种产品，使每一个产品都能够共享品牌的优势，一个大品牌的高知名度、信赖感、安全感和高威望能带动很多产品的畅销。

②品牌宣传的成本要低，这里面的成本不仅指市场宣传，广告费用的成本，同时还包括品牌管理的成本，以及消费者认知的清晰程度。对一个品牌的宣传同时可以惠及所有的产品，特别是对新产品的推出，可以大大节省推广成本。例如，海王 2001 年在中央电视台及全国十大卫视台展开了大规模的广告投放，其主推产品只有 3 个：海王银得菲、海王金樽及海王银杏叶片，带来持续热销、供不应求。然而意想不到的是，海王旗下其他并没有做广告的产品，如海王博宁、海王冠心丹参、海王金牡蛎等，销量也都有不同程度的上升，甚至在医院销售的处方药，也越来越走俏。目前，海王单一产品实现几亿销售的格局已经基本形成。

③统一品牌旗下的每一种产品的畅销都是在反哺品牌，提升统一品牌的价值。

（2）统一品牌名称决策的缺点

①一个品牌旗下产品太多，差异性太大，难免会模糊品牌个性，引起消费者心理不适，造成品牌稀释。例如当年活力 28 旗下，曾经既有洗衣粉，又有纯净水，纯净水的销售就因为有洗衣粉的不佳联想而大受影响。

②面对专业品牌的传播占位优势，消费者在选购产品时更易想到专业品牌。比如乐百氏尽管在果冻上下重注，且广告投入也很猛，但喜之郎任何传播都在是宣传果冻，提起果冻时消费者率先想到的必然是喜之郎而很少是乐百氏。

③统一品牌旗下不同产品各自宣传自己的优势时要寻找到一种共性进行整合有很大的难度。比如海信的电视在宣传“胶片级、高清晰、绿色环保不伤眼睛”；而空调又在宣传“变频技术的领导者、省电、节能恒温”。如果没有一个共性的核心价值去兼容两种产品，就很难建立起恒定统一的品牌形象，而提炼一个具有高度包容性的品牌核心价值殊非易事。

一旦一个产品出现问题，则对其共有品牌的其他产品极有可能产生株连反应。

（3）统一品牌名称决策的适用情况

①所有产品能共享品牌的核心定位和基本识别。如 999 根本无法在药品和啤酒两个领域达成核心定位和基本识别的共享，必然导致失败。与此相似的还有海尔在药业领域的品牌应用。

②适用于各产品或业务单元之间能产生协同效应而不适合于那些毫无关联的领域。如三菱在汽车上使用“三菱”，在银行上也使用“三菱”就绝非上策。

③技术与品质成为购买主要动机的产品最适用统一品牌名称决策，如电器；偏向个性化、感性化和细腻化的产品不宜使用统一品牌名称决策。

④企业的财力不是很雄厚或品牌管理能力较弱，则应采用统一品牌名称决策。

⑤企业处于推广品牌成本很高的市场环境。

⑥企业产品的市场容量不大时。

⑦竞争者品牌是非专业品牌或也采用统一品牌名称决策。

⑧企业发展新产品的目的仅是搭便车多卖点。

统一品牌名称决策一般是通过品牌延伸形成的，如海尔最先生产冰箱，然后依次开发生产空调、洗衣机、热水器、彩电、小家电。综合品牌战略的特点与利弊，实际上就是品牌延伸的特点利弊。故如何有效降低统一品牌名称决策的缺点与运用统一品牌名称决策的策略，放在品牌延伸章节再进行研讨。

2）个别品牌名称决策

个别品牌就是给每一个产品都冠以一个或多个独立的品牌名，这一模式又称之为多品牌模式。大家众所周知，商标的作用是就同一种的商品或服务，区分不同的商品生产者或者服务的提供者的。一个企业使用多种品牌，当然具有的功能就不仅仅是区分其他的商品生产者，也包括区分自己的不同商品。多品牌战略为每一个品牌各自营造了一个独立的成长空间（见图 2-35）。

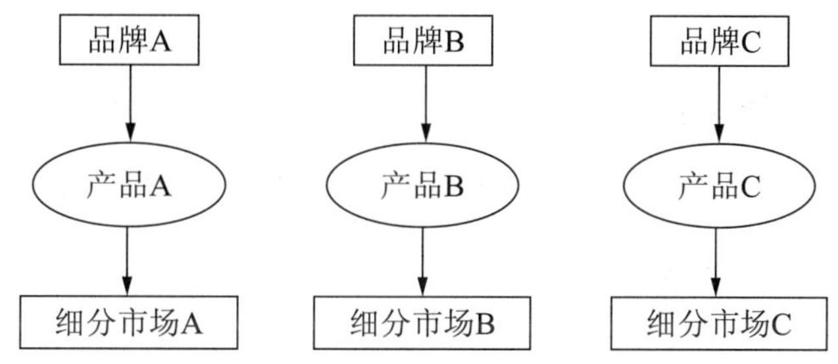

图 2-35　个别品牌名称决策示意图

联合利华模式是个别品牌名称决策的典型。联合利华的每项产品线都设有独立的品牌。如，洗发水就有力士和夏士莲，各自有特定的品牌诉求针对不同的细分市场。洗衣粉有奥妙，冰淇淋使用和路雪为品牌名，红茶使用的品牌名是立顿（见图 2-36）。

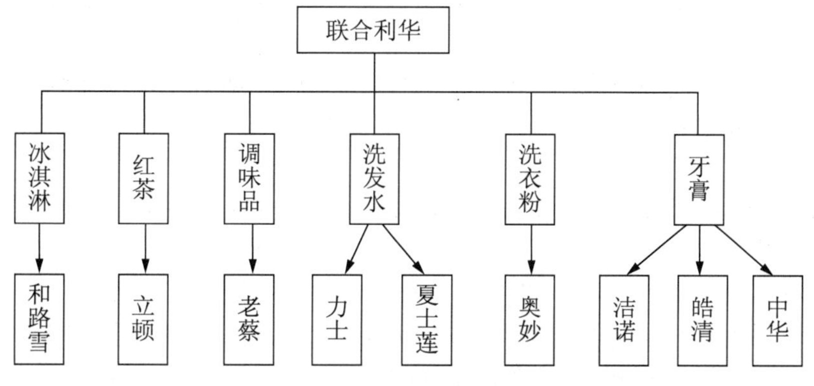

图 2-36　联合利华的品牌名称结构

（1）个别品牌名称决策的优点

①一个企业同时经营两个以上相互独立、彼此没有联系的品牌，可以根据功能或者价格的差异进行产品划分，这样有利于企业占领更多的市场份额，面对更多需求的消费者。多个品牌就可以取得更多的货架面积，对消费者实施交叉覆盖，增加了本企业产品被选中的概率。

②给低品牌忠诚者提供更多的选择。低品牌忠诚者或无品牌忠诚者常常会发生品牌转移。截获品牌转移者的唯一办法是提供多个品牌，增加被选中的概率。

③降低企业风险。企业的品牌美誉度将不再维系在一个品牌的成败上。某种商品出现问题了，可以避免殃及其他的商品。

④鼓励内部合理竞争、激扬士气。同类产品的不同品牌管理者之间适度竞争，能提高士气和工作效率。宝洁公司和通用汽车公司就鼓励品牌经理们合理竞争，共同进步。

⑤能够为每一产品建立最佳的品牌名称，各品牌具有不同的个性和利益点，能够吸引特定的顾客，满足不同的需求。

⑥可以把某一品牌作为无形资产出售而不会影响整个企业。

⑦多品牌之间看似竞争关系，但是实际上很可能壮大了品牌整体的竞争实力，增加市场的总体占有率。

（2）个别品牌名称决策的缺点

①增加了品牌打造和推广的费用；企业打造一个知名的品牌需要财力、人力等多方面的配合，如果想成功打造多个品牌自然要有更加高昂的投入作为代价。企业需要花费更多的广告宣传费用，投入更多的营销努力对多个不同品牌进行推广和维护。

②由于企业资金有限，不利于建立企业的统一形象。

③企业需要有更强大的管理能力去应付多品牌带来的额外工作量，还要配备更多的员工来经营品牌。

④该模式还存在着多个品牌之间的自我竞争、品牌管理成本过高等缺点，也容易在消费者中产生混淆。

（3）个别品牌名称决策的适用情况

①产品或行业的特性，要求品牌有个性形象来帮助抢占市场。相对来说，名表、名车、生活用品、食品、高档时装等行业适合用个别品牌名称决策。

②每一个品牌所面对的细分市场都要具有规模性，或者说是该细分市场足以产生支撑品牌生存发展的利润。

3）分类品牌名称决策

分类品牌名称就是针对同一类消费需求的产品使用同一个品牌，满足不同一类消费需求的产品则用其他品牌名称，根据品牌统辖下产品的多寡，该模式又可以分为一牌一品模式和一牌多品模式（见图2-37）。

例如，运用一牌一品模式的有日本的松下公司，其音像制品的品牌名为Panasonic，家用电器的品牌名为National，高保真音响的品牌名为Technics。值得注意的是，Panasonic在2003年，决定把National这个品牌去除，在音像制品和家用电器都统一使用Panasonic这个品牌。

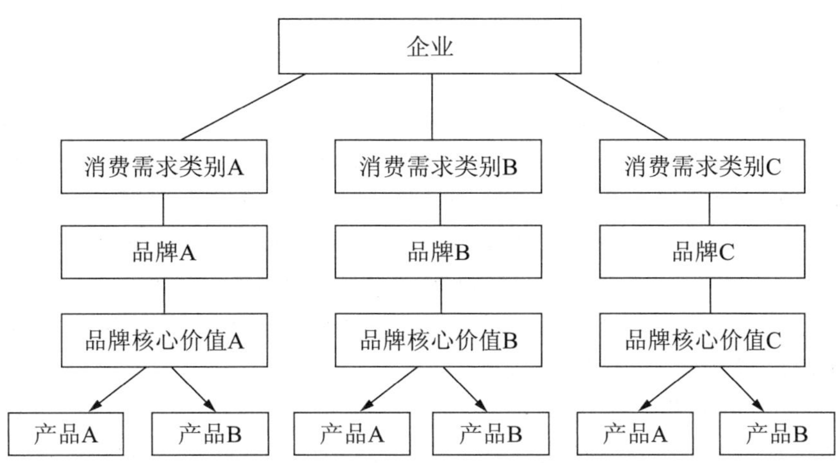

图 2－37　分类品牌名称决策示意图

运用一牌多品模式的有雨润企业。其旗下有雨润、旺润、雪润、福润四个品牌。其中雨润品牌下又有脆皮牛肉肠、澳洲烤肉、腊肠、牛肉方腿等产品；旺润的品牌下有鱼肉火腿肠、鸡肉火腿肠等产品；雪润的品牌下有水饺、汉堡、汤圆等产品；福润的品牌下有回卤干、梅菜扣肉等产品。

（1）分类品牌名称决策的优点

①有众多产品分担品牌建设成本，有利于做大品牌。

②做出一个大品牌后又有利于进一步的品牌延伸。

③品牌内各产品针对的消费需求相近，有利于整合传播品牌的核心价值。

④每种产品的成功都在推动品牌成长与品牌麾下其他产品的销售，降低了营销与广告费用。

⑤采用一牌一品模式有利于树立产品的专业化形象。如："好空调，格力造"。

（2）分类品牌名称决策的缺点

①分类品牌名称进行品牌延伸具有有限性，但是许多企业常常会忽视这点，禁不住诱惑盲目将品牌延伸到此类产品以外，造成品牌核心价值的模糊，从而失去原有的忠实顾客。

②品牌内某种产品如果是极具吸引力的强势产品，会把消费者的注意力都抢占，从而使品牌内其他产品被人注意的机会减少。

③采用一牌多品模式，若品牌旗下产品众多，特别是产品之间关联度较低、差异性较大时，不同产品对外传播的广告信息千差万别，会导致品牌所蕴含的信息繁杂混乱，难以在消费者大脑中形成恒定的印象。

④品牌攻心的最高境界是形成品牌与产品特点、个性、定位之间的对应关系，乃至"品牌＝产品"的对应概念，如"施乐就是复印机，复印机就是施乐"。一牌多品模式不可能做到这一点。

⑤采用一牌多品模式往往会形成这样一个局面，即品牌旗下的每个产品都能卖一点，但不可能每种产品都在市场上居领先地位。

（3）分类品牌名称决策的适用情况

企业可以为自己不同类别的产品建立不同的品牌名称。比如一个企业有几个大类的产品，面向消费者的微波炉，面向汽车生产厂家的汽车发动机，面向农村的肥料。为了不至于引起用户的误解，为每个大类分别建立品牌名称。微波炉叫高科牌，汽车发动机叫可锐牌，化肥叫润田牌。为每个大类分别设立品牌更有利于针对细分市场的特点设计品牌名称，而如果用统一品牌策略则容易产生错位的感觉，比如把娃哈哈的品牌名称用在儿童服装上觉得很好，用在成人服装上就会觉得可笑，不会受喜欢。

其次，品牌内的产品应该面向相同或相近的消费需求，不能盲目进行品牌延伸，以致失去原有的忠诚客户。

4）公司加个别品牌名称决策

公司加个别品牌名称就是把公司的商号名称和单个产品名称相结合。其做法是对企业的各种不同的产品分别使用不同的品牌，但是在各种产品的品牌前面加上企业名称，比如巨人汉卡、巨人脑黄金、巨人脑白金等，这种模式又称之为主副品牌模式（见图 2-38）。

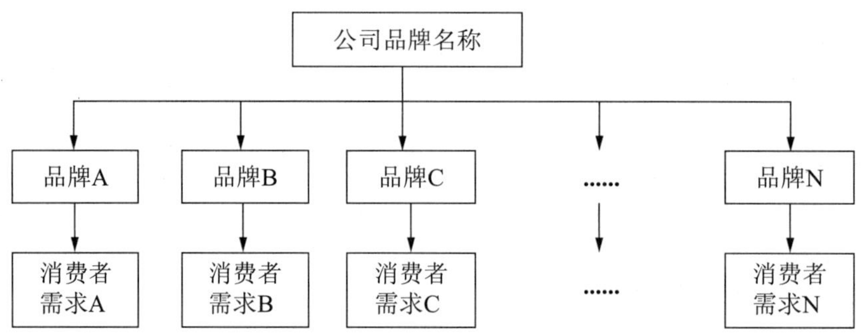

图 2-38　公司加个别品牌名称决策示意图

采用副品牌策略的具体做法是以一个成功品牌作为主品牌，涵盖企业的系列产品，同时又给不同产品起一个富有魅力的名字作为副品牌，以突出产品的个性形象。在家电行业使用副品牌已经成为行业通行做法。TCL 这个品牌已经在中国深入人心了，并且正在努力进行国际化。TCL 品牌从 2000 年就开始了多品牌之路，通过自己创立和一系列的收购，使 TCL 的品牌名称架构不断丰富，如图 2-39 所示。

（1）公司加个别品牌名称决策的优点

①公司名称可以使品牌正统化，能在消费者心目中产生一个统一的品牌印象，并且公司名称能够提供品质、技术、信誉上的信任感，而附加的个别品牌名称又可以使新产品具有个性化，两方面的优点结合在一起。可以有效划分不同产品的功能和特点，使得每组商品的特点各显其彰，同时也弥补了单一品牌过于简单、不够多样的缺点。

②公司品牌名称与个别品牌名称之间不存在品牌核心价值与识别上的冲突。

③分散品牌风险。人们常常记住的是附加的个别品牌，当某个品牌发生危机时，对企业的其他品牌的影响低于统一品牌名称。另外，当个别品牌要进行品牌价值转换时，不会影响到企业的其他个别品牌。

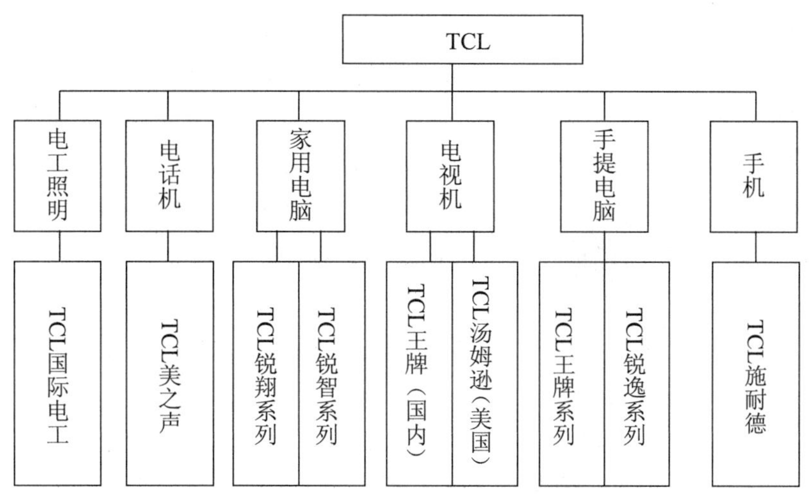

图 2－39　TCL 的品牌名称结构

（2）公司加个别品牌名称决策的缺点

协调个别品牌的核心价值与公司品牌的核心价值需要精深的专业思考和高超的智慧，企业营销决策者应该常常留意两者之间的关系变化。例如，美的旗下的空调产品类别有一百多款，如何让消费者分辨并记住它们呢？美的利用“星座”来命名产品，首先，“星”代表着宇宙、深邃，暗含高科技的理念；其次，“星”是冷色调，代表夜晚、安静、凉爽。于是一系列副品牌如“冷静星”“超静星”“智灵星”“健康星”等呼之而出，由于定位准确，主副品牌核心价值相得益彰，投放市场即引起强烈反响，创造出空调界的一个个销售奇迹。

（3）公司加个别品牌名称决策的适用情况

首先，在企业的规模比较大，产品涉及的领域比较广时，使用这种策略，特别是产品急需依赖独立品牌张扬个性，但是独立品牌的知名度、威望不足以单独打动消费者，需要公司品牌名称作支持时，既可以利用企业的整体形象和信誉，又可以针对每种产品的市场细分特点进行品牌命名。

其次，个别品牌的核心价值与公司品牌的核心价值之间要有联系，如果两者之间存在较大的差异，不可调和，则不适合使用公司品牌名称与个别品牌名称相结合的方法。

（4）主副品牌模式的实施要注意以下的一些要点

①广告宣传的重心是主品牌，副品牌处于从属地位。相应地，广告受众识别、记忆及产生品牌认可、信赖和忠诚的主体也是主品牌。这是由企业必须最大限度地利用已有成功品牌的形象资源所决定的，否则就相当于推出一个全新的品牌，成本大，难度高。比如“海尔—神童”洗衣机，副品牌“神童”传神地表达了“电脑控制、全自动、智慧型”等产品特点和优势。但消费者对“海尔—神童”的认可、信赖乃至决定购买，主要是基于对海尔的信赖。

②主副品牌之间的关系不同于企业品牌与产品品牌之间的关系。这主要是由品牌是

否直接用于产品及其认知、识别主体所决定的。如“海尔—帅王子”冰箱、“三星—名品”彩电，海尔、三星使企业品牌同时也直接用于产品，而且是产品品牌的识别重心。故“海尔”与“帅王子”、“三星”与“名品”是主副品牌关系。“通用”与“凯迪拉克”、“雪佛莱”则属于企业品牌与产品品牌之间的关系，因为一般消费者对凯迪拉克的认知主要是通过“凯迪拉克是美国总统座车”“极尽奢华”“平稳舒适如安坐家中”等信息而建立的。“通用”这一形象在促进人们对凯迪拉克的崇尚方面所能起的作用是很有限的。

主副品牌和母子品牌是两个决然不同的概念，他们所包括的内涵以及适用范畴存有差异。

首先从概念的区别上来讲，母子品牌代表着资产隶属关系（子品牌被母品牌拥有），其中母品牌指的是公司品牌或者集团公司品牌，而子品牌则指的是归属于公司或集团公司所有的业务或产品品牌；主副品牌代表着价值驱动关系（副品牌被主品牌驱动），主品牌指的是在市场中能影响顾客购买的品牌，而副品牌则指的是对主品牌的价值识别进行补充和调整的品牌。

母子式品牌结构，母品牌可以延伸出子品牌。她可延伸范围最广，限制也最小，不过一般也不宜进行跨行业的延伸。因为一般来说母品牌其实就是企业形象式品牌，它的主要对外功能就是为子品牌或副品牌提供信赖的背景形象。例如 P&G 宝洁这个企业品牌就为飘柔、潘婷、海飞丝、玉兰油等子品牌提供优质的品质形象，而子品牌则重点塑造产品特点和品牌文化形象。

主副式品牌结构一般是为了区分具有一些不同功能、特点和级别的同类产品或不同的形象风格而采用的品牌结构模式。例如海尔—小王子、本田—雅阁、白沙—金世纪等就属于主副品牌模式。

其次从导向的区别上来讲，母子品牌跟组织架构有关，母品牌和子品牌需要不同的管理策略；主副品牌跟品牌架构有关，主品牌和副品牌需要协调一致。

最后从内容的区别上来讲，母子品牌中的子品牌包括各种主品牌、副品牌、联合品牌、产品品牌、业务（子公司）品牌等，而主副品牌中的副品牌仅仅是其中之一。母品牌可以产生主副品牌，子品牌也可以产生主副品牌。

为了能够更好地说明母子品牌和主副品牌的不同，我们可以通过以下案例进行分析。

主副品牌只能是从属关系，有副品牌，一定有主品牌；没有主品牌，副品牌一无是处。例如，“喜之郎—水晶之恋”，以前喜之郎是主品牌，水晶之恋是副品牌，当水晶之恋被人们熟知之后。水晶之恋就是自己的主品牌，喜之郎变成了担保（或背书）品牌。我们熟知海尔大王子冰箱，海尔小小神童洗衣机，假如去掉海尔这个主品牌之后，那么大王子，小小神童这个品牌有几个人会熟知？

子品牌也许比母品牌更具有市场竞争力，母品牌有时候对于子品牌宣传有帮助，有

时候却会影响消费者对子品牌的认知。例如，联合利华有一条宣传语是“有家的地方就有联合利华”，这就在宣传联合利华的同时让消费者发现日用品中很多品牌都是联合利华的子品牌，如力士、夏士莲等。宝洁旗下的SK－Ⅱ的产品包装和广告中就没有任何宝洁的痕迹，因为宝洁大众化日化巨子的形象会降格SK－Ⅱ的精品和贵族形象。

最后再强调一次：母子品牌反映品牌的归属，母品牌代表着持有人，未必会作为主品牌来驱动子品牌；主副品牌反映品牌的影响，主品牌代表着高价值，未必母品牌能够提供。

③副品牌一般都直观、形象地表达产品的优点和个性形象。“松下—画王”彩电的主要优点是显像管采用革命性技术、画面逼真自然、色彩鲜艳，副品牌“画王”传神地表达了产品的这些优势。长虹进行品牌战略策划时，空调区的“雨后森林”“绿仙子”“花仙子”等副品牌栩栩如生地把长虹空调领先的空气净化功能表现出来。红心电熨斗在全国的市场占有率超过50%，红心成为电熨斗的代名词，新产品电饭煲以“红心”为主品牌并采用“小厨娘”为副品牌。在市场推广中，既有效地发挥了红心作为优秀小家电品牌对电饭煲销售的促进作用，又避免了消费者心目中早已形成的“红心＝电熨斗”这一理念所带来的营销障碍。因为“小厨娘”不仅与电饭煲等厨房用品的个性形象十分吻合，而且洋溢着温馨感，具有很强的亲和力。“海尔”新一代变频空调用“帅英才”来表达产品智能变频控制、技术超前的特点；“海尔—神童”洗衣机，副品牌“神童”惟妙惟肖地表达了“电脑控制、全自动、智慧型”等产品特点和优势；电烫斗则用“小松鼠”做副品牌，非常形象。

④副品牌具有口语化、通俗化的特点。副品牌采用口语化、通俗化的词汇，不仅能起到生动形象地表达产品特点的作用，而且传播快捷广泛，易于较快地打响副品牌。“画王”“小厨娘”“海尔—帅王子”“TCL—巡洋舰”等均具有这一特点。

⑤副品牌较主品牌内涵丰富，适用面窄。副品牌由于要直接表现出产品特点，与某一具体产品相对应，大多选择内涵丰富的词汇，因而适用面要比主品牌窄。主品牌的内涵一般较单一，有的甚至根本没有意义，如海尔、索尼等，用于多种家电都不会有认知和联想上的障碍。副品牌则不同，“小厨娘”用于电饭煲等厨房用品十分贴切，能产生很强的市场促销力，但用于电动剃须刀、电脑则会力不从心。

⑥副品牌一般不额外增加广告预算。采用副品牌后，广告宣传的重心仍是主品牌，副品牌不必单独对外宣传，都是依附于主品牌联合进行广告活动。这样，一方面能尽享主品牌的影响力；另一方面，副品牌识别性强、传播面广且张扬了产品个性形象。

⑦对于副品牌而言，主品牌既是支持，同时也是制约。主品牌的形象可能会抑制副品牌走出一条属于自己的路。因此，有一种可能，当副品牌变得较为强大之后，就可以从主品牌的阴影中走出来。五粮液旗下的金六福2001年末出资3 100余万元，收购了云天化旗下云南香格里拉酒业股份有限公司55.97%的股份，成为“香格里拉·藏秘”品牌的新主人。自此，金六福开始了自己的品牌自主之路。

近几年来，越来越多的国际著名企业用副品牌来推广富有特色、科技领先的新产品，如“松下—画王”“索尼—特丽珑”“飞利浦—视霸”等，国内企业也开始学会选用副品牌这一营销利器且取得了不错的营销业绩，尤其是海尔集团在运用副品牌策略更是得心应手，其经验很值得正朝着产品多元化方向发展的国内企业学习。

5）联合品牌名称决策

联合品牌又称合作品牌、双品牌、复合品牌，主要是指两个或更多的品牌出现在一个产品上。品牌联合是一种重要的品牌资产利用方式，对于品牌联合的发起方来说，实施品牌联合的主要动机是希望借助其他品牌所拥有的品牌资产来影响消费者对新产品的态度，进而增加购买意愿，并借以改善本品牌的品牌形象或强化某种品牌特征。具体的形式也有很多。

（1）生产企业与中间商的联合品牌。如 TCL—百佳牌电磁炉。

（2）合资合作的联合品牌。如大长江公司的 SUZUKI—豪爵摩托车、五羊本田摩托车（广州）有限公司的五羊—HONDA 牌摩托车、由索尼公司和爱立信公司联合生产的手机使用“Sony Ericsson”作为品牌名称，联想公司的个人电脑上印有“Intel Inside”的标识，还有“一汽大众”“上海通用”“松下—小天鹅”等。

（3）同一公司的联合品牌。如摩托罗拉公司的一款手机使用的是“摩托罗拉掌中宝”，掌中宝也是公司注册的一个商标。

【案例 16】

宝洁的多品牌战略

一个企业同时经营两个以上相互独立、彼此没有联系的品牌的情形，就是多品牌。

在全球范围内实施多品牌战略最成功的企业当属宝洁公司，事实上，多品牌战略是地地道道的强者游戏，非强势企业不能轻易尝试。

对于品牌，宝洁的原则是：如果某一个种类的市场还有空间，最好那些“其他品牌”也是宝洁公司的产品。该公司旗下的独立大品牌多达 80 多种，在美国市场上，宝洁有 8 种洗衣粉品牌、6 种肥皂品牌、4 种洗发精品牌和 3 种牙膏品牌，每种品牌的诉求都不一样。这些品牌与宝洁其他品牌彼此之间都没有太多的联系。因此宝洁的多品牌策略让它在各产业中拥有极高的市场占有率。

因此，宝洁是采用个别品牌名称决策、实施多品牌战略的成功典型，每个产品都有自己的一个独立的品牌名称，针对不同的细分市场。

细分市场无疑是 20 世纪最伟大的营销观点之一，细分市场从根本上改变了企业营销注重生产乏于研究消费者的观点，革命性地建立了现代营销理论框架。但基于细分市场理论基础的细分品牌却很少有比较经典的理论阐述。宝洁的细分品牌实践对理论界贡献显得尤为珍贵。下面是宝洁的品牌名称决策结构图（见图 2 - 40）。

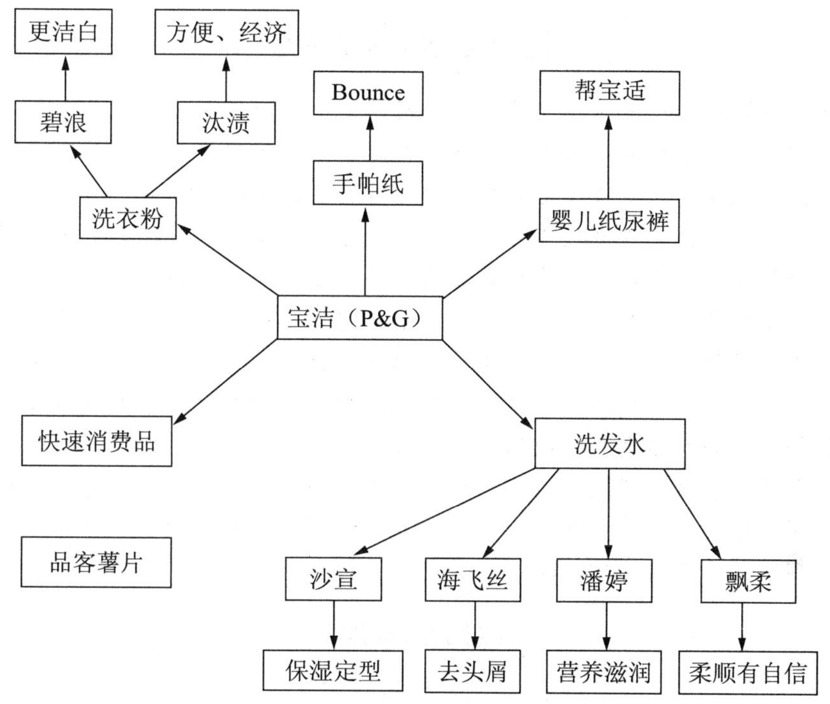

图 2－40 宝洁的品牌名称结构

多品牌战略的实施条件

1. 不同的品牌针对不同的目标市场

汰渍“适合难清洗的工作”；起而“适合在各种温度下使用”；波得“含有衣料柔软剂”。飘柔、潘婷、海飞丝的电视广告也充分表现了品牌之间的区别：飘柔是“头发更飘、更柔”，于是广告中模特的头发飘逸柔和、丝丝顺滑，其中梳子移放到头发上就掉下来的镜头特别传神地表现出这一点；潘婷是“拥有健康，当然亮洁”，于是，广告中主要突出头发乌黑亮泽，模特在发油上下了一番工夫；海飞丝则是“头屑去无踪，秀发更出众”，于是广告中头发上的头屑被迅速地去除。

2. 品牌的经营具有相对的独立性

在宝洁内部，飘柔、潘婷和海飞丝分属于不同的品牌经理管辖，他们之间相互独立、相互竞争。

3. 必须有强有力的管理能力

宝洁细分品牌首先是建立在宝洁拥有强大的品牌管理能力上。由于品牌是宝洁公司基于对消费者的深刻认知与技术研发力量的有机结合的产物，因此，宝洁总是试图在每一个细分市场与每一个功能细分上建立独立的品牌。事实上，宝洁凭借自己的管理及资源优势完成了建立系统、全面品牌帝国的梦想。

实施多品牌战略的好处

实施多品牌战略首先可以最大限度地占有市场，对消费者实施交叉覆盖，能够多占货架面积，增加了宝洁产品被选中的概率，在终端取得优势。其次，给低品牌忠诚者提供更多的选择，低品牌忠诚者或无品牌忠诚者常发生品牌转移，截获品牌转移者的唯一办法是提供多个品牌让消费者选择。消费者在犹豫买飘柔和潘婷，其实都是宝洁的顾客了。第三，降低企业风险，没有将公司的美誉度维系在一个品牌的成败上。如果宝洁某个品牌的产品发生质量问题，使消费者对这个品牌产生抗拒，相信宝洁的其他品牌受到的冲击会低很多。最后，多品牌战略能够鼓励内部合理竞争、激扬士气。宝洁著名的品牌经理制度，就能体现这种优势。每个品牌经理对自己管理的那个品牌承担起所有的责任，各品牌经理之间共享企业资源的同时，又同时存在一定的竞争，因为宝洁的市场细分是具有一定的重叠性的，比如消费者如果想买去头屑的洗发水，首先会想到的是海飞丝，但是飘柔也能够很好地去头屑，这样使各品牌间有了一定的竞争性，从而使得各品牌经理都时刻关注自己所管理的品牌的情况。

多品牌战略实施要点

1. 寻找差异

宝洁公司经营的多种品牌策略不是把一种产品简单地贴上几种商标，而是追求同类产品不同品牌之间的差异，包括功能、包装、宣传等方面的差异，从而形成每个品牌的鲜明个性。这样，每个品牌都有自己的发展空间，市场就不会重叠。

以洗衣粉为例，宝洁公司设计了九种品牌的洗衣粉，汰渍（Tide）、洗好（Cheer）、格尼（Gain）、达诗（Dash）、波特（Bold）、卓夫特（Dreft）、象牙雪（JvorSnow）、奥克多（Oxydol）和时代（Era）等。他们认为，不同的顾客希望从产品中获得不同的利益组合。有些人认为洗涤和漂洗能力最重要；有些人认为使织物柔软最重要；还有人希望洗衣粉具有气味芬芳、碱性温和的特征。于是宝洁公司就利用洗衣粉的九个细分市场，设计了九种不同的品牌。

宝洁公司不但从功能、价格上加以区别，还从心理上加以划分，赋予不同的品牌个性。通过这种多品牌策略，宝洁公司占领了美国更大的洗涤剂市场，目前市场份额已达到 55%，这是单个品牌所无法达到的。

2. 制造“卖点”

如果从营销组合的角度看，宝洁公司的多品牌策略是找准了“卖点”。卖点也称“独特的销售主张”，其核心内容是：广告要根据产品的特点向消费者提出独一无二的说辞，并让消费者相信这一特点是别人没有的，或是别人没有说过的，且这些特点能为消费者带来实实在在的利益。宝洁公司把这一点发挥得淋漓尽致。以宝洁公司在中国推出的洗发水为例，“海飞丝”的个性在于去头屑，“潘婷”的个性在于对头发的营养保健，而“飘柔”的个性则是使头发光滑柔顺。从这里可以看出，宝洁公司多品牌策略的成功之处，一是善于在一般人认为没有缝隙的产品市场上寻找到差异，生产出个性鲜明的商品；二是运用营销组合的理论，成功地将这些差异推销给消费者，并取得他们的认同，

进而使他们心甘情愿地为产品掏腰包。

3. 能攻易守

一种品牌树立之后，容易在消费者心中形成固定的印象，从而产生顾客的心理定势，不利于产品的延伸。以美国 Scott 公司为例，该公司生产的舒洁牌卫生纸原本是美国卫生纸市场的佼佼者，但随着舒洁牌餐巾、舒洁牌面巾、舒洁牌纸尿布的问世，使 Scott 公司在顾客心目中的心理定势发生了混乱——“舒洁该用在哪儿?”一位营销专家曾幽默地问：舒洁餐巾与舒洁卫生纸，究竟哪个品牌是为鼻子设计的？结果，舒洁卫生纸的头把交椅很快被宝洁公司的 Darmin 卫生纸所取代。

可见，宝洁公司正是从竞争对手的失败中吸取了教训，用一品多牌的策略顺利克服了顾客的“心理定势”这一障碍，从而在人们心目中树立起一种形象：宝洁公司不仅是一个生产象牙牌香皂的公司，还是生产妇女用品、儿童用品，以至于药品、食品的厂家。

从防御的角度看，宝洁公司这种多品牌策略是打击对手、保护自己的锐利武器。

从顾客方面讲，宝洁公司利用多品牌策略频频出击，使公司在顾客心目中树立起实力雄厚的形象；利用一品多牌从功能、价格、包装等各方面划分出多个市场，能满足不同层次、不同需要的各类顾客的需求，从而培养消费者对本企业的品牌偏好，提高其忠诚度。

对竞争对手来讲，宝洁公司的多品牌策略，尤其是像洗衣粉、洗发水这种“一品多牌”的市场，宝洁公司的产品摆满了货架，就等于从销售渠道减少了对手进攻的可能。从功能、价格诸方面对市场的细分，更是令竞争者难以插足。这种高进入障碍无疑在很大程度上提高了竞争对手的进攻成本．对自己来说就是一块抵御对手的盾牌。

综上所述，要吃到多品牌策略这个馅饼，还需要在经营实践中趋利除弊。

首先，经营多种品牌的企业要有相应的实力，因为品牌的延伸绝非一朝一夕能够完成。

其次，在具体操作中，一定要通过缜密的调查，寻找到产品的差异，有差异的产品品牌才能广泛覆盖产品的各个细分市场，争取最大市场份额。

最后，要根据企业所处行业的具体情况，如宝洁公司所处的日用消费品行业，运用多品牌策略就易于成功。而一些生产资料的生产厂家则没有必要选择这种策略。

（资料来源：王传才著《超越宝洁：品牌智慧》中国营销传播网，2003-12-22；姚永斌著《宝洁品牌的五项法宝》（《智囊》），2003-01-14；陈春花等主编《品牌战略管理》，华南理工大学出版社，2008年8月）

【案例17】

达能：食品霸主的品牌攻略

总部设于法国巴黎的达能集团是一个业务多元化的跨国食品公司，集团的业务遍布全球六大洲，产品行销 100 多个国家。1996 年，集团的总营业额达到 839 亿法郎。达能也是当今欧洲第三大食品集团，并名列全球同类行业前 6 位。

达能的婴儿食品有超过 40 年的出口历史，业务遍及欧洲以及中东各国。此外，达能的婴儿食品在非洲及其他法语国家都已建立良好的市场地位。在 2003 年的全球

100 大品牌排行榜上，达能列于第 62 位，品牌价值达 42.4 亿美元。

分品牌战略

达能虽然只有三大主业务，却已经拥有了 10 多个品牌。它对不同类别的产品不采用统一品牌名称，而是采用不同的名字。例如，达能是世界上最大的酸奶品牌，卢（LU）是欧洲最大的饼干品牌，而依云（Evian）则是世界上最大的瓶装水品牌。

在是否采取同一品牌的问题上，企业一般根据不同类型产品的性质是否有显著差别进行选择。一个常用的方法是每一类产品使用一个品牌名称，但所有的产品都使用公司统一的商标名称或公司徽标和名称，例如，通用汽车公司。但达能对它的酸奶、饼干和瓶装水采用分品牌战略，则更多是由于其跨国收购的历史原因造成的。

达能原是 Gervais Danone（即现在达能公司的前身之一）自己的酸奶品牌，而 LU 和 Evian 是达能后来收购的品牌。在收购之前，它们已经是该行业的著名品牌了。用达能去代替它们得不偿失，而继续维持和利用这两个品牌去扩展市场则是顺理成章的事。

除了上述 3 个国际性品牌外，达能在不同的地区和国家采用不同的品牌，这些品牌大都是当地的著名品牌，是达能通过对该公司的收购得来的。这也正是其高人之处。达能旗下的地区性品牌有好几个，它们中有些由达能直接管理，有些仍由当地公司原有管理层管理。

达能公司的这一做法是根据区域文化来确定品牌的，“达能发展饮食是出于以人为本的考虑，而对食品烹调和口味的偏好与饮食习惯是构成人们日常生活文化的基础”。这不仅让被收购公司感到满意，而且还能保留这些优秀品牌原有的生命力。

1994 年，达能开始进入中国。首先是在上海建立了中外合资的上海达能饼干食品有限公司和上海达能酸乳酪有限公司，将其在这两个行业丰富的国际经验和脍炙人口的国际知名品牌介绍给中国大众。

集中力量打造强势品牌

达能集团近些年来进行了企业重组，把生产活动集中在食品工业最有活力的 3 种食品上：鲜乳制品、健康饮品、饼干和谷物快餐。这些食品的上升势头表现在以下几个方面：

①强健的“营养/健康”定位；

②新的消费地点和消费时间所带来的众多发展机会；

③在发展中国家获得的持续增长。

因此，达能集团拥有众多的发展机遇和令人乐观的前景。

除此之外，达能集团还利用了其品牌在某些地区或者阶层的优势：Prince（王子）是少年儿童所喜爱的品牌，在 8 个国家销售，最近又成功地投放到了俄罗斯市场；Tiger 在印度、马来西亚和印度尼西亚等国获得了巨大的成功，是亚洲排名第一的饼干品牌。

达能对自身的品牌有一个整合的过程。这些品牌之间最终将主要形成互补而非竞争的关系，也就是说它们将主要针对不同的消费群体或者消费者不同的需求。

品牌并购

达能的深谋远虑主要表现在两个方面：一是企业由达能控股，但达能并不派员工参

与管理，被收购的品牌仍拥有商标权、管理权、产品及市场开拓权；二是被参股、收购的企业可以取得在中国市场上无偿使用达能品牌的权利。这既照顾了中国人的民族情绪，又弱化了品牌间的内耗。在上海百年老企业“梅林正广和”与达能谈判收购事宜的时候，曾提出由“正广和”来主攻大桶水，娃哈哈、乐百氏则主攻瓶装水。不久就传出消息说，娃哈哈、乐百氏都已暂时停止了其桶装水的项目扩张，各自努力经营好自己的一块自留地。而作为地主的达能自然分享丰厚的“地租”，这比自己去创一个本地品牌不知要划算多少倍。用达能方面的话说：“收购这个词可能会被误解，我们希望和好的厂家合作，我们并不准备整合这些公司。相反，要支持和发展国内已有的品牌。我们希望通过与国内大公司的合作，创造一个相对健康的水市场。”

达能扩张战略的核心仍然是创自己的品牌。达能能慷慨地出让自己的品牌给非合资企业使用，其用意不言自明。回顾达能国际化的历史，作为一个只有30年历史的跨国集团，年轻的达能在食品工业排名中能够进入全球前6位，其全球性的收购战略无疑起了很大作用。

达能全球化的品牌经营策略是：与当地领导性的品牌进行并购、合资或合作，实现达能品牌的本土化销售，并从对当地领导品牌的战略投资中获利。从达能的统计资料看，70%的营业额来自当地的领导品牌。同时，达能集团视研究与发展为主要的政策重点，反映其对产品创新不可缺少的贡献。只有与最新的科学发展同步，集团才能满足不断改变的需求和消费者口味，并借此来赢取市场的份额。

（资料来源：后东升《36家跨国公司的品牌管理》. 北京：中国水利水电出版社，2005）

2.5.8 品牌战略和方针的制定

5 品牌战略和方针

5.1 总则

最高管理者应建立品牌战略，包括短期和长期目标。

5.2 战略和方针的制定

最高管理者应确保品牌战略和方针与其总体战略相适应。应持续监视组织的环境，确定是否需要评审和更新其品牌战略和方针。应建立制定和评审组织战略和方针的程序。

为建立、实施和保持一个有效的品牌战略和方针，组织应：

a）持续监视和定期分析与品牌培育相关的组织环境；

b）识别并确定相关方及其需求和期望；

c）评价当前和未来的资源与能力需求；

d）适时更新品牌战略和方针。

这些过程应得到必要的计划和资源支持。

【解读】

1. 品牌战略和方针制定的原则

为建立、实施和保持一个有效的品牌战略，企业应遵循以下原则：

1）持续监视和定期分析与品牌培育相关的组织环境

组织环境包括内部环境和外部环境，这里不再赘述。实施品牌战略的组织环境，是独立与品牌竞争之外的因素，是对企业品牌经营绩效产生持续影响的各种外部力量的综合。企业品牌战略的选择如果与其所处的外部环境不相匹配，就会对其生存和发展产生极大的负面效应，所以持续监视和定期分析组织环境可以辅助企业进行正确的品牌战略决策。

2）识别并确定相关方及其需求和期望

企业应该识别出相关方包括那些力量，进而分析其对品牌建设的利益诉求点，从而减少品牌建设面临的内外部矛盾，最大化地整合企业可以调动的资源。

3）评价当前和未来的资源与能力需求

企业需要对自己的资源和未来潜力的发展进行合理的评估，根据自身的实际情况来制定合理可行的品牌培育战略，切忌采取盲目自大的品牌推进战略，最终只会造成资源的浪费并且白白错失市场机会，使自己在竞争中处于下风。

4）适时更新品牌战略和方针

由于企业所处的环境在不断地变化，消费者的偏好和需求也由此变化，企业需要对已经过时的品牌战略进行更新，以适应不断变化的市场环境。长久单一的品牌战略会使企业错失进行拓展的市场机会。

5）必要的计划和资源支持

企业应该对自身所拥有的资源进行整理和分配，以满足实施品牌战略的需要。适当的人力物力和财力支持可以提高企业进行品牌战略决策的效率，确保品牌战略决策的方向正确和方法合理有效，使得企业进行品牌建设时少走弯路。

2. 品牌战略和方针及其目标制定的流程

一般来说，制定品牌培育的战略和方针及其目标需要经历调查研究、拟定方针和目标、评价论证和战略决断这样 4 个具体步骤（单纯的品牌战略规划的程序和内容详见 2.5.4）。

1）调查研究

在制定品牌培育的战略和方针及其目标之前，必须进行调查研究工作。调查研究主要是对外持续监视、定期分析与品牌培育相关的组织环境、识别并确定相关方及其需求和期望，以及对内评价当前和未来的资源与能力需求；并且在进入确定战略和方针及其目标的工作中还必须对已经做过的调查研究成果进行复核，进一步整理研究，把机会和威胁、长处与短处、自身与对手、企业与环境、需要与资源、现在与未来加以对比，搞清楚他们之间的关系，尤其是对竞争品牌的战略意图和市场表现进行充分的分析研究，做到知己知彼，才能为确定自身具有差异化的品牌战略和方针奠定起比较可靠的基础。

调查研究一定要全面进行，但又要突出重点。为确定战略而进行的调查研究是不同于其他类型的调查研究的，它的侧重点是企业与外部环境的关系和对未来的研究和预测。关于企业自身的历史与现状的陈述自然是有用的，但是，对品牌战略和方针及其目标的决策来说，最关键的还是那些对企业未来具有决定意义的外部环境信息。

2）拟定方针和目标

经过细致周密的调查研究，便可以着手拟定品牌培育的战略和方针及其目标了。拟定品牌战略方针需要考虑企业的品牌经营目标、品牌所涵盖的产品经营范围、企业的经营方式、需要建立和强化的品牌竞争优势的关键领域、企业对利益相关者的承诺以及品牌建设的战略愿景与使命等。

在制定方针时，需要考虑的一个极为重要的问题是，方针应有助于成功地实现企业的目标和战略的实施。最常见的情况是，方针是来自企业的历史、传统和早期的事件。环境状况和企业目标的变化会导致企业方针的重新评价，以确定它们是否仍然适用或应加以改变。战略方针要服务于战略目标，须要简明、扼要，使人们容易掌握要领。

拟定品牌战略目标一般需要经历两个环节：拟定目标方向和拟定目标水平。首先在既定的战略经营领域内，依据对内外部环境的综合考虑，确定目标方向，通过对现有能力与手段等诸种条件的全面衡量，对沿着品牌战略方向展开的活动所要达到的水平也做出初步的规定，这便形成了可供决策选择的目标方案。

前面对企业品牌战略目标包含的内容已经做出了介绍。在确定过程中，必须注意目标结构的合理性，并要列出各个目标的综合排列的次序。另外，在满足实际需要的前提下，要尽可能减少目标的个数。一般采用的方法是：①把类属的目标合并成一个目标；②把从属目标归于总目标；③通过度量求和，求平均或过程综合函数的办法，形成一个单一的综合目标。在拟定目标的过程中，企业领导要注意充分发挥参谋智囊人员的作用。要根据实际需要与可能，尽可能多地提出一些目标方案，以便对比选优。

3）评价论证

品牌培育的战略和方针及其目标拟定出来之后，就要企业多方面的专家和有关人员对提出的方案进行评价和论证。

（1）论证和评价是否正确围绕战略的基本出发点进行。要着重研究：拟定的战略和方针及其目标是否符合企业精神，是否符合企业的整体利益与发展需要，是否符合外部环境及未来发展的需要及是否符合企业品牌战略定位的规定。

（2）要论证和评价拟定的战略和方针及其目标的可行性。论证与评价的方法，主要是按照战略目标实现的要求，分析企业的实际能力，找出目标与现状的差距，然后分析用以消除这个差距的措施，而且要进行恰当的运算，尽可能用数据说明。如果制定的途径、能力和措施，对消除这个差距有足够的保证，那就说明这个战略和方针及其目标是可行的。还有一个倾向要注意的是，如果外部环境及未来的变化对企业发展比较有利，企业自身也有办法找到更多的发展途径、能力和措施，那么就要考虑提高战略和方针及其目标的水平。

（3）要对所拟定的品牌战略方针的针对性及其目标完善化程度进行评价。对战略方针的评审要着重考察：①品牌战略方针是否符合企业总体的战略方针的要求；②品牌战略方针是否是清晰地描述了当前品牌战略工作的重要内容；③其所体现的方向是否明确可以判断和把握，概念是否清晰准确；④其所规定的行为准则是否具有具体的内容和可资操作的依据；⑤方针的陈述是否既照顾到了主要利益团体的需求又给自己未来的发展和调整留有空间和弹性；⑥该方针能否有效地转化为企业员工自觉的行为和约束。

对战略目标的评审要着重考察：①目标是否明确。所谓目标明确，是指目标应当是单义的，只能有一种理解，而不能是多义的；多项目标还必须分出主次轻重；实现目标的责任必须能够落实；实现目标的约束条件也要尽可能明确；②目标的内容是否协调一致。如果内容不协调一致，完成其中一部分指标势必会牺牲另一部分指标，那么，目标内容便无法完全实现；③有无改善的余地。如果在评审论证时，人们已经提出了多个可选方案，那么这种评价论证就要在比较中恰当进行。通过对比、权衡利弊，找出各个方案的优劣所在。拟定战略方针和目标的评审论证过程，也是方针和目标不断完善的过程。要通过评审论证，找出方案的不足，并想方设法使之完善起来。如果通过评审论证发现拟定的战略方针和目标完全不正确或根本无法实现，那就要回过头去重新拟定，然后再重新评审论证。

4）战略决断

在决断选定品牌培育的战略和方针时，要注意从以下三个方面权衡各个方案：①战略方向的正确程度；②可支持和可望实现的程度；③期望效益的大小。对这三个方面宜作综合考虑。所选定的战略和方针，三个方面的期望值都应该尽可能大。战略决断，还必须掌握好决断时机。因为战略决策不同于战术决策。战术目标决策常常会时间比较紧迫，回旋余地很小，而战略决策的时间压力相对不大。在决策时间问题上，一方面要防止在机会和困难都还没有搞清楚之前就轻率决策；另一方面又不能优柔寡断，贻误时机。

从调查研究、拟定方针、评价论证到战略决断、确定战略和方针及其目标的这四个步骤是紧密结合在一起的。后一步的工作要依赖于前一步的工作，在进行后一步的工作时，如果发现前一步工作的不足，或则遇到最新情况，就需要回过头去，重新进行前一步或前几步的工作。

【案例 18】

MOTO——摩托罗拉

一个充满现代感的电视广告让人耳目一新，许多不同国家、不同职业、不同年龄的人在欣喜地重复着一个词 MOTO，他们的喜悦发自内心、充满感染力。你也许要问，什么是 MOTO？它为什么会深深打动每一个人？

其实，MOTO 是摩托罗拉创立的一种全新的消费者语言，是消费者在感受到摩托罗拉人性化移动科技后发自内心的声音。所以无论在电视广告、路牌广告还是网络广告上，人们都可以看到或听到摩托罗拉一个全新的概念——MOTO。这个简短而富有活力的词汇充分体现了摩托罗拉公司更进一步以消费者需求为导向的理念，中国市场是摩托

罗拉在全球率先推广 MOTO 概念的地区。

事实上，MOTO 是来自台湾地区年轻消费者对摩托罗拉的昵称。借用这一昵称，摩托罗拉希望把公司和消费者之间的距离拉得更近。可以说，MOTO 用一种消费者自己的语言向消费者传递着摩托罗拉公司的全新理念，它的推出反映了摩托罗拉公司新的品牌战略。

摩托罗拉（中国）电子有限公司个人通讯事业部中国区市场总监王善齐先生表示："'智慧演绎，无处不在'是摩托罗拉品牌的核心和内涵，我们希望将这种抽象的概念转化为普通消费者容易理解的语言，于是就有了 MOTO。这并不是改变我们的品牌，而是带给它更多的活力。MOTO 更加贴近消费者，更通俗易懂，更富有人性色彩。它就像是我们的产品的一个昵称，把我们和消费者的距离拉得更近。MOTO 并不只是一个简单的概念，它为消费者带来的好处不久就会显现。比如，我们的服务会更加个性化、更有人情味；我们的消费者俱乐部将组织更多你喜欢的活动；我们的产品会使你的生活更简单、更聪明、更富有乐趣。你享受到的一切都开始不一样，因为你得到的是 MOTO，它和你更加贴心了。"

由此可见，在产品设计、广告宣传、服务项目等一系列营销活动中，摩托罗拉公司把 MOTO 作为 MOTOROLA 的全新代名词，不断为 MOTO 输入人性与个性的品牌核心价值。用摩托罗拉自己的话说，MOTO 还意味着"使消费者的生活更加简单、更聪明和富有乐趣"。它是对其品牌核心识别"智慧演绎，无处不在"的新诠释，同时也向消费者传递着摩托罗拉品牌"全心为你"——今后摩托罗拉产品更具个性化的新理念与新形象。其具体做法如下：

1. 产品体现新理念

配合新的品牌战略，摩托罗拉公司推出一系列新产品。这些新产品在功能上既保持了固有的技术领先优势，又积极贴近消费者，力求为消费者提供个性化的设计；同时，在款式设计上也更加年轻化和时尚化。

打响头炮的是以旋转机盖、圆形显示器和透明键盘为特色的 V70 手机，广告更是以前卫的形象尽力突出产品的"酷"，以吸引年轻人的注意。摩托罗拉今年计划推出的产品还包括：可定制面板和铃声的低价位手机 C33O、"永久在线"的彩屏 T720 及该公司首部 3G 手机 A82O。

2. 广告树立新形象

摩托罗拉近日打响了气势迅猛的广告战，新品牌手机以"酷"、"新"的口号席卷了各大媒体，甚至不惜动用获奥斯卡提名的大牌演员和导演来做宣传。首先使用电视广告宣传 MOTO 的整体形象，让消费者认识、了解 MOTO 是摩托罗拉公司提出的新消费语言，它代表摩托罗拉公司"全心为你"的理念。之后，摩托罗拉公司陆续推出以 MOTO 统领的各个新产品的广告。每个广告都有其独特的广告词，如 V70 的"世界因我不同"，T190 的"给你表情给你颜色"。但它们都是对 MOTO 精神的贯彻和丰富，让消费者从不同的角度认识和理解 MOTO 精神。

3. 在网络上打造品牌

摩托罗拉的网站不但是为消费者提供摩托罗拉公司各种信息（包括公司的动态、推出的新产品的情况等）的媒介，还是一个为摩托罗拉俱乐部会员、消费者提供互动的、个性化的、及时的信息交流和反馈的场所。除此以外，俱乐部成员还可获得各种个性化的服务，可以在网上自由交流，还可以参加各种由摩托罗拉公司组织的活动，如手机试用活动，各种体育竞技活动，还有一些较大型的比赛，如近期举办的“摩托罗拉 388 杯无线 JAVA 应用程序大赛”。网站给摩托罗拉消费者提供了张扬个性的空间，使消费者获得独特的体验。

4. 服务展示人性关怀

为配合 MOTO 策略，摩托罗拉公司在手机服务市场率先推出了个性化的解决方案。这种新的服务策略是一种更加人性化的增值服务，它力求为消费者的手机带来更加体贴的增值服务。如将手机中的通讯录、记事本等信息资料与个人电脑保持同步，制作发送音画短讯，挑选满足个性喜好的上百种铃音和屏幕保护，使用户手中心爱的手机更漂亮，更加与众不同等。

（资料来源：摩托罗拉揭示市场推广新战略“MOTO”浮出水面．新浪网，2002）

2.5.9 品牌战略和方针的部署

1. 部署品牌战略和方针的要求

> **5.3 战略和方针的部署**
>
> **5.3.1 总则**
>
> 为实施品牌战略和方针，组织应建立、实施并保持以下过程：
>
> a）把品牌战略和方针在组织各层次上转化为可度量的目标；
>
> b）设定每个目标完成的时间表并规定实现这些目标的职责和权限；
>
> c）评价品牌战略风险并确定适当的应对措施；
>
> d）提供部署必要活动所需的资源；
>
> e）执行为达到目标所需的活动。

【解读】

为制定和实施企业的品牌战略和方针，企业应建立、实施并保持以下必要的过程：

1）把品牌战略和方针在企业各层次上转化为可度量的目标

品牌战略的建立和实施需要整个企业从上至下进行投入，才可以达到良好的效果。品牌战略要顺利实施，需要企业将其品牌战略进行适度的分解，具体变成可量化的指标，并在企业管理和操作的各个层次上执行。量化的程度和执行的效果直接影响到品牌战略的成败。

2）设定每个目标完成的时间表并规定实现这些目标的职责和权限

在企业将品牌战略进行指标量化分解后，企业应该以对自身的资源和能力评估结果为依据，进行品牌战略实施的进度规划，保证企业在预订的时间内完成品牌的培育，并给予相关的品牌战略实施主体以职责和权限。实施主体主要包括品牌培育委员会的成员和企业各层次的员工，其权限应当与其承担的职责相适应。

3）评价品牌战略风险并确定适当的应对措施

企业应该对其环境进行全面的分析，从而评估企业实施品牌战略的收益和风险。当实施风险较为明显的时候，企业应该采取适当的措施，来减少并规避面临的威胁。例如，当市场竞争较为激烈而需求下降的时候，企业应该考虑是进行品牌的地域扩张还是采取保守的固守策略。而这种考虑的基础在于企业对自身竞争实力的认知和消费者在选购相关产品时对品牌的依赖程度。

4）部署必要活动所需的资源

在完成上述的步骤后，企业应该对品牌实施所需要的资源进行评估和测算，细致了解所需要的数额和价值，提前准备实施品牌战略所需要的各方资源。而实现企业内部各部门的协调，以保证资源分配的效率，可以为品牌战略的实施提供及时的支持。

5）执行为达到目标所需的活动

企业在所有资源已经准备就绪，并且计划都已经落实到位的时候，可以针对品牌战略的具体内容进行活动策划，以实现品牌战略所提出的要求。具体的活动应该在企业资源预算范围之内，并且合法合理，与企业的目标和定位相一致的。活动的执行需要明确活动实施主体的权责，充分授权。

2. 部署品牌战略和方针的过程与实践

5.3.2 过程和实践

为了确保其过程和实践的有效性和效率，组织应执行以下活动：

a）预测相关方对品牌的不同需求和期望所引起的潜在冲突；

b）了解当前绩效，分析以往问题的根本原因，避免类似问题重复发生；

c）评审品牌培育相关过程，并在必要时进行更新；

d）提供所有必需的资源；

e）监视、测量、分析、评审和报告。

【解读】

为了确保部署品牌战略和方针的过程和实践的有效性和效率，企业应采取以下措施：

1）预测相关方对品牌的不同需求和期望所引起的潜在冲突

品牌建设存在多个利益相关群体，各个群体的需求和期望有很大差异。企业如果不对品牌相关方进行分析，很有可能在实施品牌战略的过程中引发矛盾和冲突，进而削弱品牌建设的力量，降低品牌战略实施的效率。企业对相关方的管理，应该包括对其进行分类，预测其需求和期望，具体针对其需求和期望采取不同的方案。

2）了解当前绩效，分析以往问题的根本原因，避免类似问题重复发生

在实施品牌战略之后，企业应该对当前的绩效进行评估，以对品牌战略的有效性进行反馈报告，检验品牌战略可能出现的问题并进行归因，对品牌战略的内容和实施过程中出现的偏差进行纠正，防止出现重复的错误。这要求企业建立合理的评估方法，可以采取的评估指标应该包括消费者的品牌态度的变化、企业的销售收入或者市场份额变

化等。

3）评审品牌培育相关过程，并在必要时进行更新

企业在品牌定位、设计推广、品牌传播和品牌延伸等品牌培育关键过程的效率和效果，成为最终品牌培育效果的评估依据。企业应该对这些过程所采用的方法和执行的人员进行定期评审，以及时对品牌培育的成效进行反馈。最重要的意义在于，它可以保证随时了解自身的培育方法与市场潮流的一致性，增强企业的竞争优势。

4）提供所有必需的资源

企业对所需的资源进行测算和评估后，应该及时调动自身的资源，以保证品牌战略的实施质量。这就需要企业建立合理的资源调拨制度，有效降低品牌战略实施因资源不足而停滞的可能性。同时也需要建立资源消耗的评估制度，保证物尽其用，人尽其才。

5）监视、测量、分析、评审和报告

企业应该对品牌战略的实施进行内部的监视，保证品牌战略的实施效果和预期目标相一致。同时还需要对消费者和竞争者的反应进行测量，以定量评估品牌战略对企业产品形象的拉动作用。同时进行全面的分析，了解品牌战略的前景和改进之处，并进行规范的报告，对品牌战略的价值进行评价。

常用的企业品牌战略和方针实施评价工具是平衡计分卡，简称 BSC。BSC 是从四个方面对企业品牌战略管理的绩效进行财务与非财务综合评价的评分卡片，它不仅能有效克服传统的财务评估方法的滞后性、偏重短期利益和内部利益以及忽视无形资产收益等诸多缺陷，而且是一个科学的集企业品牌战略管理控制与企业品牌战略管理的绩效评估于一体的管理系统（其基本框架见图 2－41）。

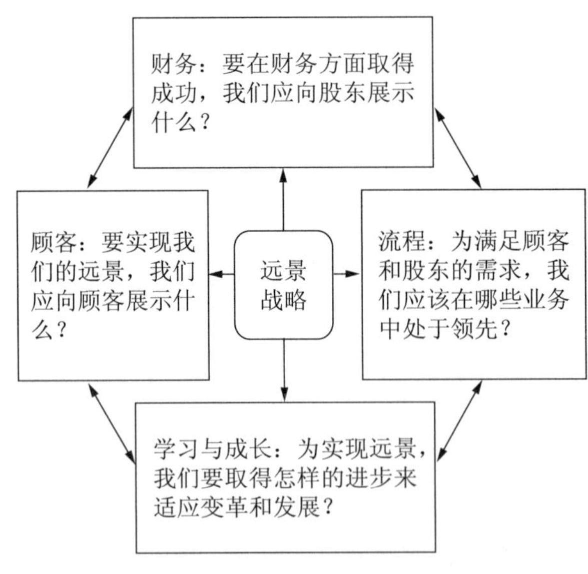

图 2－41　BSC 分析基本框架

BSC 运用的基本流程如下：

以企业品牌发展的共同愿景与企业品牌战略为内核，运用综合与平衡的哲学思想，

依据组织结构，将企业品牌的愿景与企业品牌战略转化为下属各责任部门在财务、顾客、内部流程、创新与学习等 4 个方面的系列具体目标（即成功的因素），并设置相应的四张计分卡。依据各责任部门分别在财务、顾客、内部流程、创新与学习等四种计量上可具体操作的目标，设置一一对应的绩效评价指标体系，这些指标不仅与企业品牌目标高度相关，而且同时兼顾和均衡品牌长期和短期目标、内部与外部各相关方利益，综合反映企业品牌战略管理绩效的财务与非财务信息。由各主管部门与责任部门共同商定各项指标的具体评分规则。以综合评分的形式，定期考核各责任部门在财务、顾客、内部流程、创新与学习等 4 个方面的目标执行情况，及时反馈，实施调整，确保企业的品牌战略得以顺利并正确地实行。BSC 的管理循环过程见图 2－42。

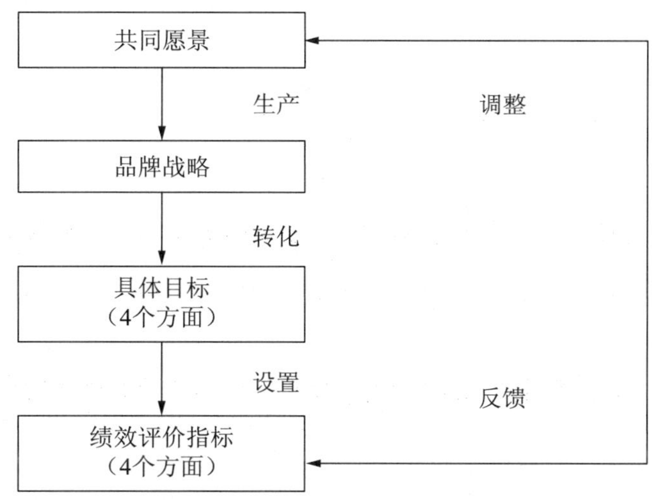

图 2－42　BSC 管理循环过程

企业在进行自己的品牌战略部署时应重点关注标杆和竞争对手的绩效情况。俗话说："知己知彼，百战不殆"。标杆学习是一种将本企业经营的各方面状况和环节与竞争对手或行业内外一流的企业进行对照分析的过程，是一种评价自身企业和研究其他企业的手段，是将外部企业的持久业绩作为自身内部发展目标并将外界的最佳做法移植到本企业的经营环节中去的一种方法。实施标杆学习有助于企业在与竞争者的竞争中脱颖而出，为客户提供差别化利益，最终打造出企业独特而强势的品牌。

3. 部署品牌战略和方针的注意事项

5.3.3　部署

为了部署品牌战略和方针，组织应当识别品牌培育相关过程的顺序和相互作用。

a）明确组织结构、体系和过程之间的关系；

b）识别过程相互作用中存在的潜在问题；

c）确定改进的优先次序；

d）为在组织各个层级上建立、调整和展开目标提供框架。

【解读】

一个好的企业品牌战略和方针需要强有力的和正确的部署和执行。为了部署品牌战略和方针，企业应当识别品牌培育相关过程的顺序和相互作用。具体包括以下措施：

1）明确组织结构、体系和过程之间的关系

品牌战略是一项系统工程，企业要树立全局意识，构建合理的组织架构（详见 2.4.4），以此来为品牌战略实施提供权责依据。实施品牌战略的组织架构应该趋于扁平化，来提高品牌战略实施的效率。而相应的结构层次对品牌培育的各个关键过程应该有不同的职责，最高管理者应该着重于品牌战略的制定和更新，而中层管理者应该着眼于具体活动来帮助品牌战略的阶段目标进行，基层一线员工应该多着力于具体活动的执行。

2）识别过程的相互作用中存在的潜在问题

企业应该对品牌战略中各关键过程之间的相互作用进行预先判断和评估，对其正面影响的部分进行更多资源的投入。更重要的是，企业进行分析和评估，主要是发现其中潜在的问题，例如品牌延伸可能对品牌定位有负面的影响，容易引起企业核心价值的模糊，企业应该在实施品牌战略之前对这类负面影响有准确的判断并提出改进方案。企业应当制定用于监测战略规划进展情况的关键绩效测量方法和指标，并通过相应的测量系统，确保目标体系的协调一致性。

3）确定改进的优先次序

对于上述中发现的问题，企业应该有一套改善和解决的合理机制，根据成本一收益原则进行评估，依据问题的轻重缓急确定企业应该先对哪些过程进行修改和完善。一般来说，应该根据企业的长远利益来进行选择，当期的损益只是起到参考作用，用以检验企业是否可以经受住市场环境的考验和冲击，由此来为企业的品牌建设提供长远的规划。

4）为企业在各个层级上建立、调整和展开目标提供框架

实施品牌战略需要制定合理可行的目标，企业应该建立一套完善的目标制定机制，以此来提供一套不依赖于个别领导者的目标制定体系。一个完整的框架还应该包括对提出目标的及时更新和执行规范，这就要求企业建立一套目标管理的流程，从制定品牌战略实施的目标，到及时纠正、最终开展活动来支持目标的落地（参见 2.5.6）。

2.5.10　品牌战略与方针的沟通

5.4　战略和方针的沟通

组织应就品牌战略和方针进行沟通。沟通过程应当包括反馈机制和周期性的评审，并与组织主动适应环境变化相结合。沟通包括纵向沟通和横向沟通，并根据对象不同调整沟通内容。

【解读】

企业应当以各种适宜的方式向全体员工、主要的供方和合作伙伴沟通企业的品牌战

略和方针；并采取适当措施确保双向沟通，通过横向沟通和纵向沟通以提高沟通的有效性。企业可通过例如内部网站、员工座谈会、内部培训、内部刊物、简报等形式向员工传达和沟通；通过洽谈会、订货会、报纸、杂志、互联网等形式向供方和合作伙伴传达和沟通。企业应有一套反馈机制和周期性的评审，用于判定内外部沟通是否具有有效性，并在沟通未达到目标时能够及时采取措施予以改进。

进行品牌战略的沟通，可以及时有效地反映当期的市场状况，了解企业品牌战略实施的动态，掌握企业进行品牌培育的效率和成果。同时还可以及时纠正品牌战略的失误所在，避免遭受更大的损失。

【案例19】

失败的“达益丰”

当前，多数企业对于品牌战略缺乏认识，尚未意识到品牌战略是企业经营战略的重要组成部分，是企业在市场竞争条件下竞争力的核心因素，未能正视品牌战略的关键意义与实际作用。而对于品牌战略的全局性、系统性、长期性更是缺乏认识。常常将品牌与名牌、商标、广告、商号、口碑等同起来，甚至视为可有可无的虚幻之物，走入经营误区，支付惨重的成本代价。

品牌是什么？品牌不仅仅是商标与符号，也不仅仅是产品与形象，品牌构成了产品、消费者和企业三者之间的社会关系。国际商业管理类的词典中，对品牌的注释为：“一个名称、标志或象征，可以用来界定销售主体的产品或服务，以使之区分于竞争对象的产品或服务”。也就是说，品牌是企业为使自己的商品区别于其他企业商品所作的特殊标志，是企业形象特征最明显的外在表现。著名的品牌不仅是企业无形的资产，能给企业带来直接的和长远的经济效益，表现为企业本身和企业经营活动的价值，而且是社会的宝贵精神财富，对社会大众的思想意识和生活观念产生着重要影响。

事实上，目前许多企业对品牌战略的理解尚处于表象阶段，往往动则声称自己要实施品牌战略，但具体品牌战略是什么？与企业战略是什么关系？与具体的生产经营活动有何联系？如何规划？如何实施？企业并不清楚。往往只是设计一套VI或创意几句品牌口号。而更多的企业则根本忽视品牌战略规划，思维仍然停留在20世纪90年代初期那种运作“点子”、炒作“概念”的水平，将品牌战略规划等同于营销策划、广告创意、公关及促销活动，以此诱导市场和消费者。在这种认识水平指导下，一些企业领导人将品牌战略理解为一种追逐短期行为、短平快效益、甚至起死回生的灵丹妙药。

1999年，西北某民营企业兼并了一家国有化工企业，经过资产重组，组建了“达益丰（化名）科技股份有限公司”，计划包装后在“创业板”股票上市，通过发行股票募集资金实现快速发展。但由于众所周知的原因，公司没有能够如期上市。2000年，该公司国内市场产品销售额曾一度达到近亿元，还有部分产品出口到发展中国家，其“达益丰”品牌在国内同行业内也有一定影响。但由于该公司始终没有真正建立全面、系统、清晰的发展战略，完全按照老板自己的经验和偏好进行市场漂移，什么行业炒的最热，就将目光转到什么行业，完全忽视对现存业务及已经形成的品牌的价值支持、维护和管理。自 2002 年以来，先后成立了以洗涤用品、护肤化妆品、健康产品为主生产和经营的新公司，进入新的市场领域。原有化工产品品种单一、成分老化、包装陈旧、质量不稳定、营销及服务手段落后，市场严重萎缩，产销量急剧下滑，三年内营业额跌落到 1000 万元人民币以下，工厂陷于长期停工状态。同时，企业投资的其他业务也前景黯淡。

尽管如此，该公司原有产品还是存在一定的发展潜力和市场机会。拥有通过ISO 9001 国际质量管理体系和 ISO 14000 环境管理体系认证的生产体系；与全球医药化工行业内著名的某跨国公司建立了在产品、技术和市场上合作的战略关系；原有的国内市场销售渠道和网络也并未完全丧失。按照品牌资产的四项主要标准（知名度、美誉度、忠诚度与品牌联想）的衡量，该公司品牌在行业内尚有一定市场，全国主要省份的代理商仍有少量产品销售，个别地区仍相对维持了一定的产品销量，在终端客户还有一些忠诚度。况且，国内许多代理商和终端客户并不完全了解该公司已陷入困境的实际情况。

遗憾的是，面对这种状况，该公司主要领导人并没有认真反思几年来惨重失败的教训，并未意识到应重新审视企业战略，特别是品牌战略，从而调整经营思路，重振雄风。反而认为企业没能人，将责任归咎于公司多数干部员工的能力和运作策划水平，并且认为公司原来近十年的品牌已经“做砸了”，不再有价值。为了摆脱困境，公司领导人选择了另辟蹊径，放弃原有品牌的错误决策，意图精心包装出一个旨在以模糊概念诱导代理商和消费者的全新品牌，以作为短期内集中炒作一把并获得“短、平、快”经济效益的手段。

经过以老板为主的策划，提出了所谓“创建新品牌、快速打开市场、树立新形象、突出国外背景、吸引市场忠诚度”的品牌策略。该方案的主要特点如下：

（1）构思一个英文单词的中文译音为新品牌的文字，定名为“豪尔斯”（化名）；

（2）以老外的模糊头像作为新品牌的图形标识配以中、英文在产品包装、产品说明、招商资料、广告、POP 及物流配送车辆上使用；

（3）以品牌的视觉识别诱导代理商和终端用户对所谓“国外引进著名成熟品牌”的认知；

（4）虚拟一个国外行业权威机构名称作为上市产品的监制方；

（5）聘请一名外国留学生作为虚拟的某国外著名公司的代表参与新品牌推介和招商活动；

（6）将原有库存积压传统产品和未获得主管部门登记许可新产品改换新的包装后套号上市销售。

从 2003 年 5 月份开始启动市场，经过将近一年的努力，该公司并未在市场上获得预期的收获。相反，原有品牌丧失殆尽，新推出的品牌没有得到已经日趋理性化的市场和渠道的认同。除了包装以外，产品基本没有变化，而这种急功近利的炒作只是牺牲了宝贵的市场良机，丢掉更多的渠道，腐蚀了经营团队，消耗了经营资源，将企业拖入更艰难的境地。从该公司品牌战略的失误，我们可以反思出几点宝贵的教训：

（1）品牌战略集中表现了企业价值观、经营理念和企业文化。

有专家将品牌定义为一种包括物质、精神、制度三个层面在内的综合文化现象。品牌意义的识别功能一方面体现在不同商品形象的独特性上；另一方面消费者接受的是企业通过产品和服务品牌所倡导的消费思想和理念；再就是使社会大众在认同独特的品牌意义和消费理念时自觉地定位了自己的社会地位、社会价值。例如，轿车消费者实际上接受的就是厂商在提供差异性产品和服务的同时，也接受了对企业的肯定，并通过汽车的消费体现了自己的社会地位和价值。

企业为了在市场竞争中，在消费者心目中占据有利的位置，必须给商品和商标品牌创造独一无二的个性形象，从品牌的名称、图形、色彩的设定，到贯串在整个市场营销过程中的广告宣传活动。而对于品牌表象和内涵的任何创意无不体现了企业的价值观、经营理念和文化。通过产品、服务或者其他外在形式展示给消费者和社会的，不仅仅是产品和服务，更重要的是社会和广大消费者对企业的接受和认可。上述我们引用案例中的企业在品牌决策、品牌策划、品牌实施、品牌管理等所有方面都没有考虑品牌与企业价值观、经营理念、企业文化之间的内在关系，所做的只不过是一些枯燥肤浅的文字和图形的堆砌，以此追逐急功近利的经济目的，背离了品牌战略的基本原则。

（2）品牌战略是总体战略的重要组成部分，必须服从企业总体战略。

品牌战略既然名为“战略”，其就归属于战略范畴，就有其战略使命。事实上，品牌战略是企业总体战略的一个重要环节。企业的愿景、价值观、战略规划、组织、业务流程、生产销售、管理和运营、人力资源、企业文化等，所有构成企业竞争能力和消费价值的一切，无不通过品牌战略来实现。因此，品牌战略必须服从总体战略的指导方针与基本原则，并通过诸如产品、价格、渠道与广告媒介等战术性操作实现总体战略。可以说，品牌战略就是高屋建瓴地将品牌建设提升到企业经营战略的高度，是以建立强势品牌、创造品牌价值为目标的企业经营战略。

对于意欲打造强势品牌的企业势必将品牌运作上升到战略层面，品牌需要战略规划，更需要从战略管理的角度对之进行科学管理，从分析、规划、实施到评估与控制。但是，现实经济生活中确实有许多企业并没有自己明确的发展战略，这恰恰标志着我国企业总体上发展水平尚需提高。

（资料来源：关于企业品牌战略的案例分析．广东培训网，2006）

2.6 资源

2.6.1 资源的配置与评价

6 资源

6.1 总则

组织应识别品牌培育所需的内部和外部资源。资源管理政策和方法应与品牌战略相适应。

为确保资源利用的有效性和效率，组织应制定提供、分配、监视、评价、优化、维护和保护资源的程序。

组织应识别和评价与资源相关的风险，持续监视当前资源的利用情况以寻找资源利用的改进机会，同时寻找新资源、新技术，并优化过程。

组织应定期评审资源的可用性和适用性，必要时采取相应措施。这些评审的结果应作为管理评审的输入。

【解读】

企业高层领导应当为确保品牌战略规划和目标的实现，识别品牌培育所必需的内外部资源。企业进行品牌培育所需要的资源在有关品牌培育环境分析一节里有过系统的描述（参见 2.4.7），本节对决定品牌培育活动取得成功的内外部关键性资源做进一步的分析和延展，包括财务资源、人力资源、供方和伙伴资源、自然资源以及知识、信息和技术资源。

在企业可以获取和利用的各种资源中，所谓内部资源即企业拥有的资源，是通过股东的投资和企业自身长期积累和发展而形成的；而外部资源即可供企业使用但不为其所有的资源，是企业通过各种方式从外部市场整合并可以有效利用的资源。

资源管理包括资源的识别、提供、分配、监视、评价、优化、维护和保护，企业应建立相应的过程对资源进行有效的管理。在对企业进行品牌培育所需要的资源进行识别和获取后，就需要对其的使用进行合理的配置（提供和分配）以及进行监视和评价，在此基础上不断对资源的获取和配置进行优化和维护，并根据企业品牌培育的需要不断扩充新的资源，以保证企业的品牌培育活动能够持续稳定地开展。

1. 资源的配置

资源配置方式是指企业的人、财、物以及信息等资源要素的获取和分配。现代企业用于品牌培育的资源除了人、财、物等传统资源以外，知识、信息与技术在现代企业资源管理中扮演了日益重要的角色。因此，现代企业的资源战略应该包括采购战略、财务战略、人才战略和信息与技术资源战略。

1）采购资源配置

企业进行品牌培育，总是要付出一定的代价从外部获得所需的物资，为了以尽可能低的支出取得完全符合需要的物资，保证生产经营正常进行，必须考虑是自己生产还是即时购买或以长期合同形式购买，以及如何选择供货企业和最优库存规模的确定等。

物质资源配置常常出现的问题有：

(1) 与资源供应企业合作或协调不方便，如距离过远、运输不方便、单一采购不方便等。

(2) 企业所需物资量大，规格统一，自己生产成本低于购买价格。

(3) 资源供应企业不能满足本企业的某些要求，或者是没有可靠的供应企业。

因此，需要对原材料的供应加强控制和管理。一是企业原材料需要量全部由自己投资建厂生产，实行纵向一体化，从而使企业得到可靠的原材料供应；二是企业自己生产

一部分，为的是在外部供货商供应中断时起缓冲作用。

2） 财务资源配置

资金是企业开展品牌培育所不可缺少的资源。企业在进行投入—转换—产出的品牌建设活动中，必须有一股资金流，以保证品牌从规划到实施的全过程的工作开展的需要。

企业确定自己筹资的原则：

（1）以满足企业进行品牌培育最低必要资金需求作为资金筹集的数量目标。要把品牌培育当成是以一种投资行为来对待，要创造良好的投资环境作为争取资金来源的基础。

（2）贷款利率的高低是筹资的主要标准。企业筹集的资金绝大部分要支付使用报酬，尤其是以各种贷款为主要来源的投资必须按期付息，必须选择利率低的筹资对象。

（3）要认真考虑资金的用途和资金提供者的权利。

3）人力资源配置

人力资源管理要做到人尽其才，才尽其用，人事相宜，最大限度地发挥人力资源的作用。但是，如何实现科学合理的配置，这是人力资源管理长期以来亟待解决的一个重要问题。

对企业人力资源进行有效合理的配置必须遵循如下的原则：

（1）能级对应原则。合理的人力资源配置应使人力资源的整体功能强化，使人的能力与岗位要求相对应。

（2）优势定位原则。一是指人自身应根据自己的优势和岗位的要求，选择最有利于发挥自己优势的岗位；二是指管理者也应据此将人安置到最有利于发挥其优势的岗位上；动态调节原则，当人员或岗位要求发生变化的时候，要适时地对人员配备进行调整，以保证始终使合适的人工作在合适的岗位上。

（3）内部为主原则。建立起人才资源的开发机制，使用人才的激励机制。

4）信息和技术资源配置

现代企业在品牌培育活动中如何围绕自身和用户的知识、信息的和技术需求和现有资源分布结构，采用有效手段配置知识、信息和技术资源，使其在时间、空间上分布合理，已成为信息和技术资源战略的重要内容。要尽可能降低信息和技术资源配置成本，充分利用技术快速将杂乱无序的数据转化为有序化和结构化的信息，将信息转化为可资决策利用的知识。这就要求现代企业要善于应用公共信息和技术资源，而不要一味地光靠自己。

2. 资源的评价

对资源获取和利用的相关风险、可用性和适用性的评价，需从以下几方面展开：

1）资源的数量和质量

在其他条件相同的情况下，一个企业拥有和可获得整合的资源数量越多，资源质量越高，那么这个企业的竞争优势就会越大，战略的可选择性就越广。因此，在企业内部资源分析的过程中，企业品牌战略管理者首先应该对企业资源的数量和水平进行全面的了解。这种了解虽然还不足以成为企业品牌战略管理者做出重大战略决策的依据，但是可以帮助他们了解现在的品牌战略是否需要调整以及能够在多大的范围内进行调整。例如，随着拥有世界级品牌的跨国企业直接进入中国，参与对中国市场的争夺，对于我国的中小企业来说，就必须考虑自己的资源数量和水平是否可以支撑企业继续市场开拓的品牌战略。如果不行，是否应该主动选择相对比较小的市场实施集中的品牌战略。

2）资源的分布

资源分布的合理性决定了企业的资源优势。因品牌培育企业所在行业、品牌定位和商业模式的不同，企业资源利用和配置的方式也不尽相同，因此，企业品牌价值创造活动的重要性也不一样。例如，物流可能对钢铁行业很重要，但是对电子元器件行业就不那么重要；品牌对高差异定位的服装企业很重要，但是对低成本定位的企业就不那么重要；劳动力成本对出口加工型的家电企业很重要，但是对以内销为主的家电企业就不那么重要。因此，在企业内部资源分析的过程中，企业品牌战略管理者应该根据外部环境分析的结果，判断企业有限的资源是否被合理配置在了价值贡献最大的环节。如顺德新宝电器公司是一家以出口加工为主的小家电企业，为了发挥优势，该企业将绝大多数的资源配置在零配件生产、家电组装制造和工业设计方面，从而使企业能够在接到国外订单之后以最快的速度完成产品生产。正是这种符合行业和商业模式的资源配置方式，使得该企业在金融危机期间，品牌仍然受到顾客及市场的青睐，还能够大幅度地提升利润。

3）资源的稀缺性

一个企业所拥有的资源越是稀缺，那么这个企业的资源优势就越大。中集集团上市以后连续收购了中国沿海主要港口的 8 个集装箱企业，这是因为在集装箱行业，运输成本是竞争的关键，地点是最重要的稀缺资源。目前，全世界最合适生产集装箱的地方在中国，因为中国是最大的净出口国；而中国最合适生产集装箱的地方就是沿海的主要港口，因为这些港口的附近就是中国最主要的出口加工基地。这种战略实施的结果是使得“中集”快速成为了中国第一世界第三大集装箱的企业品牌。同样，国美和苏宁对家电制造商有较大的讨价还价权利，这是因为家电行业是一个渠道导向的行业，销售渠道是非常稀缺的资源之一。

4）资源的可用性

资源的可用性是指品牌培育所需的内部和外部资源在特定的环境下为企业培育品牌、完成品牌塑造时所具有的有效性、效率和满意度。这里的“有效性”指用户完成特定任务和达到特定目标时所具有的正确和完整程度；“效率”指用户完成任务的正确和完整程度与所使用资源（如时间）之间的比率；“满意度”指用户在使用产品过程中所感受到的主观满意和接受程度。

5）资源的适用性

资源的适用性，是指企业在品牌培育的过程中，能有效地完成品牌培育的任务并使用户主观上产生满意的程度，具体的适用性属性包括品牌培育的对象性、有用性、易用性、经济性和可靠性五个方面。

美国著名质量管理学家朱兰（JosePhH. Juran）博士在其《朱兰质量手册》中对适用性作了如下定义：适用性是指产品在使用时能成功地满足用户需要的程度，要求人们

从“使用要求”和“满足程度”两个方面去理解适用性的实质。它是用来评估所提出的战略对在战略分析中所确定的企业环境的适应程度，以及一个企业保持或改进其竞争地位的能力，是一种战略方案评估标准。适用性检验是评估一个企业的战略目标是否与其组织能力相一致，适用性检验对于战略分析与战略方案的评估与筛选是不可或缺的。

6）资源获取的难度

在市场经济条件下，资源的市场化程度在不断地提高，企业更容易获取资源，因此，资源优势的可保持性在不断下降。在相同的条件下，越是难以获取的资源越有可能成为企业可持续优势的来源。在企业内部环境分析的过程中，企业品牌战略管理者必须分析：

（1）获取相同资源的成本和时间。即使竞争对手可以通过市场交易获得同样的资源，但是，先获取资源的企业可能所支付的成本相对比较低，后获取资源的企业则需要支付更高的成本。先于竞争对手建立“4S店”的广州本田及其代理商所支付的土地成本显然比后来的竞争者要低，因为后来的竞争者将面临较高的土地价格。英国经济学家潘罗斯的研究表明，有一些形成竞争优势的资源很难通过市场交易而获取，企业的组织性资源就具有这种特征，如企业的机构、机制和文化。这是因为建立一个匹配的组织结构、管理机制和企业文化是需要时间的，而这个时间就是竞争对手很难支付的成本。

（2）资源的可替代性。如果获取相同资源的成本太高或者时间太长，竞争对手就会试图寻找可替代的资源。当获取相同零售渠道的难度太大时，竞争对手就有可能开放其他渠道，例如通过网络渠道。当企业所拥有的资源具有不可替代性时，基于此资源形成的优势就具有可保持性。

7）资源的可转移性

在内部环境分析中，企业品牌战略管理者需要分析企业资源优势的针对性或者说可转移性。当某种资源被认为是企业的一种优势时，一般都是针对这个企业所处的特定行业或者市场，以及所采用的特定的商业模式。在企业确定要实施多品牌战略的时候，资源的可转移性是决定品牌多元化发展的重要影响因素。如果资源优势的可转移性很弱，那么企业在实施跨行业或者跨市场的品牌延伸决策的时候就越需要谨慎。

2.6.2 财务资源

6.2 财务资源

组织应确定与品牌培育相关的财务资源需求，并为组织当前和未来品牌培育准备所需的财务资源。

组织应建立、实施和保持过程，以监视和控制财务资源的有效分配和使用。

【解读】

1. 财务资源的定义

狭义上来说主要包括企业可以使用的不同货币资源，包括来自企业主、投资者、债务人的货币资本以及围绕货币资本的企业融资能力和创造现金收益的能力。广义上来说是财务主体为了实现企业绩效、提升企业财务能力所需凭借的与财务活动相关的特殊经济资源。

2. 财务资源管理的内容

财务资源管理是指企业依据品牌培育活动的要求，按照资金的流动性、增值性、风险性的特征，对资金采取的动态和系统化管理。

财务状况影响着企业品牌的现实投入，也影响着企业品牌发展战略。企业应当根据品牌战略规划和品牌发展方向确定资金需求，保障资金供给，提高资金使用效率。企业应当制定严密而科学的财务管理制度，实施财务预算管理，将资金的实际使用情况与计划相比较，及时采取必要的措施，适当时进行调整。

企业品牌培育管理体系中的财务管理工作主要包括以下内容：

（1）实施资金预算。估算品牌战略和方针实施所需的资金需求。

（2）进行合理融资。根据资金需求，制定并实施短、中、长期合理配比，银行授信、贷款、委托贷款、信用凭证等方式相结合的融资计划等。

（3）制定和实施严格的财务制度。编写、修订和健全相关财务会计管理制度，并严格地落实与执行、监督与纠正。

（4）实施资金管理。负责统一调度企业能控制的所有资金。

（5）财务分析。综合加工会计信息和其他管理信息，为品牌培育的管理决策提供依据。

3. 财务资源管理的风险控制

财务资源管理的风险是指企业在各种财务活动中，因内外部环境中各种无法控制与难以预料的不确定性因素的影响，使企业实际与预期财务收益发生偏离的可能性。包括由于筹资引起的无法偿还到期债务的风险，由于企业治理不完善、内部控制制度不健全、经营活动判断与决策失误以及宏观环境影响等引起的财务状况恶化的风险，具体表现为持续性亏损、无偿债能力、违约及破产等。

为了做好企业的财务资源管理，需要重点关注以下几个方面：

1）以预算为主体牵头，实行全面预算管理

只有实行全面预算管理，才能实施对财务资源的有效控制，其主要工作是：第一，编制企业品牌培育相关活动的预算；第二，进行有条不紊的预算管理，包括对预算执行情况的跟踪、分析、评价和考核；第三，搞好月度、季度的结算和年度决算。通过预算控制，避免浪费和损失，增产节约、增收节支。

2）进行资金的有效管理，提高资金使用效率

资金是企业品牌培育各项活动能有效运行的“血液”。资金运动不畅或短缺，活动就会受到阻碍。企业应以资金管理为中心，加强资金管理，加速资金运转，提高资金的增值能力。

3）以管理会计为基础，进行成本费用控制

管理会计是一个对信息进行搜索、分类、汇总、分析和报告的管理系统。现代企业

的经营思路不仅在于眼前利益，而且着眼于企业长远规划和战略思考。财务管理要以管理会计为基础，建立会计核算体系，以正确反映企业财务管理情况和经营成果。成本费用控制是指对企业成本费用计划执行过程中的监督、检查、纠偏活动，是企业成本费用管理的重要环节。它是保证目标成本和成本费用计划实现的重要措施；是保证成本费用核算真实准确的必要条件；是促进降低成本费用的有效途径。

【案例 20】

秦池酒业

秦池酒厂的前身是 1940 年成立的山东临朐县酒厂，新中国成立后一直是小型国有企业。20 世纪 80 年代至 90 年代初，秦池酒厂年产量仅保持在万吨左右，一直经营不善，连年亏损，处于倒闭的边缘。

1992 年，王卓胜临危受命，接任秦池酒厂厂长。1993 年，王卓胜一方面抓好成品酒质量，另一方面亲自北上，在沈阳市场，通过一系列广告、公关战略成功地树立了秦池酒的知名度和市场形象。当年秦池酒成为沈阳市场头号热销酒，王卓胜大获全胜，同时也对酒厂的未来增添了更多的信心。1994 年，王卓胜乘胜追击，成功打开了整个东北市场的局面，在东北三省，秦池酒的良好质量、品牌形象和公关、广告给人们留下了深刻的印象，在大区域内，秦池首获成功。1995 年，秦池向全国推广成功经验，先后进军西北、中原、华南市场，大获全胜，销售业绩连续 3 年翻番。同年底秦池集团成立。1995 年，秦池的发展可以说上了一个台阶。但是秦池发展的基础仍是脆弱的，它依靠的只是暂时人为因素带来的市场成功。与其他大厂相比，秦池酒一没有全国范围内的质量美誉度，二没有可以与老厂相媲美的品牌及其形象，应该看到，秦池的成功只是暂时的成功，它的基础还很不稳固。与此同时，虽然秦池成立了集团公司，但是工厂设备、造酒工艺并没有发生实质性、大的改变，所以秦池在未来的发展上一方面需要抓好市场，确保销路，另一方面还急需扩大生产能力，改进生产工艺。秦池选择了一条充满风险，同时又满怀希望的渠道：争夺 1996 年 CCTV 标王。1995 年，秦池酒产量 9600 吨，实际销售 9140 吨，当年销售收入 1.8 亿元，利税为 3 千万，而据测算，1996 年标王额在 6000 万元以上，也就是说，如果秦池最终中标，那么 1996 年秦池必须保证当年产、销量要达到 2 万吨，销售收入必须突破 3.6 亿元，否则，等待秦池的将是巨额亏损。在这种重要决策关头，王卓胜和秦池人没有退缩，毅然走上了这条惊险的阳光大道。

1995 年 11 月 8 日，秦池以 6666 万元的最高价击败众多对手，勇夺 CCTV 标王。成为 CCTV 标王，为秦池带来了巨大的影响和声誉。经新闻界的一再炒作，秦池在全国一夜之间由无名小辈变成公众明星，产品知名度、企业知名度大大提高，使秦池在白酒如林的中国市场成为名牌。在此基础上，全国各地商家纷纷找上门来，在很短的时间建立起布满全国的销售网络。在有利条件下，秦池的价格，物流资金等有了更大的回旋空间，单产利润也提高了，秦池迅速形成了全国市场的宏大格局。秦池在 1996 年度广告投入巨大，经营上的业绩充分体现了标王的巨大宣传作用。同时我们用企业管理的眼光冷静地来看待秦池的 96CCTV 标王。1996 年预期销量并没有超过酒厂的生产能力，秦池酒是在原配套生产线，原生产程序、工艺和原有熟练工人的操作下生产出来的，酒的质量公众是感到比较放心的。另一方面，秦池虽然在广告上的绝对投入要大一些，但秦池已通过典型的秦池模式造就了广阔市场，通过扩大产品销量降低了单位产品的广告费用，产品成本不升反降，再加上品牌效应对价格的影响，利润率自然提高了。

由以上分析，96CCTV 标王给秦池带来的是一系列竞争上的优势：品牌优势、形象优势、市场网络优势、价格优势、利润率优势。1996 年秦池不再像以前那样需要自己去争取，而是别人找上门来，秦池没有什么理由不走向成功。这一年秦池销售额比 1995 年增长 500%以上，利税增长 600%。秦池完成了从一个地方酒厂到一个全国知名企业的大转变。

1996 年，秦池取得了决定性的绝对成功，但是，是否可以认为秦池以后的市场状况会一直这样持续下去呢？是否可以肯定秦池已在中国白酒市场新一轮的竞争中站稳了脚跟呢？

让我们再来看看秦池经营模式的循环圈，秦池经营模式能形成良性循环的关键环节是投入的大量广告、宣传能转变为现实的巨大市场需求，这是降低单位产品广告成本、赢得利润的关键。一旦这一环节发生中断，投入的大量广告没有产生预期的效果，秦池将面临灭顶之灾。而秦池虽然在 1996 年广告铺天盖地，品牌知名度直线上升，但与其他名酒，大厂相比秦池酒缺少稳固的市场美誉度。也就是说：一旦秦池不做广告，可以肯定的是销售业绩会直线下跌，而不会像“五粮液”“杜康”等历史名酒一样虽长期不做广告但市场依然稳定。可以说，秦池的市场业绩是广告炒作出来的，不具备长期的市场导向功能。清醒地认识到这一点，认识到秦池酒 1996 年的风光只是暂时的彩色肥皂泡，众多企管人员就不必再为秦池的衰落而扼腕叹息。

认识到秦池的繁荣只是泡沫繁荣并不是肯定秦池将要面临必然的衰亡，笔者只是肯定 1996 年的秦池是本身发展在一段区域时间内的最高点，如果把握得好，秦池将会从顶峰适度回落，但仍会保持强劲发展势头。1996 年年底，秦池最突出的矛盾已不是市场开发能力的不足，而是秦池酒的生产能力的不足，即面临着改进生产工艺，扩大生产规模，提高秦池酒内在质量的迫切问题，这时的秦池集团，本应在 1997 年标王争夺中激流勇退，将经营管理的重点回转，利用 1996 年的资金积累，真正在提高秦池酒的竞争力方面下工夫，改进生产工艺，扩大或增加生产线，培训熟练技术工人等，同时在中央电视台保持适度广告以维持市场。但是出于短期的经济利润思维，出于维持秦池酒虚幻地位的虚荣心理，秦池进行了争夺 97CCTV 标王的豪赌，其结果必然是自掘坟墓，自己把自己送上灭亡的道路。如果当时秦池的决策层和主管领导有更敏锐的经济头脑，真正为秦池的长远发展而深思熟虑，今日中国的白酒业将多一个响亮的名牌。

1996 年 11 月 8 日，秦池集团以 3.2 亿元的天价卫冕标王。与首夺标王的反应截然不同的是舆论界对秦池更多的是质疑，要消化掉 3.2 亿元的广告成本，秦池必须在 1997 年完成 15 亿元的销售额，产、销量必须在 6.5 万吨以上。秦池准备如何消化巨额广告成本？秦池到底有多大的生产能力？广告费会不会转嫁到消费者身上？消费先知先

觉者和理论界都充满了疑问。

1997年年初某报编发了一组三篇通讯，披露了秦池的实际生产能力以及收购川酒进行勾兑的事实。这组报道被广为转载，引起了舆论界与消费者的极大关注。由于秦池没有采取及时的公关措施，过分依赖于广告效应，因此，在新闻媒体的一片批评声中，消费者迅速表示出对秦池的不信任。秦池的市场形势开始全面恶化。

1997年，尽管秦池的广告仍旧铺天盖地，但销售收入比上年锐减了3亿元，实现利税下降了6000万元。1998年1月—4月，秦池酒厂的销售额比1997年同期下降了5000万元。1996年年底和1997年初加大马力生产的白酒积压了200车皮，1997年全年只卖出一半，全厂的多条生产线现在也只开了四五条，全年亏损已成定局。曾经辉煌一时的秦池模式成为转瞬即逝的泡沫。

（资料来源：罗敏．秦池：一杯仍值得品味的兴衰酒［J］．科技创业，2009）

2.6.3 人力资源

> **6.3 人力资源**
>
> 组织应创造并保持使员工充分参与品牌培育活动的内部环境，并确保员工认识到所从事活动与品牌培育的相关性，以及如何为实现品牌培育目标做出贡献。
>
> 组织应确保与品牌培育有关的职责和权限得到规定和沟通。基于适当的教育、培训、技能和经验，从事品牌培育工作的人员应是能够胜任的。
>
> 最高管理者应指定一名管理人员，无论该成员在其他方面的职责如何，应具有以下方面的职责和权限：
>
> a）确保品牌培育管理体系所需的过程得到建立、实施和保持；
>
> b）向最高管理者报告品牌培育的绩效和任何改进的需求；
>
> c）确保在整个组织内提高品牌意识。

【解读】

企业应创造并保持使员工充分参与品牌培育活动的内部环境，并确保员工认识到所从事活动与品牌培育的相关性。通过对员工进行培训，与员工分享品牌背后的努力和策略，对支持品牌建设的员工给予回报和鼓励。最重要的是员工参与到培育和建设品牌的工作中，企业致力于将品牌理念和品牌承诺植入员工的意识里，让员工分享品牌理念、参与品牌培育，将企业的品牌承诺体现在每一个员工的工作上，并希望在员工的意识和行为上表现出来。

1. 人力资源规划

人力资源规划涉及把一个企业的人力资源管理实践和它的战略性品牌培育的业务需求相结合，而这种联结已经被品牌战略规划过程识别出来，人力资源规划也许需要同时在短期和长期（3年或更长）的基础上加以制定，其目标是为了确保无论企业的品牌培育工作在何时何地有需要时，拥有合适特点和技能的人力能够派上用场。通过人力资源规划这一程序，企业都能够制订出一份人力资源未来需要的清单和一个满足这些需要的计划。包括：

（1）总计划：陈述人力资源计划的总原则、总方针、总目标。

（2）职务编制计划：陈述企业的组织结构、职务设置、职务描述和职务资格要求等内容。

（3）人员配置计划：人员配置计划陈述企业每个职务的人员数量，人员的职务变动，职务人员空缺数量等。

（4）人员需求计划：通过总计划、职务编制计划、人员配置计划可以得出人员需求计划。需求计划中应陈述需要的职务名称、人员数量、希望到岗时间等。

（5）人员供给计划：人员供给计划是人员需求计划的对策性计划。主要陈述人员供给的方式、人员内部流动政策、人员外部流动政策、人员获取途径和获取实施计划等。

（6）教育培训计划：包括教育培训需求、培训内容、培训形式、培训考核等内容。

（7）人力资源管理政策调整计划：计划中明确计划期内的人力资源政策的调整原因、调整步骤和调整范围等。

（8）投资预算：上述各项计划的费用预算。

最高管理者应指定一名管理人员，该管理人员最好是全职负责企业的品牌培育工作。在业主负责制品牌组织里他理所当然是企业的负责人，职能制品牌组织里他应该是总裁办或者是主管营销的副总经理，品牌经理负责制组织里他就是品牌经理，品类经理负责制组织里他就是品类经理，客户经理负责制组织里他应该是客户经理，区域经理负责制组织里他就是区域经理，在品牌事业部制组织里他就是事业部的老总。无论该成员在其他方面的职责如何，都应该确保品牌培育管理体系所需的过程得到建立、实施和保持，确保在整个企业内提高品牌意识并向最高管理者报告品牌培育的绩效和任何改进的需求。

2. 人力资源保证

通过人力资源规划的过程，一个企业能够为正在和将要开展的品牌培育工作产生一个未来人力资源需要的清单（也就是未来工作的空缺和需要哪些类型的人去填补空缺）和一个满足这些需要的计划。为了推知其人力资源的需要，一个企业首先要预测它的人力资源的需求（即：在未来的某一时间点上完成该企业的工作所需要的人员数量和类型），然后再预测企业的供给（也就是预期已经被补充的岗位）。这两个预测间的不同之处意味着企业的人力资源需要。

1）需求预测

需求预测包括对企业在品牌培育工作的某个未来的时间点上需要多少数量和类型的人进行预测。需求预测有两种一般方法：统计学的方法和判断的方法。

2）供给预测

当需求预测完成之后，企业便获得了一个关于在特定时间点上为完成它的品牌培育工作所需要的职位数目和性质的好想法。然后它要估计一下那时候有哪些位置会得到补充。用来作出这一预测的过程叫做供给预测。

供给预测有两个步骤。在第一步中，企业把它的职位按头衔、职能和责任等级进行分组。这些组合应该反映雇员们期望升迁的职位级别。举例来说，营销管理类可能包括的工作头衔为市场调研助理、市场推广助理以及营销总监之类的职位。

供给预测的第二步是估计：在每个职位类别里，在制订计划期间有多少雇员将留在他们的职位上，有多少雇员将离开而到其他的职位上（例如，通过调任、晋升和降职），以及有多少将离开企业。这些预测部分以过去的流动率趋势（例如流动与提升的比率）为基础。企业还应该考虑任何关于合并、购买、单位或事业部的削减、解雇、裁员和缩小规模，甚至是敌对性接管的计划。

3. 人力资源的培训与开发

为长期战略绩效和近期绩效提升做贡献，确保企业成员在企业品牌战略需要和工作要求环境下，有机会、有条件进行个人绩效提升和经验阐释。培训开发有助于改善企业的绩效，有助于增进企业的竞争优势，有助于提高员工对企业的认同感和归属感，有助于培育企业文化。培训集中于现在的工作，而开发则是雇员们对未来工作的准备。

培训规划是指对企业企业内培训的战略规划，企业培训规划必须密切结合企业的品牌培育的工作实际，从企业的人力资源规划和开发战略出发，满足企业进行品牌培育所需要的资源条件与员工素质基础，考虑人才培养的超前性和培训效果的不确定性，确定职工培训的目标，选择培训内容、培训方式。

要做好人力资源的培训与开发，需注意以下几点：领导重视；要让员工认同培训；做好外送培训的组织工作；培训经费上的大力支持；制定奖惩措施。

为品牌培育工作所开展的企业人力资源的培训与开发要服从和服务于企业的品牌培育战略；在培训之前为受训人员设置明确的目标，有助于在培训结束之后进行培训效果的衡量与提高培训的效果；差异化培训，根据员工的实际水平和所处职位确定不同的培训内容，进行个性化的培训；讲究实效，注重培训成果的转化，培训结束后企业应当创造有利条件帮助员工实践培训的内容，要将培训和品牌培育工作结合起来；坚持效益最大化。

2.6.4 供方和伙伴

6.4 供方和伙伴

6.4.1 总则

伙伴可能是与品牌培育相关的产品和服务的提供者、技术和财务机构、政府和非政府组织或其他利益相关方。伙伴可能提供各种类型的资源。

组织与其伙伴是独立、互利的关系。当组织发展伙伴关系时，应该考虑的问题包括：

a）与伙伴分享信息，适当时使其贡献最大化；

b）支持伙伴，并为其提供资源；

c）与伙伴分享利润或者共同承担损失；

d）提升伙伴的品牌价值和绩效表现。

6.4.2　选择、评价和改进供方和伙伴的能力

组织应当建立并保持程序，识别、选择、评价其供方和伙伴，以持续提升他们的能力，确保其提供的产品或者其他资源满足组织品牌培育的要求或期望。

组织应与其供方和伙伴以定期的评价和业绩的反馈为基础，加强与供方和伙伴的关系，并考虑短期和长期目标的平衡。

【解读】

1. 供方与伙伴的管理

供应商关系管理是用于建立商业规则的行为，是企业为实现盈利而对于和不同重要性的产品/服务供应商进行沟通的必要性的理解。旨在改善企业与供方、伙伴之间关系的新型管理机制，目标是通过与供方和伙伴建立长期的、紧密的业务关系，并通过对双方资源和竞争优势的整合来共同开拓市场，扩大市场份额，降低产品居高不下的成本，实现“双赢”的企业管理模式。

2. 供方和伙伴的确定原则

基于“相互独立”“互惠互利”的原则，企业应：

（1）在对短期收益和长期利益综合平衡的基础上，确立与供方和伙伴的关系。任何一个企业都存在着众多的供方和伙伴。企业与供方和伙伴存在着相互的利益关系。为了双方的利益，企业应考虑与供方和伙伴建立伙伴关系或联盟关系。在这种情形下，企业既要考虑短期的利益也要考虑长期合作所带来的效益，尤其是要考虑在提升自我品牌价值的同时，也能够带领供方和伙伴的品牌价值一起获得提升。

（2）与供方和伙伴共享信息、技术和资源。充分意识到企业与供方和伙伴的利益是一致的，是实现这一活动的关键。由于品牌和市场竞争的加剧和相关方需求越来越高，企业之间的竞争不仅仅取决于企业自身的能力，同时也取决于供方过程的能力。在这种情况下，企业应考虑适当时让关键的供方和伙伴分享自己的信息、技术和资源，并适时使其贡献最大化。

（3）保持与供方和伙伴清晰与开放的沟通。企业与供方和伙伴的相互沟通，将使双方减少损失，最大限度地获得收益。企业应建立有利于沟通实施的正式的沟通方式和渠道，沟通的信息包括企业的品牌战略和规划，企业对供方和伙伴的期望等。

（4）与供方和伙伴分享利润和共同承担损失。任何的经营活动都会有风险，特别是塑造品牌的活动是一个长期系统的工程，获利是一个长远的预期且其中的风险是难免的，企业必须与其供方和伙伴建立利润共享风险共担机制，以保证品牌培育活动正常开展。

（5）对供方和伙伴所做出的改进和取得的成果进行评价并予以鼓励。实施这一活动将会进一步促进企业与供方和伙伴的密切关系，增进供方和伙伴改进产品的积极性，增强双方创造价值的能力。

（6）提升供方和伙伴的品牌价值和绩效表现。互助共赢的关系还表现在将供方和伙伴的品牌资产和绩效指标纳入到自身的战略体系，在共同推广品牌以及获得市场收益方

面，做到互促互进，在提升自己品牌价值和市场收益的同时，也能有效地帮助供方和伙伴创造价值。比如Intel公司的“Intel Inside”计划，不但有效提升了自身的品牌价值和市场销量，也让供应商和销售渠道获益甚丰。

3. 供方和伙伴选择的评估体系

一般供方和伙伴选择评估采用以下步骤：

1）客户的调查、分析及供方和伙伴质量战略的制定

企业必须满足客户的要求，客户对品牌的需求主要反映在产品质量和服务的感受等方面，企业根据客户的要求制定企业技术标准、质量标准和服务准则等。企业必须对客户情况进行深入的调查，进行市场分析研究，了解目标客户的真正需求，结合行业环境、竞争者情况、企业情况等的分析，制定企业产品的质量定位，从而制定与之相适应的供方和伙伴质量管理战略。

2）多个供方和伙伴的调查和分析

全面综合评估现有每个供方和伙伴的情况，明确哪些供方和伙伴需要和其建立战略伙伴关系，哪些需要进一步改善，哪些需要引入竞争机制等。

3）成立供方和伙伴评估小组

企业的相关部门（如与供方有关的采购部、技术部、品质部和与合作伙伴有关的行政部、公共关系部和营销部等）可以通过各种信息来源寻找供方和伙伴，一般情况下，主要信息来源有商品目录、行业期刊、各类广告、现有供方和伙伴的介绍、因特网、业务联系以及采购和市场部门的记录等。供方和伙伴的选择不只是一个或几个部门的事情，而是企业的集体行为，需要相关部门共同参与讨论，获得各个部门的认可。

4）初步评估新供方和伙伴

（1）初步评估新供方

企业制定供方评估标准，供方评估标准是对供方进行综合评价的依据，能反映供方的生产经营情况，初步评估供方是否有能力合作，能否可能成为合格供方，双方有无建立长期合作的关系的基础等。

（2）初步评估新合作伙伴

在与供应商进行合作后，为了及时了解与供应商的合作情况，决定是否和供应商继续合作以及考察哪些地方需要改进，应该及时合理地对供应商做出评价。只有不断地对供应商监督、控制才能不断完善供应链，使其保持更强的竞争力。

评价合作伙伴的一个主要工作是调查、收集有关合作伙伴的生产运作等全方面的信息。在收集合作伙伴信息的基础上，就可以利用一定的工具的技术方法进行合作伙伴评价。供应商的评价可以把评价值与供应商历史最高值进行比较，如果本期评价值低于历史最高值，就要通知供应商，督促他们改进；如果评价值历史最高值，就要刷新历史记录，对供应商给予适当的奖励，希望他们再接再厉，再创佳绩。

5）实施合作关系

企业与供方和伙伴是独立、互利的关系，在条件允许下，应提供证据说明供方和伙伴为企业的品牌培育做出的贡献。企业与供方和伙伴的良好合作交流将最终促使企业与供方和伙伴均增强创造价值的能力，优化成本和资源，对市场或顾客的要求联合起来作

出灵活快速的反应并最终使双方都获得效益。

【案例 21】

平常渠道非常控制——娃哈哈集团市场营销案例

娃哈哈的营销队伍走的是一条"联销体"路线。跟其他一些大型企业相比，娃哈哈在全国各地的营销员少得让人难以想象，只有 2000 人，而且宗庆后还表示，他不会让这个人数有太大的突破。

纵观娃哈哈 15 年发展历程，其营销模式经历了三个不同的阶段。

第一阶段：与国营的糖酒批发公司及其下属的二、三级批发站紧密合作，借用其现有的渠道进行推广。

第二阶段：20 世纪 90 年代中期，随着沿海省份各种专业及农贸市场的兴起，个体私营的批发商以其灵活多变的机制优势把国营糖酒公司原有的渠道网络冲得七零八落，中国农村城镇市场出现了一个大重组，娃哈哈及时顺应这一变化，与各地市场中的大户联手，很快编织起一个新的、无比灵活的市场网络。正是通过成千上万个大小经销商，娃哈哈的产品渗透到了大江南北的每一个角落。到了 1996 年前后，随着中国保健品、饮料市场的繁荣，越来越多的民营企业加入战团。它们纷纷仿效娃哈哈，向农贸和专业市场大力进军，连可口可乐这样的跨国品牌也开始把营销重心下移，在县级市场与娃哈哈一争高下。厂商与经销商的关系变得复杂微妙起来，其存在的弊端便一一浮出水面：首先是多头经销，公司无法控制市场；其次是冲货现象严重；第三是一旦市场出现暂时的滞销现象，都会造成恐慌性的降价。

第三阶段：即近两年发生的变化，娃哈哈开始淡出农贸市场，摒弃原有的粗放式的营销路线，进而开始编织自己的"联销体"网络。娃哈哈的营销组织结构是这样的：总部—各省区分公司—特约一级批发商—特约二级批发商—二级批发商—三级批发商—零售终端。其运作模式是：每年开始，特约一级批发商根据各自经销额的大小打一笔预付款给娃哈哈，娃哈哈支付与银行相当的利息，然后，每次提货前，结清上一次的货款。一批商在自己的势力区域内发展特约二批商与二批商，两者的差别是，前者将打一笔预付款给一批商以争取到更优惠的政策。

娃哈哈保证在一定区域内只发展一家一级批发商。同时，公司还常年派出一到若干位销售经理和理货员帮助经销商开展各种铺货、理货和促销工作。在某些县区，甚至出现这样的情况：当地的一批商仅仅提供了资金、仓库和一些搬运工，其余的所有营销工作都由娃哈哈派出的人员具体完成。

这是一种十分独特的协作框架。从表面上看，批发商帮娃哈哈卖产品却还要先付一笔不菲的预付款给娃哈哈——在某些大户，这笔资金达数百万元。而在娃哈哈方面，则"无偿"地出人、出力、出广告费，帮助批发商赚钱。

对经销商而言，他们无疑是十分喜欢娃哈哈这样的厂家的：一则，企业大，品牌响，有强有力的广告造势配合；二则，系列产品多，综合经营的空间大，可以把经营成

本摊薄；三则，有销售公司委派理货人员“无偿”地全力配合，总部的各项优惠政策可以不打折扣地到位。

当然他们也有压力，首先要有一定的资本金垫底，其次必须全力投入，把本区域市场做大，否则第二年联销权就可能旁落他家。

任何营销都是建立在信用基础上的危险游戏。相对于生产商自己招聘人马、全资编织市场网络，娃哈哈的联销体模式似乎更为经济和高效。各级大大小小的经销商一方面可以使娃哈哈迅速地进入一个陌生的市场，大大降低市场的导入成本，更重要的似乎还在于，这些与娃哈哈既为一体又非同根的经销商团队，是保证市场创新、增长和降低风险的重要力量。娃哈哈其实通过这种“制度建设”，实现了市场的制衡。而尤为重要的是，它避免了娃哈哈营销体系的风险。

（资料来源：吴晓波、胡宏伟．平常渠道非常控制——娃哈哈集团市场营销案例［J］．中国经营报，2001）

2.6.5 自然资源

6.5 自然资源

组织获取自然资源的能力是实现品牌培育目标的影响因素之一。组织应当考虑短期和长期获取、使用自然资源的风险和机会。

组织应在产品设计和开发过程中考虑环境保护的要求，采取措施降低环保风险。组织应在产品的全生命周期追求环境影响最小化。

注1：当自然资源成为组织竞争力和品牌定位的关键因素时，要把对自然资源的管理作为品牌培育的关键过程。

注2：降低环保风险的目的在于规避可能的信誉和品牌形象损害。这与环境管理体系（EMS）相关的要求有所区别，但并不矛盾。

【解读】

1. 自然资源的定义

自然资源是指在一定的时间条件下，能够产生经济价值以提高人类当前和未来福利的自然环境因素的总称。包括人类可以利用的自然生成物，以及形成这些成分的源泉的环境功能。

包括的资源有：土地、矿藏、水利、生物、气候、海洋等。

2. 自然资源的管理

当自然资源成为企业竞争力和品牌定位的关键因素时，要把对自然资源的管理作为品牌培育的关键过程。企业应当考虑短期和长期获取、使用自然资源的风险和机会。

3. 降低环保风险

产品是企业品牌的载体，企业品牌依附于产品，企业的品牌战略借助产品来实现，产品质量以及功能的实现是企业品牌竞争力的基础。而企业产品的生产或多或少都要消耗自然资源，这种资源有可能是富集的，也有可能是稀缺的，当自然资源的消耗到了一定的程度，势必会阻碍企业及其品牌的发展。

产品从投放市场到最后被淘汰有一个生命周期，依据产品销量或利润的高低将一个产品生命周期划分为四个阶段：即引入期、成长期、成熟期和衰退期（如图 2－43 所示）。

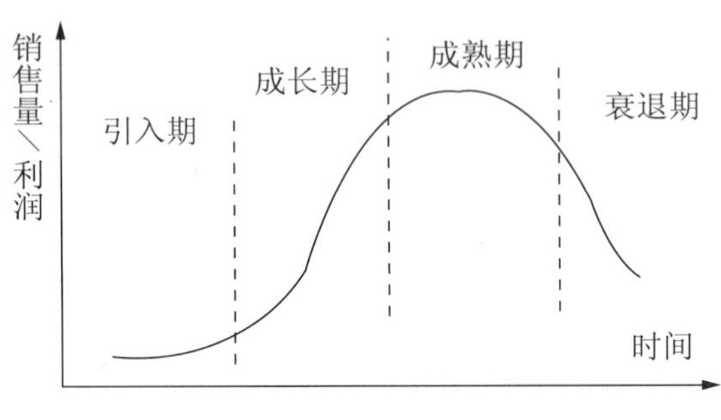

图 2－43　产品生命周期

在引入期，产品刚投入市场，竞争者较少，消费者对产品不够了解，销量增长缓慢，市场占有率较低，利润也较低。在成长期，新产品的功能为多数消费者所接受，销量开始明显上升，利润增加。受新产品利益的吸引，行业中开始出现竞争者。在成熟期，产品的销量和利润会达到最高值，并逐渐下降。市场中的仿制品和替代品逐渐增多，市场竞争趋于白热化。在衰退期，销量和利润继续下降以至亏损，企业会逐渐减少产量，市场中开始出现替代品。

企业将产品生命周期思想引入到环境成本，对产品各个环节的环境成本从源头上进行预测、计划、决策、控制和考核，从而有效地管理环境成本。企业在产品的设计开发、材料采购、加工生产、销售使用、回收利用、废弃处理等各个环节都需要获取大量的自然资源和能源，这会造成自然资源的耗竭，同时在整个产品生命周期排出的废气、废水、废渣和固体废弃物等也对环境造成了严重的污染，因此在对企业环境成本进行管理时，其对自然资源的控制和环境污染的预防应贯穿于产品生命周期的各个环节。

除此以外，在企业组织生产的价值链的各个环节，都需认真考虑资源的有效利用以及采取必要的措施有效降低环保的风险。

1）设计开发环节：生态设计

生态设计，也称绿色设计或生命周期设计，它是指利用生态学思想，将绿色经营的理念带给企业，在产品设计开发环节就综合考虑产品生命周期的各个环节对环境的影响，并通过设计上的改进使产品对环境的影响降到最低，同时考虑预防污染、节约资源、保护环境等因素；并强调将成本效益分析运用到产品设计方案的经济评价中，注重环境的投入与产出的关系，以实现企业经济效益和环境效益的最优，从而有效地控制环境成本。

传统的产品设计，只考虑了产品的基本属性（功能、质量、寿命、成本）而没有考虑产品的环境属性，很少或根本没有考虑到废旧产品的再回收利用，也没有考虑产品对

环境的影响。按传统设计生产制造出来的产品，在其使用寿命结束后就成为废弃物垃圾，回收利用率低，资源、能源浪费相当严重，特别是其中的有毒有害物质，会严重污染人类赖以生存的环境，影响企业生产发展的持续性。传统设计和生态设计的不同在于，传统设计只考虑生产成本，采用的是先污染后治理模式，对环境的响应是被动型，只追求企业内部经济效益最大化，对环境效益不刻意追求，可持续性比较低；而生态设计从生命周期角度考虑产品成本，采取的是污染预防，积极主动地考虑环境影响，追求企业经济效益和用户经济效益最大化，对生命周期环境损害最小化的目标，可持续发展能力强。

2）原材料获取环节：绿色采购

绿色采购是指企业在购买原材料时应选择对环境损害较小的环境材料，改善环境问题，并以此来推动绿色消费理念。现代的企业环境成本管理要求产品的材料在满足一般功能的同时，还应具有良好的环境兼容性和循环再生性。绿色采购的具体方法：

（1）建立绿色材料数据库

企业在采购原材料时，要选择兼顾环保效果和环保效益的材料，需要评估材料在生产、使用消费和再利用等各个环节产生的环境负荷，对此需要建立绿色材料数据库，首先，对每种材料进行编码，并记录材料名称及其来源、价格，即获取材料的成本；其次统计材料在生产使用中消耗的自然资源和能源数量即使用成本；然后统计材料在废弃环节所需花费的成本即处理成本；最后要考虑材料在产品生命周期各个环节对环境的影响。企业应派专人来管理此数据库，以随时为企业提供全面而完整的信息，从而可以更好地控制企业生命周期各环节的环境成本。

（2）评估和选择供应商

绿色采购在评估和选择供应商时不同于传统采购，因为它不仅要考虑材料或产品的质量、价格、服务、交货期和品种多样性等，还要重点考虑环境因素。因此企业应通过合理的评估，选择合适的绿色供应商，与其形成长期的环保型战略伙伴关系，从而实现原材料的绿色采购。在评估与选择供应商时，要把供应商纳入企业的环境管理体系，考虑其是否具备足够的履行环保责任的能力。

3）加工生产环节：清洁生产

所谓清洁生产，是指企业在生产过程中将产品生产和预防环境污染两者结合起来考虑，尽量使产品生产末端处于零污染状态，使自然资源和能源的利用最大化、企业经济效益最大化、环境成本最小化的一种全新的生产工艺。实施清洁生产是企业在产品生产环节进行环境成本控制的重要手段，是深化环境污染防治，实现可持续发展的根本途径，所以企业的清洁生产也是控制环境成本的重要环节。企业可从下列两个方面来实施控制：

（1）发展清洁技术。企业应选用先进的生产工艺，淘汰落后的技术，保证最大限度地利用自然资源、能源，从而减少废物和污染物的生产，减少对环境的负面影响，同时达到降低环境成本的目标。

（2）加强企业的规模生产。通过扩大企业生产规模，不仅有利于其采用更先进的技术及更环保的装备，而且有利于企业采用节能技术和节能设备，从而可以大大减轻环保压力，减少环境成本的支出，实现环境效益和经济效益的双重目标。对于企业来说环境问题不仅仅是生产环节的问题，更多的事实表明在设计开发环节、原材料采购环节、产品销售使用环节、回收利用及废弃环节产生的环境问题可能远比生产环节大得多。如对汽车行业来说，在其生产环节和使用环节对环境污染的比较分析说明，企业在使用过程中产生的环境污染比生产环节多得多，如果人们意识到这个问题，并从汽车开始生产的准备环节就对全过程所使用的原料、生产工艺以及生产完成后的产品进行全面的分析，对可能出现的污染问题进行事先预防控制，那么环境面临的危害就会大大减轻。

4）销售使用环节：绿色销售

所谓绿色销售，是企业为了降低产品在销售使用环节的环境成本而采用的环保包装、绿色物流、绿色营销的一系列的方法。绿色销售的控制措施包括：

（1）环保包装。产品生产出来后经过包装和销售进入流通领域，随着包装观念的流行，使得包装作为产品周期的一个环节显得越来越重要，目前产品包装物很多都是一次性包装或是为了卖出高价而做的精美的却是过度的包装，这种包装物对环境的污染表现在生命周期的各个环节，尤其是使用后的废弃物更是成为城市垃圾的重要组成部分，为了降低这种由包装物引起的污染我们应注意从以下几个方面着手：

①选择环保型包装材料。有些环保材料可以重复利用从而达到节约资源的效果，同时使用环保材料可以减少环境污染，企业应重点开发无毒、无污染、易于回收、可降解的包装原料及辅助材料。

②减少包装材料，以免过度包装。企业要优化包装物设计，使包装物在满足消费者使用要求的基础上，尽可能节省包装材料，现实生活中有很多产品本身的价值还不及产品包装物的价值，而且包装物也远远大于产品本身，这种过度包装的行为只为了使产品卖个好价钱，为某些人送礼拿得出手，但这样做不仅造成包装材料的浪费，对自然资源的浪费，而且使得物价虚高，同时也产生了更多的废弃物，污染了环境。

（2）使用绿色物流。企业应尽量简化供应及送配体系，并选择无铅燃料等节省燃料的运输工具，以及有环境污染控制装置的运输工具，从而减少运输过程中对环境的污染，这样可以降低产品在运输过程中的环境成本。

5）回收利用环节：变废为宝

产品的回收利用和上述所讲的包装物的回收利用是一个道理，是指对产品在销售给消费者并经其使用后所产生的废弃物进行回收利用或再循环利用。产品发挥完自己的价值后被丢弃，或是投入企业的资源、能源未构成产品实体，又或是没有被完全使用的残料，这些通常都会以废品、废渣、废气等形式出现，企业应尽最大努力做到减少这些废弃物的排放。这样做有很多好处，它不仅可以减少生产成本、原材料成本、能源和水成本、现场的废弃物处置成本，而且可以提高企业的经营效率，还可以通过销售可再利用的废弃物增加企业收入，同时保证企业员工不被废弃物影响健康。

为了使废弃物可以得到充分地回收和再循环利用，企业通常可以采取以下措施来控制环境成本：

（1）变废为宝。对于企业产生的废弃物通过采用一定的技术，将原本没有价值的旧物变成可再利用的有价值的新物质，即变废为宝。具体做法就是从企业排放的废品、废

渣、废料、废气中寻找经济效益，达到综合治理，不仅减少了废弃物的排放而且充分利用了资源，实现了企业的经济效益和社会环境效益的双重目标。例如某生产味精的企业，它们将小麦加工成味精、面粉，同时把加工过程中所排出的废料加工成优质的肥料和饲料，以便再利用。这种做法不仅减少了环境污染，而且还增加了企业的经济效益。

（2）以废治废。让两种本是废弃物的东西，通过某种相关性使其互相利用从而产生双赢的局面，即以废治废。这也是种非常好的减少废弃物的方法。例如，某企业和其附近的印染厂进行合作，利用印染厂的碱性污水对该企业烟囱进行脱硫，这种做法就达到了以废治废的效果，本来烟囱和碱性污水都是对环境有很大污染的，但通过这一方案使双方的环境成本都得到了降低，从而达到了双赢的效果。

6）最终报废环节：集中处理

随着工业技术的改进，产品的功能越来越全面，同时产品的生命周期也越来越短，从而造成了越来越多的废弃物消费品，这些废弃物消费品不仅造成严重的资源、能源浪费，而且成为固体废弃物和污染环境的主要来源。对于那些完全无用的废弃物，在初步处理时需进行填埋、焚烧；或者可以集中在一起进行处理，如产品最后阶段产生的污染废弃物可与以上各环节产生的污染废弃物统一考虑，统一规划，集中处理，这样做无疑会减少各种重复或多余的处理费用，并节约污染物处理系统的投入和营运成本，从而降低环境成本。

【案例22】

农夫山泉的水荒

农夫山泉凭借先进的生产设备、优良的水源和一系列成功的市场策划，一举登上了中国饮用水第三的宝座，树立了健康、高档的瓶装饮用水的市场形象，为农夫山泉今后的发展打下了良好的基础。但是，正是农夫山泉赖以成名的一系列与水相关的策划却为其进一步的发展带来了障碍。

千岛湖是中外知名的旅游胜地，也是国家一级水源保护地。借力于此，农夫山泉以“农夫山泉有点甜”为广告语，迅速取得了较高的知名度，树立了农夫山泉健康饮用水的良好形象。

农夫山泉就水源与水质相关的一系列策划虽为其带来了成功，但是，也为其带来了致命的限制——水荒。水源作为饮用水最为重要的原料，对品质的影响自不待言，但是，水源所在区域对其产品运输成本的影响同样巨大。

资料显示，农夫山泉瓶装饮用水的运输成本占其总成本的3/19。这也正是娃哈哈要在全国建立15个饮用水分厂的原因。对娃哈哈、乐百氏这样的纯净水生产厂家来讲，水源从未作为其策划与宣传的话题，其在全国任何一个地方选取水源对其产品品质的影响是微乎其微的。而农夫山泉借力水源的策划使其在参与全国市场的饮用水竞争中，不得不面对这一限制。因此，为了应对竞争，农夫山泉很谨慎地在东北靖宇县选了第二个取水源，该地的饮用水未采用新的品牌而是沿用了农夫山泉的牌子。这样消费者就有理由怀疑靖宇县的农夫山泉不再“有点甜”了。当然农夫山泉可能为淡化这一点，在瓶盖上做了小小的区分，而这使部分消费者质疑是否买到了假的农夫山泉。由此可见，在参与全国的竞争过程中，农夫山泉赖以成名的水源与水质严重限制了它在瓶装饮用水领域的竞争与发展。

已在消费者心目中树立了高品质形象的农夫山泉，通过大幅度的市场降价，欲采取高质低价的策略参与市场竞争。但苦于难以找到替代水源，农夫山泉又不能在全国广设生产分厂，这就使得农夫山泉难以有效降低销售成本。可以预见，农夫山泉高质低价策略在市场竞争中将面临极大的考验。

农夫山泉在企业筹划的初期很可能没有料到为其取得市场竞争优势且取之不竭的千岛湖水会成为限制其参与市场竞争的资源。如果农夫山泉没有挑起那场自然水与纯净水之争，可以想见今天的农夫山泉就不会为水所困，在其他地方取水也很可能不会影响其基于千岛湖水而在消费者心目中形成的高端定位。因此企业对其所拥有的资源应充分考虑市场竞争的态势，辩证看待资源的优势。

（资料来源：袁安府、范柏乃．农夫山泉的水荒［J］．企业管理，2003）

2.6.6　知识、信息和技术

> **6.6　知识、信息和技术**
>
> **6.6.1　总则**
>
> 组织应当建立、实施和保持过程，将与品牌相关的知识、信息和技术作为重要资源来进行管理。这些过程应包括对上述资源如何识别、获取、使用、维护、保护等活动。适宜时，组织应与相关方分享这些知识、信息和技术。

【解读】

企业应通过建立、实施和保持过程，收集品牌相关的知识、信息和技术作为重要资源来进行管理。通过收集可靠和有用的数据，将数据转化为品牌培育过程中进行评价和决策所必需的信息。通过识别、获取、维护以及保护与品牌培育相关的知识库，以满足企业当前和未来的需要，这四个相互联系的方面，构成了知识、信息和技术资源在企业中流转的全过程。适宜时，企业还应考虑如何从内外部渠道获取满足品牌培育所需的知识、信息和技术，并确保重要知识的有效沟通和分享。有效收集和管理品牌知识、信息和技术，实现品牌知识、信息和技术的共享。

1. 知识

> **6.6.2　知识**
>
> 组织应识别、建立、维护并保护与品牌培育相关的知识库，以满足组织当前和未来的需要。组织还应考虑如何从内外部渠道获取满足品牌培育所需的知识，并确保重要知识的有效沟通。

【解读】

知识是一种能够改变某些人或某些事物的信息，既包括使信息成为行动的基础方法，也包括通过对信息的运用使某个个体（或机构）有能力进行改变或进行更为有效的行为方式。

企业的知识管理包括知识获取、知识转移、知识应用和知识创造四个相互联系的方面，构成了知识资源在企业中流转的全过程。

企业应识别、建立、维护并保护与品牌培育相关的知识库，以满足当前和未来的需要。企业还应考虑如何从内外部渠道获取满足品牌培育所需的知识，并确保重要知识的有效沟通和分享。有效收集和管理品牌知识，实现品牌知识共享。品牌知识管理，要从系统问题解决制度规范，建立问题品牌知识管理库，通过电子文档及书面文件保存档案，定期适时召开品牌知识交流讨论会，通过建立信息化从业人员稳定沟通平台，实现品牌知识传承、经验共享。同时企业对新上岗员工进行专业的品牌知识培训，定期对专业系统品牌知识培训。明确品牌知识管理归口部门、内容、流程、技术、激励机制和管理制度等方面对品牌知识收集整理、知识传播分享、知识创新、知识应用进行管理。

2. 信息

6.6.3 信息

组织应建立、实施和保持过程，以收集可靠和有用的数据，并将数据转化为品牌培育过程中进行评价和决策所必需的信息。该过程应包括数据和信息的存储、传递、维护和使用等活动。

组织应确保与品牌培育相关信息的完整性、保密性和可获得性。

【解读】

信息是指经过加工处理，能对人们各项具体活动产生影响的数据资料。

信息化建设是一个庞大的系统工程，是支撑企业战略规划的主要数据来源，应围绕企业战略、企业目标，根据企业实际情况持续地进行信息系统建设、优化、集成。通过长远规划，有计划、分阶段地进行，将企业的文化、知识、业务、数据信息等囊括在信息系统中，进行数据挖掘分析，为企业决策提供重要参考依据。

企业应建立、实施和保持过程，以收集可靠和有用的数据，并将数据转化为品牌培育过程中进行评价和决策所必需的信息。该过程应包括数据和信息的存储、传递、维护和使用等活动。设立品牌知识档案管理部门，对企业重要品牌资料严格按档案管理制度管理；对品牌相关数据、信息除了必要的纸介质存档，还备份有电子文档刻录在光盘上，存放于两地备份，同时设立品牌系统问题知识库，对企业品牌使用手册、文档、方案进行制度管理；对重要信息同时备份有纸介质存档和电子文档，供相关人员参考学习。通过多种措施的实施，确保企业品牌知识培育过程中的信息和知识的完整性、及时性、可靠性、安全性、准确性和保密性。

企业还应提供相关证据说明知识、信息和技术的定期评审方式和结果。根据品牌培育战略目标和业务需求，将产品品牌培育的销售、市场营销、物资采供、库存、生产计划、财务、人事等相关信息，及时、准确地提供给各级管理者和操作者，有效反映企业品牌培育的现状。通过和合作伙伴及顾客形成信息交互系统，构成市场具有特殊竞争力的品牌培育产业链和价值链，使各相关方共同受益。

3. 技术

> **6.6.4　技术**
>
> 组织应建立、实施和保持过程，以识别和管理与品牌培育有关的技术，提高相关产品的知识产权含量。组织在识别和管理技术时需要考虑：
>
> a）组织内外部当前的技术水平和未来趋势；
>
> b）经济成本和效益；
>
> c）技术变革的风险；
>
> d）竞争环境。

【解读】

技术是人类在生产活动中的技艺能力或技能，是指导物质生产过程的科学或工艺知识，技术就是技能、工程科学、生产过程和手段。一个产品和品牌的市场竞争力很大程度上取决于其技术的先进性。

要加强技术管理，以便有效支持企业的品牌培育工作，必须做到以下几点：

1）形成以市场需求为导向的技术管理运行机制

首先，要围绕市场制定技术发展战略。企业必须预测市场潜在需求，围绕市场制定技术发展战略，为企业技术管理和技术创新提供长期指导，为企业技术进步和发展提供动力。

其次，建立面向市场的技术管理科学决策机制。第一，必须强化信息收集与管理，企业自身必须高度重视信息对技术管理的作用，成立专门机构，完善信息网络，建立信息反馈系统，跟踪国内外科技发展动态和试产演变趋势，及时、准确、快速收集、捕捉各类信息，特别是与本企业技术发展相应的信息，并进行优化和处理，为科学技术管理决策提供依据。第二，必须建立科学决策制度。根据掌握信息，综合企业自身实际，在考虑经济成本和效益的前提下，对技术管理各种因素（如投资能力、盈利水平、资源条件、技术开发能力、生产技术基础、销售服务能力等）进行综合分析和判断。第三，必须建立决策执行系统。在决策做出后，必须迅速贯彻落实指令，必要时可根据市场变化情况做出相应调整，并对落实效果负责。

第三，加快企业技术开发中心建设并发挥好技术创新的核心作用。企业发展和技术进步需要创新，企业是技术创新的主体，企业技术开发中心建设是企业技术创新能力的关键环节和技术管理体系的重要内容。必须加大研究开发投入，建设好技术开发中心，使技术开发中心能发挥好技术创新核心作用，形成适应市场竞争要求和企业发展需要的企业技术开发和技术管理体系，从根本上提高中小型企业的市场竞争能力和发展后劲。

最后，强化技术创新的管理。先进的技术必须有先进的管理才能出效益。因此，企业必须对技术创新全过程进行严格管理，并且随技术水平的高低、规模大小调整经营管理方式，提高经营管理者素质，以适应技术创新的需要。同时，在技术的选择上避免盲目性，在技术的论证上避免不实性，在立项的决策上避免草率性，在项目的实施上避免混乱性，尽可能减少技术创新和变革的风险。

2）培育企业技术核心能力

企业通过特有技术要素和技能或各种要素和技能的独特组合来创造具有自身特性的技术，以产生稀缺的、不可模仿的技术资源的企业能力。就企业核心技术而言，一般具有某些特性，如难以模仿性——某些核心技能本身就是由企业独有的稀缺资源以及对这种资源的运作能力所构成的，有的甚至是无形的或者具有环境匹配性、整体组合性以及专利保护等，其他企业很难有效地模仿；难以替代性——核心技术往往是一组先进技术的和谐组合，既包括先进技术本身，也包括保护、激活、使用和发展这种先进技术的能力。这种领先技术的有机整合及其对市场已形成的导向和控制等，往往使其他企业没有能力超越，或者在一定时期内根本无法实现超越。由于核心技术所具有的特性，在企业发展及其品牌培育中占据着至关重要的作用。企业要获得竞争优势，实现持续稳定发展，必须提高企业的核心技术能力；在完善和构建技术管理体系时，必须从技术核心能力的培育、积累和构筑来考虑。

3）建立有效激励机制推动技术管理体系建设

企业要提升技术创新和技术管理能力，就必须吸引更多的科研开发机构、高等院校进入技术关系体系，为其提供人才和信息上的支持。一方面，要在全社会范围推进科技资源的优化配置，促进和鼓励中小型企业与高等院校、科研院所建立开放的、稳定的合作关系，通过成果转让、委托开发、联合开发、共建技术开发机构等，开展多种形式的产学研联合，逐步形成以企业为主体、高等院校和科研院所广泛参与、利益共享、风险共担的产学研联合机制。另一方面，在产学研合作中，要注意处理好权益关系，重视权益的保护与分配，建立健全利益分配机制，保障各方合法权益。建立健全激励分配制度，不断发展壮大企业技术管理队伍。

【案例23】

华为公司的技术管理体系建设的现状及经验

华为的技术管理体系成功之处如下：

1. 始终坚持以市场为导向

华为是在激烈的市场竞争中创业和成长的，具有强烈的市场导向意识。华为让研发人员直接面向市场，直接对产品的市场成功负责，而不仅是对开发成果负责，并且从流程运作和考核机制上来保障这种导向。另外，针对国内研发人员普遍存在的重技术、轻管理、轻市场、缺乏商品化意识、缺乏成本意识等问题，华为特别注重强调研发人员要市场导向、业务导向，要成为“技术商人”。

2. 打造产品/技术平台和研发管理平台

“小公司靠创意，大公司靠平台”，华为一直非常重视平台建设。对产品创新而言，关键就是搞好产品平台和技术平台以及研发管理平台。华为现在的产品成千上万，但都源于一个“母亲”——那就是 CC08 数字交换平台，这样使得每个“家族”（产品线/产品系列）和“儿子”（具体的产品）都能够继承“母亲”的优良传统，从“母亲”那里吸收营养，容易尽快成长，而且各“家族”和“儿子”之间能够相互帮助、相互借鉴、相互提高。形成这种公司大平台支撑产品线平台，产品线平台支撑具体的产品开发的局面不是偶然的。

首先，华为在思想上非常重视平台化和重用思想。其次，在组织和流程上采用相对集中的产品线模式而不是相对分权的事业部模式，产品路标规划和产品开发流程中注重平台构造和技术共享，并建立了中央总体技术部门和产品线的技术管理部门，负责平台的整理、规划和管理，这与华为一贯坚持集团奋斗、团队协作的企业文化也是密不可分的。

产品平台的背后就是技术平台，尤其是核心技术。《华为基本法》明确指出：广泛吸收世界电子信息领域的最新研究成果，虚心向国内外优秀企业学习，开放合作、独立自主地发展领先的核心技术体系。这句话其实道出了华为在核心技术发展方面的战略思路。华为抱着开放合作的态度，虚心向别人学习，不是从零开始，而是站在巨人的肩膀上，更多地通过引进、消化、吸收的方法，然后进行再创新和集成创新，发展自主的专利技术体系。

在研发管理平台的建设方面，华为坚持不折不扣地学习西方先进的、成熟的研发管理模式和体系。从 1998 年开始，华为花了 5 年时间、数千万美元从 IBM 公司引进并实施了 IPD（集成产品开发）体系，使得华为在较短的时间内就打造了具有国际水准的研发管理平台，大大提高了产品开发能力。

3. 构建研发人员的动力机制

在动力机制方面，研发人员首要关注的是个人的发展和工作本身的吸引力。《华为基本法》明确指出：华为价值分配形式是，机会、职权、工资、奖金、安全退休金、医疗保障、股权、红利，以及其他人事待遇。

另外，华为非常重视各种精神方面的认可、鼓励和奖励。比如，研发主管通过各种方式对员工良好的表现和进步进行认可和表扬，根据评比的奖牌和奖杯，结合企业文化的各种荣誉奖（如创新奖、协作奖、攻关奖等），公开表彰等。

2.7　过程管理

> **7　过程管理**
>
> **7.1　总则**
>
> 品牌培育过程对于某个组织而言是特定的。对不同的组织，因其内外部环境、目标、产品、规模和结构的差异，品牌培育过程通常是不相同的。
>
> 每个过程中的活动应当被确定，并与组织的规模和特点相适应。组织应通过“过程方法”对过程进行管理，以保证其对于实现目标的有效性和效率。
>
> 组织应确定每个过程的管理者并明确其管理职责和权限。

【解读】

2.7.1 品牌培育过程的含义

品牌培育是指在动态了解企业营销环境和企业自身条件的前提下，根据品牌相对独立性和综合性，在致力于提高产品品质的基础上，同时致力于品牌定位、品牌设计、技术创新和产品开发、品牌传播、品牌更新和延伸、信誉和风险管理、品牌保护、品牌文化塑造这八大关键过程的计划和实施过程。品牌培育是企业为提升品牌价值而展开的旨在提高履行承诺能力、增强竞争优势，并使这一承诺和竞争优势被顾客获知和信任的全部活动。通过开展培训交流、指导评价、跟踪调研等活动，要达到总结提炼企业实施品牌培育管理体系、评价品牌培育能力的经验和案例、为地方和行业品牌培育提供技术支持的目的。对不同的企业，因其内外部环境、目标、产品、规模和结构的差异，品牌培育过程通常是不相同的。

2.7.2 品牌培育的过程方法

1. 过程方法的定义

过程方法是指为了产生期望的结果，由过程组成的系统在企业内的应用，连同这些过程的识别和相互作用，以及对这些过程的管理。过程方法的优点是对系统中单个过程之间的联系以及过程的组合和相互作用进行连续的控制。为使品牌培育活动有效运行，企业应当采用过程方法识别和管理众多相互关联和相互作用的过程，对过程和过程之间的联系、组合和相互作用进行连续的控制和持续的改进，以增强顾客满意和过程的增值效应。

品牌培育的过程管理是指企业通过“过程方法”对品牌培育的每个节点过程进行控制管理，以保证其对于实现目标的有效性和效率。

任何企业的存在都会通过一系列的过程（或流程）来为其客户提供产品或服务，通过提供的产品或服务来体现企业存在的价值。如果企业内这一系列过程混乱，没有系统性，同时，每一个过程运行效率又低，运行标准不确定，运行的目标不明确，流程与流程之间的接口错位，那么，企业最终提供给顾客的产品或服务将是不合格的，即使合格也是效率很低的。所以，过程管理对于企业的营运起到极其重要的作用。

如果您到一个政务中心，或者说到银行，看到办理业务的人员，人山人海，办理一个业务要花五分钟、十分钟、甚至有些要花半个小时，效率极低。办事的人员也手忙脚乱，没有固定的流程。同样，如果您到一个企业，看到工作人员忙得晕头转向，到处都在救火。这至少一半原因是流程出了问题。对于那些管理很好的标杆企业，一进工厂就看到各方面井然有序，人们大多在思考如何把效率提得更高，而不是处理一些突发事件，忙于“救火”，那么，这样的企业流程一定很清晰、顺畅，效率很高。

美国著名的质量管理专家戴明认为：“引起效率低下和不合格的原因主要是组织管

理流程问题而不是员工”。这说明，一个企业要提供有价值的产品或服务，必须要有一个流程清晰、目标明确、要求清楚的管理系统。然而可惜的是，在一些经济不发达的地区，相当一部分中小型民营企业，营运过程中缺少一个清晰高效的流程，员工做事都凭感觉，老板做决策凭经验，凭资历，更谈不上用数据作为决策的依据。这样将导致管理结果偏差甚至根本不受控。

2. 过程方法的应用

在应用过程方法时，应强调以下方面的重要性：

（1）理解并满足要求：任何一个过程，开始前必须要了解这个过程的作用是什么，为顾客提供什么样的价值，也就必须先准确了解顾客的要求，根据其要求设计所需的过程，否则这样的过程是无用的。

（2）需要从增值的角度来考虑过程：对于一个过程，除了要明确顾客要求而外，以顾客要求为出发点，同时必须要考虑过程本身是否是增值的。不增值的过程就是浪费，要杜绝不增值的过程运行而耗费资源。

（3）获得过程绩效和有效性的结果：对一个过程除了要有效果还要有效率，也就是说花很大的成本满足了顾客要求，虽然达到了效果，但是投入和产出比很差，其效率也很差的，这样的过程是需要改善的过程。

（4）基于客观测量的基础上，持续改进过程：过程的表现，需要进行监视和测量。一方面，确保过程的输出满足顾客的要求；另一方面，监视和测量过程的关键绩效指标（KPI），以确保过程的效率。对于监视和测量的结果，要进行持续的改进。以增强顾客的满意，以及不断提高过程的效率。

2.7.3　品牌培育过程管理的实施

实施过程方法能使得企业有效地使用资源，降低成本，提高效率。在获得目标预计结果的同时，还可以按过程中要素的次序进行改进。实施过程方法一般按图 2 - 44 所示步骤进行。

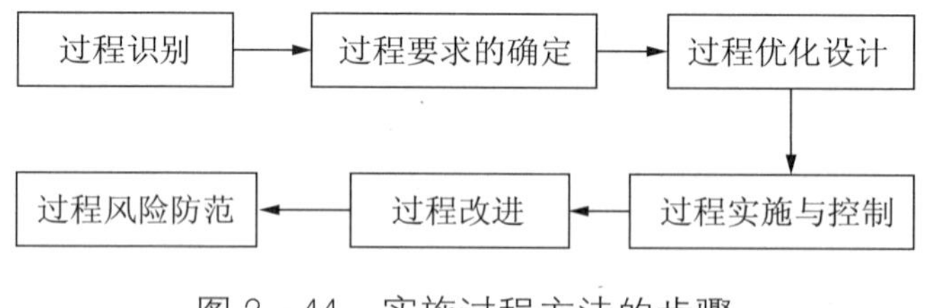

图 2 - 44　实施过程方法的步骤

为了取得预期的结果，使用适应企业的过程方法确定关键的活动。为了管理这些关键的活动，需要明确职责和权限，并具备掌握和控制执行关键活动的能力。同时能够识别组织职能之间关键活动的接口，重点管理改进企业的关键活动的各种因素，评估风险及对顾客、供方及其他相关方产生的影响。

2.7.4 品牌培育过程的策划与控制

7.2 过程的策划和控制

组织应当策划和分析品牌培育的过程，识别这些过程之间的关系，明确这些过程与品牌培育相关职能的联系。品牌培育过程的策划和控制应当与组织的品牌战略和品牌培育目标相适应。

在品牌培育过程的策划和控制中应当考虑：

a）组织的内外部环境；

b）市场发展趋势的短期和长期预测；

c）利益相关方的需求和期望；

d）需要达到的品牌目标；

e）法律法规中有关品牌培育的要求；

f）潜在的财务和其他风险；

g）过程的输入和输出；

h）品牌培育过程和其他业务过程的相互作用；

i）资源的获取与利用；

j）要求或者需要的品牌培育记录；

k）监视品牌培育绩效的测量和分析；

l）针对缺陷和风险的改进和预防措施；

m）品牌培育的提升或创新活动。

品牌培育过程的策划应考虑到组织对于获得新技术、开发新产品、降低成本、提升质量和增加价值等方面的需要。

【解读】

1. 过程策划与控制的意义

通过对品牌培育的策划，使品牌培育工作有序开展，达到企业规定的目标。对品牌培育过程的策划，识别出品牌培育的关键过程，确定过程所需资源，制定过程的控制方法。品牌的过程策划和控制贯穿于品牌创立、品牌维护、品牌发展以及品牌更新等品牌建设与成长全过程的每一环节，是一项长期、系统的工作。当企业建立起品牌管理的体系，其品牌经营就逐步从纯粹的产品管理、市场管理中超越出来，进而将产品经营与品牌这一无形资产结合成统一整体。

2. 过程策划与控制的原则

企业应当策划和分析品牌培育的过程，识别这些过程之间的关系，明确这些过程与品牌培育相关职能的联系。品牌培育过程的策划和控制应当与企业的品牌战略和品牌培育目标相适应。

1）以企业为主体

充分发挥企业在品牌开发战略活动中的主观能动性和创造性，把自主品牌的开发工作纳入企业的发展战略，大力推进科技创新、机制创新和管理创新，努力挖掘潜力。

2）以市场为导向

坚持以市场为基础，以客户需求为目标，充分发挥市场机制。通过深入开展市场调研和动态细分市场，合理确定知名品牌培育计划，选择的品牌力求贴近市场，满足客户需求。品牌培育的成功与否，两个“终端”是关键环节：一个是零售终端。在品牌选择和培育过程中，要注重零售终端的获利水平，只有零售客户的获利水平提升了，他们对培育品牌的积极性性会提高，品牌培育工作才能深入持久。另一个是消费者终端。消费者是耕植品牌的土壤，品牌培育成功与否的唯一检验标准就是品牌能否长久被消费者接受，品牌培育工作一定要重视消费者诉求表达，注重向消费者延伸。

3）以质量和效益为核心

质量是品牌的核心和生命，推进自主品牌培育战略必须在狠抓质量上下工夫，向国际标准和国外先进标准看齐，不断提高产品档次、优化产品结构，实现自主品牌的巩固和持续发展，走质量效益型发展道路。

4）以自主开发和技术创新为手段

企业是技术创新体系的主体，要积极支持建立以企业为主体、产业化为导向、产学研有机结合的新机制。企业要大力开发具有自主知识产权的关键技术，储备一批具有国际先进水平的科研成果，做到研发不断层，项目不断档，同时要增强专利意识、品牌意识和商标意识，保护自主知识产权。

5）以核心品牌的培育为重点

品牌培育的最终目标是实现企业可持续发展。根据每个品牌不同的生命周期，在培育过程中挖掘符合区域消费习惯和发展趋势、有较好市场发展前景和较大潜力的品牌进行重点培育，确保重点知名品牌的长期稳定和巩固，为提高抗风险能力和实现利润持续增长奠定基础。

同时，要根据品牌在市场的前期销量、效益贡献度、市场竞争力等几项指标，在高、中、低不同档次中确定重点培育，制定不同的预期目标、品牌维护和发展计划，从而满足各阶层消费群体的需求。品牌整合、品牌集中度不断提高，品牌分类培育不断加强，有效缓解目前品牌整合和消费需求之间的矛盾，较好地满足市场需求。

在品牌培育的过程管理中，坚持有进有退、有所为有所不为。品牌是创造和培育出来的，推进自主品牌战略的工作重点在于培育，要建立和完善自主品牌开发战略的培育机制，推动和引导企业发展自主品牌。同时要集中力量，围绕支柱产业和优势企业的发展，推动资本向优势企业和优势品牌集中，实现资源优化配置，提高专业化水平，加快培育一批国内领先、国际知名的自主品牌。

6）以政府积极推动、引导、扶持和监督为保证

运用政府这只“有形之手”，为企业创建自主品牌建立和完善相应的政策、法律体系及良好的运行机制，对自主品牌进行扶持和保护，确保企业创建自主品牌的活动健康、有序地开展。

3. 过程策划与控制的方法

品牌培育的过程可以遵循“分析、计划、实施、评估、改进”五步操作流程。

1）品牌培育调查分析

品牌培育调查分析要从品牌、市场、客户三个要点来开展分析。

（1）品牌市场表现分析

以年度为单位开展品牌市场表现分析，着重把握重点品牌的销量、市场份额、成长性、生命周期等。

（2）消费者市场调研分析

以年度为单位开展，主要通过对市场调研信息的分析，分品类把握市场容量、消费者的需求和偏好、购买行为等信息，了解品牌市场走势，为品牌需求预测提供依据。

（3）供求分析

以月度为单位开展，以重点品牌为主要对象，通过客户订单满足率、社会存销比和市场价格等指标的分析，掌握品牌的市场供需状态，为货源采购提供依据。

（4）新品上市分析

以新品培育的实施阶段为单位，开展消费者认知度和零售客户上柜率、再购率的分析，掌握品牌的市场认知度，确定品牌是否进入市场推广。

2）品牌培育策略制定

品牌根据培育阶段可以细分为导入期、发展期、成熟期和衰退期四个阶段，在不同的阶段具有不同的特征，品牌培育应根据不同的阶段性特征，制定不同的培育策略。

（1）导入期——选点投放战略

品牌特征：市场前景较好的新品牌。

客户选取：选择消费集中、人流量大、重点培育品牌销售较好、品牌推介能力较强的客户进行投放，一般为区域市场具有代表性的客户。

投放方式：根据其实际销售能力进行投放，保证100%落地消费，而且保持适度饥饿原则（实际销售能力的80%左右）

市场策略：以稳定市场零售价为第一要务，在消费者和其他零售客户心目中造成品牌比较稀缺、紧俏的理念，充分调动零售客户的培育热情和消费者的尝试欲望，品牌呈现井喷式增长态势。

（2）发展期——适度扩展策略

品牌特征：前期培育态势良好、有加大增长潜力的品牌。

客户选取：选择有一定新品培育能力、有较强品牌培育观念的客户进行投放。

投放方式：以市场覆盖为目标，讲究投放网点合理布局。

市场策略：基本（稍小于）满足区域市场范围内消费者需求的同时，保持零售价基本稳定，品牌知名度不断扩展，并逐渐形成稳定的消费群体和品牌美誉度，品牌保持快速增长态势。

（3）成熟期——全面铺网策略

品牌特征：占据一定市场份额、具有较强竞争力的品牌。

客户选择：不再对零售客户进行选择，所有客户均可根据实际销售情况自主选择培育品牌。

投放方式：全面、常规性投放。

市场策略：保持区域市场范围内供需基本平衡，品牌拥有比较稳定的消费群体，并基本形成其特有的知名度和美誉度，避免品牌发生大的波动，保持稳定增长态势。

（4）衰退期——逐渐退出策略

品牌特征：市场份额下降明显、不太适应当前市场消费需求的品牌。

客户选择：区域市场内的零售客户提前下柜。

投放策略：逐渐减少该品牌的购进和投放——断续投放——停止投放。

市场策略：该品牌逐渐退出市场的同时加大替代品牌的培育力度。

3）品牌培育策略实施

（1）根据品牌培育方案安排开展工作

企业实施品牌培育方案：方案经审批后，企业及渠道商严格按照方案中规定的时间、对象、内容、形式、要求等开展。

市场走访和调研：每月市场走访的时间不少于有效工作日的三分之一。市场调研以实地调研为主，其他形式调研为辅。通过市场走访和调研，系统掌握客户经理品牌培育工作执行情况、零售客户的认知度、消费者的反响等。

（2）以月度为周期开展工作

品牌预测：依据预测流程、按照预测要求、应用预测方法进行品牌预测，及时上报结果。

品牌档案的管理和维护：收集品牌档案资料，及时维护和更新品牌动态属性。

4）品牌培育效果调查

评估周期以月度为单位开展：

（1）品牌培育方案的执行情况评估：针对目标制订的合理性、进度安排的有序性以及保障工作的充分性开展自评，提炼经验。

（2）品牌培育效果评估：针对目标达成率、市场接受度和品牌的成长性开展自评，查找原因。

（3）协同培育工作评估：企业及渠道商双方依据方案的执行情况、品牌培育的效果及零售客户、消费者对品牌的反响，共同总结协同培育中的问题和不足。

（4）评估要客观、公正，找准工作中的不足。

5）品牌培育措施整改

在品牌培育方案的执行过程中，对实时发现的问题予以总结并改进，积累经验。每月最后一个工作日，根据月评估的结果，提出改进意见和措施，并落实至下月的工作安排中。改进的具体内容如下：

（1）改进和调整市场调研方法：根据市场调研和走访的工作经验，不断完善市场调研方法。

（2）调整品牌培育策略：依据对品牌培育方案实施中的评估结果，及时调整品牌培育策略。

（3）货源采供调整建议：依据品牌培育方案实施的评估效果，分析货源采购和供应

的合理性，向货源管理员提出合理货源采供调整建议。改进的方式主要有两种，一是自我纵向对比总结，明确改进思路及措施；二是与其他品牌经理横向对比，交流经验，改进提升。

4. 品牌培育过程策划与控制应考虑的因素

1）企业的内外部环境

参见 4.3 以及 2.4.6～2.4.7。

2）市场发展趋势的短期和长期预测

市场预测就是运用科学的方法，对影响市场供求变化的诸因素进行调查研究，分析和预见其发展趋势，掌握市场供求变化的规律，为品牌经营决策提供可靠的依据。预测为决策服务，是为了提高品牌培育管理的科学水平，减少决策的盲目性，我们需要通过预测来把握经济发展或者未来市场变化的有关动态，减少未来的不确定性，降低品牌决策可能遇到的风险，使决策目标得以顺利实现。

具体而言，市场预测的内容包括：

（1）预测市场容量及变化

市场容量是指有一定货币支付能力的需求总量。市场容量及其变化预测可分为生产资料市场预测和消费资料市场预测。生产资料市场容量预测是通过对国民经济发展方向、发展重点的研究，综合分析预测期内行业生产技术、产品结构的调整，预测工业品的需求结构、数量及其变化趋势。消费资料市场容量预测重点有以下三个方面：

①消费者购买力预测。预测消费者购买力要做好两个预测：第一，人口数量及变化预测。人口的数量及其发展速度，在很大程度上决定着消费者的消费水平。第二，消费者货币收入和支出的预测。

②预测购买力投向。消费者收入水平的高低决定着消费结构，即消费者的生活消费支出中商品性消费支出与非商品性消费支出的比例。消费结构规律是收入水平越高，非商品性消费支出会增大，如娱乐、消遣、劳务费用支出增加，在商品性支出中，用于饮食费用支出的比重大大降低。另外还必须充分考虑消费心理对购买力投向的影响。

③预测商品需求的变化及其发展趋势。根据消费者购买力总量和购买力的投向，预测各种商品需求的数量、花色、品种、规格、质量等。

（2）预测市场价格的变化

企业生产中投入品的价格和产品的销售价格直接关系到企业盈利水平。在商品价格的预测中，要充分研究劳动生产率、生产成本、利润的变化，市场供求关系的发展趋势，货币价值和货币流通量变化以及国家经济政策对商品价格的影响。

（3）预测生产发展及其变化趋势

对生产发展及其变化趋势的预测，这是对市场中商品供给量及其变化趋势的预测。

3）利益相关方的需求和期望

参见 2.4.11。

4）需要达到的品牌目标

参见2.5.6。

5）法律法规中有关品牌培育的要求

1996年12月24日，国务院发布的《质量振兴纲要》中明确提出，要实施名牌战略，振兴民族工业，鼓励企业生产优质产品，支持有条件的企业创立名牌产品。国家制定名牌发展战略，鼓励企业实行跨地区、跨行业联合，争创具有较强国际竞争能力的国际名牌产品。并且还提出到2010年要形成一批具有国际竞争力的名牌产品的发展目标。

2000年6月8日，国家质量技术监督局、国家经贸委、公安部、国家工商局、国务院法制办在《关于落实全国人大常委会执法检查组对产品质量法实施情况意见和建议的报告》中，也明确提出，要鼓励和支持企业实施名牌战略，重点是为企业创建和发展名牌营造良好的外部环境，把企业争创名牌活动同政府日常监督管理工作有机结合起来，使名牌产品始终处于公平的监督管理之下，确保名牌产品的高质量。

2005年10月11日，党的十六届五中全会将"形成一批拥有自主知识产权和知名品牌、国际竞争力较强的优势企业"确定为"十一五"时期经济社会发展的目标，明确提出必须提高自主创新能力，建设创新型国家，"形成更多拥有自主知识产权的知名品牌"，坚持走以质取胜、自主创新、促进自主品牌发展的道路，加快形成一批拥有自主知识产权、具有较强国际竞争力的知名品牌和优势企业集团。提出增强品牌的自主创新能力，是提升我国在国际产业分工中地位的根本途径。

2006年6月11日，由商务部组织倡导的"品牌万里行"活动正式启动，"品牌万里行"活动是响应党中央、国务院号召，落实创新型国家战略、加快我国自主品牌建设的新举措。旨在通过多种方式促进自主品牌快速发展，逐步培养一批具有国际竞争力的世界级品牌。

2012年是"工业质量品牌建设年"。深化百家企业品牌培育试点是"质量品牌建设年"的重要内容。通过开展培训交流、指导评价、跟踪调研等活动，达到总结提炼企业实施品牌培育管理体系、评价品牌培育能力的经验和案例、为地方和行业品牌培育提供技术支持的目的。

按照《关于开展工业企业品牌培育试点工作的通知》（工信厅科函〔2011〕719号）的要求，3月16日科技司组织专家对申请试点企业提交的试点工作计划进行了评审，提出了关于试点企业的推荐意见。经科技司会同各有关司局进行审查确定，安徽叉车集团有限责任公司等141家工业企业为品牌培育试点企业。在试点企业的选择上，综合考虑了企业在行业、地区、规模、品牌成长阶段等方面的代表性，以保证试点工作经验具有更广泛的指导意义。

6）潜在的财务和其他风险

财务风险是指企业在各项财务活动中由于各种难以预料和无法控制的因素，使企业在一定时期、一定范围内所获取的最终财务成果与预期的经营目标发生偏差，从而形成的使企业蒙受经济损失或更大收益的可能性。企业的财务活动贯穿于生产经营的整个过程中，筹措资金、长短期投资、分配利润等都可能产生风险。

企业品牌培育过程的策划和控制中的其他主要风险见表2-15。

表 2-15 企业品牌培育过程的策划和控制中的主要风险

主要风险	分 析
政策风险	政府对经济的宏观调控所作出的政策变动，一定程度上影响着企业利益
市场风险	激烈的市场竞争环境以及因此引起的某些企业的不正当竞争是企业的宏观风险来源，同时，消费的理念变动、消费导向也是潜在的风险
技术风险	质量认证与监督风险：质量认证团队的技术水平是保障企业认证母体良好运营的支撑，因此该体系的规范化、标准化、权威化、透明化程度将成为影响企业品牌信誉的风险之一 网络技术风险：网络的多样化、可信度的塑造、网络更新能力都成为检测技术团队的因素。因此，技术上的风险不可避免
资金风险	运营初期如何吸引投资商投资，以及引进何种投资商成为了企业经营的外部不可控因素。其次企业资本实际营运中，投资时机、份额、方式的选择；配套资金是否跟得上，流动资金是否充分；企业提供服务过程中的不确定性则构成了企业经营的内部不可控因素
管理风险	在企业的建设初期，企业的管理承受着外部环境的冲击。同时，团队成员正处在分工协作的磨合期，存在巨大的管理风险。企业管理层结构偏向年轻化，在企业的实际操作的实战经验相对不足；随着企业的扩展，也可能造成对营销人员管理经验的相对缺乏；企业在发展初期，福利待遇相对欠缺，可能造成企业员工的不稳定
品牌风险	在运营中可能存在的品牌风险，包括品牌推广风险、品牌投资风险与品牌文化的强等

7）过程输入和输出

顾客和其他利益相关方的要求是企业整个过程的输入，没有这种输入或企业在确定输入时对他们的要求识别错误，就会使企业的过程失去意义或出现大问题。过程输入可以是材料、工具、计划、客户协议、合同等。过程输出的是产品或服务，企业应对顾客和利益相关方的满意程度进行监视，以便评价和确认他们的要求是否得到满足。

8）品牌培育过程和其他业务过程的相互作用

品牌培育是一项全方位工作，既需要有明确的战略规划，需要搞好与各营销要素之间的协同，还需要长期持续的投入。成功地创建自己的品牌，首先要有品牌建设规划。这就要求企业认真分析市场环境，结合自身特点，扬长避短，趋利避害，搞好品牌建设规则。品牌建设规划应有国际化视野，兼顾从品牌市场定位到具体的品牌名称选择、标识设计、产品宣传、品牌管理和控制等各个方面。品牌培育过程还需注意以下几点：第一，注重品牌整体打造。在品牌规划方面，应注意使产品品牌和企业品牌形成点面结合、相互作用的互动和协同效应。应从产品的研发设计、命名包装、广告投放、新闻发布、户外营销、宣传推广等环节进行整体规划，提升企业的整体品牌形象。第二，注重品牌知识产权保护。品牌是一项十分重要的无形资产。应采取有效措施，从品牌经营保护、法律保护和社会保护等多方面维护企业的品牌权益，避免和制止对企业品牌形象的侵权行为。第三，注重品牌营销危机管理。在品牌建设过程中，难免会遇到不利于品牌形象的突发事件。这就要求企业针对可能会影响品牌的突发事件，制定周密的应对方案，最大限度地维护品牌形象。

9）资源的获取和利用

参见 2.6。

10）要求或者需要的品牌培育记录

在品牌培育过程中，还应该建立信息检测系统，随时保持高度灵敏的状态。一方面，通过市场调研，掌握动态竞争的环境状况，包括消费者对品牌评价，以及竞争者对企业的针对性行为。另一方面，通过记录企业内部信息，如广告所宣传的形象定位、企业内部促销手段等公关行为，准确及时地收集相关信息并加以分析、研究和处理，全面清晰地预测各种危机情况，为处理各项潜在风险指定对策方案。

11）监视品牌培育绩效的测量和分析（参见 2.8.3，2.8.4）

企业评估周期以一定的周期（如月度）为单位开展，通过品牌培育方案的执行情况评估、品牌培育效果评估、协同培育工作评估等监视品牌培育绩效。

12）针对缺陷和风险的改进和预防措施（参见 2.8.6）

在品牌培育方案的执行过程中，对实时发现的问题予以总结并改进，积累经验。每个单位时间（如每月）的最后一个工作日，根据单位时间评估的结果，提出改进意见和措施，并落实至下个工作安排中。

13）品牌培育的提升或创新活动

一是注重激发企业品牌培育积极性。通过组织品牌培育相关人员培训、到其他企业考察等活动，增加大家对品牌特点、卖点和及内涵的了解；通过建立品牌培育考核机制，加强企业成员对品牌培育的责任感和积极性。

二是注重激发渠道商品牌培育积极性。通过举办渠道商座谈会、组织渠道商培训，增加渠道商对品牌的了解；通过开展品牌营销竞赛等活动，加强渠道商对品牌的认可和品牌培育的积极性。

三是注重激发消费者的积极性。通过开展品牌互动活动，增加消费者对品牌的认知和了解；通过建立重点消费者档案，强化品牌消费者的忠诚度。

四是各部门工作人员要加强沟通，对存在问题要及时协商研究解决。对好的工作方式、方法要及时总结推广，切实把握市场细微变化以及重点品牌的销售趋势等，在提升市场服务能力的同时进一步增强品牌销售的调控能力。

五是工作人员在日常品牌培育过程当中应切实注意服务质量以及服务效果。克服懒惰思想，以到位、真诚的服务提升客户忠诚度；以灵活、细致的服务把握客户、消费者的真实需求，指导客户提升卷烟经营水平。

14）其他因素

品牌培育过程的策划应考虑到企业对于获得新技术、开发新产品、降低成本、提升质量和增加价值等方面的需要。

【案例 24】

中高端男装网络品牌营销分析

——基于玛萨玛索品牌案例分析

国内服装网络营销现状

进入 21 世纪以来，电子商务的飞速发展带来了商业领域的一次革命，它不仅使传统的交易方式发生了彻底的改变，同时也促进可交付方式的变革。电子商务正迅速地改变着工业化社会传统的、物化的营销模式，网络与经济的紧密结合推动市场营销走入了一个崭新的发展阶段——网络营销时代。

服装行业是一个深受潮流影响、紧跟时代步伐的行业，这就决定了服装企业必须接受市场最新反馈信息，把握、引领时装潮流的前进方向，将获得的信息优势迅速地转化为决策优势，并实现企业信息及时发布。另一方面，目前我国的时装消费者主要客户群体以拥有中高收入的中青年人群体为主，网上购物的网民是一群相对比较高层次的人群。

现今，凡客、梦芭莎、麦考林等 B2C 电子商务网站应势而起，将现代电子商务模式与传统零售业进行创新性融合，以现代化网络平台和呼叫中心为服务核心，以低廉的价格，先进的直销营销理念，配合卓越的供应链管理方式和高效的配送系统为消费者服务。在现今大家都以互联网低价的优势取胜时，玛萨玛索却反其道而行，没有延续电子商务只能售卖低价服装的理念，而是将高档男装引进了电子商务领域，并取得了市场认可，走出了一条电子商务服装品牌之路，这对于很多传统服装行业的品牌企业而言无疑是个好榜样，打破原有只有价廉才能在电子商务领域取得成功的言论，而以让利消费者的高性价比的中高档男装形象为消费者接受，无疑对于服装行业有着非同凡响的意义。从 2007 年上线至今，它的营业额呈不断上升趋势。MasaMaso 的成功开创了服装网络营销的新概念，也成为 B2C 中高端男装网络品牌营销的一个成功案例。

中高端网络男装品牌定位

中高端网络男装品牌定位首要任务不仅仅为产品本身，更重要的是营造一种文化。即找到产品所赋予品牌价值。把拥有相同理念、相同价值观和原则的人聚集在一起，是品牌定位的根本。

MasaMaso 对品牌的诠释为“更懂男人”。从 MasaMaso 公司顾客群的调研中，可以看出其品牌的定位：MasaMaso 的消费群体的年龄在 25 岁～40 岁之间，白领占 70％，公务员占 30％。同时，通过调研发现，MasaMaso 的顾客平均购买单价和顾客分布，和其所在的写字楼星级标准以及办公室租金呈正相关。并且 MasaMaso 重复购买率达到 50％以上。

中高端网络男装品牌产品策略

中高端网络男装品牌给顾客带来奢华的品质的同时，必然会带来产品多样性。多样化产品策略如下：

1. 细分产品差异化

品牌差异化产品的开发和优良的质量是企业的长期运作的关键。同时，差异化的细分产品定位能够提升产品的专业度与吸引力。

1）同一类产品系列化

同一类产品系列化，比如同是衬衫分为有普罗旺斯薰衣草系列、亚伯宁的小碎花系列、情迷爱琴海系列、5 度雅致灰系列、苏格兰小格子等；又如同是苏格兰小格子系列的衬衫，又有短袖衬衫、长袖衬衫、正装衬衫、休闲衬衫、法式叠袖衬衫等。将同一类产品系列化是对消费者的尊重，是符合人性的。面对某一类产品，消费者只有一种选择和有多种多样的选择，具有完全不同的意义。前者可能是蛮横的，而后者是人性化的。同一类产品系列化虽然可能使企业资金压力增大，制造成本增加，但也可能使大量的潜在消费者成为其产品的实际使用者，这是一种扩大潜在消费者数量的产品策略。

2）同一门类产品齐全化

同一门类产品齐全化，比如内衣门类，既供应男性内裤、家居短裤又供应背心、袜子、女性文胸、小吊裙等。同一门类产品齐全化对消费者和企业来说都是有价值的。对消费者来说，从一家企业那里便可以得到一个门类的全部商品，可以避免到处网购而消耗的费用、时间和精力。同时从一家购买同一门类的多种商品受到的礼遇也不一样。对企业来说，提供同一门类的多系列产品，可以实现规模经济：一是赢利机会增加；二是营销费用相对较低；三是对消费者更有吸引力；四是形象效果更好。

3）不同门类的产品组合化

不同门类的产品组合化，比如 MasaMaso 网站既提供服装专区，又提供鞋、皮带、皮包、旅行包、配饰等用品专区。不同门类的产品组合化使企业获得更大的机会面、形象效应和多规模效应。MasaMaso 这一策略的原因在于，企业的新价格政策迫使企业在赢利压力下向产品的数量规模要利润的策略。

2. 产品设计国际化

通过网络营销渠道销售的主要是主打时尚潮流的服装产品。我国现阶段的上网人群分布的现实情况决定了在网络销售的服装产品都侧重于对时尚潮流的论释。不仅有阳光帅气、舒适合体的个性化男装，有浪漫柔美、造型独特的女装，还有色彩艳丽、充满趣味的童装，就连孕妇装的款式都层出不穷。MasaMaso 注重产品的设计，拥有十分强大的设计团队，团队中本土设计师有一位，其他的设计师来自于西班牙、法国。效仿全球排名第三的服装零售商、西班牙知名服装品牌 ZARA 的做法，让设计师经常穿梭于各种时装宣布会或者出入各种时尚场合，设计一些与顶级品牌的最新产品相似的时装，从而保证紧跟时尚潮流。他们沿袭时尚欧式经典设计、捕捉最新国际流行元素，并且将设计与东方人的体型特征、文化心理相融合。

3. 服装号型标准化

通过网络中间平台销售的服装产品大多是服装型号划分比较明确、标准化程度较高的成衣。因为服装在网络上销售时，网络消费者不能试穿，只能通过型号的大小来判断是否适合自己穿着。服装产品的标准化要求服装在肩宽、衣长、胸围、腰围、裤长等方面都有严格的标准和说明。变化仅限于面料、颜色和尺码，产品的标准化使生产标准化成为可能。

4. 面辅料、工艺专业化

决定一件服装好坏的有两个因素，一是面料质量；二是加工程度。MasaMaso 对面料的选择比较讲究，除了少部分在国外采购外，绝大部分应用的是国内质量上乘的雅戈尔和山东鲁泰的面料。产品多采用山羊绒、纯新美利奴羊毛、天丝、埃及长绒棉、莱赛尔纤维，部分采用高级防水涂层技术。缝纫线采用的是英国高士高弹缝纫线。

MasaMaso 的加工采用的是外包形式，在全中国共有 30 家国内一线代工厂，如香港溢达加工厂，这些工厂生产技巧高，残次品率低。MasaMaso 的员工从产品的设计环节开端，对制版、生产、检验各环节进行严格的跟踪、监控，以确保每件服装的质量。

中高端网络男装品牌价格策略

1. 差异化定价

消费者选择网络购物的原因主要是方便和价格便宜。虽然现阶段网络营销渠道交易的安全性获得了很大的提高，但是网络消费者在网上购物时仍然有一定顾虑。有调查显示：2008 年才开始网上购物的用户有超过一半单次最高网购金额不足 200 元，而 2008 年之前就开始网购的用户单次最高网购金额不足 200 元的比例仅为五分之一。这不仅说明网购经验越多的用户越敢在网上花钱，还说明 200 元左右是网络消费者比较接受的价格，认为就算上当，损失可以承受。如果价格高于此标准，多数消费者还是倾向于到实体店购买。

与过去互联网上只做平价服装的观念相违背，MasaMaso 选择差异化定价，在互联网上选择中高端男装路线，根据官方购物网站有关资料，MasaMaso 的衬衫、T 恤一般定价为 200～400 元，外套、棉衣一般定价为 800～1200 元。只有产品差异化，才能拥有差异化的定价权。要让消费者认识到品牌产品跟竞争对手有很大差异性，认识到品牌服务比其他品牌服务更好，再通过适合于互联网营销的手段，把这些信息传递给客户，是中高端网络男装品牌必经之路。

2. 高性价比

高性价比，是中高端网络男装要掌握的核心内容。互联网上价格再高也比线下低，这便是中高端网络男装优势。MasaMaso 定位为中高端产品，但价格仅是商场同类男装产品的 1/5～1/3。这么做是为了避开的凡客、Justyle 等男装品牌的正面冲击。MasaMaso 的目标是：同等质量，价钱最低；同等价钱，质量最好。因此 MasaMaso 的竞争对手似乎就不是线上的同类商品，而是线下的传统男装生产商。

中高端网络男装品牌渠道策略

1. 配送服务保障化

配送服务是网络品牌运作的保障。根据服装产品本身轻便、订购数量较少等特点，MasaMaso 通过第三方物流将产品运送到相应的物流配送点，利用第三方专业物流企业的配送中心，仓储，运输等环节将商品送达到消费者处。MasaMaso 将物流外包给国内知名的顺风、宅急送。与知名物流企业联盟，虽然增加了企业的运营成本，但是配送服务得到了很好的保障。同时，MasaMaso 坚持多品种，小批量的生产方式，保证没有积压的库存，以销定产，预估需求来定采购，从而降低了存货成本以及仓储成本。

2. 业务渠道集成化

电子商务弥补了传统供应链的不足，在服装企业供应链管理下，电子商务的优势在于通过网络技术可以方便迅速地收集和处理大量的信息，使供应商、制造商、销售商能得到及时、准确的数据，制定切实可行的需求、生产和供货计划，以利供应链的组织和协调运作。采用电子商务，供应链管理可及时处理信息、跟踪客户订单执行、进行有效的采购管理、存货控制以及物流配送等系统服务，促进供应链向动态的、柔性的、虚拟的、全球网络化的方向发展，提高供应链的持续竞争优势。MasaMaso 采用了 ShopEX 软件，ShopEx 的优势是可以帮助企业快速切入到全网化商务时代。简单地说，就是将企业的产品和服务，通过直销、分销以及传统的批发等销售方式，拓展到整个互联网市场。使用这种模式，无论消费者是对网店有兴趣，还是对社区有兴趣。ShopEx 都能够保证企业可以直接满足最终消费者的需求。同时在转型时，企业也可以根据市场的需要迅速地改进产品和服务，让生产运行更加高效，巩固企业传统的线下产业链条。

3. 销售渠道拓展化

线下实体店是中高端网络男装品牌销售渠道拓展的一种方式。MasaMaso 品牌在北京世贸天阶开启了一家直营专卖店。这一专卖店的开启，一方面补足消费者在品牌认知和体验上的不足，帮助企业抢占网络直销市场份额，迅速创立自有服装销售企业品牌；另一方面也作为是一种渠道拓展的尝试，完善其销售渠道，线上线下结合，提升服装产品销售额。而选择直销模式的原因主要表现在两个方面：一是节省了庞大的生产资料投入与渠道开发门槛，降低渠道成本，使消费者得到的低成本的产品；二是企业和消费者直接沟通与直接为消费者提供服务，可以使企业更多地了解消费者，并基于这种了解，采取多种措施满足消费者需求，从而赢得消费者的忠诚，最终带来消费者的持续购买。

中高端网络男装品牌促销策略

根据营销学家中国第四次营销浪潮的预测，企业将更多地依赖知识来进行促销。企业实施促销的效果将极大地取决于企业对消费者的真正的认识程度、与消费者的沟通能力以及企业能否满足消费者的更多知识的渴求。MasaMaso 改变单纯的价格折扣促销方式，在采用积分奖励、包邮、免运费、周末低折扣疯狂抢购、节日回馈、折扣等优惠活动的基础上，很巧妙地运用了专业知识促销、企业文化促销、名模广告促销和数据优化

促销的方式。

1. 专业知识促销

MasaMaso品牌在网站下方设计了服装相关的专业知识板块，涉及的知识包括潮人时装搭配、面料选配、保养知识等，可以使顾客购买过程中，成为顾客心中的行业专家，也能增加购买概率，产生知识促销。

2. 企业文化促销

MasaMaso品牌善于将MasaMaso企业文化传达给消费者。主页的行业新闻板块、公司新闻板块的设计，用一种文化促销的方式包装中高端网络品牌形象。此外，MasaMaso还开展了一系列公益活动：周年庆惊爆大奖——"巴厘岛免费豪华6日游"抽奖活动、《超级访问》著名主持人戴军情牵MasaMaso活动等，对打造MasaMaso的品牌、宣传MasaMaso的文化起到一定的作用。

3. 名模广告促销

名模广告促销，是中高端男装品牌区别于低价品牌的又一促销方式。MasaMaso聘请三位国际一线超模：Carl、Spiro、Americo加盟拍摄广告，三位超模均是《vogue》、《芭莎》海外版等一流时尚杂志的座上宾，其多次为包括KENZO、RAOUL、DIESEL等国际名牌拍摄宣传海报。聘用专业模特，亲自试穿产品拍照，旨在为品牌打造高端定位和高端品质的奢华形象。

4. 数据优化促销

与凡客以及当年的PPG有相似之处，MasaMaso也同样投入了大笔的广告费用。但是，MasaMaso不是做促销型推广，而是利用互联网独有的优势——数据分析。这种分析不仅有助于企业解读消费者的购买行为，还能为消费者提供更好的购买体验。MasaMaso随时进行数据分析，对广告投放进行调整，最短调整时间可以精确到一分钟。他们通过广告来源以及不同的网站、不同时段、不同的频道来进行评估，然后用评估的结果来指导下一个月的投放。同时，对网站、频道、时段、广告位进行优化，只保留那些能带来订单的广告位。这样来减少在广告上的投放费用，避免重蹈PPG的覆辙。

总结

本文在对国内服装网络营销现状分析和掌握营销策略知识的基础上，提出将高档男装引进了低价竞争的电子商务领域的创新理念，总结出中高端网络男装品牌定位首要任务不仅仅为产品本身，更重要的是营造一种文化。同时，基于对玛萨玛索（MasaMaso）运作机制分析以及B2C中高端男装网络品牌的网络营销特性的归纳，总结出B2C中高端男装网络品牌4P差异化营销策略：在产品维度上，制定出细分产品差异化策略、产品设计国际化策略、服装号型标准化策略和面辅料、工艺专业化策略；在价格维度上，制定出差异化定价策略和高性价比策略；在渠道维度上，制定出配送服务保障化策略、业务渠道集成化策略、销售渠道拓展化策略；在促销维度上，制定出专业知识促销策略、企业文化促销策略、名模广告促销策略和数据优化促销策略。该策略的制定和总结，为国内中高端网络男装品牌的营销策略的制定提供参考，同时，对男装品牌线上网络渠道拓展的营销策略的制定有一定的借鉴价值。

（资料来源：章思思、杨子田、李双双、王雨潇，商场现代化，2011，第 14 期）

2.7.5　品牌培育过程的职责与授权

> **7.3　过程的职责和授权**
>
> 组织应当对品牌培育的每个过程任命负责人，并给予建立、保持、控制和改进过程的职责和权限。过程负责人可以是一个人或者一个团队，取决于过程的实际和组织的文化。
>
> 组织应当确保过程负责人的职责和权限在组织内被认可，并保证其有足够的能力履行被赋予的职责。

【解读】

1. 品牌培育过程的职责管理

1）职责管理的含义

职责管理是通过对企业内部职责的划分、明确定义职责、指定职责的负责人，通过职责负责人进行任务分派，使得企业内部职责范畴的事务得到统一规划和监督管理，有效地解决了企业职责不明确、做事推脱、效率低下的问题。在实际应用中体现了事找人而不是人找事的工作模式，全方位做好岗位的职责管理工作，最大限度地激发员工的工作积极性与主动性，切实提高了工作效率。

在品牌培育的管理过程中，明确岗位职责是确保工作有序开展的重要前提，同时也是管理规范化的重要内容。非规范的和模糊的职责范围，会严重制约工作效率的提高及员工潜能的充分发挥。为了卓有成效地进行有效、有针对性的职责管理，除了全面、充分地理解职责的含义和掌握职责管理的方法之外，还应该明确职责管理的各种要求。

2）职责管理的意义

许多企业的职责规定比较笼统，如“负责完成统计工作”“负责人力资源管理”等，这样的规定范围比较广，其包含的内容较多，即使由比较专业和敬业的人员负责（尽管也有可能开展起来），也会存在其所完成的工作成果与上层管理人员的设想不一致的情况，导致上层人员不满意，而员工则会怪上司没有说清楚，更别提其他人员。

职责应该明确和细化，以便员工执行和考核监督，如统计工作中有成本统计、经营目标统计等，有的统计应由财务完成，有的统计应由生产部门完成，有的统计应由质量管理部门完成，应予以明确，确保职责得到有效履行。

比如，品牌管理职责大致可以分解为品牌规划与监控以及品牌宣传操作两方面。品牌管理要有集团统一承担，统一品牌建设方向和思路，梳理品牌架构，统一品牌形象的树立，而分公司配合集团进行品牌宣传。如表 2-16 所示。

表2-16 品牌管理职责

管理职责	工作内容
品牌规划与监控职能	1. 制定与审核品牌战略
	2. 制定与审核年度品牌宣传计划
	3. 制定与审核年度品牌宣传预算
	4. 制定品牌宣传规范
	5. 品牌审计
	6. 宣传规范执行情况检查
	7. 统一广告服务平台
品牌宣传操作职能	1. 品牌分析
	2. 制定全国性品牌宣传计划
	3. 全国性品牌宣传执行管理

许多企业只规定了部门或部门负责人职责，而没有将职责分解到下属，导致部门负责人整天忙于一些本应该由下属负责的工作，不能有效地履行监督、管理职能，从而影响到团队绩效。在规定了部门职责后，根据部门的岗位设计，将不同的职责分解到不同的岗位上（当然，作为部门负责人对这些职责都有监控职责），由不同的岗位共同完成整个部门职责，如果企业规模较大，管理架构层级较多，则需要层层分解，将每个岗位的职责尽量明确、清晰地规定清楚。

3）职责管理的原则

通常情况下，将职责管理的要求归纳为以下四个要点：

（1）事先管理

职责管理强调的绝不是事后的惩罚和处理，而是一种事先管理。实际上它强调通过事先的职责对话、建立约定、表达期望等方式，将很多问题事先就加以界定和解决。只要把事先的工作都做得更为细致和准确，那么就完全可以避免很多职责管理问题的出现。事先向对方表达期望，让对方尽早地及时了解真正的需求，实际上就可以引导对方的行为朝着自己所希望的方向发展。这样就可以约束经理和员工的行为，可以有效甚至完全避免事后毫无意义且有害的扯皮，对于企业的发展来讲是极为有利的。

（2）确保沟通

沟通是企业内部进行交流和及时反馈所必不可缺少的一个重要步骤。没有沟通就很难进行有效的关联。职责对话、表达期望以及建立沟通，都需要通过双方之间的交流来完成。因此，必须特别强调的是，职责管理不可能“闭关锁国”。如果事先不和别人进行频繁而有效的对话和沟通，是不可能解决所有的职责问题的。另外，事后的沟通，对于问题的解决意义并不大。

（3）及时评估

解决问题需要的是最终效果如何，因此还需要对所解决问题是否行之有效及时地做出评估。例如，对于期望，需要评估所表达的期望是否准确和合理，评估各方面是否都按照表达的期望开展工作；对于约定，则需要评估关联的各方对约定的遵守情况，以彻底消除不守信用的现象。及时进行评估的目的，是为了职责管理水平的持续提高。如果缺少评估，就必然缺少相应的经验积累，势必造成企业在职责管理方面无法获得相应的进步，甚至管理更为混乱。因此，及时评估是职责管理的重要环节之一。

（4）权、责、利的统一

在职责管理中，谈到职责，那么一定要有相应的权力，即职责和权力两者是相统一的，密不可分。如果没有配备相应的权力，职责也只能是纸上谈兵而无法履行的。因此，拥有什么样的职责，就应该赋予什么样的权力，两者缺一不可。此外，职责、权力还需要同企业与员工的利益相结合。要知道，企业与员工之间属于交易的关系，一方的付出，必然是要求有相应的利益收获的。因此，职责也是一种交易理念，为了达到交易双方的公平与合理，责、权、利的统一是必需的。

4）职责管理的方法

职责管理的方法包括：职责描述、匹配职责与能力、职责对话、表达期望和建立约定。

（1）职责描述

职责描述是职责管理的常用手段之一，在所有规范化管理的企业中，职责都是以岗位或职务的说明书的形式来加以记载和界定的。因此，职务或岗位的说明书是用来描述岗位职责的关键文件，用以指导任职人员的工作。对于企业员工来说，上岗的首要工作就是必须首先学会解读职务或岗位的说明书。

通过解读本职位的职务说明书，员工可以详细了解到以下信息：自己的具体工作任务和范围、对员工自身的能力要求、与其他职位的相互关联等。但是，仍有很多企业的职务或岗位的说明书往往只是流于形式、漏洞百出，根本无法起到确定边界、规范工作关系的作用，职务或岗位的说明书不被员工所接受和使用，或是被错误使用，很难对员工的职责和行为进行界定和规范。

（2）匹配职责与能力

片面强调职责是工作内容和范围，很容易出现员工的能力与岗位职责要求不相匹配的现象。如果岗位职责确定后，任职人员的能力与职责要求之间依然存在差距，任职人员则势必很难独立开展工作，而需要依赖别人来替自己完成工作。

匹配职责与能力的职责管理方法，是为了真正地有效解决任职人员工作能力与岗位职责要求不匹配的问题。匹配职责与能力，要注意四个关键的问题：

①确认任职人员是否理解职责；

②任职人员能力与职责要求之间是否存在着差距；

③由谁来完成工作；

④让员工做出承担职责的承诺。

通过职责与能力的匹配，上级对下级的授权会更加容易执行。

（3）职责对话

由于工作性质和工作内容的不同，企业内部各部门之间相互不了解的情况很普遍。

某部门在履行职责时没有考虑到其他部门的情况，不了解自己的工作究竟会对其他部门的工作产生何种影响。这样一来，在履行职责方面很难起到关联各方共同达成企业目标的作用。职责对话的目的，就是为了彻底消除这种职责隔阂，建立部门间的普遍关联。因此，企业应该大力提倡内部客户之间时常进行职责对话，了解清楚对话对象、对话要点以及对话目的，将关联各方的关系加以清晰界定和确认，使得各方的职责都建立在对方可以相互密切配合和全力支持的基础上。

（4）表达期望

在企业的内部供应链中，如果各部门都分别只顾一心埋头生产，孤立履行自身职责，而对于与其他各部门间应有的相互密切配合与有力支持方面都一概不管不问地漠然置之，内部客户之间互不了解对方的期望和工作状态，那么每个部门自身职责的独立履行很可能对内部客户的职责履行提供不了任何有用的帮助和支持，甚至很可能会对企业总体目标的实现造成损害。因此，表达各自的期望，在职责管理中有着十分重要的意义。通过表达期望的方法，尽早了解别人的期望，并让别人也能随时尽快了解自己的期望，使得双方事先确认对方的需求。这样，关联方就能够将职责更好地联系起来，分别为对方的职责履行提供及时的大力帮助和支持，最终圆满地共同完成总体企业目标。

（5）建立约定

建立约定是加强职责管理的第五个方法，它通过界定职责范围内一些模糊不清或空白地带，保证职责能有效顺利地得以履行。在建立约定的方法中，应该学会如何界定，掌握建立约定的方法，从而对职责进行有效的管理。时间、权限、程序以及特殊情况的处理等四种约定，是建立约定的主要类型。在建立约定过程中，要注意四个要点：约定的事先建立、就事论事、双赢和信守等。其中，企业应该采取必要的监督、考核、交流和反馈的手段，以确保上下级、平级之间的约定都能够得到遵守。

2. 品牌培育过程的授权管理

1）授权管理的含义

企业应当确保过程负责人的职责和权限在企业内被认可，这涉及企业授权的问题。授权是指主管将职权或职责授给某位部属负担，并责令其负责管理性或事务性工作。授权是一门管理的艺术，充分合理的授权能使管理者们不必亲力亲为，从而把更多的时间和精力投入到企业发展上，以及如何引领下属更好地运营企业。

授权是用来形容对员工的权利释放，以帮助员工更加积极自主地服务顾客的需求并深入挖掘、创造更新的需要。授权是企业运作的关键，主管将处理用人、用钱、做事、交涉、协调等决策权移转给部属，不只授予权力，且还托付完成该项工作的必要责任。有效的授权应确保过程负责人的职责和权限在企业内被认可，并保证其有足够的能力履行被赋予的职责。

2）授权管理的意义

（1）授权有利于领导者集中精力考虑战略规划、全局性的重大问题，能更有效地完成决策、指挥、协调和监督等领导者最基本的职能。

（2）授权有利于激发下属的积极性和创造性，增强下属的荣誉感和责任心，激发下属的工作热情，减少工作依赖，提高工作效率。

(3) 授权有利于发挥下属的专长，弥补领导者的不足，提高团队整体工作效能。

(4) 授权有利于培养和历练下属，为下属创造和提供更多的在实践中锻炼和展示自己才华的机会，使他们增长才干，尽快地成长起来。

现实中，任何一个能干的领导干部的管理范围都是有限的，如果超过一定的幅度，必会自顾不暇、效率低下，并最终导致整个管理系统的紊乱和失衡。只有授权管理，才能使领导者摆脱烦琐事务的束缚，集中精力抓大局和战略。有效的授权还可以提高下属的责任意识，使团队的工作气氛和谐融洽。

3) 授权管理的原则

具体来说应该做到以下几点：

(1) 明确目标。包括授权的任务内容、期望成果、验收标准、完成期限和所需要的资源等，对于这样的目标，要求是具体的、可衡量的，下属通过努力是可以达到的、与现实生活和工作有相关性的，以及有明确的截止期限，这样可以把复杂的问题说明得非常清晰和简单，让下属明确自己的责任。比如，授权下属组织一场政研论文的征文活动，就要明确告诉下属，本次活动的时间范围、参加对象、字数要求、提交形式、评审规则、奖励措施等，让下属能够很明确地开展工作。

(2) 权责同授。授权时，必须向下属交待清楚与职权相对应的责任，保证下属获得的职权与责任相一致，即有多大的职权就应担负多大的风险责任，做到权责统一。比如，授予了下属调度资金的权力，下属就必须要承担使这部分资金保值增值的责任；授予了下属人事调动的权力，下属就应承担这些人员的工作效率及心态方面的责任。

(3) 视能授权。领导者要力求将职权和责任授予最合适的人来承担。授权之前，要对下属进行认真的考察，要选择有知识、有才能、守纪律的人授予职权。诸葛亮挥泪斩马谡的时候，在汉中的十万蜀军将士亦无不垂涕。马谡是个人才，他熟读兵书，胸藏韬略。他曾经帮助诸葛亮设计了七擒孟获、离间曹丕和司马懿，因此出谋划策是他的强项，而对领兵打仗却无实战经验。诸葛亮以偏概全，弃之所长，用之所短，马谡失守街亭也就是必然的事了，可见人才是一个相对的概念，关键还在于如何用人。所以诸葛亮自咎"授任无方，自贬三等"。

(4) 互相信任。信任是授权的前提，也是高绩效、高凝聚力团队的关键要素之一，互相信任则是授权管理的重要润滑剂。领导者是在认为下属可以胜任之后才把职权授予下属的，所以，职权一旦授出，就要充分信任下属，放手让他们大胆独立地完成任务，而不是处处掣肘，事事苛求，时时责备。但是信任又不等于放任，授权后还必须对下属的工作实行必要的监督和控制，如发现问题，应及时纠正；对严重偏离目标、不胜任或滥用权力的下属，要及时调整更换。著名的松下集团，从来不对员工保守商业秘密，他们招收新员工的第一天，就对员工进行毫无保留的技术培训，有人担心，这样可能会泄露商业秘密。松下幸之助说，如果为了保守商业秘密而对员工进行技术封锁，导致员工生产过程中不得要领，必然带来更多的残次品，加大企业的生产成本，这样的负面影响比泄露商业秘密带来的损失更大，因此信任是对下属唯一的选择。

(5) 动态授权。针对下级的不同环境条件、不同的目标责任及不同的时间，应该授予不同的权力。贯彻动态原则体现了从实际需要出发授权，具体可采取：①单项授权，即只授予决策或处理某一问题的权力，问题解决后，权力即行收回；②条件授权，即只在某一特定环境条件下，授予下级某种权力，环境条件改变了，权限也应随之改变；③定时授权：即授予下级的某种权力有一定的时间期限，到期权力应该收回。

4）授权管理的方法

关于授权的方法，一般分为以下五种：

（1）制约授权

制约授权又称为复合授权，指领导者将某项极为重要或繁重的任务职权分解以后，授给两个或多个下属，使下属之间产生互相制约的作用，以免出现疏漏。对于刚进公司缺乏工作经验的新员工，可采用制约授权方式，交给他们最基本的事务性工作，同时对他们的行为进行实时监督检查，促使他们尽快熟悉工作过程和技能。这时领导者是指导者的身份，只需对下属进行详加指教即可。

（2）弹性授权

弹性授权又称为动态授权，是指在完成任务的不同阶段采用不同的授权形式。当下属有了一定工作经验，但技能还是比较欠缺的时候，就可以采取弹性授权，不定时地交给他们一些具有挑战性的工作，同时给他们相当的工作支持，领导者这时扮演的是教练员的角色，把下属扶上马，言传身教，让下属尽快成长起来。

（3）不充分授权

不充分授权也称为特定授权或刚性授权，是指领导者对于下属的工作范围、内容、应达成的目标和完成工作的具体途径等都有非常详细的规定，下属必须严格执行。凡是在具体工作不符合充分授权的条件下，领导者应采用不充分授权的方法。在实行不充分授权时，可以先要求下属深入调研，提出解决问题的全部可行性方案，或提出一整套完整的行动计划，提交领导者审核修改后，将执行中的部分职权授予下属。

（4）充分授权

充分授权也称为一般授权，通常是给予核心员工、重点培养对象的一种授权，允许他们自己进行决策，并能进行创造性地工作。充分授权又可分为柔性授权和模糊授权。柔性授权是仅对工作安排给出一个大纲或轮廓，下属可随机应变，灵活而有创造性地处理工作。模糊授权是只讲明工作所要完成的任务和达成的目标，而不明确指出工作的具体事项与范围，让下属自己去选择完成任务的途径。例如，前面讲到的诸葛亮，他既是知识型员工，也是核心员工。火烧博望坡的时候，刘备本人对此战心里都没底，至于关羽和张飞更是早早地就对诸葛亮投了不信任票。数千士兵对抗曹操的几十万大军，无疑是以卵击石，他们不相信诸葛亮有天大的能耐，能改变局面，那刘备是如何做的呢？尽管他自己心里七上八下，可还是当着众人的面把代表自己权力的印信跟佩剑交给诸葛亮。这一举动一下震住了全军，也使得诸葛亮的排兵布阵能够得以顺利进行。如果刘备当时没有那么做，其他人等因为不服诸葛亮而不服从军令，那么诸葛亮智谋的能力也体现不出来，以少胜多的经典战役——火烧博望坡恐怕也要改写了。而诸葛亮在刘备把剑和印交给自己时，感激涕零，主公如此信任自己怎么能不以死力报之呢。这就是充分授权的强大力量。

（5）逐渐授权

当领导者对下属不完全了解或者没有十足把握的时候，可以考虑从易到难、逐步授权的方法，先进行简单的、小部分的授权。经过一段时间的考察和评估后，逐步过渡到复杂的、完整的工作授权，是一种稳妥的授权管理方法。

2.7.6　品牌培育的关键过程

> **7.4　品牌培育的关键过程**
>
> 组织应根据品牌战略，确定品牌培育关键过程，并重点管理。关键过程对于不同的组织通常是有差异的，而且会因内外部环境的变化而不同。组织品牌培育的关键过程可以是以下过程，但不限于此。

【解读】

一般说来，品牌培育的关键过程包括八个环节：品牌定位、品牌设计、技术创新和产品开发、品牌传播、品牌更新与延伸、信誉与风险管理、品牌保护以及品牌文化塑造，具体内容在本书第 3 章详细展开。

【案例 25】

海底捞信任式授权管理

海底捞火锅吸引着众多的食客络绎不绝地前去消费，凡是去过海底捞火锅店的顾客都会被它深深地吸引，然而吸引人们的不是海底捞火锅的口味特色，而是海底捞火锅无微不至的服务带给顾客的满足感。这种满足感如此真实地从每一位普普通通的服务员那里传递给来消费的每一位顾客，每一位海底捞火锅员工的微笑和服务都那样的真诚和温馨，只有当你亲身光临并感受了海底捞火锅的服务后，你才会明白为什么这样一家普普通通的火锅店的门口总是排着就餐的长龙，为什么全球餐饮连锁巨头百胜集团（旗下品牌包括肯德基、必胜客、百事可乐等）都愿意到海底捞火锅店进行参观学习。

海底捞的信任式授权管理模式，源于张勇的一套人性假设论，他认为大多数人是有道德自律的，滥用权力的只是少数；如果监控得法，滥用的人就更少。因此，授权就利大于弊，因为大多数员工感到信任、受到激励，工作会更努力，处理客人投诉会更有效，顾客满意率也就更高。正是这样的假设，在海底捞，从总经理到区域经理，从店长到服务员，他们都有不同的“权力”，比如因正当理由给顾客赠送菜品，因正当理由给顾客免单等。一线员工可以享有打折、换菜甚至免单权（有员工签字的名片即可兑现），只要事后口头说明即可。老板每月只开一次总经理办公会，副总审批权 200 万，大区总 100 万，店长 30 万。正因为这样的授权，与顾客直接打交道的服务人员能更好地掌握顾客的需求，及时满足顾客的需要。

海底捞在授权方面激发了员工的积极性。诺贝尔经济学奖得主艾罗（Kenneth Ar-

row）曾这样表述管理中信任的积极作用“信任有实用价值，它是社会系统的润滑剂，效率极高，节省许多不必要的麻烦”。公司信任员工，给员工授权，全面激发了员工的积极性。海底捞的员工有一句话：“在海底捞能熬过3个月的都是好样的。”为什么？因为在海底捞干活儿，比一般餐馆要累，但是能有这么多员工坚持下来不仅仅是因为高于同行的工资和待遇，公司对他们的信任也是一个很重要的因素。在海底捞，每个人都能有被信任的感觉，这种信任的标志就是授权。这种放心大胆的授权在民营企业实属少见。而且张勇对一线员工的信任更让同行匪夷所思。一线普通员工有给客人先斩后奏的打折和免单权。不论什么原因，只要员工认为有必要都可以给客人免一个菜或加一个菜，甚至免一餐。这等于海底捞的服务员都是“经理”，这种权力在其他所有餐馆都是经理才有的。

差异化的服务在海底捞是一道独特的风景，这源于海底捞的授权。差的管理是监控为主，激励为辅，用防贼的方式监控员工。员工被看低了，士气自然就低，管理就会事倍功半。好的管理是激励为主，监控为辅，这样才能让大部分员工感到自己被信任。人被信任了，就会“士为知己者死”，管理就事半功倍。

（资料来源：邱恒明，海底捞成功的四法则，新烟草［J］.2012（9），有改动）

2.8 监视、测量、分析、评审和改进

2.8.1 实施监视、测量、分析、评审和改进的意义

8 监视、测量、分析、评审和改进

8.1 总则

组织应策划并实施以下方面所需的监视、测量、分析、评审和改进过程：

a）证实品牌培育达到预期目标；

b）确保品牌培育管理体系的符合性和有效性；

c）评价并改进品牌培育能力和绩效。

【解读】

1. 证实品牌培育达到预期目标

通过品牌培育战略与方针的实施情况，包括品牌培育八大过程的实施效果，以及品牌的知名度、美誉度、联想度、忠诚度和市场占有率等相关指标的变化趋势，是否达到了预期的目标，来证实其达到了规定要求。

2. 确保品牌培育管理体系的符合性和有效性

要确定现行的品牌培育管理体系是否满足标准要求，其过程的活动和结果是否达到预期，并获得了相应的绩效。

为判定品牌培育管理体系的符合性和有效性，企业可将有关的信息与设定的品牌培

育方针、品牌培育目标进行对比，判断品牌培育管理体系过程是否达到预定的目标。这些信息主要有：顾客的反馈，包括对顾客满意、不满意程度的测量结果和顾客抱怨；过程的业绩，即过程实现直接增值或间接增值而达到预期结果的程度，包括顾客对员工服务态度满意程度不同的提升、生产效率的提高、市场占有率的增加、成本的降低等；产品的符合性，包括与顾客要求、法律法规要求及企业要求的符合程度；审核的结果，包括内审和外审发现的产品、过程和体系不符合等。

3. 评价并改进品牌培育能力和绩效

通过监视、测量、分析、评审品牌的关键指标，如：主要目标市场的占有率和渗透率，品牌溢价率，产品创新能力，品牌传播效率，品牌知名度、美誉度和忠诚度，诚信和信誉表现，资源利用的有效性和效率，在利润和财务方面的表现等趋势变化等，来寻找改进的空间，以提升品牌培育的综合能力。

2.8.2　监视

8.2　监视

组织应当建立并保持过程以监视组织的环境，搜集和管理所需的信息，以：

a）识别利益相关方当前和未来的需求和期望；

b）评估品牌培育的优势、劣势、机会和威胁；

c）确定替代产品、竞争产品或新产品的需求；

d）评估当前和未来的市场和技术变化对品牌培育的影响；

e）预计当前和未来的法律法规要求的改变；

f）评估组织当前品牌培育过程的能力。

【解读】

监视的目的在于收集和管理必要的信息，以便作出是否实现策划所需结果的判断，从品牌培育的角度来看，监视的内容有以下几项：

1. 识别利益相关方当前和未来的需求和期望

如图 2－45 所示，品牌培育利益相关者包括了顾客、所有者/股东、供方和伙伴（包括供应商和渠道商）、社会等，其需求和期望如表 2－17（参见 2.4.11）。

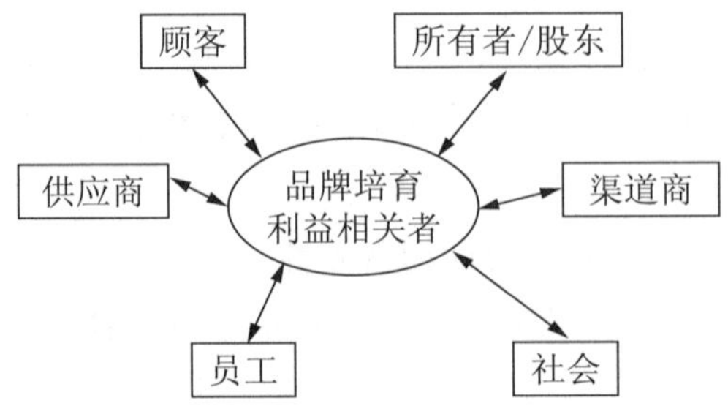

图 2－45　品牌培育利益相关者

表 2-17 典型的相关方及其对品牌的需求和期望

相关方	需求和期望
顾客	产品质量、价格和交付表现；通过品牌获得身份认同；获得与品牌宣传相一致的产品和服务
所有者/股东	持续高效的盈利能力
员工	自我价值实现、个人能力提升
供方和伙伴	业务连续性、品牌价值的共同提升
社会	落实质量责任、维护质量信誉、保障经济发展

2. 评估品牌培育的优势、劣势、机会和威胁

可借助 SWOT 分析工具来评估品牌培育的优势、劣势、机会和威胁（见表 2-18）（参见 2.4.10）。

表 2-18 品牌培育环境的 SWOT 分析

	优势（S）	劣势（W）
机会（O）	SO 战略： 发挥品牌优势，利用外部机会	WO 战略： 利用外部机会来弥补品牌自身弱点
威胁（T）	ST 战略： 利用品牌优势回避外部威胁	WT 战略： 减少品牌弱势，回避外部威胁

3. 确定替代产品、竞争产品或新产品的需求

消费者对产品的需求包括了功能性需求和非功能性需求。产品的功能性特点满足消费者最基本的生理需要，或解决实际问题。任何产品或服务的功能及效用，是顾客购买行为的基本指向。非功能性需求包括了情感性需求和社会性需求等。情感性需求是消费者在消费时产生的放松、享乐、控制、新奇等多样化的情感。社会性需求即消费者的自我认同感，美好回忆及社会关系和社会现象。

4. 评估当前和未来的市场和技术变化对品牌培育的影响（参见 2.6.6）

随着我国市场经济的发展和中国加入 WTO，市场竞争越来越激烈，市场和技术的发展也越来越快。企业应该对市场和技术的变化情况进行评估。

5. 预计当前和未来的法律法规要求的改变（参见 2.7.6）

国家和地方的法律法规、政策等都会企业的品牌培育工作产生影响，企业要密切关注这些政策方针的变动，抓住国家支持品牌培育与管理的机遇。

6. 评估企业当前品牌培育过程的能力

品牌培育过程的能力包括：品牌定位的能力、品牌设计的能力、品牌技术创新与产品开发的能力、品牌传播的能力、品牌更新和延伸的能力、品牌信誉与风险管理的能力、品牌保护的能力，以及品牌文化塑造的能力。

【案例 26】

中国石油抚顺石化公司石油三厂
在 HSE 标准下企业产品的监视与测量

HSE 综合管理体系就是将企业的健康（Health）、安全（Safety）和环境（Environment）管理体系进行整合，将这些企业目标融为一体的综合管理体系。它是对企业管理资源进行整合的合理再分配，它为企业全面提高管理水平，加强综合实力，提供了管理手段和工具。

对于抚顺石化公司石油三厂这样大型炼化企业来讲，建立 HSE 管理体系是建立现代企业管理制度的需要。从厂长到员工深入开展了管理体系知识教育，提高全员健康安全、环境意识。该厂设品牌培育安全环保部和质检车间为厂里品牌培育管理的主要部门，负责生产原料、中间产品、成品的品牌培育检验、监督和放行。

抚顺石化公司石油三厂产品监视和测量的具体实施部门为质检车间的各个化验室，它是报出企业产品品牌培育分析数据的基本单位。

该厂现有装置共 10 个，即大套加氢装置、中压加氢装置、北蒸馏装置、一、二套分子筛脱蜡装置、重整芳烃联合装置、轻油制氢装置、空分装置、悬浮床装置、硫磺装置。石油三厂在 1998 年 7 月就通过了 ISO 9002：1994 品牌培育认证，目前，已随抚顺石化公司通过了东北认证有限公司 QHSE 管理体系整体认证，在认证的过程中，质检车间化验室按照标准的要求一一对照认真落实。

1. 检验和试验方面

对产品形成的各个环节进行检验和试验，以验证产品是否满足规定要求。所有的检验和试验活动必须按照产品检验计划、工艺卡片、品牌培育标准和试验方法进行。

1）进货检验和试验

生产运行部对进厂的原料及公司内互供原料提出委托，质检车间分析站按照规定采样、检验和试验，并把检验结果报给委托单位。本厂进货检验和试验不允许紧急放行，检验不合格的原料不准投入使用。

2）过程检验和试验

装置馏出口产品检验目的是为调整操作，保证过程受控。正常馏出口分析按照检验计划进行采样、检验试验，做好原始记录，报送班长，班长将结果记入分析日报表并将结果电话报给车间和生产运行部。若出现不合格，化验班长将样品保留至下一采样前，并做好标识，以备复查，及时通知车间调整，通知生产运行部，并如实记录。过程检验不允许例外放行。

3）最终检验和试验

最终检验和试验是指产品调和成成品并进入成品罐后进行的检验和试验。成品检验前，必须完成进货检验、过程检验规定的项目且满足要求。分析站接到委托后，按照标

准进行采样，做好标识，同时按规定备好保留样品。检验人员按规定的试验方法进行检验和试验，同时做好原始记录，并进行三级检查后检验者或班长记入分析日报表，再将分析结果报给检查员，检查员按标准进行验证，产品品牌培育合格由授权检查员签发产品合格证，发给有关部门。成品检验必须进行全部规定项目的检验和试验。最终检验和试验不合格，由检查员在日报表相对应处做好标记，通知有关部门按照《不合格品控制程序》处理。

2. 检验和试验状态

对于进货、生产和交付过程产品的检验和试验状态必须有四种标识，即：①待检验；②验后待决定；③验后合格；④验后不合格。以保证只有经过检验和试验合格的产品才能投入使用、转序或交付出厂。在检验和试验的过程中，始终遵守“五不移动”“五不出厂”“五准”“三及时”“三级检查”的原则。

1） 五不移动

半成品品牌培育不符合标准要求不准移动；分析项目不全不准移动；油罐停止进油后，未经分析不准移动；容器、管线不符合品牌培育要求不准移动；特殊情况未经生产厂长批准不准移动。

2） 五不出厂

品牌培育、品种、规格不符合标准要求不许出厂；分析项目不全不许出厂；包装容器不符合标准规定不许出厂；没有品牌培育合格证或化验单不许出厂；未按规定留样不许出厂。

3） 五准

包括采样准、基准准、分析准、计算准、报告准。

（1） 采样准：是化验分析的最关键的一步，采样准是开始化验分析必要的开端，否则后序工作就等于没做。对于馏出口采样，必须按照规定时间±10 min采取样品，必须将管线内存油放净后，才能采样。采样瓶必须干净、干燥、带盖、瓶上有标识，避免采错油样，采样量必须够两次复验用。对于采罐样，必须按标准采样，采样必须符合要求，盖必须盖好，采样绳必须够长，采样瓶必须干净、干燥、带盖、有标识。采样量必须够两次复验用，交库样品要留一升的保留样品。交库样品和保留样品（包括控制样的保留样品）必须有标签，标签上要注明油品、罐号、采样地点、时间、采样者。

（2） 基准准：化验室所用仪器、设备、温度计、刻度仪器、秒表等，必须符合规程要求，应校正的必须按期校正，并有校正表或有明显标志，不准超期使用。化验室用的蒸馏水、溶剂、标准试剂以及基准物质等应符合标准和试验方法规定的技术条件，标准溶液应有准确浓度和有效期限，所用的试剂应标识清楚。

（3） 分析准：所有分析必须严格执行产品标准中规定的方法进行分析，各项分析必须按国标、行标、企标等有效标准和方法执行。馏出口分析、允许分析一次结果，交库样品，必须进行平行测定。平行测定的结果，在规定误差范围内时，取平均值发报告。平行测定的结果超差时，应重新测定。平行测定的结果，虽然在规定误差范围内，但一次合格，一次不合格，应做第二次测定，在三次测定中如两次合格为合格，两次不合格为不合格。

（4）计算准：做完分析后，化验工必须按照标准方法要求去计算，按数字修约规则对分析结果进行处理。测定结果的位数与平行测定允许差数的保留位数相同（规程中规定了结果的保留位的，按规程的规定保留），超过所规定位数的尾数，按数字修约规则处理［注：产品品牌培育卡边时，不准采用数字修约规则，有多少就发多少］。凡是平行分析，在校正（或计算）时要校正（或计算）到保留位数的后一位，后两位数就按数字修约规定处理。这样校正（或计算）出的两个单结果，再计算平均值，该平均值按保留位数发结果，后一位的数值按数字修约规则处理。检查者对分析结果发生怀疑时，应提出复验，分析者应尊重检查者的意见，两者意见不一致时由班长裁决，分析结果发出之后，厂、车间要求复验时，如复验结果与原结果没有超差，按原结果发出。查各种校正表时，为了简便起见，一律按四舍五入法查。凡标准中规定有界限数值时，不允许采用数字修约方法。对于在试验方法标准中，有关试验方法部分对数字修约方法有具体规定者，则按该标准的规定执行。

（5）报告准：分析结果要经三级检查（自检、互检、班长检）后，才能发出，分析报告也要经三级检查（自检、互检、班长检）后才能发出，要做到三及时（采样及时、分析及时、发报告及时）。

4）原始记录要求齐全、准确，达到“六不”要求。即：不写连笔字、不撕页、不就地涂改、不出格、不乱写乱画、不漏写。如必须涂改，按有关规定执行。各种原始记录都按页编号，保存期按文件要求执行。分析报告必须齐全准确，不漏项，写仿宋体，不涂改、不用红色笔。

（资料来源：朱宏君．浅淡 HSE 标准在企业产品监视与测量中的应用［J］．第十二届石油工业标准化学术论坛论文集，2009（10）：583－588）

2.8.3　测量

8.3　测量

8.3.1　总则

组织应在品牌培育管理体系的相关层次和职能上，对照品牌战略和目标，评估组织实现其策划结果的能力。适当的关键测量和评价指标，以及合适的搜集信息方法，对测量和分析过程的成功非常关键。

组织搜集确定关键测量和评价指标所需信息的方法应当是适当和可行的，典型的方法包括：

a）以访谈、问卷等形式对顾客和其他利益相关方进行满意度调查；

b）标杆对比；

c）绩效评审，包括供方和伙伴；

d）监视和记录品牌培育过程及其结果的变化。

【解读】

1. 测量的含义

在品牌培育管理体系建立起来以后，企业应在品牌培育管理体系的相关层次和职能上，对照品牌战略和目标，依据品牌培育过程的要求，围绕品牌策略执行效果，采用适当的测量方法和关键指标来制定品牌培育效果测评办法，以评估企业实现其策划结果的能力。典型的测量方法包括满意度调查、标杆对比和绩效评审等。

2. 测量的方法

1）满意度调查法

满意度调查是一种科学的管理工具，它通常以访谈、问卷调查等形式，收集利益相关方对企业管理各个方面满意程度的信息，然后通过后续专业、科学的数据统计和分析，真实地反映公司经营管理现状，为企业管理者决策提供客观的参考依据。满意度调查的对象主要包括了员工、经销商和消费者。

（1）员工满意度

员工满意度（也称工作满意度）是员工对其工作中所包含的各项因素进行评估的一种态度的反映。满意是一种主观感受，满意度是主观感受性（即感受程度）的指标，包括主观期望（内在需要）和客观满足两个方面。企业进行员工满意度调查可以对公司管理进行全面审核，保证企业工作效率和最佳经济效益，减少和纠正低生产率、高损耗率、高人员流动率等紧迫问题。

根据行为科学理论决定员工满意度的因素，既有公司政策与管理、监督、工资、同事关系、工作环境等所谓保健因素，又有上进心、责任感、工作本身、赞赏、成就感等激励因素。这些因素在不同时期以不同的程度决定着企业不同层次职工的满意程度，根据上述因素可构建如下的员工满意程度指标体系（见表2－19）。

表2－19 企业员工满意度评价多层次指标体系表

一级评价指标	二级评价指标
对工作条件的满意度	工作地布置满意度 工作地环境质量满意度 工作手段的满意度
对工作回报的满意度	薪金分配的公平性程度 事业成就感 工作认可度 职务晋升的公平程度 企业福利待遇的满意度

续表 2-19

一级评价指标	二级评价指标
对工作本身的满意度	工作适合度 责任匹配程度 自我指挥和控制 工作的挑战性程度 自我价值实现程度
对企业人际关系的满意度	意见沟通度 非正式组织活动度 冲突协调度
对企业整体的满意度	对企业价值观的满意度 对企业形象的满意度 对参与民主管理的满意度 对企业领导素质和能力的满意度
对企业后续培训的满意度	对员工的后续培训

①对工作条件的满意度

根据行为科学理论，工作条件属保健因素，改善工作条件虽不能激励员工提高效率，但能够促使员工消除部分不满情绪，维持原有工作效率。员工对工作条件的满意度包括：

A. 工作地布置满意度

指员工对工作地空间布置的满意程度。具体包括：企业总体平面布置、办公室布置、车间布置等。

B. 工作地环境质量满意度

包括工作地的空气质量、墙面色彩、光线等。

C. 工作手段的满意度

先进良好的工作手段是保证员工工作效率的基础，具体包括：设备的技术水平、工、卡、量具的配备及其精度等。

②对工作回报的满意度

作为一个经济人和社会人，员工在工作之后，要求得到相应的回报。令人满意的工作回报，能够极大地激发员工的积极性和主动性。具体包括：

A. 薪金分配的公平性程度

包括对于公平和效率原则的体现、收入构成、薪金所得与其付出的匹配等。

B. 事业成就感

事业成就感是需求金字塔中最高层次的需求，一个具有事业成就感的人，往往具有高度的责任心，喜欢挑战性的工作并且不怕疲劳等特征。

C. 工作认可度

期望认可是员工共同的心理特征，适时、适度的认可、称赞和表扬是激发员工积极性的重要方式。

D. 职务晋升的公平程度

赋予能力强、效率高的员工以公平的晋升机会，有利于激发员工的上进心，从而创造性地工作。

E. 企业福利待遇的满意度

福利待遇的高低对员工的实际收入会产生直接的影响，并最终影响其工作情绪和工作效率。具体包括：企业员工的住房、食堂、冷暖供应、医疗、保险、退、离休制度等。

③对工作本身的满意度

要求工作是人的本能，企业管理的任务就是要给员工安排富有意义，具有吸引力和富有挑战性的工作，使员工在实现企业目标的同时也达到个人目标的实现，具体包括：

A. 工作适合度

指目前从事工作是否适合员工的兴趣、爱好和特长。

B. 责任匹配程度

在企业中员工承担的责任应与其享有的权利相匹配。有职无权，难以很好地履行职责；有权无职，势必造成权利的架空和人力资源的浪费。

C. 自我指挥与控制程度

行为科学理论认为人对于自己参与的工作目标具有实行自我指挥和自我控制的能力，外部控制、操纵、说服、奖罚等不是提高效率的唯一方法，有时甚至会起反作用。

D. 工作的挑战性程度

对于那些富于冒险、喜欢挑战的员工来说，适度挑战会激发他努力地工作。

E. 自我价值实现程度

按照马斯洛的需要层次论，追求自我实现是人生的高层次的需要，在实现企业目标的同时若能实现自我价值，必能促使员工情绪饱满地工作。

④对企业人际关系的满意度

和谐的人际关系是员工保持良好心境愉快工作的关键。具体包括：

A. 意见沟通度

美国心理学家莱维特指出：意见沟通是影响行为的工具，也是改变行为的有效途径。及时的相互沟通意见，有利于人与人之间传达信息，取得信任、理解、支持和帮助。

B. 利用非正式组织活动度

行为科学的代表梅奥指出在企业中存在着非正式组织，这种无形的组织有它特殊的感情惯例和倾向等，能够解决正式组织难以解决的人际关系问题。由于它的活动，使得员工之间的距离更为接近，关系更为融洽。

C. 冲突协调度

由于人与人之间存在着差异，因此冲突在企业中是客观存在的，无论是建设性的冲突还是破坏性的冲突都会造成人际关系的紧张。协调各种冲突不仅是管理者的重要任务，也是每位员工的一项职责。

⑤对企业整体的满意度

企业是员工之家，对企业整体的满足程度高低与员工是否愿意继续在企业中高效率、创造性的工作密切相关。

A. 对企业价值观的满意度

企业价值观是企业职工对企业与外部环境以及企业内部经营管理、人际关系等根本问题的看法。良好的企业价值观，是促使员工成为自我管理主人的关键。

B. 对企业形象的满意度

调查证实，企业形象与员工满意度存在着高度的正相关。良好的企业形象对于提高企业员工满意度、企业知名度以及企业竞争力至关重要。

C. 对参与民主管理的满意度

在企业中由于分工的不同，员工的职位不同，但没有高低贵贱之分，企业管理者应重视让员工参与企业目标的制定和日常的管理工作，促使员工在实现集体目标的同时也达到个人目标的实现。

D. 对企业领导素质和能力的满意度

企业领导能力是现代经济社会的稀缺性资源，也是决定企业兴衰的关键，而企业领导的能力强弱与其素质高低密切相关。一个具有高素质和卓越才能的领导班子，会促使企业成为具有强凝聚力的团结的集体，企业会经久不衰。

⑥对企业后续培训的满意度

在现代社会中，一个人不可能只有一份工作，时代的发展会给每个人带来挑战，每个人必须不断充实、完善自己，才能在激烈的竞争中生存下去。员工的全面发展是一种趋势和方向，培训被员工认为是一个不断提升自我的好工具。与此同时，培训也越来越被企业所重视，他们认为培训是开发人力资源潜力的有效手段，他们通过培训提升员工的职业安全感和良好的就业能力，提高其在未来社会竞争中的工作能力。目前，一个公司是否能够提供较好的培训已成为许多人求职时的一个主要考虑因素了。

（2）经销商满意度

经销商满意度就是指经销商对企业提供的产品、服务或政策满足其要求的程度。通常是指经销商通过可感知的结果与其期望值相比较后所形成的一种差异函数。

经销商满意度的内容可以分为以下几个部分：

①产品满意度

经销商通过其自己的平台将供应商所供应的产品销售给消费者。虽然经销商和消费者所接触的产品没有区别，但是二者对于产品的关注点却存在较大差异。消费者所关注的是产品的品牌、功能、设计、包装、品位、价格等方面。消费者的满意是指在合理价格基础上使用到满意的产品，他们更关注的是产品的品牌。而经销商满意度评价包含的内容是“产品的品牌竞争力情况”“产品种类丰富性”“产品价格的竞争力”“产品个性化和差异化”以及“新产品开发力度”等。经销商的满意是指在以合理价格购入产品的基础上其品牌等方面还能使其畅销。消费的侧重点偏向于性价比，而经销商的侧重点偏向于利润。

②服务满意度

经销商能接受到的供应商提供的服务主要体现在以下两方面：一方面是配合市场的开拓和政策支持情况；另一方面是相关工作人员的意识、服务、水平等（见图2-46）。

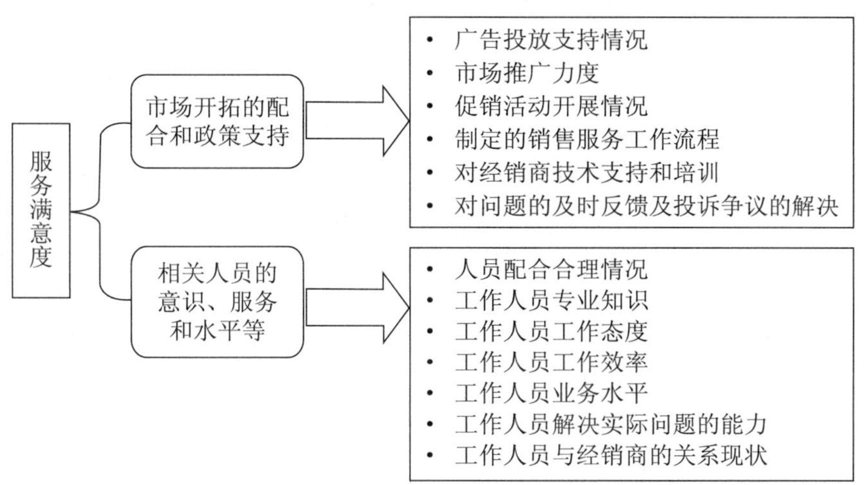

图2-46 经销商对供应商的服务满意度内容

在市场开拓方面，供应商和经销商的利益是一致的。供应商对经销商的服务主要表现在，在市场开拓过程中及时给予配合，并提供促销、宣传等政策支持。这对于市场开拓的作用是至关重要的，必然是经销商满意度评价中的重要环节。

③商务政策的满意度

所谓商务政策，指的是供应商、经销商以协议、合同等形式确立合作关系的书面文件总称。商务政策体现了供应商和经销商双方合作、收益的分配情况，是经销商满意度评价的核心部分。具体而言，经销商对商务政策的满意评价体现在“供货充足和及时情况”“贷款结算及时和准确情况”“销售、奖励政策的合理情况”“退货处理措施的完备情况”“对倒货、违价、窜货等违法行为的处罚力度”等方面。

(3) 消费者满意度（补充结构图和量表）

消费者满意度就是消费者满意的程度，是消费者对产品或服务的感知结果与其期望值相比较后所形成的一种心理感受。

消费者满意包括三个层次的内容：

①商品满意，是指商品带给顾客的满足状态，包括商品的品牌培育、功能、价格、包装等；

②服务满意，是指服务带给顾客的满足状态；

③社会满意，即顾客在商品和服务的消费过程中体验到社会利益的维护带给顾客的满足感。

2) 标杆对比法

标杆对比是指借助于标杆管理的理论和方法，发现问题、分析问题和解决问题的一种方法。标杆对比包括四种不同的类型：内部标杆对比、竞争标杆对比、职能标杆对比和流程标杆对比。

3）绩效评审法

绩效评审是指运用数理统计和运筹学方法，在企业战略目标的基础上，采用特定的指标体系，对照统一的评价标准，按照一定的程序，通过定量定性对比分析，对企业品牌培育活动中一定期间的效益和业绩，即对实现品牌培育目标的贡献程度，做出客观、公正和准确的综合评判。

适应品牌培育绩效评审的总体要求，其基本原则必须做到：有效、可靠、反馈、灵活和公平。其中有效性要求对品牌培育绩效评审的各个纬度进行全面掌握，要求涉及工作范围的各个方面。可靠性要求在品牌培育绩效评审中对各方资源和整个评审过程做全面的不间断的掌握。反馈性要求将绩效评审结果反馈给被评估者，用以改善被评估者的工作绩效和了解自己的优缺点。灵活性要求在客观情况发生变化时，对绩效评审的指标、结果运用做出适当的调整。公平性要求尽量按照已经建立起来的评审标准进行公平公正的评估，而不考虑个人差异。

基于以上标准，品牌培育绩效评审的基本原则包括以下几个方面：

（1）评审目标。绩效评审目标的制定必须与企业战略目标相一致，体现企业的核心价值观。通过绩效评审指标的设计，反映企业的核心价值观，可以有效引导、激发符合企业期望的营销行为。

（2）评审内容。制定绩效评审内容必须兼顾全面、有效、灵活、系统、完整等方面。品牌培育绩效评审应首先以业绩为主，业绩指标是量化的指标，可以是品牌资产总额，也可以是利润指标。同时要考虑市场竞争情况、顾客、营销创新等方面的定性评审指标。制定考核指标不可脱离实际，在客观情况发生变化时，本着灵活性的原则，在征求各方意见后，适时作出必要的调整，避免僵化和形式主义。

（3）评审原则。绩效评审过程要遵循公平、有效、联系实际的原则。无论采用哪种绩效评审方法，一定要结合自己公司的实际情况，本着客观、公平的原则，来制定合适的实施办法。避免评审过程流于形式或评审方法过于复杂而无法坚持半途而废。

（4）评审体系。评审体系应该坚持公开、透明的原则。评审的流程、程序、步骤、指标体系等事项应该公布，并对相关参与人员进行必要的培训，考核过程中及时给予必要的指导和释义，同时应该保持高度的民主性、客观性和透明度，提高考核结果的说服力，并取得相关人员的支持。

（5）评审过程。考核过程应该及时有效。制定完整的考核体系后，必须及时彻底执行，相关职能部门应该起到监督作用，避免为考核而考核，将应该在工作进程中的考核步骤，做到事后补充，使考核过程不流于形式。

（6）评审结果。最后，评审结果一定要反馈。与考核对象就考核的结果进行互动地反馈，双方表达自己的看法和意见，共同探讨提高营销绩效的办法，才能达到绩效考核的目的，充分有效地利用考核结果。

高层领导应当根据绩效评审结果，确定改进关键业务的优先次序，企业有关部门和人员落实改进措施，并识别创新机会。适当时，将这些优先次序和创新机会在供方和合作伙伴中实施，并保持协调一致。

在实际操作中改进采购及供方表现的最直接办法就是开展供方和伙伴的绩效考评。绩效考评是对已经认可的现有供方和伙伴进行绩效考核，其目的是了解供方和伙伴的表现，促进供方改进并为供方和伙伴奖励、供方和伙伴优化提供依据。

考评的对象至少应包括伙伴型供方、优先型供方和重点商业型供方。如管理成熟、条件允许也可扩展到所有的供方。

考评实施前必须制定一个供方绩效考评办法或工作程序并严格执行。实施过程中要对供方的表现，如质量、交货、服务等进行监测记录为考评提供量化依据。考评前还要与被考评的供方就考评做法、标准及要求进行充分沟通，并做好本公司内参与考评的部门和人员的沟通协调工作。

考评范围：供方绩效考评不同单位有不同的做法，最简单的是只考评供方的交货质量。管理成熟一些的除考核质量外也考核供方的交货表现。更先进的则进一步扩展到供方的价格、服务、供方参与本公司产品开发等表现。规范化的企业一般还要考评所有的供方且文件明确规定考评什么、何时考评、怎样考评、由谁考评。事先确定好考评指标并通过信息系统自动计算考评结果。

供方绩效考评指标很多归纳起来有 5 大类质量指标：供应指标、经济指标、支持、配合与服务指标。

供应指标又称企划指标，是同供方的交货表现以及供方企划管理水平相关的考核因素其中最主要的是准时交货率、交货周期、订单变化接受率等。

经济指标总是与采购价格和成本相联系的。由于经济指标相对稳定，多数企业是每季度考核一次，此外经济指标难以量化，往往都是定性的。具体考核点有价格水平，通常与所掌握的市场行情比较，或根据供方的实际成本结构及利润率进行判断，报价是否及时，是否客观、具体、透明。

支持、配合与服务指标通常也是定性的，每季度考核一次，具体考核指标主要有：

（1）反应表现：对订单、交货、质量投诉等反应是否及时、迅速；答复是否完整；对退货、挑选等是否及时处理。

（2）沟通手段：是否有合适的人员与本公司沟通沟通手段，是否符合本公司的要求电话、传真、电子邮件以及文件书写所用软件与本公司的匹配程度等。

（3）合作态度：是否将本公司看成是重要客户供方高层领导或关键人物；是否重视本公司的要求；供方内部如市场、生产、计划、工程、质量等部门的沟通协作是否能整体理解并满足本公司的要求共同改进；是否积极参与或主动提出与本公司相关的质量、供应、成本等改进项目或活动；是否积极组织、参加与本公司共同召开的供方改进会议、配合本公司开展质量体系审核等。

（4）售后服务：是否主动征询顾客本公司的意见主动访问本公司主动解决或预防问题参与开发；是否参与、如何参与本公司的产品或业务开发活动其他支持；是否积极接纳本公司提出的有关参观、访问事宜；是否积极提供本公司要求的新产品报价与样品；是否妥善保存与本公司相关的文件等不予泄漏；是否保证不与影响本公司利益的相关公司或单位进行合作等。

4）监视和记录品牌培育过程及其结果的变化

参见 2.8.2。

3. 测量的关键绩效指标

8.3.2　品牌培育的关键绩效指标

组织应对影响品牌培育成功的关键因素进行绩效测量，并确定关键绩效指标（KPIs）。

组织应对关键绩效指标进行识别、跟踪、并进行趋势预测，必要时采取纠正、预防措施。

最高管理者应当将关键绩效指标作为调整品牌战略和改进品牌培育过程的基础。

关键绩效指标应当与组织的性质、规模、产品和过程相适应，并与组织的品牌培育目标相一致。

组织在选择关键绩效指标时，应确保提供的信息是可测量的、准确的和可靠的，对于采取改进措施是有用的。

关键绩效指标可以包括但不限于以下方面的内容：

a）主要目标市场的市场占有率和渗透率；

b）品牌溢价率；

c）不同档次产品的比重；

d）研发投入率、新产品产值率；

e）主要产品实物品牌培育水平；

f）自主知识产权变化情况；

g）品牌传播投入情况及传播效率；

h）品牌知名度、美誉度和忠诚度；

i）诚信和信誉表现；

j）资源利用的有效性和效率；

k）在利润和财务方面的表现等。

【解读】

1）关键绩效指标的定义

关键绩效指标（KPI）是指品牌培育战略目标决策者经过层层分解产生的操作性的战术目标，是宏观战略决策执行效果的检测指针，是通过对品牌组织内部运营的输入端、产出端的关键参数进行设置、取样、计算和分析，来衡量重点流程绩效的一种目标式量化管理指标，是把企业品牌培育的战略目标分解为可操作的工作目标的工具，是绩效管理的基础。当 KPI 构成品牌培育战略目标的有效组成部分或支持体系时，它便以实现品牌培育战略目标的相关部分作为自身的主要职责，并且随着品牌培育战略目标的发展演变而调整。

2）关键绩效指标的特点

关键绩效指标引导着品牌培育战略目标的实现方向，综合提炼总结了品牌在实际经营过程中的重要的成功因素。所以，关键绩效指标的特点有：

(1) 横向关联。关键绩效指标为促进品牌培育战略目标的完成，将企业员工、企业绩效和其他部门、企业顾客的价值关联起来，一起为实现顾客的价值努力。

(2) 竖向解分。关键绩效指标不仅有企业品牌培育业绩指标，而且有企业员工业绩指标，目标从上到下进行竖向上的解分，相互支持，因果关联。企业中每一个职位、每一个部门都与品牌的战略目标和远景计划息息相关，企业中每一位员工的绩效、每一个团队的绩效都与品牌培育的绩效有机结合在一起。

(3) 综合衡量。关键绩效指标的制定需要综合考虑，要有近期指标和远期指标，要将品牌培育的综合战略计划和日常流程业务计较在内。指标既要包括品牌培育指标和数量指标又要涉及过程指标和结果指标。

(4) 简单凝练。关键绩效指标在评估管理品牌实际战略业绩时比其他的绩效指标更加直白简单，更具有引导性，因此也更加容易掌握。

3) 确定关键绩效指标的原则

由实践的成功经验总结出确定关键绩效指标时需要谨记SMART这五个字母，它们就是设计指标的五个原则。

(1) S (Specific)，具体明确。绩效考核指标应该在遵循企业整体战略目标的前提下，将指标设计具体化明确化，赋予相应的内容。

(2) M (Measurable)，量化。绩效考核指标应该确定为量化了的指标来衡量品牌培育的业绩。

(3) A (Attainable)，可达性。绩效考核指标不应设置过高，应确保这个指标虽不容易达到，但经过企业员工付出一定的努力之后完全可以实现。

(4) R (Relevant)，联系性。绩效考核指标应当与品牌培育整体战略目标、企业各部门职责以及企业员工责任相连，具有一定的联系性。

(5) T (Time-based)，限定时间。绩效考核指标必须明确地限定时间，时刻注意工作完成情况。

4) 关键绩效指标的运用

(1) 企业应对关键绩效指标进行识别、跟踪、并进行趋势预测，必要时采取纠正、预防措施。

在对品牌培育的绩效完成情况进行评估时，要先对绩效成绩指标的重要性进行分析，再根据具体情况对绩效表现进行不同程度的奖励。制定绩效考核标准时，需注意每一绩效表现的指标数量都需适当；将近期目标远期目标、结果过程之间的关系加以整理处置；认真探索不同绩效表现之间的相互关系，侧重于作用更加突出的更有利于企业目标的绩效标准；简单化具体化绩效考核指标，突出企业整体战略目标的引导性。

(2) 最高管理者应当将关键绩效指标作为调整品牌战略和改进品牌培育过程的基础。

品牌培育过程中的关键绩效指标主要为以下方面的内容：主要目标市场的市场占有率和渗透率；品牌溢价率；不同档次产品的比重；研发投入率、新产品产值率；主要产品实物品牌培育水平；自主知识产权变化情况；品牌传播投入情况及传播效率；品牌知名度、美誉度和忠诚度；诚信和信誉表现；资源利用的有效性和效率；在利润和财务方面的表现等。企业的管理们应该将这些指标作为调整品牌战略和改进品牌培育过程的基础。

（3）关键绩效指标应当与企业的性质、规模、产品和过程相适应，并与企业的品牌培育目标相一致。

品牌培育绩效考核的指标不应设置过高，应当与企业的性质、规模、产品和过程相适应，应确保这个指标虽不容易达到，但经过企业员工付出一定的努力之后完全可以实现。同时应当与参与品牌培育工作的各部门职责以及企业员工责任相连，具有一定的联系性。

（4）企业在选择关键绩效指标时，应确保提供的信息是可测量的、准确的和可靠的，对于采取改进措施是有用的。

品牌培育的绩效考核指标应该在遵循企业整体战略目标的前提下，将指标设计具体化明确化，赋予相应的内容；绩效考核指标应该确定为量化了的指标来衡量品牌培育的业绩。

5）关键绩效指标的内容

（1）主要目标市场的市场占有率和渗透率

①市场占有率

定义：市场占有率又称市场份额，指一个企业的销售量（或销售额）在市场同类产品中所占的比重，直接反映企业所提供的商品和劳务及其品牌对消费者和用户的满足程度，它在很大程度上反映了企业的竞争地位和盈利能力，是企业非常重视的一个指标。市场份额具有两个方面的特性：数量和质量。市场份额数量也就是市场份额的大小。

公式：市场占有率＝企业销售量（额）/同类产品总体市场销售量（额）

或　市场占有率＝企业销售量（额）/竞争者销售量（额）总和

市场份额质量是指市场份额的含金量，是市场份额能够给企业带来的利益总和。这种利益除了现金收入之外，也包括了无形资产增值，如品牌所形成的收入。衡量市场份额质量的标准主要有两个：一个是顾客满意率，另一个是顾客忠诚率。顾客满意率和顾客忠诚率越高，市场份额质量也就越好，反之，市场份额质量就越差。企业较少关注市场份额质量的原因有两个：第一，很多企业还没有树立以顾客为中心的现代营销理念；第二，提高市场份额质量所带来的收益不确切，企业对提高市场份额质量心存疑虑。

②相对市场占有率

定义：本企业某项业务的市场份额与同行业中最大竞争者的市场份额之比。当本企业市场份额最大（市场领导者）时，相对市场份额就是本企业市场份额与市场中第二大企业市场份额之比。

公式：相对市场占有率＝企业市场份额/行业领导品牌的市场份额×100％

或　相对市场占有率＝企业的销售额（量）/行业领导品牌的销售额（量）×100％

③品牌渗透率

定义：某一时期内购买某一品牌至少一次的消费者人数占全部人口数的比例。

公式：品牌渗透率＝已经购买本品牌商品的消费者人数/行业领导品牌的市场份额×100％

④市场渗透率

定义：某一时期内购买某一品类至少一次的消费者人数占全部人口数的比例，也可以直接理解为用户渗透率或者消费者占有率。

公式：市场渗透率＝已经购买本类别商品的消费者人数/总人口数×100％

⑤渗透份额

定义：品牌渗透率相对于市场渗透率的比例，或者同一时期内消费过某一品牌的人数占消费过该类商品人数的比例。

公式：渗透份额＝品牌渗透率/市场渗透率×100％

＝品牌的消费人数/同一时期品类的消费者人数×100％

（2）品牌溢价率

定义：品牌溢价是指对于包装、数量等相同且不相上下或较次等的品牌，消费者愿意为钟爱的品牌产品所支付的数额，或者是某一品牌与竞争品牌相比，其拥有更高标价的能力。它是体现顾客忠诚度的最有利证明，同时它也是测量品牌资产的最合理方法。而品牌溢价率是指相对于竞争品牌商品，消费者愿意对某品牌商品支付的溢价比率，通过消费者问卷调查获得。其计算公式为：

公式：品牌溢价率＝某品牌产品价格/同类竞争者品牌产品价格

或者也可以理解为：相对于无品牌商品，消费者愿意对品牌商品支付的溢价比例。

公式：品牌溢价率＝消费者愿意对品牌商品支付的溢价值/品牌商品的价格×100％

（3）不同档次产品的比重

定义：这里的档次可以理解为价格档次和质量档次。价格档次主要有高价、中价、低价；质量档次主要有高质、中质、低质。组合起来就有九种产品和品牌的档次定位，即高质高价、高质中价、高质低价、中质高价、中质中价、中质低价、低质高价、低质中价、低质低价。而不同档次产品的比重就是指企业不同档次的产品占产品总量的比例。

公式：某档次产品的比重＝该档次产品总额/产品总额的比例×100％

（4）创新能力水平

①研发投入比率

定义：企业本年研发支出（包括用于研究开发、技术改造、科技创新等方面的支出）与本年营业收入的比率，反映企业在科技进步方面的投入，在一定程度上可以体现企业的发展潜力。

公式：研发投入比率＝本年研发支出合计/本年营业收入×100％

考虑到企业的研发投入有时间上的长短，所以研发投入比有两种情况：从短期来看，可以视为研发投入成本占当期产出的比例，用以衡量研发成本在当期对经营成本比重的影响；从长期来看，可以视为该项新产品研发过程中所产生的成本额占该产品在生命周期内所有的销售收入的比例，用以衡量产品的运作业绩。

公式：当期研发投入比＝研发成本/当月产值×100％

长期研发投入比＝研发成本/产品销售总收入×100％

② 新产品产值率

定义：指一定报告期内新产品产值占企业产品总产值的比率。顾名思义，是指新产品带来的产值占的比重。

公式：新产品产值率＝新产品产值/企业产品总产值×100％

(5) 主要产品的实物质量水平

产品的实物质量水平是指产品实物一组固有特性满足要求的程度，若对产品实物质量水平进行量化，可以认为是产品实物某个质量特性的指标，这个指标确定可以来源于顾客的要求，也可以是法规的要求，总之满足了这个指标，就是说满足了顾客的要求或者说是满足了企业的相关方要求。

产品质量受若干质量控制参数控制。对质量参数的统一规定形成了质量技术标准。在执行质量标准上有几种形式：包括国际标准、国家标准、部颁标准、企业标准、企业内部标准等。

产品实物质量指标包括两大类：一类是反映产品内在实物质量的指标，主要是产品平均技术性能、产品质量分等；另一类是反映产品生产过程中工作质量的指标，如质量损失率、废品率、成品返修率等。

(6) 自主知识产权变化情况

自主知识产权亦称“自有知识产权”。一般指与非自主知识产权相对应的，在一国疆域范围内由本国公民、企业法人或非法人机构作为知识产权权利主体，对其自主研制、开发、生产的“知识产品”（如计算机软硬件、网络信息产品等），及获得许可购买他国或他人专利、专有技术、商标、软件等所享有的一种专有权利。

自主知识产权是创新自主和技术标准自主的基础和关键，它的变化很大程度上反映了企业的产品创新和科技水平。自主知识产权增加，证明了企业产品创新和科技水平提升；相反，自主知识产权不变或减少，证明企业产品创新和科技水平停滞不前。

(7) 品牌传播效率

品牌传播指企业以品牌的核心价值为原则，在品牌识别的整体框架下，选择广告、公关、销售、人际等传播方式，将特定品牌推广出去，以建立品牌形象，促进市场销售。品牌传播是企业满足消费者需要，培养消费者忠诚度的有效手段，是目前企业家们高擎的一面大旗。品牌传播投入是指为了传播品牌而花费的费用。

传播的效率是指品牌受众获得品牌信息所花费的时间和货币成本。可以用传播信息和载体之间的匹配性、可理解性及信息的现场体验性来衡量。

(8) 品牌知名度、美誉度和忠诚度

参见 3.7.2。

(9) 诚信和信誉表现

企业诚信是企业自身权衡长短期利益后追求利润最大化的经济行为，是企业在与自己相关的其他行为主体交往中遵守承诺，获得其他行为主体信任的道德行为。一句话，企业诚信是企业利己经济行为和自我道德约束的统一。品牌的诚信反映在它对利益相关者所做的负责任的承诺。

而企业的信誉是指企业在一切经济交往中要诚实守信，反对失信和欺诈。它是诚信在经营行为当中的反映。企业信誉物化于企业的产品和服务以及品牌之中，通过企业成员的行为传递出来，最终通过外界如消费者、供应商、银行、政府和投资者对企业及其品牌的肯定和褒扬表现出来。从这一过程中可以看出来企业成员的行为在企业品牌信誉的塑造中起着决定性的作用。

（10）资源利用的有效性和效率

资源利用的有效性是指资源利用的程度，资源利用的效率是指资源利用的有用程度。

（11）在利润和财务方面的表现

①销售完成率

定义：销售完成率是指某一时期的实际销售数相对于计划目标数的比例。

公式：销售完成率＝实际完成的销售数/计划销售数×100％

②主推率

定义：主推率是指客户主推产品的个数占企业在客户仓库中产品个数的比例，或者是主推产品的销售额占当期销售额的比例。

公式：主推率＝主推产品个数/客户仓库中产品总个数×100％

或主推率＝主推产品销售额/本品牌当期销售总额×100％

③产品合格率

定义：产品合格率是指符合产品质量标准的产品占产品总数的比例。

公式：产品合格率＝合格产品数/产品总数×100％

④返修率

定义：返修率是指产品售出后因存在质量问题而返回修理或退换货的数量占售出产品总数的比例。

公式：返修率＝问题产品的数量/售出产品总数×100％

⑤投诉率

定义：投诉率是指企业为顾客服务过程中，因产品或服务质量问题发生投诉的服务占服务总次数的比例。

公式：投诉率＝发生投诉的服务次数/服务总次数×100％

⑥销售毛利率

定义：销售毛利率是指销售毛利同销售收入的比率。

公式：销售毛利率＝销售毛利额/销售收入×100％

＝（销售收入－销售成本）/销售收入×100％

⑦销售净利率

定义：销售净利率是指企业一定期间的净利润同销售收入的比率，放映销售收入的盈利水平。

公式：销售净利率＝净利率/销售收入×100％

⑧总资产报酬率

定义：总资产报酬率是指企业在一定时期内获得的报酬总额与平均资产总额的比率。

公式：总资产报酬率＝（利润总额＋利息支出）/平均资产总额×100％

⑨净资产收益率

定义：净资产收益率又称权益净利率，是指企业一定时间内的净利润同平均净资产的比率。

公式：净资产收益率＝净利润/平均净利润×100％

⑩投资回报率

定义：投资回报率是指企业正常年度利润或年均利润占投资总额的百分比。

公式：投资回报率＝投资所得利润/投资额度×100％

＝（投资所得利润/销售额）×（销售额/投资额度）×100％

＝利润率×资金周转率

⑪技术投入比率

定义：技术投入比率是指企业技术转让费支出与研究开发的实际投入之和与当年主营业务收入的比率。

公式：技术投入比率＝（当年技术转让费＋研发投入）/当年主营业务收入净额×100％

4. 内部审核

8.3.3　内部审核

组织应按规定的时间间隔组织内部审核，以评价品牌培育管理体系的符合性和有效性。审核应由具备能力的人员实施，为保证评价的独立性，审核人员不能审核自己的工作。

内部审核可作为识别问题、风险、不符合项，以及监视过程运行的有效工具，也可用于识别好的做法或者改进机会。

内审的输出应提供有价值的信息，以：

a）指明品牌培育管理体系中的不符合项，并实施改进；

b）建立品牌培育内部标杆；

c）在组织范围内推行品牌培育的良好实践；

d）增进在品牌培育过程中的沟通和理解。

内部审核的结果通常形成报告，并作为管理评审的输入。

【解读】

1）内部审核的定义

内部审核也称为第一方审核，是由企业自己或以企业的名义进行的审核，可以作为企业品牌培育管理自我合格声明的基础，是企业实施自我评价、自我完善、自我改进的系统活动。

2）内部审核的作用

内部审核是企业对其品牌培育管理体系进行自我评价的重要手段，也是促进品牌培育管理体系自我完善、持续改进的重要机制。内部审核可以作为识别问题、风险、不符合项以及监视过程运行的有效工具，也可以用于识别好的做法或者改进机会。其主要作用有：

（1）确定品牌培育管理体系各过程是否符合规定的要求，以确定采取有效的纠正和

预防措施。

(2) 确定品牌培育管理体系实现规定的品牌培育目标的有效性，不断提高企业整体实力。

(3) 为企业提供改进品牌培育管理体系的机会，确立整改目标。

(4) 确保企业的产品或服务满足顾客和法律法规的要求。

3) 内部审核的准则

审核准则也称为审核依据，是审核所持的准绳，其标准定义为："用作依据的一组方针、程序或要求。"就是体系建立时所遵循的要求及体系本身形成的所有规定。审核准则通常以法规、标准、方针、手册、程序、计划等形式体现。审核准则从形态上分为文件化准则和非文件化准则。非文件化准则就是常说的"惯例"，这一点应引起审核员的特别注意。品牌培育管理体系内部审核的准则有以下几个方面：

(1) 管理体系标准。

管理体系标准就是品牌培育管理体系，包括实施指南和评价指南。

(2) 体系文件。

体系文件包括品牌培育管理手册、品牌培育程序文件及其他体系文件（目标指标、风险削减措施、管理方案、作业文件、计划、作业指导书、例卷等）。

品牌培育管理手册和品牌培育程序文件是企业根据品牌培育管理体系标准的要求编制的。它对企业内部品牌培育管理体系的实施提供强制性指令和具体运行指导，一经正式发布即成为公司的内部管理法规，因此，品牌培育管理手册和品牌培育程序文件及其他相关的管理文件是内部审核准则的主体部分。目标指标、风险削减措施、管理方案、作业文件、计划、作业指导书、项目计划书等是构成体系并维持体系运行的重要补充文件，因而也是审核准则的重要组成部分。

(3) 适用于企业的有关法律、法规和其他要求。

我国有着较健全的商标法、专利法等，因此适用于贯标企业的法律、法规和其他要求也必须作为品牌工作审核准则的主要组成部分，因为它在品牌培育管理上占有十分重要的地位，是企业从事品牌经营所处的大环境。当一个企业的产品或服务涉及其他国家和地区时，产品或服务接受地的当地法律、法规也就成了其内、外部审核准则的一部分，但切忌将其推而广之。

此外，如果企业在管理体系建立时，同步采用或吸收了其他标准或优秀管理方法的思想、机制和要求，那么，这些标准、思想、机制和要求也成为其内部审核的准则之一。

4) 内部审核的要求

(1) 企业应按规定的时间间隔企业内部审核。

(2) 审核应由具备能力的人员实施。

(3) 为保证评价的独立性，审核人员不能审核自己的工作。

5) 内部审核的内容

(1) 指明品牌培育管理体系中的不符合项，并实施改进。

内部审核的根本目的在于发现问题并致力于完善和改进管理体系。因而，内部审核员与被审核方应建立一种较为融洽、近乎交流的氛围，企业应从整体上创造有利于审核的环境，并引导大家勇于发现和暴露体系建立及运行中存在的问题，找出品牌培育管理体系中的不符合项，并实施改进。

（2）建立品牌培育内部标杆。

企业应实行内部标杆管理（即以企业内部操作为基准的标杆管理）。它是最简单且易操作的标杆管理方式之一。原因在于企业内部数据容易获得，能确保标杆管理的顺利实施。

（3）在企业范围内推行品牌培育的良好实践。

内部审核是一项需经常开展的管理活动，重在有效性审核，务必使审核实用，切忌搞成形式或走过场。审核应依据程序，有计划地组织具备相应资格的内部审核员（可适当包括一些技术专家）进行。审核结果应形成文件化的审核报告，审核报告应适当扩大发放范围，有利于企业内部各部门相互借鉴。

（4）增进在品牌培育过程中的沟通和理解。

相对于外部审核，开展内部审核的难度更大，具体表现在：①审核员与被审核方人员都是同事，相互熟悉，难以产生权威效应，被审核方对其重视程度通常低于对外部审核的重视程度；②内部审核员对于高层管理者的审核原本就困难重重，而高层管理者（层）因各种干扰对于体系内部审核的支持和配合大受影响；③审核结果涉及员工或集体的荣誉和利益，极易发生争执。这就需要增强企业成员的集体意识和协作意识，在工作加强沟通，相互理解。

6）内部评审的结果输出

内部评审的结果通常形成报告，并作为管理评审的输入。

5. 自我评价

8.3.4　自我评价

品牌培育自我评价是基于成熟度模型，对品牌培育能力和绩效表现进行的测量。

自我评价的结果为以下方面提供支持：

a）了解品牌培育能力和绩效表现水平的变化；

b）品牌培育能力和绩效表现的持续改进；

c）品牌培育过程、方法和手段的创新；

d）识别或深化改进的机会。

自我评价的结果应作为管理评审的输入。

【解读】

1）自我评价的定义

自我评价是企业为争取卓越，自觉地参照某种模式或标准，对自身的经营活动和结果定期进行全面、系统的评审，用以识别企业的优势和需改进区域的一种自我诊断活动。品牌培育管理体系自我评价是基于成熟度模型，对企业的品牌培育能力和绩效表现进行的综合性、系统性评审。它能够帮助企业识别品牌培育改进和创新的领域，并确定

后续活动的优先顺序。

2）自我评价的标准

企业品牌培育自我评价工具使用五级成熟度。《评价指南》附录B给出了满分为1000分的评价分数分配准则，以便使评价活动更加直观地识别当前品牌培育的能力和绩效水平。等级如下：

（1）一级，初始级，没有正式的方法：没有采用系统方法的证据，没有结果、结果不好或未达到预期结果。

（2）二级，管理级，反应式的方法：基于问题或纠正问题的系统方法；改进结果的数据很少。

（3）三级，定义级，正式稳定的系统方法：系统的过程方法，处于系统改进的初级阶段；可获得符合目标的结果和存在改进的趋势。

（4）四级，完善级，持续改进：对过程进行持续改进；结果良好且保持改进趋势。

（5）五级，优化级，最佳实践：最强的综合改进过程；证实达到了标杆的最好结果。

3）自我评价的作用

（1）了解品牌培育能力和绩效表现水平的变化

企业可以通过关键绩效指标来分析自身的品牌培育能力及绩效表现水平的变化（参见2.8.3）。

（2）品牌培育能力和绩效表现的持续改进

为企业提供了一种识别优势和改进机会的有效方法，有助于企业改进经营业绩。同时为企业用于改进的资源投向提供以事实为依据的指南。

（3）品牌培育过程、方法和手段的创新

自我评价能改善品牌培育的品牌定位、品牌设计、品牌传播、品牌延伸、技术创新和产品开发、品牌保护、品牌文化塑造等过程，能促进企业的品牌培育管理体系向世界级业绩水平发展。

（4）识别或深化改进的机会

通过自我评价，企业能够发现自身存在的有点和不足，在以后的工作中发扬自己的长处，改进自身的不足，从而更好地满足最终客户的需要，提高品牌的竞争优势。

4）自我评价方法

（1）调查问卷法

指采用调查表对企业内员工进行调查，收集员工对于有关问题的认识、看法和态度，通过对调查结果的统计分析，获取企业有关信息。其工作步骤如图2－47所示。

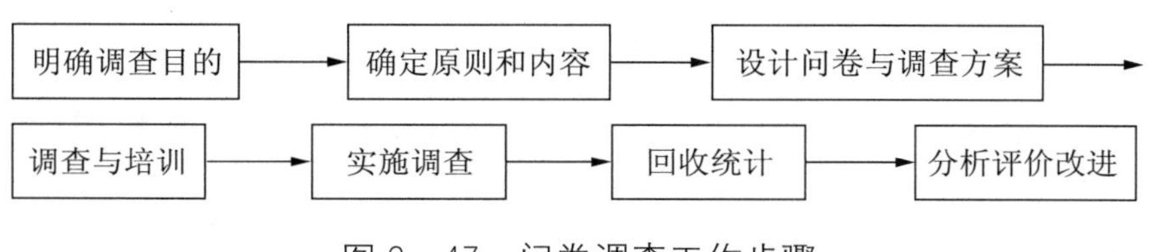

图2－47　问卷调查工作步骤

调查问卷法的优点：快速易用；调查涉及的企业人员范围广；便于设计企业个性化的问题；能获取不同层次、不同职能上的员工反馈；能与“研讨会方法”配合使用，使自我评价结论更加客观。

不足：不能直接提供自身的优势和有待改进之处；自评效果依赖于所设计问题的质量；一个企业过于频繁使用调查问卷法可能会导致低回收率和数据不精确：调查问卷法通常只反映员工在想什么，而非为什么这么想；不易与其他企业进行水平比较。

（2）研讨会法

由自评团队成员负责收集事实证据，并在研讨会上将证据提供给其他成员，以进行交流和评价，识别企业优势与待改进领域。其工作步骤如图 2－48 所示。

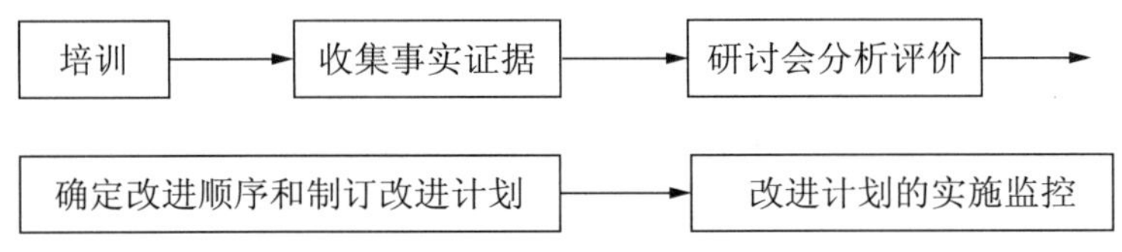

图 2－48　研讨会工作步骤

研讨会法的优点：能提供优势和有待改进之处；是一种帮助企业人员理解质量管理奖标准的好方法；自我评价团队对优势和有待改进之处的研讨，有助于形成企业内共识，便于推动持续改进；对于企业来说，是一次很好的团队建设机会。

不足：不如质量奖模拟法评价严密和准确；人员的能力和素质要求较高；同时，研讨会的准备工作要充分，否则成效可能不显著。

5）自我评价的步骤

企业进行品牌培育管理体系自我评价的步骤是：

（1）确定品牌培育管理体系自我评价的范围，按照品牌培育的过程和准则来确定评价的类型，例如：

①关键要素的自我评价；

②基于《实施指南》的细节要素的自我评价；

③基本《实施指南》以及额外的准则和层级的细节要素的自我评价。

（2）确定自评活动的责任人以及进行自评活动的时间。

（3）确定自评活动的实施方法。评价活动可以由团队或个人进行，也可以指定协助者帮助完成这个过程。

（4）识别品牌培育每个单独要素的成熟度。可以通过将当前情况与表中所给出的例子进行对照来实现。从第一层级开始，并向更高层级转移，确定当前表现处于相应要素的级别，并判断在相应级别中的程度。

（5）按照《评价指南》附录 C，确定该要素的得分比重。

（6）将得分比重与《评价指南》附录 B 中该要素的单项总分值相乘，得到在该要素的分数。

（7）将各要素分数相加，即得到自我评价的总分数。总分数的高低说明企业品牌培育过程成熟度的差异，也说明企业品牌培育能力和绩效的水平。《评价指南》附录 D 给

出了四级评价等级的参考分数。

企业在不同的品牌培育要素上，其成熟度可能有所不同。对这种差距的识别，可以帮助最高管理者为提高某个要素的成熟度进行策划，并优先安排改进和创新活动。

6）自我评价结果以及改进和创新策划

品牌培育管理体系自我评价的结果应是一个改进和创新的行动计划。该计划应提供给最高管理层作为策划和评审的输入。

从品牌培育管理体系自我评价所获得的信息也可用于：

（1）在整个企业范围内的品牌培育活动的激励、对比和分享。

（2）与其他企业的品牌培育管理体系进行标杆比照。

（3）定期进行的自我评价可以监视品牌培育的进展。

（4）识别改进领域并进行优先排序。

6. 标杆

8.3.5 标杆

标杆是组织用来寻找内部或者外部最佳实践的测量和分析工具。组织既可以设立内部标杆，也可以将竞争对手品牌培育过程或结果设立为竞争性标杆，还可以选择非竞争对手作为通用标杆。

组织在设立和保持标杆时，应考虑以下方面：

a）确定拟设立标杆的品牌培育过程或结果的范围；

b）选择标杆对象，确定沟通或保密的方针；

c）确定需要进行比较的特定指标和对应的数据搜集方法；

d）搜集和分析数据；

e）识别表现的差距，指出改进的方向；

f）制定、实施和监视相应的改进计划。

【解读】

1）标杆的定义

标杆是企业用来寻找内部或者外部最佳实践的测量和分析工具。

标杆管理是一个系统的、持续性的评估过程，通过不断地将企业流程和结果与世界上居领先地位的企业相比较，以获得帮助企业改善经营绩效的信息，针对品牌培育，标杆管理是企业将自己的品牌培育的过程和结果同行业内或行业外的领先企业做比较，借鉴、学习他人的先进经验，改善自身不足，从而提高竞争力，追赶或超越标杆企业的一种良性循环管理方法。

标杆对比是指借助于标杆管理的理论和方法，在品牌培育工作中发现问题、分析问题和解决企业问题的一种方法。企业既可以设立内部标杆，也可以将竞争对手品牌培育过程或结果设立为竞争性标杆，还可以选择非竞争对手作为通用标杆。具体来说，标杆对比包括四种不同的类型：内部标杆对比、竞争标杆对比、职能标杆对比和流程标杆对比。

2）标杆管理的内容

（1）确定拟设立标杆的品牌培育过程或结果的范围

企业可以通过标杆管理来明确绩效目标。通过辨识最佳绩效及其实践途径，企业可以明确本企业所处的地位，管理运作以及需要改进的地方，从而制定适合本企业的有效的发展战略。

（2）选择标杆对象，确定沟通或保密的方针

一般来说，根据学习目的和目标的不同，可以将标杆管理分为以下四种类型：

①内部标杆管理：以企业内部操作为基准的标杆管理。它是最简单且易操作的标杆管理方式之一。原因在于企业内部数据容易获得，确保标杆管理的顺利实施。

②竞争标杆管理：以竞争对象为基准的标杆管理。这类标杆管理的实施较困难，原因在于除了公共领域的信息容易接近外，其他关于竞争企业的信息不易获得。

③职能标杆管理：以行业领先者或某些企业的优秀职能操作为基准进行的标杆管理。由于没有直接的竞争者，因此合作者往往较愿意提供和分享技术与市场信息。

④流程标杆管理：以最佳工作流程为基准进行的标杆管理。标杆管理是类似的工作流程，这类标杆管理可以跨不同类别企业进行。它一般要求企业对整个工作流程和操作有很详细的了解。

标杆对象的选择需要在结合自身客观实际的基础上，遵循以下基本原则：

①最优性原则。即选择行业内水平最高的企业，或者选择本企业内部最好的部门，进行标杆比较。

②相似性原则。即所选择的标杆对象与自身要具有较高相似性，以保证标杆比较结果的准确性和可靠性。

③可行性原则。数据收集是进行绩效指标测量的基础工作。从世界范围内标杆管理的实践来看，数据缺失是造成标杆管理活动实施困难或中途失败的重要原因。

3）确定需要进行比较的特定指标和对应的数据搜集方法

需要进行比较的特定指标主要有以下方面的内容：主要目标市场的市场占有率和渗透率；品牌溢价率；不同档次产品的比重；研发投入率、新产品产值率；主要产品实物品牌培育水平；自主知识产权变化情况；品牌传播投入情况及传播效率；品牌知名度、美誉度和忠诚度；诚信和信誉表现；资源利用的有效性和效率；在利润和财务方面的表现等（参见 2.8.3）。企业可以通过二手资料、问卷调查等方法来收集数据。

4）搜集和分析数据

数据收集好之后，企业应该对数据进行分析，把本企业的数据跟标杆企业的数据进行对比，找出存在的差距。

5）识别表现的差距，指出改进的方向

通过标杆管理方法，克服不足，增强学习能力，有助于企业成为学习型组织；同时通过对各类标杆企业的比较，不断追踪把握外部环境的发展变化，从而能更好地满足最终用户的需要。

6）制定、实施和监视相应的改进计划

通过标杆管理，企业可以了解到其他企业为什么或者是怎么样做得比自己好。明确

企业目前的绩效水平与企业应该并且可以达到的最佳经营结果之间为什么会存在较大差距，从而制定和实施相应的改进计划。

【案例27】

美孚石油公司的标杆管理

美孚石油（Mobil）公司是世界上最著名的公司之一。在2000年，埃克森美孚公司全年销售额为2320亿美元，位居全球500强第一位。人均产值为193万美元，约为中国石化的50倍。不过，美孚的进取心是很强的，还想做得更好。于是他们做了一个调查，来试图发现自己的新空间。当时美孚公司询问了服务站的4000位顾客什么对他们是重要的，结果发现：仅有20%的被调查者认为价格是最重要的。其余的80%想要三件同样的东西：一是快捷的服务；二是能提供帮助的友好员工；三是对他们的消费忠诚予以一些认可。

美孚把这三样东西简称为速度、微笑和安抚。美孚的管理层认为：论综合实力，美孚在石油企业里已经独步江湖了，但要把这三项指标拆开看，美国国内一定还有做得更好的其他企业。美孚于是组建了速度、微笑和安抚三个小组，去找速度最快、微笑最甜和回头客最多的标杆，以标杆为榜样改造美孚遍布全美的8000个加油站。

经过一番认真的寻找，三个标杆都找到了。速度小组锁定了潘斯克（Penske）公司。世界上赛车运动的顶级赛事是一级方程式赛车，即F1赛车。但美国人不玩F1，它有自己的F1赛车，即“印地500汽车大赛”（Indy500）。而潘斯克公司就是给“印地500大赛”提供加油服务的。在电视转播“印地500大赛”时，观众都目睹到这样的景象：赛车风驰电掣般冲进加油站，潘斯克的加油员一拥而上，眨眼间赛车加满油绝尘而去。美孚的速度小组经过仔细观察，总结了潘斯克之所以能快速加油的绝招：这个团队身着统一的制服，分工细致，配合默契。而且潘斯克的成功，部分归功于电子头套耳机的使用，它使每个小组成员能及时地与同事联系。

于是，速度小组提出了几个有效的改革措施：首先是在加油站的外线上修建停靠点，设立快速通道，供紧急加油使用；加油站员工佩带耳机，形成一个团队，安全岛与便利店可以保持沟通，及时为顾客提供诸如汽水一类的商品；服务人员保持统一的制服，给顾客一个专业加油站的印象。“他们总把我们误认为是管理人员，因为我们看上去非常专业。”服务员阿尔比·达第茨说。

微笑小组锁定了丽嘉—卡尔顿酒店作为温馨服务的标杆。丽嘉—卡尔顿酒店号称全美最温馨的酒店，那里的服务人员总保持招牌般的甜蜜微笑，因此获得了不寻常的顾客满意度。美孚的微笑小组观察到，丽嘉—卡尔顿酒店对所有新员工进行了广泛的指导和培训，使员工们深深铭记：自己的使命就是照顾客人，使客人舒适。据美孚微笑小组的人员斯威尼说：“丽嘉的确独一无二，因为我们在现场学习过程中被丽嘉所感染，实际上都变成了其中的一部分，使我们不自觉地融入到丽嘉。即使是在休息时，我们也不忘帮助某位入住旅客提包。我实际上活在丽嘉的信条中。这就是我们真正要应用到自己的业务中的东西，即在那种公司里，你能愉快享受服务于你的客户而带来的自豪与满足感，那就是丽嘉真正的魔力。在我们的服务站，没有任何理由可以解释为什么我们不能有同样的自豪，不能有与丽嘉一卡尔顿酒店一样的客户服务现象。”

微笑的标杆找到了。现在，用加油站服务生约翰的话说：“在顾客准备驶进的时候，我已经为他准备好了汽水和薯片，服务人员面带微笑地等在油泵旁边，准备好高级无铅汽油在那儿等着，这种全心全意为客户服务现象深得顾客喜欢，他们都很高兴——因为你记住了他们的名字。”

全美公认的回头客大王是“家庭仓库”公司。安抚小组于是把它作为标杆。他们从“家庭仓库”公司学到：公司中最重要的人是直接与客户打交道的人。没有致力于工作的员工，你就不可能得到终身客户。这意味着要把时间和精力投入到如何雇佣和训练员工上。而过去在美孚公司，那些销售公司产品，与客户打交道的一线员工传统上被认为公司里最无足轻重的人。

安抚小组的调查改变了美孚公司以往的观念，现在领导者认为自己的角色就是支持这些一线员工，使他们能够把出色的服务和微笑传递给公司的客户，传递到公司以外。

美孚在经过标杆管理之后，他们的顾客一到加油站，迎接他的是服务员真诚的微笑与问候。所有服务员都穿着整洁的制服，打着领带，配有电子头套耳机，以便能及时地将顾客的需求传递到便利店的出纳那里。希望得到快速服务的顾客可以开进站外的特设通道中，只需要几分钟，就可以完成洗车和收费的全部流程。这样做的结果是：加油站的平均年收入增长了10%。

（资料来源：张庆英．物流案例分析与实践［M］．北京：电子工业出版社，2010）

2.8.4　数据信息分析

8.4　数据信息分析

组织应确定、收集和分析数据信息，以证实品牌培育管理体系的符合性和有效性。数据信息分析应包括来自监视、测量、内部审核和自我评价的结果，以及其他来源的数据。

数据信息分析应支持有关品牌培育问题能够基于事实进行决策。这些问题包括：

a）利益相关方的需求和期望在长期内的潜在变化；

b）创造最多价值的品牌、产品和过程；

c）满足潜在需求变化的新品牌、新产品、新技术和新过程；

d）资源的高效利用；

e）顾客对品牌认知度、忠诚度的变化；

f）品牌价值的变化；

g）竞争优势的获得和保持；

h）法律法规和资源方面可预期的变化及其对品牌培育的影响。

【解读】

1. 数据信息分析的过程

数据分析是指用适当的统计方法对收集来的大量第一手资料和第二手资料进行分析，以求最大化地开发数据资料的功能，发挥数据的作用。是为了提取有用信息和形成结论而对数据加以详细研究和概括总结的过程。数据也称观测值，是实验、测量、观察、调查等的结果，常以数量的形式给出。企业应确定、收集和分析数据信息进行客观详细的分析，以证实品牌培育管理体系的符合性和有效性。数据信息分析应包括来自监视、测量、内部审核和自我评价的结果，以及其他来源的数据。在品牌培育的整个过程中，包括八大关键过程的各个过程都需要适当运用数据分析过程，以提升有效性。数据分析过程的主要活动由确认和识别信息、收集数据、分析数据、评价并改进数据分析的有效性组成。

1）确认和识别信息

识别信息需求是确保数据分析过程有效性的首要条件，可以为收集数据、分析数据提供清晰的目标。识别信息需求是管理者的职责。管理者应根据决策和过程控制的需求，提出对信息的需求。就过程控制而言，管理者应识别需求要利用那些信息支持评审过程输入、过程输出、资源配置的合理性、过程活动的优化方案和过程异常变异的发现。

2）收集数据

有目的地收集数据，是确保数据分析过程有效的基础。企业需要对收集数据的内容、渠道、方法进行策划。策划时应考虑：

（1）将识别的需求转化为具体的要求，如评价供方时，需要收集的数据可能包括其过程能力、测量系统不确定度等相关数据；

（2）明确由谁在何时何处，通过何种渠道和方法收集数据；

（3）记录表应便于使用；

（4）采取有效措施，防止数据丢失和虚假数据对系统的干扰。

3）分析数据

分析数据是将收集的数据通过加工、整理和分析、使其转化为信息，通常用方法有：排列图、因果图、分层法、调查表、散步图、直方图、控制图等。

4）数据分析过程的改进

数据分析是质量管理体系的基础。企业的管理者应在适当时，通过对以下问题的分析，评估其有效性：

（1）提供决策的信息是否充分、可信，是否存在因信息不足、失准、滞后而导致决策失误的问题；

（2）信息对持续改进质量管理体系、过程、产品所发挥的作用是否与期望值一致，是否在产品实现过程中有效运用数据分析；

（3）收集数据的目的是否明确，收集的数据是否真实和充分，信息渠道是否畅通；

（4）数据分析方法是否合理，是否将风险控制在可接受的范围；

（5）数据分析所需资源是否得到保障。

2. 数据信息分析的作用

1）利益相关方的需求和期望在长期内的潜在变化

企业在品牌培育的过程中引入数据挖掘的方法和技术，搜集、编辑、整理、分析出有效的信息，为品牌决策提供相应的支持，为客户提供个性化的产品和服务，建立良好的客户关系，体现了现代营销观念的精髓，有助于企业在市场竞争中取胜。企业可以通过数据挖掘分析利益相关方的需求和期望在长期内的潜在变化，从而为决策提供依据。利益相关方的需求和期望指标所对应的测量趋势如表 2－20 所示。

表 2－20　利益相关方的需求和期望在长期内的潜在变化数据收集表

利益相关方	需求和期望测量指标		数据结果区间或节点
顾客	产品质量	质量水平	低→高
		质量的一致性	低→高
	价格		低→高
	交付表现		差→好
	通过品牌获得身份认同		低→高
	获得与品牌宣传相一致的产品和服务		低→高
所有者/股东	持续高效的盈利能力	营业利润率	低→高
		成本费用利润率	低→高
		盈余现金保障倍数	小→大
		总资产报酬率	低→高
		净资产收益率	低→高
		资本收益率	低→高
员工	自我价值实现	发挥了个人特长	是否
		参与企业决策	是否
		工作具有挑战性	是否
	个人能力提升	日常工作能力	低→高
		努力程度	低→高
		获得的支持	低→高
供方和伙伴	业务连续性	高可用性	是否
		连续操作	是否
		灾难恢复	是否
	品牌价值的共同提升	知名度	是否提升
		美誉度	是否提升
		联想度	是否提升

续表 2-20

利益相关方	需求和期望测量指标		数据结果区间或节点
供方和伙伴	品牌价值的共同提升	忠诚度	是否提升
		市场占有度	是否提升
社会	落实质量责任		是否
	维护质量信誉		是否
	保障经济发展		是否

2）创造最多价值的品牌、产品和过程

企业应说明如何对监视和测量活动中获取的数据信息进行分析，以证实创造最多价值的品牌、产品和过程的符合性、有效性和适宜性，并支持品牌培育能力和绩效的持续改进。

表 2-21 为企业创造最多价值的品牌、产品和过程的测量指标和数据结果区间或节点。

表 2-21　品牌价值、产品价值和品牌过程符合性、有效性和适宜性数据收集表

创造价值	测量指标		数据结果区间或节点
品牌	知名度		低→高
	美誉度		低→高
	联想度		低→高
	忠诚度		低→高
	市场占有度		低→高
产品	产品质量	质量水平	低→高
		质量的一致性	低→高
	产品特性		低→高
	产品风格和设计		差→好
过程	品牌定位		是否符合
	品牌设计		是否符合
	技术创新和产品开发		是否适宜
	品牌传播		是否有效
	品牌更新和延伸		是否适宜
	信誉和风险管理		是否有效
	品牌保护		是否有效
	品牌文化塑造		是否有效

利用数据挖掘技术、数据仓库技术和联机分析技术，管理者能够充分利用企业数据仓库中的海量数据进行分析，并根据分析结果找出创造最多价值的品牌、产品和过程，及时做出正确的决策，调整经营战略，以适应不断变化的市场需求。建设品牌能为企业带来什么效用，创造最多价值的品牌、产品和过程是什么，是企业管理者关心的焦点。

3）满足潜在需求变化的新品牌、新产品、新技术和新过程

潜在需求是消费者虽然有明确意识的欲望，但由于种种原因还没有明确地显示出来的需求。一旦条件成熟，潜在需求就转化为显现需求，为企业提供无穷的商机。潜在需求是十分重要的，在消费者的购买行为中，大部分需求是由消费者的潜在需求引起的。因此，企业要想在激烈的市场竞争中取胜，不但要着眼于显现需求，更应捕捉市场的潜在需求，进而采取行之有效的开发措施。

通过用户潜在需求指导设计行为并使设计与市场紧密挂钩，是以市场为主导进行新品牌、新产品开发的有利手段。以用户潜在需求为指导的设计能使产品更具有导向性，定位更准确。因此，对用户的潜在需求进行挖掘，首先，要以用户需求的表现方式来进行需求的获取，不是以设计师的主观角度来做调查。其次，潜在需求挖掘是“定性与定量分析的结合”，将定性与定量分析结合可以更加深刻，更加细致的评测用户内心需求。最后，用户的潜在需求要由全面的知识来进行探究，这需要心理学、社会学、统计学及设计学的专业知识。从单一方面将不能深刻地挖掘用户的潜在需求。

对潜在需求的分析主要是建立在目标消费者的生活形态上的。如图 2－49 所示，通过对目标消费者的生活方式的分析，可以得出一个与产品机会相关的活动、行为、态度或情感的模型，即典型用户模型。通过对典型用户的定性研究，设计师可以模拟构建出这一典型用户的生活情境，基于情境的头脑风暴法将产生出丰富的需求意向，从而为潜在需求分析提供需求源和预测基础。

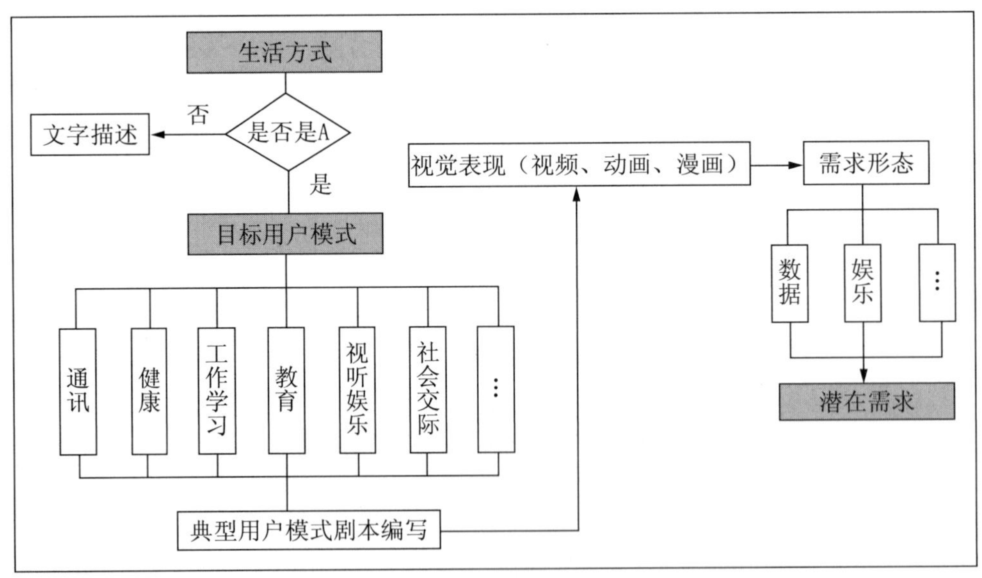

图 2－49　潜在需求分析图

4）资源的高效利用

通过提供、分配、监视、评价、优化、维护和保护资源的程序，以确保资源利用的有效性和效率。在实施品牌培育活动所处的内外部环境监测的过程中，应持续监视当前资源的利用情况以寻找资源利用的改进机会，通过数据信息分析不断优化资源管理过程，确保与企业品牌战略相适应的资源的适用性、匹配性和可获得性。

表2-22为企业资源的高效利用的测量指标和数据结果区间或节点。

表2-22 资源利用数据收集表

资源	测量指标	数据结果区间或节点
财务资源	资源利用的效用	是否
	资源利用的效率	低→高
人力资源	资源利用的效用	是否
	资源利用的效率	低→高
供方和伙伴资源	资源利用的效用	是否
	资源利用的效率	低→高
自然资源	资源利用的效用	是否
	资源利用的效率	低→高
知识资源	资源利用的效用	是否
	资源利用的效率	低→高
信息资源	资源利用的效用	是否
	资源利用的效率	低→高
技术资源	资源利用的效用	是否
	资源利用的效率	低→高

5）顾客对品牌认知度、忠诚度的变化

品牌认知度可以视为消费者简化的产品资讯，是消费者购买决策的有利工具。品牌忠诚度是消费者对品牌的满意度和坚持使用该品牌的程度。品牌资产的建设就是要不断提高品牌在目标消费者中的知名度和忠诚度，占领制高点。通过数据信息挖掘和分析，把握顾客对品牌认知度、忠诚度的变化对于企业决策具有重要的意义。

表2-23为顾客对品牌认知度、忠诚度的变化的测量指标和数据结果区间或节点。

表2-23 顾客对品牌认知度、忠诚度的变化数据收集表

顾客变化	测量指标	数据结果区间或节点
品牌认知度	公众知名度的变化程度	小→大
	社会知名度的变化程度	小→大
	行业知名度的变化程度	小→大

续表 2－23

顾客变化	测量指标	数据结果区间或节点
品牌忠诚度	行为指标的变化程度	小→大
	顾客对价格的敏感的变化程度	小→大
	满意度变化程度	小→大
	喜爱度变化程度	小→大

6）品牌价值的变化

品牌价值是品牌管理要素中最为核心的部分，也是品牌区别于同类竞争品牌的重要标志。迈克尔·波特在其品牌竞争优势中曾提到：品牌的资产主要体现在品牌的核心价值上，或者说品牌核心价值也是品牌精髓所在。因此，数据信息分析应该基于品牌价值的变化问题进行决策。表 2－24 为品牌价值的变化的衡量指标及数据结果区间。

表 2－24　品牌价值变化数据收集表

品牌价值	测量指标		数据结果区间或节点
品牌忠诚度	行为指标		低→高
	顾客对价格的敏感程度		低→高
	满意度		低→高
	喜爱度		低→高
品牌认知度	公众知名度		低→高
	社会知名度		低→高
	行业知名度		低→高
品牌感知质量	功能		弱→强
	特点		弱→强
	可信赖度		低→高
	耐用度		低→高
	服务程度		低→高
	高品质外观		低→高
品牌联想	属性	产品属性	低→高
		非产品属性	低→高
	利益	功能利益	低→高
		象征利益	低→高
		经验利益	低→高
	态度	信心强度	低→高
		偏好度	低→高

续表 2-24

品牌价值	测量指标	数据结果区间或节点
专有资产	商标价值	小→大
	专利价值	小→大
	知识产权价值	小→大

7）竞争优势的获得和保持

企业竞争优势可分为两种：以低成本提供产品（服务）或是以差异化提供与众不同的产品（服务），这两者均可为企业取得竞争优势，也是企业成败的基础。表 2-25 为企业竞争优势的获得和保持的衡量指标及数据结果区间。

表 2-25 竞争优势数据收集表

竞争优势	衡量指标	数据结果区间或节点
低成本	本公司与主要竞争对手相比	
	更具有经济规模	1→5
	有更好的生产制造经验，可降低学习成本	1→5
	有更好的产能利用率，可降低固定成本	1→5
	有更好的上游供货商关系，可得成本较低的原料	1→5
	有更好的外包供货商关系，可得较低生产成本	1→5
	有更好的下游配销通路关系，可得较低配销成本	1→5
	可用更低的成本开发顾客所需的产品	1→5
	有更低的间接费用成本	1→5
	有更低的生产作业成本	1→5
差异化	本公司与主要竞争对手相比	
	有更好的质量声誉	1→5
	有更好的顾客服务与产品支持	1→5
	有更好的知名度	1→5
	有更好的顾客导向与快速响应顾客需求	1→5
	有更好的技术或制程	1→5
	有更好的产品特色/差异化	1→5
	是市场先进者/产业的先驱者	1→5
	拥有更多优秀的研发及工程人才	1→5
	拥有更优秀的管理团队	1→5

一方面，企业将价值链依其战略性的相关活动分解开来，可以借以了解企业的成本

特性，再以“成本领导”为企业的战略目标，配合学习而降低成本，或变更配置、改进流程、提高劳工效率、改善产品设计，以利于制造、产量提高、提升资产利用率或原料的处理改变等手段，可以提供客户优于竞争对手更低价格的产品（服务），则可形成“成本优势”；另一方面，如果企业能提供客户某种独特的价值，就与竞争者形成了差异，这个差异化能使企业在同级产品中获得最佳的溢价，或者在相同的价位下卖出更多的产品。差异化来自企业为客户创造的价值。独特性必须对客户具有价值，否则不会带来差异化的效果。所以企业要了解客户重视那些价值，一旦能提供客户独特的价值，就能形成不同于竞争对手的差异化竞争优势。

8）法律法规和资源方面可预期的变化及其对品牌培育的影响

在法律体系上，我国的知识产权保护体系正在逐步完备，即形成适合本国国情并且与国际规则接轨的完整的知识产权法律体系，建立起包括知识产权的行政审批在内的工作体系和行政与司法两条途径并行运作的知识产权执法体系。与品牌相关的法律法规包括：第一，全国人大制定的法律。第二，国务院发布的行政法规及规范性文件。主要有国务院根据上述法律制定的相应的实施细则、条例，国务院发布的《质量振兴纲要》等。第三，国务院有关部门发布的部门规章及规范性文件。主要有国家经贸委和原国家技术监督局联合发布的《关于推动企业创名牌产品的若干意见》，还有原国内贸易部发布的《商业特许经营管理办法（试行）》等。此外，还有一些地方制定的地方性法规和规章等（见表 2-26）。

表 2-26　法律法规方面可预期的变化及其对品牌培育的影响变化数据收集表

<table>
<tr><th>维度</th><th colspan="2">测量指标</th><th>数据结果区间或节点</th></tr>
<tr><td rowspan="14">法律法规可预期的变化（范围、程度、条款）</td><td rowspan="13">中央法律法规</td><td>公司法</td><td>大小、强弱、紧松</td></tr>
<tr><td>公司登记管理条例</td><td>大小、强弱、紧松</td></tr>
<tr><td>合同法</td><td>大小、强弱、紧松</td></tr>
<tr><td>物权法</td><td>大小、强弱、紧松</td></tr>
<tr><td>金融类法律</td><td>大小、强弱、紧松</td></tr>
<tr><td>知识产权类的法律</td><td>大小、强弱、紧松</td></tr>
<tr><td>税收类的法律</td><td>大小、强弱、紧松</td></tr>
<tr><td>劳动类法律</td><td>大小、强弱、紧松</td></tr>
<tr><td>会计法</td><td>大小、强弱、紧松</td></tr>
<tr><td>担保法</td><td>大小、强弱、紧松</td></tr>
<tr><td>破产法</td><td>大小、强弱、紧松</td></tr>
<tr><td>国务院发布的行政法规及规范性文件</td><td>大小、强弱、紧松</td></tr>
<tr><td>国务院有关部门发布的部门规章及规范性文件</td><td>大小、强弱、紧松</td></tr>
<tr><td colspan="2">地方性法律法规</td><td>大小、强弱、紧松</td></tr>
</table>

企业在实施品牌培育活动所处的内外部环境监测的过程中，应识别和评价与资源相关的风险，持续监视当前资源的利用情况以寻找资源利用的改进机会，同时寻找新资源、新技术，并优化资源管理过程。根据数据信息挖掘和分析，评价并预测变化及其对品牌培育的影响（见表 2－27）。

表 2－27　资源方面可预期的变化及其对品牌培育的影响数据收集表

维度	测量指标	数据结果区间或节点
资源方面可预期的变化	财务资源的变化程度	低→高
	人力资源的变化程度	低→高
	供方和伙伴资源的变化程度	低→高
	自然资源的变化程度	低→高
	知识资源的变化程度	低→高
	信息资源的变化程度	低→高
	技术资源的变化程度	低→高

3. 数据信息分析方法

数据分析活动包括确定数据的范围和来源、数据的收集以及数据的分析评价三个部分。数据分析的主要责任者是品牌管理部门，企业的各个部门负责相关信息的收集和分析。

1）数据的范围和来源

为判定企业建立的品牌管理体系的符合性和有效性，识别持续改进品牌管理体系有效性的机会和区域，企业应确定需要收集的与品牌、过程及品牌管理体系有关的数据，包括对它们进行监视和测量的结果、内部审核和自我评价的结果方面的数据。

针对有关品牌培育问题，数据分析应提供以下方面的信息（见表 2－28）。

表 2－28　数据分析应提供的信息

条款	所要求的记录
5.3.1 a）b）	品牌战略和方针在组织各层次上转化的可度量目标、完成时间及其相应的职责和权限
5.3.1 c）	品牌战略风险的评价结果和应对措施
5.4	战略和方针的沟通记录
6.2	财务资源的分配和使用记录、利用效率记录及其预期变化
6.3	人力资源的教育、培训、技能、经验及其预期变化
6.4	供方和伙伴的选择、评价记录、能力改进记录及其预期变化
6.5	自然资源的现状及其预期变化

续表 2－28

条款	所要求的记录
6.6	知识、信息和技术的使用和管理记录及其预期变化
7.4	识别品牌培育的关键过程及各个过程输出记录
8.2	监视的输出记录
8.3	测量的输出记录
8.5	管理评审
8.6	纠正和预防措施结果

2）数据的收集、分析和提供

企业的各个部门，对有关过程的数据进行收集和分析，并提供可使用的信息，这些信息或数据可提供证实品牌培育管理体系的符合性，并寻求改进的机会。品牌管理部门可根据品牌培育和持续改进的需要，汇总和分析各部门的数据和信息，对品牌、过程和体系整体业绩的表达方式应当适合组织的不同层次。

通常可以使用统计技术或其他方法进行分析，作为持续改进的依据。

【案例 28】

利用短期的成效，创造长久的价值

巴思（Paul Barth）和比恩（Randy Bean）于 2000 年创立 NewVantage Partners 咨询公司时，大多数企业并未在数据与分析上给予多少注意。现在情况不同了。随着内部客户认识到其信息的价值，对于海量累积数据的访问需求也随之增加。与此同时，与之相关的安全和管理问题也以几乎同样的速度增长。

尽管许多企业的数据分析项目是由 CIO 主导的，但项目的合作者也注意到，当企业从“具体的业务问题”入手时，最终会有更多收获。快速解决一些问题，获得可量化的结果，有助于建立一种最终可渗透到整个企业的数据管理实践。

巴思和比恩在接受《麻省理工学院斯隆管理评论》执行主编基朗（David Kiron）的采访时，谈到了管理政策与架构的重要性、文化对新举措的成功所发挥的作用以及许多企业通过数据分析创新而正在实现的长远价值。

数据分析技术的状况

问：与目前相比，你们对 2000 年数据分析技术的状况作何评价？

巴思：2000 年我们公司刚刚创立时，人们都想对业务获得更多的了解，却没有多少人注重分析或数据。即使在大公司，各业务单位各自为政、互不干涉的现象也很普遍。人们并未广泛认识到，数据是企业资产，但如果未能妥善进行管理，数据也会带来潜在的麻烦。

在过去的10年间，各公司逐渐认识到，数据是一项长期且带来竞争力的专属资产。保障数据安全成为重中之重。

不利之处在于如今的系统和数据环境远比10年前复杂。在信息技术、应用程序和系统方面的所有投入意味着数据被更多地复制，同时也意味着跨系统和业务流程的数据之间也存在着不一致。而与此同时，访问数据以及充分利用数据的需求也越发紧迫。

问：多重拷贝或冗余是如何导致风险增加的？

巴思：数据的问题在与其本身可以非常容易地被拷贝并存储于多个地点。今天，我们的计算机系统无法对数据流向进行很好的记录和追踪。在为某位客户服务时，我们发现有超过500个桌面数据库（Excel和Access等同类型应用程序）存储了机密或敏感信息。如果信息在这样一个毫无架构可言的环境中被复制了如此多次后，企业就很难对之进行管控。此外，如果你无法充分掌握数据的分布和流向，要想尝试降低数据风险，是需要付出巨大代价的。

数据和分析的业务价值

问：你们通过数据和分析发现了何种业务价值？

巴思：运用数据并对之加以分析能为企业带来的其中一个主要益处，是它能够提高流程效率。举例来说，如果你能对你的网络客户进行验证并为其提供信息让他们自行交易，你就不需要让你自己的员工来替客户完成这些工作了。

在开发产品和服务时，你可以对数据进行更多创新。你能够看到某些规律，从而对你所要推出的产品或服务进行设置和个性化定制。另外，你还可以将其整合为自动化的定制流程，推出竞争者难望其项背的产品和服务。我们一位金融服务客户使用与市场和各种不同采购方式相关的数据，进行整合，并在此基础上提供商业咨询服务。该客户可帮助企业在不同的市场中进行门店布局优化和选址等工作。他们不认为自己是一家提供数据或业务分析的公司，事实上，他们利用搜集到的此类信息进行创新，并向市场推出新产品。

问：公司进行数据分析通常是为了获得竞争优势，还是改善内部流程？抑或二者兼而有之？

巴思：这取决于市场环境。2008年，所有人都在探讨提高流程效率和削减成本。而如果这个时候你已经处在增长趋势之中，你必然会寻求扩大自己的竞争优势，这也就是我们刚才所提到的那种创新。

比恩：例如，互联网提高了客户的期望，他们认为自己在打进电话或登录网站时应当获得更多个性化服务。客户期望网站能够识别其身份，不需要浪费时间重新输入信息或再次看到他们已经多次拒绝过的邀请。在满足或超越客户对于个性化服务的期望方面，这肯定就成为企业的竞争优势。

问：在企业里，通常由谁来推动此类项目，是首席信息官吗？

比恩：是的。是否有实力强大的业务发起人的加入正是决定项目是否成功的最大因素。纯粹的技术性方案通常会以失败告终，因为业务部门看不透这类方案对公司的营收和利润有何贡献。而将信息视为公司核心动力的业务发起人能够在企业内获得广泛支持。

巴思：一般而言，当企业最高层直接指定一名掌管数据的“老大”，然后自上而下地推行方案时，结果往往不那么令人满意。对大型企业而言，这是一项崭新的实践，企业需要消化的信息实在是太多了，所以最好是从中层开始着手实施。从实际存在且并不难解决的业务问题开始着手，是逐步建立一个最终能影响整个企业的数据管理实践的良好开端。

（资料来源：David Kiron.《世界经理人》杂志，发表时间：2012－07－29）

【案例 29】

运筹帷幄的决策工具

大陆航空公司（Continental Airlines）因为暴风雪需要重新制定航班计划，尽管公司的运行系统可以明白无误地指出数千架飞机和乘务人员现在哪里，但却不能告诉管理人员如何使飞行计划尽快地恢复正常；当广告商致电 NBC（美国国家广播公司）的时候，销售人员只知道哪些时段有空，但如何为广告商的目标顾客提供最佳时段组合，他们却不得要领。这时，大陆航空公司和 NBC 就用得到运筹学（operations research，OR）了，管理中常见的复杂问题都可以用运筹学的方法找到最佳解决方案。

企业期望信息技术能把各种业务活动都联系起来，并在这方面不遗余力地投资。“企业资源计划”（ERP），“客户关系管理”（CRM）和“供应链系统”（SCM）都为企业运营提供了最新的数据，但是否根据这些数据做决策还有待进一步分析。尤其是在竞争日益激烈的微利时代，企业家需要的是最理想的结果。

运筹学帮助决策

10 年前，大多数企业都做不到最优决策，信息匮乏，计算成本昂贵，使得只有大公司才能一试。现在，高质量的数据资料越来越容易获得，优化决策普及开来，运筹学大放异彩。

运筹学是关于做决定的科学。其方法包括了确认业务问题、提供解决问题的可能方案、用各种形式的应用数学软件对这些变量模型化。具体地说，运筹学专家收集相关数据来建立并优化模型，最后评价结果，这些结果为管理专家提供了可行的行动方案。

运筹学可以帮助解决以下问题：

——如何安排货运才能既满足顾客的需求又使司机的使用最大化？

——如何分配营销预算才能使顾客反响率最大化？

——在什么地方设立仓库才能使运输费用最小化？

——在生产过程中对机器提速会带来什么影响？

面对这些涉及面很广的业务问题，一个笨拙的管理者可能会说，“让计算机给出答案！”可惜，直接的计算方法对此无能为力。拿仓库的问题做个例子。假设一个公司有 100 个可能的仓储地点，想从中确定最好的 10 个，借助计算机你要花一个小时来评价

一套仓储方案，花两个小时评价所有的可能性。这还算过得去，但是如果把选择增加到15个，计算时间就会显著增加。如果有200个可能的仓储地点，计算时间会增加1000倍，计算能力再强也不能解决这个问题。

突破ERP局限

运筹学集数学和其他科学方法为一体，对现实问题进行模型化并提出解决方案。50年前，线形规划是运筹学的一个革命性成就，它帮助规划者从成千上万的可能性和约束条件中找到解决办法。尽管几十年前我们就了解到线形规划中所有的系统约束因素和目标都能建立线形方程，但直到15年前，我们才开发出有效的执行软件。

其他优化的方法要么是对线形规划的发扬光大，要么是用完全迥异的方法消解了线形模型的基础，“约束规划”就是一例。该方法可以处理更为复杂的决策，但美中不足的是它提出的决策方案比较少。

更多更好的软件通过批处理的形式把运筹学带给更多的企业，微软公司的Excel就有最优化求解的能力。其他的工具还包括分析、决策支持、ERP和财务规划软件。生产商是优化技术的最初使用者，他们设计生产平台、生产线，保证客户能在最短时间里得到产品。

举个例子，一个中等规模的生产商花了几百万美元上了ERP系统，减少了订单丢失、原材料不足等问题。但工厂系统却总是跟不上，交货周期长达4周，公司为此添置了新的自动化设备后，情况也不见好转。车间里新机器和旧机器各有其操作特点。每天早晨，ERP都会排出当日的生产清单。有经验的调度人员就会把产品任务分配到不同的机器上，并安排好顺序使得转换次数最小。一个关键问题是，让新机器负责大批量还是小批量生产。操作人员认为，新机器的自动转换过程使得两次生产中间隔的时间缩短了，所以他们把小批量的生产放在新机器上。这种做法增加了自动转换的次数，附带也减少了操作人员的负担。另一种做法是使用速度快的新机器用于大批量的生产，以减少转换时机器加速和减速对产品的影响。那么，哪种办法更有效率呢？

ERP回答不了这样的问题，它只提供最基本的计划分析。相反，一个包含了转换次数、加速/减速的影响和混合工作的效果等关键指标的运筹学模型，就可以解决这个问题。被校准的模型用于测量系统表现，然后对几天的数据进行优化处理，得到的结果很明确：操作者的决定是错误的。让新机器进行大批量的生产更划算，系统大约增加了20%的生产能力。有了这个优化工具，交货周期大大缩短。

航空公司同样受益良多。大陆航空公司联合Caleb Technologies开发了一个“灾难-恢复模型”，他们提出一个问题，比如：如果因为暴风雪，芝加哥的O’Hare机场被迫关闭一天的话，大陆航空公司如何才能尽快地恢复正常的航行？这样的问题通常很难解决，因为问题的涉及面太大了。对大陆航空公司而言，应急计划必须考虑到每天1400次飞行，5000名飞行员，9000名乘务员，还必须考虑复杂的航空管制条例和与工会的合同，这些绝不是电子表格优化求解可以解决的。

（资料来源：作者：Michael Trick，发表时间：2003-05-01）

2.8.5 管理评审

8.5 管理评审

最高管理者应按规定的时间间隔开展管理评审，以确定品牌培育管理体系的充分性、适宜性和有效性。

组织应从多种途径搜集数据，作为管理评审的输入。包括：

a）监视组织的环境；

b）对组织品牌培育管理体系过程及结果的测量；

c）内部审核的结果；

d）自我评价的结果，以及与标杆对比的情况；

e）顾客和其他利益相关方的反馈。

管理评审的输出应说明组织的品牌战略、方针和目标的适应性、灵活性和响应性，并对品牌培育管理体系的改进提出要求。

【解读】

1. 管理评审的定义

管理评审是企业负责品牌培育的最高管理者就品牌培育管理体系的方针、目标和指标，以及品牌培育管理的现状和适应性所进行的自我评价。其目的是通过管理评审，持续寻找体系运行中需要解决的重点和难点问题，提出改进的方向和建议，由此决定品牌培育管理体系是否需要调整、变化。

品牌培育最高管理者通过管理评审在品牌培育管理体系的维护和发展中充分发挥领导作用，系统评估体系运行情况，并就体系中的管理理念、制定的方针、目标和方案，提供的资源满足用户、社会、员工需要的程度等重大事项做出分析判断，从而确定一定时期内的管理体系运行是否符合企业的宗旨，是否满足相应管理标准的要求，对管理体系的改进具有自我纠正，自我改进和自我完善的功能。

2. 管理评审的作用

（1）检查品牌培育方针和目标的实现情况，确保持续不断地满足利益相关者的期望。

（2）发现品牌培育管理体系的薄弱环节，识别改进的需求。

（3）评估品牌培育管理体系因市场环境变化而改进的需求。

（4）当品牌培育管理体系发生重大变更后，评价体系的有效性和适应性。

3. 管理评审的内容

管理评审的信息输入即管理评审的内容，是管理评审的重点。为提高管理评审的效果，应基于获取的信息输入，其输入信息应反映当前管理体系的业绩和改进的机会。

评审人员对所提交的报告进行逐项分析并就有关内容进行评价。

（1）自前次管理评审以来验证活动结果的分析情况（包含内部审核结果的分析）；自前次管理评审以来管理体系的更新情况；前次管理评审跟踪措施的实施情况。

（2）组织结构、管理职能是否合适和协调？活动及其相应文件是否需要修正？

（3）监视组织的环境，评价管理体系适应内外部条件变化的应变能力。

（4）对企业品牌培育管理体系过程及结果的测量。

（5）内部审核的结果。

（6）自我评价的结果，以及与标杆对比的情况。

（7）顾客和其他利益相关方的反馈。外部审核或检验情况；相关方的投诉、建议及其要求。

（8）法规和其他要求符合性状况如何？

（9）方针是否适宜？方针实现程度如何？是否需要更新目标、指标和管理方案？

（10）品牌培育的资源是否配置得当？能否满足实现方针和目标的要求？

（11）品牌培育的过程控制情况如何？（包括过程是否受控，某些过程是否需要改善或优化？）

（12）需要改进和加强的领域是什么？

（13）纠正和预防措施实施情况？

4. 管理评审的输出

管理评审的结论应写入管理评审报告。管理评审的输出包括：

（1）品牌培育管理体系的适宜性、充分性和有效性的结论。

（2）组织机构是否需要调整。

（3）品牌培育管理体系文件（主要指品牌培育管理手册、程序文件）是否需要修改？

（4）战略、方针、目标的适应性、灵活性和响应性的结论。

（5）资源配备是否充足？是否需要调整增加？

（6）提出相应的纠正和预防措施的要求。

（7）制定下一年度品牌培育目标、指标的建议。

管理评审输出的落脚点是改进。管理评审输出要对品牌培育管理体系的改进提出要求。包括：

（1）适宜性：指管理体系适应内外环境变化的能力。

（2）充分性：指管理体系满足市场、相关方（顾客）要求及期望（包括潜在的、未来的要求及期望）的能力；也指管理体系各过程的展开程度。

（3）有效性：完成策划的活动和达到策划结果的程度。同时应考虑达到的结果与所使用的资源之间的关系，确保管理体系运行的经济性。

（4）适应性：指品牌战略、方针和目标适应内外部环境变化的能力。

（5）灵活性：指品牌战略、方针和目标要做到恰当的灵活变通。

（6）响应性：指品牌战略、方针和目标对外部环境变化的响应程度，包括响应时间、效果等。

5. 管理评审的开展

1）管理评审的关键事项

（1）最高管理者必须参与。管理评审是最高管理者的职责之一，管理评审活动应由最高管理者亲自主持实施。

（2）掌握好审核的时机和频次。

发生下列情况之一时，应适时进行管理评审：新的管理体系进入正式运行时；在第三方认证前；企业内、外部环境发生较大变化时。组织结构、产品结构有重大调整，资源有重大改变，标准、法律法规发生变更等；最高管理者认为必要时。发生重大的品牌危机或相关方（顾客）有重大投诉时。

管理评审时间分为两类：一种是定期评审，定期进行管理评审，通常每年不少于一次，并常常安排在一轮内审全面完成后进行。有的认证机构每半年有一次监督审核，此时企业可每半年做一次管理评审。另一种是适时评审，在管理体系发生重大变更或出现重大问题时，不能拘泥于管理评审时间的规定要求，应适时对体系进行评审，确保管理体系的适宜性。

（3）明白评审的依据及地位。评审的依据是品牌培育的方针和目标、内外部环境的变化、利益相关者的需求和期望，通常在体系审核的基础上进行。评审控制方针、目标本身的正确性，属战略性控制。

（4）确定评审方法。评审方法应以有效、实用、科学，最宜达到评审目的和要求为原则，一般可采用以下两种方法：

①专题研讨法。将所需评审的项目和要求分成几个专题，事先责成有关部门和人员进行专题研讨，分别写出专题报告后汇总报送最高管理者审定，最后形成集中式的评审报告。这种方法专业性强，有一定的深度。

②集体会议讨论法。在召开评审会议前，制定出评审计划，列出所有需要评审的议题，事先发给有关部门和人员做好准备。然后通过评审会议广泛讨论、集思广益，将讨论、分析、评价和确认的结果形成评审报告。

2）管理评审的过程

（1）编制管理评审计划：一般在评审前的 3～4 周，有管理者代表编制《管理评审计划》，总经理批准后下发至参加人员。《管理评审计划》包括以下内容：评审目的、评审内容、评审方式、评审的参加人员、评审的时间安排以及评审输入的准备。

（2）评审输入的准备：按评审策划的要求收集评审输入信息后，要进行综合分析整理，列出需要评审的全部议题，形成评审实施计划，提前发给参加评审的人员。

（3）召开管理评审会议：管理评审一般以会议形式进行，由总经理主持，评审人员对所提交的报告进行逐项分析并就有关内容进行评价，最后，总经理总结评审结论。

（4）评审报告：管理评审结束后，由管理者代表编写《管理评审报告》，经总经理批准后下发各有关部门。管理评审报告的内容有：评审目的、评审时间、评审内容、组织者与参与人员名单以及管理评审的结论。

管理评审的结论包括：品牌培育管理体系是否具有适宜性、充分性和有效性？组织机构是否需要调整？品牌培育管理体系文件（主要指品牌培育管理手册、程序文件）是否需要修改？战略、方针、目标、管理方案是否适宜？是否需要修改？资源配备是否充足？是否需要调整增加？是否提出了相应的纠正和预防措施的要求？下一年度品牌培育目标、指标的建议是什么？

（5）管理评审的后续管理：企业应评审管理评审过程的有效性，并在必要时加以验证。输出的评审报告要体现企业在满足顾客要求上的改进、品牌培育管理体系有效性发展的需要、资源需求改进的举措等。对改进的要求，要制定相应的纠正和预防措施，并得到验证结果。

2.8.6 改进

1. 持续改进

8.6 改进

8.6.1 持续改进

组织应从品牌方针、品牌目标、评价结果、数据分析、纠正和预防措施以及管理评审活动等方面，持续改进品牌培育管理体系的有效性和效率。

【解读】

1）持续改进的内容

企业应从品牌方针、品牌目标、评价结果、数据分析、纠正和预防措施以及管理评审活动等方面，持续改进品牌培育管理体系的有效性和效率。具体内容包括：

（1）品牌方针、品牌目标：企业应制定适宜的但有前瞻性、激励性的方针目标，明确改进方向。

（2）评价结果：通过内外评价发现问题，找出差距，寻找改进点，在评价报告中提出改进要求。

（3）数据分析：通过大量的监视和测量数据的分析，可以发现品牌、过程、体系方面的趋势、变异、不稳定现象，从而指出需要改进的关键点。

（4）纠正和预防措施：对不符合采取纠正和预防措施，防止不符合的再发生，本身就是持续改进。

（5）管理评审：管理评审可以汇集广泛的信息，总结经验，明确存在的问题，评价持续改进的效果，确定新的改进项目和要求。

而所谓品牌培育的有效性是指完成品牌培育的活动和达到品牌培育结果的程度。品牌培育的效率从过程来看是指在特定时间内，企业开展品牌培育活动的各种资源的投入与产出结果之间的比率关系。效率与投入成反比，与产出成正比。品牌培育活动的效率从结果来看，包括两方面：一是生产效率，它指企业开展品牌培育工作的平均成本；二是配置效率，它指企业所提供的品牌是否能够满足利害关系人的不同偏好。

2）持续改进的对象

（1）品牌培育管理体系的持续改进

品牌培育管理体系的持续改进是指通过管理评审来评价企业的品牌培育管理体系是否适合企业目前现状，是否充分考虑了所有相关方的要求、提供内容是否能充分展开，是否有效，并根据评审结果制定相应的纠正和预防措施，确定文件是否需要修改，组织机构是否需要调整等，最终确保品牌培育管理体系的持续的适宜性、充分性、有效性。

（2）品牌培育过程的持续改进

品牌培育管理体系过程的持续改进是指通过日常的数据分析与统计，并结合内审的结果，决定是否需要调整过程的控制类别，是否需要增加或减少哪些过程，从而达到过程优化，使各个过程得到充分展开并有效实施，使整个 PDCA 循环活动有序、有责。

（3）品牌的持续改进

品牌的持续改进是指通过对品牌培育管理体系及过程所实施的改进活动，对现有品牌定位、品牌设计、品牌传播、人员等各方面进行改进，从而实现品牌的改进，进而达到提升品牌形象和品牌资产的目的。

3）持续改进的特征

持续改进的特征主要有：

（1）持续改进是品牌培育改进的渐进过程

任何一项品牌培育改进都不可能终止改进机会。也就是说，一项品牌培育改进即使获得完全成功，也还存在着持续改进的机会。所谓“渐进过程”，就是一次一次不断进行的过程，而绝不是“毕其功于一役”。企业只能充分认识这一点，才能为持续改进创造一个优良的环境。

（2）持续改进是企业积极主动寻求的

一般的品牌培育改进往往是品牌出了问题才去进行的，采取的是纠正措施和预防措施。持续改进则是企业员工积极、主动地去寻求改进机会。

（3）持续改进的内容涉及企业的方方面面

一般的品牌培育改进往往只针对具体的品牌或过程，而持续改进不仅包括对具体的品牌或过程所采取的改进措施，而且还包括对管理采取的改进措施，直至长远的改进项目。

（4）持续改进的目的是提高有效性和效率，以确保实现预期目标

一般的品牌培育改进当然也是为了提高有效性和效率，但都偏重于提高销售，而持续改进更强调提高品牌资产。

4）持续改进的原则

（1）领导发动并支持

最高领导者对企业的品牌培育负完全责任，持续的品牌培育改进是企业领导的重要品牌培育职能，只有最高领导者带头实施并全力支持，企业职工才有信心坚持下去，并获得必要的资源帮助，最终取得效果，实现持续的品牌培育改进。同时，各层次的管理者带头学习和掌握标准，并积极投入持续改进活动。品牌培育的持续改进也应是各级领导管理层所追求的永恒目标。

（2）明确的品牌培育改进目标

品牌培育改进目标提供了品牌培育主攻的方向，同时确保持续改进活动要与企业的经营战略及各相关部门、各个层次所制定的战略目标相一致。品牌培育改进目标应明确易懂，富有挑战性且恰当，并能保证为达到这些目标而需共同工作的所有人员理解并达成共识。这就要求员工能受到必要而有效的培训和教育。企业要以人为本，通过员工的参与、授权、团队活动、培训和人才开发，充分发挥员工的聪明才智和创业的主观能

动性。

(3) 必要的资源配备

进行品牌培育改进需要占用一定的人力、物力、财力和时间资源，为了达到品牌培育改进的目标，管理者应确定资源要求并提供必要的充分且适宜的基本资源。

(4) 关注各相关方的需求、期望和利益

品牌培育的改进需要关注相关方的需求、期望和利益，包括与品牌培育相关的产品和服务的提供者、技术和财务机构、政府和非政府组织或其他利益相关方。确保在品牌培育改进过程中，能满足各伙伴相关方的需求、期望和利益，以期加强与供方和伙伴的关系，并考虑短期和长期目标的平衡。

(5) 构建持续改进的良好环境和企业文化，鼓励改革和创新精神

构建持续改进的良好环境和企业文化，能有效的指导、影响品牌培育的改进过程，鼓励改革和创新的精神，对品牌培育的改进作用是巨大的，只有通过创新，包括产品创新、技术创新、管理创新、文化创新，才能形成企业独特的品牌优势。良好的环境、优秀的企业文化，对员工的改革和创新的精神的鼓励，起到不可估量的导向作用。

(6) 关注过程控制，特别是那些同质量相关的关键过程

品牌培育过程的策划和控制应当与企业的品牌战略和品牌培育目标相适应。在品牌培育过程的策划和控制中应当考虑，包括企业的内外部环境、市场发展趋势的短期和长期预测、利益相关方的需求和期望、品牌目标、品牌培育绩效的测量和分析等因素，都需要与品牌培育的改进相联系。品牌培育过程的策划应考虑到企业对于获得新技术、开发新产品、降低成本、提升质量和增加价值等方面的需要。

(7) 建立测量和反馈制度，通过数据分析，寻找适宜的改进机会

企业应通过建立测量和反馈制度，确定、收集和分析数据信息，以证实品牌培育管理体系的符合性和有效性。数据信息分析应包括来自监视、测量、内部审核和自我评价的结果，以及其他来源的数据。根据数据分析的结果，寻找改进的空间和机会。

(8) 对改进的成果给予物质上和精神上的奖励

对在企业发动该项工作中成效显著的单位和个人，可根据该单位合理化建议和技术改进成果项目创造的年经济效益大小，予以物质上和精神上的奖励。及时总结交流经验，推广优秀成果，适时召开表彰奖励大会。以注重目标管理成果的奖惩为手段，推进目标管理工作的良性循环与持续改进。

(9) 从持续改进的过程和成果中获得效益和绩效

绩效改进是确认组织或员工工作绩效的不足和差距，查明产生的原因，制订并实施有针对性的改进计划和策略，不断提高企业员工竞争优势的过程，从而使企业在持续改进的过程中获得效益和绩效的提升。

5) 持续改进的过程

(1) 确定、测量和分析现状

以定性、定量的方法获得对品牌培育的客观状态的描述，并与市场、竞争对手进行对照，找出品牌培育存在的问题。有时也可以选择一个参考标杆，例如同行中的优秀单位，进行对照类比，找出差距。

（2）建立改进目标

结合品牌培育的情况和各种资源状态，建立改进的目标，从组织结构、品牌战略、品牌资源、品牌定位、品牌设计、品牌传播等各个方面进行改进。

（3）寻找可能的解决办法

各种方法寻找达到这种改进目标的方法，例如可以通过企业内部研究，也可以聘请外面专家，或立出专项进行招标等。

（4）评价这些解决办法

这些解决办法要进行可行性研究，确定其合理性和可操作性，关键是与企业品牌培育实际相吻合，方法既可行又高效。

（5）实施这些解决办法

企业有计划地组织实施，领导要在改进中创造条件，协调关系，解决困难，激励员工，使这些办法得以有效执行。

（6）测量、验证和分析实施的结果

改进的结果与预期的目标相对照，分清哪些已经解决，哪些尚未解决，解决的程度如何等。

（7）将更改纳入文件

上述过程形成完整的文件集，特别是对结果的分析要进入文件，其意义是有利于今后进一步的改进，总结经验和教训，找出规律。必要时须对结果进行评审，以确定进一步改进的必要性。

（8）使改进后的活动标准化

进一步改进之前，务必巩固本次改进的成果，确保改进活动稳定化、常规化，为以后的改进活动确立稳固的基础平台。

2. 纠正和预防措施

8.6.2　纠正和预防措施

组织应针对产生不符合或潜在不符合的原因采取措施，防止不符合的发生或重复发生。纠正和预防措施应与不符合的影响程度相适应。

组织应评审所采取措施的有效性。

【解读】

1）纠正措施和预防措施的定义

纠正和预防的措施是“为消除已发现或潜在的不合格或其他不期望情况的原因所采取的措施”。纠正措施和预防就是找到不符合或潜在不符合的原因后，为防止不符合的发生和重复发生所采取的措施程序，它必须从确定问题根本原因的调查开始。

纠正措施与预防措施之间的联系在品牌培育管理体系运行过程中，一旦出现了不符合工作，就应当立即纠正。不符合工作可能再度发生时，就要执行纠正措施程序。一旦确定了潜在的不符合原因，就应当及时制定预防措施。目的是对品牌培育管理体系实施

改进，不断提高管理体系运行的有效性和效率。

2）纠正和预防措施的开展

（1）纠正措施

①原因分析

纠正措施程序应从确定问题根本原因的调查开始。原因分析是关键也是最困难的问题。原因可能不只一个，有时也并不明显。所以在解决比较复杂的问题时，往往需要成立一个专门小组（项目小组），集中多方优势来研究、调查、分析问题。不明显的原因可包括：市场变化，市场调研不充分，计划书不合理，使用非有效文件，品牌活动不符合规定，过程控制不当，品牌培育人员缺乏培训等。

②纠正措施的选择和实施

A. 需要采取纠正措施时，应对企业潜在的各项纠正措施进行识别，并选择和实施最能解决问题和防止问题再次发生的措施。

B. 纠正措施应与问题的严重程度和风险大小相适应。

C. 应将纠正措施调查所要求的任何变更制定成文件并加以实施。

也就是说纠正措施的方案可能有多种，所要花费的代价和成本都不同，因此企业必须能够识别并选择出既能找出问题根本原因，又与由此造成的风险大小相适应的有效纠正措施，必要时要加以验证。纠正措施往往会导致对原程序的修改，因此必须遵循文件控制程序，按规定修订文件并经批准后实施。

③纠正措施的监控

企业应对纠正措施的结果进行监控，以确保所采取的纠正措施是有效的。监控和验证的结果应提交品牌培育管理层进行评审，以确保纠正措施的有效性。必要时可对人员提供适当的培训。

（2）预防措施

预防措施主要内容包括两个方面：

①应识别潜在不符合的原因和所需的改进，无论是品牌本身方面的还是品牌培育管理体系方面的。当识别出改进机会或需采取预防措施时，应制定、执行和监控这些措施的计划，以减少类似不符合情况发生的可能性并借机改进。需要说明的是预防措施是为消除潜在不符合或其他潜在不期望情况的原因所采取的措施，是为防止不符合情况的发生而采取的措施，是主动式的工作。因此品牌培育最高管理者要对预防措施进行策划，找出可能存在的潜在不符合的原因，并制定执行和监控预防措施的计划。管理者策划的依据包括：消费者的需求和满意度信息；管理评审的输出；趋势和风险分析等。

②预防措施程序应包括措施的启动和控制，以确保其有效性。标准要求预防措施程序应包括两个阶段：第一个阶段是启动阶段或者准备工作；第二个阶段是实施控制阶段。启动阶段应做好策划，调查研究和分析，对人员要进行必要性的动员和培训，以及在此基础上制订计划。实施控制阶段包括：职责分工；可能的潜在不符合工作的来源及识别；预防措施计划的制定和实施；对采取措施的必要性和可行性的评价；对所采取措施的结果的跟踪记录；对预防措施进行有效性评价等。

【案例30】

四川科伦药业品牌培育自我评价

1 品牌培育管理体系

1.1 要求

科伦已对形成覆盖的文件化品牌培育管理体系进行拓展说明。重点说明品牌培育管理体系与其他领域管理体系（其中包括创新技术引进体系、生产质量保证体系和职业健康安全管理体系）的整合情况，以及在落实品牌战略和方针、持续提高品牌培育能力的有效性和执行力等方面的作用。

（责任部门：研发中心、质管中心、各生产基地、人力资源部）

1.2 管理职责

科伦药业最高管理者已全面参与品牌培育，自科伦创始之初已确定品牌发展方向、落实品牌战略和方针并实施管理、营造环境、提供资源贯穿于整个组织运营。并把知识学习和积累作为获得和保持竞争优势的一项重要工作，在公司内营造一种平等竞争、激发智慧的环境。为此，在集团内部，每季度出版一期“科伦通讯”，这是一个交流平台，更是员工的学习园地。开展“合理化建议活动”，倡导人人为公司发展添砖加瓦，有创新提建议，同时建立了一系列的详细机制，对采纳的合理化建议进行督导实施，并确定了奖励机制。

（责任部门：办公室、企划部、董事会办公室）

1.3 组织的环境

科伦药业已出台了内部控制手册。《四川科伦药业股份有限公司内部控制手册》是在公司现有操作及内部管理制度文件基础上建立的一套内部控制体系文件，是企业内部控制管理的基本工具，目的在于协助企业加强内部控制，识别公司战略、财务、合规和营运等方面的主要风险以及应对这些风险的关键内部控制活动。

内部控制制度是以专业管理制度为基础，以防范风险、有效监管为目的，通过全方位建立过程控制体系、描述关键控制点和以流程形式直观表达生产经营业务过程而形成的管理规范，并对各部门的外部环境包括市场、消费者、信誉以及主要竞争对手的分析和评价起到参考作用。有助于持续实施品牌培育风险评估，有效控制与品牌培育相关的外部风险。

（责任部门：办公室）

1.4 相关方需求和期望

见表2-29。

药品的特殊性要求质量安全是首要重任。质量是品牌的生命，科伦采用质量、价格和服务为主要手段的品牌推广策略，实施“以中心城市为主体、以中小城市和农村市场为两翼”的品牌推进战略。使“科学求真，伦理求善”的品牌精髓深入人心，科伦品牌坚如磐石。

（责任部门：营销系统、质管中心）

表 2-29 相关方需求和期望

相关方	需求和期望
顾客	1）高质量的产品、合理的价格和交付表现 2）通过有影响力的品牌获得自身身份认同 3）获得与品牌宣传、品牌本身价值相一致的产品和服务
所有者/股东	公司维持良好的经营态势，确保持续高效的盈利能力
员工	1）自我价值的实现 2）个人能力提升
供方和伙伴	1）优秀的合作能力，业务的连续性 2）品牌价值的共同提升
社会	1）落实质量责任、维护质量信誉 2）保障经济发展

2 品牌战略和方针

2.1 总则

2.2 战略和方针的制定

公司品牌战略和方针由公司最高管理者制定，并经总经理办公会研究后成立“品牌培育战略委员会”，确定领导小组及各部门成员名单，并发布文件告知各直属部门、各子（分）公司。

（责任部门：品牌培育战略委员会）

a）品牌培育战略方针

科伦药业将秉承“科学求真，伦理求善”的宗旨，不断提升企业自主创新能力，以品质卓越的产品、一流的经营管理水平，有效的市场竞争战略，培育和发展品牌的核心竞争力，并积极承担社会责任，努力打造具有区域和全国影响力的优秀品牌，实现“科学求真、科技创新”的品牌价值内涵，最终使企业获得竞争优势，提高企业的经济效益，实现企业的持续发展（见图 2-50）。

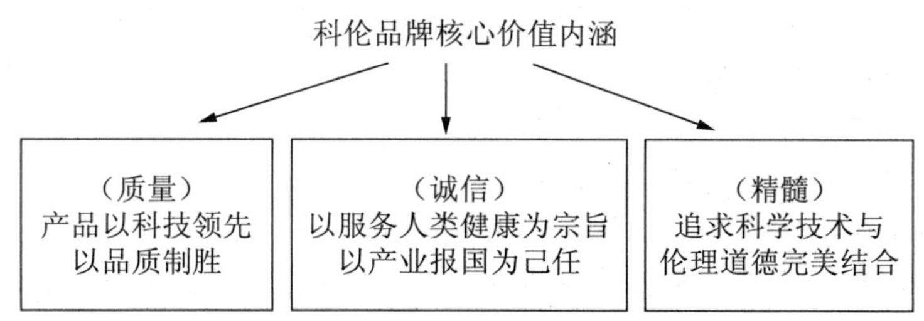

图 2-50 科伦品牌核心价值内涵

b）品牌培育目标

科伦药业力争在“十二五”末将“科伦”品牌打造成为中国输液行业第一品牌。长远目标是将“科伦”品牌打造成为中国医药行业排名进入前十位的知名品牌。

2.3　战略和方针的部署

科伦第二个十年将推动“两个转变”：战略转变和组织转变。战略转变——由创业经营向规模经营转变；组织转变——由财富使命向组织传承转变。通过与资本的深度融合和连续的产业升级，对行业的战略性资源进行有效整合，使科伦药业成为中国医药行业规模最大、品种最全、盈利水平最高、竞争能力最强的输液专业制造商；并在未来十年以内，使科伦的非输液产品形成与输液产品等强的格局，成为管理规范、社会满意、员工文明富裕的现代医药集团。

2.4　战略和方针的沟通

科伦药业已开展定期对品牌培育沟通过程的有效性进行评审，并定为每月召开一次关于品牌培育的项目工作会议，回顾项目的计划推动及实践分享，及时落实在项目推进过程中发现的各个问题。按照工作分工，由各个部门确定一名部门联络员，对本部门的工作现状进行调研。各部门分工以项目小组的方式进行工作开展，针对既定的任务进行最佳的人员组合，每个项目小组均由一名领导统筹。

（责任部门：品牌培育战略委员会项目小组）

为保证各部门的经营活动都统一在公司的品牌建设中，每月定期召开协调会议，统一阶段性工作成果，使各部门互相促进，统一行动。

（责任部门：品牌培育战略委员会项目小组）

3　资源

3.1　总则

科伦药业对各项资源的管理已编制入内控管理手册，识别以及有效地配置和管理所需的资源。希望通过此次品牌培育的机会，以标杆寻求更好的改进资源管理的方式。

（责任部门：办公室）

3.2　财务资源

a）科伦内控管理手册从以下三个方面来管理财务资源：

- 保证财务报告真实、准确和完整与恰当地披露。
- 保证会计核算、财务报告的编制和披露符合国家法律法规和政策要求。
- 构建财务管控体系，提升财务管理水平，加强财务服务职能。

b）对于流程存在的主要风险进行梳理，并策划出了应对风险的具体方案：

- 保证资金计划合理，灵活资金调度。
- 确保对外担保风险可控，防范潜在风险。
- 保证融资符合公司资金状况，融资成本合理。
- 保证资金收入及时，资金支付得到严格控制，调节资金收付平衡，防范支付风险。
- 建立和完善预算编制机制，确保预算编制依据合理、程序适当、方法科学。
- 确保预算调整依据充分，符合公司实际运营情况。
- 建立预算执行情况分析制度，及时解决预算执行中存在的问题。

（责任部门：财务部）

3.3 人力资源

a）公司内部根据如下各项人力资源相关管理制度，对员工的职责、权限，以及工作绩效考核进行了规定：

- 四川科伦药业股份有限公司商业秘密保密制度；
- 四川科伦药业股份有限公司考勤、休假、体检制度（试行）；
- 四川科伦药业股份有限公司年度干部考核制度。

根据工作绩效的考核结果，判断其是否能胜任工作岗位，如不合格者，根据具体情况采取应对措施。

b）公司根据各岗位员工具体情况，有针对性的定期开展必要技能的教育、培训工作，以确保其能够胜任工作。

c）每年，公司最高管理者在年终会议将针对公司未来的品牌发展战略与员工进行沟通，确保员工更加直接、明了地参与到公司品牌培育的工作中来。

d）公司还定期开展内部审核，以评价品牌培育管理体系的符合性和有效性。为保证审核由具备能力的人员开展，审核主要由董事会办公室实施，为保证评价的独立性，审核人员不能审核自己的工作，需将自己的工作交由各部门负责人进行综合审核。

（责任部门：人力资源部）

3.4 供方和伙伴

科伦药业在对供方的选择上有严格的评价选择和分级的过程，并已与供方和伙伴进行了品牌培育的相关沟通。已建立了管理与供方和伙伴关系的体系，使品牌培育中的来自于供方和伙伴的相关机会和风险得到了识别和控制。

在改进方面，科伦药业处于完善的状态。应努力提升供方和伙伴的品牌价值及绩效，使之为公司的品牌培育做出贡献。

（责任部门：董事会办公室、营销系统）

3.5 自然资源

科伦药业在产品的生产制造环节制定了企业的内控标准，其中明确规定：

a）确保产品质量，维护消费者利益，不以牺牲自然资源为代价满足利益需求。

b）确保环境保护投入充足，节约资源，避免环境污染或资源枯竭影响公司发展。

c）确保安全生产措施到位，相关责任落实，排除安全生产隐患，避免企业发生安全事故，在产品的全生命周期追求环境影响最小化。

（责任部门：安全环保部）

3.6 知识、信息和技术

科伦药业重视管理职能型专家。在管理职能方面，战略制订、组织规划和政策执行等都需要灵活多样的知识和经验。在公司内部通过有效的知识管理和卓越的学习机制，使员工与时俱进，不断创新，在压力和挑战面前立于不败之地。

公司的董事会办公室、营销系统各部门、企划部负责对品牌培育相关知识进行收集，并建立知识库。人力资源部负责对参与品牌培育工作的部门人员进行品牌知识的培训，以传播专业品牌知识，对知识库进行维护和保护。确保知识的完整性、保密性，将重点知识作为品牌培育过程中进行评价和决策的参考标准。

在此次的品牌培育工作开展过程中，公司已将各方面信息、知识和技术已与相关方进行沟通分享。

（责任部门：企划部、信息部）

4　过程管理

4.1　总则

略。

4.2　过程的策划与控制

科伦在此项项目上达标成熟度等级为第四级。在《科伦品牌培育手册》中已提到组织所策划的过程对获得新技术、开发新产品、降低成本、稳定质量和增加价值等方面起到了明显的作用。

科伦品牌培育战略委员会通过“过程方法”对品牌培育过程进行管理，使品牌培育过程的策划和控制与公司的品牌战略和品牌培育目标相适应。

（责任部门：营销体系、研发中心、质管中心）

4.3　过程的职责和授权

在科伦品牌培育战略委员会的领导下，组成的项目工作小组，充分发挥其职能，执行安排的各项任务。在品牌培育过程中负责人的职责和权限在组织内得到充分认可。

各部门分别负责对与自己相关的内外部环境进行监视和分析：

a）营销系统各部门负责对市场发展趋势的短期和长期预测进行监视、分析和管理；

b）公司董事会办公室负责对品牌培育过程中利益相关方的需求、法律法规中有关品牌培育的要求和期望、需达到的品牌目标，以及过程的输入和输出进行监视和统一协调；

c）财务部在过程中负责对潜在的财务和其他风险进行监视和管理；

d）事业发展部负责协调品牌培育过程和其他业务过程的相互作用；

e）人力资源部和安全环保办公室对资源的获取和利用进行管理，并由人力资源部对品牌培育绩效的进行测量和分析；

f）行政办公室对要求或者需要的品牌培育记录统一进行管理；

g）研发中心、质管中心和各生产基地监控品牌培育过程中新技术、开发新产品、降低成本、提升质量和增加价值等方面的需要。

由科伦品牌培育战略委员会统一商讨针对缺陷和风险提出改进和预防措施，开展品牌培育的提升或创新活动。

（责任部门：科伦品牌培育战略委员会领导小组）

4.4　品牌培育的关键过程

公司在明晰自身优势和市场需求的基础上进行企业品牌定位。由董事会办公室，协同营销系统各部门，在企划部的参与下，通过市场细分、目标市场选择和市场定位，确定品牌的整体形象，并保证其满足目标顾客的需求且区别于竞争对手。

在确定品牌定位后，由公司企划部负责品牌设计，并交公司最高领导层、品牌培育战略委员审核，以确保其设计与品牌定位相适应，体现品牌的有形特性和无形特性。

公司研发中心根据营销系统调研结果，针对目标顾客识别潜在的需求，有计划地创

新技术和开发产品，提高产品的自主知识产权含量、功能特性、质量水平和顾客价值，从而建立起以产品、质量为基础的品牌形象。

公司品牌培育战略委员会在内外部环境发生变化时，由董事会办公室牵头，集体商议，对品牌更新进行可行性评估，并提出策略和步骤，确保品牌资产的识别、使用、保护和处置处于受控状态。

品牌资产保护过程包括：

a）董事会办公室协同企划部、营销系统各部门、研发中心对品牌资产保护状态的调查、评估和分析；

b）董事会办公室对侵害品牌资产权益事件的处理；

c）事业发展部与政府和有关机构就品牌资产保护事宜的沟通；

d）品牌培育战略委员会统一对品牌资产保护措施的制定和改进。

（责任部门：品牌培育战略委员会）

5 监视、测量、分析、评审和改进

5.1 总则

略。

5.2 监视

科伦在开展品牌培育工作过程中已将监视行为纳入到了过程策划与流程控制中。

通过监视信息，对品牌战略调整、品牌培育过程的更新和改进等方面的决策活动提供支持。如：

a）董事会办公室协同营销各部门负责对股东、客户、供方和合作伙伴的具体情况进行监视，并定期进行相关数据汇总；

b）营销各部门负责对市场变化发展、产品销售情况、竞争对手情况进行监视，并定期提供相关数据汇总；

c）研发中心在市场部的监视的基础上，根据市场和产品销售对新产品、新技术的需求和变更进行监视，并定期提供相关数据汇总；

d）董事会在事业发展部、法律事务部的协助下，对政府政策变化、法律法规要求变化进行监视，并定期提供相关数据汇总；

e）品牌培育战略委员会对各个部门、小组的工作情况进行监视，进行绩效考核，确保组织工作的有效开展。

（责任部门：由战略委员会统筹各项目负责人）

5.3 测量

a）总则

科伦已组织策划测量活动，并根据实际情况针对不同的目标采用不同测量方法。通过市场部以客户访问、问卷调查、用户满意度测评三种方式对科伦品牌培育现状进行测量，并形成《初始品牌评价报告》。

b）品牌培育的关键绩效指标

科伦根据各部门小组的不同职能，对关键绩效指标进行监视、测量和趋势预测：

· 营销系统各部门负责对市场、产品等关键绩效指标进行测量；

- 研发中心负责对产品、技术研发、知识产权等关键绩效指标进行测量；
- 质管中心负责对生产情况、产品质量等关键绩效指标进行测量；
- 企划部负责对产品传播情况、知名度、美誉度等关键绩效指标进行测量；
- 董事会办公室负责对诚信、信誉表现等关键绩效指标进行测量；
- 安全环保部负责对资源相关的关键绩效指标进行测量；
- 财务部负责对利润、财务表现等关键绩效指标进行测量。

c）内部审核

科伦药业已建立内部审计制度，并设立审计部，审计部对董事会审计委员会负责，向审计委员会报告工作。

- 确保公司设置了合理的内部审计架构，赋予审计部门相应的职责权限，使其能有效发挥独立监督职能。
- 确保公司建立了内部审计相关制度，确保审计部门及时高效、全面、客观、公正地开展工作，为企业的集中管控和风险管理提供保障。
- 确保内部审计队伍的建设及资源配备与企业业务发展需求相一致，确保审计监控的可持续发展。

d）自我评价

公司的自我评价将根据品牌培育行动的进度定期开展，具体设定为每年一次，并根据自我评价结果得出公司品牌培育的《自我评价报告》，作为公司开展品牌培育活动的记录资料之一。

e）标杆

科伦通过搜集和分析数据，以确定设立和调整标杆的情况。在内部进行综合测量和分析后，设立内部标杆。内部标杆的设定将依据品牌培育的各个阶段，各部门项目小组开展工作的过程绩效来确定。按照品牌培育工作进度，以每个月的工作为截点，考核确定当月的“标杆”，标杆的确定呈流动性，每次确定的标杆不局限于同一个优秀的部门。从而在公司内部营造良好的竞争向上的氛围，使标杆成为用来寻找最佳实践的测量和分析工具。

还需制定、实施和监视相应的改进计划，与行业标杆相联系起来。

（责任部门：由战略委员会统筹各项目负责人）

5.4　数据信息分析

公司已在内部开展组织各部门项目小组，通过调查和比较分析法，定期对职责范围内的工作数据进行分析，以对应组织品牌培育的各项工作考核指标。其间各部门项目小组根据工作性质的不同，灵活选用适用于本部门的分析方法，以确保分析数据的准确性和实用性。

（责任部门：由战略委员会统筹各项目负责人）

5.5　管理评审

科伦品牌培育战略委员会已定期每一年将对品牌培育关键绩效指标和相关目标进行系统性的评审，并结合《科伦内控手册》的相关条例，确保在出现负面趋势时，有及时的应对措施。

通过管理评审活动，反应品牌培育体系的充分性、适宜性和有效性，并指导改进、协作分享。

5.6 改进

a）持续改进

科伦以品牌培育战略委员会为行动主体，定期从品牌方针、品牌目标、评价结果、数据分析、纠正和预防措施以及管理评审活动等方面，持续改进品牌培育管理体系的有效性和效率。

b）纠正和预防措施

通过程序的制定、工作的开展以及项目的落实，公司结合各项统计分析调查结果，改进品牌培育过程，强化品牌培育能力，正视并接受潜在的问题。针对消除不符合的原因制定措施，并保证措施的有效性，使学习能力和变革能力得到提升。

以《品牌培育管理体系　评价指南》为系统指导，通过对企业实际情况作出的自我评价，最终科伦药业的品牌培育管理体系自评分总分为：×分。

参照GB/T 23791—2009，科伦品牌培育能力和效绩状况为“×”，评价等级为“×等”。

科伦的品牌建设工作已经融入到日常生产管理、社会公益事业等方面，相信通过这次全方位、细致化的学习，加之各级领导的重视和专家的培育，通过科伦药业全体员工的共同努力，循序渐进的完善科伦品牌培育管理体系，建立品牌培育管理体系手册，创造出具有科伦特色的增强品牌培育能力和提升品牌价值的科学方法，使今后的品牌工作做得更好，发展得更快。

（资料来源：四川科伦药业股份有限公司提供）

第3章

品牌培育关键过程的控制与应用

3.1 品牌定位

> **7.4.1 品牌定位**
>
> 组织应在明晰自身优势和市场需求的基础上进行品牌定位。通过市场细分、目标市场选择和市场定位，确定满足目标顾客需求并明确区别于竞争对手的品牌整体形象。应根据技术和产品发展趋势，适时进行品牌定位的更新，以引导目标顾客新的需求。
>
> 在品牌定位过程中，应确保：
>
> a）符合国家法律法规和产业政策；
>
> b）具有满足目标顾客群体需求的能力和潜力；
>
> c）识别竞争优势，并具有技术和产品发展的前瞻性；
>
> d）确定组织品牌与产品品牌、母品牌和子品牌之间的关系，明确品牌体系的改进需求；
>
> e）对技术创新、产品开发以及品牌培育的其他过程提供指导。

【解读】

3.1.1 品牌定位的定义

品牌定位是指企业在市场定位和产品定位的基础上，对特定的品牌在文化取向及个性差异上所做的商业性决策，它是建立一个与目标市场有关且与竞争品牌相异的品牌形象的过程和结果。换言之，即指为某个特定品牌在消费者心中确定一个独特的位置，当某种需要突然产生时，随即就会联想到这一品牌，比如在炎热的夏天突然口渴时，人们会立刻想到红白相间、清凉爽口的“可口可乐”。

关于品牌定位的经典定义是阿尔·里斯、杰·特劳特在其《定位：头脑争夺战》一书里所描述的：“品牌定位是让品牌在消费者心中占据一个与消费者相关、与竞争者不

同的有利位置，使品牌成为某个品类或某种特性的代表品牌。”这一定义包含三个方面：

1）定位的焦点是消费者的心智，体现了消费者心智主导原则；

2）定位的诉求点必须与消费者的需求相关，同时与竞争者之间存在差异，体现了差异性原则；

3）定位的结果是产生一个品类的代表或是一种特性的代表，这种代表要想长期占据在消费者心中，管理者必须持之以恒地坚持其品牌定位，这又体现了品牌定位的稳定性原则。

品牌定位是品牌经营的首要任务，是品牌建设的基础，是品牌经营成功的前提。品牌定位在品牌经营中有着不可估量的作用。

企业一旦选定了目标市场，就要设计并塑造自己相应的产品、品牌及企业形象，以争取目标消费者的认同。由于市场定位的最终目标是为了实现产品销售，而品牌是企业传播产品相关信息的基础，品牌还是消费者选购产品的主要依据，因而品牌成为连接产品与消费者的桥梁，品牌定位也就成为市场定位的核心和集中表现。

3.1.2 品牌定位、产品定位及市场定位的区别

市场定位是企业对目标消费者或者说目标消费市场的选择。产品定位是在完成市场定位的基础上，企业对用什么样的产品来满足目标消费者或目标消费市场的需求的决策。许多人至今还把市场定位和产品定位混淆在一起，其实这两者完全是两回事。市场是一群有具体需求而且具有相应购买力的消费者集合。因此，市场定位可以直观地理解为对“把东西卖给谁”这一人的问题的定位。而产品定位则更多的是对“我们生产什么产品来卖给目标消费者”这一物的问题的定位，它以人的定位为基础，但在具体内容上有根本差异。两者不能混为一谈。从理论上讲，应该先进行市场定位，然后才进行产品定位。在商业实践中，也有先完成了产品定位，然后才来补做市场定位的。

如牛仔裤的发明，市场定位在先，发明者首先发现的是淘金者需要一种耐穿耐磨的衣物，即发现目标市场在那里，然后才想到把帆布裁下来做成牛仔裤这种真实的产品。随身听的发明也是如此，索尼老板首先意识到人们需要边行走边听音乐，也就是说发现有随身听的市场，然后才冒出了创造随身听这一产品的念头，产品定位才产生。这些都是市场定位先行的经典例子。

那么，市场定位和产品定位都有哪些基本工作呢？

市场定位一般应包括如下基本内容：总体市场分析，竞争对手分析，市场细分，目标市场选择，目标市场区域规划，经典目标市场和经典目标消费者市场特征描述，进入目标市场的时间和基本营销策略。

产品定位是企业对选择怎样的产品特征及产品组合以满足特定市场需求的决策。一般说来，产品定位应该包括如下基本内容：

1）基本产品类别定位，即生产什么大类的基本产品来满足定位市场的需求，如：是生产服装呢，还是生产鞋子；

2）基本产品档次定位，是生产高档、中档还是低档产品，这在市场定位中已研究，但在产品定位中更实际和具体；

3）基本产品构成定位，即在产品的组成上应该如何决策，同样一类产品，但产品

构成可能有较大区别；

4）基本产品功能定位，即我们所选择的基本产品应该对消费者具有哪些基本功能；

5）产品线长度决策，即产品线应该如何安排组织，是否所有产业链都自己做；

6）产品宽度和深度决策，即花色品种、型号规格构成如何；

7）产品外形及包装决策；

8）产品的独特卖点（USP）是什么；

9）产品价格决策，即价格定位策略；

10）制定以 4P 模式为代表的，产品层次的营销组合及基本营销策略。

产品定位是对市场定位的具体化和落实，以市场定位为基础，受市场定位指导，但比市场定位更深入和细致。一般而言，在完成市场定位和产品定位的基础上，我们才能较顺利地进行品牌定位。

品牌定位解决的是：在市场差异化和产品差异化的基础上，进一步创造品牌差异化，以增强我们的产品竞争能力的问题。品牌定位以产品定位为基础，但其内容远远不止于产品定位。由于一个品牌之下可以有多个产品项目或产品线，因此，塑造品牌形象、进行品牌定位，是对不同产品定位之中共性的提炼和升华。如果说产品定位关注的是产品自身功能特性的独特性，那么品牌定位关注的是消费者通过该产品的购买和使用所表达的情感和价值观。产品定位更多的是企业视角，而品牌定位则完全是顾客视角。所以说，品牌定位是指企业在市场定位和产品定位的基础上，对特定的品牌在文化取向及个性差异上的商业性决策。

3.1.3　品牌定位的前提——明晰自身优势和市场需求

进行品牌定位首先要明晰自身的竞争优势以及了解对应市场的需求。

进行企业自身条件分析的目的是使品牌定位与企业资源相协调。企业须经常将其产品、价格、渠道和促销等与其密切相关的竞争对手相比较，通过比较，可以找出其竞争优势和不足之处，从而在消费者心中确立其优势地位。如伊利集团在与其他同类产品的比较中发现自己的产品具有“奶香浓郁，口感纯正”的独特优势，这一优势来源于良好的奶源，来自大草原——它是伊利品牌真正吸引人的精髓，于是“伊利，都市中的自然感受”就成为伊利品牌的定位，其广告语“心灵的天然牧场”突出了现代都市人对健康绿色的生活方式的向往，营造了自己的品牌优势，找到了独特的品牌定位。

再次，进行企业自身优势分析的目的是挖掘企业自身的显在或潜在优势，品牌定位的成功与否并不一定取决于企业的综合实力而在于谁能将自己的优势有效融合到品牌定位的过程中，从而塑造出个性化的品牌。如百事可乐公司发现自己较短的生产历史竟是一种优势，遂将百事可乐定位于“新一代可乐”，成了“年轻，活泼，时代”的象征。奔驰公司的优势是生产技术世界一流并且以精雕细琢见长，它被内化为具有“高技术、杰出表现和成功”、“世界上工艺最佳的汽车”等特性的享誉世界的奔驰品牌。

市场需求的分析也是品牌定位的前提之一。进行目标市场消费需求分析的目的是传递品牌差异点，展露个性。品牌定位一定要与目标市场个性化需求相吻合。如许多洗衣粉的品牌定位中只笼统强调去污能力强似乎成为亘古不变的主题，从而使产品“千牌一面”，在这样的品牌面前，消费者由于无从比较，往往感到无所适从，究其原因就是没有结合特定目标市场的个性化需求进行品牌定位。应该说，品牌定位后的产品是为特定消费者群量身定做的产物，企业应牢牢抓住这部分消费者，没有必要也不可能奢望通过品牌定位去吸引目标市场上所有的顾客，品牌定位应个性化需求而产生，也将在个性化需求中实现其特定的价值。

3.1.4 品牌定位的意义与作用

1. 品牌定位能创造品牌差异

企业通过向目标消费者和公众传播品牌定位的信息，使得品牌的差异性清楚地凸现于消费者面前，从而引起消费者的注意和关心，并使其产生品牌联想。简单地说，品牌定位的目的就是为了创造品牌差异。如果品牌定位与消费者的需要和习惯相吻合，那么企业或产品的品牌就可以较长时期地留在消费者心中。例如早在几年前，洗发水市场上，宝洁公司的海飞丝洗发水定位为去头屑的洗发水，这在当时是独树一帜的，因而海飞丝一推出就立即引起了消费者的注意，并认定它不是普通的洗发水，而是具去头屑功能、符合有头皮屑的消费者的需求的洗发水。很多为头皮屑所困扰的人，在所有洗发水品牌中，自然而然地就会联想到宝洁的海飞丝。

2. 品牌定位能形成竞争优势

在产品日趋同质化的时代，品牌的竞争优势已主要来源于定位，而并非产品自身。企业不能仅仅凭借产品自身的功能和特性来塑造品牌的核心竞争力，而应以产品为物质基础，以品牌管理为核心，整合研究开发、生产和营销，塑造企业的产品品牌，从而形成竞争优势。要形成品牌的竞争优势，首先要对品牌进行合适的定位。品牌定位的正确与否，直接影响品牌竞争优势的塑造。以香港报业为例，在香港发行的报纸有上百种，竞争非常激烈，分析其中的佼佼者，无不是通过定位战略来确立其竞争优势的。如《明报》定位于政论性报纸，《信报》定位于财经、商业报纸，《东方日报》定位于市民家居报纸，《星岛日报》定位于社区新闻报纸。

3. 品牌定位是联结品牌形象与目标消费者的中间环节

品牌定位是力求品牌形象与目标消费者实现最佳结合的过程和结果。品牌定位并不是凭空而谈，而是要根据不同市场的消费者的购买行为、偏好、生活习惯、特性等来定。品牌定位的目的就是要让自身企业和产品品牌的形象和特性能够适应目标消费者。不能和目标顾客的消费特性相结合的品牌定位是错误且危险的。所以，品牌形象和目标消费者要结合起来，而联系这两者的纽带就是品牌定位。国外较为经典的例子就是“万宝路”香烟品牌了。该品牌在美国被塑造成自由自在、粗犷豪放、浑身是劲、纵横驰骋的西部牛仔形象，这迎合了美国男性烟民对那种不屈不挠、四海为家的男子汉精神的追求；而在中国香港，万宝路以牛仔形象打入香港市场，但结果却大失所望，打不开市场，经研究调查发现这是东西方文化差异造成的，为了适应香港的文化特征，万宝路进行了重新定位，树立了年轻洒脱、事业有成的农场主的品牌形象；而在日本，万宝路塑造了依靠自己的智慧和勇气征服自然，过着诗歌般田园生活的日本牧人。正是由于品牌定位不断地为适应新的市场而改变策略与形象，万宝路香烟才能在不同的市场竞争中佳绩频传。

4. 品牌定位是市场细分过程的结果

市场细分是指根据不同消费者的需求偏好、购买习惯、价值观念和生活方式等不同特征把总体消费者分为若干个消费群体的过程。品牌定位要针对具体的目标市场，而目标市场的选择则是市场细分过程的结果。企业通过将总体市场进行细分，再对各个细分市场进行评估，选择市场吸引力大、能够满足消费者的需求的细分市场，最终将自身品牌定位在适合目标市场顾客的物质需求和情感需求的市场位置。所以，品牌定位是市场细分的结果。

5. 品牌定位是确立品牌形象和个性的必要条件

从消费者角度来看，品牌定位就是向消费者传递品牌形象和品牌个性，让消费者能够从市场上众多的产品品牌中将自身的品牌识别出来。如果品牌定位不明，那么品牌个性就显得模糊不清。在当今市场上，产品越来越趋向于同质化，仅仅产品功能上和用途上的益处已经无法满足消费者在情感性益处和自我表达性益处上的需求。消费者希望在使用和消费产品的基础上，从产品品牌定位当中满足的自己的情感需求，而品牌个性则是品牌的情感诉求的集中表现。例如万宝路男子汉气魄的定位使得消费者认为品牌个性是强壮、充满阳刚之气；耐克则被认为充满了运动之美；麦当劳被认为清洁、干净、快速；可口可乐被认为是真实可信的；百事可乐则被认为是年轻的、活泼的和刺激的，体现新一代年轻人的情感和价值观。

6. 品牌定位是品牌传播的基础

品牌传播是指通过广告、公关、包装等宣传手段将产品的品牌形象和风格传递给目标消费群体的过程。品牌定位就是为了区别同类竞争对手的，向消费者展示其核心价值和差异性。一方面，品牌定位依赖正面的、积极的品牌传播来强化消费者心中的品牌形象，并依靠品牌传播达到定位的目的。另一方面，品牌定位的目的限制了品牌传播的方向和内容。品牌传播必须以品牌定位为前提和基础。

3.1.5　品牌定位的过程与方法

品牌定位是企业根据消费者对品牌的认识、了解和重视程度，给自己的品牌规定一定的市场地位，树立产品在消费者心目中的特色和形象，以满足消费者的某种偏爱和需要，从而树立一定的竞争优势（见图 3－1）。

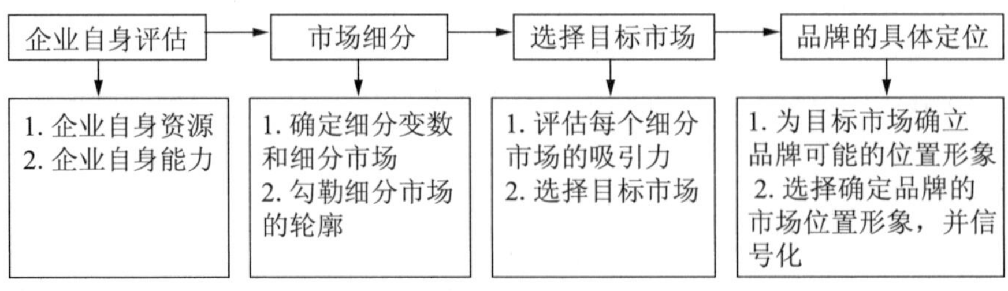

图 3－1　品牌定位的过程模型

从品牌定位的过程来看，品牌定位是一个将市场、形象、情感、价值等转化为潜在竞争力的过程。品牌定位的最终归宿不是定位对象本身而是消费者，是品牌在消费者的大脑中占据的位置，企业进行品牌定位实际上使消费者认同企业所赋予品牌的个性，从而塑造企业有别于竞争对手的品牌特征，影响消费者，达到增加品牌价值的目的。

一般而言，品牌定位要经历以下几个阶段：市场分析——企业内部条件分析——市场细分——选择目标市场——品牌的具体定位。

1. 市场分析

作为品牌定位战略的第一步，市场分析是指企业必须深入地调查市场，所要解决的问题包括宏观的政策法律、经济、技术的影响因素、品牌所在行业的基本结构、消费者的需求、市场竞争态势等。用科学的方法，系统地收集、记录、整理和分析以上有关市场的信息情报资料，提出解决问题的建议，确保品牌定位的合理性。在市场分析中，比较重要的分析是对竞争对手的分析和对消费者的分析（参见 2.4.10）。

一个行业的竞争态势决定了该行业大多数企业的盈利水平。在比较成熟的行业，通常情况是市场有一定的集中程度，并且有一两个领头企业，它们占据了很大的市场份额，竞争者居于领先位置，它们的发展战略决定着整个行业的竞争格局。在这种情况下，必须对这些竞争对手进行细致的分析，找出它们的弱点，积极寻找市场上的缝隙，进行相应的品牌定位。例如，在美国的可口可乐市场上，多年来可口可乐一直占据着主导地位，但正因为如此，可口可乐对美国的消费者缺乏必要的市场细分，向全美所有的顾客销售相同的可乐，而它的竞争对手百事可乐注意到可口可乐的这个弱点，把自己的品牌定位于“新一代可乐”，成了“年轻，活泼，时代”的象征，从而在年轻人市场上取得了很大的份额。

在消费者分析上，企业要做好相关的市场调研，准确把握消费者的需求。品牌定位总是建立在对顾客需求的确切把握的基础之上的，只有充分了解顾客的消费需求，才能洞察消费者的心理，从而为塑造与之呼应的品牌个性提供科学的决策依据。举个例子，莎碧娜航空公司主要经营由美国纽约直飞比利时首都布鲁塞尔的航线，尽管公司做了许多广告来宣传，突出强调其服务好、饮食美的优点，但乘坐率却依然很低。里斯和特劳特经过多方调研，发现问题症结不在航空公司服务质量本身，而在当时比利时作为旅游地还没有为人们所了解，去欧洲旅游的北美乘客自然不会因为该公司服务好、饮食美而乘坐飞机。据此，里斯和特劳特认为广告的目标受众应该是那些想欢度时光而未知此地旅游好处的旅客，于是他们从《米其林旅游指南》上找到了答案：比利时有五个特别值得一游的三星级城市，而北欧最大的观光胜地荷兰却只有一个阿姆斯特丹。因此，他们将比利时与旅客心目中固有的旅游胜地阿姆斯特丹发生关联，对莎碧娜广告做出了新的定位，这样就诞生了一个震撼人心的广告：“在美丽的比利时境内，有五个阿姆斯特丹”，结果大获成功。

2. 企业内部条件分析

进行企业内部条件分析目的在于明确企业自身拥有的资源和能力，从而挖掘企业自身的显在或潜在优势，并将其有效融合到品牌定位的过程中，从而塑造出个性化的品牌

（参见 2.4.10，3.1.3）。

3. 市场细分

一个企业不论它的规模有多大，它所拥有的资源相对于消费需求的多样性和可变性来说总是有限的，因此它不可能去满足市场上的所有需求，它必须针对某些自己拥有竞争优势的目标市场进行营销，目标市场顾客群是企业资源的重点投入对象。现代营销战略的核心可以描述为 STP 营销，即市场细分（Segmenting）、目标市场选择（Targeting）和品牌定位（Positioning），它们是企业营销活动前奏中逐步深入的三步曲（即 STP）。这三部曲中市场细分与目标市场选择是进行品牌定位的前提，品牌定位则是结果，离开前两项基础工作，品牌定位将无从谈起。

根据 STP 理论，企业应该根据不同需求、购买力等因素把市场分为由相似需求构成的消费群，即若干子市场，这就是市场细分。进行市场细分可以帮助企业提高品牌营销活动的针对性，确保品牌营销活动有的放矢，有利于挖掘市场潜力，开发新市场，提高企业营销资源的利用率，实现资源的有效配置。举个例子，通过市场细分，宝洁拥有 11 个品牌的洗衣粉；8 个品牌的香皂；6 个品牌（飘柔、海飞丝、潘婷、沙宣、润妍、伊卡璐）的洗发水；4 个品牌的洗涤剂、牙膏和咖啡；3 个品牌的地板洗洁剂、卫生纸；2 个品牌的除臭剂、食用油、一次性尿布。同一个品牌产品有不同规格的包装和配方。

一般来说，进行市场细分的参数有以下几大类：

1）人口统计市场细分

按人口统计的市场细分主要以人口统计变量，如年龄、性别、家庭人数、家庭生命周期、收入、职业、教育程度、宗教、种族、国籍和社会阶层等来划分不同的消费者群体。按人口统计的市场细分是最常用、最基础的市场细分方法。

2）地理市场细分

地理市场细分是指根据消费者所在的不同地理位置、气候、人口密度、城乡和行政区域等，划分不同的细分市场。由于不同地理区域的消费者有着不同的消费需求、消费习惯和消费特征，因此，通过地理因素来划分市场是科学的。例如，按区域划分市场，全国可以分为东北、华北、西北、华东、华中、西南、华南等地区。

3）心理市场细分

心理市场细分是指根据购买者的生活方式、性格、态度、个性特点等将购买者划分为不同的群体。

4）行为市场细分

根据购买者对产品的理解、态度、使用情况或反应来细分不同的消费群体。行为细分的变量有：时机、使用频率、使用情况、忠诚度、购买场合等。

4. 选择目标市场

企业可以根据自身战略和产品情况从子市场中选取有一定规模和发展前景，并且符合企业的目标和能力的细分市场作为企业的目标市场。市场细分的目的是根据企业自身的实力，确定企业所进入的目标市场，两者存在着先后顺序的联系，同时又相互区别，市场细分是分析的过程，而确定目标市场是决策的过程。世界著名的 Lee 牌牛仔的成功

得益于它的细分市场策略，在占领男性市场后，它没有去继续开拓已经很大的男性市场，而是把目光投入到一直被忽视的女性市场。大多数女性都需要一件在腰部和臀部都很合身而且活动自如的牛仔服，于是Lee牌牛仔聪明地定位于此，在产品设计上一改传统的直线裁剪，突出女性的身材和线条，在广告上充分体现Lee牌牛仔恰到好处的贴身和穿脱自如。“Lee，最贴身的牛仔”，一个“贴”字将Lee牌牛仔与众不同的定位表现得淋漓尽致。

目标市场的选择需要遵循以下几项基本原则：

1）差异性：在顾客购买行为、成本、资金需求等上有足够的差异使差异化战略具有合理性。

2）可衡量性：市场规模、购买力等特征可测量。

3）可达到性：通过相应营销组合，产品能送抵。

4）实用性：规模足够大，有较大的盈利潜力。

5）可行性：针对性的营销努力能有效抵达特定群体，对营销组合的反应基本一致。

5. 品牌的定位策略

进行了市场细分，评估了各个细分市场的吸引力，选择了目标市场，最后就是进行具体的品牌定位，使品牌的竞争优势和核心价值能够展示在消费者面前，并通过一定的策略和途径传播给消费者。

企业给品牌进行定位，可选择的策略很多，总结起来，一般从以下三个角度来进行思考和制定策略：

1）产品和企业自身特征的角度

（1）USP定位

USP也叫“独特的销售主张”，它在产品属性里寻找与消费者需求相适应、竞争对手缺乏或没有关注的特征成为独特的销售主张或“独特的卖点”。这些产品特征可以是原材料、功能、功效、色彩、口感、品质、工艺、产地等。

USP三原则：①每则广告必须向顾客提出一个主张。②这个主张必须是竞争对手所不能或不曾提出的。③这个主张必须有足够的销售力，能打动顾客。如乐百氏纯净水的“27层净化”、潘婷洗发水的“富含维生素B_5，给头发以滋养”等。

（2）档次定位

不同档次的品牌带给消费者不同的心理感受和体验。比如定位在高档次的品牌传达了产品高品质的信息，往往通过高价位来体现其价值，并被赋予很强的表现意义和象征意义。如德国奔驰的“高贵、豪华”。

（3）利益定位

利益定位也称为功能定位，即根据产品具有的满足顾客某种需求的功能、所提供的利益及解决问题的程度来对产品进行定位。如海飞丝的“去头屑”、诺基亚的“无辐射”、IBM的“四海一家的解决之道”等。

（4）概念定位

品牌的概念定位是使品牌、产品在消费者的心目中形成一个适当的概念，甚至造成一种思维定势，以获得消费者的认同，从而在消费者心目中占据一个适当的位置，使其产生购买欲望。如脑白金的“收礼只收脑白金”。

2）品牌竞争的角度

（1）首席定位

首席定位即强调品牌在同行业或同类中的领导性、专业性地位，如宣传“销量第一”。在现今信息爆炸的社会里，消费者对大多数信息毫无记忆，但对领导性、专业性的品牌印象较为深刻。如百威啤酒的“全世界最大、最有名的美国啤酒”，格力空调的“世界销量第一”等。

（2）比附定位

比附定位就是攀附名牌，通过各种方法和同行中的知名品牌建立一种内在联系，使自己的品牌迅速进入消费者的心智，占据一个牢固的位置，借名牌之光而使自己的品牌生辉。主要有三种形式：①甘居第二。如美国阿维斯出租车公司的“我们是老二，我们更进一步努力”。②攀龙附凤。如内蒙古的宁城老窖的“宁城老窖——塞外茅台”。③“高级俱乐部策略”。如流行音乐界的“四大天王”、克莱斯勒汽车的“美国三大汽车品牌之一”。

（3）进攻性定位

当企业选择与竞争对手相互重合的市场位置，争取同样的目标顾客，彼此在产品、价格、分销、供给等方面差别较小时，可以选择进攻式或防御式的品牌定位。如百事可乐的“你是可乐，我也是可乐”。

（4）避强型定位（市场空档定位）

这是一种避开强有力的竞争对手进行市场定位的模式，大多是那些进入市场较晚、力量较为弱小的品牌经常采用的方法。寻找为许多消费者所重视的、但尚未被开发的市场空间，即寻找消费者心智中的空隙，然后加以填补满足，企业不与对手直接对抗，而将自己置定于某个市场“空隙”，发展目前市场上没有的特色产品，开拓新的市场领域。如可口可乐公司的“酷儿，好喝就说 Qoo”，发现并填补了当时市场上所缺失的儿童果汁市场，有效规避了与市场老大“汇源”果汁的正面对抗。

（5）对比定位

通过与竞争品牌的客观比较，来确定自己的市场地位的一种定位策略。如泰诺的“为了千千万万不宜使用阿司匹林的人们，请大家选用泰诺”。

（6）类别定位

该定位就是与某些知名而又属司空见惯类型的产品作出明显的区别，或将自己的产品定位为与之不同的另类，这种定位也可称为与竞争者划清界线的定位。如七喜的“我是非可乐”。

3）消费者的角度

（1）消费群体定位

该定位直接以产品的消费群体为诉求对象，突出产品专为该类消费群体服务，来获得目标顾客群的认同。把品牌与消费者结合起来，有利于增进消费者的归属感，使其产生“我自己的品牌”的感觉。如金利来的“男人的世界”。

（2）生活方式定位

即通过赋予品牌与消费者某一生活方式相对应的形式和内容，使消费者通过购买和使用该品牌，以达到展示其独特生活方式的目的。如广东碧桂园的“给你一个五星级的家”。

（3）文化定位

将文化内涵融入品牌，形成文化上的品牌识别，文化定位能大大提高品牌的品味，使品牌形象更加独具特色。如小糊涂仙酒的“聪明人的选择”。

（4）情景定位

情景定位是将品牌与一定环境、场合下产品的使用情况联系起来，以唤起消费者在特定的情景下对该品牌的联想，从而产生购买欲望和购买行动。如白加黑感冒片的“白天服白片不瞌睡，晚上服黑片睡得香”。

（5）情感定位

该定位是将人类情感中的关怀、牵挂、思念、温暖、怀旧、爱等情感内涵融入品牌，使消费者在购买、使用产品的过程中获得这些情感体验，从而唤起消费者内心深处的认同和共鸣，最终产生对品牌的喜欢和忠诚。如丽珠得乐的“其实男人更需要关怀”、哈根达斯冰淇淋的“爱她，就请她吃哈根达斯”。

（6）自我表现定位

该定位通过表现品牌的某种独特形象和内涵，让品牌成为消费者表达个人价值观、审美情趣、自我个性、生活品味、心理期待的一种载体和媒介，使消费者获得一种自我满足和自我陶醉的快乐感觉。如佳得乐的“我有我可以”、动感地带的“我的地盘听我的”。

6. 品牌定位的推广

品牌具有核心价值和核心理念，并建立了自己的识别特征，但消费者却不一定知道，企业必须通过一定的方式及时准确地将其“告诉”目标顾客并求得认同。企业不仅要制定一个明确的核心价值和核心理念，还必须有效地传播这一核心价值和核心理念，品牌传播的过程就是品牌展现的过程。品牌展现就是将品牌的内在核心价值，以品牌名称为聚焦点，系统地展示给社会公众。这实际上是一个将品牌核心价值与消费者心理进行联结的过程，因此成为品牌定位必不可少的重要阶段。品牌展现包括广告展现、公共关系展现、人员推广展现和促销展现等方式，但无论是采用哪一种展现手段，品牌展现的各种形式应密切配合、协调一致，传达给社会公众的都应是相同的内容，这样才能保证品牌形象的一致性。另外，品牌核心价值和核心理念定位以后，一旦得到市场认同，就应保持其相对稳定性。也许在此期间市场竞争和消费者需求会发生某些变化，企业可以据此做出调整，但切忌不要轻易否定自己的核心价值和核心理念，否则会前功尽弃。

3.1.6 品牌定位的绩效

1. 塑造区别于竞争对手的品牌差异化

品牌应该具有一个或几个特征，看上去好像是市场上“唯一”的，只有与众不同才能吸引人的注意力。这种差异可能表现在许多方面，如质量、价格、技术、包装、售后服务等，甚至还可以是脱离产品本身的某种想象出来的概念。

1）品牌必须突出某种个性

一个品牌要让消费者接受，完全不必把它塑造成全能形象，只要有一方面胜出就已具有优势，国外许多知名品牌往往也只靠某一方面的优势而成为名牌。例如，在家电市场上日本的索尼产品与三洋产品都有很高的市场声誉，但索尼的市场定位是技术领先和高价位；而三洋的市场定位则是薄利多销，消费者可以很清楚地根据自身的需求选择这两个品牌中的某一个。一个企业想要尽可能满足消费者的所有意愿是愚蠢的，这只会使自己的产品没有差异化，消费者没有必须购买该产品的理由，就不会有品牌忠诚度。每个品牌必须挖掘出消费者感兴趣的某一点，品牌的个性越突出，给消费者留下的印象就越深刻，也越容易在他们心中占有一席之地。事实上，海尔并不是每一个产品都是顶尖技术的结晶，但是，海尔的钻石级的服务却是最能够适应并满足目标人群的品牌。这一点是很多企业所不及的地方。这也是海尔又一种真正的核心竞争力。而一旦建立了这种品牌信念，那么其他企业是很难取代其在消费者心中的地位的。

2）建立差异化产品品牌营销策略的关键

（1）在经过科学化的市场调查后，着重对市场及消费者进行研究，不断地了解消费者的需求特点，寻求差异优势。在创建品牌时，通过寻求或创造差异优势，在不同的细分市场中寻找新的不同特性的组合，建立独特的自我个性，准确地击中目标消费群，不断地满足当今消费者价值观和生活方式的变化。因为只有产品或品牌与消费者价值观和生活方式之间具有较高的一致性，这样的产品或品牌才有可能为市场所接受。对消费者及消费行为的研究，是拟定品牌营销策略不可或缺的步骤。市场营销实践表明：具有差异优势的适宜品牌和强势品牌都可能获得非常高的投资回报。

（2）不断地强化品牌的差异优势。因为市场中失败的产品或品牌关键的一点并不是产品本身的质量有问题，而是消费者看不到这种产品或品牌与竞争者相比有什么特别之处。因此品牌差异化核心价值一旦确定便应咬住不放并持之以恒的贯彻下去，企业的所有营销策略都要围绕核心价值而展开，尽管广告不停地换，但换的只是表现形式。例如沃尔沃宣传的重心一直是“安全”，久而久之，沃尔沃品牌在消费者大脑中就有了明确的印记，获得独占的山头。沃尔沃能成为 2000 年全美销量最大、最受推崇的豪华车品牌，与其对品牌核心价值的精心维护及在企业的经营活动中忠实地体现这一价值是分不开的，沃尔沃不仅投入巨资研发安全技术，而且在广告、事件公关方面总是不失时机地围绕着“安全”的核心价值进行宣传。

优质的服务可能是一个成功品牌中最重要的可持续性的差异优势。产品容易被竞争者仿造，而服务则因为依靠了企业文化和员工的态度，所以很难被竞争者所模仿。市场营销专家在对部分服务性行业业绩研究分析后认为：超过六成以上的消费者是因为服务行业的服务水平低或不满意而放弃曾经选择过的品牌（商家）。但有趣的是，若商家能及时处理好各类投诉，确实又能挽留不少顾客，这实际上就是增加了顾客的品牌忠诚度。

因此品牌营销的核心策略是必须寻找差异，创造差异，并将这种差异化通过品牌定位准确地传递给消费者，为消费者提供利益点，寻找一个竞争对手尚未涉足或涉足不深的市场空间，通过努力成为这个市场中的唯一品牌或领导品牌，并借此迅速成长起来，建立稳定的消费者品牌忠诚度，从而排除异己，瓦解对手。

2. 确定品牌的整体形象

品牌的整体形象包括消费者对品牌的印象、形象、情感、评价等意识的整体感知。

品牌整体形象包括内在形象和外在形象。内在形象主要包括产品形象和品牌质量、品牌服务及品牌文化所表现的形象；外在形象包括品牌在市场受众中表现的信誉形象和品牌标识系统形象。

iPod品牌音乐播放器的广告以活力四射、号召特立独行的时尚生活方式的诉求来塑造自身的品牌形象，以一种专门针对年轻人的独特形象受到年轻一代的喜爱，而且由于其特有的品牌形象使得品牌下的所有产品都受到目标用户的喜爱和推崇，产品销售自然是竞争品牌望其项背的，这说明商品的价值不仅是由物料造成的，品牌形象也起了推波助澜的作用，形象会使受众有先入为主的印象且改变受众对产品的态度，这种印象和态度很难被复制。就如iPod一样，市场上就很难发现相同式样的MP3，这说明iPod的品牌形象已经深入人心，再去抄袭只会帮助iPod打广告，得不偿失了。

3.1.7 品牌定位的误区

1. 定位过高

品牌定位过高，使得消费者认为品牌档次太高而不敢轻易购买，从而改变了品牌形象在一部分现有顾客心目中的位置，也失去了一部分有能力购买而被该产品的品牌定位吓跑的消费者。例如人们认为蒂万尼公司生产的钻石戒指一般价格为5000美元，可是实际上该公司也生产900美元的钻石戒指；Steuben玻璃器皿的价格从50美元到1000美元不等，可是经调查，大多数消费者认为Steuben的产品都在1000美元以上。这就是定位过高。

2. 定位过低

品牌定位过低和品牌定位过高刚好相反。消费者认为该品牌档次低，和产品的性价比相违背，因而不会轻易购买该产品。

3. 定位过窄

定位过窄是指品牌定位涵盖的目标消费群体过少。定位过窄是一个相对的概念，是指相对于企业的财力、物力和人力来说，品牌定位过窄。对小企业很合适的定位，对于大企业来说可能会存在定位不足的现象。

一般来说，品牌定位的范围越小，意味着目标更精确，市场更清晰，但从企业的角度来看，过窄的定位可能会导致规模不经济，从而使企业无法生存下去。所以，企业在进行品牌定位时一定要意识到这个细分的市场大到足够能够支撑一个产品、一个品牌或者一个企业生存下去。

4. 定位过宽

定位过于宽泛，贪大求全，期望自己的品牌能够服务于整个市场，这种定位方法在产品短缺的年代十分有效，但是随着消费者的观念发生较大的转变，买方市场逐渐形成，产品越来越细化，比如即使是去屑类洗发水，人们也可能会问："这个去头屑的洗发水适合油性还是干性发质？"一旦市场发展到这种程度，简单的去头屑的定位就可能属于定位过宽的范畴。

过分定位的品牌总是希望将品牌所有的好处全都告诉消费者，似乎不如此就不足以打动消费者，也不足以体现自己的实力，一些企业甚至会吹嘘自己的产品无所不能，以为这样才能让产品最受欢迎。海尔集团曾经推出一种新产品叫采力药品，在传媒上大作宣传，其广告宣称：新产品能治人们的精力不足、疲惫不堪；能治头晕、全身乏力；能治胸闷气短、感冒等，特别是该产品既能治困乏、打瞌睡，又能治失眠，甚至"全身没有一点好地方"的老太太吃了它也有疗效，成了包医百病的"万能药"，这种全功能的定位其市场效果可想而知。

5. 定位混乱

品牌定位混乱是指品牌定位不清晰，使消费者不能或者难以清楚地识别。例如派克钢笔原先是定位为高档钢笔，售价在几百元以上；后来涉足低端市场，几元钱的钢笔都有。结果在消费者心目造成品牌定位的混乱，消费者很难识别派克钢笔到底是高档还是低档产品。这就是典型的品牌定位混乱。

6. 定位偏离

不同时期不同区域的顾客期望是有很大的变化和差异的，品牌定位要适合当时当地消费者的心理需求，不能产生偏离。

对于奢侈品行业的品牌来说，东方社会的面子问题，或者说虚荣心、攀比心较强，人们很容易背叛他自己的本应受收入、职业、阶层等决定的在细分市场中的位置，而去跟风更高或更时尚位置的消费。因此，在进行品牌定位时就应在原有的基础上加以适度拔高。

而日用消费品行业的品牌定位，一定要与中国百姓大众的消费水平相适应。企业在品牌定位时一味追求高档，必然会丧失基本的市场份额，更不用说创品牌了。这一点可以从目前零售业竞争态势上反映出来：高档豪华商厦纷纷停业，而以"低毛利、低费用、低价格"定位的货仓式商店却红红火火。竞争的定位点不同，结果自然也不同。

7. 定位虚无

品牌定位必须有独特的利益点支撑，人云亦云，赶时髦赶潮流，或者不知所云，往往等于没有定位。比如冰箱市场，品种可谓是五花八门、应有尽有，比如"节能冰箱""抗菌冰箱""静音冰箱""电子冰箱""保鲜冰箱""环保冰箱"等不一而足。单看"电子冰箱"，试问哪个厂家生产的不是电子冰箱?

3.1.8　品牌定位更新的定义

品牌定位更新，即品牌再定位，就是对品牌重新定位，旨在摆脱困境、使品牌获得新的增长与活力。它不是对原有定位的一概否定，而是企业经过市场的磨练之后，对原有品牌战略的一次扬弃。

消费者的需求是不断变化的，市场形势也变化莫测。企业应根据技术、产品和市场发展的趋势，适时进行品牌定位的更新，以引导目标顾客新的需求。一个品牌由于最初定位的失误或者即使最初定位是正确的，但随着市场需求的变化，原来的定位也可能无法再适应新的环境，企业需要根据市场情况（环境）的变化不断调整其原来的定位，使品牌永远具有市场活力。以王老吉为例，2003 年，"王老吉"销售额从一亿多元突飞猛进到六亿元，年增长率超过 300%，这在很大程度上要归功于"王老吉"的重新定位。

“王老吉”自1828年创建至今一百多年来，它在消费者心目中一直被视为一种中药凉茶，但凉茶药性太凉，消费者又将“王老吉”当成药品，因而不经常饮用，只是在上火时才购买，这样就大大束缚了其发展。为了追求更大的发展，“王老吉”打破既有的定位束缚，跳出药茶行业，赋予自己一张新的面孔——“预防上火的饮料”。通过重新定位，“王老吉”从治疗上火的带浓重药性的产品变为预防上火的日常饮料，摆脱了“药”的纠缠，潜在市场范围一下子扩展，同时又通过“怕上火，就喝王老吉”的新的定位宣传，强化其“降火”的特色，避免了饮料行业的过度竞争。“王老吉”的重新定位使得它在2004年成功登入肯德基连锁店，与百事可乐等国际饮料品牌站在了同一起跑线上，稳稳占据了“降火饮料”的巨无霸地位。

品牌重新定位就是对品牌进行再次定位，旨在摆脱困境、使品牌获得新的增长与活力。品牌重新定位与原有定位有截然不同的内涵，它不是原有定位的简单重复，而是企业经过市场的磨炼之后，对自己、对市场的一次再认识，是对自己原有品牌战略的一次扬弃。

3.1.9 品牌定位更新的原因

重新定位的原因，既有企业本身的原因，也有外部环境的原因。这些原因一般表现在四个方面：

1. 原有定位错误

企业的产品投放市场以后，如果市场对产品反应冷淡，销售情况与预测差距太大，这时企业就应该进行市场分析，对企业进行诊断，如果是因为品牌原有定位错误所致，如定位过高或者过低、过宽或者过窄、混乱或者偏离、虚无或者过度延伸定位等，就应该进行品牌的重新定位。如世界著名的香烟品牌万宝路，最初因定位是一种女士香烟，市场业绩极其一般，该公司及时改变策略，将万宝路重新定位为男士香烟，并用具有男子汉气概的西部牛仔形象作为品牌形象。通过这一重新定位，万宝路树立了自由、野性与冒险的形象，在众多的香烟品牌中脱颖而出，并一举成为全球驰名的香烟品牌。

2. 发展新市场的需要

在企业发展过程中，原有定位可能会成为制约因素，阻碍企业渗透到相关行业、发展相关产品和开拓新市场。或者由于环境的变化，消费者新的需求不断涌现，企业有可能获得新的市场机会，进入新的市场。面对新的市场环境和不同文化、社会背景的消费者，原有定位也可能变得不再适合。在上述情况下，企业出于发展和扩张的考虑，也需要调整和改变原有定位。例如，海尔最初是以生产冰箱起家，自己的企业定位是高质量的冰箱生产企业，几年之后，海尔先后进入电视机、空调、洗衣机、手机等生产领域，并从国内市场大步进入国际市场。因此，这时的海尔就必须改变自己的原有定位，在广告宣传定位上以突出“国际化的高质量的家电企业”为诉求点。

3. 原有定位削弱品牌的竞争力

企业在竞争中，可能会丧失原来的优势，而建立在此优势上的定位也就会削弱品牌竞争力，甚至竞争对手会针对企业定位的缺陷，塑造他们自身的优势，并推出性能更好的同类产品。企业如果仍死守原来定位不放，就会在竞争中处于被动挨打的地位，最终丧失市场。在这样的情况下，企业应对品牌进行重新定位。如莲花公司的试算表在软件业获取成功后，遭遇到了微软 Excel 的攻击，莲花公司面临绝境。后来公司将软件重新定位为“群组软件”，用来解决联网电脑上的同步运算，此举使莲花公司重获生机，并凭此赢得 IBM 青睐，卖出了 35 亿美元的价值。

4. 消费者偏好和需求发生变化

品牌原有的定位是正确的，但由于目标顾客群的偏好发生了变化，他们原本喜欢本企业的品牌，但由于款式、价格等方面的原因，转而喜欢竞争对手的产品；或是随着时代的变迁，消费者的消费观念发生改变，比如消费者原来注重产品的功能，而现在注重其品牌形象。这样的情况下应该进行重新定位。宝洁公司刚进入我国时，旗下品牌“飘柔”最早的定位是二合一，带给人们方便以及它具有使头发柔顺的独特功效。后来，宝洁在深入调查中发现，消费者最迫切需要的是建立自信，于是从 2000 年起飘柔品牌以“自信”为诉求对品牌进行了重新定位。

3.1.10　品牌定位更新的选择

1. 企业战略再定位

随着时间时势的变化，既有战略定位的生存基础也会发生变化，企业的战略定位如果不能与时俱进的话，很难想象一些国际品牌会走过一百多年的历程。事实上由于不善长于再定位的规划与管理，不少原本定位上佳的品牌进入老化，像“超新星”一样短时间照亮整个夜空然后迅速地“在爆发中沉寂”。因此随着业务的扩展变化，原有的品牌定位无法满足新的需求，如新的顾客和新的产品，这个时候就必须对整个战略进行大的调整。在中国市场已经给人以高档形象的著名瑞典家居品牌宜家，其实在瑞典本土和北美市场上却是以一贯的“家居便利店”形象获得巨大成功的，它的优势也主要体现在以低成本的家居解决方案为顾客提供质优价廉的便利家具，其市场也主要定位在中低端的大众市场。但是，当宜家进入中国时，却放弃了在欧美大获成功的定位，转而将重点放在中国高端家居市场，并逐步树立起了高档时尚的品牌形象。然而，进入中国市场六年之后，宜家又对其原来的高档形象进行了再定位，正在努力改变其在中国市场的高档形象，包括大范围大幅度降价，以便恢复到导致其在欧美取得极大成功的“家居便利店”定位，希望借此扭转其在中国市场销售量逐年递减的趋势。稍加分析不难发现，宜家的此一决策是明智的。经过六年的探索发展，宜家已经在哈尔滨、青岛、广州、云南和上海设立了五个采购中心，而且在 2004 年财政年度里，还把在欧洲生产的产品拿到中国来生产，这些都为宜家重新回归其最擅长的低成本竞争打下了基础。更重要的是，中国家居市场无论是高端还是中低端，竞争都已经相当激烈，此时，宜家必须回归到自己最擅长的方面展开竞争，而重新回归大众化的定位并采取低成本竞争，既迫切也合时宜。战略重新定位不是营销部门或几个执行人员所能独立完成的，首先要找到问题所在，然后就重新定位的必要性在企业内部上下之间、各部门之间达成共识，大家齐心协力、分工合作、共担风险来完成。很多时候，企业其他部门甚至一些高层管理人员，没有意识到重新定位对企业的利害关系，害怕困难，不愿作改变。而且重新定位往往意味着推翻

过去的决策，必定在企业内部会遇到阻力。这就需要适当的推动者，晓以利害，说服上下各方面人员，这样才能保证重新定位顺利有效地执行。

2. 产品再定位

许多知名产品在投放市场的初期，并非一炮打响，而是市场反应冷谈，销售效果不尽如人意。但是，经过产品再定位后，重新审查市场营销战略，有时会发生奇迹，反败为胜。产品再定位是美国的瑞恩和特鲁特于 1972 年首先提出来的。产品再定位，就是对现有产品（质量、款式、包装等）进行的创造性活动。产品再定位与初次投放新产品有截然不同的内涵。产品再定位是赋予产品崭新的生命境界。企业须对原来的经营计划目标与市场现实进行检核，寻找其裂缝，然后重新给产品定位，找出弥合裂缝的最佳途径。因此，产品再定位是市场营销动态过程的第二周期，它包括了营销过程的每一个步骤，是第一轮营销过程的完善与升华。必须指出的是，产品再定位不仅要找出产品初次定位失误的原因，还应该在初次产品定位中寻找合理因素。挖掘这些合理因素，对于产品再定位同样有很大益处。这就是说产品再定位是一次扬弃，它否定初次产品定位中的不合理因素，但决不可把洗澡水连同孩子一起倒掉。产品再定位需要重新拓展产品的基本概念，这种拓展包括以下主要内容：（1）现有产品的使用情况，可能产生何种新的用途，今后的发展趋势；（2）产品应给顾客提供什么样的附加价值需要；（3）产品的改良与创新；（4）产品现有包装如何，实用程度、美观程度与产品本身的配合是否协调，与产品的价值是否适应等。企业在市场再细分的基础上，需进一步对顾客需要和产品用途作深入广泛的研究，包括产品服务范围、市场需求量、产品规格、类型、颜色、包装、价格、促销方法和流通渠道。根据消费者需求，重新选择新的目标市场和新的营销策略。以乐百氏为例，乐百氏在 1995 年前统治了上海的少儿酸奶市场，几乎没有竞争对手。但从 1995 年开始，随着主要消费群的急剧下降，达能、优诺、光明这些成人酸奶品牌开始抢占儿童酸奶市场，并且 4 岁以上的孩子喝汽水以及其他饮料造成乐百氏儿童酸奶发展的瓶颈。针对这种现状，乐百氏实施“大孩子，乐百氏也爱你”，对大孩子特别是高年级小学生灌输多些情感，在上海电视画面中多出现大孩子勤奋读书的情节，而不是幼儿欢天喜地地游戏；广告的场面也多出现少年在开汽车、踢足球，而不是当初幼儿在学 A、B、C。除了在大孩子上灌输情感，乐百氏在酸奶购买决策权的大人，尤其是父母身上也提出“年轻的服务，只有乐百氏才适合你的孩子”的诉求。以“不同年龄的人所需的营养是不一样，乐百氏才能为孩子提供合适你的孩子的营养”。言下之意，“年轻的父母，别的品牌对你的孩子用处不大”。通过再定位，乐百氏抓住了市场增长的机会点，吸引了 10 岁以上的大孩子，提高了消费量并遏止了成人品牌的入侵，使乐百氏少儿品牌的优势得以淋漓尽致的发挥。

3. 传播再定位

传播是再定位中的一个重大难题。原有定位在市场上执行一段时间，不管它是否成功，在消费者心目中已经形成了一定印象。而且如果原来的定位曾经很成功，消费者对它的印象就会根深蒂固。这样由于先入为主的原因，新的定位不容易确立。特别在原有定位成功的情况下，新的定位会在较长一段时间内不被消费者接受。如果重新定位执行方法不当、力度不够，甚至会导致这样的后果：新的定位给消费者的印象不够明晰，而原有的定位却受到损害，消费者对品牌定位的认识变得模糊。

传播再定位涉及的内容，一是品牌形象的再定位，包括：（1）品牌标志的改变。如和路雪经过全球范围内的调查发现，尽管旧标志已具备了较高的知名度，但广大消费者认为和路雪品牌缺乏人情味、过于冷漠而不时尚，不足以表达品牌和消费者之间的关系，所以将标志调整成红黄搭配的“双心”。（2）品牌象征物的改变。美的通过调查后发现，美的缺乏亲和力而且消费者也并不认可美的的专业性，于是创造了象征物“美的熊”，以可爱、有亲和力来演绎高科技。（3）品牌名称的改变。宏基 1976 年创业时名称叫 Multitech，为了国际化经营最后选定 Acer 这个名字。Acer 更具个性和全球通用性，蕴含意义（Acer 有优秀、杰出的含义），富有联想（源于拉丁文的 Acer 代表鲜明、活泼、敏锐、有洞察力），有助于在出版资料中排名靠前，易读易记。最擅长于沟通性再定位的典范莫过于壳牌了，从 1879 年开始使用标识后历经十多次变化，但每次都保留了品牌识别中的核心元素——贝壳。二是形象传播的再定位。要让新定位取得公众的认知和接纳，企业必须重视再定位的传播活动。

3.1.11　品牌定位的工具

1. 知觉图

知觉图也叫认知图，它是消费者对某种产品、品牌、企业或者其他事物在两个或多个纬度上认知的形象描绘。其坐标轴代表顾客评价品牌的特征变量，图上各点则对应市场上的主要品牌，它们在图上的位置代表顾客对其关键特征的评价。

如图 3－2 所示啤酒的知觉图，图上的横坐标表示啤酒口味苦甜程度，纵坐标表示口味的浓淡程度。而图上各点的位置反映了消费者对其口味和味道的评价。如百威（Budweiser）被认为味道较甜，口味较浓，而菲斯达（Faistaff）则味道偏苦及口味较浓。

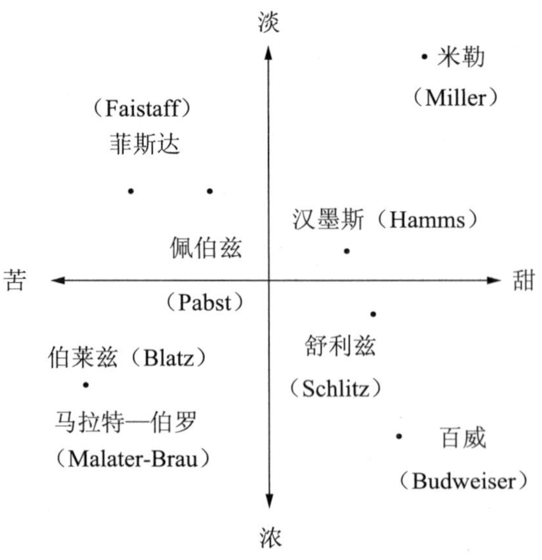

图 3－2　啤酒品牌知觉图

从图3-3看，别克 Park Avenue 和 Oldsmobile LSS 在消费者知觉图中所处的位置对厂商十分不利。这不仅是因为它们显得保守和沉闷，而且作为通用汽车公司的产品它们几乎是在自相残杀，而不是与其他制造商的产品相竞争。

图3-3　汽车品牌知觉图

通过知觉图，可以显示各品牌在消费者心目中的印象及彼此之间的差异，以此为基础进行定位决策。

运用知觉矩阵图，最关键的是确定坐标的变量。一般是通过市场调研，将从消费者对品牌认知的过程：知晓—认同—关联—归属四个层次做整体性分析，了解消费者购买决策的诸因素及各自的权重，进而推出它的两个特征变量。比如：

1）声誉。知晓度与认同度在消费者的感知中更多地是以该品牌的名声、名气、知名度、名望等来被认同和体现的，因此，将这些消费者感知的不同元素归纳为“声誉”。在具体的运用中以量化的分值来表达。

2）档次。关联度与归属度在消费者的感知与体验中，往往以对该品牌与消费者是否有关、是否能够代表消费者的消费观念、消费主张甚至是消费者的生活品味、社会价值以及消费者对该品牌的档次认同、感受等。在具体的运用中以量化的分值来表达。

如图3-4所示，声誉和档次作为矩阵分析的两个主轴。在品牌营销过程中，当消费者认为一个品牌的声誉较高时，他愿意支付的价格往往也较高，反之，当他认为该品牌的声誉较低，他愿意支付的价格也较低；同样，当一个消费者对一个品牌的档次认同越高，他愿意支付的价格也越高，反之，当他对一个品牌的档次认同越低，他愿意承受的价格也越低，由此推出产品的定位。

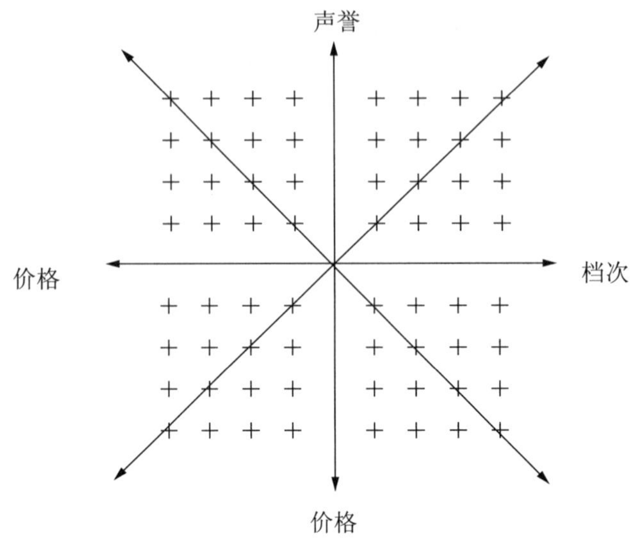

图 3－4 品牌定位矩阵图

2. 排比图

如果需要作更复杂的分析（两个以上的特征变量），可用其他的定位工具，如排比图和多元分析的统计软件。排比图就是将多个特征变量按照重要程度不同排列出来，在每一个变量上分别比较竞争品牌各自的强弱表现，最后在此基础上寻找市场空档进行定位。通常，在排比图的左侧，纵向按重要程度由上到下递减排列特征变量，排在最上面的重要性最高；用字母 A、B、C、D、E 等代表比较对象，各字母的位置代表在相应特征变量上的不同表现；横向依次从左到右由弱至强排列，排在最左边的字母为在该特征变量上表现最强。

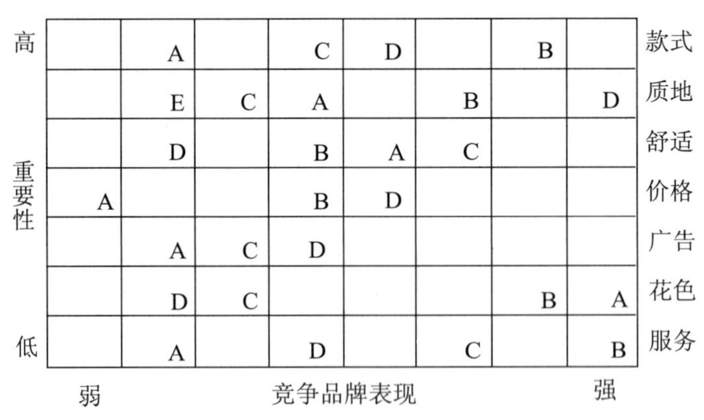

	A		C	D		B		款式
	E	C	A		B		D	质地
	D		B	A	C			舒适
A			B	D				价格
	A	C	D					广告
	D	C				B	A	花色
	A		D		C		B	服务

图 3－5 服装品牌定位排比图

图 3－5 给出的是服装市场的例子。从图中可以看出，影响服装品牌评价的因素按照重要程度的高低排列是款式、质地、舒适、价格、广告、花色和服务。五个主要竞争

的品牌分别为 A、B、C、D、E，从它们在排列图中所处的位置可以得知它们在七个特征变量上的评价。其中，品牌 B 具有最强的市场竞争力，它在款式、质地、花色和服务上表现均较好；而品牌 A 在花色上具有较强的竞争优势；品牌 D 在质地上表现较为突出；品牌 C 则表现平平。

3. 配比图

配比图是通过配比品牌的优缺点与消费者的要求，从而发现市场空档，找到定位范围，如图 3－6 所示。

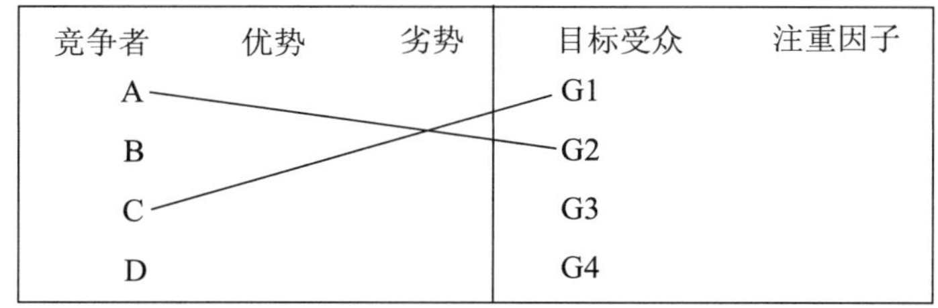

图 3－6 品牌定位配比图

配比图左边列出的是竞争者及自己的品牌的优缺点，而右边罗列的是经过细分的消费者群对产品的各自要求。经左右配比，定位成功的品牌都可以击中某一群消费者的心，如 A→G2，C→G1。至于定位不成功或缺乏定位的品牌，则游离于市场需求之外，哪一消费群都不会对其青睐。需要注意的是，哪一群消费者被冷落了，他们的需要未得到满足，即意味着那是一个潜在市场。

3.1.12 品牌定位的原则和要求

1. 符合国家法律法规和产业政策

品牌定位需要遵守国家法律法规和产业政策，在前期若不注意市场调查，品牌培养起来才发现和别的品牌冲突的话可能会引发法律纠纷。企业的定位也可能随着法律法规和产业政策的变化而遭受危机。例如，中国从 1995 年开始对保健行业进行整顿，只有由原国家卫生部统一发一个出生证，才算是“保健食品”。国家政策的调整导致“保健品”最终从中国市场消失，逐步被“功能食品”或“处方药品”所完全取代。“食字号”的巨人脑黄金和“健字号”的三株口服液不得不分别向“功能食品”和“处方药品”转变，这无异于让企业脱胎换骨。紧接着，广东省卫生厅专门发出了《关于吊销三株口服液药品广告批准文号的通知》，给了风头正盛的“三株”当头一棒。当时，“济南三株保健品厂在《珠江经济信息报》上刊登的药品广告，超越了《药品广告审批表》审批的内容。”应该说，这是一份在某种程度上等于宣判了三株口服液在广东省“死刑”的通知。

2. 具有满足目标顾客群体需求的能力和潜力

品牌定位的最终目的在于让产品占领市场，为企业带来最佳经济效益。因此品牌定位要充分考虑企业的资源条件，以优化配置、合理利用各种资源为宜，既不要造成资源闲置或浪费，也不要超越现有资源条件，追求过高的定位，最后陷入心有余而力不足的被动境地。将品牌定位于尖端产品，就要有尖端技术；定位于高档产品，就要有确保产品品质的能力；定位于知名品牌设计，就要有知名品牌的运作能力和管理水平。百威定位于高档啤酒，成为“啤酒之王”，傲视群雄，四海独尊，是来自其卓越的产品质量。百威啤酒采用了先进的德国啤酒酿造技术，使产品口味淳厚，口感滑爽，深受世界各地人们的喜爱。传统的酿造工艺、先进的技术水平和严格的质量保证体系，保证了百威啤酒的高品质，无论在旧金山，还是在北京，百威啤酒的口感都是一样清新、独特。如果没有全球化的经营管理水平，想做到这一点是不可想象的。因此，品牌定位要与企业的资源能力相匹配，既不能好高骛远，盲目拔高自己，也不能妄自菲薄，造成资源浪费。只有根据自身实力和潜力定位，才能达到品牌定位的目的。

3. 识别竞争优势，并具有技术和产品发展的前瞻性

对于品牌定位来说，除了成本、产品差别两项实体优势外，还可以运用品牌的心理优势。为此，还需要对品牌和竞争品牌的形象作调查，以明确顾客的潜在心理优势。竞争优势来源于差别，但并不是所有的品牌差别都是有价值的，有的差别不能作为细分的依据。因为每种差别都有可能增加企业的成本和顾客的利益，所以企业要细心选择每种区分自己和竞争对手的途径。一种差别化利益值得开发的前提条件要满足以下这些标准：

重要性——能提供给足够数量的顾客以高度的利益；

区别性——它或者不是由其他企业所能提供的，或者是由企业以一种十分与众不同的方式提供的；

优越性——它比用其他方式获得相同利益来得优越；

沟通性——对于顾客来说是可以沟通的，并且可见的；

优先权——它不易被竞争者仿效；负担得起的顾客能够支付得起这种差别性的费用；

盈利性——企业能发现介绍这种类别性是有利可图的。

力诺瑞特就是得益于此。2006 年，力诺瑞特在客观分析自身优势以及行业发展方向的基础上，果断提出了“太阳能与建筑一体化专家”的品牌定位。这一品牌定位颇具前瞻性，高度契合了今后一段时间太阳能热利用的发展方向，得到了政府机构、科研院所和广大消费者的广泛认可，即使是在当今太阳能领军企业纷纷进军太阳能与建筑一体化领域时，一提到太阳能与建筑相结合，人们第一时间想到的仍然是力诺瑞特，这就是精准品牌定位带给力诺瑞特的核心竞争优势。

4. 确定企业品牌与产品品牌、母品牌和子品牌之间的关系，明确品牌体系的改进需求

1）企业品牌与产品品牌

企业品牌是企业面向公众社会的总体声望。除了企业硬性资产，包括企业文化、人力资源、产品品牌等几个方面软性资产，它是面向社会公众的企业形象，代表着企业的经营信誉，声望越大越能代表企业品牌的投资含金量和它的成功信誉。

产品品牌是对产品而言，包含两个层次的含义：一是指产品的名称、术语、标记、符号、设计等方面的组合体；二是代表有关产品的一系列附加值，包含功能和心理两方

面的利益点，如：产品所能代表的效用、功能、品位、形式、价格、便利、服务等。

2）母品牌与子品牌

根据品牌的原创性和延伸性，可以分为主品牌、副品牌、副副品牌，如：平安品牌，现在有平安保险、平安银行、平安信托、平安证券等，而平安保险又可以划分为人寿保险、财产险。有些学者习惯称其为母品牌、子品牌、孙品牌等。

企业品牌需承载实现“母合”优势的战略功能。企业品牌是“母”，产品品牌是“子”，以企业品牌统领、助力产品品牌的发展与建设，将企业资源、企业品牌资产传递到每一个产品品牌，为产品品牌的发展提供保障。而产品品牌在企业经营战略之下，是企业经营战略实现的重要载体，同时也是实现消费者与企业链接的载体。当然，也承载着向企业品牌输送品牌资产的责任，反哺“母”品牌，形成“母”“子”品牌之间的良性互动，最终实现企业无形资产的积累，推动企业的持续、快速发展。企业品牌与产品品牌的差异具体体现在品牌塑造目的不同、涵盖范围不同、目标对象不同、出发导向不同等。企业品牌塑造的目的是将企业价值观和个性传递给利益相关者，而产品品牌的塑造是通过建立一个有吸引力的品牌形象或诉求来推动具体产品的销售。企业品牌涵盖的范围必须有足够的前瞻性和包容性，而产品品牌是以个别产品为核心，只需考虑该产品本身的发展及产品所在行业的发展趋势。企业品牌的受众更为广泛，包括政府及政府官员、媒体、投资者、商业伙伴、意见领袖、下属子品牌消费者、用户、内部员工及社会团体企业，因此，进行品牌体系培育的时候必须明确培育的对象以及相应的方法，不能混为一谈。

5. 对技术创新、产品开发以及品牌培育的其他过程提供指导

企业的技术创新、产品开发以及品牌传播等品牌培育的过程必须按照品牌定位的方向去投入和发展。宝马把品牌核心价值定位在“驾驶乐趣和潇洒的生活方式”，在这一品牌战略原则指导下，宝马的整个研发与技术创新战略都清晰地指向如何提升汽车的驾驶乐趣。宝马总是不遗余力地提升汽车的操控性能，使驾驶汽车成为一种乐趣、一种享受。面对高端汽车市场激烈的竞争，宝马公司的客户定位，更多面向追求驾乘乐趣的成功人士、中青年社会精英，以及成功人士周围具有高消费能力的亲友人群。宝马的品牌定位，始终以“终极驾驶体验”为企业品牌策略的核心，并在产品设计中强化汽车操控功能与性能，在营销宣传中也突出驾乘体验和驾乘乐趣，树立了卓越的驾驶者之车的品牌价值定位。宝马以此成功地把“驾驶乐趣和潇洒的生活方式”的品牌精髓刻在了消费者的大脑深处，宝马车的购买者更多的是行业新锐、演艺界人士、富家亲友，以及有活力、有激情、心态比较年轻的喜欢自己开车的成功人士。

【案例31】

“农夫山泉有点甜”

每当提起农夫山泉，消费者脑海中首先闪现的是那句经典的广告语“农夫山泉有点甜”。这句广告语，首先在农夫山泉的一则有趣的电视广告中提到：一个乡村学校里，当老师往黑板上写字时，调皮的学生忍不住喝农夫山泉。学生推拉瓶盖发出的砰砰声让老师很生气，说：上课请不要发出这样的声音。下课后老师却一边喝着农夫山泉，一边称赞道：农夫山泉，有点甜。于是“农夫山泉有点甜”的广告语广为流传。

为什么农夫山泉广告定位于“有点甜”，而不是像乐百氏广告那样，诉求重点为“27 层净化”呢？这就是农夫山泉广告的精髓所在了。

农夫山泉对纯净水进行了深入分析，发现纯净水有很大的问题，问题就出在纯净上，它连人体需要的微量元素也没有，这违反了人类与自然和谐的天性，与消费者的需求不符。农夫山泉正是抓住了纯净水产品的这个弱点，于是它决定要在这里做足文章。

这则广告播出不久，全国饮用水行业排名第三的农夫山泉召开新闻发布会，宣称经科学实验证明，纯净水对人的健康无益，为对消费者健康负责，农夫山泉决定不再生产纯净水，转而全力投向天然水的生产。

在纯净水统治水市场的情况下，农夫山泉竟敢公开这样宣布，真是冒天下之大不韪！这一消息立即被媒体炒得全国皆知。

与此同时，农夫山泉先后在中央电视台播出两则广告：一则是“水仙花生长对比实验”广告，两株水仙花，一株浇注的是纯净水，另一株浇注农夫山泉天然水，结果后者情况明显好于前者；另一则是形象广告，主题是“农夫山泉天然水，好水喝出健康来!”

面对农夫山泉“诋毁”纯净水的做法，纯净水厂家组成了“反农同盟”，通过各种渠道向农夫山泉发动了猛烈反击。

究竟是纯净水无益健康？还是农夫山泉意欲搅浑纯净水？一时间争议四起，一场轰轰烈烈的“水战”拉开了大幕。

面对纯净水厂商的反击，农夫山泉不慌不忙，一一应招。纯净水对人的健康没有好处，农夫山泉说这是“科学实验”表明的，以“科学”为武器，反击纯净水厂家的“声讨”。

农夫山泉提及的“科学实验”是由浙江大学生物医学工程学院、浙江省心脑血管系统中药筛选与评价重点实验室的博士后白海波主持的“水与生命”课题组所做的一项实验，并公布了实验结论性报告——《农夫山泉天然水水质研究阶段性成果》：天然水及其中含有的钾、钠、钙、镁离子对维持生命极为重要，而纯净水与之相比则有极为显著的差距。

随后，农夫山泉宣布将与中国青少年科技辅导员协会联合开展一项名为“争当小小科学家”的活动，倡议小学生进行天然水、纯净水的生物比较实验，弄明白究竟什么水好。这一活动规模盛大，邀请了来自北京、上海、广州、西安、成都等 21 个大中城市的 2700 多所学校的学生参加。而且活动的开始时间精心选择在 6 月 5 日——世界环境日。

这一比较实验是将金鱼、大蒜分别放入纯净水与天然水中，然后观察其存活和发育状况。

结果发现，天然水中的金鱼，一直好好地活着；而养在纯净水中的金鱼，几天后就都死了。大蒜的生长状况为：七天后，纯净水当中的大蒜根须长出 2cm，天然水的那个

长出 4cm；40 天后，纯净水中的大蒜根须重量不到 5g，天然水中的根须超过 12g。在活生生的事实面前，农夫山泉有力地证明了自己："农夫山泉——最适合人体饮用的天然水"。

早从多年前开始，"喝不喝纯净水"就曾引起广泛的争论，而且有相当多的一部分人倾向"不喝纯净水"。更有专家反复提醒人们，纯净水是 pH 呈弱酸性的水（人应当喝 pH 呈弱碱性的水），这种水在德国等西方国家是禁止饮用的水，在美国主要用于研制超纯材料。

上海市教委也曾下发给中小学一份文件，引述上海市科委及卫生局的一项论证结果说："中小学生正处于智力发育阶段，加上好动而损耗许多无机盐和矿物质，如长期饮用纯净水，将会对中小学生的健康成长造成影响"。无独有偶，世界卫生组织在此前也公布了一项资料，称人体的微量元素有 5%～20%只能从天然水中获得。

这样一来，在当时纯净水占了绝对优势的中国水市场，农夫山泉天然水的反定位就显得卓尔不群，给人留下深刻的印象。并且它表现出来的是一种为不知内情的广大消费者的身体健康负责的态度，这种企业形象，很快得到了普通消费者的一致认可。

农夫山泉也借"有点甜"的特性优势，由名不见经传的小企业发展成为占有三分饮水市场的新霸主，声势直逼传统霸主乐百氏、娃哈哈。

农夫山泉的广告词是"有点甜"。但它真的甜吗？其实这是心理暗示在起作用，我们让 100 个人蒙上眼睛尝两种水，有多少人能分辨出有点甜的水呢？千岛湖的水真的很甜吗？我们不得而知，但经过这一系列定位营销策略的反复暗示，大家都会认为："甜，真是甜啊！"这个"甜"，是一种心里的感觉：

①"甜"在亲切。水是生命之源，人体之依。人们本能地喜欢这种必需品是甜甜的、柔柔的，而不是来自生硬的实验室的。

②"甜"在天然。事实上，农夫山泉在否定纯净水时，也率先在中国水市场推出了另一个新概念：天然水。天然水不同于矿泉水，在含有丰富矿物质的同时，还含有比矿泉水中更多的构成生命动力的微量元素。国际知名的瓶装饮用水都致力于开发天然水。如法国 Evian，美国 Akkowhead、Cyrstal，比利时 SPA 等。天然水是西方国家饮用水的主体，农夫山泉生产的就是取自千岛湖水面以下 70m 处深水，水层有 40 年水龄，是 40 年前天然山泉的汇聚，溶氧量是表层水的 2 倍～3 倍。

③"甜"在洁净。农夫山泉从美国引进 20 世纪 90 年代中期国际最先进的设备，厂房按制药企业要求设计，包装车间的净化级别为一万级。可见，其"甜"味既不来自于糖，也不来自于香精。它用最先进的技术保证了品质的纯净，而不是纯净水所推广的水中"一无所有"（当然不甜）式的"绝对干净"。

作为天然水，农夫山泉自然高举起反对纯净水的大旗，而它通过"有点甜"的反定位战略正是在向消费者透露这样的信息：我农夫山泉才是天然的、健康的。一个既无污染又含微量元素的天然水品牌，与纯净水相比，价格相差并不大，消费者会如何选择自然可想而知。

（资料来源：刘军．定位定天下［M］．东方出版社，2010.）

【案例 32】

万宝路的重新定位

“万宝路”的发迹史是最富戏剧性也最能给人以启迪的一部企业神话。它的几度浮沉给在商海游弋的有心人以多方面的启示。

美国的 20 世纪 20 年代，被称作是“迷惘的时代”。经过第一次世界大战的冲击，许多青年都自认为受到了战争的创伤，并且坚持只有拼命享乐才有可能将这种创伤冲淡。他们或在爵士乐的包围中尖声大叫，或沉浸在香烟的烟雾缭绕当中。

海明威的小说《太阳照旧升起》中描写的男女主人公，即是那个时代某种精神的提示，又引导着众多的男女青年发疯地纷纷效仿男、女主人公的癫狂状态。无论男女，他（她）们嘴上都会异常悠闲雅致地衔着一支香烟。妇女们愈加注意起自己的红嘴，她们精心地化妆，与一个男人又一个男人“伤心欲绝”地谈恋爱；她们挑剔衣饰颜色，感慨红颜易老，时光匆匆，妇女是爱美的天使，社会的宠儿；她们抱怨白色的香烟嘴常沾染了她们的唇膏，于是“万宝路”出世了。

艰难的市场之路

“万宝路”这个名字也是针对当时的社会风气而定的。“MARLBORO”其实是“Man Always Remember Lovely Because Of Romantic Only 的缩写，意为“男人们总是忘不了女人的爱。”其广告口号是“像五月的天气一样温和”。用意在于争当女性烟民的“红颜知己”。为了表示对女烟民关怀，莫里斯公司把“Marlboro”香烟的烟嘴染成红色，以期广大爱靓女士为这种无微不至的关怀所感动，从而打开销路。然而几个星期过去、几个月过去、几年过去了，莫里斯心中期待的销售热潮始终没有出现。热烈的期待不得不面对现实中尴尬的冷场。

“万宝路”从 1924 年问世、一直到 20 世纪 50 年代，始终默默无闻。它的温柔气质的广告形象似乎也未给广大淑女们留下多少深刻的印象。这是否意味着广告定位上的失败呢?

20 世纪 20 年代的市场观念明显偏重产品经营与消费者利益的考虑，而缺乏以长远的经营、销售目标为引导的带有主动性的广告意识。莫里斯的广告口号“像五月的天气一样温和”显得过于文雅，而且是对妇女身上原有的脂粉气的附和，致使广大男性烟民对其望而却步。

这样一种广告定位虽然突出了自己的品牌个性，也提出了对某一类消费者（这里是妇女）特殊的偏爱，但同时为其未来的发展设置了障碍，导致其消费者范围难以扩大。

女性对烟的嗜好远不及对服装的热情，而且一旦她们变成贤妻良母，她们并不鼓励自己的女儿抽烟！香烟是一种特殊商品，它必须形成坚固的消费群，重复消费的次数越多，消费群给制造商带来的销售收入就越大。而女性往往由于其爱美之心，担心过度抽烟会使牙变黄，面色受到影响，在抽烟时较男性烟民要节制得多，故很少有“瘾君子”

出现。这样，其重复消费的次数很少，而且难以形成坚固的消费群，所以香烟生产者在女性烟民那里赚钱的设想总是不容乐观。“万宝路”的命运在上述原因的作用下，也日趋黯淡。

在20世纪30年代，“万宝路”同其他“消费品”一起，度过由于经济危机带来的“大萧条岁月”。这时它的名字鲜为人知。第二次世界大战爆发以后，烟民数量上升，而且随着香烟过滤嘴出现，可以承诺消费者，过滤嘴可以使有害的尼古丁进入不了身体，烟民们可以放心大胆抽自己喜欢抽的香烟。菲利普·莫里斯公司也忙着给“万宝路”配上过滤嘴，希望以此获得转机，然而令人失望的是，烟民对“万宝路”的反应始终很冷淡。

通过变性塑造自己全新形象

抱着心存不甘的心情，菲利普·莫里斯公司开始考虑重塑形象，公司派专人请李奥贝纳广告公司为万宝路作广告策划，以期打出万宝路的名气和销路。“让我们忘掉那个脂粉香艳的女子香烟，重新创造一个富有男子汉气概的举世闻名的‘万宝路’香烟”——李奥贝纳广告公司的创始人对一筹莫展的求援者说。一个崭新大胆的改造万宝路香烟形象的计划产生了，产品品质不变，包装采用当时首创的平开式盒盖技术，并将名称的标准字（MARLBORO）尖角化，使之更富有男性的刚强，并以红色作为外盒主要色彩。

广告的重大变化是：“万宝路的广告不再以妇女为主要对象，而是用硬铮铮的男子汉”。在广告中强调万宝路的男子气概，吸引了所有爱好追求这种气概的顾客。菲利普公司开始用马车夫、潜水员、农夫等作具有男子汉气概的广告男主角，但这个理想中的男子汉最后集中到美国牛仔这个形象上：一个目光深沉、皮肤粗糙、浑身散发着粗犷、豪气的英雄男子汉，在广告中袖管高高卷起，露出多毛的手臂，手指总是夹着一支冉冉冒烟的万宝路香烟。

这种洗尽女人脂粉味的广告，于1954年问世，它给万宝路带来巨大财富。仅1954年至1955年间，万宝路销售量提高了三倍，一跃成为全美第10大香烟品牌，1968年，其市场占有上升到全美同行的第二位。

“他上马的姿势、骑马的神态、溜马的手式，这一切必须具有男子汉气魄。”这就是李奥贝纳使菲利普·莫里斯公司名噪全球的有力武器——“绝不矫饰的正直的男子汉气魄”。1955年至今40多年里，公司从选用那些出名或不出名的“男子汉模特”转而是经常到美国最偏僻的大牧场去物色土生土长的“真正的牛仔”。

1987年，李奥贝纳广告公司的一位创作师克罗木在西部的一个大牧场拍外景时，发现了一个“真正的牛仔”，只可惜他肥胖了一点，而且留小胡子，克罗木最后说服他剃掉了小胡子并减了肥，这是后来万宝路广告中频频出现的牛仔之一。

菲利普公司投入千百亿美元的广告费，终于在人们心目中树起“哪儿有男子汉，哪里就有万宝路”的名牌形象，那粗犷豪放、自由自在、纵横驰骋、浑身是劲、四海为家、无拘无束的牛仔代表了在美国开拓事业中不屈不挠的男子汉精神，而这也正是万宝路的形象。

现在万宝路每年在世界上销售香烟 3000 亿支，用 5000 架波音 707 飞机才能装完，世界上每抽掉四支烟，其中就有一支是万宝路。

（资料来源：万宝路——曾经是女人的品牌．中国经营报，1999.）

3.2　品牌设计

7.4.2　品牌设计

组织应建立、实施和保持品牌设计的过程，以塑造品牌形象。品牌设计应与品牌定位相适应，体现品牌的有形特性和无形特性。

品牌设计过程的输出应包括有助于品牌识别的以下信息：

a）与产品相关的：产品特性、产品质量、原产地等；

b）与组织相关的：组织特性、市场地位等；

c）与顾客相关的：品牌个性、顾客价值、使用体验等；

d）与形象相关的：视觉形象、品牌历史等。

【解读】

3.2.1　品牌设计的定义

品牌设计是在品牌自身准确定位的基础上进行的一系列设计，包括品牌命名和品牌的形象（CI）设计，即品牌显性要素的设计，是塑造品牌形象的工具、方法与途径，是一个持续的过程。

1. 品牌命名

品牌命名是企业为了能更好地塑造品牌形象、丰富品牌内涵、提升品牌知名度等，遵循风格确定原则、价值取向原则、文化内蕴原则及个性化差异原则，应用科学、系统的方法提出、评估、最终选择适合品牌的名称。

一个好的品牌名称有如下的作用：

1）能够吸引人们的注意和兴趣

一个一目了然、特征鲜明的品牌名称，很容易吸引人们的眼球，使得品牌能快速跳出同质化。如“爆果气”“第五季”以其特立独行获得了顾客的关注；“可口可乐”易读易记、朗朗上口，富有内涵且形象化，表达了产品消费者的愉悦感受，深深吸引着口渴的人们。

2）提升商品的档次和品位

高雅、富有内涵的品牌名称往往能给消费者带来好的印象，给人产品档次高、品味好的联想。“脑白金”“联想”“奔驰”等许多名称，在意境或形象中渗透着对生命的领悟和人生的追求，只能以品位和审美的方式进行理解，而难以言尽其具体内容。

3）提升企业形象

好的品牌名称能使消费者产生良好的企业形象的联想。如金威啤酒有限公司的“金威”二字，“金”字代表了“财富与好运”，“威”字代表了“强大与成功”，十分确切地体现了良好的企业形象。英文名字“KING WAY”，中文意为“王者之路”，展示了金威啤酒有限公司志存高远的雄心壮志和对未来美好的憧憬，同时这种吉祥如意的含义也是对消费者的深深祝福。

4）便于塑造品牌形象，提升品牌资产

好的品牌命名往往对品牌的美誉度有积极的作用，而且好的命名还便于编撰故事，从而塑造品牌形象，提升品牌资产。例如，“酷儿”选择5岁～12岁的儿童作为主要的目标消费群体，为迅速引起目标人群的注意，可口可乐特意塑造了一个“酷儿”的卡通形象，并编了有关“酷儿”的故事，结果很受消费者欢迎。“酷儿”这个名字与其品牌形象很贴切，看到或听到“酷儿”这个名字，自然就会联想到特别、潮流、带有一点可爱等，对品牌形象的传播有着直接的作用。

5）节省产品或品牌的推广费用

好的品牌名称往往能展示产品特点以及品牌形象，达到节省推广费用的效果。如闻名全国的“舒肤佳”香皂就是如此，它把消费者在消费这种产品功能特质时能够期待产生的心理和生理感受作为品牌命名的起点，使这一命名本身就具备明确而有力的定位营销力量，从而节省产品或品牌的推广费用。

6）便于品牌延伸

好的品牌名称内涵丰富，其外延覆盖面广，有利于品牌的延伸。比如“雅芳”、“安利”等品牌名称，其名字的内涵决定了其产品线可以在所有的洗涤、化妆品范围内延伸。所以在为品牌命名时应该先规划产品线，包括产品的延伸范畴，然后在此基础上选择适合目前产品线和未来延伸产品线的品牌名。

2. 品牌CI设计

品牌CI设计是指企业有计划地通过统一的视觉和听觉识别、行为规范系统以及网络识别系统的设计，将企业所拥有的企业品牌和产品品牌的理念和个性特征向社会公众主动地展示和传播，使社会公众在市场环境中对某一（或某些）特定品牌有一个标准化、差异化的印象和认识，从而达成建立鲜明的品牌形象、增强品牌的传播能力、提高品牌的知名度和美誉度，并创造企业最佳经营环境的目的。

品牌形象是企业和消费者所看到的、感受到的，是在社会公众心中所表现出的个性特征，体现公众特别是消费者对品牌本身的认识和评价。品牌形象是品牌设计的产物。

3.2.2　品牌设计的建立

企业导入品牌战略，会涉及企业的方方面面，因此，品牌设计的建立必须从企业内外环境、内容结构、组织实施、传播媒介等方面综合考虑，以利于全面地贯彻落实。具体而言，就是说品牌设计要适应企业内外环境，符合企业的长远发展战略。品牌设计的目的是表现品牌形象，只有为公众所接受和认可，设计才是成功的，否则，即便天花乱坠也没有意义。品牌设计不是空中建楼阁，而是要立足于企业的现实条件，按照品牌定位的目标市场和品牌形象的传播要求来进行。

3.2.3　品牌设计的实施

品牌设计在实施时具体措施要配套合理，以免因为某一环节的失误影响到全局。品牌设计的实施包括品牌命名和品牌形象设计这两个方面。

1. 品牌命名的实施

1）品牌命名的原则

（1）风格定位原则：即根据企业的特点、产品的特性和目标消费群体的心理特征等来确定企业品牌在名称选择上的大致方向和名称类别。仅以符合产品特点这一点为例，谁也不会为厂家生产的钢管、铁锤定名为“飘柔”牌或“柔娜”牌。例如“坚美”，从字面上看，寓意坚固美丽，是一个铝型材的品牌名称，符合企业和产品的风格。

（2）价值取向原则：即直接关系到企业的精神境界和社会形象，在企业及品牌命名中十分重要。如“长虹”与“彩虹”使人领略到一种壮丽的美；“科龙”则体现着“崇尚科学、振兴科技”的现代意识。在为品牌命名时，若能主动适应消费者的心理偏好和价值取向，一般会取得较好的效果。比如“广福馆”“老凤祥”“大兴楼”“东来顺”“金六福”等。

（3）文化内蕴原则：指企业在为自身或本企业的产品命名时，有意识地增加名称的文化含量，可以让消费者在咀嚼其中丰富的寓意的过程中，对企业产生美好的联想。如我国历经 329 年而不衰的老字号“同仁堂”，名称本身即是在中国封建社会居主流文化地位的儒家伦理道德追求的集中体现，并借此传达了商家的经营哲学与价值观念，承载着凝重深厚的文化内涵。

（4）个性差异原则：即企业与品牌名称应别具匠心，突出个性鲜明的风格，以其在众多企业及品牌名称中突围而出。一款饮料“这样紫啊”，闪现在人们视野之中。饮料内容为黑加仑、葡萄、蓝莓果汁添加物，在包装设计上色彩炫紫，个性鲜明，且名称时尚，吸引了不少人的眼球，在“注意力经济”时代，玉树临风，独树一帜，让我们有意外之喜：原来，饮料还可以是这样子的啊。

2）品牌命名的过程（见图 3－7）

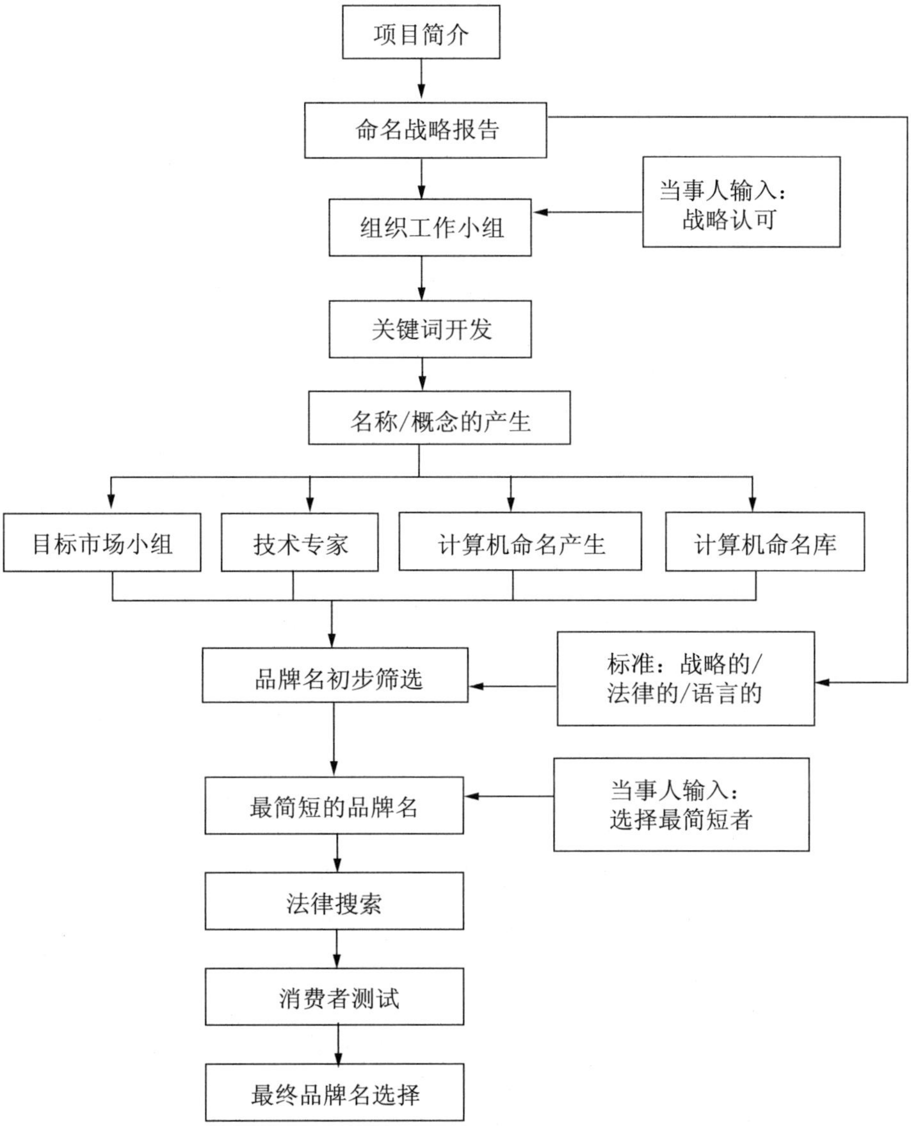

图 3－7 品牌命名过程

（1）命名战略报告

在取名之前，应该先对目前的市场情况、未来国内市场及国际市场的发展趋势、企业的战略思路、竞争者的命名等情况进行调查，形成命名战略报告，为品牌名初步筛选等决策提供标准和支撑。

（2）组织工作小组

该小组成员应明确了解工作目标，并对该目标产生共识。专门的品牌命名小组非常必要，它能使小组成员专注于品牌名称的设计，思路清晰并一致，开展后期工作也比较容易。聘请职业的商行（一般是通过从事商品代理的贸易公司）参与这些工作或让其完全接管是值得考虑的起名方式之一。

（3）关键词开发

在提出备选名称清单前，应知道哪些关键的单词或词组能描述产品，建立一个尽可能长且包括很好的、中等的甚至很差的名单。此时，不要在意内容，这是因为我们很可能将有潜力的名称轻易删除，我们应该保持开放的态度。在未正式定名之前，可以通过各种策略进行尝试。

（4）名称/概念的产生

通过运用市场小组、技术专家或者计算机命名库进行命名，产生品牌的名称或概念，进行初步的设计。为了提高提出名称的效率，可采用下列技巧：激发个人想象力；激发团体创意；运用电脑软件。

在确定关键词后，可以运用名称发散的方式，由一个字联想到 100 个词语，由一个词语发展出无数个新的词语，在这个阶段，是名称大爆发的阶段，发动企业所有的人，甚至向社会征集，名称越多越好。

（5）品牌名初步筛选

品牌命名初步筛选的标准，可以考虑以下几点：

①战略标准：是否以一种有意义的方式抓住了品牌简单观点？对于受众是否合适且有吸引力？是否足够简洁？是否与业务有关？是否便于记忆？尽量预测一下，这个名称是否会以任何方式限制你的发展？如果你壮大品牌，其范畴是否会随之延伸到新的品牌或者新的消费群中？

②语言标准：其含义是否适用于所有主要语言？如果否，是否愿意接受？是否朗朗上口或易于拼写？是否与某个已有商标非常相似？

在此阶段许多名称会被淘汰掉。为能将好名称从那些不甚理想的名称中分开，应有一套既定且有系统的方法。在这过程中由文字专家对所有名称进行审核，去除有语言障碍的名称。

（6）最简短的品牌名

接着在企业内部，对剩下的名称进行投票，筛选出其中较好的 10 个～20 个名称，由当事人选择最简短的品牌名。品牌名称本身就是一句最简短的、最直接的广告语。好的品牌名称，可以刺激消费者的听觉器官从而留下印象，产生联想和感触，对产品销售能产生巨大推动，因而选用最恰当的词语作为名称对于品牌而言十分重要。语言中的每个词都是声音和意义的结合体。企业在给产品命名时要结合自己的产品，充分利用词语的语音和意义两个方面去选择最合适的名称。

（7）法律搜索

由法律顾问对所有名称从法律的角度进行搜索并审查，去掉不合法的名称，对无法确定而又非常好的名称，应先予保留，例如品牌名称。

此外，还要考虑有否重名、能否注册等。命名时尽量避免同其他企业及品牌名称的相似与雷同，在符合法律规定的同时使自己的企业与品牌名称顺利进入受众的注意范围并在受众脑中留下深刻印象。法律审查虽然费钱费时，但却至关重要，因为不能注册就

得不到法律的有效保护。例如，有时一个名称可能会遭遇许多明显的异议，在这种情况下，就应当分析为何有这些异议，通常还要与异议者保持联系，有时还须签署必要的商业协定。又如，在某些特殊情况下，还有必要独立地实施周密的调查，以查证某一商标是否被使用，如果是，那么用在哪种产品上，甚至有时还有必要通过诉诸法律以废止某个商标，以便自己可以注册。

通过法律审查的名称可由企业根据偏好作出选择并最终确定，尽快进入法律程序进行相关注册，在没有确保注册通过之前最好能够保密，不要事先发布，以免遭人暗算。例如，Google的中文名谷歌就犯了这个错误，让另一家公司抢先注册，导致不必要的法律纠纷，而在这方面联想发布新的英文名“Lenovo”就要英明许多。

(8) 消费者测试

通过上述考验的名称抽样测试消费者反应，可以用问卷的方式进行。为了获得剩下名称主要特征的更准确的信息，有必要进行消费者调查。这些调查问卷中包括以下内容：第一是词语联想：出现了任何不理想的品牌联想吗；第二是可记性调查：向管理者给出可能的名称清单，经过一段转移精力的时间，让其写出所有能够想起的名字，这个测试不仅能判断可记性而且能测出各名称用词的可拼性；第三是衡量品牌：针对与产品类别及定位相关的重要属性；第四是衡量品牌偏好：偏好的不同往往与品牌名称有关。

(9) 最终品牌名选择

在经过上述的筛选过程后，确定产品的品牌名称。对初步开发出的品牌进行筛选，去掉那些含义不清、发音含糊、与品牌定位不符的品牌名称，通过广泛而又详细的法律检索来避免未来可能发生的法律纠纷，对品牌名称进行消费者测试以帮助品牌设计者判断品牌名称的可记忆性与消费者的接受程度等，均对企业品牌命名有着相当大的借鉴作用。

3) 品牌命名的构思

品牌命名的构思来源通常有以下几种：

(1) 从企业和产品的角度

①以企业命名

即借助企业的良好名声，以企业名称命名。若消费者喜爱、信任某一企业，对其产品也往往会有好的联想。若该企业一直以来社会形象良好，以企业或公司命名，可以直观地告诉消费者产品的生产商是该企业，让消费者感受到企业对产品的承诺。如海尔洗衣机、美的空调、格兰仕微波炉。

②以企业理念命名

即以企业经营思想或经营观念的形式为产品命名。以企业理念命名可以提高企业的信誉，完善企业的形象，给企业带来整体的经济和社会效益。如大发汽车、金利来领带、环球音响、新世纪电脑等。

③以渲染功能命名

即以修饰性的语言来喻指产品功能的方法为产品命名。这种命名法，可以直接让顾客了解产品的功能之所在。如奔驰用于汽车，正好表达其快捷迅猛的产品特性；联想用于电脑，恰当地表达了产品领先于未来高科技的特性；快捷用于像纸，准确地展现其快速敏捷的属性。同样的例子还有金贵特曲酒、超能电器、自然美化妆品等。

（2）从客观事物的角度

①以地方地区命名

即以著名的产品产地或名胜地命名。凡名牌产品大都有其原产地或中心产地，消费者习惯上把这些产地视为正宗。这种命名法可以使消费者产生一种仰慕和信赖心理，从而激发他们的购买欲望。如茅台酒、龙井茶、北京烤鸭。或借助闻名遐迩的名胜地、神话及小说中令人神往的地名往往可以使品牌借势成名。如香格里拉·藏秘干酒。

②以植物类比命名

即以具有象征意义的名树、名花、名草、名果来为产品命名。这种命名法可以使消费者联想到与植物有关的属性，使产品形象化、具体化，让消费者可以感受到产品的功能，勾起购买欲望。如椰树饮料、莲花味精、红豆衬衫等。

③以动物类比命名

即以具有象征意义的动物来为产品命名。同样，以动物类比命名，可以使消费者联想到与动物有关的属性，联想到强烈的动感，使产品形象化、具体化。如风凰电扇、虎牌摩托、熊猫电器等。

④以自然现象命名

即以某种自然现象的名称作为产品名称的一种命名方法。这种命名法可以将美丽壮观的自然现象融入产品之中，借以扩大产品的知名度，吸引消费者购买。如长虹彩电、紫光电脑、霞飞化妆品、旭日升饮料等。

⑤以人名效应命名

即以企业创始人或历史上和现实中知名度和美誉度较高的人的名字作为产品名称的命名方法。以创始人的姓氏或人名命名的品牌，给人以历史悠久的感觉，如福特（Ford）、飞利浦（Philips）、爱立信（Ericsson）等；而且知名度和美誉度高的人的生活方式，容易引起消费者的认同；另外，以知名度和美誉度高的人的名字作为产品名称还可以产生“名人效应”，使产品能够借“名”扬名。如东坡肉、孔府家酒、中山装、李宁服装等。

（3）从文字和数字的角度

①以组合字首命名

即以企业名称每个单词的第一个字母组成缩写命名。这种命名法方便记忆，但也容易混淆，需要企业有一定的知名度。如 IBM、RCA、GE 等。

②以数字组合命名

即以有规律的数字组合命名。跟组合字首命名类似，数字组合命名方便记忆，但也容易混淆，需要企业有一定的知名度。我们常见的有 999（药业）、505（神功元气袋）等。以数字命名最成功的品牌当数 555（香烟）。

③以外来语命名

即以外国语言进行命名。这种命名法容易让消费者产生是国外品牌的联想，感觉提升了档次。国内品牌进入国际市场，通常也会选择一个外文名，如 Mexin（美心）、Youngor（雅戈尔）、KELON（科龙）。

④以新词语命名

即以脱离辞典中现成的词，用西文字母或汉字组成新的词作为品牌名称。其特点是独树一帜，很容易给顾客留下较深的印象。但由于是新词汇，需要企业给予它一定的定义。如：索尼（SONY）电器，施乐（Xerox）复印机，柯达（Kodak）胶卷。

总体来说，名称应当是“音”“形”“意”的完美结合，应达到好认、好读、好记、好看、好听的要求，使之利于品牌名称的广泛传播。

2. 品牌形象设计的实施

1）品牌形象设计的原则

（1）合法化原则

品牌CI，是企业自身宝贵的知识产权，从品牌CI开始规划之日起，就应该通过相关法律的确认，保证品牌的独有排它性，使品牌防患于未然，同时使在品牌受到伤害时，可取得相应的法律保护。所有种种法律保护都是在品牌CI设计和实施过程中应该加以考虑和注意的。

（2）个性化原则

品牌CI的一个显著性特点就是个性化。无论理念识别、行为识别还是视觉识别、听觉识别以及网络识别都必须有自己的特色，体现出自己鲜明的个性。只有个性化，才有区分度；只有有区分度，品牌才易于从纷繁复杂的背景信息中凸现出来，为社会公众所识别，并形成牢固的记忆。

（3）前瞻性原则

品牌CI的建立，是品牌在传播及与消费者互动的长期过程中完成的，不是一蹴而就的。消费者会依据自己的看法，对品牌和品牌行为做出自己的理解，这种理解不以企业的主观意志为转移。只有最终为消费者所信任，才能得以确立这种视觉和听觉符号。虽然企业不可以三天打鱼两天晒网、经常性改变品牌CI，但是需要适应时代的发展潮流。

（4）系统性原则

品牌CI是一个系统工程。要做好品牌CI设计，必须从品牌的理念出发，配合BBI、BVI、BAI、BNI等要素进行全方位的系统设计，疏忽了任何一个方面都将损害品牌CI设计的整体效果。

（5）规范性原则

无规矩不成方圆，品牌CI的设计也是一样，必须讲究规范性，从理念设计、行为设计到视觉、听觉等都必须规范化。品牌CI的实施更要讲究规范，如果为了实施的某种方便而对规范的CI设计进行任意的修改，结果将严重影响到品牌CI的传播效果。

（6）操作性原则

品牌CI的设计是一种实实在在的战略战术，它必须具备很强的可操作性。首先是理念系统必须有行为系统来保证。有些品牌CI的设计之所以不能操作，关键就在于他们没有设计行为系统，使得理念成为空洞的口号。品牌CI的操作性还体现在品牌CI所有内容的设计上，尤其是形象设计的全方位传播。不能系统传播的品牌CI设计不具备可操作性，也收不到品牌CI设计的效果。

2）品牌形象设计的内容

品牌形象设计是一整套的品牌识别系统，其基本构成包括：品牌理念识别（BMI）、品牌行为识别（BBI）、品牌视觉识别（BVI）、品牌听觉识别（BAI）以及品牌网络识别（BNI）五大要素。这五大要素就构成了品牌识别的整体框架（见图 3－8）。

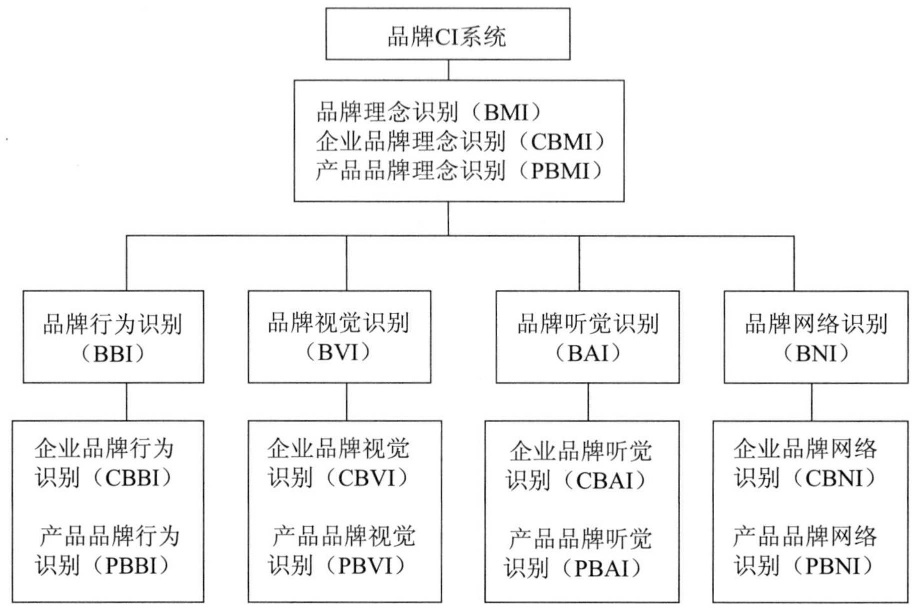

图 3－8 品牌 CI 系统

（1）品牌理念识别（Brand Mind Identity，BMI）设计

品牌理念是品牌 CI 系统的精神根据，也是整个 CI 系统运作的原动力，给整个系统奠定了理论基础和行为准则。它确立了品牌独具特色的理念，是品牌核心价值的体现，包括品牌的利益点、个性、承诺、使命、文化等方面。

品牌理念识别分为企业品牌理念识别（CBMI）和产品品牌理念识别（PBMI）。企业品牌理念识别指企业在经营过程中的经营理念和经营战略（包括生产和市场的各环节之经营原则、方针、规划、制度、条规和责任）的统一，主要包括企业使命、企业精神、企业准则等。

产品品牌理念识别指的是产品满足消费者的需求，切合消费者意愿而确立的产品品牌独具的特色理念，主要包括产品的功能价值和心理价值。

如 IBM，它采用的是产品名称与企业名称相一致的模式，它的品牌战略中，企业品牌理念传播的导语是“IBM 就是服务”，它代表 IBM 整个企业的经营理念和战略，是企业的使命、准则；产品品牌理念则是“四海一家的解决之道”，这是 IBM 产品对消费者的价值承诺，即 IBM 产品为消费者解决问题的承诺，它可以满足消费者的需求。

又如 P&G，它采用的是企业名称与产品名称不一致的多品牌策略模式，它的品牌战略中，企业品牌理念传播的导语是“世界一流产品”；由于宝洁采用的是多品牌策略，因此，不同的产品就有不同的产品品牌理念，如“飘柔”的产品品牌理念是“就是这样

自信”，产品所体现的功能价值是“柔顺”，满足消费者的心理价值是“自信”。

（2）品牌行为识别（Brand Behavior Identity，BBI）设计

它是指企业通过一系列的行为来传播该品牌的理念，将品牌的个性和特色广泛传播给外界，使之得到社会大众的认同，建立起良好的品牌形象。它是行为活动的动态形式，直接反映了品牌理念的个性和特殊性。

品牌行为识别包括企业品牌行为识别（CBBI）和产品品牌行为识别（PBBI）。企业品牌行为识别是指企业在推广品牌过程中，通过一系列的行为推广、树立和维持特定的品牌形象，包括品牌形象广告、公关活动、事件营销等活动。这些活动都是为塑造企业形象而进行的，不断地向公众传达企业的品牌。

产品品牌行为识别是企业为推广产品而进行的产品识别和营销识别等活动，具体如下（见图 3－9）。

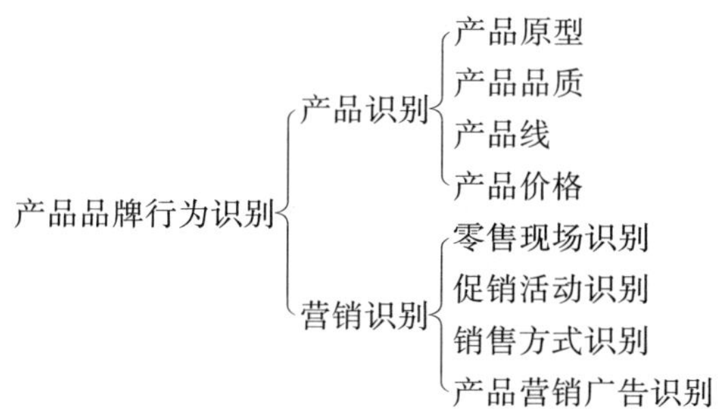

图 3－9　产品品牌行为识别

产品识别主要是生产领域的识别，而销售识别则是营销领域的行为识别。产品识别应当按照品牌形象的理念进行规划。产品识别通常包括以下方面：

①产品原型

产品原型必须符合品牌形象的核心理念，必须能够满足目标消费者的消费欲望。在产品原型确定的情况下，还必须根据目标市场进行适当改良，以形成特定的市场形象。这种改良，通常是产品风格、流行特征的变化。

②产品品质

产品品质包括原料品质、设计品质、生产品质以及综合的使用品质。许多品牌都详细规定了原料的品质标准，以维护产品的品质。实际上，原料品质对产品品质具有决定性意义。正是这个原因，麦当劳不厌其烦地规定了所有原料的品质标准，甚至是产地。

③产品线

产品线与品牌运作模式有直接的关系。不同的营运模式要求的产品线具有很大的差异。通常情况下，采用品牌形象识别营运模式，产品线必须维持一定的长度与宽度。这是树立与维护品牌形象所必需的基本条件。单薄的产品线绝对不可能形成具有市场影响力的品牌形象。

④产品价格

产品价格与品牌形象具有重要的联系。产品的价格必须与品牌的形象一致。否

则，将不可能建立特定的品牌形象。由于在营销过程中，影响品牌形象最重要的价格因素有两种，一是产品的零售价格，二是零售价格的统一。产品的零售价格与产品线的关系密切。通常，品牌的零售价格是一个价格范围，并与特定的品种联系在一起。对于价格的规范，应当符合品牌的市场形象定位，并规定最终零售价格统一的控制方式。

销售识别主要包括：

①零售现场识别

零售现场是建立产品形象的重要部分与形式。产品的零售现场首先，应当选择符合品牌形象定位的销售场所。其次，必须按照品牌形象的视觉规范进行展示布置。最后，销售行为也应当进行规范。例如，上海的二流商场往往比其他城市的一流商场还要够档次。对于高级品牌，不会进入上海的二流商场，而会进入档次相对较低的其他城市的一流商场。

②销售方式识别

现代销售技巧的发展，已经出现了多种销售方式，如店铺销售、直销、邮购，甚至是网上购物等。不同的销售方式适合不同的营运模式。特定的产品形象往往可以通过采用特殊的销售方式形成，例如电视购物的“WS”。特定的品牌营运，必须规范可以采用的销售方式，以及相应的作业程序与标准。

③促销活动识别

这里所指的是特定品牌的促销行为。可以是特定时间的优惠销售、尾货促销、会员优惠等，也可以是为推广产品而举行的各类型的促销活动。如宝洁的飘柔产品举行的展销促销户外活动。

④产品营销广告识别

产品营销广告识别内容主要包括广告策略、广告主题、广告时机、广告媒介等。在现代生产条件和市场竞争条件下，营销广告是消费者品牌认知的重要手段，也是消费者区别品牌的重要途径之一。

(3) 品牌视觉识别（Brand Vision Identity，BVI）设计

它是完整的、系统的视觉传达体系，是品牌 CI 静态识别符号，是具体化、视觉化的传达方式。它是以视觉传播为媒体，运用组织化、系统化的视觉识别方案来有效地传递品牌的各种信息，达到让社会公众一目了然地把握品牌基本精神和独特个性的目的。从企业实际操作的角度划分，品牌视觉识别系统的内容可以分为基本要素设计（包括品牌标志、品牌名称与标准字、品牌标准色、品牌象征图案、品牌吉祥物和品牌宣传标语等）、应用要素设计（包括办公用品、服装类、交通工具、广告宣传类、指示系统、公关礼品等）两个部分。

①品牌视觉基本要素的设计

狭义的品牌形象设计主要是指品牌商标、色彩、字体、包装等的视觉标识即品牌显性要素设计。

A. 品牌标志设计

——品牌标志设计的原则

• 简洁。包含两层意思：一是直接、快速传达重要信息；二是瞬间强烈的视觉冲击和识别效果。

• 要有内涵。一是要反映企业的经营内容、行业特点与产品特色；二是要反映企业的经营理念、哲学、价值观。

——品牌标志设计的类型

• 字型标志：兼具视觉和听觉的形式，几乎所有的字型标志都有一个确定的视觉形式，同时它又是象征形式的一个听觉符号，这一类型标志的最大优势就是观者说出的就是他们所看到的，而他们所看到的应该也是所要说出的。可以是品牌的全称，也可以是首字母组合，还可以是首字母组合加品牌全称（见图 3－10）。

图 3－10 字形标志

• 图形符号：一般来讲，图形传递的信息量是文字符号的数十倍以上。由于人的生理、心理因素，人们所正常接受的“信息”，百分之八十以上是视觉信息，依次为景物、图形和文字，其次是听觉、触觉和嗅觉。传递速度最快、最简明的是图形，且对人脑的刺激、转化为记忆的强度都远远超过文字（抽象的视觉语言）。根据图形的造型特征，又可将其分为自然具象图形和几何抽象图形两类（见图 3－11）。

德国人寿保险公司标志，以具象的手形护住风中的蜡烛，暗示人在风烛残年更需要照应和帮助，形象而直接地说明了企业经营的内容和服务性质。

国际羊毛局纯羊毛产品鉴定标志，通过抽象概括“羊毛线团”的形象，将羊毛产品的原料与编织工艺的特色形象化地体现出来。

图 3－11 图形符号

• 综合标志：标志设计基本上是从单独使用具象图形开始的，图形和字型结合使用的历史并不算长，有纯文字表音、结合字形构成的字型标志和纯图形的综合标志，兼顾了文字说明和图形表现，具有视、听同步诉求的优势，在设计中运用极为广泛（见图 3－12）。

美国棉花种植、销售研究机构标志，用英文Cotton（棉花）和丰满、单纯的棉花图形组合，象征高质量、高技术的机构特征，形象而生动。

图 3－12 综合标志

标志的运用范围非常广泛，大至十几米的户外广告，小至几厘米的徽章，因此为了确保在不同使用中标志的准确性和一致性，必须制作标有详细尺寸、各部分的比例关系、圆心、半径、弧线的起止和连接及弧度，以及种种视觉调整细节的标准图以供参照。

B. 品牌标准字设计

标准字是指某一品牌专用的规范字体。标准字的设计是根据企业的品牌名称、活动的主题与内容而精心创作的。设计要有个性和特点，对字间宽幅、笔画的配置、线条的粗细、编排形式、统一的造型等要素均作周密的规划与严谨的制作（见图 3－13）。

——品牌标准字的设计原则

- 凡企业名、品牌名和产品名等，均应特别设计，不可用标准印刷字体。
- 字体的设计要适应产品的特点与风格。
- 由细线构成的字体秀美、纤细，易使人联想到纤维制品、香水、化妆品等女士用品，体现女性温柔细腻的特点。
- 圆滑、柔和的字体，易使人联想到香皂、糕点、糖果。
- 角形、粗壮的字体体现力度和牢固度，易使人联想到机械类、重工业用品类的东西。
- 卡通变形字体活泼欢快，略显稚拙，易使人联想到童心的天真烂漫。
- 有现代感的字体更适合电子产品、时装等。

YVESSAINTLAURENT

法国伊卡·圣·洛朗品牌标准字

法国兰蔻标准字

图 3－13 品牌标准字

比如法国伊卡·圣·洛朗的品牌标准字浪漫、典雅，充满着贵族气息，很好地诠释了该品牌“优雅不在服装上，而是在神情中”的品牌精神。而法国的另一个化妆品品牌兰蔻的标准字，代表“她时尚，但又不失亲和力；她活泼，也有足够的内涵”。

——品牌标准字的设计类型

- 变形设计：字形大小、线条粗细上略作修整，正负互反，字形线框的空心体，网点、线条的变形，立体表现等。
- 衍生造型：将标准字重复组合，将点、线发展成面的图案是最为常见的衍生造型，缓和标准字独存时单一呆板的感觉。分三种形式：标准字的集合构成、标准字与其他造型要素的结合、标准字渐变的动感表现形式。

C. 品牌标准色设计

——品牌色彩的设计原则

- 有利于塑造企业形象：设定的色彩必须吻合企业的经营观念、产品的特性，表现企业的安定性、信赖性、成长性，生产的技术性、环保性和商品的优秀性。
- 明确告知生产与服务的特定内容；考虑民族化、商品性等固定的色彩印象，鲜明表达企业生产与服务的内容。
- 强化企业的市场竞争战略：选定鲜明的与众不同的色彩，突破趋于同质化的走向，以扩大企业、品牌之间的差异性。
- 考虑成本和印刷技术：尽可能选择印刷技术、分色制版合理的色彩。
- 需考虑商品、对象、季节、文化和时代的特点，注重色彩在接受心理上的差异。

——品牌色彩的设计类型

- 标准色

标准色是企业将某一特定色或一组色彩系统运用在所有的视觉传达的实际媒体上，具有强烈的视觉效果，可作为经营策略的行销利器，从色彩的象征性上就能大致判断出企业的产品、服务性质等。

色彩是视觉传达识别中最具活力的要素，这与色彩本身所具有的特性、所引发的心理联想（包括具象联想和抽象联想）、感觉（包括视听、心像、味觉、嗅觉、触觉等）、被赋予的社会意义以及在不同地区人们的好恶等有密切关系（见表 3-1）。

表 3-1 不同色彩的心理感应和认同

红色	红色饱含着一种力量、感情和冲动，象征热情、权威、繁荣，是能量充沛的色彩，给人以活泼、生动和不安的感觉。许多企业都以红色为标准色，以取得视觉上的巨大冲击力。红色还象征喜庆、欢乐和幸福，表示爱国主义和革命精神，还象征爱心、同情心以及爱情。比如故宫博物院、中国国际航空、香港中国旅行社等旅游品牌都选用了红色系
橙色	橙色能使人血液循环加快，是活泼而富于光辉的色彩，有着阳光般的温情，给人亲切、温馨、开朗、健康的感觉，象征着充足、饱满、有活力、明亮、健康向上、兴奋等。比如幸福航空、深圳金航程旅行社等旅游品牌选用了橙色系

续表 3-1

黄色	黄色充满阳光和活力，给人以光明、辉煌、醒目、高贵、纯洁和充满希望的印象，给人以幸福的感觉，是使人愉快的色彩。淡黄色使人联想到幼嫩的植物，给人以新生、单纯、天真的联想；中度偏暖的黄，使人联想到黄金，从而给人以高贵之感。黄色由于明度低，旅游品牌单独应用比较少，一般与其他色彩配合应用。比如青海湖景区、迪士尼乐园等品牌都有黄色系的应用
绿色	绿色是黄色的明朗与蓝色的沉静混合的柔和，形成宁静、青春的印象，使人心情平稳，是大自然的色彩，给人以活泼、充实、清新、希望的感觉，充满青春的力量，具有旺盛的生命力。比如康辉国际旅行社、黄山旅游等旅游品牌选用了绿色系
蓝色	蓝色是收缩的内在色彩，使人想到蓝天、海洋、远山，给人以崇高、深远、透明、沉静、凉爽的感觉，给人以力量和智慧，是灵性、知性兼具的色彩，浅蓝则更为放松。它象征希望，也是现代科学及智慧和力量的象征色彩。比如 IBM、中国国际旅行社等品牌选用了蓝色系
棕色	棕色蕴含着安定、沉静、平和、亲切等意象，给人有内涵、有品位、平和、容易相处的感觉。比如九寨沟景区、敦煌莫高窟等旅游品牌选用了棕色系
白色	白色给人以纯洁的印象，代表和平、纯洁、澄清等。白色很少单独使用，然而也有被采用的发展趋势，主要是白色具有表达任何美丽的作用。例如苹果公司就是采用白色系
黑色	黑色是一种消极性的色彩，一方面象征悲哀、肃穆、死亡和绝望，另一方面容易让人联想到稳定、深沉、庄重、大方、坚毅等特点，其水墨的韵味极具包容与凝聚力，象征权威、高雅、低调、创意。黑色与其他颜色搭配，可以使设计获得生动而有分量的效果，往往形成强大的视觉冲击力。泰山景区、乌镇旅游等旅游品牌选择了黑色系，成都武侯祠选择了黑色与红色合用

• 辅助色

辅助色主要是为了区分企业集团子母公司的不同和公司各部门或品牌、产品的分类，色彩的差异性易于识别和区分。

如可口可乐公司除了风靡世界的可口可乐外，还先后开发了如 Sprite、TAB、Mr. Pibb、Fanta，Hic 等饮料品牌，为塑造每个品牌的不同口味和形象，在字体和色彩上也各不相同。

D. 象征图形设计

象征图形又称辅助图形、装饰花边，是企业视觉识别系统中常被灵活运用、强化企业形象、弥补基本要素的设计运用不足的附属图形。

象征图形的设计元素来自标志图形或标志图形的某一部分，运用到视觉识别系统之中。根据应用部分的形式和空间的实际情况，进行适当的添加和删减，无论图形如何变化，但基本形态与图形寓意始终保持与整体视觉形象或基本视觉要素的一致性。

象征图形一般采用中性性格的单纯造型为单位基本形，特别是几何图形，可伴随对象的不同而进行多样的排列组合，产生多变的构成形式，常见的有圆点、直线、方块、三角、条纹、星形及不规则的图形等加以填充、渐变、折曲、重复等修正调整，可依据对象的不同作多样的排列组合（见图 3－14）。

图 3－14　京山桥米和中国联通的象征图形

E. 品牌形象吉祥物设计

品牌形象通常采用一个卡通的造型作为吉祥物，作为品牌形象识别的重要标志。吉祥物可以选择、提炼适宜的人物、动物、植物或其他物体的个性特征，以夸张的手法创造出具象、特定的亲切形象，借此强化并图解企业性格、诉求产品特质。

吉祥物的设计一定要有美感与亲和力，表现品牌形象亲和、自然、以人为本等特点。在规范中应当有基本造型、衍生造型与立体造型等。如麦当劳（McDonald's）在视觉识别方面，设计了具有鲜明识别功能的金黄色双拱门——弧形的 M 字作为其标志，它像两扇打开的欢乐黄金之门，对消费者具有巨大的吸引力。他们又塑造了麦当劳叔叔的形象，他是友谊、风趣、祥和的象征。麦当劳叔叔总是传统马戏班小丑打扮，穿黄色连衫裤、红白间条衬衣和短袜，蹬一双大红鞋，黄手套，红头发。在美国 4 岁至 9 岁的儿童心目中，他是仅次于圣诞老人的最熟识的人物。他象征着麦当劳永远是大家的朋友，时刻准备为儿童和社区发展贡献力量。

F. 品牌形象宣传口号

品牌形象宣传口号是品牌形象核心理念的感性描述，直接表达品牌形象的市场定位与核心理念，并作为品牌形象识别的重要标志。确定品牌形象宣传口号的工作在理念识别中已经完成。视觉识别系统是设计品牌形象宣传口号的表现形式以及使用规范的规定。

由于宣传口号的固定性与标志性，通常也用特定的标准字体。如飞利浦公司的品牌口号“让我们做得更好”，就是采用特定的标准字体，表现出企业精益求精的文化内涵，从而传达给消费者这样的信息：我们会越做越好的，是一个不断追求完美的大公司，买我们的东西您尽可放心。海尔公司的品牌口号是“真诚到永远”，海尔从电冰箱起家，做空调、做电脑、做手机，这么庞杂的企业架构与企业业务范畴，若没有“真诚到永远”的文化理念，则很难把这么多业务聚合到一起，更别提运作了。由于宣传口号使用广泛，因此必须对其进行规范使用，包括与其他要素的配合使用。

②品牌视觉应用要素设计

品牌视觉应用要素设计是指根据企业实际的视觉使用事项，规范基本设计要素在各种事项中的使用规范。应该注意，应用设计规范仅仅是一种规范，不是实际的应用设计。企业真正实际应用时，还应该有一个再设计的过程。当然，再设计过程须遵守品牌形象视觉系统的规范（见表 3－2）。

表 3－2　应用系统项目（不同的品牌会有不同的需要）

办公用品	名片、信封、信纸、文件夹、传真纸、便笺、文件夹、办公袋等
服装类	工作制服、工作帽、领带、领结、胸章、徽章等
交通工具	小轿车、面包车、大客车等
广告宣传类	宣传册（企业形象、年报、庆典礼品类）、报纸广告、杂志广告、网站网页、网络广告、灯箱广告、展览会展布置、产品包装、店面环境等
指示系统	部门标识牌、楼层指示牌、公共设施指示牌等
公关礼品类	钥匙圈、笔、杯垫、一次性纸杯、烟灰缸等

这里谈谈产品包装的设计。

包装是指设计并生产容器和包扎物的一系列活动。这种容器和包扎物被称为包装。

A. 包装设计的作用

包装的作用除了对商品进行保护以及帮助人们了解产品性能和成分并掌握正确的使用方法之外，首先，包装是品牌形象的具体化，任何包装上都会印上品牌视觉的基本要素，如商标、标准字、标准色和辅助色、象征图形、品牌口号等，它直接构成了品牌传播的载体；其次，包装更容易让消费者识别品牌产品，符合品牌视觉规范设计的包装都会具有鲜明的品牌独特气质，且很容易被顾客认知出来；最后，包装可以突出产品的特色，包装的造型、色彩以及与周边物料的搭配，都会体现包装内产品的独特个性。

B. 包装设计的要求

——包装造型是否独具一格；

——包装在货架上是否一目了然；

——包装上的品牌名称和标识是否明显和突出；

——包装整体外观感觉是否新鲜；

——包装外观是否显示出价格与价值相符；

——包装的整体品位是否合适；

——包装字体与广告是否相呼应；

——包装是否有主题、个性；

——包装是否让人产生联想；

——包装是否有详尽的文字说明；

——包装是否容易搬运和陈列。

C. 包装设计的要素

包装设计就是将企业或商品所要表达的信息、意念传给消费者，并使之对消费者产生视觉冲击效果，令顾客产生注意力与兴趣，进而达到促销的目的。因此，包装设计中

的要素作用是引起消费者的视觉神经的注意。包装设计的要素主要包括商标、文字、色彩、照片和插图。

——商标

商标本身就是一种视觉元素，它的设计效果可以直接影响到包装。它将丰富的内容以更简洁、更概括的形式，在相对较小的空间里表现出来，同时需要观察者在较短的时间内理解其内在的含义。现代包装设计越来越趋于简洁、大方。有些包装干脆就把商标作为包装上的主要视觉元素，如可口可乐、百事可乐等。因此，商标设计十分重要。商标在包装上非常醒目，识别效果也就非常好。一个成功的商标设计，应该是创意和表现有机结合的产物。创意是根据设计要求，对某种理念进行综合、分析、归纳、概括，通过哲理的思考，化抽象为形象，将设计概念由抽象的语言表现逐步转化为具体的形象设计。

——文字

文字是包装上最初或最终认识商品的重要视觉元素，它的设计和编排显得特别重要。文字可以传达思想、交流感情和信息，表达某一主题的内容。商品包装上的牌号、品名、说明文字、广告文字以及生产厂家、企业或经销单位等，反映了包装的本质内容。设计包装时，必须把这些文字作为包装整体设计的一部分来统筹考虑。大文字和小文字之间的处理，需根据具体内容而定，并要注意与图形、色彩、标志等方面的关系。

包装设计中的文字设计的原则包括：

- 形式与内容统一。包装上的字体表现形式应由文字的内容来决定，字体设计要确切地体现内容的含义及商品的主要特征，力求使文字形象的个性、艺术风格与企业产品相一致，艺术风格与词义相一致。
- 简洁、醒目、易读、易识。文字有其合理的基本结构和规律，字体设计不仅要确切地体现出寓意，而且还要注重艺术性与识别性的统一。字体设计必须简洁、醒目、易于辨认和记忆，读音朗朗上口，同时还应注重文字的编排设计，以使视觉的流速合理，提高阅读的效率。
- 美观和谐，风格统一。在包装设计中，文字不仅要书写正确，而且还要美观，要注重字体的时代性和艺术性，美观和谐的字体能给人们带来审美的愉悦，有利于充分发挥字体的视觉传达功能并使包装更富成效。包装应强调设计的系统性和系列化，强化统一的视觉形象设计。

——色彩

色彩是美化和突出产品包装的重要因素。人们从远处看物体时，往往首先注意的是色彩。不同的色彩能表达不同的信息和情感。更重要的是要会利用色彩去表现商品的特性，同时要考虑它与其他商品之间的视觉效果和关系，尤其是同类商品。此外，系列商品的包装，色彩的运用更有文章可做。包装的色彩受到工艺、材料、产品性质和消费风俗等的制约和限制。包装设计中的色彩要求有：

- 表现性。包装的色彩要能表现商品的品质和属性。要采用形象化的色彩使购买者产生对物品的回忆，对商品的基本内容、特征做出判断。如棕色的咖啡包装、橙色的柠檬汁包装、淡蓝色的矿泉水包装、红色的辣椒酱包装等。

- 整体性。对单个包装而言，包装设计的色彩选用要讲求包装的整体效果。在商品包装中，一般有两种以上的色彩，不论其主导色是什么，也不管主导色和从属色是类似色还是对比色的配置关系，都要将整个包装视为整体，每个颜色的选用都是为整体服务的，这种整体性是有机的。
- 系统性。对同一企业的系列产品包装而言，包装设计的色彩选用要讲求包装的系列化和色彩的相似性，即在产品之间有色彩上的贯通和承接。也就是说在色彩上，将变化美和统一美相结合，追求色彩的系统性。这种系统性能有力地形成一种视觉系统，产生强烈的视觉冲击，有利于形成企业的品牌形象和扩大销售。
- 流行性。包装设计的色彩选用要注意流行色。流行色是合乎时尚的色彩，是指某一时期逐渐盛行起来的色彩，它具有新鲜、时髦、变化快的特点。在包装设计中，化妆品和时装的包装最受流行色的影响。

——照片和图形

照片和插图的好坏直接影响到商品的促销。例如食品包装常用精美的照片或插图，可引起人们的食欲，导致购买行为的产生。使用抽象造型的包装设计，可以引起消费的联想，也可以产生与具象一样的效果。包装的图形主要指产品的形象和其他辅助装饰形象等。图形作为设计的语言，就是要把形象的内在、外在的构成因素表现出来，以视觉形象的形式把信息传达给消费者。要达到此目的，图形设计的定位准确非常关键。定位的过程即是熟悉产品全部内容的过程，其中包括商品的性能、商标、品名的含义及同类产品的现状等诸多因素，都要加以熟悉和研究。

品牌视觉识别可以分为企业品牌视觉识别（CBVI）和产品品牌视觉识别（PBVI）。企业品牌视觉识别与产品品牌视觉识别可以一致，也可以不一致，这取决于企业所采用的品牌 CI 模式。若企业采用的是统一品牌 CI 模式，则企业名称与产品名一致；若采用多品牌 CI 模式，则企业名与产品名可以不一致，各类产品名也可以不一致。但是，无论企业采用何种 CI 模式，品牌的视觉识别体系的设计要求和内容是相通的。品牌形象视觉识别是品牌形象的具体化、视觉化的传达形式，在品牌 CI 系统中具有重要的意义。

（4）品牌听觉识别（Brand Audio Identity，BAI）设计

它是以听觉传播力作为媒体，将品牌的内涵转化为符号概念，并且应用在声音的展开方面，以标准化、系统化、统一化的手法，塑造品牌的独特形象，凸现品牌个性。它包括品牌名称发音、广告语和音乐等。

品牌听觉识别可以分为企业品牌听觉识别（CBAI）和产品品牌听觉识别（PBAI）。二者之间既相互联系又相互区别。若企业采用统一品牌 CI 模式，则二者可以是一致的。如本田，它采用统一品牌 CI 模式，则它的企业品牌和产品品牌听觉识别是一致的。本田品牌名称发音为“Honda”，它的品牌名的发音给人以“动力澎湃、马力强劲”的联想，无形之中使消费者对本田汽车、摩托车、割草机产生认同。但是，二者也可以不一致。如太阳神的产品品牌听觉识别就是产品名称的发音，但是企业品牌听觉识别的重要元素之一是它的音乐：“当太阳升起的时候，我们的爱地久天长”。

若企业采用个别品牌 CI 模式，则二者是不一致的。如宝洁集团，它的企业品牌听觉识别是“宝洁 P&G”，由于采用的是多品牌战略，所以不同的产品的听觉识别是不同

的。如飘柔的产品名发音、广告语、音乐等都与海飞丝、潘婷等其他产品不同。

(5) 品牌网络识别（Brand Net Identity，BNI）设计

它是指通过网络媒体把品牌传播给消费者，实际上就是借助网络来把品牌理念更加鲜明地呈现于消费者面前，使消费者对该品牌有更加深刻的认识。品牌网络识别可以扩大企业的视野，重新界定市场的范围，拉近与消费者的距离，一定程度上取代人力沟通与单向媒体的促销方式，改变市场的竞争形态。

品牌网络识别包括企业品牌网络识别（CBNI）和产品品牌网络识别（PBNI）。企业品牌网络识别内容主要有企业建立网站，进行企业宣传；企业在互联网上做广告，以扩大企业品牌的知名度等。产品品牌网络识别主要包括企业通过网络推介产品，通过网络进行产品销售等。

品牌CI系统的五大构成要素是一个互为因果、相辅相成的统一整体。BMI是品牌整个CI运作的原动力和实施基础，是信息的发散地；BBI是BMI的具体化，是理念识别的动态表现；BVI是BMI在视觉上的具体化，是BMI的静态表现；BAI则是BMI在听觉上的动态表现；BNI是CI的另一个新的识别要素，在信息时代扮演着越来越重要的角色。五个要素之间相互影响，共同塑造了品牌的独特形象与核心价值。只有五者达到质的统一，才能完全展示品牌的独特形象，才能够取得消费者和社会的认同与信赖。

3.2.4 品牌设计的保持

企业应该持续一致地投资品牌，不轻易改变。品牌设计的目的在于通过细分市场找到自己的独特性，建立自己的品牌优势，并获取利润。品牌能够在市场上脱颖而出，企业必须更新观念，避免只重媒体宣传、促销等短期行为，而要重视品牌的延伸性管理。品牌设计的管理是建立、维护、巩固品牌的全过程，是一个有效监管控制其与消费者之间的关系的全方位管理过程，只有通过品牌设计的管理才能实现品牌远景，最终确立品牌的竞争优势。

品牌设计的保持是指在时间上纵向保持一致，在空间上横向保持一致，不要顺意而为，要在体系和制度上给予保证。品牌设计过程本身是寻找品牌观点传播方向的过程。道理是简单的，难的是起点和终点，品牌设计要从哪里开始到哪里结束。品牌设计是为客户解决问题，从客户出发，到客户结束。品牌设计为客户服务，保持客户品牌在传播过程中观点的统一，而不是将我们的设计观点强加于他。始终保持对设计的新鲜感，让设计永远充满激情与新想法，永不会枯竭。始终围绕客户品牌驱动器展开设计分析，思考设计本质的同时，利用多元化的手段完成客户品牌信息传递，让品牌的信念、观点深入人心。

3.2.5 品牌设计的识别

品牌设计过程的输出应包括有助于品牌识别的以下信息：

1. 与产品相关

品牌识别是品牌战略者们希望创造和保持的能引起人们对品牌美好印象的联想物。从定义中可以知道“品牌识别是一种联想物”，目的是为了“引起人们对品牌的美好印象”。

品牌设计应输出与产品相关的信息，包括产品特性、产品质量、原产地等。产品识别设计是以产品识别作为核心，形成有别于其他企业同类产品的差异化产品形象设计，产品识别设计应服务于企业整体形象设计，突出和强化品牌形象。作为企业形象的首要组成因素，它是视觉形象中的一部分，包括对产品设计、设计语义、技术、材质、造型、色彩、加工、展示、包装、广告等一系列与产品有关的事物进行统一策划和设计，形成统一的视听形象和社会形象，是产品在设计、开发、生产、销售流通整个过程中形成的形象特质，是产品内在品质和外在形象的统一体。

产品形象的三个层次，包括产品视觉形象、品质形象、社会形象。产品视觉形象是基础，是消费者对产品最直接感受到的部分，是实现企业形象统一识别目标的具体表现，也是产品形象的初级阶段，有了良好的视觉形象，才能上升到品质形象和社会形象。

从消费者角度，产品外观造型、色彩、装饰和材料这几个方面是消费者判断一个产品形象最直接的因素。产品造型的尺度、形状、比例大小及构成关系的不同就可以营造出不同的产品氛围，使消费者产生某种心理感受，建立起一定的产品形象认知。产品形象设计是通过不断强化和突出产品形态中的一些特征，而达到实现塑造企业形象和树立企业品牌的目的。

2. 与企业相关

品牌设计应输出与企业相关的信息，包括企业特性、市场地位等。品牌设计应考虑企业的特性，例如企业目前的状况、企业的目标和企业的方向等。

市场地位是指某一企业主营产品在其所有渗透区域内的综合市场占有率，或指在主营产业中的排名次序。

跨国公司十分注重通过增进信任和承诺的关系营销渠道，强化品牌个性和品牌文化，使消费者产生品牌偏好和情感依托，培育不断扩张的品牌忠诚消费群体，再配合适当的产品、渠道、促销等营销策略构筑市场地位的坚实屏障，使挑战者难以有所建树。但是，如果没有把握好市场地位，则会导致品牌受到负面的影响。例如，20 世纪 80 年代中期，百事可乐没有抓住可口可乐错误改变传统配方造成饮料市场震荡带来的主营业务发展机会，却采取分散兵力的做法，买下了肯德基快餐店。这样，百事两厢难以兼顾，在世界饮料市场显出颓势：品牌从 1985 年的世界第 10 位下降到 1993 年的第19 位，百事可乐在美国以外的市场占有率为 17%，而可口可乐高达 49%。同时，百事下辖的很多连锁店，如比萨饼和肯德基等快餐店经营状况也十分不尽如人意，与专营快餐的麦当劳更是无法相提并论。这种分散资金拓展非自己熟悉的业务领域的多角化战略发展，直接影响主体业务饮料市场的地位。于是，百事可乐公司在 1997 年 1 月 23 日不得不放弃不景气的快餐业，集中力量开发饮料市场。

3. 与顾客相关

品牌设计应输出与顾客相关的信息，包括品牌个性、顾客价值、使用体验等。

品牌个性是品牌的人格化特征，是建立与消费者亲和力关系的基础。品牌个性是由某一品牌联想出来的一组人类特征。该特征既包括个性特征，又包括其他人口统计特

征，如性别、年龄、社会地位等。

顾客价值是顾客对产品或服务的一种感知，是与产品和服务相挂钩的，它基于顾客的个人主观判断。

品牌体验是指消费者被品牌相关刺激所引发的一种主观的内在（感官、情感、认知）反应和行为反应，相关刺激包括品牌设计、品牌标志、包装、沟通和环境等。

随着市场竞争的日趋激烈，产品高度同质化，品牌日渐成为商家重要的竞争手段。借助于品牌，消费大众很容易把各类厂家的商品区别开来。我国古代一句老话“蕴蓄于中，形诸于外”能很好地概括出个性的内涵，品牌个性就像人的个性一样，它是通过品牌传播赋予品牌的一种心理特征，是品牌形象的内核，它是特定品牌使用者个性的类化，是其关系利益人心中的情感附加值和特定的生活价值观。品牌个性具有独特性和整体性，它创造了品牌的形象识别，使我们可以把品牌当作人看待，使品牌人格化、活性化。

顾客价值的核心是顾客所获得的感知利益与因此获得和享用该产品或服务而付出的感知代价之间的权衡，即利得与利失之间的权衡。顾客价值是从产品属性、属性效用到期望的结果，再到客户所期望的目标，具有层次性。因此，品牌设计应该重点考虑顾客的期望目标，有针对性地进行设计。品牌体验是品牌与顾客之间的互动行为过程，是通过令人耳目一新的品牌标识、鲜明的品牌个性、丰富的品牌联想、充满激情的品牌活动来让顾客体验到品牌的个性，从而与品牌建立起强有力的关系，达到高度的品牌忠诚。

4. 与形象相关

品牌设计应输出与形象相关的信息，包括视觉形象、品牌历史等。视觉形象是以标志、标准字、标准色为核心展开的完整的、系统的视觉表达体系，是将企业理念、企业文化、服务内容、企业规范等抽象概念转换为具体符号，塑造出独特的品牌形象。

打个比方：如果说品牌是一未经雕凿的女子，我们希望她展现给“上帝”——消费者是年轻、热情奔放、充满现代气息的都市女郎形象，那么现在要做的是对她进行从内到外的包装和设计，就像时装设计师按照他们的理想装扮模特一样，我们需要做的是提升她的内在素质，进行知识的熏陶、才艺的训练以及现代精神的灌输，提高她的着装和审美品味，培养她休闲的健康的运动的高品质的审美情趣，必要的话还要进行眼睛、鼻子等五官的整形手术等，最后把她的美丽动人、风情万种传递给消费者。

品牌形象内容主要由两方面构成：第一方面是有形的内容，第二方面是无形的内容。品牌形象的有形内容是与品牌产品或服务相联系的特征。从消费和用户角度讲，“品牌的功能性”就是品牌产品或服务能满足其功能性需求的能力。例如，洗衣机具有减轻家庭负担的能力；照相机具有留住人们美好瞬间的能力等。品牌形象的这一有形内容是最基本的，是生成形象的基础。品牌形象的有形内容把产品或服务提供给消费者的动能性满足与品牌形象紧紧联系起来，使人们一接触品牌，便可以马上将其功能性特征与品牌形象有机结合起来，形成感性的认识。品牌形象的无形内容主要是指品牌的独特魅力，是营销者赋予品牌的，并为消费者感知和接受的个性特征。随着社会经济的发展，商品丰富，人们的消费水平、消费需求也不断提高，人们对商品的要求不仅包括了商品本身的功能等有形表现，也把要求转向商品带来的无形感受，精神寄托。在这里品牌形象的无形内容主要反映了人们的情感，显示了人们的身份、地位、心理等个性化要求。

【案例 33】

微软产品的命名

从软件帝国微软 Microsoft 的部分产品命名中，可见其品牌意识的深入和品牌营销的老道。这些软件，特别是 Office 系列，大多 Officer 都不陌生，通常也不会去深究其中的奥妙；但从下面的 Microsoft 产品命名的例子和简单辨析中，可以发现，Microsoft 不愧是世界 500 强的企业，其产品所取名字或款款大方，或形象生动，或独具心裁、妙趣横生，不仅容易引起人们的注意，同时也提高了企业的形象，提升了品牌资产。

表 3-3 所示为微软的品牌组合。

表 3-3　微软的品牌组合

序号	产品	品牌名字	解析
1	文字处理工具	Word	意义：词、单词；谈话、言语；消息、音信；谣言、传说；承诺、诺言、保证；命令、口令；格言
2	电子表格处理工具	Excel	意义：优于、比……好或做得优于、超过、胜过；显示优越性；超过其他的人或事物
3	文稿图形演示工具	PowerPoint	power 意义：能力，力量，动力，功率，强烈；使……有力量，给予动力，激励。point 意义：点，尖端，分数；观点、建议；目的、论点：指向，指出，瞄准。从以上解释中，可以看到：power＋point 是如此的准确
4	Web 站点创作和管理工具	FrontPage	front 意义：前面、前线、正面、态度。page 意义：页、记录、事件、专栏。frontpage：前页、扉页、版权页、目次、插图、献辞、序言等。front＋page 意义：头版的、值得放在报纸第一版的、轰动的、头版新闻
5	可视化商务图表工具	Visio	来自英文 vision 的变形处理。vision 的意义是：视力，视；先见之明，眼力，想象力；幻想，幻影，景象；梦见，想象；显示。这些单词非常生动形象地表述产品的用途和特点，必将成为一个现代信息新词汇
6	商业排版出版工具	Publisher	意义：出版者，发行人
7	数据库管理工具	Access	access 原意：进入，通道；使用，接近；市场销路，进入市场。但现在 access 在计算机科学中，“存取（数据或程序），访问”的意义已被人们广为接受

续表 3-3

序号	产品	品牌名字	解析
8	个人信息管理和通信管理	Outlo：ok	outlook 意义：景色、景致、前景；景况、观点；视野；看法；展望；瞭望点。既准确反映了 outlook 收发电子邮件和通信、日程等记事安排功能，又拟人地体现“景色、景致、前景”等生动形象
9	因特网浏览器	Explorer	explorer 意义：探索者、勘探者、探测员、探险者、探测机、探查器、探索器具。借此反映因特网浏览器所具有的浏览、探索、探险功能

（资料来源：王文刚，学学微软的品牌命名．中国营销传播网，http：//www.emkt.com.cn/article/82/8257.html. 2002-10-09.）

【案例 34】

361°品牌命名及设计

在 1985 年前后，中国内地风行穿旅游鞋，丁建通瞄准这个机遇引进了一种一次成型的制鞋装备，这种装备只要将制鞋原料放进去，出来的就是一双成品旅游鞋，由于当时东北的市场好，这种旅游鞋给丁建通带来了巨大的利润，用他的话说：“一天至少有一车运到东北。”

1994 年，丁建通成立了别克（福建）鞋业有限公司。经过 10 年奋斗，这个曾经是家庭作坊式的小厂已经发展成为一家拥有 12 条生产线、年产 800 万双运动鞋的集开发、生产和销售为一体的团体性专业制鞋企业，拥有固定资产 3.5 亿元。2001 年以来，持续蝉联中国运动鞋销售量三甲并一跃跻身于全国制鞋行业前列。

在“大胆做自己”的品牌内涵鼓励下，经过企业员工共同的励精图治，每年数以千款的运动休闲鞋畅销国内 95%的城市及地域，并以一流的品德加品牌深得消费者的信赖和爱好。

2000 年，被国际鞋业威望杂志《FOOTWEAT. NEWS》评选为最佳公司；

2001 年以来，持续被国家商业信息中心评定为中国运动鞋行业市场占领率前三甲；

2003 年，荣获第五届晋江鞋博会一等奖、产品设计一等奖；

2003 年，荣获“国家免检产品”称号；

……

然而，正在发展劲头上的别克却碰到了新问题。由于与汽车“别克”品牌撞车，工商局 2003 年提出让他们换品牌。

众所周知，换品牌对一个艰难创业 20 年，并有一定知名度的企业意味着什么。但丁建通的班子以为再难也得走这一步，并借这个机遇让公司获得更大的发展。

为了表示他们个性的突破、自我的超出、没有美满永远寻求的企业文化，公司给新品牌命名为“361°”，公司也更名为361°体育用品有限公司，并投资5000万元广告费重新包装新品牌，从2003年到2004年，从“别克”到“361°”，361°体育用品有限公司经历了企业发展史上最大的一次变更。这次变更不只是品牌视觉上简略的更新换代，从深层意义上讲，这意味着企业品牌发展新舞台的构筑。从鞋业公司到体育用品公司、从产品单一性到产品系列化、从几百个销售网点到3000多个专卖网络、从零碎终端的单店管理到专卖系统的体系升级，这一切，361°只经历了不到一年的时光就完成了作为一个强势品牌所体现的能级跃进，这在国内同行中堪称首例。尤其是361°品牌在终端运营管理过程中，从专卖形象、商品摆设、终端促销、导游服务、商品管理等各方面实行了全面管理升级，加上2004年6、7月份的361°区域营销峰会，更是把市场终端管理的整改活动推向了高潮，并采取资助补助的方法，赞助经销商盈利，使加盟的361°专卖店犹如雨后春笋般地出现，极大地提升了品牌的整体形象。同时，也为广大消费者购物休闲营造了一个充斥活力、动感的361°自由空间。

从一家家族企业成长为上市公司，从作坊式工厂成长为总部拥有员工6000人、全国终端专卖店6500家、年销售额过40亿元的大企业，从鲜有名气成长为赫赫有名的中国民族体育服装的一线品牌。361°国际有限公司用了不到7年的时光。

事实上，丁建通先生对361°也是非常喜欢的。“把昨日的辉煌作为新的起点，转一圈360°之后，还有1°等待你重新去挑战、重新去超越。”丁建通认为361°好记，又贴切地表达了创新的理念和追求。

这一度是远，让我不停追寻；这一度是近，让我咫尺相随；这一度是神，让我膜拜信仰；

这一度是魔，让我痴狂永生；这一度是盲，让我无谓得失；这一度是明，让我决不迟疑；

这一度是夜，让我无视其他；这一度是光，让我瞬间璀璨；这一度，是我的热爱！

（资料来源：人物专访：361°“尚”品牌设计师王林杰，视觉中国，2010. 有改动）

3.3　技术创新和产品开发

7.4.3　技术创新和产品开发

组织应针对目标顾客识别潜在的需求，有计划地创新技术和开发产品，提高产品的自主知识产权含量、功能特性、质量水平和顾客价值。

【解读】

3.3.1　技术创新和产品开发的定义

技术创新是指从技术的新构想开始，经过研究开发或技术组合，将新的或改进的产品、过程或服务引入市场，到获得实际应用，并产生经济、社会效益的商品化的全过程。

产品开发是指个人、科研机构、企业、学校、金融机构等，创造性研制新产品，或

者改良原有产品。美国著名市场学家希尔顿指出："任何产品，不管其投入市场的时间长短，只要有75%的潜在用户还不知道它的名称或是还没有人使用过，都可以称为'新产品'。"新产品开发是指从研究选择适应市场需要的产品开始，到产品设计、工艺制造设计，直到投入正常生产的一系列决策过程。

3.3.2 技术创新和产品开发的过程

1. 识别目标客户潜在需求

目标顾客是指企业的产品或者服务的针对对象，是企业产品的直接购买者或使用者。目标顾客要解决的根本问题是，企业准备向哪些市场区间传递价值。顾客的需求正是企业营销努力的起点和核心。因此，认真分析目标顾客需求的特点和变化趋势是极其重要的基础工作。

潜在需求是指消费者虽然有明确意识的欲望，但由于种种原因还没有明确的显示出来的需求。一旦条件成熟，潜在需求就转化为显现需求，为企业提供无穷的商机。

识别客户的潜在需求就是通过一系列技术手段，根据大量客户的特征、购买记录等可得数据，找出谁是企业的潜在客户、客户的需求是什么、哪类客户最有价值等，并把这些客户作为企业客户关系管理的实施对象，从而为企业成功实施CRM提供保障。

识别潜在客户需要遵循以下原则：摒弃平均客户的观点；寻找那些关注未来，并对长期合作关系感兴趣的客户；搜索具有持续性特征的客户；对客户的评估态度具有适应性，并且能在与客户的合作问题上发挥作用；认真考虑合作关系的财务前景；应该知道何时需要谨慎小心；识别有价值客户。

客户大致分为两类：交易型客户和关系型客户。交易型客户只关心价格，没有忠诚度可言。关系型客户更关注商品的质量和服务，愿意与供应商建立长期友好的合作关系，客户忠诚度高。交易型客户带来的利润非常有限，结果往往是关系型客户在给交易型客户的购买进行补贴。潜在需求是十分重要的，在消费者的购买行为中，大部分需求是由消费者的潜在需求引起的。因此，企业要想在激烈的市场竞争中取胜，不但要着眼于显现需求，更应捕捉市场的潜在需求，进而采取行之有效的开发措施。

2. 有计划地进行技术创新和产品开发

在科技变革越来越快的市场条件下，企业生存发展的关键越来越依赖新产品的开发和推广，传统依靠产能的发展方式已经无法适应科技发展与竞争的需要。由于新产品可能为企业带来巨大的成功和利益，从而诱使众多企业不断尝试新产品开发，但几乎所有的企业都有新产品开发失败的经验。为了降低新技术创新和产品开发的风险，提高产品开发的成功率，就必须确定其战略，以指导新产品的开发活动。技术创新和产品开发的系统集成网络模型体现了研究开发部门、生产制造部门、市场销售部门、供应商、用户日益复杂的联系与合作关系，是高度综合集成的并行过程。这种非线性的特征是由于高科技飞速发展所带来的信息化革命，使整个创新过程犹如一张复杂的网络系统，将企业内部的各个部门和企业外部各个相关组织紧密联系起来，要求企业的内部组织管理要更加柔性化，以便更加适应组织创新的要求（见图3-15）。

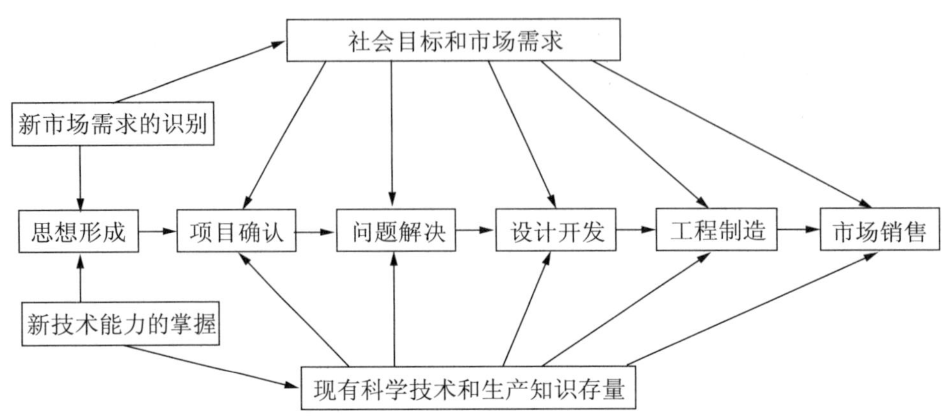

图 3-15　技术创新和产品开发系统集成模型

可持续客户经营要求企业有计划地建立有效可行的技术创新和产品开发战略。通过对客户需求的敏锐感觉和及时反应，以全面细致的客户服务、主动积极的针对性营销、全面的解决方案、完善的客户关系管理，实现核心客户的最大满意度，并达到客户经营的目的，从而实现盈利的可持续增长与核心竞争力的提升。企业应识别客户潜在需求，按照客户（特别是核心客户）需求指导技术创新和产品开发，以核心目标客户为主要对策，从价值链传递的各个环节上贴近客户，提高产品的自主知识产权含量、功能特性、质量水平，以客户经营为核心，基于客户体验，进行客户投资和可持续客户经营，减少运营风险（见图 3-16）。

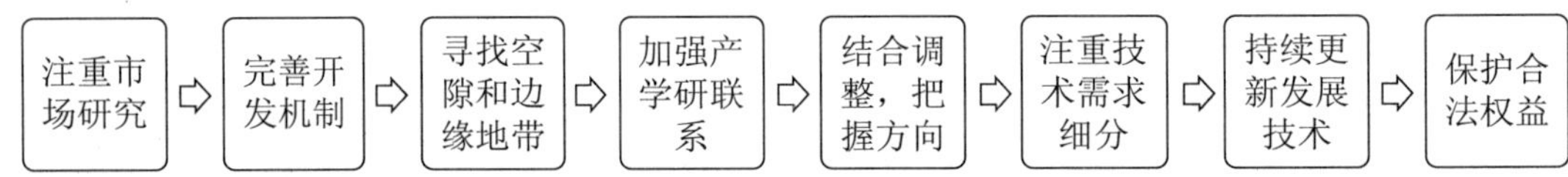

图 3-16　有计划地进行技术创新和产品开发

1）注重市场研究，进行可行性分析

产品开发之前要切实做好市场调研，把握市场脉搏，了解顾客的需求与欲望，准确预测市场的发展趋势，通过专家咨询，开展可行性分析。一种情况是以市场需求为出发点，确定技术创新和产品开发的方向。许多成功者在进行技术创新和产品开发的投资决策前，都花大力气对市场需求和消费者的意见进行调查，对消费者的消费心理、消费习惯以及消费行为等做出预测。如广州宝洁公司，每推出一个新产品之前，不仅公司的市场研究部要进行调查，还要委托市场上专业的研究机构深入了解消费者。宝洁公司搞市场调查的经费通常占技术创新和产品开发费用的 20%，有时甚至达到 40%。因此，该公司频繁推出的各种洗洁化妆品都有鲜明的市场定位，颇受消费者的青睐。

善于挖掘市场需求的另一种情况是引导并激发需求。日本著名企业家、索尼公司的创始人盛田昭夫说，索尼公司的策略并不完全是投消费者所好，而是通过开发新产品去引导消费者消费，激发他们的需求，这就是开拓市场。开拓市场要体现消费者的需要，但这并不意味着一定是消费者提出具体需要在前、企业提供生产和服务在后，更不是企

业只能被动地去适应早已尽人皆知的现实需要。相反，是积极主动地去研究、设想和发现消费者实际存在的，然而却没有自我意识到或仅仅是处于模糊意识状态的需要，即主动地挖掘消费者的潜在需要，创造出适宜的产品，从而开拓出过去没有的市场。如海尔集团近年开发出的变速波轮洗衣机就是成功案例。传统洗衣机不能变速，只有一个洗涤速度，海尔人敏锐地洞察到，这样就出现了对有的衣服如常换洗的、轻柔的夏衣和不常换洗的、厚重的冬衣不能区别对待，容易产生有的衣服磨损率太高而有的衣服又洗不干净的问题。变速洗衣机的问世无疑给了消费者更多的挑选余地，企业也因此获得了更多的商机。

2）完善技术创新和产品开发机制

人才是生产力的第一资源，产品开发与技术创新的关键是要有创新精神和创新能力的人才。谁能争取到人才，谁就能赢得主动权。没有人才，留不住人才，就会在技术创新中陷入被动或失败的境地。因此，人才匮乏的中小企业，必须要重视人才的引进和培养，做到知人善用，把开发人力资源和完善人才激励机制作为头等大事来抓，通过走出去、请进来等方式招聘技术创新所需的各类人才。中小企业也可以结合自己的实际，将一些有技术专长的专家、教授学者或其他单位的工程技术人才聘为企业顾问，组成企业的“智囊团”，这样既充实了企业的技术力量，又节省了人力资源损耗，而且这些“外援”偶尔还会在关键时刻起到“画龙点睛”的作用。爱护人才，要甘当技术人才的后勤部长，为他们创造良好的工作环境和生活条件，关心他们的成长和需求，解除他们的后顾之忧。要想方设法建立完善的激励机制，对从事产品开发和技术创新的人才，应按其技术创新成果给予相应的奖励，对有特殊贡献者应给予特别奖励，充分调动他们的积极性，做到待遇留人，感情留人，事业留人。

3）寻找空隙和边缘地带作为技术创新的舞台

市场上的空隙和边缘地带往往是大型企业无暇顾及的领域，这也就成为中小企业技术创新的空白点。我国幅员辽阔，人口众多，经济收入存在一定差距，地理位置和风俗习惯的差异也比较大。就市场而言，消费群体庞大，需求多样。我国沿海开放地区，收入相对较高，消费水平高，产品档次的要求也比较高，而广大农村和欠发达地区，收入水平相对较低，消费则注重便宜耐用。中小企业的生产经营方式灵活多变，通过对不同市场的细分，探测市场上技术创新的空白地域，迅速找到市场的空隙和边缘地带进行技术创新。先要以整体市场的一个狭窄部分为目标，把有限的资金投入到一定的目标市场，集中生产该领域所需的产品，由于投入少，风险小，竞争压力不大，不仅避开了大企业的锋芒，还能够在相当长的一段时间内建立起企业自己的竞争优势，做到“人无我有，人有我优”，为中小企业的生存和发展提供广阔的空间和奠定坚实的基础。

4）加强产学研联系，快速转化科研成果

随着科学技术特别是信息技术和通讯技术的迅猛发展，即使是经济、科技发达的国家也不可能在所有领域都处于领先地位并包打天下。企业在技术创新和产品开发中，眼睛要盯住科研院所，依靠科研院所的力量，走产学研结合的道路。一是科研院所可以作为企业技术创新、产品开发的重要源泉。从历史上看，一些重大的技术创新和产品开发项目，如半导体、核能、计算机、激光、光纤通讯等，如果没有研究领域的重大突破，仅靠一个企业是不可能实现创新的，正是由于科研院已达到实验或原形产品状态并取得了工艺上的成功，才免去了企业投入更多的经费和时间。二是可以充分发挥科研院所作为人才培养和企业实践基地的优势。三是有利于企业获得各方面的信息，包括市场、科研、消费等多方面，既能丰富企业的创新构想，也便于企业迅速作出反应决策。

5）结合经济结构调整，把握技术创新和产品开发的方向

随着经济和科技的发展以及人们消费水平的提高，我国正处于经济结构大调整时期，这对企业来说是很好的机遇。企业务必要注意结合国家经济结构调整的宏观决策把握准自己的方向。首先要注意调整好投资结构，在增量配置、存量重组，寻找新的经济增长点上下工夫，做到在搞活存量资产的同时，把有限的资金用在促进技术创新、产品开发上；其次要把调整好产品结构作为重点。发展品种不是说品种越多越好，要研究市场、研究消费者的期望，开发出适应市场、满足消费者需求和期望的拳头产品。不同的企业在其生产经营实践中，可以创造出各具特色的不同的技术创新和产品开发新道路，如有的侧重搞轻、薄、短、小产品；有的突出有益健康、有益环保，走绿色食品开发的道路；有的把注意力更多地集中在高新技术，采用技术领先的开发方法；还有的则利用失败的产品或是在市场上已经衰退的产品，从中找到灵感再行创造，采取返老还童开发的办法；还有的寻找市场空白、缝隙，避重就轻，采取独特产品开发的方法。总的来说，技术创新和产品开发的道路有千万条，但归根到底就是要以创新为本。只有这样，才能开发出源源不断的新产品，适应市场、开拓市场并创造市场。

6）注重技术需求细分，提高技术使用效益

虽然产品开发要求新颖、先进，但如不切实际地追求产品的高新技术含量、功能齐全，既会提高产品的成本和价格，又会导致产品结构趋同，使产品失去个性特色而令销路减弱。技术使用应讲求使用效益。区域市场的划分及区域内部不同消费市场的细分对提高技术使用效益起着至关重要的作用。对产品的有差别需求实际上也是对技术的有差别需求，通过区分不同需求可以对不同地区、不同消费群体所需产品即产品所含技术实行准确的定位供给。

7）持续更新发展技术

新开发产品与市场需求的完全吻合不可能一蹴而就，需要在试销过程中根据消费者意见建议反复改进。对产品的改进在很大程度上是对技术的调适过程，实际上也是对技术的再创造过程。如海尔，根据美国普通居民家庭住房紧张的情况给冰箱配上台面让孩子们有地方做作业，根据农民的要求把洗衣机改造成洗地瓜机等。不仅如此，由于当今市场需求变化加快，产品周期也在不断缩短。如美国统计资料显示，工业产品的寿命周期 20 世纪 60 年代约为 20 年，70 年代约为 10 年，80、90 年代减少为 5 年左右，90 年代后期尤其是进入 21 世纪以后，产品的生命周期一般仅为 2 年～3 年。产品寿命周期决定了技术寿命周期。其周期规律告诫人们，即使某次技术创新和产品开发完全成功，其对企业发展的促动也是短暂的。只有持续更新发展技术，才能在产品市场的激烈竞争中获取充分的主动权。

8）保护技术创新的合法权益

中小企业开发新产品，承担着高额的开发成本和风险，成功率较低。新产品一旦开

发成功，经济效益显著，但是如果忽视设置行业进入障碍，就会错失赢利的宝贵时机。我国中小企业对此往往重视不够，这是战略上的重大失误。中小企业所开发的新产品，一般具有超前性和新颖性的特征，首先应该留意挖掘产品的创造性或先进性，请专家评判，向国家申请专利，用专利法来维护企业技术创新的合法权益。其次，应做好技术保密工作，这也是防止其他行业进入的有效方法。可口可乐公司的保密工作就做得滴水不漏，多年来能够保守住产品配方的秘密，并且雄踞世界饮料市场，与其保密工作做得好有很大关系。还有，企业应最大限度地提高新产品的技术含量，先从自身筑起防范他人仿造伪劣产品和侵权的坚固堡垒。

3.3.3 技术创新和产品开发的目的

1. 提高产品的自主知识产权含量

自主知识产权一般指一国疆域范围内由本国公民、企业法人或非法人机构作为知识产权权利主体，对其自主研制、开发、生产的“知识产品”（如计算机软硬件、网络信息产品等），及获得许可购买他国或他人专利、专有技术、商标、软件等所享有的一种专有权利。

我国自改革开放以来，大量引进国外先进技术、设备和先进的管理，招商引资，大大缩短了我国与国外科学技术发展水平的差距，也促进了我国经济的繁荣和社会的发展。但我们应清醒地认识到，发达国家输出技术的目的是为了占领市场，获取更大的利润，发展和提高我国的科技水平并非是他们的初衷。其次，发达国家在高新技术领域拥有大量的知识产权，越高越精越尖的技术、越有市场前景的技术越值钱。我们既买不起，也买不来，只有自主创新才能发展自己，才能赶超国际先进水平。我国加入世界贸易组织之后，国际进出口贸易迅速增长，但国际贸易摩擦也迅速增加，除了反倾销、反补贴等产品的调查案件外，涉外知识产权纠纷的案件也日益增多，“中国产品卡在专利上”，“国货屡屡受阻欧盟”等报道屡见不鲜。

企业是市场经济的主体，企业拥有自主知识产权，既可以用作进攻性武器，占领或独占市场，也可以通过转让和许可从其他企业产品中获取利益，还可以作为防御性武器，运用知识产权保护制度保持自己已占领的市场。所以自主知识产权是企业提高市场竞争力的重要资源，也是国家保护国家利益和经济安全的重要武器。在未来的知识经济时代，知识将成为最活跃的生产力要素，知识产权在科技、经济、贸易中的地位将得到历史性的提升，人们将会认识到世界未来的竞争将是知识产权的竞争。

企业是技术创新和知识产权的主体，增强自主开发能力，把引进技术与消化吸收再创新结合起来，努力掌握自主知识产权，是企业生存和实现跨越式发展的关键。

1）通过提高产品的技术含量与制造水平来限制仿造、侵权。现阶段，一些企业因仿造他人产品、侵犯他人知识产权的门槛低、成本低、技术与制造水平要求低，进而形成了仿造成风、肆意侵犯知识产权的不良局面，给整个行业健康有序的发展造成了不小的冲击与影响。如果企业在申请专利产品、在法律上进行保护的同时，能够提高产品的工艺水平与技术含量，让其他企业难于仿造或者仿造成本较大，如此应该可以限制仿造与侵权行为的发生。

2）通过树立知名品牌来限制仿造、侵权。产品被仿造、知识产权被侵犯，这与企业品牌知名度不高也有一定的关系，当企业由产品的竞争上升到品牌的竞争的时候，其他企业仿造产品的做法已经很难撼动品牌企业的产品在市场中的地位、在客户心目中的地位，因为客户所注重的已经不是产品本身的异同，而是注重产品的品牌。企业的产品成了知名品牌，不仅有利于行业的规范，对消费者来讲也是一件好事，消费者的权益更能有效地得到保障。

2. 提高产品的功能特性

功能特性是指产品应具有的同类产品最基本的功能外，所具有的其他特性，是补充产品基本功能的特征。如：性能、外观、材质、配件和资质等方面的特点。

功能性价值是产品解决问题的能力。问题解决得越彻底，产品的价值就越高。这是一种使用价值，与技术的先进性有关，更与对顾客问题的理解力与悟性有关。

为了能够更好地解决顾客的问题，企业通过技术创新和产品开发，能够提高产品的功能特性，满足顾客的需求。宝洁旗下的洗发水品牌核心价值大都定位在功能特性层面：如飘柔突出“头发更飘，更柔顺”；潘婷强调“拥有健康，当然亮泽”；沙宣追求“专业头发护理”；海飞丝表达“头屑去无踪，秀发更出众”；伊卡璐诉求“草本精华”。

3. 提高产品的质量水平

质量，是指产品能实现其功能的程度和在使用期内功能的保持性，用效率、效能和效果来测定和评定，效率越高、效能越强、效果越明显则表示质量越好。产品的质量属性包括质量水平（高和低）和质量的一致性（又称为稳定性）。质量水平是用以说明一定产品在生产和消费过程中形成的客观特性的指标。质量水平是某一质量等级下设计者或企业对设计产品所确定的各种具体要求和性能参数水平。对于某一种具体产品来说，其质量水平往往表现在某一种或某几种主要的、关键的质量特性上。因此，统计往往就根据这些主要的关键的质量特性来衡量产品的质量，如灯泡的质量主要以照明时间长短来衡量。

而质量的一致性则是指强化质量的无缺陷管理，保证每一批次的产品都具有相同的质量水平。

企业可以通过技术创新和产品开发提高产品的质量水平，突出和强化品质感以及性能的优越，并对配套辅件的完整性、易操作性、质量的一致性和可靠性以及质量水平做出承诺。

4. 提高顾客价值

顾客价值是顾客对产品或服务的一种感知，是与产品和服务相挂钩的，它基于顾客的个人主观判断；顾客感知价值的核心是顾客所获得的感知利益与为获得和享用该产品或服务而付出的感知代价之间的权衡，即利得与利失之间的权衡；顾客价值从产品属性、属性效用到期望的结果，再到客户所期望的目标，具有层次性。

未来 10 年内，机器人和在线虚拟人、云计算、框计算、自然语言处理、无人驾驶汽车、视频电话、物联网自控系统、量子网络、3D 打印技术、万物网、纳米医疗机器、微光子、微流体……颠覆性的技术创新所创造的未来我们无法预测，但是这些正从实验

室走向应用技术，将会给我们的生活带来翻天覆地的变化。技术的发展必然会带来顾客需求边界以及本质内涵的改变，从而引发对行业边界的重新界定。如果企业单从现有的产品形式对行业进行定义，那么会使得企业失去前瞻力。

通过技术创新和产品开发，可以把握创造性价值的机会，从而提高顾客的感知价值。创造性价值机会又称全新机会，是目前不存在但未来可能出现的价值机会，是由技术创新和发展以及市场细分带来的机会。例如三网融合后的零售渠道经营、可卷曲的电脑、汽车光伏空调等。

【案例35】

苹果公司的创新轨迹：一个苹果　两样滋味

三百多年前，一颗苹果从树上掉下，引起牛顿思考，发现了万有引力定律；三十三年前，乔布斯创建苹果电脑，人类的数字生活就此改变。今天，牛顿的那个苹果已无处可找，乔布斯的“缺口”苹果，却已散布在世界的角角落落……面对这颗被咬掉一口的苹果，中国企业做何感想?

苹果，这家全球市值最高的科技公司，每年都有革命性的创新产品推出，iPod、iPhone、iPad等创新产品都领风气之先。苹果最大的成功是把产品做成了一个平台，构建了一个全新的产业价值链和创新生态系统。因此对国内企业来说，学习苹果的技术创新和价值创新经验，将两者结合起来更具有现实意义。

一个优秀的企业，技术创新能力是其竞争优势的重要基础，苹果公司也是一样，能够成为计算机和消费类电子界的霸主，它的奇迹则在于以“技术狂人”乔布斯为代表的技术派超强的自主创新能力，“纵观苹果公司30年发展过程，就像是一场技术的盛宴”。

那么，苹果的创新主要体现在哪些方面上呢?

从最初开发的Apple I到最新的MacBook Pro，在此过程中，它共塑造了十几款经典的计算机，而且每一次推陈出新都给用户带来了惊喜，并推动了行业不断向前发展。对于许多计算机用户而言，苹果引领计算机产业，推动着技术创新，改变着人们对个人计算的认知。在技术创新上始终走在绝对前面的苹果，以惊人的速度取得了巨大的市场。

苹果的创新体现在以下三个方面：

首先，苹果进行了重要的战略创新，由原来技术的狂热崇拜转向了以用户体验为中心，让用户感觉使用比较容易，符合自己的习惯。

其次，苹果进行了市场创新。苹果把创新产品定位在一个前人没有关注的新的细分市场，因此找到了新的客户群体。例如，iPad是定位于笔记本和手机之间的中间市场。

最后，苹果颠覆了传统的技术创新理念，用简单为客户创造价值。在高科技产品越做越复杂的时候，苹果反其道而行之，通过功能简化做减法。

苹果的保守体现在其创新平台的相对封闭特征以及对供应商的强势。苹果的操作系统相对比较封闭，与其他系统不兼容。如果别人要在它的平台上开发软件，增加一些功能，苹果是要收费的。

苹果的创新和保守揭示的是战略创新、市场创新和技术创新的内在逻辑联系。基于苹果的战略新思维，它把偏好精美、简约风格的客户作为自己的目标客户，在一个相对封闭的范围内高效地组织资源，实现上述价值的创造。苹果用卓越的创新吸引了大量的消费者，形成了一个平台，所以有比较好的讨价还价能力，形成了对进入平台的软件、硬件提供商的强势地位。

（资料来源：苹果公司的创新轨迹：一个苹果　两样滋味，东方网-文汇报，2010. 有改动）

3.4　品牌传播

7.4.4　品牌传播

组织应以品牌的核心价值为原则，在品牌识别的整体框架下，选择多种传播手段将特定的品牌推广出去，以建立品牌形象，促进市场销售。

组织应根据品牌特点选择、设计传播方式并组织实施，达到提高品牌知名度、信任度、美誉度和忠诚度的目的。

传播内容发布前应由授权人员批准，对传播效果应进行监视和评价，并对传播方式和内容进行改进与创新。

【解读】

3.4.1　品牌传播的定义

品牌传播，又称品牌推广，就是整合一切有效的传播手段，向社会公众和企业产品的消费者传递品牌信息，从而提高企业和产品的知名度、信任度、美誉度和忠诚度，并形成强势品牌的过程。

品牌传播的目的在于通过营销手段和推广技术，把消费者理性消费产品的过程，变成感性消费产品的过程。消费者对品牌的认知在传播过程中逐渐地发生变化，如图 3 - 17 所示。

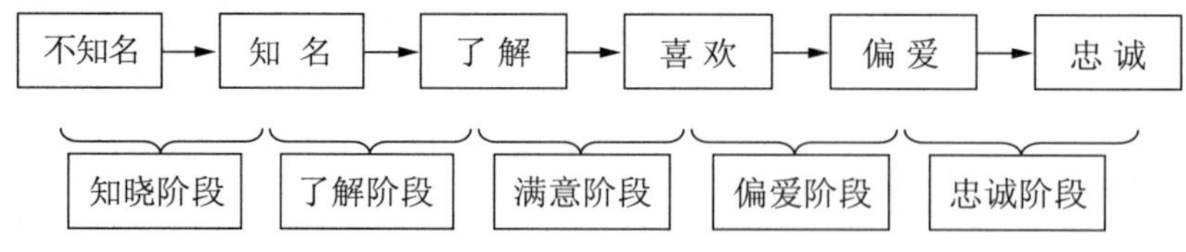

图 3 - 17　消费者对品牌认知过程

从不知名到忠诚，消费者对品牌的认知的六个层次是通过五个阶段完成的。在传播的不同阶段，消费者对品牌会有不同的评判和感觉，因此只有根据具体的市场状况和当时的品牌特点，有针对性地策划传播方案，才能实现品牌传播的成功。总体说来，知晓阶段重在市场教育，了解阶段重在沟通反馈，满意阶段重在情感建立，偏爱阶段重在习惯培养，忠诚阶段重在关系维持。

然而，在品牌的实际传播过程中，阶段划分往往不会如此清晰明了。不同地域消费者对同一品牌的认知会有所不同，文化、消费水平、周围环境等因素都可能使消费者的品牌认知产生差异，而且消费者对品牌的认同也可能出现反复。因此，企业没有必要去调查所有消费者对自身品牌的认知程度，需要我们清楚的是某一具体时段目标市场多数消费者对品牌的看法。这正是有效进行品牌传播的基础。

3.4.2 品牌传播的原则

企业的品牌传播应以品牌的核心价值为原则。何谓品牌核心价值？就是品牌所代表的独特利益以及由此形成的个性差异，是指一个品牌承诺并兑现给消费者的最主要、最具差异性与持续性的理性价值、感性价值或象征性价值，它是一个品牌最中心、最独一无二、最不具时间性的要素。所以，品牌的核心价值既可以是独具特色的功能属性，也可以是令人感动的情感诉求，以及具有自我价值表现的象征意义（参见 2.3）。

品牌核心价值就是指品牌的内核，是品牌资产的主体部分，它让消费者明确、清晰地记住并识别品牌的利益点和个性，是驱动消费者认同、喜欢乃至爱上一个品牌的主要力量。

在当今这个信息大爆炸的时代，现代生活的每一环节都离不开沟通与传播。品牌传播必须不可背离品牌的核心价值主张，否则难以在消费者头脑中建立一个统一清晰的品牌形象，消费者就不会记住这个品牌。纵观国际成功的知名品牌，无一不是如此运作，“可口可乐”的时尚进取的核心精神品牌主张永远不会改变；“舒肤佳”的核心价值主张是“除菌”功能，其所有广告和促销活动都围绕着“除菌”的核心诉求；此外还有“佳洁士”的核心价值主张“防止蛀牙”，其每一则广告都围绕这一主题展开。还有经典的烟草传播范例——“万宝路”的粗犷、豪迈的拼搏精神，一直延续了 50 多年仍显无穷魅力，深得消费者认可。

3.4.3 品牌传播的前提和依据

品牌传播的前提和依据，一是品牌识别的整体框架，二是品牌的特点。

1. 品牌识别的整体框架

在品牌设计一节里，我们提到过品牌识别，即品牌 CI 系统。品牌 CI 是一整套的品牌识别系统，其基本构成包括：品牌理念识别（BMI）、品牌行为识别（BBI）、品牌视觉识别（BVI）、品牌听觉识别（BAI）以及品牌网络识别（BNI）五大要素，这五大要素就构成了品牌识别的整体框架（参见 3.2.3 及图 3－8）。

要想通过品牌识别与消费者产生共鸣并形成与竞争对手的差异，企业就必须确保由品牌识别所体现的品牌形象能实现的利益价值主张是与消费者利益价值主张相一致的。消费者利益价值主张有三种形式，分别为功能性利益价值主张、情感性利益价值主张、社会性（自我表现）利益价值主张。通过倾听—了解—获悉的方法确定消费者的利益价值主张，并以此为标准，准确定义品牌识别的具体内容，然后以这些品牌识别内容为框架构建具体的品牌形象，指导品牌传播。

要建立品牌与消费者之间的关系应该以消费者为中心，这就要求赋予品牌人性化的特征，使品牌在消费者日常生活中扮演某个角色，并赋予与消费者等同的利益价值主张，这样品牌将会获得消费者的认同，使消费者对品牌产生强烈的归属感，为最终形成品牌忠诚奠定了基础。

在完成了定义品牌识别和与消费者建立关系深化品牌形象的步骤后，就要进行大规模的品牌传播工作，以使这一品牌形象获得消费者的广泛认知。始终保持品牌形象的持久一致是企业品牌化工作中的重点和难点。为了保证形象的持久一致，企业在传播的过程中必须清楚三个最为基本的问题：传播的目标受众是谁（know－who）、传播什么内容（know－what）和怎样进行传播（know－how）。品牌识别整体框架为品牌提供了定位的依据，通过品牌定位明确品牌的目标受众，然后企业配合最能体现消费者利益价值主张的渠道积极向消费者实施以其利益价值主张和品牌识别为主要内容的品牌定位传播，使消费者充分获得品牌形象的有关信息，并在他们心目中形成一个鲜明、具体的品牌形象。完成建立和传播品牌形象，企业还需在执行层面维持这个品牌形象在消费者眼中的持久一致。达到品牌形象一致性的传播目标的重要条件是“两个一致”：品牌所有者必须达到从高层管理者到企业一线员工对消费者的利益价值主张认识一致以及所有的市场营销活动实现消费者利益价值主张前后一致。

品牌识别是针对信息传播者而言的。传播者的任务是详细说明品牌的含义、目标和使命。形象则是对此诠释的结果，是对品牌含义的推断，是对符号的解释。从品牌管理角度来看，识别必须先于形象形成。在向公众描绘一个观点之前，必须已明确出要描绘什么。

因此，品牌传播必须在品牌识别的整体框架下进行。企业以品牌的核心价值为原则，在品牌识别的整体框架下，选择广告、公关、销售、人际等传播方式，将特定品牌推广出去，以建立品牌形象，促进市场销售。品牌识别是在品牌核心理念统帅下逐步形成的。品牌理念识别确立了品牌独具特色的理念，是品牌核心价值的体现。品牌行为识别、视觉识别、听觉识别和网络识别统一于品牌理念识别，即统一于品牌核心价值。品牌行为识别规范了品牌传播的行为，而品牌视觉识别、听觉识别统一为品牌符号识别，提供品牌传播层面的信息，其核心是向顾客传递和发送已有的品牌价值。因此，品牌传播必须在品牌识别的整体框架下进行，确保品牌传播的规范性、统一性。

2. 品牌特点

按照社会行业的大类对品牌进行分类大致可分为消费品品牌、工业品品牌和服务品品牌，由于相关行业的相关性、相似性，每一种品牌都会有其相应的品牌特点。不同类型的品牌，对品牌传播手段、传播媒介的选择会有所侧重，因此品牌传播要根据品牌特点选择、设计传播方式，并组织实施。

1）消费品品牌

即直接向消费者提供具有使用价值的物质实体性商品品牌，是应用最广泛的品牌类别。

消费品品牌既代表着消费品的功能属性，又能体现一定的情感价值和社会价值。例如万宝路的牛仔形象是对男性形象、独立个性的彰显，把自由、野性与冒险发挥得淋漓尽致，这种形象就像美国西部的牛仔形象一样，根植于人们心中。针对消费品品牌的基本特征，一般会采用广告传播（如广告、形象代言人等）、公共关系传播（如事件传播等）和渠道展示传播等品牌传播手段进行传播。

2）工业品品牌

即面向企业组织提供生产工作运转所需的资源及相应设施的产品或服务的品牌。

工业品品牌具有高度的专业性特征，倾向于有针对性的解决方案，对技术、性能和价格因素的体现较为重视。当进行工业品品牌传播时，要认识到费用预算通常要小于消费品营销费用，更要注重实效。由于工业品的专业化和复杂性，大型媒体在抵达受众和说服力方面可能非常有限。专业化的媒体，如工业贸易展、培训行动、专业杂志和专业会议，则可能是把信息送抵顾客的最有效办法。同时，要赞助一些与社会责任相关的活动，关注环境、关注社区，树立企业强烈的社会责任。事件营销也是一个有效的途径，抓住突发事件、重大事件，能有效提升企业的知名度，树立形象。

3）服务品牌

即向消费者、向社会提供无形服务形式或服务企业的品牌。

服务品的品牌更多的是体现对人性的关怀与体贴，它有相当强的个性化特点。因此，相对于一般产品品牌的传播，服务品牌传播有其自己的特殊性。产品品牌的载体是产品，完全有形化；服务品牌的载体是服务，部分有形化，并且服务质量的稳定性比产品质量的稳定性差，抗外界因素干扰力差。因此一般产品品牌的品牌传播都为广告、促销等基本的营销活动，但服务品牌传播除此之外，更加注重员工形象和服务环境等的有形展示，即渠道展示的重要性更加突出。

3.4.4 品牌传播的方式

品牌传播的方式包括品牌传播手段和品牌传播媒体两个部分。

1. 品牌传播手段

常见的品牌传播手段有广告传播、公共传播、销售推广传播、人际传播等。熟知这些品牌传播手段，有利于品牌整合传播的实施。当今社会，影响消费者的品牌信息越来越丰富，品牌传播系统也由此变得越来越复杂，产品、员工、广告、公关、销售通路等都成为需要整合控制的品牌信息出口。

成熟的品牌传播理论是整合营销传播（IMC），其核心的思想是整合一切媒体，传递一个声音，这个聚焦的声音就是品牌的核心价值（见图 3－18）。

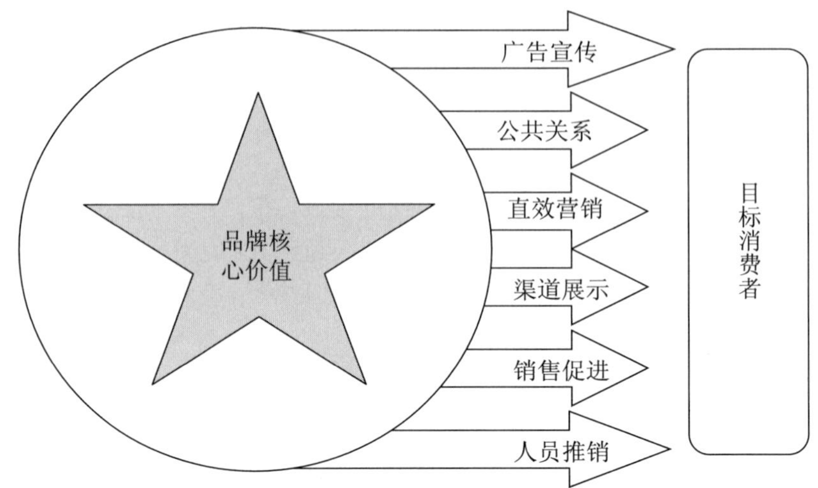

图 3-18　品牌整合营销传播手段

1）广告传播

广告传播是最重要的品牌传播方式之一。目前，一般应用的工具有广告宣传、代言人和在互联网上传播等。据相关资料显示，在美国排名前 20 位的品牌中，每个品牌平均每年的广告费用为 3 亿美元。广告在树立品牌形象、提高品牌知名度、创造品牌竞争优势和提高渠道中间商的积极性等方面发挥着重要作用。具体说来，广告的反复传播有助于扩大品牌知名度，营造品牌的社会氛围；通过全面介绍产品的性能、质量、用途、维修安装等有助于提升品牌认知，消除消费者的购买疑虑，提高品牌信任度；有助于丰富品牌联想，塑造品牌形象；有助于在自我表现与自我认同、品牌使用中的愉悦感和品牌能表现的真实性等层次上培育受众对品牌的情感，提升品牌美誉度；提供购后支持，强化顾客的自我确认和自豪感，提高品牌忠诚度。

当然广告传播对品牌建设也会产生负面作用，比如虚假或欺骗性广告会对品牌造成巨大伤害。广告承诺、广告诉求、广告叙事风格等不符合品牌识别的整体框架，不一致、不连续，则可能影响品牌形象的塑造、品牌资产的积累。

2）公关传播

公关是公共关系的简称。公关传播可以借助第三方力量（如媒体）和超越广告的可信度，对品牌形象发挥积极影响，增加企业品牌的知名度和美誉度。

根据公共关系的业务特点，可以将其分为日常事务型公关传播、宣传型公关传播、征询型公关传播、服务型公关传播、社会活动型公关传播等。

公关传播在品牌传播中的作用主要有：出色的公关传播活动可以在短时间内，甚至低成本地实现品牌知名度的快速提升；公关传播能有效帮助企业在公众心目中取得心理上的认同，提升品牌信任度。一些公益性、赞助性公关传播活动广结良缘，通过媒体报道、民众口碑等第三方力量，获得公众的信任，提升美誉度，树立起良好的品牌形象；增强公众对品牌的包容性，降低品牌风险，提升抗危机能力。

当然，公关传播也有负面作用，比如过度炒作带来的公众反感，缺乏诚意（欺骗

性）的公关活动导致的公众质疑甚至抗议，不当危机处理带来的危机恶化等。这些都与是否遵守公关传播的内在规律密切相关。

3）销售推广传播

销售推广传播是指品牌所有者在销售推广中，结合品牌传播目标，对其中的信息流进行有效整合管理的信息管理活动。

在品牌化的销售推广中，销售渠道是开展品牌传播的重要空间和活动场所，相应的传播载体也集中在其中。给顾客带来积极、丰富的品牌体验是销售推广传播的主要任务。

销售推广传播将贯穿产品（服务）销售的全过程，包括售前、售中和售后。百威公司曾将基于渠道的销售推广传播总结成以下四个关键环节：以产品陈列和宣传招贴为主的品牌可视化；促销员的形象素质；促销活动；为零售终端提供的销售服务。

常见的销售推广传播形式有品牌化促销、人员推销、直复营销、终端立体体验等。例如，设立形象店或旗舰店，把品牌的良好形象和品牌所代表的强大的企业实力展现给消费者；制作精美的POP广告和友善的终端促销人员能够向消费者传递品牌的价值，增加品牌的亲和力。

当然销售推广传播对品牌建设也存在负面影响：不当的促销活动会损害品牌形象；低素质的推销员会直接破坏品牌形象，甚至引发品牌危机；不周全的售后服务会直接降低消费者对品牌的信赖度和好感；混乱的终端体验最终会直接影响到一致的品牌形象的积累。因此，销售推广传播成功的根基仍离不开商品自身的品质和企业的综合素质。

4）人际传播

人际传播是指个人与个人之间直接的面对面的信息沟通和情感交流活动，具有明显的社会性特征，通俗来说就是“口碑”传播。在传播技术飞速发展的背景下，人际传播的形式越来越多地被运用于品牌传播当中。

用于品牌传播中的人际传播主要体现在两个方面：

一是企业员工与外部品牌受众的直接互动沟通。比如企业人员的咨询简介、示范操作、服务等，也体现在内部员工关于企业的公开言论和行为上，比如员工在与朋友、家人的交往中以及其他社交活动（尤其是社交媒体）中，所表达的关于自身所在企业的言论等。针对企业内部员工的公关传播表现为企业内传播。企业内传播从信息流动方向上可以分为下行传播、上行传播和横向传播。传播形式有员工会议、仪式、培训、业务通讯、内网、内刊、工作手册、工作备忘录、工资单、闭路电视、通告、电子公告板等。作为品牌传播的一种重要手段，企业内传播的首要目标是实现企业内成员的组织融合和价值趋同，最终目标则是规范和控制每一个消费者与品牌接触点（如员工等），确保品牌的核心价值得到彻底贯彻，确保品牌形象一致。

二是品牌受众之间关于品牌的交流沟通。品牌受众之间关于品牌的交流沟通，在早期主要通过品牌接触者个人生活圈内的口口相传来进行，因接触面的局限性，其传播效率不高，可能需要若干年才能形成对品牌的影响。而在互联网成为信息传播重要媒介的今天，使用者对商品的网评已成为人们了解商品的重要渠道，互不相识的人们通过网络交流，可以在一夜之间形成对一个品牌的强大影响。因此品牌受众之间的交流沟通

（“口碑”传播）成为不可忽视的重要传播活动。此种情形下，企业要特别警惕“口碑的品牌杀伤力”，可以通过广告、公关、体验营销、售后服务等形式对受众关于品牌的私人谈论，包括博客、微博、微信、论坛或社会网站留言等加以引导，包括通过引入“口碑营销”战略，塑造积极的品牌形象。

2. 品牌传播媒体

1）媒体的类别及其特点

要合理地进行媒体组合，首先就要对各个媒体的特点有一个清晰的了解，然后整合应用各种传播方式向消费者传达品牌的信息并与消费者进行交流。

各媒体的类别与特点如表 3－4 所示。

表 3－4 媒体方式的特点

类别		媒体	传播优势	传播劣势	品牌传播策略
传统媒体	电波媒体	电视	视听合一；生命形象；时效性强；受众范围广	信息保存性差，不适合表现过于复杂的内容；干扰信息多；传播成本高	适用于展示、告知，可在较大范围、较短时间内提升品牌知名度或塑造品牌形象
		广播	时效性强；不受时空、听众阶层限制；传播成本低	只诉诸听觉；信息保存性差；时间短暂，不易记忆	具有较强的即时劝服效应，承载的品牌信息往往针对当地市场，并且被越来越多地用于出租车司机、私家车主等移动人群互动
	平面媒体	报纸	具有权威性，适合传达深度信息；信息保存性强，可重复阅读和传阅；读者群明晰，且信息接触主动性高	只诉诸视觉，感染力较弱；间隔出版，不利于记忆的强化；受众范围有限	适用于解释说明，通常作为电视媒体品牌信息的补充传播渠道
		杂志	有固定读者群；信息可以长时间保持、反复暴露；印刷质量高	只诉诸视觉；出版周期长	利用杂志色彩丰富、质地精美的特征，展示品牌形象，且适合与杂志内容进行深度融合，进行植入式品牌传播
		直邮	受众指向性强；信息设计灵活自由	传播费用较高	适合针对性传播，最大限度地利用数据库，根据目标受众的不同需求采取不同的传播策略和服务方式

续表 3－4

类别		媒体	传播优势	传播劣势	品牌传播策略
传统媒体	户外媒体	路牌、灯箱、交通工具等	容易形成视觉冲击；信息存在时间长，便于反复记忆	承载信息量、信息表现方式都受到严格限制	适用于展示品牌形象
新媒体	网络媒体	电子杂志、网络视频、博客、播客、社区等	集文字、图片、视频、音频于一体；受众主动接触信息，互动性极强；传播成本较低	信息接触存在一定门槛，受众范围有限；信息庞杂；广告信息容易被刻意忽略	适合受众参与、互动，应充分利用网络口碑传播的影响力，有针对性地进行某项品牌传播活动
	数字媒体	数字电视、数字广播	受众定制信息，互动性强，精确到达目标人群	传播内容受到付费定制的限制	需要创新广告形式，积极通过植入等方式融入内容，传递品牌信息
	移动媒体	手机	互动性强，信息承载方式多样，有利于个性化信息的传达	传播效果受到信号质量、屏幕大小及分辨率的限制	利用新颖丰富的形式，例如手机视频、手机电视、彩信等制作具有娱乐性的信息内容
		车载电视、公交电视	吸引乘车人群的注意，是封闭的环境中最便利的消遣节目	传播环境嘈杂，传播效果难以保证	增加电视广告片的播放频次
	楼宇媒体	电梯、楼宇电视	传播环境良好，噪声干扰小，准确覆盖目标人群	关注度低，信息整体性因受众行程而受到影响	传递品牌最新信息，配合其他媒体广告，增加消费者对品牌的接触次数

2）媒体组合

所谓媒体组合，就是利用有限的资源，选择各种媒体进行优化组合和综合运用，使之协调配合，发挥优势，以取得更好的宣传效果。这里需要说明的是，媒体组合并不是若干种媒体的简单拼凑，而是一种有策略的资源配置过程。

具体来说，媒体组合的目的在于让目标的顾客群体在一个确定的时间段，以更高的频率，用更多的方式，接受更多的信息，从而达成对产品和品牌的理解。

每个媒体都有其自身的特点，有各自的优势和劣势，在推广的过程中，各种媒体所起的作用是不一样的。这也意味着在品牌推广的过程中，单一的媒体往往无法满足我们的需求，这就迫使我们寻求数种媒体的组合，来实现品牌推广的目的。

合理的媒体组合可以弥补单一媒体的不足，实现优势互补，建立一个立体交叉网络，让受众从多角度接受信息，同时也可以延长媒体的功效，并能够有效抑制及抗击竞争品牌的广告效果。

媒体组合的方法关系到品牌推广活动的成效如何，企业在确定媒体组合时，应该依据一套严谨的流程，这样才能做出科学的品牌推广媒体组合策略。选择媒体组合的流程及主要内容见表 3－5。

表 3－5　媒体组合选择的方法与过程

<table>
<tr><th colspan="2">组合计划项目</th><th>主要内容</th></tr>
<tr><td colspan="2">1. 了解广告投放预算</td><td>了解企业投放计划、投放资金比例及策略设想</td></tr>
<tr><td colspan="2" rowspan="4">2. 市场及广告调整</td><td>了解企业产品上市情况</td></tr>
<tr><td>对产品进行评估，看属于哪一生命阶段</td></tr>
<tr><td>对产品消费者进行分析</td></tr>
<tr><td>竞争分析</td></tr>
<tr><td rowspan="4">3. 各媒体收视调查</td><td>电视</td><td>了解各电视媒体收视状况</td></tr>
<tr><td>报纸</td><td>了解报纸的销量状况</td></tr>
<tr><td>路牌</td><td>了解目标接触率状况</td></tr>
<tr><td>其他</td><td>进行各媒体的其他情况调查</td></tr>
<tr><td colspan="2">4. 确定广告对象</td><td>根据企业产品状况、品牌状况进行定位，确定目标市场，说明所针对的消费者概况</td></tr>
<tr><td colspan="2">5. 分析广告对象</td><td>分析广告对象年龄、喜好及所喜欢之媒体状况</td></tr>
<tr><td colspan="2">6. 与媒体之关系</td><td>分析各媒体与所定之对象接触的比例关系</td></tr>
<tr><td colspan="2" rowspan="2">7. 初步确定媒体</td><td>列出所选择的媒体及媒体组合的原因、媒体的收费状况</td></tr>
<tr><td>选用媒体所受限制</td></tr>
<tr><td colspan="2" rowspan="2">8. 预算评估</td><td>列出各媒体之预算</td></tr>
<tr><td>按各媒体发布的时间及方法评估费用</td></tr>
<tr><td colspan="2" rowspan="2">9. 建议事项</td><td>列出其他可操作的组合方式供企业决策人挑选</td></tr>
<tr><td>提出自己的建议</td></tr>
</table>

3.4.5　品牌传播的目的

总体来说，品牌传播与推广的目的在于提高品牌的知名度、信任度、美誉度和忠诚度。具体到传播推广过程的每一阶段，其目的的侧重点也会有所不同。正是通过品牌传播，企业才能塑造品牌形象，实现品牌认知，形成品牌忠诚（见表 3－6）。

表 3-6 品牌传播的目的

阶段	品牌知晓阶段	品牌了解阶段	品牌满意阶段	品牌偏爱阶段	品牌忠诚阶段
品牌推广意义	提高品牌知名度	让消费者更多地了解产品，更恰当地理解品牌，增强消费者的信任度	建立品牌美誉度，引导消费者由理性消费产品到感性消费产品	强化消费者对品牌的认同感，使其形成品牌偏爱和购买习惯	维持消费者对品牌的信任，强化品牌的核心价值，与消费者建立更为牢固的关系

品牌的知名度和忠诚度在品牌资产一节中有详细论述（见 3.7.1）。

品牌信任度包含两层含义：品牌可靠度和品牌承诺。品牌可靠度是指一个品牌应有足够的实力去影响和满足消费者的需求。品牌承诺是指从品牌的外在形象到内在质量都应表现出对消费者负责的态度。

品牌美誉度是指一个品牌获得公众信任、好感、接纳和欢迎的程度，是评价品牌声誉好坏的社会指标，侧重于“质”的评价，即品牌的社会影响的美丑、好坏，以及公众对品牌的信任和赞美程度。品牌美誉度可以用品质认知度和领导性/喜好程度两个指标来评估。品质认知度是指消费者对某一品牌在品质上的整体印象，与感知质量相同。感知质量是指顾客了解某一产品的具体用途之后，心里对该产品相对其他同类产品的质量或者优势的认知水平和整体感受。它是顾客对产品的主观感受，不同于产品的实际品质。而品牌的领导性可藉由下列问题来加以评估：该品牌是否为同类品牌的领导品牌，该品牌是否越来越受到消费者喜爱，该品牌是否因创新性而备受尊崇。品牌美誉度可按下列公式计算。

品牌美誉度＝对品牌正面联想的人口数量/人口总量×100%

或：品牌美誉度＝认为某品牌是最理想品牌的家庭数（人数）/调查总体家庭数（人数）×100%

3.4.6 品牌传播的实施

要达成品牌传播的目的，必须综合利用各种手段、工具和媒体的组合。

品牌传播的手段很多，应用的工具和媒介更是多得让人眼花缭乱。理想状况是企业整合各种媒体，利用多种传播手段和传播工具，向利益相关者传播统一的形象，做到最大限度的沟通和宣传。但实际状况是，不同品牌在不同阶段，会根据所面临的市场环境、自身的营销策略和财务预算，在众多品牌传播手段和工具中有重点、有差别、有层次地利用，从而形成各品牌、各阶段不同的品牌传播手段和工具组合模式。

1. 中规中矩模式

基本框架：广告宣传＋品牌代言人＋口碑传播

该模式是当品牌面临诸如新品牌知名度的扩大或成熟品牌形象的提升等营销目标时，在没有其他特殊事件或营销环境出现时，通常会采用的一种模式。

在营销目标的指导下，该模式选择以广告宣传为主打工具，品牌通过大众媒体的广告投放，扩大其品牌知名度；在广告投放的基础上寻找一个品牌代言人作为辅助工具，促进广告信息更为有效和深入地传播，提升其品牌好感度；一个好的品牌代言人，会带来一定的社会效应，引发一段时期内的社会话题，配合优质产品和良好的品牌形象，在消费者当中借助口碑传播达到延续不断的传播效果，使品牌形象深入人心，并影响消费者的购买意向。

2. 借势＋造势模式

基本框架：赞助＋广告宣传＋明星代言/活动推广

该模式的使用，是品牌想借某一次活动（如重大体育赛事、备受关注的娱乐活功等）的影响力，在短时间内迅速扩大自己的品牌知名度并提升自己的品牌形象。其中短时间内迅速扩大自己的品牌知名度并提升自己的品牌形象是品牌该阶段的营销目标；赞助是品牌为达到这一目标所采取的主打工具，也是品牌借势之处；广告宣传作为辅助工具，将品牌赞助某项活动事实恰到好处地大肆宣扬，这是品牌为自己造势的开始；在广告宣传的基础上，采用什么样的宣传方式会有所不同，有的品牌会选择和本次活动相关的明星作为品牌代言人在广告中出现，有的品牌会选择进行与本次活动相关的活动推广。无论是选择明星代言，或是相关活动推广，都是作为该模式的延续工具，为使本次赞助效果更深远、更显著。

3. 直效出击模式

基本框架：直效营销＋互联网/呼叫中心＋售后服务

该模式的最大特点在于它省去了中间商的环节，品牌直接与消费者接触，使营销渠道简洁化，从而节省营销成本。

该模式以促成销售为营销目标，以直效营销作为主打品牌传播工具，利用直接邮购、目录营销、电话营销、媒体购物等方式推介产品性能和功效，这是消费者接触到品牌的第一步；互联网或者呼叫中心的客户人员作为辅助工具为消费者提供购物咨询服务，使得无店铺销售成为可能；而优质的售后服务则作为延续工具为消费者提供强大的售后保障体系，通过提供送货上门、投诉建议、保修服务、产品升级等服务，提升消费者的信任度和美誉度，进而提升其忠诚度。

4. 终端拦截模式

基本框架：终端建设＋消费者体验与参与＋销售促进

该模式的营销目标是在离消费者最近的一米之处——终端卖场，加强品牌信息传播，影响消费者的购买决策，促使其做出购买本品牌的决定，促成最终的销售达成。

在该营销目标之下，品牌传播以终端建设为主打工具，通过终端卖场的广告信息、终端环境的布置和终端气氛的营造等手段，加强在终端的品牌信息传播，在消费者作出购买决策之前强化其品牌形象；消费者一旦进入终端卖场就已经不知不觉地在体验各品牌的终端建设了，若是消费者被终端信息与环境所吸引，主动参与品牌信息的传播过程当中，其在终端的消费行为则从无意识的体验转变成了有意识的主动参与，其对品牌的关注度和认可度会大大提升，因此，消费者体验与参与是作为辅助工具加深品牌在终端的信息传播力度和影响力的一种手段；而终端卖场的销售促进则作为辅助工具，通过降价、打折、买赠活动、捆绑销售、试用品派发、人员促销、路演活动等促销方式促成消费者购买决策的加速进行。

5. 品牌形象塑造模式

基本框架：公共关系＋广告宣传＋社会公益活动

该模式是以塑造企业形象作为品牌传播的长期目标来制定该品牌的传播策略。为使长期目标得以实现并深入人心，该模式以公共关系维护为主打工具，针对企业的利益相关者——如原料供应商、经销商、企业内部员工、消费者、社区和政府机构等，建立并维护和他们之间的互利互惠关系，努力在公众心中塑造和建立良好的品牌形象；以广告宣传为辅助工具，向社会宣言品牌理念和企业所坚持的信条，将自己的品牌形象通过大众媒体广为传播；以社会公益活动为延续工具，用实际行动证明自己的品牌内涵和核心理念，并使公益活动的受益者及其相关人员亲身感受品牌理念。

3.4.7 品牌传播的节奏控制

1. 品牌传播过程的力度控制

品牌传播的力度不可能长期一成不变，在特定的条件下需要有相应的变化。以下是需要加大传播力度的情况和相应的措施：

1）消费者对这个品牌还不熟悉的时候：需要告知产品的功能；需要让消费者知道你的产品与其他产品的区别；需要让消费者了解自己的品牌、知道品牌的价值与承诺，希望消费者喜欢并尝试着购买。

2）产品需要迅速占领市场的时候：让更多人了解品牌和产品；在消费者间产生口碑，引起关注；让经销商感受品牌和传播支持，以便更多配合；利用促销达成更多的关注和购买。

3）进行品牌扩充市场的时候：应迅速提升自己的品牌知名度；应从地面攻势上达成更多人对产品的理解；应告知自己产品的特点和优势；告知消费者自己品牌的利益点；告知消费者自己营销活动中的服务支持；开展公关活动，提升形象。

4）产品好，但卖不出去，品牌需要重塑的时候：需要改变产品的诉求进行传播；需要改变视觉表现进行传播；需要让更多人关注品牌和产品；需要通路环节的传播运作。

2. 品牌传播过程的时间控制

品牌传播的时间控制，要根据当时的市场情况而定。以下也只是在市场实际操作过程中一种方法的总结，关键是要看到市场需求的变化，并根据其变化改变市场策略，而根据自己的产品增长随意改变市场策略是不对的，只有市场才能决定品牌策略（见图3-19）。

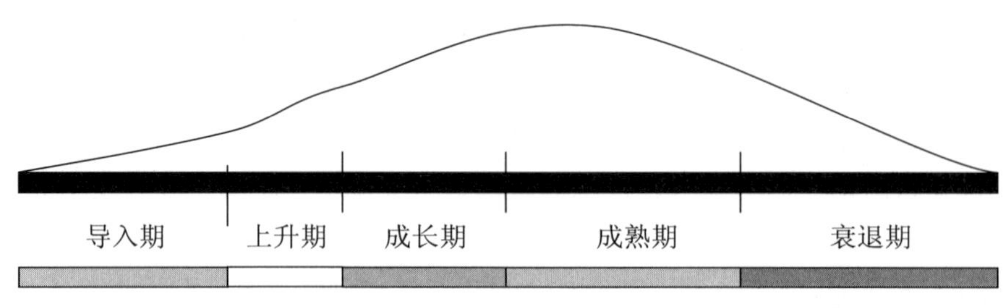

图 3－19　品牌的生命周期

品牌传播的时间控制关系着品牌传播的成效，处于品牌发展的不同阶段以及品牌传播活动的不同节点上需要有不同的时间控制策略。

1）不同发展阶段的传播策略

通过品牌维系消费者的忠诚度，可以使企业在市场上获得较强的竞争力，从而达到保护自己、打击竞争者的目的。然而，品牌的载体是产品，而产品的发展有着自己的生命周期，虽然品牌在一定程度上可以利用品牌延伸手段从一种商品或服务扩大到另一种商品或服务上去，但是它终究不会离开某种产品或服务。所以，它必然也会经历一个介绍、成长、成熟和衰退的过程。

关于品牌是否存在生命周期，人们的意见并不一致。有的学者认为品牌没有生命周期，宝洁公司认为，一个管理良好的品牌并没有品牌生命周期的问题。在美国，柯达、吉列、可口可乐、亨氏和金宝汤等著名品牌领先了 70 年，现在还是品牌领袖。但是也有学者认为存在生命周期。参照产品生命周期四阶段划分法，品牌生命周期可分为四个不同阶段：介绍期、成长期、成熟期和衰退期。根据品牌生命周期不同阶段的特点，企业应采取不同的品牌传播策略。

（1）品牌介绍期的传播策略

一般来说，品牌成长的初期，由于产品刚刚进入市场，产品处于市场开发阶段，品牌知名度低，产品销量比较小，这时可采用任务法和负担能力法确定传播预算，即根据企业市场开发目标和企业财务承受能力来测算企业需要投入的传播费用。

在这阶段，产品的包装设计、前期广告以及各种促销手段都是为了介绍产品，更好地宣传产品的功能特性，吸引消费者试用或购买。介绍期目标是使消费者认识该产品，因此需要对产品进行广泛的宣传，以提高产品的知名度。对于中间商，则需要做出耐心而细致的说服工作。此阶段传播宣传很重要，传播的目的在于向消费者介绍产品的特性、质量和用途等，以此激起消费者初次购买的欲望。介绍期的促销费用高，要使销售渠道逐步完善。

由于介绍期的产品品牌尚处于被消费者认识和接受阶段，市场占有率不高，品牌尚未真正形成，新产品刚刚投入市场，顾客对产品尚不了解，只有少数追求新奇的顾客可能购买，销售量很低，为了扩展销路，需要进行大量的广告促销活动。因此，企业应把宣传注意力放在那些最可能购买的消费者身上。

（2）品牌成长期的传播策略

在品牌成长期，由于产品逐渐被市场接受，产品销售量快速增长，品牌知名度呈上升趋势。企业在成长期能够快速建立起消费者群体，在品牌生命周期早期阶段，广告的作用一般不太明显，广告对品牌使用价值的积累影响还没有表现出来。但在成长期，广告的作用将越来越大。成长期广告目标是吸引顾客，使其形成品牌偏好，以扩大市场占有率，此时应进一步加强广告宣传，广告内容要突出畅销商品的特性和使用价值。品牌传播最初遇到的问题主要是市场渗透率低和消费者重复购买次数少这两个问题。如果在这两方面都做好了，品牌会继续成长。此时产品的需求量在逐步增大，消费者已对产品有一定的认识，宣传应着重突出本产品的优势，而不必过多注意产品本身，因为产品是可变的，而品牌则是比较稳定的。另外，对于品牌快速成长阶段的传播预算，采用销售额比例法确定比较合适。

（3）品牌成熟期的传播策略

当品牌进入成熟期时，产品销售量达到顶峰，销售量增长速度变缓，市场占有率增长速度亦有变缓的趋势。需求很少再增加或增长较为缓慢直至趋于稳定，利润趋于稳定甚至出现缓慢的下滑趋势。此时品牌知名度和美誉度达到了一个稳定的水平，品牌已拥有了一个忠诚的消费群体。成熟期通常会持续一个较长时间。

基于成熟期的上述特点，在此阶段，品牌的传播变得不是十分重要，成熟期品牌传播的目的在于维系一大批较为成熟的消费者，对于产品本身已经不需要太多的宣传。所以此阶段的传播策略主要是突出产品尤其是品牌的差异性，即确定相对于其他的竞争对手，本企业的品牌有何优势。另外，突出宣传本企业的整体形象而不是某一产品品牌形象也是此阶段品牌传播的目的。

在成熟期，品牌资产已有一定积累，有一批较稳定的消费者，因此具备了品牌延伸的基本条件。如果运营得当，可顺势推出新的产品，从而增强品牌的后续发展能力。

（4）品牌衰退期的传播策略

在品牌衰退期，品牌产品的需求下降，产品销售量和利润都有大幅度的下滑趋势，品牌的影响力逐步降低直至从消费者心目中消失。此时，企业一方面要尽量地发掘品牌的潜力，另一方面要有目的、有步骤地撤退。

大多数情况下，广告等品牌传播策略在此阶段已经起不了什么作用。此时，企业意在获取后期利润，能收多少算多少。所以在此阶段，企业可以重新设计广告或进行新一轮销售促进或公共关系活动，如果效果不明显，就应该考虑推出新产品，塑造新品牌。

2）不同节点上的传播策略

以下是几种常用的品牌传播策略，企业可以根据自身的特点优选其中的方案（见表3－7）。

表 3-7　媒体时间选择策略

策略	适用情况	注意事项
集中时间策略	目的在较短的时间内，对特定的目标市场发动强有力的攻势，造成一种广告攻势 一般是多媒体和各种促销方式进行整合使用，以加强其攻势	是否达成目标？ 注意短时要达成的力度
均衡时间策略	即按计划不断对目标市场发布广告和进行促销的策略，目的是通过不间断的刺激和影响，扩大企业的产品知名度 一般用于日常生活用品，尤其是换季不明显和花色品种多的商品	是否达成目标？ 与既定策略是否相符？ 是否符合产品特点？ 注意控制时间节奏
季节时间策略	主要用于季节性强的商品，一般在销售旺季到来之前，就要开展广告活动，为销售旺季的到来做好信息准备和心理准备	注意把握起始和结束的时间。过早开展广告活动，会造成品牌传播投入的浪费，过迟则会延误时机，直接影响商品销售
节假日时间策略	零售企业和服务行业常用的传播时间策略。一般在节假日之前数天便开展广告活动，而节假日一到传播活动即可停止	广告要求有特色，把品种、价格、服务时间以及特别之处的信息，迅速、及时地告诉消费者
固定频度策略	目的在于实现有计划的持续品牌传播效果，分为均匀时间序列和延长时间序列	均匀时间序列的传播活动时间按实现周期平均运用。延长时间序列是根据人的遗忘规律来设计的。传播活动的频度固定，但时间间隔很长，这是为了节约传播费用的做法
变化频度策略	变化频度策略是指传播活动周期里用各天广告次数不等的办法来发布广告和促销活动。变化频度策略可以使传播活动专用声势适应销售情况的变化	注意频率的幅度

企业究竟宜采用哪种时间策略，要视产品和品牌的自身特点和企业实际状况而灵活运用，只要企业尊重规律，运用得当，就会收效显著；否则，就可能事倍功半。

3.4.8　品牌传播过程的费用管理

1. 如何确定传播费用

在传播行为中，哪些费用该列支，哪些不该列支，企业财务人员是很明晰的。这里

只是告知市场人员在做传播计划时要心中有数，这样才能合理地进行费用的分配（见表3－8）。

表3－8 品牌传播费用列表

分类及列支情况		主要费用
必须列入的广告费用	购买广告媒介的费用	是广告费用中的主要费用，一般占到50%
	创意费用	随着创意水平的提高，价格也随着升高
	制作费用	不同的制作水准，费用有所不同
	管理费用	包括市场人员及临时促销人员的工作、办公费用，差旅费，手续费
	杂费	广告材料的运费、陈列橱窗的装修服务费用、涉及以上活动的各项杂费
可入可不入的		商品展览费用、样品、推销表演费、广告部门存货减价处理费、推销员推销费用、宣传汽车费用、商品目录费用等
不能列入传播费用的		免费赠品、邀请游览费、新闻宣传员酬金、工作人员工作福利及娱乐费、捐赠费用等

2. 费用计划的制定

确定传播预算的方法：

1）销售百分比法——按头年销售额、来年预计销售额来设计；

2）利润百分比——按头年或来年的利润来设计；

3）销售单位法——按每箱、每盒、每件分摊一定量来设计；

4）竞争对抗法——根据主要竞争对手的品牌传播费用确定自己的品牌传播费用；

5）市场份额法——按行业中所占市场份额划分品牌传播费用的比例；

6）目标/任务法——确定目标、明确战略、预计实施该战略所占的成本；

7）实验调查法——在不同的市场经验性预算，然后确定合理比例；

8）精确定量模型法——采用市调数据、史料和假设。

3.4.9 品牌传播的误区

品牌传播是塑造品牌的重要部分，然而在实践过程中，企业往往容易陷入一些品牌传播的误区，从而给品牌带来致命的打击。企业决策者应该对这些误区有充分的认识，避免陷入。

误区1：品牌传播信息与品牌核心价值偏离。

一是品牌传播的诉求与品牌原来的诉求不一致，不能够形成统一的整体形象，使消费者得到的品牌印象不统一，不清晰。消费者最容易忘记的就是那些诉求变化无常的品牌。

二是企业喜欢在品牌传播中“吹嘘”和张扬。在品牌传播中进行适度的“吹嘘”和张扬是可以的，证明了品牌的承诺兑现力，吸引了具有同类个性和喜好的目标消费群，丰富了宣传的内容，增强了品牌的鲜活性。但是，企业往往“吹嘘”的过了火，把品牌的传播变为了自我表现和宣泄的途径，超过了品牌原来的核心诉求。一旦消费者感到品牌的承诺难以兑现，就会对品牌产生极大的抗拒感，从而使品牌遭到沉重的打击。

误区 2：品牌传播投机行为，缺乏长期规划。

企业在品牌传播上缺乏长期规划，没有一个设定的长期品牌传播和品牌价值提升规划，往往会出现广告宣传的前后不同，即不同时期推出的品牌形象和品牌定位的混乱、矛盾；没有长效的品牌策略，没有长期统一的品牌管理机构。

误区 3：品牌传播手段单一。

有的企业以为，做品牌等于做广告，品牌传播就是要不断地打广告。诚然，广告是塑造品牌最重要的手段之一，但是在具体的情况下，打广告不一定是最佳的方式，并且绝不是唯一的方式。现代的营销传播方式多种多样，各有其优点和限制，作为一名出色的营销人员，必须要懂得优选传播媒体，整合传播品牌的价值和形象。

误区 4：品牌传播不惜成本。

品牌的重要性得到了广大营销决策者的认同和重视，于是就出现了有企业为了传播品牌而不惜血本的情况。品牌传播应该有一个循序渐进的过程，而传播的力度和强度，应该与企业的实力和财务承受能力相适应，这样才能和谐发展，不断提升品牌。众多不惜血本的“标王”的坎坷命运，是非常值得我们反省的。

3.4.10　品牌传播的管理

1. 传播内容发布前应由授权人员批准

品牌传播内容需经严格审查才能“出街”，无论是企业的审查人员还是外部的审查机构都必须依法进行。《中华人民共和国广告法》中明确规定：利用广播、电影、电视、报纸、期刊以及其他媒介发布药品、医疗器械、农药、兽药等商品的广告和法律、行政法规规定应当进行审查的其他广告，必须在发布前依照有关法律、行政法规由有关行政主管部门（以下简称广告审查机关）对广告内容进行审查；未经审查，不得发布。广告主申请广告审查，应当依照法律、行政法规向广告审查机关提交有关证明文件。广告审查机关应当依照法律、行政法规作出审查决定。任何单位和个人不得伪造、变造或者转让广告审查决定文件。

2. 对传播效果应进行监视和评价

品牌传播效果是指品牌传播活动带给品牌的效益，这种效益既可表现为可见的经济效益，也可能表现为潜在的品牌资产的增加。

按照品牌传播对消费者产生的影响，品牌传播效果可以划分为三个层次，即对品牌的认知效果、对品牌的态度效果、对品牌的行动效果。三个层次的效果分别用以描述目标消费者对品牌的认知程度、所持的正面或负面的态度、对品牌的消费行为的改变。

1）品牌传播效果评估的内容

（1）传播流程评估

主要是对品牌传播策略执行情况进行检验，通过检查表、进程规划表等方法来检测传播活动的组织流程。

（2）传播目标评估

指运用各种效果测量方法来检验部分目标受众对品牌传播策略在认知、态度和行为各方面的反应，评估是否实现传播目标以及实现的程度。

（3）传播效率评估

从已经实现的传播目标、传播工具的组合运用以及产生的协作效果入手，对照企业所有品牌传播活动的投入和产出，得出投资回报率。在此注重评价的是品牌整合传播活动的效果，即不光要评估各个品牌传播工具、传播载体和传播手段的收敛，同时也要检验整个传播组合的运作效果。

2）品牌传播效果的评估方法

（1）品牌传播效果评估的基础技术

品牌传播效果评估旨在评价品牌传播活动之后品牌在市场上和消费者心里位置的变化。根据当前市场调查的常用技术，可将品牌传播的效果评估划分为定量和定性两大类。

定量调查是寻求数据定量表示的方法，采用统计分析的形式，然后将结果从样本传播到所要研究的总体。常用的定量方法包括面访调查、电话调查、邮寄调查等。定性调查是以小样本为基础的无结构、探索性调查研究方法，目的是对潜在的理由和动机提出深层的理解和认识。常用方法包括小组访谈法、深度访谈法、投影技法等。

定量调查和定性调查各有各的优势，在实际的调查研究中，通常将它们相结合，以便调查结构更全面、准确、细致。根据研究对象的不同，定量调查与定性调查发挥的作用也有不同。在品牌传播效果的评估中，定性研究发挥着更为重要的作用。这是因为品牌传播效果更多的表现为一种心理效果。

（2）不同品牌传播效果的评估方法

根据不同的传播媒体，从品牌传播效果产生的接触、认知、态度、行为四个主要层面，我们可以采取不同的评估方法（见表 3－9）。

表 3－9　品牌传播效果评估

传播效果		评估方法
接触效果	平面媒体	发行量、传阅率、注目率和精度率等
	电视媒体	开机率、收视率等
	广播媒体	收听率等
	网络媒体	访问量、点击率、粘度（网站及网页的停留时间）等
	户外媒体	人流量、注目率等

续表 3－9

传播效果		评估方法
认知效果	反馈法	通过受众接触品牌传播活动后，发送短信、拨打电话或者回邮等行为的统计，评估该传播活动对其的影响力
	回忆法	不做任何提示，直接评估被访者对品牌传播活动的记忆的纯粹回忆法；给予某种提示，帮助被访者回忆品牌传播活动的助成回忆法
	评价法	让被访者对指定品牌传播活动进行优劣比较、排序或者喜好度评分
	语义差别法	选择两组语义相对的形容词用以描述某次品牌传播活动，被访问者在两组词汇之间选择倾向的程度，由此判断其对传播活动的整体印象
	要素分析法	列出品牌传播活动的各种构成要素（比如广告的图片、标题、正文、品牌标识、排版、色彩、人物等），让被访者进行评分
	实验法	利用眼球视向照相机、瞬间显示仪、汗腺反射器等仪器，记录被访者对品牌传播活动的直接反应
态度效果	投射法	让被访者进行文章续写、词汇联想、漫画绘制等测试，考察被访者在无意识状态下的品牌态度
	观察法	不直接接触被访者，直接或借助仪器将被访者的活动按实际情况记录下来
	深度访谈法	通过一对一的访谈，启发被访者的自由思维，考察其品牌态度
	小组访谈法	由主持人拟定提纲，企业多个参与者就某个问题进行座谈
行为效果	营业调查法	以零售商为对象，调查指定期间内商品的销售量、陈列状况、价格、POP 广告等
	市场比较法	以没有导入品牌传播活动的控制市场为标准，考察导入品牌传播活动的评估市场的销售额是否有所提升
	购买评估法	比较消费者在品牌传播活动实施前和实施后的购买率差异，评估活动效果

（3）品牌传播效果的核心评估指标

不同的品牌传播活动的具体效果评估方式各有差异，但就品牌传播本身来说，存在以下几个核心评估指标（见表 3－10）。

表 3－10　品牌传播效果的核心评价

指标	说明
传播干扰度	受众在接触品牌传播活动时受其他因素干扰的程度
传播环境	承载品牌信息的媒体其整体的信息接受环境，包括媒体自身形象、影响力、同期其他品牌的品质等

续表 3-10

指标	说明
媒介针对性	品牌传播活动的对象与媒体目标受众的一致性
媒介卷入度	受众将通过媒体发布的说服、刺激内容与个人生活内容相对照的程度
品牌发展指数	某品牌在某地区的销售表现与全国平均状况的比较
品类指数	某品类在某地区的销售表现与全国平均状况的比较
品牌知名度	品牌传播活动前后知晓某品牌的人群的比例
品牌偏好度	品牌传播活动前后消费者对某品牌的偏好程度比例
品牌态度	消费者对品牌正面或反面的态度
品牌忠诚度	消费者对品牌重复购买的意图和行为
品牌吸引力	品牌包容性、亲和力、诚信实力、试用指数、转换指数等

(4) 两大品牌传播核心工作的效果评估方法

品牌传播的方法主要有媒体组合传播（如电视广告、广播广告、报纸广告、杂志广告、户外广告、POP 广告、赠品广告、印刷品、广告、直邮广告等）和各种促销活动等。不同的传播方法会有不同的效果，不能混为一体进行评估。因此，应该区分不同的传播方法进行品牌传播的评估。

这部分工作包含两个方面，即广告效果评估和销售促进效果评估。

①广告部分的分析评估

主要应体现在以下四个方面（见表 3-11）：

A. 广告表达方式和诉求点选择是否到位。通常，企业在委托广告代理公司发布广告一个阶段后，都会要求对广告受众做一个效果调查，以便及时掌握其目标消费者对广告的表达方式和诉求点的接收情况，广告是否围绕品牌的核心价值开展。这种广告效果调查应当委托独立第三方执行，以求得客观、公正的评价。

B. 媒体的选择是否准确。任何一种媒体都有优势与不足，因此广告代理公司在选择广告发布媒体时，都会向所服务的企业提交媒体分析报告，详细列出当地各类媒体的优劣势，以供企业判断决策。一旦媒体发布计划实施后，无论广告发布代理公司还是企业自身，都会有一个跟踪调查的过程。这个过程集中体现在目标消费群对广告的反应上。如果发现所选择的媒体（包括时段、频道）并非是以企业产品目标消费群为主要的接收对象，就应当及时提出异议，并做出调整。

C. 媒体投放量是否适宜。要使企业产品的宣传广告产生一定的效果，除了要有独特的诉求点、良好的创意制作和准确的媒体选择外，其发布的频率和量，都是构成广告效果的重要元素。

表 3－11　广告传播效果评估因素

项目	主要内容	
感知程度	广告的注目率、阅读率、精读率各为多少？ 品牌的认知率提升为多少？	
	上述测定一般与广告同步或稍后进行	
记忆效率	解释	主要对广告的记忆度 （消费者对广告的记忆和深刻程度）的测定
	测定内容	分辅助回忆法和无辅助回忆法两种
	作用	提高品牌忠诚，影响购买行为
态度倾向	解释	测定广告播出后对企业及其产品的态度
	测定内容	购买动机：是否受广告影响
		行为率：受品牌传播活动影响采取购买行为的比率
好感度	解释	广告的说服力指标
	测定内容	能否激发消费者是广告能否达到心理目标的重要指标
偏好	解释	偏好是表示如果产品的类别相同时， 消费者只购买其中一种产品
	作用	偏好是广告的心理效果中效果最好的一种表现方式
		广告表现得成功与配合成功是创造偏好的条件

通过上述评估项目，企业可以分析评价广告的力度、效果等，为品牌传播的广告投放决策提供指导资料。

②销售促进效果评估则主要体现在：

A. 传播活动的受众面。任何一种产品（或品牌及企业形象）的传播活动，由于其活动的本身并不要求在活动的同时产生销量，因而其效果如何，主要体现在参加活动的消费者的数量和参与者对此活动本身的反应上。

B. 促销活动的“促销”效果。如果说传播活动不求销量只求名声的话，就只要测试品牌的知名度和美誉度是否提升；如果促销活动要求直接与销售量挂钩，那就要看产品销量的增长与否以及促销活动的投入与产出之比如何。

3. 对传播方式和内容进行改进与创新

1）对品牌传播方式的改进与创新

品牌传播方式包括品牌传播手段和品牌传播媒体。在传统的品牌传播手段，即广告、销售促进、事件和体验、公共关系与宣传、直接营销、人员推销等的基础上，品牌传播手段显露出了新的发展趋向，包括利用媒体新闻塑造品牌形象，使品牌传播隐蔽化；利用合作联盟传播品牌，使品牌传播联合化；利用企业联想维护和提升品牌，使品牌传播间接化等。

新媒体的不断涌现、新旧媒体的融合创新，都促使品牌传播媒体的发展日新月异。随着中国社会的快速发展，中国的市场形势和媒体环境已经开始出现了一些与西方国家同步变化和相类似的现象。大众消费者真正分裂成较小的消费群体，即媒体受众正在分流；相应的，媒体也呈现出碎片化的特征。大众传播媒体开始发生从满足大众需求转向满足部分人、满足某方面需求的转变，也就是从“广播”向“窄播”、从“大众”向“分众”的转变。面对媒体的新趋势，企业一方面要紧跟步伐，努力挖掘新媒体的应用，另一方面要根据实际情况谨慎选择媒体进行品牌传播。

2）对品牌传播内容的改进与创新

品牌传播的内容，即品牌传播的信息。品牌传播信息是消费者和其他公众接收到的与品牌有关的所有信息。大部分信息是由很多有实质内容的因素（文字、声音、行动、图示、符号或实物）以及它们所代表的意义组合而成。如何对它们进行应用和安排构成了信息的结构。对营销传播的创新挑战就是选择适合的语言、挑选正确的声音、决定音量和语调、选择图形因素，然后将它们结合起来，从而使它们能共同工作，展示一条连贯的信息，这样可以推动受众通过使用企业期望的方式对信息进行反应。

【案例 36】

整合营销传播的典范——王老吉

“怕上火，喝王老吉”，近年来，饮料行业的一匹黑马——罐装饮料王老吉脱颖而出，一鸣惊人。透过下面一组数据，我们不难看到王老吉的增长速度：王老吉 2002 年销量 1.8 亿元，2003 年销量 6 亿元，2004 年销量 15 亿元，2005 年销量超过 25 亿元（包括利乐包），2006 年销量更是超过了 35 亿元。在南方一些地区的宴席上，“茅台酒、中华烟、王老吉”已成为不可缺少的几小件，打麻将熬夜、运动、看球赛后喝一罐王老吉更是成为一种时尚。但实际上，广东加多宝饮料有限公司在取得“王老吉”的品牌经营权之前，其销售业绩连续 6、7 年都处于不温不火的状态中。直到 2003 年，销量才突然激增，究竟红色王老吉是如何实现对销售临界点的突破的？

通过对王老吉成功营销的分析不难看出，王老吉的成功，很大程度上依赖于它整合营销传播策略的成功运用。

重新对品牌进行定位

整合营销传播的核心就是综合运用各种传播手段，提供具有良好清晰度、连贯性的信息。因此，品牌的定位很重要。企业究竟想向消费者展现怎样的一个产品，是企业实施各项营销手段的前提。王老吉原先的定位很模糊，用的是凉茶始祖王老吉的身份，长的却是饮料的样子，让消费者觉得它好像是凉茶，又好像是饮料。基于这种模糊的定位，王老吉的广告语是“健康家庭，永远相伴”，这种广告语显然难以给观众留下印象。后来，经过细致的市场调查，加多宝发现大多数消费者购买王老吉是为了预防上火。因此，王老吉把自己定位于功能饮料——预防上火，这样做不仅迎合了当今广大消费者追求健康的心理，也避开了和可口可乐之类的饮料巨头的正面碰撞。

王老吉的这个举动真是明智之举。整合营销强调的就是一种观念的转变，从“消费者请注意”转变到“请注意消费者”，通过与消费者的沟通，关注消费者的需要，来进行产品的再定位，推广迎合消费者心理的产品，这也是王老吉成功的前提条件。

“轰炸式”的广告推广

王老吉始终把中央电视台作为其品牌推广的主战场，巨额广告投入不遗余力，同时针对各区域市场的不同特点，投放一定量的地方卫视广告，以弥补央视广告覆盖率的不足。此外，王老吉在报纸广告、车身广告、市中心路牌广告、终端广告等方面也有不凡的手笔。全方位的品牌推广使“怕上火，喝王老吉”迅速成为老少皆知的广告语。这种强势的、大规模的广告推广，覆盖了消费者每个希望得到信息的点上，迅速提高了品牌的知名度，获得了广大消费者对产品的关注。

此外，王老吉的广告拍的也十分健康，给消费者留下了深刻的印象。虽然都是“指引性”广告，但不同于某胃药广告，拿把电钻在人的胃里钻，王老吉的广告非常热情奔放，画面中一群快乐的年轻人在聚会上举杯畅饮，动感十足的广告歌反复吟唱“不用害怕什么，尽情享受生活，怕上火，喝王老吉”，让人在一种愉快的氛围里接收了产品信息。广告中列出了几种喝王老吉的场合，指引功能非常强，每次熬夜或是吃完火锅，自然会马上想到要喝一罐王老吉。这种有效的广告推广迅速提高了王老吉的知名度和美誉度，并且提高了产品的销售额。

广泛的销售促进

在针对中间商的促销活动中，加多宝充分考虑了如何加强餐饮渠道的开拓与控制，推行“火锅店铺式”与“合作酒店”的计划，红色王老吉迅速进入餐饮渠道，成为主要推荐饮品，目前餐饮渠道业已成为广告传播的重要场所。笔者认为王老吉这点做得很到位，因为人们去饭店吃饭不免会吃到一些辛辣、油炸等容易上火的食品，而作为预防上火的功能型饮料，王老吉自然成为了人们在饭店就餐时的首选饮料。此外，在大型超市的最显眼位置，总能看到一堆堆王老吉的红色促销装，非常醒目，旁边还配有销售人员在对顾客进行宣传推广。在广泛的销售促进中，王老吉不仅注重销售额的增长，更注重品牌形象的推广。

“事件营销”的公关活动

四川大地震后，在举国悲痛的情况下，王老吉慷慨捐款一个亿，使王老吉的知名度大大提升，“王老吉”的名字不断出现在各种报纸、杂志、电视和网络上，有很高的曝光率。此次捐款还提升了王老吉的正面形象，“王老吉”和“爱国”、“慈善”等名词紧密地联系起来。此外，王老吉还借助王石进行了自我抬杠式推广。每次人们批判王石的同时，都会感慨一下“还是王老吉好啊，要喝就喝王老吉”。加多宝的此次事件营销，不仅提高了产品的知名度，更是加深了消费者对王老吉的品牌信赖感和品牌归属感，建立了顾客对王老吉的品牌忠诚度，树立了一个很好的品牌形象，这在无形中大大提高了

王老吉的品牌价值。

巧妙及时的网络营销

王老吉在进行事件营销的同时，也进行了网络营销。在王老吉捐完一个亿后，各大贴吧、论坛不断涌现关于王老吉的帖子。从发帖时间和IP地址我们可以推断出，大部分帖子是王老吉内部人员发出的。所以“封杀王老吉”、“喝回十个亿”这样的呼吁式帖子不断出现在人们的眼前。王老吉利用人们的爱国热情，煽动人们去购买其产品。这次事件营销和网络营销是一个经典的完美结合，不仅提高了产品的销量，更提高了产品的知名度和美誉度，为品牌树立了一个良好的形象。

总之，王老吉在进行了精准的品牌定位后，进行整合营销传播，综合运用各种营销手段，向消费者传达统一的品牌形象，是其成功的关键。

［资料来源：冯虹茜．整合营销传播的典范——王老吉［J］．时代经贸，2009（04）．］

【案例37】

“酷儿”的整合营销传播策略

一种果汁饮料，媒介曝光率不高，没有在央视做广告，没有全国范围的大规模促销活动，上市仅一年，其全国市场占有率已超过10%，仅次于“汇源”，排名第二（据当年4月份CCTV《经济半小时》“果汁饮料市场大战”节目公布数据）。它已经把征战市场多年的统一“鲜橙多”、康师傅“鲜的每日C”、娃哈哈果汁等众多果汁饮料甩在后面。它是谁？

当别的果汁饮料在忙着教育消费者的时候，在忙着与瓶装水、茶饮料、碳酸饮料较量的时候，它已经在不声不响地数银子了。它是谁？

它就是可口可乐公司2002年推出的果汁饮料——酷儿。酷儿的成功，主要在于其独特高效的整合营销传播策略。

酷儿诞生在可口可乐家族里，可口可乐系统在产品品质、货物流通、配送、价格管控等方面卓越的市场执行能力为其成功提供了基本保障。但是，这些还不足以使酷儿与竞争品牌之间形成巨大的竞争优势。同样，在市场竞争如此激烈的今天，想靠产品品质、价格、通路等政策形成竞争优势，也越来越难。

确立怎样独特高效的传播策略，迅速将酷儿品牌传播出去？怎样在传播中，增加酷儿品牌的知名度和美誉度？我们曾经参与酷儿上市整合营销传播的整个过程，下面就将自己的感受和经验叙述如下。

酷儿传播三原则

一个高沟通技巧的人，必然是“见什么人说什么话”、“言之有物”和“用事实说话”。因此，在开始传播行为之前，我们要研究“对谁说”、“说什么”、“如何说”。用营销学的语言讲，就是目标人群、品牌核心价值以及广告表现；用传播学的语言讲，就是受众、信息和媒介。我们可以将"酷儿"沟通的成功总结为遵循三个原则——"火力集中原则"、"观点明确原则"、"讲故事原则"。

1. 火力集中原则——对谁说

"酷儿"定位为儿童果汁饮料，目标人群为 5 岁～12 岁的儿童和他们的母亲。在其他品牌将目标人群定位为年轻女性或家庭主妇的时候，"酷儿"为什么选择容易被人忽视的儿童饮料市场？是受到"娃哈哈果奶"造就了中国本土饮料业老大"娃哈哈"的启发吗？

在中国市场，即便是可口可乐（中国）这样实力雄厚的企业，也曾经历过"天与地"矿物质水、"阳光"冰红茶、"岚风"绿茶等一系列产品的失败。从技术上讲，新产品上市，我们可以通过科学的市场调查、消费者行为分析、行业竞争状况分析、市场容量测算等手段来衡量欲进入市场的潜力。但是，任何一种技术，都需要人去分析、去做出判断，也就是说制定新产品策略，除了技术手段，还需要一点直觉、一点经验。就像娃哈哈老总宗庆后所说，感觉有了，一切都好办。这里所说的感觉，就是指对市场的一种直觉和敏感。

对于可口可乐来说，这一次酷儿的定位，并不是对中国市场经过了多少科学的策略研究，以及详尽的市场调查、消费者行为分析等，而只是照搬了日本的成功经验。也就是说，可口可乐凭着对中国市场的直觉和经验，完成了酷儿果汁饮料的定位和上市工作。

"酷儿"的成功反过来印证了"儿童果汁饮料"这一精确定位的高明：避免与市场领导品牌展开正面较量，寻找细分市场机会，独辟蹊径，所有的沟通行为，无论是渠道策略、价格策略，还是广告表现、媒介策略，都瞄准了同一个目标对象，火力集中，避免浪费，而且噪音小。实践证明，儿童对父母购买行为的影响力比我们想象的大。

2. 观点明确原则——说什么

有了"对谁说"的目标人群定位，"酷儿"品牌的核心价值就被顺理成章地确定为"乐趣、口感、营养"。对于饮料、烟草、酒类、服装、化妆品、甚至房地产，产品的USP已不是产品本身的功能、利益，而是文化和性格，是人为赋予的概念。虽然"酷儿"的口感更酸更甜，充分迎合小朋友的口味偏好，并且添加了维生素C和钙，为母亲增加一点理性的支持理由，但这两点都不宜展开来细说。唯有"乐趣"，是个性，是无穷的表现空间，是沟通对象想要的东西。

乐趣是一种感觉、一种体会，不是理性的说教和空洞的口号，因此，我们需要一种物化的载体，能够用真实可见的信息传递"乐趣"的感觉。蓝色大脑袋卡通人物"酷儿"，营造出了童话般的沟通氛围，单单一个形象的出现就足以令我们回到纯真的童话世界。我们所有想要传播的关于"乐趣"的观点，都可以通过"酷儿"实现，它是代言人，是主角。

3. 讲故事原则——如何说

任何精彩的沟通总是通过故事或者举例子，借题发挥，润物细无声。讲故事方式更适合于儿童产品，因为具体的人、场景、情节、事情，会被我们记住和复述，会引起我们会心一笑，而空洞无物的画面、过程、口号，会被遗忘。

广告创意就是编故事，差别只在讲故事的水平。酷儿编故事，讲故事，"乐趣"被融入故事，变成隐藏在故事背后的灵魂，而不再是空洞的形容词。以下"酷儿简历"被

称为“圣经”，定下了所有传播活动的基调：

高姓大名：酷儿（Qoo）

出身：某日现身森林，后被一对好心夫妇领走，收养为家中独子

身高体重三围：重大机密！

今年贵庚：秘密

血型：不详（但行为似B型）

特征：只会说“Qoo”，一喝Qoo脸上的红圈会扩大

个性：喜爱打扮；好动，喜欢到处搅搅乱；想做就去做，所以有时会惹麻烦；外表简单，但其实很有内涵

技能：跳舞、滑板

爱好：洗澡、晒太阳、喝好味道的饮料（最喜欢Qoo）、和孩子玩成一堆、旅游

最喜欢的人：听话的小朋友

最好的朋友：白鸽（除人以外酷儿还可以和其他动物沟通）

最喜欢玩的地方：公园

平时做什么：做家务

“酷儿圣经”里创造了几个可爱的标志性记忆点：酷儿憨态可掬的大头娃娃形象，左手插腰右手喝饮料的标准动作，嗲声嗲气的“Qoo——”，以及广告语“好喝就说Qoo”。这四点是所有故事的共用元素。

沿着“圣经”可以发展出无数的“酷儿”故事，比如：

酷儿做家务时打碎了盘子、弄翻了花瓶，给自己一个奖励吧——喝一口饮料，说一声嗲嗲的“Qoo——”。

酷儿爱洗澡，天太热，擦擦汗，喝一口饮料，再说一声“Qoo——”。

酷儿在动物园与猩猩大哥分饮料，酷儿旅游轶事……以及一切贴近儿童实际生活、容易在儿童中创造流行的事情。

无处不在的传播

由于传播的策略非常明确，通过整合各种传播手段，在不高的费用支持下，“酷儿”的传播就达到了很高的效率。我们以北京市场为例，“酷儿”上市全年的市场费用不足450万元，其中：47%用于三个月电视广告；10%用于刺激通路和铺货，如进店费、通路的进货奖励促销、业务员进货和陈列奖励、价格补助、全体员工参加的沿街铺货促销活动等；8%用于公共关系活动，如新闻发布会、软文、儿童参观厂房过程中的直效营销、节假日的路演等；35%用于陈列和赠饮类的消费者促销活动。

1. 上市童话SHOW

“酷儿”的上市誓师大会和新闻发布会选择在北京海洋馆举行，五一、六一节假日的露天路演如期举行，歌舞、灯光、音乐、动画片，营造一派无忧无虑的童话世界，现场来宾和记者亲身体会到“酷儿”带来的乐趣，并按计划在纸介媒体上进行了新闻报道。

2. 电视广告

由于目标人群相对较窄，电视广告的媒介选择就非常有针对性，只选择了北京地方

台儿童节目和少量的电视剧时段。经过计算，北京地区只有 25%的儿童看过广告片三次以上，显然，电视广告对传播效果的贡献非常有限，更多的传播功夫在细节。

3. 促销活动

上市三个月内，“酷儿”在 30 家超市、全部 51 家麦当劳门面店、全市 100 所小学，以“奥运小使者”的身份，举行了大规模的赠饮活动，全部参加赠饮的人数达 42 万人次。公司的外事部门积极联络北京市各小学，将厂房参观列为小学生春游节目，在厂房内共接待 8000 余名小学生参观，“酷儿”带领孩子们参观、玩游戏、喝饮料，一片其乐融融。

4. 利用终端陈列展示自己

“酷儿”也充分利用卖场等终端与消费者进行沟通，展示自己的形象。产品包装的设计，采用鲜艳夺目的颜色，使用宽幅瓶签包装，增加在终端与消费者视觉接触的面积和冲击力。一上市，就占据了超市果汁饮品类陈列架的最重要、最大排面，冰柜内第一至二层开门处位置，食杂店的陈列还配有海报、挂偶等 POP 用品。选择北京 65 家大型超市买下了落地堆头陈列位置，其中 30 家还专门请制作公司设计了四款特殊造型：飞碟、摇篮、吊床和滑梯，点点滴滴传播着品牌内涵。

5. 酷儿玩偶令人喜爱

所有的活动场合都会聘请专业演员身着订制的“酷儿”卡通服装，表演简单笨拙的“酷儿舞”，标准动作喝饮料，说嗲嗲的“Qoo——”。“酷儿”无论在任何场合出现，都会引起孩子的疯狂，争相拥抱，演员的安全问题几乎成了我们的心病。我们制作了大量廉价的贴纸和小玩偶，孩子爱屋及乌的程度超乎想象，一时间小贴纸竟也成了孩子们的硬通货。网络上流行的“酷儿”FLASH，是从香港地区流传过来的，如果中国公司再支持些费用，“酷儿”的风头可以打败“流氓兔”。即便如此，“酷儿”玩偶形象也经常出现在手机链、钥匙链、瓷偶等“小玩意儿”上面，可惜它们都是盗版的。

（资料来源：蜥蜴团队．中国营销传播网，2003－06－19，http：//www. emkt. com. cn/article/109/10910. html.）

3.5 品牌更新与延伸

7.4.5 品牌更新和延伸

组织应在内外部环境发生变化时，对品牌更新进行可行性评估，并提出策略和步骤。品牌更新可采用对品牌形象、品牌定位、产品及其包装等进行更新的方式。

在评估、策划和实施品牌更新时，应考虑以下原则：

a）致力于解决品牌和产品面临的突出问题；

b）以技术、产品、管理创新为基础；

c）新、老品牌元素应相互促进，达到效益整合最佳状态。

组织应对自己及竞争对手在不同品牌和产品线上的定位、销售额和利润情况进行分析，做出品牌延伸决策。品牌延伸决策可包括：

a）延伸或削减产品线的决定；

b）产品线组合长度、深度和黏度的调整；
c）品牌延伸方式的选择；
d）子品牌、副品牌的运用；
e）品牌延伸风险的规避等。

【解读】

3.5.1 品牌老化与品牌更新

随着技术更新、社会消费心理与结构的改变和更替，消费需求也在不断变化。品牌必须不断更新，才能成就百年品牌。

1. 品牌老化

品牌老化是指品牌生命周期从成熟期进入衰退期，品牌的知名度、美誉度、市场占有率下降的现象。品牌老化的本质是品牌所提供的价值低于消费者期望的功能以及消费满足感，消费者的注意力被其他品牌所吸引，于是出现了品牌老化。品牌老化导致消费者流失、品牌市场占有率下降、企业自身竞争能力减弱而竞争对手能力增强。如果不进行品牌重塑和更新，品牌就会被消费者遗忘。如消费者一直喜欢的是可口可乐那种“经典”的口味，但是可口可乐并没有因此一成不变，虽然口味不改，但是包装不断更新，满足消费者对年轻、时尚和活力的追求。

2. 品牌更新

品牌更新是指随着企业经营环境的变化和消费者需求的变化，品牌的内涵和表现形式也要不断变化发展，以适应社会经济发展的需要。

当消费者需求变化、企业战略更改、需要开拓新市场、竞争对手定位策略威胁到自身品牌等情况出现的时候，就要进行品牌重塑，品牌重塑也是延缓品牌老化的手段。

品牌更新是社会经济发展的必然。只要社会经济环境在发展变化，人们需求特征在趋向多样化，社会时尚在变，就不会存在一劳永逸的品牌，只有不断设计出符合时代需求的品牌，品牌才有生命力。品牌创新是品牌自我发展的必然要求，是克服品牌老化的唯一途径。

3.5.2 品牌更新的可行性评估

现代社会，技术进步愈来愈快，一些行业内，产品生命周期也越来越短，同时社会消费意识、消费观念的变化频率也逐渐加快，这都会影响到产品以及品牌的市场寿命。如英雄牌打字机，曾以电子式英文打字机盛销一时，但后来随着个人电脑技术及多任务系统的推出，机械式及电子式英文打字机由于缺乏通信端口而被市场淘汰，该品牌也就因此而被 IBM 等电脑公司的品牌所取代。由于内部和外部的原因，企业品牌在市场竞争中的知名度、美誉度下降，销量、市场占有率等方面逐渐失落，也就是说，内外部环境的变化会导致品牌的老化。

而品牌更新是拯救品牌、防止老化的良方妙药，它是品牌创建与发展过程中的必然要求和结果，也是品牌自身、市场、消费者、宏观政策等方面变化带来的产物。

在进行品牌更新之前，企业需要对品牌更新的可行性进行评估。评估的内容可以涉及企业内外两个方面。在内部，可重点评估品牌和产品的市场占有率、销售额、顾客认知率、顾客满意度等指标，以判断品牌的定位、品牌设计（名称、标志等）是否存在老化，品牌资产是否有下降的趋势；同时衡量企业实力，包括财务、人力、营销等，确认企业是否有支撑品牌更新的内部资源。在外部，可以重点评估竞争企业的品牌更新行为、品牌增长趋势，以判断是否需要跟随、挑战或是超越，同时分析宏观经济环境、行业发展趋势以及企业对外关系，确认企业是否有支撑品牌更新的外部资源。对品牌更新可行性的内外部评估需两相参照，综合分析，而不可偏废，只有这样才能最终弄清“品牌是否需要更新?”以及“品牌能否进行更新?”这两大问题。

品牌更新的可行性评估，要遵循科学的程序步骤。首先要进行科学系统的调查研究，找出品牌和产品存在问题的关键点和重点；然后，针对找到的问题关键点和重点进行研究论证，确立有效的改进方法；最后，进行严谨的调查、测试分析、评估决策方案，切不可委曲求全，结合一切可利用的资源，确保品牌更新的阻碍降到最低，严谨、系统、科学地贯彻执行品牌更新工程。在品牌更新可行性评估过程中，如发现一些突发问题，应立即上报，请求重新研究决定。

3.5.3　品牌更新的策略

1. 形象更新

形象更新，顾名思义，就是品牌不断创新形象，适应消费者心理的变化，从而在消费者心目中形成新的印象的过程。有以下几种情况：

1）消费观念变化导致企业积极调整品牌战略，塑造新形象。如随着人们环保意识的增强，消费者已开始把无公害消费作为选择商品、选择不同品牌的标准，企业这时即可采用避实击虚的方法，重新塑造产品形象，避免涉及环保内容，或采用迎头而上的策略，更新品牌形象为环保形象。

2）档次调整。企业要开发新市场，就需要为新市场塑造新的品牌形象，如日本小汽车在美国市场的形象，就经历了由小巧、省油、耗能低、价廉的形象到高科技概念车形象的转变，给品牌的成长注入了新的生命力。

2. 定位更新

从企业的角度，不存在一劳永逸的品牌，从时代发展的角度，要求品牌的内涵和形式不断变化。品牌从某种意义上就是从商业、经济和社会文化的角度对这种变化的认识和把握。所以，企业在建立品牌之后，会因竞争形势而修正自己的目标市场，因战略调整而改变自己的业务和市场范围，有时也会因时代特征、社会文化的变化而修正定位。

1）竞争环境使得企业避实就虚，扬长避短，修正定位。美国著名非可乐饮料——“七喜”饮料，在进入软饮料市场后，经研究发现，可乐饮料总是和保守型的人结合在

一起，而那些思想新潮者总是渴望能够找到象征自己狂放不羁思想的标志物。于是该饮料即开始以新形象新包装上市，并专门鼓励思想新潮者组织各种活动。避实就虚的战略使得七喜获得了成功。这是在面对两大可乐公司的紧逼下寻找到的市场空隙，品牌的新市场定位给他们带来了生机。

2）品牌战略发生改变，必然带来品牌定位的修正。英国石油对名称的缩写 BP 重新加以诠释，从原来的 British Petroleum 更改为 Beyond Petroleum，表明了开拓除天然气、石油以外的其他能源的决心。

3）时代变化而引起修正定位。例如英国创立于 1908 年的李库柏（LEE COOPER）牛仔裤是世界上著名的服装品牌之一，也是欧洲领先的牛仔裤生产商，近百年来，他的品牌形象在不断地变化：四十年代——自由无拘束；五十年代——叛逆；六十年代——轻松时髦；七十年代——豪放粗犷；八十年代——新浪潮下的标新立异；九十年代——返璞归真。

3. 产品更新

企业的品牌想要在竞争中处于不败之地，就必须保持技术创新，不断地进行产品的更新换代。透过产品的更新，能很好地改变品牌保守、落后的形象。有这么一个例子：香雪海冰箱的合作厂家曾经错误地估计中国技术水平及市场消费能力，误认为中国无氟制剂技术近几年之内不会获得成功并投入使用。但中国很快便研制出了无氟环保冰箱并批量上市，此时，他们却仍守着旧冰箱生产线的投资，眼看着人家先行一步并占尽商机而懊悔不已。在我国有诸多外国知名品牌，比如“汰渍”洗衣粉已推出多代新产品，其技术水平呈升高趋势，这也是为什么众多消费者偏爱该品牌的缘故。

4. 对名称的更新

如果现有名称已不能诠释品牌的内涵，或者出现使用范围太窄等情况，那么就有必要进行更换。“联想”英文名称更换的一个重要原因便是如此，特别是联想的数码相机、MP3、手机等业务日益壮大起来，创新、活力、动感才是联想新标志所要体现出来的，而以往高科技的联想、国际化的联想、服务的联想战略定位也会被重新升级到一个版本。在这种情况下，原来的英文名称“Legend（传奇）”已不能适应形势的发展，于是，联想 Legend 更名为 Lenovo，新品名较好地体现了联想品牌的内涵，其中的“Le”取自原来的“Legend”，继承“传奇”的意思；“novo”是一个拉丁词根，代表创新之意。“Lenovo”寓意为“创新的联想”。

5. 品牌标志更新

标志实际上只是品牌与消费者沟通的一种方式。作为品牌诉求对象的消费者，是在不断变化的，如果品牌不能根据消费者的变化，适时地对品牌标志进行调整，就会出现沟通障碍，面临失去新的消费者的危险。

6. 广告语更新

品牌广告语是品牌核心价值的传播，当品牌内涵改变，广告语也必须相应地做出调整。麦当劳推出了全新的品牌广告语“我就喜欢”，并将用了几十年的红色标志改成了黑色，录制了新的广告歌曲进行宣传。与肯德基定位于成人相区别，麦当劳一直以小孩以及家庭作为主要目标人群，因此其标识以温馨的黄色和鲜艳的红色为主，应该说，原有形象在很大程度上帮助并见证了其在中国的成长。而现在，麦当劳将用了几十年的红色标志调整为黑色，并推出“我就喜欢”这样个性化的广告语，从侧面反映了其品牌战略的变化，即麦当劳将会把市场营销的重点从过去的小孩及家庭集中到时尚、活力、另类的年轻一代消费者身上。

7. 包装更新

包装材料、工艺、环保理念、产品内涵的调整以及产品尺寸、款型、功能定位、顾客群的改变、品牌设计图形以及内涵等改变，必然引起包装的更新。为了达到产品的营销目的，满足消费者的需求和欲望，必须正确地处理以及适时变化包装的美学成分和功能成分。美学成分是指包装的尺寸、形状、材料、颜色、文字和图案。印刷工艺的革新，使得图案越来越有吸引力，能够在消费者购买的那一时点传达精致多彩的信息。从功能角度看，结构设计是关键。例如，多年来，食品的包装几经革新，出现了多次封口、防损害、更方便使用（如易拿、易开、可压）的趋势。罐装的变革，使蔬菜更加爽口。特殊的包装材料延长了冷冻食品的有效期。包装设计应该与品牌整体形象的设计相协调，针对消费者需求的个性化，采取相应的设计方法，使产品内涵与包装外观达到高度统一的境界，从而强化包装的信息传达，适应审美情趣的要求，达到广告宣传功能的内外合一性等目标，并随着包装美学和功能成分的变化而不断改变包装的设计和风格，以保证品牌形象在终端展现的常新常变，以维持持续的关注。

8. 形象代言人更新

随着消费者对品牌期望的改变以及作为品牌形象代言人的生活、形象以及价值观的变化，品牌形象代言人也要不断更新。代言人和品牌一样，也会出现老化和过气现象，随着时代的变迁以及消费群定位的改变，昔日的代言人对今天的顾客已经缺乏应有的感召力和影响力，同时，代言人的形象只有与品牌的核心价值主张保持一致时，形象代言人才能对品牌有所贡献，品牌定位的更新必然会带来代言人的调整。如“李宁”牌运动服今天还用李宁作为品牌的背书和代言人，就显得很不合时宜。

9. 管理创新

“管理创新是企业生存与发展的灵魂”。企业与品牌是紧密结合在一起的，企业的兴盛发展必将推动品牌的成长与成熟。品牌的维系，从根本上说是企业管理的一项重要内容。管理创新是指从企业生存的核心内容来指导品牌的维系与培养，它含有多项内容，诸如与品牌有关的观念创新、技术创新、制度创新、管理过程创新等。

3.5.4　品牌更新的原则

1. 致力于解决品牌和产品面临的突出问题

品牌和产品产生问题既有内部原因也有外部原因，既有可控原因也有不可控原因，

既有宏观原因也有微观原因。归纳起来主要有如下几种：品牌的产品步入衰退期、品牌产生不正确联想、不适当定位、个性不突出、延伸不成功、竞争者挑战、市场和消费者的变化与更新等。要对症下药，解决品牌和产品所面临的这些突出问题。如果品牌已经变成“朽木”，不能改造更新，品牌经营者应立即抛弃，重新创建发展，不可感情用事而犹豫不决、错失良机。

2. 以技术、产品、管理创新为基础

现代社会科学技术作为第一生产力、第一竞争要素，也是品牌竞争的实力基础。企业的品牌想要在竞争中处于不败之地，就必须保持技术创新，不断地进行产品的更新换代。另外，“管理创新是企业生存与发展的灵魂”，品牌的维系，从根本上说是企业管理的一项重要内容。企业与品牌是紧密结合在一起的，企业的兴盛发展必将推动品牌的成长与成熟。品牌更新应当以技术、产品、管理创新为基础，不断使产品和品牌适应市场需求的变化，进行自身的更新和发展，才有可能跟上市场的步伐，尽可能地为企业留住更多的消费者，为企业创造更多的利润。

3. 新、老品牌元素应相互促进，达到效益整合最佳状态

效益是品牌更新的目的和根本动力，也是企业和品牌的追求。效益第一，是市场经济永恒的话题和不变的原则。我们不仅要讲这些经济效益也讲社会效益。品牌更新，不能像“猴子掰玉米”那样，不是丢这样，就是丢那样。应力求新产品和品牌与原有的一些元素既相吻合又相促进，既相联系又有延续，才能达到效益整合最佳状态。品牌的高层次的形象与定位在更新过程中应当有所延续，即使需要彻底更新也最好采取渐变的方式，否则消费者将无所适从；而有关品牌的名称、标识、广告语等方面的更新，也应当与原品牌的相应元素相呼应，同时又能够与时俱进，不断发展和强化品牌，绝不可与原有一些元素相悖，给人一种混乱的感觉，造成品牌资产的削弱。只有新老品牌、产品有继承，有发展，相互促进，效益整合，才可以有效利用原品牌的市场影响力，才可以实现品牌和产品的可持续性发展。

3.5.5 品牌延伸的定义

品牌延伸是指将原品牌（或与其相似的品牌）运用到全新产品线或全新产品种类上的行为。全新产品线延伸是指将现有的品牌名称（或与其相似的品牌）使用到新的产品线上，如海尔公司将其品牌从冰箱转移到空调上；全新产品种类延伸是指将现有的品牌名称（或与其相似的品牌）使用到新的产品品种、品类上，但定位于不同细分市场，如不同口味、型号、尺寸。如宝洁公司在其洗涤剂产品线中，同时存在汰渍、碧浪、兰诺三个品牌，并有着不同的香型、配方，它们有着不同的定位，适应不同的细分市场。产品线、产品品类、产品品种的维度划分，是在科特勒产品组合理论中的宽度、长度、深度上发展而来，更有利于清晰地说明和解释品牌延伸行为（见图3-20、图3-21）。

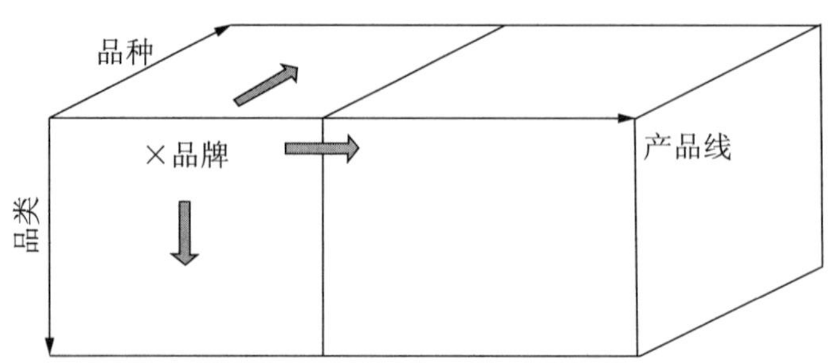

图 3－20　基于产品组合理论的品牌延伸示意图

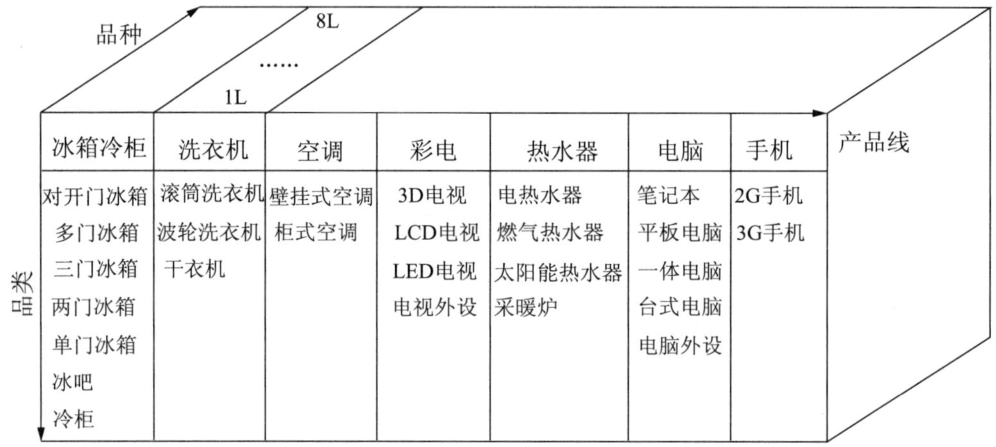

品种　8L　……　1L　产品线　品类

冰箱冷柜	洗衣机	空调	彩电	热水器	电脑	手机
对开门冰箱	滚筒洗衣机	壁挂式空调	3D电视	电热水器	笔记本	2G手机
多门冰箱	波轮洗衣机	柜式空调	LCD电视	燃气热水器	平板电脑	3G手机
三门冰箱	干衣机		LED电视	太阳能热水器	一体电脑	
两门冰箱			电视外设	采暖炉	台式电脑	
单门冰箱					电脑外设	
冰吧						
冷柜						

图 3－21　海尔的品牌延伸

不论进行产品线还是产品种类的延伸，企业的目的都是想要充分利用原品牌的影响力来帮助新产品获取成功，因此为了达到预期的效果，企业利用原品牌名的方式也是不尽相同的。例如海尔公司在推出新产品时，常常会使用副品牌，如为其某型洗衣机命名“海尔——小神童”，海尔为“姓”，小神童是“名”。从本质上说，这仍是品牌的一种延伸。它充分利用了消费者对现有成功品牌的信赖和忠诚，又让副品牌体现其突出个性。类似地，有些企业对原品牌名称进行变形或改造以适应新产品新环境的行为，都可以被看作是对品牌延伸策略的一种发展。高级时装品牌“Giorgio Armani”在其成衣制品上使用“Emporio Armani”就是一个很好例子。

值得注意的是，应当避免无限度地扩大品牌延伸所应囊括的范畴。如特许经营（肯德基、麦当劳），事实上是不能包含在品牌延伸范围之内的。因为在特许经营方式下，特许人借助受许人的财务资源、人力资源，实现的是品牌新市场进入，将现有品牌应用于新市场的行为不是品牌的延伸，只能界定为品牌的市场拓展。

3.5.6　品牌延伸的前提和条件

一个品牌要顺利地延伸到新的产品类别，首先要让消费者深信品牌在逻辑上是合理的，也就是说原有的品牌资产能够转移到新的产品上。这种延伸广度和范围的能力，称

为“品牌延伸力”。其次，是新产品能够凭借品牌获得竞争优势，也就是说品牌能够对新产品带来明显的区隔意义——有人把它称为“品牌杠杆力”。如果要对之做一定义，那就是品牌带出的意义使它能在这个产品类别中具有明显区隔的能力。

品牌延伸力受原有品牌资产（包括知名、品质、联想和消费者忠诚等）的影响。如果某些品牌与特定产品的连接过于紧密，代表制造商在特定领域的专业技术含量，那么延伸力就弱。科普菲尔提出了一个模型，如图 3 - 22 所示。

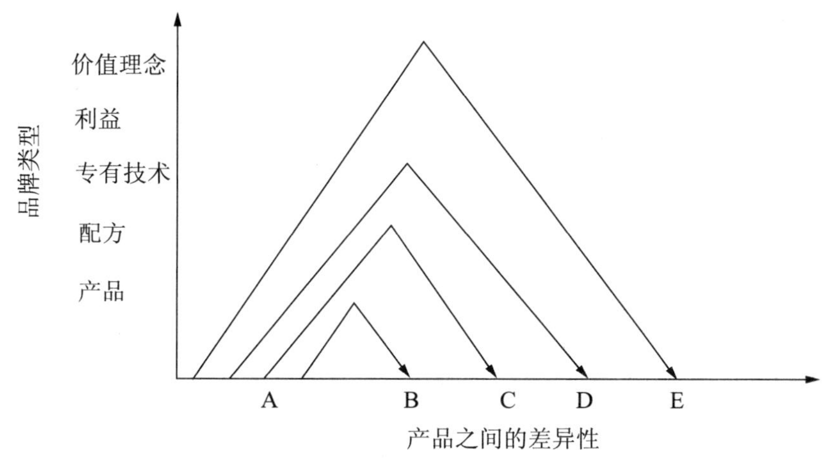

图 3 - 22　品牌概念和延伸力

该模型表明，要使品牌延伸力提升，那么品牌的概念要从产品、配方、专有技术向利益、价值理念方向发展。同时也说明，要使品牌覆盖更多不相似的产品，那么品牌必须获得更深的意义。如果品牌除了物质性质（产品或配方）外没有其他的识别元素，那么它就不能支持宽广范围的延伸。

“品牌杠杆力”的提出深化了品牌延伸的评价基础。品牌经营者不能仅仅考虑品牌的熟悉度以及它对新品牌的延伸合适性，这是品牌延伸的一个必要条件。但仅仅符合这个条件并不能给新产品带来很好的竞争力。进一步的评价是要考虑品牌杠杆力，即它是否能给新产品带来很强的差异性。如果不能，那么使用新品牌可能是更好的选择。一般来说品牌杠杆力与品牌延伸力成反比关系。如果消费者给予品牌很大的延伸力，则其杠杆力很低；相反，一个具有强有力意义联结的品牌，往往不具备很大的延伸空间。

品牌延伸力与消费者对品牌意义的认知有关，它来自于广告、使用经验、口碑影响等方面。可以说，品牌延伸的机会是由消费者的认知来控制的。因此，兼顾品牌的延伸力和杠杆力，即既要使品牌具有很大的延伸力，又要使它具有很强的杠杆力，其协同的基础就在于从品牌的价值理念上建立品牌识别系统。

3.5.7　品牌延伸的功能

品牌延伸，借助原有品牌的良好声誉和影响力，推出新产品，可能使新产品快速、成功地打入市场，又能进一步扩大原品牌的影响，巩固原品牌的市场地位。品牌延伸的功能主要有以下 4 点，如图 3 - 23 所示。

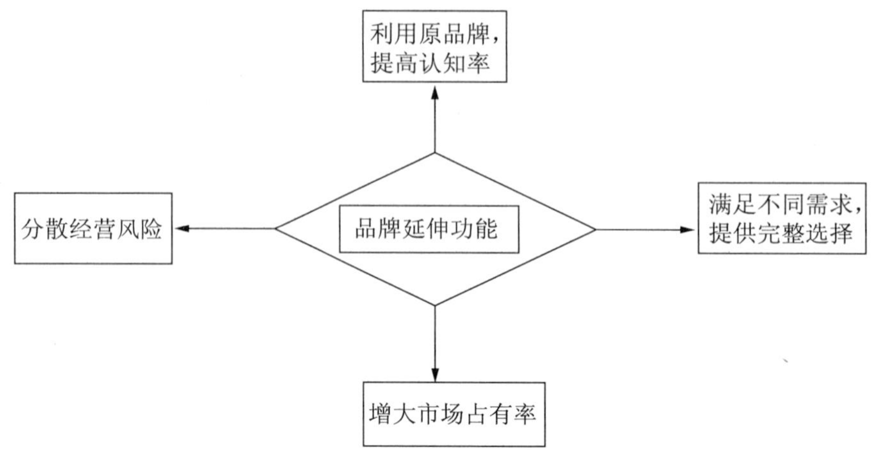

图 3－23　品牌延伸的功能

1. 用原品牌（成功品牌）的知名度，可以迅速提高消费者对新产品的认知率，减少了新产品推出的费用。一种新产品要得到消费者的认同和接受，首先就要对该产品的品牌认知并产生品牌联想。如果是一个新品牌、新产品，在现今这个竞争激烈、产品同质化的市场，要吸引消费者的注意力，实在不易。因而需要不断地加强广告宣传，才能消除消费者对新产品、新品牌的抵御心理，这无疑是一笔庞大的费用。

据调查，在三个主要市场（美国、日本和欧洲）建立一个全新的消费品品牌估计需要耗费 10 亿美元，而在一个已建立的品牌下发展一种新产品则只需花费其中的一小部分。从国内市场上来看，据北京名牌资产评估事务所的研究，企业要在国内市场上建立一个新品牌，一年投入需要 1 亿元～2 亿元人民币。但是，维持一个成功品牌的市场影响力，每年只需 6000 万元～8000 万元人民币。可见，品牌延伸能节约大量的推广费用。新产品使用原品牌使消费者产生熟悉感，使品牌经营者获得市场优势。例如，可口可乐公司再推出健怡可口可乐、樱桃可口可乐时，就没有进行大规模的广告宣传，但很快赢得了消费者的认同，新产品就打开了销路。另有一项对食品研究的数据表明，品牌延伸对消费者的接受过程产生了重要影响，品牌延伸在试用率和重复购买率方面均比新品牌高，见表 3－12。

表 3－12　品牌延伸对消费者的接受过程的影响

指标	新品牌	品牌延伸
试用率（指数）	100	123
重新购买率（指数）	100	161

2. 品牌延伸给现有的品牌带来新鲜感和活力，拓展了经营领域，满足消费者的不同需要，形成优势互补，给消费者提供更完整的选择。一般消费者对品牌的忠诚度是有限的，通常消费者对其他同类型的知名品牌都有试一试的心态。要防止消费者的品牌转换，就要研究消费者在该领域的不同需要，也就是我们所说的市场细分，为不同的细分

市场进行品牌延伸，给消费者提供更完整的选择。例如，可口可乐相继推出了可口可乐、健怡可口可乐、樱桃可口可乐，以及不属可乐系列的产品包括雪碧、芬达汽水。这些品牌延伸丰富了消费者的选择，为可口可乐注入了新的活力，提高了品牌的竞争力。同时，品牌延伸也为生产商挣得更多的货架面积，增加了零售商对品牌的依赖程度，为企业赢得了竞争的优势。

3. 品牌延伸成功，原品牌的良好声誉和影响就能进一步的提高，能增大该品牌的市场覆盖率。品牌延伸成功，使更多的消费者接触和了解该品牌，从而提升了品牌的知名度。另外，良好的新产品可以给原品牌带来良好的口碑，从而提高原品牌的声誉，使其市场地位进一步巩固。

4. 实行品牌延伸，可以分散企业的经营风险。企业由原来单一的产品结构、单向经营领域，向多种产品结构、多经营领域发展，分散了企业经营的风险。

3.5.8 品牌延伸的机会评估

品牌延伸能否成功，除了对企业现有的品牌定位和发展方向作出正确的判断、选择合适的品牌策略外，最重要的就是要捕捉延伸的市场机会。品牌延伸成功的机会是指有利于发挥品牌优势，有利于延伸产品利用品牌强势发展的市场机会、市场空间和市场态势。品牌延伸成功的机会（见图 3－24）主要有以下几种：

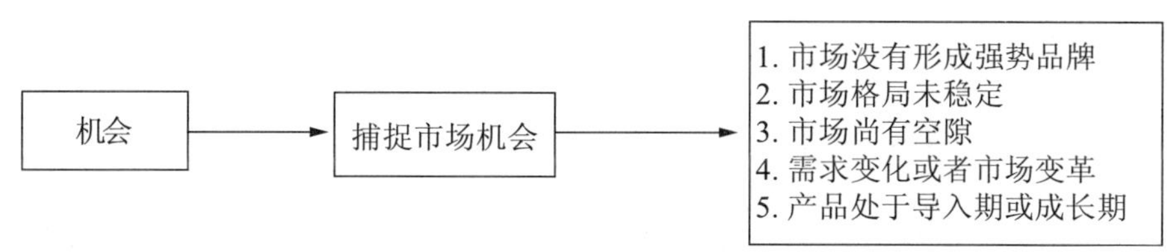

图 3－24 品牌延伸的市场机会

1. 延伸产品要进入的市场没有或者还没形成强势品牌，也就是说市场尚未被强势品牌控制和垄断。某个市场上的强势品牌，通常是该市场上最有购买力的品牌。强势品牌通常占据了市场最多的份额，具有很高的知名度和美誉度。强势品牌在消费者心目中有着非同一般的地位，甚至在心理上会有入侵者的反感。有些强势品牌已经成为某种商品的标准，别的延伸品牌只能是仿冒者。而且强势品牌通常占据并控制了主要的销售渠道，因此延伸产品要进入不容易，也难以成功。这方面的例子很多，如施乐进入电脑市场的失败，3M 公司进入胶卷市场遭到柯达的扼杀等。

2. 市场上的品牌繁多，品牌市场格局并未稳定。这种市场是指一个还不太成熟的市场。由于品牌的市场格局未定，那些相对有优势的强势品牌地位不稳，市场还没被控制，因此还有延伸的空间。在这种市场，那些相对有优势的强势品牌不具有对延伸品牌抗击的优势，因此，品牌延伸容易成功。例如“乐百氏”延伸到纯水市场就是这样，虽然市场上纯水的品牌繁多，也存在优势品牌，但全国市场的品牌格局未定，还有市场空间。乐百氏借其品牌优势，抓住机会延伸成功。

3. 延伸市场尚有空隙。一般来说，市场已经有强势品牌，市场格局已定，要在这种市场上延伸很困难，但是，如果能够找到市场一个有价值的空隙，用延伸产品来占据这个空隙，延伸可能会成功。这种例子也不少见，当初以“小天鹅”“小鸭子”为领头的洗衣机市场早已定格，“海尔”找到了全自动滚筒、高品质、高价格和优质服务洗衣机的市场空隙，由空调延伸到洗衣机，成功地打入了洗衣机市场。

4. 消费者的需求发生较大的变化，或者是市场的变革。消费者的需求发生变化，有了新的需要，就有了市场，延伸就有了机会。市场的变革，意味着行业之间要重新洗牌，只要对变化反映正确、行动快，就能抢先占据市场，因此，品牌在此刻延伸就有了新的机遇。如 TCL 由彩电延伸到手机，海信由电视进入空调市场，在一定意义上都是抓住了由变化导致的市场机会。

5. 所要延伸的产品的生命周期。延伸产品处于不同的生命周期，会使品牌延伸的结果不同。一般来说，如果产品处于导入期和成长期，品牌延伸成功的机会较大。如果品牌处于成熟期，一般机会较少，除非有市场空隙或者市场发生变化。而对于处于衰退期的产品，就不应该品牌延伸了，因为产品的生命周期已经快到尽头，消费者已经没有需求或者需求不断减少。例如，“长虹”进入 VCD 市场的失败，主要是因为 VCD 已经处于衰退期。

由上面的分析可见，准确地捕抓延伸的市场机会，有利于延伸产品顺利地进入目标市场，有利于发挥原品牌的优势，从而使品牌延伸获得成功。

3.5.9　品牌延伸的策略与方式

1. 从产品组合的角度

科特勒在其著名的《营销管理》教材中提出了产品组合理论：

产品组合是卖方提供出售的所有产品和项目的集合。产品线是同一产品类别（产品集合中被认为具有某些相同功能的一组产品）中密切相关的一组产品，密切相关是指产品都是针对具有同质需求的顾客，或通过同一种渠道销售出去。一条产品线可能由不同的品牌组成，或只有单一家族品牌，或以个别品牌进行产品线延伸。产品项目是指同一品牌线或产品线内明确的产品单位，可以根据尺寸、价格、外形及其他属性加以区分。

企业的产品组合有一定的宽度、长度、深度以及紧密度（即黏度，见图 3-25）。产品组合的宽度是指企业有多少条不同的产品线。产品组合的长度是指组合中产品项目的总数。产品组合的深度是指产品线中的每一产品有多少品种。产品组合的相关度是指各种不同的产品线在最终用途、生产要求、分销渠道或其他方面的关联性程度。产品组合的四个维度可以让企业从 4 条途径来拓展自己的业务。

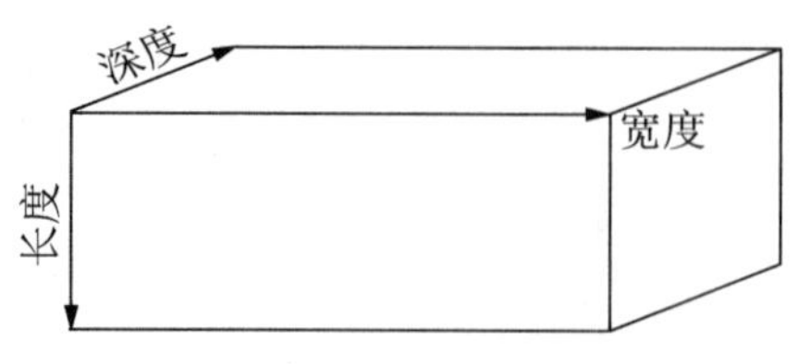

图 3-25　产品组合的维度

品牌延伸有多种策略和方式，根据企业产品组合的角度，按产品组合的宽度、长度、深度和黏度，可分为跨越延伸（产品组合宽度的调整）和产品线延伸（产品组合长度、深度、黏度的调整）。

1）跨越延伸

跨越延伸是指将原品牌延伸到新产品线的品牌延伸。若延伸有利于品牌资产的增长，企业就可以选择拓展产品线的数量，反之，则应考虑削减产品线的数量。

跨越延伸又分为连续延伸和非连续延伸。连续延伸，是指在同一大类内或近类产品之间进行延伸。如海尔由最初的电冰箱，陆续延伸到彩电、空调、洗衣机等家电产品。这些不同类别的产品有着类似的技术关联、产销渠道等因素。连续延伸则充分利用了产品组合的黏度。非连续延伸是指品牌延伸超出了产品之间的技术和物理上的局限，覆盖完全不相关的产品类别。

2）产品线延伸

产品线延伸是企业常用的产品策略，是指将原品牌运用到现有产品线内的新品类和新品种，定位于不同细分市场，如不同口味、型号、尺寸。事实上，对应产品组合理论，产品线延伸是通过对产品组合长度、深度以及黏度的调整，一方面增加了消费者的选择范围（更多的品种、品类），另外也增强了自身的竞争实力，成功率相对较高。例如万宝路从对最初的香烟进行改进，衍生出了典雅的“万宝路十厘米长的香烟”，包装盒也由原来的红色变成了金色，接下来又推出了“万宝路”淡烟，金白相间的包装，取得了成功。

产品线上的延伸除了基于不同功能市场的延伸外，还有基于不同档次市场的延伸。主要的策略有以下几种（见图 3-26）。

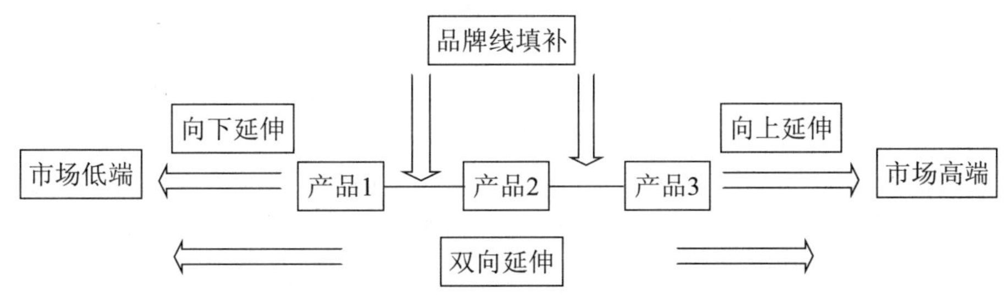

图 3-26　基于不同档次的品牌延伸策略

（1）直接延伸

产品线直接延伸是指企业超出现有的档次定位的产品线范围来增加产品线的长度，即成功品牌运用到不同档次的新的产品上。包括向下延伸、向上延伸、双向延伸。

①向下延伸

许多企业的品牌最初定位于目标市场的高端，随后又为了反击对手，或者向下扩展以占据整个目标市场，会将产品线向下延伸，在市场的低端增加新产品。这种策略有利于企业树立高档品牌形象，而适时发展中低档产品，可以填补自身中低档产品的空缺，吸引更多的消费者，提高市场占有率。例如中国一些名牌酒厂茅台、五粮液，就是采取向下延伸的策略，先以高档、高价、高度数的名牌酒打入市场并立足，后来高档酒竞争激烈，低档、低度数就出现市场空缺，于是向中低档酒延伸。

品牌经营者要注意，采取向下品牌延伸的策略时，会带来一些风险。可能新的低端品牌会使高端品牌受到打击。新的低端品牌可能会导致对手趁机占据市场的高端。同时，低端品牌的价格低、利润少，经销商可能不愿意经营市场低端品牌，而且这可能导致经销商的形象受损。

②向上延伸

通常定位于市场低端的经营者经营了一段时间之后，由于受到高端市场高利润的吸引，或者为了给消费者更完整的品牌选择，可能会以新产品进入高端市场。这样可以获得较高的销售增长率和边际贡献率，以逐渐提升企业产品的高档形象。

经营者采取向上品牌延伸的策略同样存在一些风险。经营者要从低端市场进军高端市场，要投入大量的资金。在消费者看来，对于原处于低端市场的品牌进入高端市场，会对其是否有良好的质量产生怀疑。同时，处于高端市场的品牌不会轻易让别人进入，因此会有所反击。

③双向延伸

双向延伸适用于那些原来定位于中端的品牌，品牌经营者可以向高端和低端两个方向发展，使产品线更完整。美国得克萨斯仪器公司就是运用双向延伸策略赢得了便携式计算机市场早期的领导地位。

双向延伸的主要风险是可能模糊了原有品牌清晰的定位，给消费者造成一种“高不成，低不就”的印象。

（2）品牌线填补

所谓品牌线填补就是在现有的品牌线内增加一些新品牌，以满足不同档次消费者的需求，这是针对采取多品牌策略的企业而言。品牌经营者为了防止竞争者的入侵，会增加一些新品牌来填补市场空缺。运用这种方法的经营者必须使消费者能够区分出企业的每一个品牌，因此企业的每一个品牌应当具有明显的个性或者差异。

品牌线填补必须要从市场的需要出发，要满足市场的需求，否则就会失败。例如，福特汽车公司经过观察，决定开发一种抬高身份型的汽车来填补品牌线，于是研制了“爱迪塞尔”牌汽车，但它没有适应市场需要，很多购买者已开始转向购买小型汽车了，因此福特公司损失了 3.5 亿元。

2. 从品牌名称的角度

按新产品直接使用原品牌名还是间接或部分使用原品牌名划分，品牌延伸又有直接冠名、间接冠名、副品牌和子品牌策略四种。

品牌名称是品牌的一个部分，是构成品牌的物质基础之一，但品牌名称并不代表品牌的全部。品牌实际是品牌名称和标志所代表的产品和企业给予买方及其相关群体的总的印象。所以不管新产品是直接使用原品牌名称，还是部分的、间接的使用原品牌名称，只要是直接或间接利用了原品牌的影响，都在本质上可以看成是品牌延伸。

1）直接对新产品冠以原品牌名

直接对新产品冠以原品牌名是最常见的品牌延伸方式，这种方式也被称为统一品牌

策略，或单一家族品牌。这种模式实行的条件是原品牌的内涵主成分与新产品的特性以及买方对新产品的评价标准吻合程度较高，如消费者对电气产品的评价标准基本都是产品的质量、企业的技术、服务、声誉等，所以世界范围内很多电器生产企业的产品共用一个品牌。另外如食品业、服装业的不少企业的产品群，由于符合以上条件，也采用统一品牌，如伊利、金利来等。

这种方式节省成本的程度很高，产品导入市场速度通常是最快的，也容易形成品牌声势，但容易形成株连效应或造成品牌稀释。

2）间接或部分使用原品牌名

这种方式在企业进行垂直品牌延伸时使用最多，在烟酒行业非常常见。其他的一些方式还有利用CIS中的BI、VI或MI等要素进行品牌信息的传递和泛化。如联想产品在电视广告中都有一段相同的简短的音乐，让人很容易想起是联想的产品。

这种方式大大拓展了品牌延伸的幅度和空间，对原品牌和产品的负面影响较小，当然，原品牌对于新产品的支持力度就相对弱一些。

3）副品牌的运用

副品牌式的品牌延伸策略是近年来的热门话题，被业内人士给予了很高的评价。副品牌策略是指新产品的品牌名称由原品牌名加上一个副品牌名组成。副品牌策略的最大优点是既利用了原品牌的影响，又能突出新产品的独特优势，它实质上是一种发展式的延伸方式，缓冲了定位理论和品牌延伸理论的一些矛盾。同时，在产品更新换代很快的今天，副品牌策略给企业的品牌策略提供了更大的变动余地。

4）子品牌的运用

子品牌策略先对产品进行直接命名（子品牌），再拥有一个共同的母品牌，因而每个产品具有两个品牌，形成双重品牌结构。子品牌有他们自己信仰，但它们仍然牢牢地受到家族精神的支配。子品牌策略的益处在于，它有能力把一种差别化的感觉和深度强加于子品牌身上。同时，通过子品牌对母品牌的修饰和丰富，母品牌可以加强自己的价值和识别。因此，子品牌和母品牌相互影响，相互促进，最终吸引一个特定的细分市场。雀巢公司在全球采用的就是这种策略。子品牌策略的一个危险是超越母品牌核心识别的限制，这意味着要保持对延伸的严格界限，只有经过鉴别的可靠的名称才可以在母品牌的活动范围之内使用。

5）品牌组合

如果企业有众多的产品线，那么这种策略就发展成为品牌组合策略。所谓品牌组合就是指品牌经营者提供给顾客的一组品牌，它包括所有的品牌线和品牌名。

当企业同时生产相关性不大的各类产品且品牌延伸的各类市场兼容性低或者不具兼容性时，可考虑使用品牌组合策略，也就是建立不同的品牌线，例如，美国最大的零售商西尔斯公司就是采用品牌组合策略，建立不同类型的品牌线。西尔斯公司的器具产品的品牌名为“肯摩尔”，妇女服装的品牌名为“瑞溪”，主要家电设备的品牌名为“家艺”。这样就可以避免不同类型的产品之间产生不良的联想和冲突。

企业的品牌组合具有广度、长度、深度和粘度。品牌组合的广度是指企业具有多少条不同的品牌线，例如宝洁公司有洗护发用品品牌、牙膏品牌、卫生巾品牌、护肤品品牌等品牌线（见图 3－27）。品牌组合的长度是指所有品牌线上的品牌之和。品牌组合的深度就是指品牌线上的每一品牌产品有多少种，例如，“克蕾丝”牙膏有三种规格和两种配方，那么其深度则为 6。品牌组合的粘度就是指各条品牌现在的生产条件、销售渠道、用途和其他方面的关联程度，例如，宝洁公司的产品都是通过相同的销售渠道出售的，因此，其品牌线间的黏度较大。

品种
柠檬香味
普通香味
固态/液态
产品线
品类

洗涤剂	洗发水	牙膏	沐浴	卫生巾	护肤品
汰渍	飘柔	佳洁士	舒肤佳	护舒宝	伊奈美
碧浪	潘婷	欧乐-B	玉兰油	朵 朵	SK-II
兰诺	海飞丝		卡玫尔		玉兰油
……	沙宣				
	伊卡璐				
	威娜				

图 3－27　宝洁公司的品牌组合

企业可以针对品牌组合的四个特征来选择延伸的方向。主要有以下四个方面：

（1）企业可以通过增加新的品牌线，也就是在不同的领域增加新的产品类型，从而扩大品牌组合的广度。

（2）企业可以延长现有的品牌线，使品牌线更加完整。这点的具体做法可参照品牌专门化的品牌延伸。

（3）企业可以为现有的某一品牌增加新品种，以加深品牌组合的深度。例如，“高露洁”牙膏推出新口味“草本美白”牙膏。

（4）品牌组合的粘度，主要取决于企业是单一领域还是多个领域内发展。

3. 从品牌内涵的角度

按品牌延伸前后品牌的内涵主成分是否有一定的变化进行划分，品牌延伸的方式有内涵不变式和内涵渐变式延伸两种。

品牌内涵的主成分是指买方所能记住的品牌的主要特征，包括由品牌所能联想到的产品类别，该品牌下产品的主要优点、技术特点、市场形象等。在品牌和品牌延伸分析中，通常提到的“品牌核心价值”“品牌核心优势”等概念，都是包含在品牌主成分之中的。

1）品牌内涵主成分基本不变

这种模式一般在同行业、同档次品牌延伸或是企业发展相对成熟平稳、发展跨度不大的时期更容易出现。这种模式下，新老产品的主要属性基本相同，品牌延伸前后主品牌的内涵主成分基本保持不变。这种品牌延伸的模式是大多数人赞同的，因为它的负面影响不大或相对不容易出现。

2）品牌内涵主成分发生变化

这种模式一般在跨行业、跨档次品牌延伸或是企业发展速度较快、发展跨度很大的时期比较容易出现。如娃哈哈集团在发展过程中逐渐将品牌从“儿童食品”提升为“饮食类食品”；海尔以冰箱起家，初期品牌主成分是“高品质、值得信赖的保证和服务的冰箱品牌”，后来向家电行业的其他产品拓展，近年又向 IT 行业及金融业进军，品牌内涵主成分也在不知不觉中发生变化和提升。这种品牌延伸模式是目前备受争议的模式，存在品牌定位模糊的风险，但如果以发展的眼光看问题，若品牌内涵主成分的变化是良性的，那么在高风险之下，同时也会蕴藏巨大的潜力和机遇。

3.5.10 品牌延伸的风险及规避

1. 品牌延伸的风险

每一个成功的品牌，无不在想尽办法进行品牌延伸，但并不是所有的品牌延伸都能够成功，许多品牌由于品牌延伸不当而给企业品牌甚至整个企业带来无可估量的损失。品牌延伸的陷阱主要有以下七点，如图 3-28。

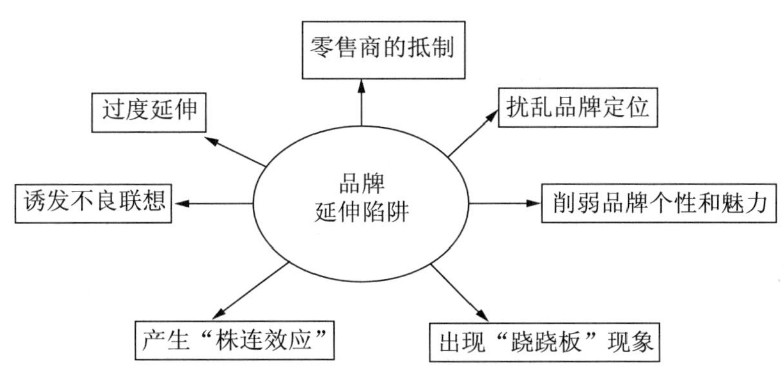

图 3-28 品牌延伸的陷阱

（1）可能受到零售商的抵制。据资料显示，从 1985 年—1992 年，每一年消费者消费包装商品的数量以平均每年 16%的速度递增，而同期零售货架空间每年只扩充了 1.5%。例如 P&G 就推出了许多不同类型的品牌。结果零售商根本就没有足够的空间去摆放所有的不同品牌。同时，零售商可能认为许多品牌线延伸都是某一现有产品的复制品，因此，就算有货架他们也不会为同一类型的所有品牌存货。

（2）扰乱了品牌的定位。定位就是要在目标顾客心目中为产品创造一定的特色，赋予一定的形象，以适应顾客的某一需要和偏好。一个品牌为顾客所接受，就在顾客心目中形成一种“特色”。当延伸产品和原品牌产品的定位出现矛盾时，品牌在顾客心目中的定位就会被扰乱。例如，“娃哈哈”最初是定位在儿童食品，但随着“娃哈哈”红豆沙、“娃哈哈”八宝粥、“娃哈哈”纯净水的出现，消费者心目中的“娃哈哈——儿童食品”的印象模糊了，从而也失去了“娃哈哈”在儿童食品领域的有利地位。

（3）削弱品牌个性和魅力。企业进行品牌延伸时，如果是盲目地在一个成功品牌下加入不当的新产品，可能会冲淡原有品牌的形象，原有品牌的个性也将被淡化。例如“金利来”本来定位于具有阳刚之气的男子汉，从领带延伸到各种男性用品，不断强化其定位，但是，当他延伸到女用皮包上时，却与其定位不符，削弱了品牌原有的男子汉的阳刚之气，也没有赢得女士们的欢心。这就是品牌延伸不当所引起的淡化效应。

（4）可能出现“跷跷板现象”。所谓“跷跷板现象”就是指原品牌产品与延伸品牌产品竞争态势的交替升降变化。当延伸品牌产品和原品牌产品分别位于跷跷板的两端，就会一个上来，另一个就下去。当延伸品牌产品占据优势时，无形之中就削弱了原品牌产品的竞争优势。而在这个时候，品牌的竞争对手就会趁此机会毫不留情地把你的位置拿掉。例如，福特车最初以小型车定位，大获成功，但当他将品牌延伸到豪华车、公共汽车、吉普车上时，却出现了五种车型反而不如一种车型好卖的结果。福特车由美国进口车第一位的宝座跌到了第四。

（5）产生“株连效应”，损害原品牌形象。当延伸产品推广失败时，就可能波及其他产品的信誉，有可能导致消费者对整个品牌的“全盘否定”，即产生“株连效应”，造成消费者对原品牌失去信心，导致品牌的形象受损，市场占有率下降。在现实中，这种“一着不慎，全盘皆输”的案例比比皆是。如美国 A.C 吉尔伯特公司经过多年努力，已在消费者心目中树立了名牌男孩玩具的形象，1961 年该公司决定将品牌延伸到女孩玩具上，结果由于质量低劣、价格低，使公司的高品质男孩玩具的形象受到极大损害。1966 年，吉尔伯特公司宣告破产。

（6）诱发不良联想。如果企业将原有品牌延伸到不相关或者相互冲突的产品上，就会使消费者产生一些不良的联想。例如我国少女之春集团以生产化妆品而闻名国内，“少女之春”在消费者心目中树立起青春、美丽的形象。随着集团推出“少女之春”杀虫剂，消费者心里产生了不良的联想，对其化妆品的销售产生了很大的影响。还有如恩威洁尔阴在市场上很畅销，企业不失时机地推出恩威口服液，结果口服液不但没有顺利地打入保健品市场，连畅销的洁尔阴也因其负面影响，市场占有率下降。

（7）过度的品牌延伸。品牌延伸不是无止境的延伸，我们不应该忘记，品牌延伸是有限的延伸，过度的延伸会导致延伸的失败，甚至品牌的失败。据资料显示，在近年的某个半年内，有 6125 个新产品在美国上市，其中的 5450 个是延伸产品，其中十之八九都在市场上失败。品牌在消费者心目中的地位决定了品牌的延伸领域是有限的。但是现在的企业品牌做大了，就喜欢串行，结果通常都是失败的。例如，以三九胃泰声名鹊起的三九集团，生产三九冰啤，还宣传“九九九冰啤，四季伴君好享受”，从药品转向啤酒，消费者的心里不能接受，销售量可想而知。

2. 品牌延伸风险的规避

品牌延伸是企业发展必经之路，一不小心就会掉入延伸陷阱，不但延伸会失败，而且会对原品牌产生极大的不良影响。如何才能避开品牌延伸的陷阱，尽可能将延伸的风险降到最低呢？

（1）企业一开始就应进行准确的品牌定位，界定品牌的使用范围。品牌定位的目的就是要建立一个与目标市场有关的品牌形象以吸引目标顾客。而一旦品牌定位确定后，在实施品牌延伸策略时，要考虑到品牌的“一致性”和“兼容性”。如“金利来”是

“男人的世界”就决定了“金利来”公司不宜生产经营女性用品。“雅戈尔”是名牌衬衫，就决定了“雅戈尔”必须保持较高的质量，并且一般只宜从事服装的生产与经营。一般来说，品牌定位的最大范围就是第一次使用这一品牌的产品所属的行业。如果企业想跨行业经营，可能会受原品牌定位的限制，应考虑品牌组合策略。如果一个品牌被高度定位，成为某一种产品的代名词时，最好不要将该品牌直接运用于新产品，而应该采取新的品牌名。如“可口可乐”几乎成为可乐饮料的代名词，因此在可口可乐公司向果汁饮料市场延伸时，就创建了新的品牌名“酷儿”，并取得了成功。

(2) 应该根据延伸产品与原品牌的核心产品的关联性来选择延伸的策略。这些关联性包括：产品技术上密切相关；产品有共同的主要成分；有共同的服务系统；产品质量、档次相当。

如果关联性大，品牌延伸就容易得到消费者的认同，可以采用原品牌名。如三菱品牌由冰箱延伸到空调上，关联性大，因而延伸自然到位。如果关联性小，品牌延伸就应采用品牌组合策略。

(3) 跨市场进行延伸时，要充分考虑到各类市场的兼容性。例如“三九”的品牌延伸，医药市场和啤酒市场不具有兼容性，该延伸明显是欠考虑了。同时还要充分考虑各类市场的竞争态势。由于现在的市场竞争日益激烈，在同一市场上，每个品牌都有其品牌的忠诚者，品牌新进入者不能很快地建立稳定的顾客群，因此最好进入一些竞争处于相对弱势的市场，进行品牌的延伸。

(4) 当新产品与核心产品有一定的相关性时，为了避免单一品牌延伸的风险，减缓对强力品牌的消极影响，企业可以考虑采用副品牌策略，这样可以使各个产品在消费者心目中形成一定的距离，即使延伸产品在市场上不能成功，也不至于对原品牌构成太大的冲击，从而降低或避免“株连效应”。

【案例38】

珠江啤酒的品牌更新

珠江啤酒集团公司是一家以啤酒为主体，以啤酒配套和相关产业为辅助的大型国有企业。珠江啤酒集团实力雄厚，拥有人才、技术、品牌、市场和效益等绝对优势（荟萃了广东省啤酒酿造专业40%以上的中、高级酿酒师），占据广东啤酒市场大半壁江山。但随着市场的发展、消费口味的变迁以及新的市场竞争者的“入垒”，珠江啤酒的品牌概念优势逐渐流失。不论是从市场竞争需要（青岛、生力等不断蚕食珠江啤酒的市场份额），还是企业未来发展的需要（踏出岭南，意欲北伐）出发，珠江啤酒都到了该廓清品牌概念的时候！正如其高层提到的，技术的本质差异化在将来是很难做到的，公司的软件包括文化、品牌才是真正的差异与优势。于是珠江啤酒和奥美联姻，进行品牌更新。

珠江啤酒作为一个广东地区的老品牌，在啤酒行业竞争越来越激烈的情况下，不少问题逐渐暴露出来。珠江啤酒作为一个拥有20年历史的老品牌，在广东地区有着相当高的知名度，“老珠江”在中老年人中有着庞大而且固定的消费群体，然而消费群本身的老化也影响了珠江啤酒的品牌形象，经过调查，珠江啤酒给人的感觉是一个老国企，缺乏创新和活力。另外一个影响因素是，随着啤酒行业的竞争加剧，广东市场这个珠江啤酒的大本营，由于其良好的市场条件，也吸引了国内外不少实力雄厚的企业纷纷进入，而这些品牌首先抢占的正是珠江啤酒影响力较小的年轻群体。这个群体消费额普遍较高，而且喜欢时尚，追求新事物，而珠江老旧的形象很难打动他们。

珠江集团旗下共有 100 多种产品品牌，如此繁杂的品牌线不仅难于管理，而且对于母品牌来说也是不小的包袱。纯生啤酒市场由珠江啤酒培育起来，然而由于一开始没有把珠江和纯生联系起来，以至于现在各个品牌都推出了纯生啤酒，纯生这个概念正在被其他品牌“偷袭”。对于啤酒行业来说，一个明星产品的品牌形象将直接影响母品牌乃至其他子品牌，“老珠江”啤酒一直以来给人的感觉是老的、廉价的，其主要消费的场所也都集中在大排档等中低消费场所，如果请客也用珠江啤酒会让人觉得没有面子，虽然珠江啤酒的纯生和精品纯生都广受消费者欢迎，但是由于珠江啤酒这个品牌的影响，珠江其他产品都很难往高端走。而其竞争品牌如青岛啤酒，由于母品牌提升了青岛啤酒的档次，其旗下若干子品牌也因此受益。因此，珠江啤酒的品牌改造也急需一个明星产品来提升母品牌形象，改造老珠江啤酒。

啤酒品牌是一个需要个性的品牌，从国外一些著名的啤酒品牌来看，无不是将各种情感、个性灌注到品牌中，消费者接受某品牌的啤酒更多还是接受了一种主张、一种个性甚至某种生活方式。例如国外著名啤酒品牌蓓蕾轻啤（Bud Light），广告保持轻松、幽默的诉求风格，非常受年轻人喜欢，青岛啤酒在诉求历史悠久的同时，品牌也向年轻时尚发展。啤酒产品的同质化严重，给啤酒输入品牌个性是发展的方向，而对珠江啤酒来说，这个品牌个性就是结合本品牌 20 多年发展的积累和当地文化等综合因素等。

通过对消费群体和岭南文化的研究，发现广东人注重实际，性格中有“真”这个特点，最后确立了“打开真感受”作为珠江啤酒新的品牌个性，奥美广告（广州）为珠江啤酒创作了全新的电视广告，广告通过几个小故事来突出“真感受”，90 秒的电视广告讲述了生活中六个小故事，分别是：“打开真情——游艇篇”“打开智慧——下棋篇”“打开幸福——求婚篇”“打开激情——跳舞篇”“打开胸怀——酒吧篇”和“打开世界——机场篇”。通过不同方式演绎人们在日常生活中很平常的“打开啤酒”的动作，鼓励人们打开自己的真实感受。

事后测试调研显示：珠江啤酒自从 2005 年 8 月份推出“打开真感受”的新品牌形象推广活动以来，销售效果增长 20%，知名度、美誉度等也有不同幅度的提升。

3.6 信誉和风险管理

7.4.6 信誉和风险管理

组织应建立、实施和保持过程，以确保诚信经营，防止信誉损害。包括：

a）真实、规范地披露产品技术、质量和功能等信息，并在发布前得到审批；

b）消除任何形式的主观故意欺诈行为；

c）客观上损害顾客合法权益时，积极依法履行责任。

组织应对与品牌培育相关的风险进行分析，并建立风险规避和紧急事件响应程序。在规避风险和处理紧急事件时应充分考虑相关方的需求。必要时，组织应定期进行风险重新评估和应急预案有效性测试。

【解读】

3.6.1 诚信经营的定义

所谓诚信经营，是指企业在市场经济活动中忠实履行各种契约的承诺，以体现自身的信用并塑造良好的企业形象，从而实现持久发展的管理活动过程。

对这一概念可以从以下几个方面做进一步的理解：

企业诚信经营的主体是人，包括企业经营者、管理者与全体员工，而企业这个经济组织仅仅是诚信的载体。

企业诚信经营的基本内容是履行承诺、体现信用与塑造形象。

企业诚信经营的本质是管理活动，包括企业生产技术经济活动的全过程而且是个动态的、适应人类社会经济发展要求的过程。

企业诚信经营的目的是以信用赢得消费者、社会公众对企业的信任、理解和支持，实现企业的发展目标。

诚信经营要做到以下几点：

1. 树立全员诚信意识，构建企业诚信文化

诚信既是一种行为，也是一种道德观念。观念的确立是行为的基础。因此，企业的行为最直接的支配因素是思想意识和道德观念，要建立企业诚信首要的工作就是确立诚信的道德理念。通过在企业内部加强诚信的宣传教育，丰富职工的诚信知识，提高他们经营的诚信水平，形成“诚实守信”的企业文化。另外，诚信教育的内容应当结合企业的实际而设计，最好能够通过案例的形式告诉职工应该做什么不应该做什么。诚信教育是一项长期性的工作，不可能立竿见影，也不可能一劳永逸，需要企业持之以恒地抓下去。

2. 建立企业诚信管理制度使诚信建设规范化

企业内部的一切文件、制度、承诺都是诚信的具体表现形式，它是一种准则，是企业内部的法律，潜移默化地影响着每一位员工的精神和品德。企业内部应建立专门的诚信管理部门把诚信建设的理念准则等形成文件，使企业的诚信管理工作既有专人负责又有章可循、有法可依。另外在企业内部建立诚信奖惩制度，根据管理者和职工的诚信业绩、诚信行为和诚信信仰提拔和奖励管理者和职工，当企业的管理者和职工违反诚信准则并给企业形象和企业利益带来损害时，必须给予必要的处罚，决不能姑息迁就。

3. 加强监督工作保障企业内部诚信建设的顺利进行

在企业内部建立和完善自上而下、自下而上的诚信责任监督管理系统，把企业诚信进行责任分解，层层落实诚信责任，做到环环紧扣、环环相套、分工明确、责任到位，确保形成诚信责任链，保证内部诚信建设的顺利进行。

3.6.2　信誉损害的定义

信誉损害是指企业的诚信及声誉遭受到怀疑和攻击的情形，通常也指品牌危机。品牌危机是指由于企业外部环境的突变和品牌运营或营销管理的失常，而对品牌的整体形象造成不良影响，并在很短的时间内波及社会公众，使企业品牌乃至企业本身信誉大为减损，甚至危及企业生存的窘困状态。任何危机的出现往往都具有突发性、破坏性、聚众性、持久性的特点。

一般来说，企业信誉损害可划分为：企业内部信誉损害和企业外部信誉损害。

1. 企业内部信誉损害

企业内部信誉损害主要是针对企业内部各部门之间及上下级之间产生的信誉损害。企业内部信誉损害直接关系到企业的生机和活力，并进而影响到企业外部的信誉。企业内部信誉损害分为：横向关系间的信誉损害和纵向关系间的信誉损害。

横向关系间的信誉主要是指各个等级部门之间的信誉关系。各个部门之间的信誉的好坏会直接影响到企业的连贯性。各部门之间相互信任、相互团结，自然会加快企业发展。

纵向关系间的信誉主要是上下级部门及上下级之间的信誉关系。如：领导的每一个承诺是否可以实现，都直接影响到下属的工作积极性。所以搞好了自身内部的信誉问题，企业也就可以顺利地实现自身的发展了。

2. 企业外部信誉损害

企业外部信誉损害主要是指企业和社会上与企业有联系的各个方面在经济往来活动中所产生的信誉损害。这是企业生存的根本，是企业主要解决的信誉损害问题。企业外部信誉损害主要分为：企业产品信誉损害、企业服务信誉损害、企业财务信誉损害、企业法律信誉损害和企业社会责任信誉损害等。

1）企业产品信誉损害是指由于企业产品质量的低劣以及信息虚假等原因所产生的信誉损害。产品是企业与顾客直接联系的纽带，也是企业最根本的、最核心的信誉。没有良好的产品信誉，企业也就失去了生存和发展的根基。

2）企业服务信誉损害是指企业的服务质量和态度及企业的服务承诺和保障等问题所产生的信誉损害。这也是赢得顾客信任的重要环节。

3）企业财务信誉损害是指企业的财务状况经营的不好或由于财务管理不善等问题所产生的信誉损害。搞好企业的财务管理，有利于企业与税务、银行等部门建立起良好的信誉关系。

4）企业法律信誉损害是指企业的违法经营等问题所导致的信誉风险，如违约、欺诈等。

5）企业社会责任信誉损害是指企业在生产中所造成的环境污染及在承担社会责任方面存在问题而产生的信誉损害。它会引发企业与社会公众和政府有关部门间的信誉风险。

3.6.3 品牌信誉管理的内容

1. 真实、规范地披露产品技术、质量和功能等信息，并在发布前得到审批

企业在经营的过程中要真实、规范地披露产品技术、质量和功能等信息，特别是关系到消费者人身财产安全的产品，企业应本着以人为本的原则，把对消费者的关心关怀放在第一位，因为这是品牌中关系心理契约的内容，对消费者的影响是长期的，如果出现意外给企业带来的负面影响也是深远的。同时，企业在经营的过程当中应该遵守有关法律法规和政策，产品在发布之前要经过产品质量技术监督部门严格审批，新产品投入生产需取得全国工业产品生产许可证，需填写全国工业产品生产许可证，携带企业营业执照原件以及复印件到相关行政区域质监局办理。

同时，企业应该不断提高产品质量和服务水平。在影响企业信誉的诸因素中，产品和服务是关键因素。产品和服务是企业信誉的载体，其品质是塑造企业信誉的“根系”。品质是给消费者带来剩余价值的因子，能够增长消费者满意度、增加消费者忠诚度，从而提升企业信誉。为了确保、提升产品和服务品质，企业要加强产品质量监督、改善产品设计、引进新的产品功能、提升产品文化内涵；端正服务态度、加强服务意识教育、改善服务流程、提高服务水平、增加服务种类、定制个性化服务。企业不断提高产品和服务质量，就会赢得社会公众认同，提升企业美誉度。

2. 消除任何形式的主观故意欺诈行为

由于信息不对称，经营者利用信息优势侵占相关利益者权益、损害企业信誉的行为可能发生。企业董事会或者其他监督机构利用监管机制衡量经营者行为，如果发现经营者违规操作或者没经过监管机构批准而做出与职权不相符的举措以及欺骗利益相关者的行为，要立即处理。消费者的权益高于一切，企业要把消费者的利益放在首位，切不可因为企业或者员工的利益而损害消费者的利益。

同时企业应该加强信誉理念学习，使员工都意识到信誉是企业生存的命脉。企业应不断投资于信誉建设，通过培训、奖励、提升以及处罚、降职等措施来建设员工信誉、天长日久，员工就拥有企业信誉意识；企业针对经营者的道德风险专门设立信誉监督机制来加强对其道德监督，使其经营信息在企业内部流通以防止他们利用信息优势破坏投资者的权益，把企业经营者的信誉和他们收入水平以及职位直接挂钩。通过这些措施，企业就会形成内部人人讲信誉、经营讲信誉的良好局面。

3. 客观上损害顾客合法权益时，积极依法履行责任

当企业品牌在客观上损害了顾客的合法权益时，企业应敢于承担责任，及时向消费者、受害者表示歉意，必要时还得通过新闻媒体向社会公众发表致歉公告，主动向公众讲明事实的全部真相，这是对公众负责，也是对企业自己负责。目光短浅的企业，为了保护自身、获取短期利益，在危机处理中往往将公众利益和社会责任束之高阁，最终却为之付出巨大代价；而具有强烈责任感的企业，宁愿以牺牲自身短期利益来换取良好的社会声誉，不断提升企业和品牌形象，从而实现企业发展的基业常青。

3.6.4　品牌危机管理的原则

品牌信誉受到损害，必将给企业的品牌带来不良的影响甚至是毁灭性的伤害，品牌危机由于发生的不可预见性，事先难以防范，而一旦发生，则传播速度快、波及面广，而且品牌越知名，处理不当所带来的危害越大。为了做好品牌的危机管理，一般应遵循以下 6F 的原则：

1. 事先预测（Forecast）原则

品牌管理者应该树立未雨绸缪的意识，及早发现危机的端倪，防患于未然。在危机应对中通过科学分析做出事前预测和判断，从而将事件控制在酝酿、萌芽状态，在不被人察觉中将危机化解。

危机预测原则还体现为危机事件发展前期决策者对态势的把握。在危机发展初期企业决策者必须要能够准确判断危机发展态势、影响程度和社会公众的反应，从而将危机控制在萌芽期，避免危机的进一步扩大。

2. 快速反应（Fast）原则

从危机事件本身特点来看，危机事件爆发的突发性和极强的扩散性决定了危机应对必须要迅速、果断。

危机管理的快速反应原则覆盖两个方面：首先，企业内部对于危机事件必须保持高度警觉，早发现、早通报，便于高层尽快掌握了解真相、做出决策，绝对不可推诿扯皮，贻误战机。在对外沟通方面，速度第一原则显得更为重要，及早向外界发布信息既体现出企业对危机事件的快速反应姿态，又可以平息因信息不透明而产生的虚假谣言，赢得公众信任。同时，在危机发生后第一时间与利益相关者进行沟通公关，争取良好的外部环境，分解企业的外部压力，有利于危机的妥善解决。可以说谁能第一时间做出反应，谁就掌握了主动。

3. 尊重事实（Fact）原则

任何企业在处理危机过程中，都必须坚持实事求是的原则，这是妥善解决危机的最根本原则。犯了错误并不可怕，可怕的是不敢承认错误。从危机公关的角度来说，只有坚持实事求是，不回避问题，勇于承担责任，向公众表现出充分的坦诚，才能获得公众的同情、理解、信任和支持。

对于处于危机风波中的企业来说，最大的致命伤便是失信于民，一旦媒体和公众得知企业在撒谎，新的危机又会马上产生。世上没有不透风的墙，违背尊重事实的原则弄虚作假、封锁消息、愚弄公众，往往会产生一系列连锁反应，进一步加重危机的负面作用，以致给企业造成不可挽回的损失。

4. 承担责任（Face）原则

危机发生后，公众关注的焦点往往集中在两个方面：一方面是利益的问题，另一方面则是感情问题。无疑，利益是公众关注的焦点。危机事件往往会造成企业利益和公众利益的冲突激化，从危机管理的角度来看，无论谁是谁非，企业应该主动承担责任。

目光短浅的企业，为了保护自身、获取短期利益，在危机管理中往往将公众利益和社会责任束之高阁，最终却为之付出巨大代价。而具有强烈责任感的企业，宁愿以牺牲自身短暂利益换来良好的社会声誉，树立和不断提升企业和品牌形象，从而实现企业发展的基业常青。

5. 坦诚沟通（Frank）原则

危机管理中坦诚沟通原则是指处于危机中的企业要高度重视做好信息的传递发布并在企业内外部进行积极、坦诚、有效的沟通公关，充分体现出企业在危机应对中的社会责任感，从而为妥善处理危机创造良好的氛围和环境，达到维护和重树形象的目标。

危机处理中，企业遵循坦诚沟通原则、及时向公众发布信息的意义在于：保障社会公众的知情权、体现企业的社会责任感、为危机应对创造良好的外部环境、维护和树立企业的良好形象。

危机沟通包含两个方面：一是危机事件中企业内部的沟通问题，二是企业与社会公众和利益相关者之间的沟通公关。概括来说，企业危机沟通的覆盖范围主要有：企业内部管理层和员工、直接消费者及客户、产业链上下游利益相关者、政府权威部门和行业组织、新闻媒体和社会公众等五类群体。

6. 灵活变通（Flexible）原则

高明的危机管理往往能结合事态形势的变化、企业自身优弱势、内外部资源条件等进行灵活处理和应对，不仅力挽狂澜成功跨越危机，甚至还将危机事件转变成提升企业形象的契机。

譬如，危机发生后一段时间内，媒体和公众的目光被高度吸引。这对企业来说其实是一种不可多得的外部传播资源，能否抓住合适时机转移公众的目光？或者借力发挥，找准新闻点制造出另外一个公关事件迅速提升企业和品牌形象？优秀的危机管理者们，往往在此方面有惊人的表现。

又如，处于危机中的企业由于利益关系和社会公众往往会产生一定的冲突，企业本身发出的信息和解释比较难被公众直接接受，说服力不足。这时如能够灵活变通，曲线救国，向知名专家学者或者权威机构核对验证，通过第三方传递出信息，往往会起到降低社会公众警界心理、重获信任的效果。

3.6.5 品牌风险管理的内容

1. 企业应对与品牌培育相关的风险进行评价

风险评价是对风险存在及发生的可能性以及风险损失的范围和程度进行估计和度量，以便合理地制定和选择恰当的风险控制方案。

对企业的风险进行评价，有助于提高企业风险管理的科学性，企业能够借助风险评价，较好地确定不同发展战略、投资决策的风险大小，确定风险对企业战略和决策的影响程度，从而提高企业投资发展的可靠性和安全性；有助于企业区分风险的轻重缓急，更合理地进行风险管理的实施和控制；有助于企业加强全面、集成的风险管理。

品牌风险是指品牌所有者（企业或其他组织）在品牌运营过程中，在主观和客观风险因素作用下，发生风险事件，导致品牌资产损失的可能性以及可能受损的程度。中小企业品牌风险评估指标见图 3－29。

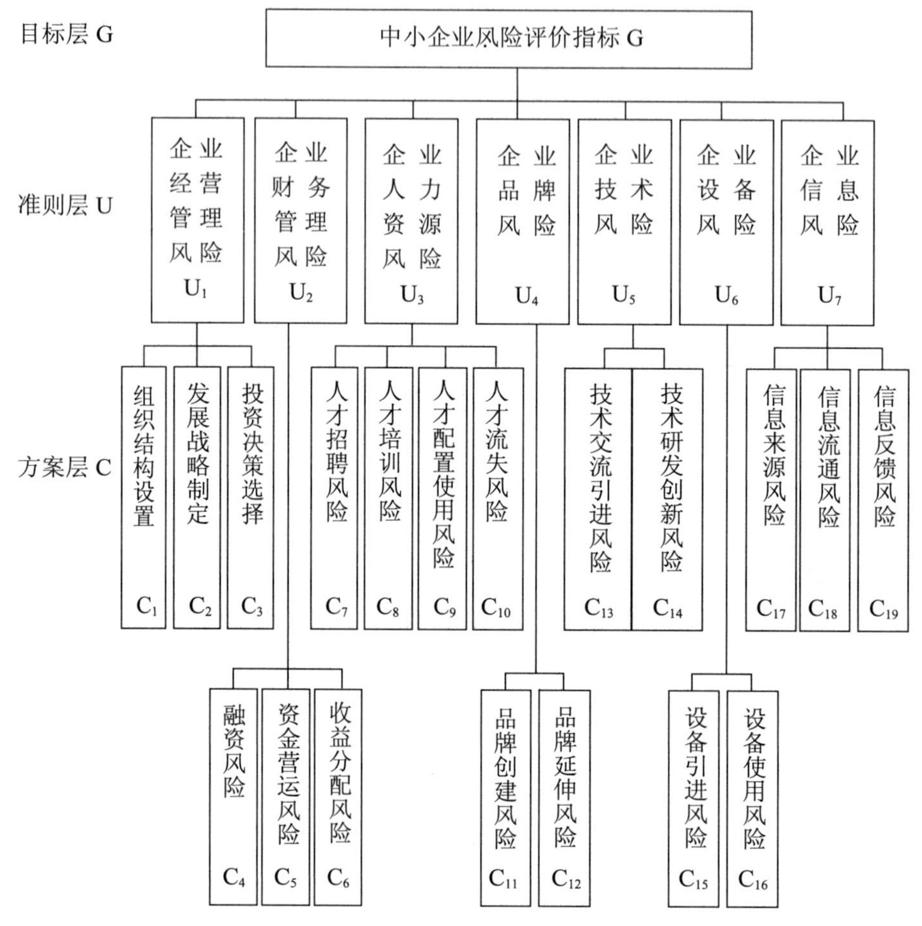

图 3－29 中小企业风险评价指标

主要的品牌风险有：

1）环境风险：是指外部社会环境与自然环境的变化对品牌带来的不利影响，社会环境风险占主要地位，它主要来自国家或地方政府的法律、法规、方针、政策及其变化对品牌带来的风险。产业集群品牌同样面临着环境风险的威胁。

2）劳动力风险：员工是维持品牌形象最主要的贡献者，企业的对外形象都是通过员工来体现的，如产品生产、销售、售后服务等，哪一个环节出了问题都会给对品牌带来一定的风险，高素质的员工是维持品牌信誉的关键，相反，素质较低的员工对品牌的损害也是巨大的，特别是能力较高的高层次员工，如果道德素质低下，对企业做违法的行为，有可能就会毁掉一个知名品牌。劳动力风险主要表现在以下几点：

（1）人才流失风险

人才是企业竞争力的基础，当地适任员工招募与留用不易的风险困扰着企业，人才尤其是掌握企业核心技术和客户资料的核心员工的流失，有可能是致命的打击。核心员

工的大量流失，一方面破坏了企业固有的组织结构和合作模式，造成人才的不足；另一方面，流失的员工可能被竞争对手接纳，不但增强了竞争对手的实力，而且很容易导致企业机密外泄，对品牌带来不利的影响。也有一些是核心员工走的同时，带走了企业大批的关键员工，自立企业，直接与原来的企业对抗。

（2）内部冲突风险

管理人员之间有矛盾，可能使整个管理层分崩离析，对企业的发展极其不利，一旦分道扬镳，将会陷企业于极度风险之中，不利于品牌的健康发展。而管理层和员工之间的冲突也不可小视，员工的罢工、游行或者通过极端的方式比如暴力来对抗管理层，这会使生产陷入困境，进一步影响士气和生产的积极性，对品牌的声誉极其不利。

（3）员工管理风险

品牌是靠员工来维持信誉的，顾客是通过员工来了解品牌的，一个没有素质或者工作情绪不高的员工，会直接影响到品牌的形象，而且有可能毁掉一个品牌，例如顾客对产品的投诉，如果员工处理不当，服务水平低下，有可能引起顾客的抱怨，而一旦将这种情绪爆发出来，通过各种媒介大肆宣扬，则会陷品牌于风险状态。

（4）劳资纠纷风险

当员工感到待遇不公、工作压力太大、意见不被重视、企业发展前景渺茫时，员工的士气必然受到打击，士气低落的员工纪律涣散、工作积极性不高、抱怨不断，当这种情况弥漫整个企业时，必然大为影响企业的对外形象、生产效率、盈利能力等，使集群内企业处在一种风险状态。

3）技术创新风险：目前我国企业大多缺乏自主创新能力，存在着“大而不强”的隐患。据调查，珠三角地区聚集的企业大多没有自己的核心技术和知识产权，绝大部分产业仍处于以仿制和贴牌为主的低级阶段，主要依靠低成本、低价格来维持其竞争优势。

企业创新受阻的原因具体有以下两个方面：

（1）技术开发风险。技术创新存在太大的不确定性。新技术是否能够适应市场的需求，是否具有较强的竞争力等方面都是未知之数，一旦新技术遭到市场的否定，有可能会使企业一蹶不振。

（2）技术流失风险。对大多数企业来说，技术创新的费用一般大于模仿，因此很多企业不愿意自己投资进行技术的创新，作为技术创新的企业来说，企业创新的技术也会因为集群内信息和技术的外溢性而轻易地被其他企业模仿，降低了企业技术创新的积极性。

2. 建立风险规避和紧急事件响应程序

企业中的各项活动都与市场行为息息相关，品牌管理活动也不例外，品牌受宏观环境、消费趋势、行业巨变等企业无法控制的因素影响，造成品牌损害及风险。同时，品牌也会受到品牌自身管理活动所带来的风险影响，如品牌延伸、品牌联盟、外包和建立的关系，这些品牌活动当中功不可没的方法同样也给品牌经营带来巨大的隐患。

企业可参照图 3－30 的模型来建立自己的风险防范体系。

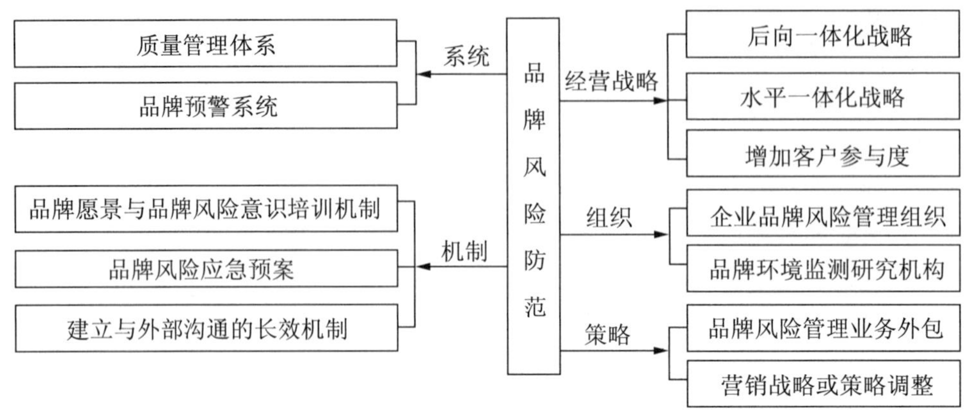

图 3-30 品牌风险防范方式

1）实施后向一体化战略

企业利用自身品牌优势，将原来外购的原材料或零件自行生产，或与原材料供应商实现利益一体化（如卷烟生产企业建立烟叶生产基地，为烟农提供种子、化肥、技术支持，并签订有保障的收购合同）战略。在生产过程中，物流从反方向移动，称为后向一体化，目的是为了保证物资供应来源与质量，以稳定和发展产品品质。采用这种战略，一般是把原来属于后向的企业或原材料供应商合并起来，组成联合企业或利益共同体，以利于统一规划，保证产品原材料和品质的稳定性。

2）实施水平一体化战略

是指把性质相同或生产同类型产品的企业合并起来，发展成为专业化公司的战略。通过该战略，可以提升企业的研发实力，扩大市场占有率，提高品牌知名度，提升品牌防御竞争风险的能力。

3）增加客户参与度

哈默尔说，"数字化最被忽视的结果就是客户注意力被碎片化，现在企业越来越难接触到客户和维持客户。"因为顾客（即市场）根本不想接受任何宣传，他们需要的是与企业的对话。参与型营销正是满足了客户的这种需要，它是关于如何才能让企业和客户更彼此贴近的营销战略，它通过引人入胜的内容，并以多重的媒介渠道从智力上或情感上吸引它的受众参与其中，它将一些大大小小的社区用一些共同关注的议题联系起来。与过去的将所有营销诉求归结为一个独特的销售主张，并主观地制定了一套沟通计划不同的是，参与型营销创造了更开放的理念，能够让它的受众在情感上投入其中，强调体验分享。区别于干扰性营销的单向度的 4P 理论，参与型营销建立在更外部化的"4C"基础上，即商业（Commerce）、文化（Culture）、社区（Community）和联系（Connectivity）。在提高客户忠诚度和客户推荐度（即口碑）方面的有效性也大大增加。最新的研究证明，那些有着高客户推荐度的企业，能够获得持续增长和更多的利润。

4）成立企业品牌风险管理组织

任何一项管理工作的圆满完成都是通过落实管理分工与责任达到的，风险管理工作

也不例外。通过企业设置风险管理组织机构或确定相关职能部门履行职责，将品牌风险管理责任落实到每一个岗位，从而保证品牌风险管理工作的顺利进行。

5）成立品牌环境监测研究机构

企业单独设立品牌环境监测机构，利用先进设备及专业方法，为企业提供品牌环境监测数据，定期向管理层提交企业品牌环境报告。

6）实施品牌风险管理业务外包

委托有经验的专业公司进行品牌风险管理，专业的品牌风险管理公司会进行实地调查、信息安全评估，并最终制定出一套详细的品牌保护策略，包括行动步骤、应急方案和成功指标。然后，同受托公司一起实施计划，衡量效果并定期进行检讨。

7）营销战略或策略调整

因为大量的品牌风险出现在营销环节，此防范方法主要针对环境变化、竞争对手的变化以及消费者群体的变化而制定，只有顺应变化，营销战略和策略才能有效地防止风险。

8）建立质量管理体系（CQMSC）

ISO 9000 国际标准“质量管理体系”的定义是：在质量方面指挥和控制企业的管理体系。质量管理体系的定义应是：为有效开展质量管理所设计、建立、实施和保持的相互关联和作用的组织结构、程序、过程和资源的组合体。CQMSC 是企业内部实现产品品质的重要保证。

9）建立品牌预警系统

品牌预警是指对品牌动向和实时动态进行监测、检测和警示，并针对品牌的即时现状提出解决方案。IBS（国际品牌标准工程）的品牌预警系统由四个基本模块组成：信息集成模块、分析模块、决策模块和公示模块。信息集成模块分市场信息模块、社会公众信息模块和企业内部信息模块 3 个子模块。分析模块由社会影响分析模块、因素分析模块、趋势分析模块和消费者因素分析模块 4 个子模块组成。决策模块由快速反应模块和改进决策模块 2 个模块组成。公示模块由社会公示模块、企业公示模块和内部公示模块 3 个子模块组成，如图 3－31 所示。

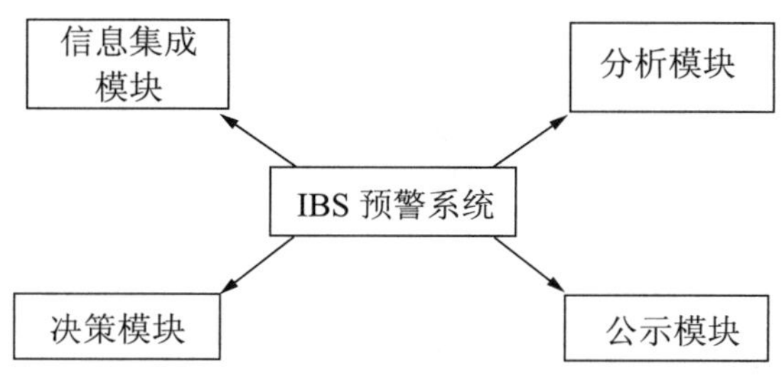

图 3－31　IBS 预警系统模块图

10）建立品牌愿景与品牌风险意识培训机制

品牌愿景是品牌承诺给利益相关群体未来应提供的价值和达成的形象。缺乏品牌愿景的品牌战略规划和管理必将在激烈竞争中迷失方向，在“合理”的业务延伸中失去衡量标准，致使品牌发展受阻。品牌愿景承载着企业的核心价值观和社会责任。缺乏愿景的品牌是危险的。这种危险潜伏在企业每个人的心中，随时都可能爆发。所以，必须建立企业品牌愿景，通过培训在员工心目中建立强烈的品牌风险意识。

11）建立品牌风险应急预案

应急预案是指面对突发事件如产品质量事故、媒体危机、环境公害及人为破坏的应急管理、指挥、补救计划等。企业应针对品牌重大风险制定预案，并进行预案演练培训，当风险发生时，企业能够从容应对，把品牌损害降低到最小值，甚至变不利为有利。

12）建立与外部沟通的长效机制

企业运转是在外部环境的有机联系下运转的，离不开外部环境的理解和支持。特别是政府、媒体和消费者的支持尤为重要。良好的沟通可以赢得政府在政策上的支持、对企业行为的理解；可以在信息透明的情况下预防媒体对市场的误导，预防对品牌不利的传言扩散；可以促进消费者对企业和产品的理解与信心，增加消费者的忠诚度。

3. 分析利益相关者需求

根据品牌危机中利益相关者的相关度、利益相关者的影响力和利益相关者的紧急性，可以将利益相关者分为三类：核心的利益相关者、边缘的利益相关者和潜在的利益相关者。其中核心的利益相关者又分为强势的核心利益相关者和弱势的核心利益相关者。强势和弱势利益相关者主要是以影响力为判断依据（见图 3－32）。

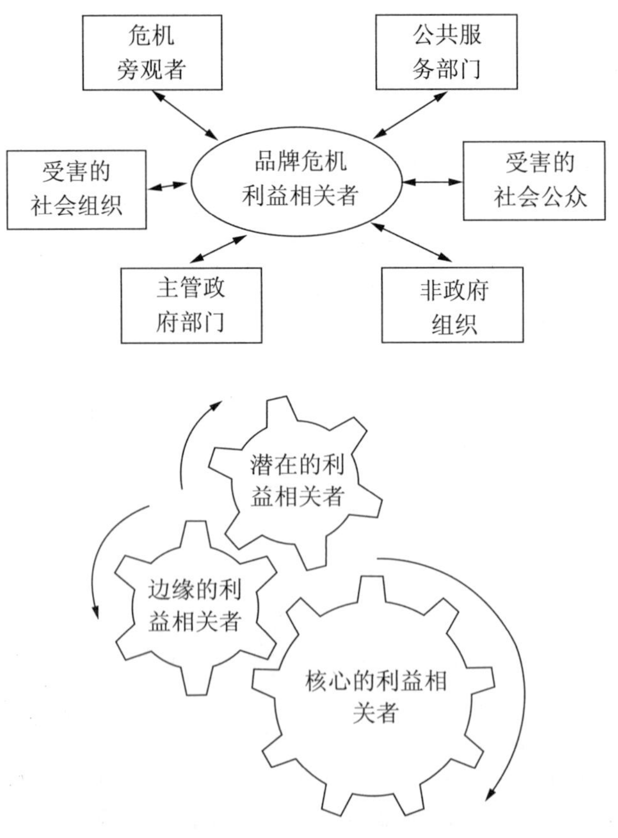

图 3－32　品牌危机的利益相关者

强势的核心利益相关者是指在品牌危机的发生与处理过程中相关度、影响力大且具有紧急性的组织，他们是对危机管理有责任和义务的组织。这一类利益相关者在品牌危机中主要是指与危机相关的主管政府部门。危机相关的政府部门作为公共利益的护卫者，掌握着大量的资源，享有制度安排和制度实施的合法权利，拥有层级化的和组织程度、专业化程度很高的政府组织体系和法律授予的合法强制权力，具有强大的动员能力和组织能力，品牌危机发生时能主动进行应急管理并协调各利益相关者的利益。

弱势的核心利益相关者是指与危机的发生和影响高度相关且具有紧急性，但影响力较弱的组织或个人，它既包括受害的社会公众，也包括受害的社会组织。他们在品牌危机中期望得到妥善的救助和利益的补救与恢复。

边缘的利益相关者是指品牌危机发生后基于职责或道义参与危机处理的组织，他们与危机有一定的相关度和影响力，但紧急性较弱。主要包括非政府组织、媒体和公共服务部门等。在公共危机中活跃的非政府组织，作为一种社会自治机制，有相对独立的决策和行使能力。媒体作为一种公共资源，它既是信息的收集者又是信息的传递者，它介于政府和公众之间，形成一种三角互动关系，在品牌危机中媒体积极引导受众，提高媒体危机报道的公信力，既是其职责所在又是其利益所在。危机中提供公共服务的部门主要指提供医疗救助等相关服务的组织。

最后，潜在的利益相关者是指对品牌危机而言具有较弱的相关度、紧急性和影响力的组织和个人。这一类型的利益相关者将随着品牌危机的发展态势发展为核心的利益相关者、边缘利益相关者或非利益相关者，在危机中主要的潜在利益相关者是危机的旁观者。

4. 进行风险重新评估和应急预案有效性测试

1）对风险重新评估

品牌风险监控中，应当以一种更客观、更科学、更系统的动态思维来重新对品牌战略定位，对品牌设计以及品牌的整合传播等作出全面、客观评估，以有效地对品牌进行监控。品牌管理组织可以通过权威机构对品牌进行评估，把品牌确定为量化的资本财富，这是将品牌资产运用到融资与合作、合资上的必要手段。

品牌管理是一个持续向前的管理系统，应当在对品牌风险进行有效的评估后，运用其成果不断地完善与提升品牌。当出现品牌的整合传播与品牌的战略定位、品牌设计出现偏差，必须对品牌进行再定位，从而重新修订完善的整体品牌管理方案。

2）应急预案演练

应急预案的演练是检验评价和保持应急能力的一个重要手段，其重要作用突出体现在：事故真正发生前暴露预案和程序的缺陷，发现应急资源的不足（包括人力和设备等），改善各应急部门和机构人员之间的协调性，增强公众应对突发重大事故救援的信心和应急意识，提高应急人员的熟练程度和技术水平，进一步明确各自的岗位职责，提高各级预案之间的协调性，提高应急反应能力。

应急预案演练的实施要点主要包括：

（1）应急预案的具体内容和救援措施要做到全面、详尽，并具有针对性和可操作性，能够有效解决突发危机事故；

（2）企业必须将应急预案的管理工作纳入整个危机管理的体系中，加强对员工的教育培训力度，使员工充分认识应急预案的重要性，了解应急预案的内容，熟悉危机事故处理的程序；

(3) 高度重视应急预案的演练工作，使每个员工都能熟练掌握应急工作流程；

(4) 注重应急预案的完善和修订，将危机管理工作贯穿始终，逐步提升危机管理水平；

(5) 注重建立完善应急系统的配套设施和制度建设，并加大资金支持力度，在各方面予以保障和支持；

(6) 注重对应急预案的评价，评审预案的充分性和有效性，使应急预案评价贯穿于应急管理的全过程。

【案例 39】

雀巢奶粉碘超标风波

案例描述：

2005 年 5 月 25 日，浙江省工商局公布儿童食品质量抽检报告，其中国际知名品牌雀巢的金牌成长 3＋奶粉被查出碘含量超标。

5 月 26 日，雀巢中国公司做出反应：承认碘超标事实，解释碘超标是由于牛奶原料天然含有的碘含量存在波动而引起，又声称该项碘检测结果符合《国际幼儿奶粉食品标准》。

5 月 27 日，雀巢中国有限公司发布声明，以中国营养学会公布的《中国居民膳食营养素参考摄入量》为参照，称儿童碘摄入量的安全上限为每日 800μg，因此雀巢金牌成长 3＋奶粉“是安全的”。

5 月 28 日，雀巢正式对外公布，出现碘超标质量问题的奶粉批次为：2004.09.21。但却拒绝透露生产数量及销往哪些市场。

5 月 28 日，与雀巢公司的推三挡四、故意拖延却无实质性措施对照，家乐福等部分经销商开始对雀巢奶粉进行自发下架处理。

5 月 29 日，中央电视台经济半小时播出专题：《雀巢早知奶粉有问题》。

6 月 1 日，中国消费者协会表态支持消费者起诉雀巢，并公开指责雀巢公司明知奶粉有问题仍然任其上市销售，不能自圆其说。

6 月 2 日，云南昆明发现雀巢同样产品另一批次奶粉碘超标。

6 月 5 日，迫于巨大压力，雀巢首次正式向消费者表示道歉，但购买该批次奶粉的消费者不能退货，只能换货，且只能更换同类型号产品。

6 月 7 日，雀巢终于在退货问题上有所松动，表示可以退货，但没有透露退货细节。

6 月 9 日，国家标准化管理委员会首次对雀巢奶粉事件表态：雀巢奶粉必须强制执行国家标准，对不达标产品禁止生产和销售。

6 月 11 日，雀巢公司公开表示，将主动替换零售市场上所有批次的金牌成长 3＋奶粉。

6 月 15 日，雀巢开始退换所有金牌 3＋奶粉，并开始接受超市退换货。

6 月 19 日，雀巢高层再次向公众道歉：称公司为错误付出昂贵代价。

案例点评：

从上述雀巢奶粉碘超标事件的危机应对过程可以清晰发现，作为国际著名的食品生产经销商，雀巢在中国的危机管理能力和公关表现与其具有广泛影响力的国际知名品牌形象相差甚远。在笔者看来，严重违背危机管理6F原则使得雀巢奶粉碘超标事件堪称2005年度最失败危机公关案例。让我们一一列举出雀巢危机管理的六大败笔：

1. 违背Forecast（事先预防）原则

首先，作为一家进入中国市场多年的著名食品生产商，雀巢在产品生产和检验等最基本的环节均出现技术和人为疏漏，并且对中国国家标准如此轻视，令大批不合格婴儿奶粉得以出厂销售，严重违背了危机管理的事先预防原则！

其次，在危机事件正式爆发前雀巢公司本有充足的缓冲时间进行应对，却令大好时机白白浪费。雀巢方面在事件正式曝光前15天便已经知道了流向市场的不合格奶粉的批次和流向，但仍然没有采取任何行动进行预防，对中国市场消费者的淡漠再次为其后来的危机应对埋下败笔。

2. 违背Fast（迅速反应）原则

雀巢奶粉碘超标最早发现于2005年4月下旬，浙江省工商局查出不合格儿童食品后，浙江省有关部门迅速与雀巢中国有限公司取得联系，要求在15天内予以答复。雀巢的傲慢和反应迟钝从这一刻开始流露：除了5月9日雀巢方面作出答复承认检测站检验结果外，直到5月25日浙江省工商局公布抽查结果前再没有进一步解释和跟进，错过了解决危机的最佳时机。虽然在媒体披露后，雀巢委托公关公司连续表态进行辩解，但已经为时已晚，无济于事了。

3. 违背Fact（尊重事实）原则

在铁定的事实面前，雀巢还在百般狡辩。明明违反了中国国家标准，竟然创造性地搬出《国际幼儿奶粉食品标准》和中国营养学会公布的儿童碘摄入量安全上限来做挡箭牌。最后通过媒体发布出“雀巢金牌成长3+可以安全食用”的声明，对消费者形成“误导”。企图用一个错误来掩盖另外一个错误，简直愚蠢至极！

4. 违背Face（承担责任）原则

事件发生后，雀巢首先想到的是将自己可能面临的损失降到最低，除了拿出一堆无力的理由来辩护，没有一点实质性的承担责任的举动。当全国各地经销商开始主动下架撤货时，雀巢还在表示不回收，只是为给消费者“带来的不必要的麻烦”表示道歉。

在巨大压力面前，雀巢方面才开始有所动作，但仍然像政治家们谈判般步步为营，生怕自己的利益损失太大。先是说只换不退，并且只能更换同批次产品，后来表示可以退货，到6月11日才最终表态说将主动替换零售市场上所有批次的金牌成长3+奶粉。

5. 违背Frank（坦诚沟通）原则

雀巢两次向媒体回应，先是辩解说碘检测结果符合《国际幼儿奶粉食品标准》，后又搬出中国营养学会公布的儿童碘摄入量的安全上限为每日800微克为参照，称雀巢金牌成长3+奶粉“是安全的”。一会儿推三挡四，一会儿含糊其辞，令其产品危机进一步恶化成为品牌信任危机。碘超标被媒体曝光后相当长一段时间，雀巢公司高层仍然没有给予充分重视，直到6月5日雀巢中国有限公司大中华区总裁穆立才迫于压力公开向消费者表示道歉。

雀巢公关人员的素质低下在这次事件中也彻底曝光，在媒体中广为流传的一张照片便是雀巢中国公司商务经理孙莉接受中央电视台采访的镜头，孙莉低着头摘耳麦的画面让人感觉就是个做错了事的孩子。而在采访中孙莉则表现得毫无耐心，对记者的提问毫不配合，甚至三次摘下耳麦企图中断采访并以沉默来应对，不着边际的回答更是败坏了雀巢公司的形象。

6. 违背 Flexible（灵活变通）原则

事件发生后，雀巢公司没有与政府、权威检测机构、营养专家进行有效沟通和公关，不仅没有一个权威机构发话，还引来国家标准化管理委员会等官方的严厉批评指责，四处树敌，结果令自己更加被动。

具有讽刺意味的是，雀巢公司的婴儿奶产品在过去就曾引起过争议并令雀巢遭受巨额经济损失。

1977 年，一场著名的“抵制雀巢产品”运动在美国突然爆发，美国奶制品行动联合会的会员到处劝说美国公民不要购买“雀巢”产品。起因是人们相信雀巢公司为了公司的利润，有意忽视人造乳品在营养方面的缺陷并误导消费者。对此雀巢公司只是一味地为自己辩护，结果遭到了新闻媒介更猛烈的抨击。正如美国新闻记者米尔顿·莫斯科维兹所言，抵制雀巢产品运动是“有史以来人们向大型跨国公司发起的一场最为激烈和最动感情的战争”。

这场抵制运动让雀巢婴儿奶粉危机延续了 10 多年。在被抵制的十几年时间里，雀巢美国公司一直在承受着巨额的经济损失。直到 1984 年 1 月，由于雀巢公司承认并实施世界卫生组织有关经销母乳替代品的国际法规，国际抵制雀巢产品运动委员会才宣布结束抵制运动。

经历过长达十年的世界性抵制雀巢奶粉运动，事隔 20 多年来到中国的雀巢，在危机公关意识与危机处理能力上竟然表现得毫无长进。结果，“好了伤疤忘了疼”的毛病只能令雀巢自食苦果，却搏不来半点公众的同情。

（资料来源：栾福田．危机管理 6F 原则与经典案例系列．博锐管理在线，2006.）

3.7 品牌保护

7.4.7 品牌保护

组织应建立、实施和保持品牌资产的管理和保护过程，确保品牌资产的识别、使用、保护和处置处于受控状态。

品牌资产保护过程应包括：

a）品牌资产保护状态的调查、评估和分析；

b）对侵害品牌资产权益事件的处理；

c）与政府和有关机构就品牌资产保护事宜的沟通；

d）品牌资产保护措施的制定和改进。

注：品牌资产可包括品牌忠诚度、品牌认知度、品牌感知质量、品牌联想及其他专有资产（如商标、专利、知识产权、渠道关系等）。

【解读】

3.7.1 品牌资产的定义

品牌资产（Brand Equity），又称品牌权益，从财务概念来说，品牌资产是品牌所赋予的价值。从消费面或者是顾客面来看，品牌资产则是由品牌形象所驱动的资产。

品牌被视为资产是因为它能够为消费者和企业提供额外的附加价值。这种价值集中体现在企业的产品与消费者的关系上。品牌资产是基于消费者对品牌的认知、体验、联想和消费感受所产生的品牌差异的价值化体现，是品牌收益、市场竞争力以及与消费者关系程度的综合评价。

从财务的角度，品牌资产是现在盈余和未来盈余的折现值的总和。

从市场营销学的角度，品牌资产是与品牌名称和符号相联系的一系列资产和负债，它们可以增加或减少通过产品或服务提供给企业和客户的价值。

从消费者的角度，品牌资产是来源于消费者对企业品牌营销活动而产生对品牌认知的不同影响。

综合起来，品牌资产可以定义为：企业通过营销活动使得品牌与消费者建立的关系以及企业因此产生的收益的总和。

3.7.2 品牌资产的内容

品牌资产的内容包括品牌忠诚度、品牌认知度、品牌感知质量、品牌联想及其他专有资产（如商标、专利、知识产权、渠道关系等）。其中前四部分是品牌资产的主要组成部分，品牌忠诚是品牌资产的核心。下面对这五个品牌资产的组成要素进行详细介绍（见图 3－33）。

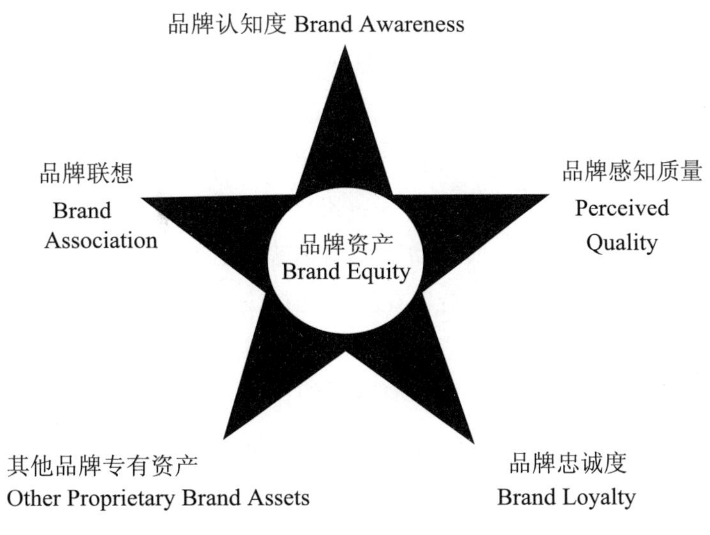

图 3－33　品牌资产的五星模型

1. 品牌忠诚度

品牌忠诚度是指消费者对品牌的满意度和坚持使用该品牌的程度。品牌忠诚度是衡量品牌资产的最有力的尺度，对品牌忠诚度的研究不仅仅是要知道品牌忠诚度，还要深入研究消费者为什么会忠诚、为什么会发生品牌转移。品牌忠诚度最强烈的形式是品牌爱慕，也就是消费者对品牌的关注已经到了十分愉悦的程度。高的品牌忠诚度可以缓解竞争的压力。消费者在品牌忠诚度上可分为五类：

（1）品牌不忠诚者（无品牌忠诚者、随意购买者）（No Brand Loyalty），品牌认知完全没有差异，不断更换品牌，对价格敏感；

（2）习惯购买者（Habitual Buyer），基本没有不满意，基于惯性，购买原有品牌；

（3）满意购买者（Satisfied Buyer），相当满意，已产生品牌转移成本；

（4）情感购买者（Like Friend），成为生活中不可或缺的朋友；

（5）承诺（表现）购买者（Committed Buyer），成为信仰，并引为骄傲。

2. 品牌认知度

也叫品牌知名度，它是指潜在消费者从特定产品系列中识别或回忆某一品牌的能力，也就是一个品牌在消费者心中的强度。品牌知名度使得品牌能进入消费者的考虑组合，也提供了一个实体承诺的信号和熟悉感，因此当消费者发生实际购买行为时，往往在关键时刻选择熟悉且具知名度的品牌。因此品牌知名度可以视为消费者简化的产品资讯，是消费者购买决策的有利工具。品牌资产的建设就是要不断提高品牌在目标消费者中的知名度，占领制高点。

品牌知名度可分为无知名度、提示知名度、未提示知名度和第一提及知名度 4 个层级。

3. 品牌感知质量

它是指相对于其他品牌，消费者对该品牌的产品或服务具有全面性品牌的主观满意程度或认知水平。影响产品感知品质的因素有性能、特色、与说明书的一致性、可靠性、耐用性、实用性、适宜与完美程度等；影响服务感知品质的因素有有形性、可靠性、能力、响应速度、移情等。感知品质的价值表现在消费者、厂商和渠道三个方面。就消费者而言，高感知品质使得消费者在进行资料收集和方案测度时有所依据，提供消费者购买的理由；在厂商方面，高感知品质的品牌可以形成差异化，提高售价来增加利润；对于渠道，高感知品质的品牌受到消费者的青睐，渠道厂商乐于陈列和销售，这样又使得消费者更容易接触和购买该品牌，这也就形成了交易杠杆。因此，感知品质会直接影响购买决策和品牌忠诚度，也是溢价和品牌延伸的基础。

4. 品牌联想

它是指消费者记忆中所有与品牌有关的联想，这些联想组合起来就形成了品牌形

象。品牌联想越强的产品越容易被消费者知晓，因此，品牌联想影响品牌知名度；产品差异化或定位，可以创造厂商的竞争优势，形成竞争者的进入障碍；正面的品牌联想能使消费者喜欢该品牌，产生购买的行为，进而产生品牌忠诚度，创造利润；在品牌延伸方面，正面的品牌联想可以延伸到其他产品，发展多样化产品。值得注意的是，品牌联想有正的联想，也有负的联想。

品牌联想由三个层次的内容组成：属性、利益和态度。

1）属性联想：是区分产品或服务描述性特征，又可以分为产品相关属性和非产品相关属性。产品相关属性是指产品或服务的实质功能；非产品相关属性是一些与产品或服务的消费或购买有关的外在形态，如价格、包装、使用者类型或使用者背景等。其中以价格为最主要的联想属性，因为消费者对产品的价格和价值有很强的关联联想，会根据产品的价格来形成他们心目中的产品种类知识。

2）利益联想：是指消费者根据产品或服务产生的个人价值，也就是说，消费者认为该产品或服务所具有的功能给自己带来的好处。它可以分为三类：

①功能性利益：消费产品或服务过程中得到的内在的收益，它通常与产品的功能属性相关联，一般是为了满足生理或安全等基本需求，是为了避免或解决问题。

②经验性利益：消费产品或服务时产生的感受，同时反映产品相关属性和非产品相关属性。这类利益主要满足了主观上的要求，例如感观愉悦、多样性和认知刺激等。

③象征性利益：消费产品或服务时带来的附加利益，是一种外在优势，通常反映非产品相关属性。主要是为了满足隐性需求，如社会认同、个人表现和个人自尊等。消费者对品牌的地位、专有性和时尚性非常在乎，因为它反映了消费者的自我定位和形象。

3）态度联想：态度是指消费者对品牌的整体评价，它是消费行为的基础。品牌态度是一系列功能属性和品牌利益的结果，消费者比较自己对该品牌的期望和实际的消费体验，从而得到对该品牌的态度。

5. 其他品牌专有资产

其他品牌资产指的是附着在品牌上的特殊技术（如专利）等，对产品也很有价值。它包含专利、商标、渠道关系等，这些资产比较容易被忽略，但它们可以有效地促使竞争者抢夺企业的核心消费者（即市场占有率和忠诚度）。这些形式的资产需要更多的法律保护，这为品牌在世界范围内的唯一性提供了法律保障。

图 3－34 是对品牌资产内容的总结：

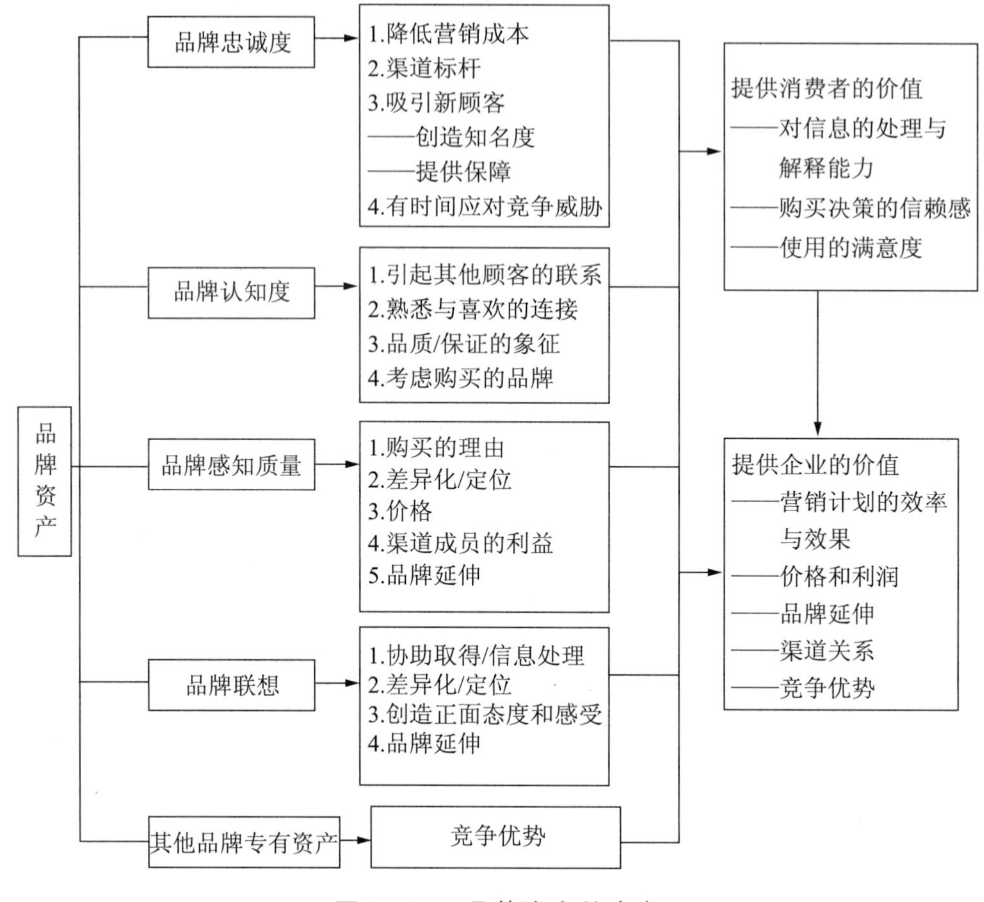

图 3-34　品牌资产的内容

3.7.3　品牌资产识别（评估）

品牌资产评估是由专业评估机构和评估从业人员，按照国家相关规定和评估原则，根据特定目的，对品牌资产的价值进行评定估算的行为。

基于财务要素的品牌资产评估方法包括成本法、市场法、收益法和股价市值法等；基于市场要素的品牌资产评估方法包括英特品牌（Interbrand）法、世界品牌实验室法、北京名牌资产评估有限公司评估法和模拟期权评估方法等；基于消费者要素的评估方法包括十要素法和忠诚因子评估法等。

目前使用的较广、影响力较大的还是英国的英特品牌公司研发的英特品牌资产测度方法。英特品牌方法同时考虑主客观两方面的事实依据。客观的数据包括市场占有率、产品销售量以及利润状况；主观判断是确定品牌强度，以此作为品牌影响力的测度。两者的结合构成了英特品牌方法。

（1）基本思路

其基本思路是：以未来利润为基础测度品牌资产，通过财务分析和市场分析确定品牌的未来利润，然后通过品牌分析用品牌强度衡量未来利润成为现实利润的可能性大

小。这种可能性大小通常体现在贴现率上，对于强度大的品牌其贴现率一般较低；反之应采用较高的贴现率。图 3－35 列出了这一方法的基本思路。

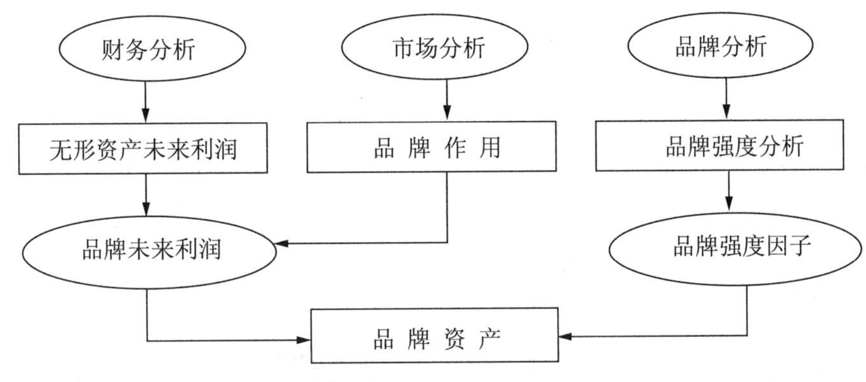

图 3－35 英特品牌方法的基本思路

英特品牌方法计算公式：$V=R\times S$

其中：V 为品牌资产；R 为品牌带来的未来利润；S 为品牌强度因子。英特品牌方法的一个基本假定是：品牌之所以有价值不全在于创造品牌付出了成本，也不全在于有品牌较无品牌可以获得更高的溢价利润，而在于品牌可以使其所有者在未来获得较稳定的利润。就短期而言，一个企业使用品牌与否对其总体利润的影响可能并不很大。但从长期看，企业有无品牌、品牌知名与否，对其市场的需求稳定性与增长性方面存在明显的差异。

（2）品牌带来的未来利润 R 的确定

为了确定品牌带来的未来利润，必须通过财务分析与市场分析。财务分析的目的是测定企业（产品）的未来利润扣除有形资产创造的利润后的余额，此即属于无形资产（包括品牌）的未来利润。进行市场分析的主要目的是确定无形资产（包括品牌）的未来利润中，多大部分应归功于品牌因素，多大部分应归功于非品牌因素。英特品牌公司是采用一种叫“品牌作用指数”的方法来决定由品牌因素所带来的无形资产的未来利润在无形资产（包括品牌）的未来利润中的比重。其基本想法是从多个层面审视哪些因素影响企业（产品）的无形资产的未来利润，以及品牌在多大程度上促进了这种利润的形成。“品牌作用指数”带有主观和经验的成分，但英特品牌公司认为，它仍不失为一种较系统的品牌作用评价方法。

在实际操作中，英特品牌法一般采用品牌过去 3 年的加权平均税后净利润作为预测值，即品牌带来的未来利润 R，公式如下：

$$R=\frac{\text{当年利润}\times 3+\text{前一年利润}\times 2+\text{前第二年利润}\times 1}{(3+2+1)}$$

在具体计算品牌带来的未来利润时，首先可以通过分析企业利润表获取品牌产品的营业利润，剔除掉品牌产品所用的有形资产应获得的利润，得到品牌产品所用的无形资产的利润。然后确定品牌作用指数，其基本想法是从多个层面审视哪些因素影响无形资产的利润，以及品牌在多大程度上促进了无形资产利润的形成。综合无形资产的利润与品牌作用指数，就可以确定由于品牌影响力所形成的无形资产的利润。品牌带来的未来利润可以用公式表示如下：

品牌带来的未来利润＝无形资产的利润×品牌作用指数×平均税率

无形资产的利润＝营业利润－有形资产的利润

营业利润＝销售收入－生产成本－销售费用－管理费用－折旧等相关费用

（3）品牌强度的确定

品牌分析就是品牌强度分析，品牌强度分析就是确定被测度品牌较之同行业其他品牌的相对地位，其目的是衡量品牌在将未来利润变为现实利润过程中的风险，并以此来确定适应于未来利润的品牌强度。英特品牌公司通过广泛研究选择了七种参数作为品牌强度指标，即品牌强度七因素，它们分别为领导力、稳定力、市场力、国际力、趋势力、支持力和保护力（见表 3－13）。

表 3－13　品牌强度七因素权重表

七因素	权重
领导力	25
稳定力	15
市场力	10
国际力	25
趋势力	10
支持力	10
保护力	5
合计	100

（4）品牌强度因子的确定

英特品牌法还认为，品牌强度得分与品牌强度因子之间存在密切关联。一般而言，品牌强度得分越高，品牌强度因子越大。为了将品牌强度得分转化成品牌强度因子，英特品牌公司综合全球范围内大量的品牌转让案例的统计分析，发展了一种 S 形曲线，如图 3－36 所示，图中纵轴为品牌强度因子，横轴为品牌强度得分。

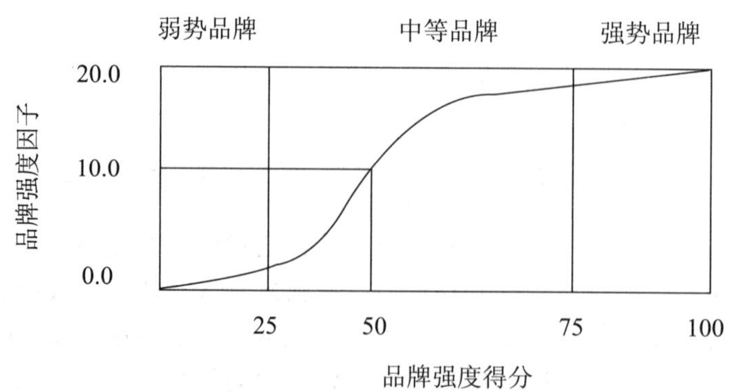

图 3－36　品牌强度因子与品牌强度得分的关系

S形曲线将品牌强度得分转化为品牌未来利润的品牌强度因子（或折现所使用的贴现率）。英特品牌方法将品牌强度因子的最大值定为20。品牌强度与品牌强度因子及品牌资产价值的关系呈正态分布。品牌强度因子与品牌强度之间的量化对应关系为：当品牌强度为0时，其品牌强度因子为0，因此品牌资产价值为0；随着品牌强度的上升，品牌强度因子也随之增大，当品牌强度得分为100（满分）时，该品牌被称为理想品牌，类似于没有任何风险的长期投资所获得的回报，其品牌强度因子为最大，即20。实践经验值显示强度因子往往在3～18之间。

品牌强度因子与品牌强度得分的关系可近似表示为：

$$\begin{cases} 250y = x^2, x \in [0,50] \\ (y-10)^2 = 2x-100, x \in [50,100] \end{cases}$$

式中，x为品牌强度得分；y为品牌强度因子。

品牌强度因子与贴现率的关系是：品牌强度因子＝1/贴现率。

3.7.4 品牌资产保护的定义

品牌资产保护，又简称为品牌保护，是指对品牌的所有人、合法使用人的品牌实行资格保护措施，以防范来自各方面的侵害和侵权行为，是维护品牌形象、保持品牌市场地位的一系列活动的统称。

3.7.5 品牌保护的过程和内容

1. 品牌资产保护状态的调查、评估和分析

企业界常用的品牌监测的方法是品牌健康度测评。其指标与监测过程如下：

品牌健康度（brand health）是衡量一个品牌在消费者心目中和实际购买中是否存在问题的指标。品牌健康度模型反映了企业在推广品牌中所采用的营销策略及其执行的成效。运用品牌健康度模型，可以发现企业在品牌推广中存在的问题、与竞争对手的差距，从而指导企业修正营销策略。品牌健康度模型在现代市场研究中形成，目前已经在各大市场研究资讯机构得到广泛应用。品牌健康度模型可以帮助企业解决以下问题：品牌营销计划执行情况如何？与竞争对手品牌相比，企业自身品牌的市场营销状况是否健康？目前的营销推广工作存在哪些问题？应该怎么样解决？

1）品牌健康度模型指标

品牌健康度模型在多年应用中，不断被各大市场研究公司完善，总的来说，品牌健康度一般包括以下几个基础指标：品牌认知度、品牌尝试度、品牌满意度、品牌忠诚度、品牌推荐度，见图3-37。

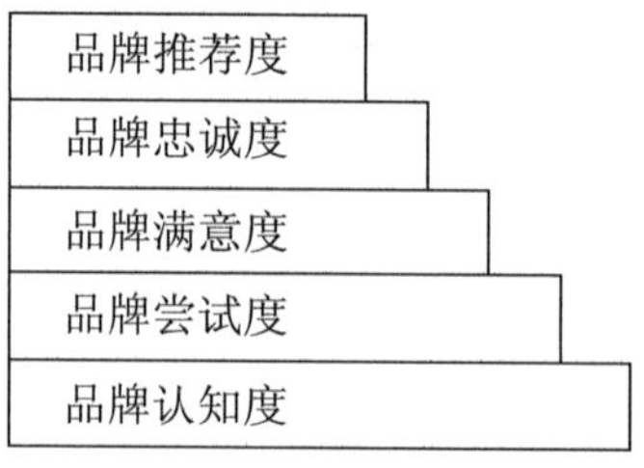

图 3 - 37　品牌健康度模型

（1）品牌认知度

品牌认知度又称为品牌知名度，是指在所有人群中（或者目标人群中），有多少比例的消费者知道、了解这个品牌。品牌认知度主要反映企业在品牌传播和广告宣传中覆盖了多少客户（目标客户群），品牌认知度越高，说明宣传覆盖的范围越大，知道这个品牌的消费者越多，企业品牌传播效果越好。

品牌认知度的计算公式如下：

$$\text{品牌认知度}=\frac{\text{听说过该品牌的人数}}{\text{总人数}}\times 100\%$$

根据不同测试的对象，品牌认知度包括三个方面：

公众知名度＝知道该品牌的人数/被调查总人数×100%

社会知名度＝该品牌在各类媒体上出现的数量/大宗传播媒体的数量×100%

行业知名度＝知道该品牌的行业/被调查总行业×100%

品牌知名度经常用问卷调查的途径，经过综合测量的方法得出。运用加权求和来反映品牌知名度：无知名度、提示知名度、第一提示知名度、第一未提示知名度。品牌知名度用 α 表示，无知名度用 α_1 表示，提名知名度用 α_2 表示，第一提示知名度用 α_3 表示，第一未提示知名度用 α_4 表示。α_1、α_2、α_3、α_4 分别表示在调查过程中对品牌各个认知种类出现的频率。用 r 表示每种知名度权重，品牌知名度 α 的测量用公式表示如下：

$$\alpha = r_1\alpha_1 + r_2\alpha_2 + r_3\alpha_3 + r_4\alpha_4$$

其中：$0\leqslant r_i\leqslant 1$，且 $r_1+r_2+r_3+r_4=1$，r_i 的权重由专家确定。

（2）品牌尝试度

品牌尝试度是指在所有人群中（或者目标人群中），曾经使用过该品牌的消费者比例。品牌尝试度主要反映该品牌在人群中的渗透率，与企业的促销和产品定价有关。品牌尝试度越低，说明企业的促销活动或者产品定价不足以吸引消费者使用该产品，相反，则说明企业的促销到位，价格合理。

品牌尝试度的计算公式如下：

$$\text{品牌尝试度}=\frac{\text{曾经使用过该品牌的人数}}{\text{总人数}}\times 100\%$$

（3）品牌满意度

品牌满意度是指在所有人群中（或者目标人群中），在使用该品牌后，对其表示满意的消费者比例。品牌满意度主要反映消费者使用该品牌后感到满意，也就是持正面评价的比例。品牌满意度与该品牌的产品质量和服务有关，该品牌产品的质量越高，服务

越好，品牌满意度就会越高。

品牌满意度的计算公式如下：

$$品牌满意度=\frac{使用过该品牌而且感到满意的人数}{总人数}\times 100\%$$

（4）品牌忠诚度

品牌忠诚度是指在所有人群中（或者目标人群中），曾经使用过该品牌的消费者继续使用该品牌的比例。品牌忠诚度不仅反映了企业的产品质量和服务，而且还与企业的售后服务，以及客户关系管理相关。忠诚度越好，一方面说明产品的质量和服务好；另一方面也说明企业通过客户关系管理，有效激发消费者的再次使用意愿。

品牌忠诚度的计算公式如下：

$$品牌忠诚度=\frac{使用过该品牌而且会持续使用的人数}{总人数}\times 100\%$$

如果把品牌忠诚度理解为消费者在一段时间甚至很长时间内重复选择某一品牌，那么测量的方法就有：

①按购买比例来测量：对顾客购买所有品牌量进行排序以确定忠诚度。

②按重复购买次数来测量：在一定的时间内，消费者对某一品牌产品的重复购买次数越多，说明对这一品牌的忠诚度越高，反之则越低。

③按购买决策需要的时间来测量：顾客的品牌忠诚度越高，购买决策需要的时间就越短，反之，忠诚度越低，购买决策需要的时间就越长。在利用这个指标测量顾客的品牌忠诚度时，还要考虑产品的价格、用途和使用时限等因素。

④按顾客对价格的敏感程度来测量：对于喜欢和依赖的品牌，消费者对价格变动的承受能力强，即敏感度低，反之，则敏感度高。

（5）品牌推荐度

品牌推荐度是指在所有人群中（或者目标人群中），使用过该品牌，而且会向别人推荐该品牌的消费者的比例。品牌推荐度反映了品牌在消费者心目中的认同度，说明品牌在消费者情感方面的渗透。一般来说，品牌推荐度越高，说明该品牌得到越多消费者心理上的认同。

品牌推荐度的计算公式如下：

$$品牌推荐度=\frac{使用过该品牌而且会推荐别人使用的人数}{总人数}\times 100\%$$

从各个指标的定义可以看出，品牌认知度、品牌尝试度、品牌满意度、品牌忠诚度、品牌推荐度五个指标逐步推进，在不同方面反映企业在品牌推广执行中的成效。

2）品牌健康度模型的应用

品牌健康度模型除了计算五个核心指标外，可以通过横向和纵向对比，发现目前企业在品牌推广中存在的问题及其与对手的差距，以帮助企业制定和完善营销策略和执行事项。

运用品牌健康度进行横向比较，主要是通过与竞争对手相比，发现目前企业在品牌推广中的各个指标的差距在哪个环节出现。如果品牌认知度低于竞争对手，则说明企业的品牌宣传覆盖范围不够全面，或者广告宣传内容没有突出重点，消费者印象不深；如果品牌尝试度低于竞争对手，则说明企业的产品定价过高，或者促销活动开展并不足够，没有吸引大部分消费者使用；如果品牌满意度低于竞争对手，表示企业的产品质量和服务不如竞争对手，这将对品牌的后期发展不利；如果品牌忠诚度低于竞争对手，则说明企业没有做好客户关系管理和客户保持工作，导致消费者流失；如果品牌推荐度不如竞争对手，表示该品牌还没有完全得到消费者心理认同，竞争对手的潜移默化工作做得比较好。

但是，即使与竞争对手相比，也很难判断究竟应该优先处理哪个环节，因此需要运用纵向对比确定优先解决影响问题的顺序。纵向比较一般是下一个指标与上一个指标的对比值，如果这个比率比较小，则说明在这个层级的衰退比较快，应该优先解决这个层级的问题。

其计算公式如下：

$$\text{某一层级衰退指数}=\left(\frac{\text{本层级指标比例}}{\text{上一层级指标比例}}\right)-1\times 100\%$$

具体来说，可以利用以下原则进行判断：

（1）如果从认知度到尝试度的衰退比较快，说明企业品牌推广的最主要问题在于产品定价和促销活动。

（2）如果从尝试度到满意度的衰退比较快，则说明企业品牌推广的最主要问题在于产品质量和服务质量。

（3）如果满意度到忠诚度的衰退比较快，说明企业品牌推广的最主要问题在于客户关系管理没有做好。

（4）如果从忠诚度到推荐度的衰退比较快，则说明企业品牌推广的最主要问题在于品牌情感认同工作没有做好。

例如，某个公司 A 品牌是果汁饮料产品，而 B 品牌是竞争对手的饮料产品。通过一次市场测试，获得如表 3－14 所示的关于这两个品牌健康度各个指标的数据。

表 3－14　品牌健康度各个指标的数据

指标	A 品牌/%	B 品牌/%	A、B 横向比较/%	纵向比较（衰退指数）/%
品牌认知度	53	42	+11	—
品牌尝试度	32	35	−3	−39.6
品牌满意度	25	26	−1	−21.9
品牌忠诚度	19	13	+6	−24.0
品牌推荐度	15	6	+9	−21.0

根据上述调查结果可以看出，从横向比较来看，A 品牌的品牌认知度、品牌忠诚度、品牌推荐度均高于竞争对手 B 品牌，说明 A 品牌的宣传覆盖范围、客户关系管理以及情感认同感优于竞争对手，但是在品牌尝试度和品牌满意度方面的比例低于竞争对手。进行纵向对比后，发现造成 A 品牌品牌尝试度和满意度低的原因是从认知度到尝试度的衰退比较厉害（−39.6%），而其他几个层级的衰退则比较平均，在−20%～

—25%之间，因此可以断定，A品牌在促销活动和产品定价方面做得不够，应该予以完善，通过加大促销力度和适当降低价格，提高品牌尝试度。

2. 对侵害品牌资产权益的事件进行处理

在必要的情况下，企业应该运用法律武器来保护自己的品牌权益。法律保护是品牌保护的最主要途径，企业为搞好品牌的法律保护，应采取以下策略：

1）品牌商标的法律保护

对于品牌商标，首先要有保护意识。从知名品牌的发展经验来看，这些品牌企业不仅及时注册，而且非常关注外界的反应。对于有损于自己品牌的一切行为都应进行强有力的反击，积极维护自己品牌的合法权益和地位。具体措施包括重视商标的国内外注册（包括近似商标注册、跨行业注册、跨国注册、副品牌注册、包装风格注册、形象注册、其他图形注册等）和及时续展商标。

2）品牌的专利保护

品牌的专利保护可以帮助企业提高市场竞争优势地位，保护商业机密，减少不必要的损失。企业申请或购买专利，是保护其竞争优势的重要手段。1995年美国宝洁公司在全世界共申报1.6万项专利，有力地保护了其产品在国际市场上的竞争地位。我国今日集团以1000万元的价格买断长跑教练马俊仁的专利配方，生产出了众所周知“乐百氏”奶，形成了独特的技术优势，迅速提高了产品在同类产品竞争中的优势地位。

3）品牌的域名保护

随着计算机技术和网络技术的发展以及随着电子商务活动的激增，越来越多的企业组织或个人使用网站，域名问题成为近年来的重要管理课题。具有超前的域名注册意识是非常必要的。如果一个品牌企业，其企业名称或品牌商标被他人用作域名抢注后，企业自有品牌的一切商务活动将难以在互联网上持续进行。目前网络商标侵权行为表现在以下两个方面：网上域名的商标侵权行为和恶意抢注他人注册商标名称作为自己域名的行为。

事实上，要防止这种域名抢注行为是很容易的。因为域名注册的程序很简单，注册对申请者的经营范围和内容均不作要求，无须申请者制定商品的种类。但互联网是世界性的，一旦申请注册的域名与别人申请的一样，申请在后的将不被批准。

3. 与政府和有关机构就品牌保护事宜进行沟通

品牌保护不仅是企业的事，而且是全社会的事，是一项综合性很强的社会系统工程，需要全社会的共同参与。除了企业对品牌的自我保护以外，全社会各方面都应该积极参与品牌保护，包括政府的保护、社会团体的保护、舆论媒体的保护、消费者的保护等。

政府对品牌的保护具有极其重要的作用，企业应该了解政府的相关法律法规和政策，就品牌资产保护事宜与政府及有关机构进行沟通，具体做法包括：

（1）了解和学习政府有关品牌的政策、规划和纲要等

中央和地方各级政府对品牌的保护，主要体现在制定政策、规划、纲要和方针，以为企业提供了品牌保护的大环境。企业要深入了解和学习这些政策、规划、纲要和方

针。中国政府早在20世纪50年代～60年代就制定了“质量第一”的政策，改革开放以来，更是强调质量兴国，制定了许多相关的政策、纲要和规划。此外，国务院于1996年12月颁布施行的《质量振兴纲要（1996—2010年）》，原国家经贸委、原国家技术监督局于1997年2月发布实施的《关于推动企业创名牌产品的若干意见》，国务院于1999年12月作出的《关于进一步加强产品质量工作若干问题的决定》，国家工商行政管理总局于2003年6月发布的《驰名商标认定和保护规定》等，这些都表明政府在积极引导、鼓励企业提高产品质量、实施名牌战略，企业要好好学习和领悟。

（2）积极参与政府和相关部门开展的创品牌的活动，总结经验

政府不直接参与创品牌，但政府会利用宏观决策和宏观管理的职能优势，引导和组织企业开展创品牌的活动，总结优秀企业创品牌的经验，进行交流和推广，企业应该积极参加这类活动和交流会。

（3）借助政府力量化解品牌危机

当由于企业自身的经营不善，对人、财、物等管理不当，领导人违法犯纪，企业内部人员素质低下，企业的资金链断裂，遭媒体曝光和负面攻击，突遭强大竞争对手攻击或竞争对手的恶意打击，国家某项对企业经营不利的政策、标准出台以及不可抗的自然灾害导致品牌危机时，除了自己采用适当的危机处理对策外，一定要搞好政府公关，取得各有关行政领导的支持，“巧借东风”，做到背靠领导，面向公众。尤其在我国，更要充分认识其重要性，要做到及时汇报、定期联系和阶段性总结。当然，求助政府的目的是为了有效地解决危机，不是利用政府来掩盖危机、逃避责任。

4. 品牌资产保护措施的制定和改进

根据保护措施的不同，品牌保护可分为经营保护、社会保护、法律保护：

1）经营保护

经营保护是指经营者在具体的生产、营销活动中为提高产品市场占有率、扩大企业规模而使用的商业性保护活动。品牌的经营保护与品牌的法律保护不同，品牌的法律保护研究的是如何利用法律手段保护品牌的资产不受到他人的侵害，它的法律依据是比较明确的。品牌的经营保护研究的则是企业在日常的生产经营活动中，如何自觉地采取措施，通过产品的更新等手段来保护品牌资产的价值，使之不断升值。

品牌经营保护的主要内容包括：

（1）增强防伪意识，自觉采用先进防伪技术，确保企业的品牌名称、商标名称不受侵害。

（2）牢固树立以消费者为中心的经营思想，保持良好的品牌和企业形象。在企业推行CS（顾客满意）策略：首先，要求企业的所有员工共同遵守“顾客第一”的公约，并从制度上予以保证；其次，要在企业内明确标明服务规范，让顾客了解企业服务规范，以随时监督员工的行为；最后，使企业工作程序标准化。如“麦当劳”把每项工作都予以标准化，即“小到洗手有程序，大到管理有手册”，从而避免了由于工作流程的混乱而对产品质量产生消极影响。

（3）形成系列，适应市场多样化需求和分散经营风险。根据消费者多样化的消费需求，对品牌特别是名牌产品进行系列开发，满足不同层次顾客的需求，不仅可以防止名

牌产品“老化”，也可使已衰弱或者滞销的老牌名品重新走俏。将品牌特别是一些老牌名品形成系列，不仅可以提高原有品牌的销售量，拓宽销售渠道，还可以减少品牌经营的风险。

（4）慎重商标使用许可策略。许可证贸易已经成为世界发展最快的贸易形式之一，通过商标的使用许可，将本企业的商标授权其他企业有偿使用，是拥有名牌的企业提高经济效益的一条极为重要的途径。但是，有一个问题必须注意，在实施商标使用许可策略时，必须保证品牌形象的连续性和一致性，避免由于商标使用许可的过度滥用，导致品牌形象下降，从而影响企业长远的经济效益。

企业在实施商标使用许可策略时，必须做到：①对达不到质量标准的企业，不准许其使用自己的注册商标；②对达到质量标准的企业，也要经常监督、检查其商品质量，一旦质量下降，立即责令其改正或者终止商标使用许可合同；③要在商标使用许可合同中明确各种事项以及各自的权利和义务，例如废次商标标识的销毁制度等。

（5）注意品牌延伸的限度。品牌延伸是企业充分利用品牌资产最为简捷和有效的途径，众多国际知名品牌都是通过品牌延伸实现了品牌资产和企业规模的扩张，但是这里有一个问题必须明确，品牌延伸是有限度的，品牌延伸是一条可拉长的“橡皮筋”，但是这种长度是有限的，过度地拉伸品牌线，有可能造成品牌线的断裂。像我国的“娃哈哈”品牌，在成功地推出“娃哈哈”营养口服液的情况下，先后推出了营养八宝粥、纯净水，甚至感冒液，其结果是“娃哈哈”感冒液在市场上只存在了不到一年的时间就悄然隐退。

企业在进行品牌延伸时，必须充分考虑这样几个因素，如产品之间技术、经济上的相互关联性，能否运用统一的定位，是否有利于树立统一的企业形象等。并不是说品牌不可以向非相关领域延伸，但前提是这种延伸是否会对品牌形象造成破坏，如果答案是肯定的，那么，最好的办法就是推出新的品牌，而不是进行品牌延伸。

（6）慎重使用降价策略。在市场竞争中，可供企业选择的策略很多，但最常用、最有效的是价格策略，虽然价格策略是一种非常古老的竞争手段。但对于消费者而言，品牌之间的竞相“杀价”，常常会产生两种对企业极为不利的消费心理：一是观望心理，即产生不合理的价格预期，期待价格能进一步的下降；二是“被欺骗”心理，认为生产者或经销商所提供的产品水分过大，从而影响其购买决策。

企业在降价前，必须要认真地思考：第一，商品的需求价格弹性如何，如果商品的需求价格弹性缺乏，该商品“薄利多销”的理论观点是不成立的；第二，企业品牌的定位是什么，如果企业将品牌定位在上游产品的位置上，那么就尽量不要采取降价策略；第三，竞争对手降价，并不一定意味着本企业产品一定要降价，企业应首先预算一下所经营产品之间的交叉弹性，如果交叉弹性较大，则意味着竞争对手品牌的降价对本企业品牌产品的影响较大，就可以考虑采用对应的降价策略，反之，如果交叉弹性很小，则企业可以对竞争对手品牌的降价行为置之不理，因为这种行为不会给企业的经营带来太大的威胁。

（7）采取合理、合法的竞争手段。市场竞争的“白热化”并不意味着企业可以不择手段，甚至用一些违法的方法来进行竞争。从经营的角度来说，采取过度激烈甚至攻击性的竞争行为，不但会给竞争对手造成伤害，也会殃及企业自身。所以，精明的企业家通常是采取合理、合法的竞争手段，来达到在竞争中取胜的目的。例如，美国纽约梅瑞百货商场的大厦里设有一个咨询台，当顾客在本店没有买到想要的商品时，咨询台的小姐会将顾客介绍到附近其他购物场所去。这种做法既赢得了顾客的信任，又获得了许多竞争对手的友谊，极大地提高了梅瑞百货商场的形象。

2）社会保护

品牌的社会保护包括传媒、政府和消费者对品牌的保护。具体措施和内容有：

(1) 传媒对品牌的社会保护

新闻媒体是群众和政府的喉舌，它代表着广大人民群众的利益。传媒对各种假冒伪劣产品大量曝光，宣传知名品牌正品，严正打击侵犯知识产权、破坏市场规范、损害消费者利益的行为，为品牌的正常健康发展起着防火墙的作用。

(2) 政府对品牌的保护

政府对品牌保护的主要措施有：

①在政策、规划、纲要上积极提倡、鼓励和推动品牌保护，贯彻质量兴国的方针，营造整体大环境。从中央到地方各级政府都制定了有关提高产品质量和实施名牌战略的各项措施，从而加大了对品牌保护的力度。

②企业开展创名牌活动，引导和组织企业开展创名牌的活动，总结名优企业创名牌的经验，进行交流和推广，使名牌之花开得更盛，从而推动名牌战略更好地实施。

③为企业品牌创造良好的环境，在政府允许的范围内给予企业一定的物质或精神上的支持，帮助企业解决一些具体的困难。

④加大打假力度，全面保护品牌。政府及其有关职能主管部门是行政执法的责任承担者，是打假战场上的第一线主力部队。

(3) 消费者对品牌的保护

①有关社会、团体要积极参与品牌保护行动。消费者协会、工会、妇联、工商联、协会和群众团体积极地参与到打假活动当中，保护品牌和人民群众的合法权益和既得利益。

②消费者要积极参与打假。面对假冒伪劣产品的大肆蔓延，消费者应该勇敢地拿起武器，依法进行斗争，绝不能采取息事宁人的态度，要依法维护自己的合法权益，同时也对品牌起到了重要的保护作用。

3）法律保护

品牌的法律保护是指在品牌运营的过程中运用法律手段对品牌外部标识进行维护，它具有权威性、强制性和外部性的特征。品牌的法律保护是对品牌最强有力的保护，相对于其他保护手段来说，法律保护具有战略上的前瞻性、程序上的规范性、时间上的持久性以及效果上的终极性等特点。

品牌法律保护具体包括：

(1) 品牌名称（标志）的法律保护

当品牌名称与商标名称合二为一时，品牌名称和品牌标志的保护是相对简单的，即通过《商标法》就可以达到对其加以有效保护的目的。例如，“柯达”品牌名称和商标名称是统一的，虽然“柯达”在美国的专利局注册了一系列防御商标，如“Koda-

graph”“Kodachrome”等，但是，“柯达”在企业经营实践中，只使用了单一的“柯达”(Kodak)。因此，通过对商标名称的保护，就可以达到将品牌名称和商标名称一起加以保护的目的。但是，目前的大多数情况是，企业品牌名称常常与商标名称不一致，此时《商标法》只对商标名称加以保护，而品牌名称的保护只能通过其他的途径而不是《商标法》途径来达到保护的目的。这种情况下，企业要想有效地保护品牌名称，就必须采取一些新的方法和途径：

①进行主动和事前保护。企业的品牌名称和标志要想取得主动和事前的有效保护，最重要的途径就是实现品牌名称向商标名称的过渡。按照我国的《商标法》，只有注册商标才能受到《商标法》和有关法规的保护，而未注册商标是不能受到《商标法》保护的，因此，将品牌名称特别是那些已经成为名牌的品牌名称转换为具有法律意义的商标名称和标志，对于有效地保护品牌名称无疑是一条捷径。

②进行事中和事后保护。事后保护的基本含义是：当一个企业所拥有的具有独特意义的特有名称（标志）被侵权时，按照我国《反不正当竞争法》和《著作权法》的有关规定，企业可以从法律的角度寻求对其具有资产性的名称等进行合理的保护。

对于企业特有名称的保护，法律规定是详尽和科学的。例如，中国的《反不正当竞争法》第二章第五条第二款就明确指出，擅自使用知名商品特有的名称、包装、装潢，或者使用与知名商品近似的名称、包装、装潢，造成和他人的知名商品相混淆，使购买者误认为是该知名商品的行为为不正当竞争行为。

所以，企业在经营实践中，应该做到两条：一是在推出新产品时，应在积极注册商标的同时，设计出具有独创性的品牌名称和标志；二是在品牌经营过程中，密切注视其他企业是否存在侵犯本企业品牌名称的行为。在有些情况下，对企业品牌名称的侵权行为具有间接性，例如，将知名商品的品牌名称稍加修改予以使用，或者是将知名商品的品牌名称与其自己的品牌名称连缀使用等。

(2) 商标的法律保护

我国《商标法》对商标保护制定了非常详尽的条款，因此，企业只要按照《商标法》的要求，正确地使用和管理商标，就可以得到《商标法》有力的保护。从企业角度来说，需要注意的问题是：

①及时进行商标注册并正确使用注册标记。按照《商标法》规定，企业商标受到法律保护的前提是进行注册，也就是说，《商标法》只对注册商标进行保护，而品牌名称无法受到《商标法》的保护。《商标法》对商标权的保护包括商标的专用权、商标的禁止权、商标的使用许可权和商标的继承权等一系列权利。当侵权行为发生时，企业应及时地利用法律武器，保护自己的合法权益。

②注意提出商标异议和争议。为了维护自己的商标专用权，企业应随时注意是否有同一种商品或者类似商品与自己注册商标相同或者近似并刊登在《商标公告》上。如有发现，应及时向商标局提出异议，请求予以撤销。

③严格遵守商标法律规范。法律对商标权的保护，是以商标注册人遵守商标法律规范、履行法定义务为条件的。如果商标权人不依法行使权利或者违反商标管理的有关规定，就会导致商标权的丧失。

④采取措施，防止其他形式的商标侵权现象的发生。这里所指的主要是怎样在国际互联网络上积极注册，以防企业品牌被其他不法企业抢注。

(3) 品牌其他构成要素的法律保护

如前所述，品牌的构成要素非常复杂，除了品牌名称、品牌标志和商标外，还有一些要素对于品牌形象的形成具有非常重要的意义。例如，品牌的定位主题句、品牌代言人甚至品牌的标准色等。

有些品牌的广告宣传语（包括定位主题句）已经成为品牌形象极其重要的组成部分，消费者对于品牌的识别在很大程度上要依赖或者借助于这些品牌的广告宣传语。例如，“丰田”品牌的“车到山前必有路，有路必有丰田车”、德国大众汽车公司“甲壳虫”品牌的“想想还是小的好”等广告宣传语，对于消费者正确认识和认知品牌都具有非常重要的作用，它们已经成为品牌形象一个重要的组成部分，也是企业品牌资产的重要组成部分，企业应对其做出有效的保护。

我国学术界和司法界对这一问题目前尚有争议，但笔者认为，按照我国《著作权法》的有关条款，凡是具有独创性的文字、图片及影视作品，都应纳入保护的范畴，而企业在塑造品牌形象过程中，在媒体上所使用的一些广告语，凝聚了广告设计人员的脑力劳动，必须加以保护。

品牌代言人对于品牌形象的形成同样具有极其重要的意义。所以，品牌代言人也是品牌形象重要的组成部分，企业应当对其加以保护，以维护品牌形象的一致性。

企业要制定品牌的法律保护策略、经营保护策略和社会保护策略，并根据政策、市场等的变化进行改进。

3.7.6　提升品牌资产的策略

1. 提升品牌忠诚度的策略

1）常客奖励计划

常客奖励计划是为鼓励顾客成为企业的常客推行的奖励计划。例如，饭店业将参加常客计划的顾客称为荣誉宾客或贵宾，对他们在饭店里的消费额按照规定的分值给予奖励积分，当积分累积到一定的程度，顾客可获得饭店所提供的奖励，如客房升级、免费用餐、免费住宿、实物奖励。有的饭店集团还与航空公司合作，饭店积分与航空公司的飞行里程积分互换。常客计划的执行大大提高了连锁饭店集团的地位，从而使大的连锁饭店集团在竞争中处于有利地位。由《饭店与旅游索引》（《Hotel and Travel Index》）刊物进行的一项调查表明，是否设立常客计划将影响大多数顾客选择饭店的忠诚性。例如，贵宾金环会是香格里拉集团特有的常客奖励计划，旨在为宾客提供尽善尽美的服务。会员独享的优惠和特权有：优先办理登记入住，同伴免费入住，早餐折扣优惠，客房升级等。以符合资格房租入住，付费客人便可在办理登记入住时获邀加入贵宾金环会，更可即时享受会员优惠。

2）会员俱乐部

作为忠诚度计划的一种相对高级的形式，会员俱乐部首先是一个“客户关怀和客户活动中心”，但现在已经朝着“客户价值创造中心”转化。而客户价值的创造，则反过

来使客户对企业的忠诚度更高。有的企业客户群非常集中，单个消费者创造的利润非常高，而且与客户保持密切的关系非常有利于企业业务的扩展。他们往往采取俱乐部计划和消费者进行更加深入的交流，这种忠诚度计划比起单纯的积分计划更加易于沟通，能够赋予忠诚度计划更多的情感因素。“会员俱乐部”可为企业带来综合性的效果：①链式销售。即客户向周围人群推荐所带来的销售。②互动交流，改进产品。通过互动式的沟通和交流，可以发掘出客户的意见，有效地帮助企业改进设计、完善产品。③抵制竞争者。用俱乐部这种相对固定的形式将消费者组织起来，在一定程度上讲，就是一道阻止竞争者入侵的壁垒。

例如，国内通信市场客户忠诚度计划的启动，始于2002年“中国移动满意度改善计划”的实施。全业务运营后，三家运营商将客户俱乐部作为客户维系的重要措施大力宣传。2010年，中国移动扩大了全球通俱乐部的覆盖范围，并设置专门的客服经理；中国电信将客户俱乐部更名为天翼客户俱乐部，结合天翼品牌推广提升服务水平；中国联通则在全国范围内推广客户俱乐部，并推出iPhone特色终端俱乐部、车友俱乐部等。如今，三大运营商的客户俱乐部主要为客户提供专属服务和活动，如中国移动的“全球通VIP凤凰大讲堂”，中国电信的“世博之旅”和中国联通“乒临城下”乒乓球挑战赛等。客户俱乐部可为会员提供差异化的服务和特权，一方面，客户俱乐部增进了客户与客户以及运营商之间的感情交流，增加了客户的归属感等；另一方面，客户俱乐部有效提高了客户的转换成本，客户若转换运营商将会失去在客户俱乐部中所获得的各种利益。

3）资料库营销

资料库营销是为了实现接洽、交易和建立客户关系等目标而建立、维护和利用顾客数据与其他数据的过程。资料库营销（Database Marketing Service，DMS）是在IT、Internet与Database技术发展上逐渐兴起和成熟起来的一种市场营销推广手段，也是提升品牌忠诚度的有效策略，在企业市场营销行为中具备广阔的发展前景。它不仅仅是一种营销方法、工具、技术和平台，更重要的是一种企业经营理念，也改变了企业的市场营销模式与服务模式，从本质上讲是改变了企业营销的基本价值观。通过收集和积累消费者大量的信息，经过处理后预测消费者有多大可能去购买某种产品，以及利用这些信息给产品以精确定位，有针对性地制作营销信息达到说服消费者去购买产品的目的。通过资料库的建立和分析，各个部门都对顾客的数据有详细全面的了解，可以给予顾客更加个性化的服务支持和营销设计，使“一对一的顾客关系管理”成为可能。

例如，通用电气公司的消费者资料库能显示每个顾客的各种详细资料，保存了每次的事务历史记录。他们可以根据消费者购买公司家用电器的历史，来判断谁对公司的新式录像机感兴趣，能确认谁是公司的大买主，并给他们送上价值30美元的小礼物，以换取他们的下一次购买行为。现在一些具有领先观念的企业如上海罗氏、通用汽车、广东美的已经建设了CRM系统。随着经济的日益发展和信息技术对传统产业的改造，使消费者的个性化需求的满足成为了可能，中国加入WTO以后，企业将面临更加严峻的形势，如何在这场强敌环伺的角力中胜出，需要全方位地提升企业的竞争力——特别是企业的客户信息能力，作为企业经营战略中非常重要的营销体制也必须吸收西方先进的营销理念和手段，革除传统营销模式的弊端，资料库营销是先进的营销理念和现代信息技术的结晶，必然是企业未来的选择。

4）产品跟踪与服务深化

众所周知，售后服务已经作为企业赢得客户、取得消费者青睐、占领市场的重要手段得到普遍的实施，无论是企业推出新品牌、新的服务产品，还是维护市场、扩大消费群体的需要，产品跟踪与服务深化都是提升品牌忠诚度的重要组成部分，这在竞争激烈的行业显得尤其突出。对客户进行产品跟踪与服务深化，与顾客建立良好的互动与信息沟通模式，深入了解客户需求，再通过完善服务产品满足不同顾客对增值服务，如货到付款、代收货款、换货、定时递送、短信通知等和标准化操作的需求。一方面形成资源的合理配置和资本的集约化经营，另一方面也可以为顾客创造价值，提升顾客的满意度和忠诚度。

例如，参考航空公司与移动通信公司的先进经验，在 EMS 客户中推行常客奖励计划，组建 VIP 会员俱乐部，举办高尔夫、乒乓球比赛等，为 VIP 客户提供汽车服务、旅游服务、球类服务、购物优惠和使用邮政业务的优惠服务等。同时利用数据库营销对 VIP 客户进行产品跟踪与服务深化，深入了解 VIP 客户的需求，创造顾客价值和满意，不断创新。

5）创造顾客价值和满意

顾客是企业最重要的资产，顾客价值是企业最核心的价值。这已经成为众多企业经营者的共识。顾客价值是为目标顾客提供能满足其需求并达到顾客满意和忠诚的产品或服务，而且这个产品或服务是能够代表企业个性的，包括产品和服务对顾客的经济价值、功能价值和心理价值。对顾客进行比较和分析，发现最有价值的当前和潜在顾客，通过满足其对服务的个性化需求，创造顾客价值和满意，从而提高顾客忠诚度。

例如，在各种产品与服务风起云涌的时代，星巴克公司却把一种世界上最古老的商品发展成为与众不同、持久、高附加值的品牌。星巴克崇尚的顾客价值是：高品质的咖啡豆（无论是原料咖啡豆的采购、烘焙、酿制还是新鲜度方面，星巴克遵循的都是本行业中最高的标准，以保证顾客在星巴克喝到的每一杯咖啡都是“最完美的”的咖啡文化），第三空间时尚体验（与顾客的关系）以及小资身份定位（品牌利益和形象）。

星巴克在咖啡店中同顾客进行交流，特别重要的是咖啡生同顾客之间的沟通。每一个咖啡生都要接受 24 小时培训——顾客服务、基本销售技巧、咖啡基本知识、咖啡的制作技巧。咖啡生需能够预感顾客的需求，在耐心解释咖啡的不同口感、香味的时候，大胆地进行眼神接触。星巴克也通过征求顾客的意见，加强顾客关系，比如，每个星期总部的项目领导人都当众宣读顾客意见反馈卡。当星巴克准备把新品发展成为一种品牌的时候，顾客关系是星巴克考虑的首要因素。他们发现：顾客们会建议将新品改良成为另一品种，顾客们能够看到一种新产品或服务与星巴克品牌的核心实质的关系——所以，星巴克的成功并不在于其咖啡品质的优异，围绕顾客价值向顾客传递星巴克文化才是星巴克制胜的不二法宝。

6）不断创新

一方面，企业的产品要不断创新。产品的质量是顾客对品牌忠诚的基础，世界上众

多名牌产品的历史告诉我们，消费者对品牌的忠诚，在一定意义上也可以说是对其产品质量的忠诚。只有过硬的高质量的产品，才能真正在人们的心目中树立起“金字招牌”，受消费者喜爱。产品的创新让消费者感觉到品质在不断提升。海尔的空调、洗衣机每年都会有新功能、新技术产品推出；宝洁公司的玉兰油、海飞丝等产品也时不时推出新改良配方，让其产品有新的兴奋点，让人感觉到企业一直在努力为消费者提高产品品质。

另一方面，企业为了获得客户忠诚度，更需要在服务质量及服务特色上不断创新，推动整个行业服务水平的提升；反过来说，这一切，最终都将更有利于消费者获得更好的服务及体验。对于以服务为核心产品的车险企业来说，提升服务质量，推出客户离不开的创新服务是打造客户忠诚度的重点，而除了落实服务承诺及可靠的服务执行力外，获得客户忠诚度的另一个重要方法就是建立“圈子文化”。例如，人保财险的客户俱乐部模式、太平洋产险的“会员卡”服务等就是车险行业内“圈子文化”的代表。中国人保财险电子商务事业部总经理蒋新伟表示：“设立客户俱乐部，可以加强与客户的非业务交流，有助于客户忠诚度的建立。人保电话车险在浙江嘉兴的客户俱乐部，定期举办汽车沙龙，组织起来到上海参加汽车拉力赛，与客户进行深层次的沟通。”

2. 提高品牌知名度的策略

1）制造“第一”

品牌知名度即心智占有率，是指消费者提到某一类产品时能想起或知晓某一品牌的程度。如提到巧克力首先想起的是德芙、金帝、吉百利、雀巢等品牌，麦丽素、金莎、好时等品牌的知名度就稍低一些。如果一个品牌消费者根本就不知道，那么就谈不上美誉度、忠诚度、品牌联想和市场影响。品牌知名度是如此重要，那么，应该如何打响品牌知名度呢？适时制造“第一”。现实生活中我们常常面对这样一些问题：你记得中国第一位夺得奥运会金牌的运动员是谁吗？可能你会很快地说出许海峰这个名字。但第二位呢？你很可能说不出来！你知道世界上最高的山是哪一座吗？第二呢？

市场领先法则说明：“第一”要胜过“更好”。创造出一种新产品，在人们心目中先入为主，比起努力使人们相信你可以比产品首创者提供更好的产品要容易得多。按照一般的经验，最先进入人们脑海的品牌，平均而言，比位居第二品牌的市场占有率要多一倍，而第二位比第三位又要多一倍。对于品牌知名度而言，创造与众不同非常重要。仔细分析市场中众多的产品，我们会发现，最知名的总是那些最先进入人们心目中的品牌。如啤酒中的青岛、葡萄酒中的张裕以及瓶装水中的娃哈哈等。

2）事件营销

事件营销是企业通过策划、组织和利用具有新闻价值、社会影响以及名人效应的人物或事件，吸引媒体、社会团体和消费者的兴趣与关注，以求提高企业或产品的知名度、美誉度，树立良好品牌形象，并最终促成产品或服务的销售的手段和方式。由于这种营销方式具有受众面广、突发性强，在短时间内能使信息达到最大、最优传播的效果，为企业节约大量的宣传成本等特点，近年来越来越成为国内外流行的一种公关传播与市场推广手段。

2003 年 3 月 21 日（美伊战争的第二天）以前，对大多数消费者来说，看到或听到

“统一”这一品牌，很多人总是联想到来自台湾的统一方便面。而在 3 月 21 日以后，这种情形得到了很大的改变。因为就在那一天，统一润滑油的广告巧妙地借用战争话题，以“多一些润滑，少一些摩擦”的创意，非常贴切地迎合了中国观众对和平的期待，给人们留下了深刻的印象。

3）利用名人效应

名人效应是名人的出现所达成的引人注意、强化事物、扩大影响的效应，或人们模仿名人的心理现象的统称。名人效应已经在生活中的方方面面产生深远影响，比如名人代言广告能够刺激消费，名人出席慈善活动能够带动社会关怀弱者等。简单地说，名人效应相当于一种品牌效应，它可以带动人群，它的效应可以如同疯狂的追星族那么强大。

成龙是中国企业比较喜欢选用的一个人物。成龙本人在香港有“成龙大哥”之称，声誉极高。他饰演的人物形象往往正直、热情，他本人私下的形象也很健康，所以应是一个合适的广告人选。然而，近来成龙又大有将自己形象做乱的势头，既给爱多 VCD 做广告，也给汾煌可乐做广告，这使下一个再选成龙做广告者的产品形象也就变得不再明确。而步步高当年选李连杰与成龙的“好功夫”针锋相对是聪明的，这种“搭车”的技法在某种程度上强化了步步高的产品形象。

4）悬念广告

悬念广告充分利用了人们的好奇心理，先把问题设置好，让大家去猜测、去关注，然后到一定的时候再把答案给出来，它属于自问自答式的。悬念广告因其能最大限度地提升关注率，而被广大的企业运用，它也成了企业提升品牌知名度的快捷方法。例如，北京叶茂中营销策划有限公司的叶茂中在策划北极绒保暖内衣赵本山广告片时，就充分利用了悬念广告。他的整个创意来源于充满悬念的句子：18 时 58 分 8 秒赵本山被外星人劫持。相关的平面广告刊登后，引来了媒体的关注和报道，极大地提升了人们对广告的关注，进而关注北极绒保暖内衣。

悬念广告运用得当，可以收到出其不意的宣传效果。但是，悬念广告如果运用不当，轻则无人理会，达不到宣传效果，重则戏弄受众，同时戏弄自己，甚至可能出现政治错误，对社会造成不良影响。广告在表现手法上可以运用各种艺术夸张的手段，但是应当以能被公众接受和认可为准则，不得使公众产生误解。例如，郑州晚报发布的一则悬念广告在郑州市掀起了轩然大波。不少读者看过广告后议论纷纷，各种猜测充斥街头，郑州市的一些寻呼台也发出“请收看郑州电视台元月 25 日早晨 6 点 30 分特别节目”的信息。1 月 25 日早晨，郑州市民放弃了晨练，机关干部、企业职工、公安干警、市民群众提前打开了电视机，有的驻军也集合在电视机前，人们怀着复杂与焦急的心情等待看“特别节目”的播出。6 点 30 分，电视机前的人们睁大了眼睛，屏住了呼吸，注视着电视节目，然而郑州电视台播出的并非是什么“特别节目”，而是“林河 XO 酒”广告专题片。“简直是愚弄我们！”人们被欺骗所激怒，纷纷打电话给郑州市委宣传部、郑州市工商行政管理局、郑州电视台、郑州晚报社，对《郑州晚报》发布虚假广告提出尖锐批评。

3. 提高品牌联想度的策略

1）为品牌制造故事

品牌故事的塑造共有两种模式，模式之一是帮助企业梳理发展历程及各种能够产生吸引力的品牌素材，从企业名称的来源、发展历程、产品研发（设计）方面出现的经典之笔、涉及的关键人物、发展历程中的关键事件展开，用散文化的笔法进行企业品牌历史、品牌文化的梳理和阐述，赋予企业品牌以经典、内敛、富有内涵、代表更高层次人生追求的精神和气质，打动目标消费人群，同时形成经典美文，利于广泛、长期流传。模式之二是围绕企业的品牌主张及推广主题，组织符合主题的情景故事，从现实生活中提取故事元素，在故事中植入企业品牌或产品信息，达到品牌推广、产品推广之目标。

例如，金牌卫浴打造了《舞者》这一经典品牌故事，通过详实生动的文字，回溯了金牌卫浴的十年发展史，勾画了其现有的产品版图及核心优势，通过生动的文字，还原了十大卫浴品牌的真实面貌及奋斗史，也使消费者感受到金牌卫浴所打造的“精致生活”，金牌卫浴时尚、优美、精致、灵动的特点也跃然纸上。

2）品牌背书者设计

背书品牌是出现在一个产品品牌与服务品牌背后的支持性品牌。背书品牌有时候叫做父母品牌，被背书的叫做子品牌。联想是通过与品牌相关的事物创造的，因此企业可以通过品牌背书者设计，提升品牌的联想度。背书品牌的存在既可以是口头语言联系，也可以是视觉设计联系；而这种背书本身可以是强烈的、统治性的，也可以是不动声色的、富有弹性的，即存在硬背书品牌（Fixed Endorsed Brand）和软背书品牌（Flexible Endorsed Brand）之分。硬背书品牌的原则是：确定主品牌保持全能的前提下，允许一个明显的产品线差异化的发展。而所谓软背书品牌，是指产品品牌前并不直接冠以背书品牌，产品品牌依然是传播的主角。对背书品牌而言，其主要角色是向消费者再次确定这些产品一定会带来所承诺的优点，因为这个品牌的背后是一个已经成功的企业。当一种产品是全新的时候，背书品牌策略显得更有意义。因为这种保证会让消费者觉得与这个产品之间有了某种联系，而不再陌生。但在提供这种保证的同时，可能会有殃及背书品牌的危险。

例如，3M 公司号称自己是“除火星之外最容易引起人们探险欲望”的公司，多年来致力于研究开发，目前成为了拥有 67000 多种产品、45 个核心技术平台的创新巨人，其新产品增长数量持续保持在每年 500 种以上。由于 3M 公司鼓励创新的体制，相当多的新产品都是以新品牌的身份推出，这就使得 3M 的品牌组合极其庞大而且持续增长，为了有效地管理这些衍生品牌并实现协同效应和清晰度，3M 在相当多的场合都采取了强势背书的策略。强势背书的策略尤其是对 3M 旗下的战略品牌发挥了显著的作用，Command、Nexcare、Post - it 等 10 个品牌对 3M 的现在和未来都有着战略意义，它们本身都有独特的价值主张和强有力的品牌联想，如 Post - it 已经成为即时贴的代名词，Scotch—Brite 本身也就意味着百洁布，Thinsulate 被认为是保温性最好的超薄保暖材料，但 3M 的强势背书也在品牌战略中扮演了重要的角色，3M 品牌的核心识别“创新和独特、简单而智慧、便捷更美好”包容性相当之强，能够跨越不同的品类环境发挥影响，3M 的资产价值能够吸引各战略品牌的目标顾客，并能够在具体的品牌利益之外创造更丰富的品牌关系和品牌个性，更好地驱动业务的发展。

3）培养有影响力的顾客

顾客影响力中心的核心人物包括所有未成交顾客和已经成交的顾客，还有未开发的目标顾客群中具有争取价值的目标顾客。他们在个人特定的工作生活交际圈子中具有一定号召力，是圈子里的意见“领袖”，能够影响甚至代替身边人的思维、决定与行为，人们一般不会怀疑他的判断（眼光）正确性。我们要创建的是积极的顾客影响力中心，就是在这些核心人物所组成的团体，他们能发挥其影响力为我们企业品牌做不断、持续的口碑宣传。

4）建立品牌感动

建立品牌感动是企业通过塑造动人的故事，最大程度地传播品牌的理念，让品牌润物细无声地走进顾客的心中，促使顾客产生美好的联想，使他们在不知不觉中接受品牌，未来学家约翰·奈比斯特说：“未来社会正朝着高技术与高情感平衡的方向发展。”但凡优秀品牌的传播无不充满了人类美好的情感，并给消费者带来了丰富的情感回报。比如，钻石彰显永恒之爱，一句“钻石恒久远，一颗永留传”的广告语，便将一段刻骨铭心的爱情与一颗光彩夺目的钻石联系了起来，并在消费者心目中建立了一种发自内心的品牌感动。雕牌洗衣粉一句“妈妈，我能帮您干活了”感动了普天下多少父母的心。

再例如，希望在客户和最终使用者心中塑造“环保、亲近自然”形象的著名石油公司雪佛龙，曾拍摄了一则旨在让消费者感动的形象广告。广告片的诉求表现十分真实：当太阳在西怀俄明州升起的时候，奇异好斗的松鸡跳起了独特的求偶之舞。这是一个生命过程的开始，但一旦有异类侵入它们的孵育领地，这一过程就会遭到破坏。这就是铺设输油管道的人们突然停止建设的原因，他们要一直等到小松鸡孵化出来之后，才回到管道旁，继续工作……企业为了几只小松鸡，真的能够搁置其商业计划吗？雪佛龙这样做了！这就是雪佛龙广告为顾客创造的一种品牌感动，这种感动不仅加深了顾客对该品牌意欲树立的环保形象的认知，而且使得社会大众将他们对环保的需求在该类联想中得到理解和融合，从而愈加认同乃至忠诚雪佛龙品牌。

4. 提高品牌美誉度的策略

1）“顾客回声系统”（ECHO）的建立

比产品更重要的是消费者认为产品是什么，因此，保持和消费者的沟通非常重要。如日本花王公司花费 15 亿日元开发“顾客回声系统”，一年可倾听 7 万件消费者心声，包括疑问、抱怨、建议等，然后根据这些意见和建议进行品质改进；公司每天处理 250 件消费者咨询，提供最迅速正确的商品与生活信息给顾客，使顾客得到最大的满意度。研究表明，开发一个新顾客的成本相当于维护一个老客户成本的 20 倍。技术、产品特征以及营销战略等很容易被竞争对手所模仿，而服务是产生差异的主要手段。顾客服务质量是整体产品的重要特征和不可分割的部分，也是顾客决定购买和重复购买的主要因素。

2）对品质的控制制定具体的标准

对品质的重视不应只是停留在宣传中，更应付诸行动，制定出严格的标准。“亮丝”面料作为世界著名时装品牌梦特娇产品系列中的精品，不仅一直深受各国顾客的深爱，更成为人们心目中珍贵、优雅和高品位的象征。将这种特质的亮丝面料加工成亮丝服

装，到最后绣上梦特娇的花形图案，需要经过100多道工艺。制作过程中，需按传统技法由技术特别熟练的工人把面料缝制成衣服，然后经过染色和整理定型，所有工艺均由法国梦特娇工厂内的1000多名员工完成，以保障亮丝服装的卓越品质。

3）品质改进上的技术创新

为提升产品品质，满足消费者的多样需求，企业需要在技术研发的道路不断追求创新和进步。追求卓越的品质要依靠技术创新。

例如，作为全球最大的日用消费品公司之一的宝洁，在全球70多个国家设有工厂及分公司，所经营的300多个品牌的产品畅销140多个国家和地区。与此相匹配的是，其研究实验室与工厂、市场一样繁忙，新产品一个接一个地出现：象牙皂片——一种洗衣和洗碗碟的片状肥皂；CHIPSCO，第一种专为洗衣机设计的肥皂；以及CRISCO，改变美国人烹调方式的第一种全植物性烘焙油。也许更重要的是，所有这些创新的产品都是基于对消费者需求的深入了解。公司以领先的市场调研方法研究市场，研究消费者。1946年，宝洁公司推出汰渍，这是公司继象牙皂后推出的最重要的新产品。汰渍比当时市场上同类产品性能优越得多，因此很快就大获成功，它的成功为公司积累了进军新市场所需的资金。在汰渍推出后的几年里，宝洁开拓了很多新的产品领域：第一支含氟牙膏——佳洁士得到美国牙防协会的首例认证，很快即成为首屈一指的牙膏品牌；公司的纸浆制造工艺促进了纸巾等纸制品的发展；宝洁发明了可抛弃性的婴儿纸尿片，在1961年推出帮宝适。正是产品的不断推陈出新，为宝洁公司赢得了良好的声誉。

4）保证产品品质和消费期望保持一致

高过或大大超出消费者的期望，给消费者一种意想不到的惊喜。你实际具备的要比消费者期待的更多，因为消费者的期待很大程度上取决于你的承诺。承诺越重，消费者的期待越高；期望越高往往失望越大。当你的承诺没有兑现，或消费者认为你的承诺没有达到他期望的要求时，消费者对品牌将失去信任，也许从此再也不买你的产品。如果一种洗面奶，本来没有增白的功能，却告诉消费者可以在一个月内让皮肤变白，那么一开始可能销量情况会很好，但是，企业长久的发展取决于重复购买，消费者购买后发现并没有增白的效果，轻则再也不买你的产品，重则将你告上法庭。“一些成功品牌对给予消费者的承诺往往非常慎重！一旦承诺就一定做到”。做百年品牌须切记，承诺必须是你可以兑现的！否则就会伤害品牌的美誉度。当品牌被人们视为值得信赖时，品牌在以后再提出自己的优点时，就能被人们所接受和相信，为品牌和消费者之间建立起牢固的感情基础。

5. 提升品牌感知质量（品牌认知度）的策略

品牌感知质量是顾客对品牌产品功能属性、品牌文化、消费者使用利益、情感利益等元素的综合体验。提升品牌感知质量的第一步是培养提高感知质量的能力。产品质量一般却非要顾客相信质量很高只会徒劳无功。只有顾客的使用经历和企业的质量定位不冲突时，产品的形象才不会受到伤害。在很多研究中，经常会出现以下提升品牌认知度的策略。

1）质量承诺

实现高质量并长期保持高质量并不容易。如果企业不把高质量提高到最高高度，上述目标就不可能实现。诺德斯特龙百货、联邦快递、本田汽车无不以提供高质量产品为使命，他们不仅是这样说的，更有不折不扣的实际行动。

2）质量文化

质量承诺需要反映在企业文化中，具体要反映在行为标准、企业标志以及企业价值观中。要是在质量和成本之间二选一的话，我们一定会毫不犹豫地选择质量。无数行为榜样和企业传统都为我们指明了这一点。

3）顾客意见

质量究竟怎么样，还是顾客说了算。很多经理往往错误地假定了顾客认为最重要的东西。在通用电气，家电部门经理高估了工艺、功能对顾客的重要性，低估了便于清洁和外观的重要性；而信用卡顾客对安全特性、丢失责任的关注程度也远远高于经理的主观想象。

因此，我们有必要获取准确而及时的顾客意见。其中一种办法就是让经理定期接触顾客，第二种办法是集中进行调查和实验。定期调查顾客满意程度，开展小组访谈，从而跟踪顾客对企业及其竞争对手产品和服务的质量感受。

4）衡量的目标和标准

空谈高质量和实现高质量的区别在于，后者往往制定了可以衡量的目标，并与奖励制度挂钩。如果质量目标定得过于宽泛，就很难产生实际效果。因此，我们制定的目标和标准应当明确易懂，轻重分明。目标定得过多，主次难分，只会弄巧成拙，跟没有目标一样糟糕。

5）发挥员工主动性

员工组成团队工作，是提高质量的有效手段。员工小组不仅对问题敏感，而且还能把解决方案落到实处。而质量出现问题，往往是由于员工对服务质量的传达缺乏控制力造成的。例如，有的员工在接待顾客的时候缺乏灵活性，会把问题归咎于公司制度，而不去寻找自身的原因。从这种角度看，企业要想规范质量，就应当让员工以企业规定为准，而不是以顾客为准。

6）顾客期望

假如顾客的期望值过高，那么感知质量也是有缺陷的。其实，顾客看重的是始终如一的质量，不喜欢令他们不愉快的惊喜。假日酒店认识到这一点之后，推出了“无惊喜”广告宣传。但是零缺陷的公司几乎是不存在的，很多业务经理很早就准确预测到了这一点。广告宣传往往会让顾客的预期超出企业的能力所及。

【案例 40】

苹果公司“iPad”商标归属权之争

2012 年年初，中国大陆的深圳唯冠科技有限公司（下称“唯冠公司”）声称，全球最畅销的平板电脑 iPad 品牌，在中国大陆的所有权并非为苹果公司所有，随后这家台资企业便向深圳、惠州、上海的法院提起针对苹果公司的商标侵权诉讼。法庭上，当事双方针锋相对，唇枪舌战，此案之于双方的意义非同小可。唯冠高达数百亿元的诉讼标的不仅令人咋舌，破产危机当可化解；而苹果面对中国大陆如此诱人的市场更不会轻言

放弃，中国市场是苹果公司市场份额增长最为高速的市场，在 2011 财年的前三季度，苹果公司在中国的收入超过 88 亿美元，为去年同期的 6 倍。

法庭外，国内工商部门已经对 iPad 商标案纠纷密切关注。从北京开始，已有 9 个省市区近 20 家工商部门介入调查 iPad 商标侵权案。其中，石家庄的部分商户正是在当地工商部门的介入下开始下架 iPad 产品。截至本刊发稿日，深圳唯冠向海关方面提出的禁止苹果公司 iPad 产品进出口的申请仍未得到海关总署的回应。更多二三线城市的苹果公司经销商为避免争议，已主动下架或改为线下交易相关产品。有关 B2C 网站，包括京东商城官方则在 2 月 20 日承认，是苹果公司要求其在购物网站上停止销售 iPad 产品。京东商城 CEO 刘强东也表示，正是由于未拿到苹果公司对 iPad 产品的销售授权，因此需要在完成相关谈判后再恢复销售。

7 月 2 日消息，据广东省高级人民法院官方透露，苹果公司与深圳唯冠就 iPad 商标案达成和解，苹果公司向深圳唯冠公司支付 6000 万美元。本案调解协议于 6 月 25 日生效。苹果公司于 6 月 28 日向该案的一审法院深圳市中级人民法院申请强制执行上述民事调解书。深圳中院于近日向国家工商总局商标局送达了将涉案 iPad 商标过户给苹果公司的裁定书和协助执行通知书。

这意味着，苹果公司与深圳唯冠公司 iPad 商标权属纠纷案圆满解决。

［资料来源：冉再松．从“苹果”商标之争看企业品牌保护［J］．中国物流与采购，2012（6）．］

3.8 品牌文化塑造

7.4.8 品牌文化塑造

组织应系统性地塑造和传播品牌的文化内涵，提升品牌形象，培育品牌忠诚。

品牌文化内涵要与产品特征相适应，并符合目标顾客群体的需求特征。

【解读】

3.8.1 品牌文化的定义

品牌文化，是指文化特质在品牌中的沉淀和品牌经营活动中的一切文化现象，以及他们所代表的利益认知、情感属性、文化传统和个性形象等价值观念的总和。

品牌文化是品牌在发展过程中逐步形成的文化积淀，是企业与消费者所共同的情感归属、利益认知，是品牌在无形之中影响消费者、使消费者作出购买行为的内在因素。消费者购买一个产品，绝不仅仅是因为需要产品这个实体，更多是因为消费者觉得这个产品代表着他们自己的价值观、个性、品位、格调、生活方式和消费模式，是一种与众不同的体验和特定的表现自我、实现自我价值的道具，能够带给消费者文化价值的心理利益的追逐和个人情感的释放。因此，消费者对品牌的选择和忠诚不是建立在直接的产品利益上，而是建立在品牌深刻的文化内涵和精神内涵上，维系他们与品牌长期联系的是独特的品牌形象和情感因素。

3.8.2　品牌文化的内涵

品牌文化的内涵包括两层。第一层含义：品牌文化的外延，以符号作为特征。品牌在形式上，以符号为表征，通过品牌名称、符号、图案、色彩、公共关系和广告等多种传播沟通方式，与产品有机结合，向消费者传达品牌价值理念，强化品牌个性，促进购买的实现。品牌的符号化是现代经济发展的需要，它以简洁的符号传播、识别方式，有效聚合多种信息进行营销传播和产品销售，为消费者和企业提供经济、快速和高效的选择判断标准。第二层含义：品牌文化的内涵，是它的价值观念。品牌理论的发展表明，品牌具有多方面的营销功效，品牌必须从文化的角度加以塑造和提炼。强势品牌在品牌的各个要素中都渗透着文化的内涵。可口可乐、奔驰、万宝路、LV……可以说，所有品牌的成功都是品牌文化的成功。品牌体现文化价值，彰显企业个性，用价值的突破从思想上驾驭消费者的心智模式，引导消费者需求。离开文化，品牌只会停留在符号代码上，除了识别功能，不能赋予消费者更多的价值和向往，不能在心理和情感上为消费者带来满足。品牌的文化内涵是品牌附加价值的源泉，是品牌个性的基础，是品牌形象塑造的主要内容，也是消费者和品牌关系的纽带。

3.8.3　品牌文化塑造的意义与作用

1. 提升品牌形象

品牌形象是市场营销中重要的一环，品牌的概念通过它传达给消费者，同时借由联想融入到消费者的生活中，在消费者心中留下与众不同的印象并储存在记忆中。品牌形象可以代表产品的整体信息，为消费者判定产品和服务的知觉品质提供外部的依据。因此品牌形象经营得当，就能够创造出品牌的价值，激发消费者的购买欲望。

品牌形象是消费者对品牌所产生的观念、感觉和态度，是指一个产品的符号、名称，并且具备由企业制造、由消费者拥有，消费者对品牌所传达信息的知觉、印象，消费者个人主观认识的三个特点。

2. 培育品牌忠诚

品牌忠诚，是指消费者对某一品牌具有特殊的嗜好，因而在不断购买此类产品时，仅仅是认该品牌而放弃对其他品牌的尝试。品牌忠诚是积极的品牌形象和形成品牌资产的许多优势之一。

品牌文化的意义与作用，是使消费者看见该品牌的产品，就立马产生占有该产品、该品牌的欲望，进而产生购买的动机，做出情感性的消费行为，以此达到吸引顾客的目的，从精神层面吸引消费者，提升品牌形象，形成和巩固消费者对品牌的忠诚度。这样的一个过程，完全可以看作是消费者心智模式的变化，消费者从对一个品牌的认知到喜爱，甚至达到对该品牌的迷恋，文化在其中起着决定性的作用，是连接品牌与消费者之间的桥梁。

1）从需求到欲望

马斯洛把人的需要分为五个层次：生理需要、安全需要、归属与爱的需要、尊重需要和自我实现的需要。他认为，人是一种不断需求的动物，除短暂的时间外，极少达到完全满足的状态，一个欲望满足后，往往又会迅速被另一个欲望所占领。人几乎整个一生都总是在希望着什么因而引发了一切。所谓需要是一种促使消费者采取行动来改善状况的不满意的状态，是消费者在获得了为改善其不满意状态所需的条件之后，想要获得更大满意程度的一种愿望。

从人的本性看，人的需求是有限的，它受个人能力的影响较大；而人的欲望则是无穷的，只要人的本性没有改变，人就会不断产生新的欲望。所有的消费者行为都是受需要和需求驱动的，其目的就是寻求可以满足其需要或需求的东西。

在商业社会中，人可以通过品牌符号向公众展示自我价值、社会身份，从而获得尊重。自我实现具有社会认同的成分，并非仅仅是个人的自我满足，它需要获得社会的认可，品牌的社会身份识别帮助个人实现价值。这种社会认可的价值，就是品牌文化在其中起的作用。一个人，戴劳力士表、提 LV 包，绝不仅仅是他需要一个计时工具、一个装随身物件的容器，而是因为穿戴这些品牌，能得到社会身份的认可，能得到自我实现价值的满足。

2）从物质到情感

商品的使用价值是商品交换的前提，是消费者购买的原始动机。当消费者的消费实现由需求到欲望的价值观念变化之后，消费效用的构成也发生了变化，商品的功能效用逐步降低，功能成为商品出售的基本条件，而商品消费的情感效用需求增大。消费者的消费价值观从对物质的追求上升到对情感的追求。

原始动机是生理性消费动机，是消费者为满足自身生命等需要而产生的各种购买动机，包括饥饿、渴、冷、热、解除痛苦等。这样的动机具有明显、简单、重复的特点，比较容易实现，单纯为满足这样的动机的品牌是做不成功的。心理性购买动机，也就是情感动机，才是引发消费者作出不理性消费、情感性消费行为的原因。成功品牌能做大做强，如百事可乐、麦当劳等，就是基于它的品牌文化能满足消费者的情感需求，它的品牌文化能用价值观、个性、品位、格调和生活方式，带给消费者文化价值的追逐和个人情感的释放。消费者购买产品、使用产品，不仅使用了产品的基本功能，而且能带来情感的愉快、身心的舒适，这样的魅力，就是文化能够做到的。

3）从认知到迷恋

认知是人对事物的认识和理解，是人在社会交往中通过获得外部信息，对事物做出各种各样的判断和评价的过程。它是人的一种特殊社会意识，影响人的心理态度，调节着人的行为方式。由于人的知识积累和社会背景的不同，往往会形成不同的认知态度。一旦形成对某一事物或某类事物的认知态度，人往往容易产生思维惯性，即以以前的经验所形成的固定思维来进行判断。由认知到喜爱上某一事物，再到偏爱，甚至达到迷恋以后，在面对新事物时，人通常用既有的观念去判断和评价。

在营销活动中，消费者的购买决策、行为选择通常受思维惯性和思维定式的影响。如果消费者之前获得的品牌经验是积极的，自身评判是正确的，这种经验就会对后期的行为起着决定性的作用，即正面影响。如果是负面的评价，它就会促使消费者寻找新的解决途径。消费者总是倾向于以自己的观点来选择那些有助于满意感最大化的不同目标。

消费者品牌态度中，迷恋的结果往往会形成顾客品牌忠诚，在消费风险、市场不确定性和企业传播强化的影响下，消费者往往不愿意冒风险改变已经形成的价值判断，反而会通过重复购买强化这种态度。消费者的积极消费经验，会使消费者产生路径依赖。同时，消费者还会以不同的方式获取信息，进一步验证和强化消费决策的正确性，增强对其他品牌的潜意识抵抗。迷恋的态度的建立是极为不容易的，态度的改变就更不容易，一旦形成对某品牌的迷恋，消费者对该产品性能的感觉，在很大程度上取决于他们对该产品的品牌的印象。2012 年 9 月，苹果公司和诺基亚公司相继推出新产品发布会，苹果公司的 iPhone5 被外界批评缺乏亮点、毫无创新，诺基亚的产品 Lumia920 则被公认为在性能和创新程度上完全超越 iPhone。但市场给诺基亚的验证却是叫好不叫座，苹果掠取了全球智能手机市场近一半的利润，而诺基亚 Lumia 系列占市场份额却不足 3%，企业依旧处在危机边缘。究其原因，是广大消费者自 2007 年后对 iPhone 形成的迷恋。这种迷恋，使消费者觉得购买到苹果的产品就是一种满足，对它的期望也是建立在之前的认知上，即便没有多少创新可言，苹果产品对忠诚的消费者来说依旧完美无缺；而对于诺基亚，大部分消费者依旧停留在古老的塞班操作系统的认知上，对诺基亚新产品的评价也是套用旧思路，往往认为古板、落后。诺基亚要改变这种偏见，必须重新塑造诺基亚智能手机品牌文化，更加重视产品体验，让消费者认可这种文化。

3.8.4　品牌文化的塑造

品牌文化塑造要把握以下三个主要环节：

1. 品牌文化定位与品牌差异化

品牌定位是任何品牌创建计划的基础，一个清晰的、有效的品牌定位，必须是企业上下对这个品牌定位都有恰当的理解和认可，必须使其与企业的发展理念及企业的文化和价值观联系起来。品牌文化定位是品牌文化战略的出发点，关系品牌的发展方向。品牌文化定位具有竞争性和顾客导向。所有的品牌定位都要考虑竞争对手和消费者目标因素。

企业的品牌文化定位要准确，要从消费者和竞争者两方面考虑。在品牌定位中切忌脱离实际，给消费者带来名不副实的印象。品牌文化定位要准确反映品牌文化精神，文化将品牌精神理念与产品、服务和企业营销的各个方面有机结合。企业在建立品牌战略时，首先要确定品牌的精神，准确定位品牌精神。品牌精神是指品牌的价值观，是品牌的精神内涵，即品牌以什么态度对待消费者、竞争者和利益相关者，品牌的形象是什么等。品牌精神是品牌系统的核心部分，决定着品牌的行为表现和品牌的发展方向。首先，品牌精神要符合企业的现状，即企业通过努力可以实现；其次，品牌精神要以消费者为核心，能为消费者提供多方面的利益；再次，品牌精神要积极向上，富有朝气和活力；最后，品牌精神是企业文化的反映，要与企业文化保持一致。

2. 品牌文化价值的传播

1）品牌精神贯穿于品牌塑造的全过程

品牌文化战略贯穿品牌文化塑造的全过程，它要求企业将品牌精神渗透到品牌营销

的所有层面。品牌文化塑造是从品牌到消费者，再由消费者反馈到企业的循环，它既源于文化的流动，也产生于品牌文化的互动。品牌营销是品牌价值和理念的传播，是将品牌精神传递给顾客，是产品的功能价值和品牌价值的结合。真正的品牌文化不是企业单方面的行为，它是交互式循环和螺旋上升的。品牌文化建立是一个循序渐进的过程，是企业全过程、全员和全方位的积极参与，使品牌精神渗透、传递和升华的过程。

2）品牌知识与顾客品牌体验

品牌文化的定位成功与否要看顾客对品牌的认知，即顾客的品牌体验，它是顾客对品牌文化的体验。在消费者的选择中，消费者以既有的品牌知识作为个人选择的标准。顾客的体验是多方面的，产品或品牌的不同方面都可能构成顾客体验。对企业来讲，要将顾客的体验集中到品牌体验上，即一切体验都归结为对品牌的体验，形成良好的品牌形象。品牌提供了一种形象，向我们保证质量，并提供了全面的解决方案。

3）品牌文化价值体现：品牌忠诚

品牌忠诚指消费者深深地偏爱并眷恋某一品牌，长期购买该品牌产品，并自觉地关注和维护该品牌的声誉和市场地位。品牌忠诚赢得的是顾客忠诚，可以大大增强企业产品与竞争对手产品相抗衡的能力，因为忠诚顾客对他们所选择、所钟情的品牌有较强烈的信赖感和依赖感。此外，忠诚顾客对其他消费群体还有较强的示范作用，对吸引新的顾客群产生积极影响。品牌作为一种产品的标志，除了代表产品的质量、性能及独特的市场定位以外，还是一种文化，代表着一种品位，乃至代表了一种生活模式以及一种时尚，具有更深厚的文化底蕴和情感内涵。

3.8.5 品牌文化塑造的原则

1. 与产品特征相适应

产品特征是产品自身构造所形成的特色，一般指产品的外形、质量、功能、商标和包装等，它能反映产品对顾客的吸引力。产品特征是影响消费者认知、情感和行为的主要刺激物。这些特征是凭借消费者自身具有的价值观、信仰和过去的经验来评价的。

产品特征主要包含以下几个方面：

1）兼容性。这是指产品和消费者当前的影响、认知和行为相一致的程度。如各种口香糖、润喉糖等，即不需消费者的上述行为变化就可试用。

2）可试性。这是指一种产品所能提供的有限试用或能分成微小数量以供试验的程度。

3）可观察性。这是指产品及其效用可被其他消费者感知的程度。

4）效益周期。这是指消费者体验产品益处的快慢程度。

5）简易性。这是指产品为消费者明白和使用的容易程度。

6）相对优势。这是指一种产品较之其他产品类型、产品形式和品牌持续性所具有的竞争性优势。在某种情况下，相对优势可以通过技术开发来获得。

7）产品象征性。产品象征性来自产品或品牌对消费者的意义，消费者在购买、使用产品中的体验。

2. 符合目标顾客群体的需求特征

从心理学角度上讲，需求是指在一定的生活条件下，有机个体或群体对客观事物的欲求，是指人们在社会生活中以一定方式适应生存环境而产生的对客观事物的要求和欲望。需求等于购买欲望加购买力。

需求特征主要包含以下几个方面：

1）需求的多样性。不同消费者由于民族传统、宗教信仰、生活方式、经济水平、文化水平及个性特点等方面的差异性，具有不同的价值判断和审美标准，对于商品和服务的需求有很大的差异性，这种差异性体现为消费需求的多样性。需求的多样性表现有两方面：一方面表现为消费者的多方面需求，消费者不仅需要吃、喝、穿、住、用，还需要娱乐消遣，如欣赏音乐、艺术、体育比赛等；另一方面表现为同一消费者对某一特定消费的多方面要求，比如消费者购买服装，要求商品质量好，又要求美观、新颖、具有时代感。企业应根据消费者具体的消费需求，提供丰富多彩、适销对路的商品。

2）消费需求的发展性。随着社会经济发展和人民生活水平的不断提高，人们对商品和服务的需求不论从数量还是从质量或者品种上都在不断地发展，而时代的进步与发展所带来的许多新观念、新社会风尚，也同样推动着消费者需求的发展。总的发展趋势是：由低级向高级发展，由简单向复杂发展，由追求数量的满足向追求质量的满足发展。人们的消费需求推动经济和社会的发展，而经济和社会的发展又激发了人们的消费需求。正是消费需求的无限发展性，决定了人类活动的长久性和永恒性，企业必须努力探索消费者尚未满足的需求，不断推出新产品以唤起人们的潜在需求。

3）消费需求的伸缩性。人们的消费需求由于受到消费者本身的需求欲望、货币支付能力的影响，具有一定的伸缩性。这两方面的影响有可能对消费需求产生促进或抑制的作用。比如，在一定的时期内，由于多数消费者的支付能力是有限的，人们所购买的消费品数量和品种常常随着收入和支出的增减而表现出扩大与缩减的情况，从而使消费者的需求有限地得到满足，表现出一定的伸缩性。在特定情况下，人们还可能为了满足一种需求而放弃其他需求。一般来说，基本的日常生活必需品的消费需求弹性较小，非生活必需品或中、高档消费品的消费需求弹性较大。

4）消费需求的可诱导性。消费需求不仅反映出消费者自身的要求，而且同客观现实的刺激有很大的关系。消费者购买何种消费品，会受到社会经济的刺激、社会交往的启示、生活和工作环境的变化、广告宣传的诱导和他人的实践经验等因素的影响。这些因素都可能促使消费者产生新的需求，或消费需求要发生转移和变化。因此，消费需求是可以引导和调节的。比如，有的消费者本没有对室内进行装饰的需要，但是由于受到朋友、同事、邻居及广告宣传的影响，不仅进行了装饰，而且还产生了显示其经济能力和社会定位的心理需求，因而对木质地板、墙纸等呈现出强烈的购买欲望。企业应利用消费者的这种可诱导性，通过各种宣传途径影响和诱导消费者的消费行为。

5）消费需求的相关性。不同的消费需求有相互独立、相互补充、相互替代的关系。根据消费需求之间的相互关系，可以将消费需求分为三种：一是独立性需求，即彼此独立不能相互补充或替代的需求，比如对眼镜、电视机、灯具、大米、食用油、食用盐等的需求。二是关联性需求，即彼此关联、相互补充的需求，比如购买汽车必须同时购买

汽油，购买相机需要购买胶卷、洗相片服务等。三是替代性需求，即彼此可替代的需求，比如，肥皂和洗衣粉，电风扇与空调等。从消费需求的变化来看，独立性需求具有相对稳定性，较少受到其他商品需求变化的影响；关联性需求具有同向性，即相互促进消费，一种商品的消费必然增加另一种商品的消费；替代性需求具有反向性，即相互抑制消费，一种商品的消费必然减少对另一种商品的消费。这就要求企业及时地把握消费者需求的变化趋势，有目的、有计划地根据消费需求变化规律供应商品，更好地满足消费者的需求。

【案例41】

星巴克的咖啡文化扩张：泯然众人矣?

星巴克总是强调文化，然而文化可以吸引那些开放、好奇的人，也会遭受保守、固执的人反对。当星巴克将“咖啡文化”伸向全世界的时候，也必然与全球繁多的不同文化展开激烈的碰撞。

代表着美国文化符号的星巴克咖啡，可谓家喻户晓，人尽皆知。这个最早由三个年轻人开的咖啡豆和香料专卖店，在被销售高手霍华德·舒尔茨筹资买下之后，迅速发展成一家时尚且略带小资情调的连锁咖啡店，成功在纳斯达克上市，并向全世界扩张。如今，他们在61个国家中拥有17600家分店，星巴克也极力向全世界各国扩张，输出美国文化。具体到每一个国家，情形又大不相同。

中国：历史文化的硝烟

中国文化的特点是非常顽强。人们喜欢固守自己的文化，对新生事物则比较保守，甚至有点抵触。中国人到国外都保持自己的习俗，不太融入当地的文化。相反地，中国人反而尽力去影响当地人。比如，中餐在美国已经成为大家都喜欢的一个菜系。中国的功夫，连白人都爱学。中国人不管到哪里都过自己的节日，不管条件允许不允许，他们都创造条件，保持中国的文化。我曾遇到过只有10个中国人的小镇，他们到了春节也会在镇上唯一的中餐馆过自己的节日。尽管那天，美国不放假，但是他们宁可请假，也要过中国人最重要的节日。这就是中国文化的顽强所在。

不过中国年轻一代非常开放，乐于接受新生事物，而星巴克吸引的对象也是向往小资生活的都市白领和追求西方文化的成功商业人士。所以，星巴克在1999年登陆中国后，发展迅速，在多个大城市开设分店，很快突破了一百家，现在发展到大约600家分店。

然而，开在紫禁城的那一家却遭遇激烈争论。《纽约时报》报道：星巴克咖啡进驻紫禁城是全球化的极端表现，走大众市场路线的美国咖啡文化，进驻到全中国最神圣的历史遗迹中。当时，紫禁城的星巴克已引起中国人民的议论。许多人认为紫禁城是中国文化的珍品，外国品牌不该被允许进入；保护文化遗产应该凌驾于一切价值之上，不该有任何营利的活动介入才是。2009年，在故宫九卿值房已经7年的星巴克在争议中退出故宫。

很多中国人认为星巴克是“美国并不高级的饮食文化的载体和象征”，星巴克在故宫开店被认定一种“文化侵略”，侵蚀了中国传统文化。尽管时任星巴克全球总裁的吉姆当诺回应：“星巴克在故宫开分店，是抱着对紫禁城文化历史传统的尊重和高度敏感。”但在公众意识中，星巴克的文化格调与故宫的文化氛围依然格格不入。追寻一份文化历史感的观光客，看到星巴克的招牌会觉得非常突兀。

无独有偶，前不久有新闻说星巴克入驻灵隐寺，媒体、民众一片哗然，星巴克再次引发“文化入侵”之忧。星巴克，代表着美国典型的咖啡文化；灵隐寺，则承载着中国千年佛教文化。这两者毫不相容，公众无法接受。后来才发现这是一个乌龙事件，并非星巴克要真的进驻灵隐寺，而是在灵隐景区附近开店。周遭已经有了很多商家，再多这么一家又何妨？为何美国来的星巴克偏偏被斥责？

有人认为，中国有很多文化古迹，其风雅、精致和宽博，可能与星巴克这类外国商店不相容，但不必以“侵略中国传统文化”视之。若是中国传统文化这么不堪一击，它也就没有什么可贵了。欧洲其他国家如法国等，几乎无一不是饮茶国。若谓星巴克是“美国饮食文化侵略中国传统文化”，那么毫无疑问的，茶是中国饮食文化符号，我们的饮食文化已侵略到全世界了。“世界是平的”，人、物产、贸易、文化等流通会愈来愈快，一定会相互冲击、相互影响，我们要有心理准备。我们对于很多外来事物，或许亦应如是观。“茶与同情”也好，“咖啡与同情”也好，都先要有宽容和理解的心。

也有人认为我们应该创造自己的文化品牌，同时保护传统文化。一个没有底蕴的浮躁的民族，也无法良好地保护自己的文化。

所以，不必对此事如此大惊小怪，做好自己最重要。

不过，对于星巴克本身来说，也许应该接受在中国的教训，太过野心勃勃，就会适得其反。在发展商业的同时，能够兼顾尊重中国传统文化，将两种不同文化有机结合，取得双赢局面才是最理想的。

印度：传统文化的抵触

在咖啡市场飞速增长的印度，星巴克几经周折。

印度和中国的文化差不多，自己的文化也非常保守，不愿意被别国同化，也不太接受外来文化。不过，新一代印度人很多都在欧美等西方国家受过教育，他们比较能接受西方文化。也许老一代人还喜欢喝印度拉茶，新一代印度人却喜欢喝咖啡，认同美国文化的也不在少数。

在美国著名的高科技重镇硅谷，有很多来自印度的工程师。他们仍保持自己的文化特色，穿本国的传统服装，过本国的节日。在硅谷，印度餐馆、印度超市遍地都是。有人说，在硅谷，中国人和印度人平分天下。我的一个印度同事，在科威特出生，在新加坡长大，后来又来到美国。她几乎一天都没在印度生活过，但是她的父母坚持教她印度语和印度文化。她的英文很好，但是在美国还过着印度的每一个传统节日，哪怕是不太熟知的一些节日。这种对本国文化的强烈认同感让代表西方文化的餐饮进入印度非常不容易。正如麦当劳在印度有素食汉堡，但没有牛肉，因为印度教把牛奉为神灵，不可以杀戮。

早在2005年，星巴克与印度本土企业未来集团筹建了合资公司，准备将星巴克的连锁门店拓展到印度国内市场。不料，因为协议书一再出现问题而搁置。星巴克公开批评印度的监管充满官僚主义、完全缺乏透明度，表示在一段时间内都不会再考虑进入印度市场。

而随着中产阶层以及年轻消费群的崛起，印度每年的咖啡零售达1.5亿美元，并且以年均30%的扩容速度在增长。到了2007年，星巴克又想进印度市场了。他们借道印度本土的一个大型影院网络曲线试水，效果甚微。2010年岁末，星巴克宣布重启拓展印度市场计划。这时候，虽然印度的茶文化依然是“当道主流”，然而中产阶层、西方商务人士、年轻潮流一族已经悄然变化了，他们接受并喜爱咖啡文化，甚至等不及星巴克进来，在本土就有自己的咖啡馆了。此时进军印度正当时。

2012年10月19日，星巴克在印度开了第一家分店。随后的10天里，孟买市中心一座古老的殖民地时期建筑外，等待进入星巴克的人们流着汗排着队，最多的时候有50人之多，而保安人员也严格执行着“一进一出”的政策。其中的一位印度年轻人说：“每个人都很兴奋，我们印度有自己的咖啡品牌，但是这家（星巴克）的宣传力度太大了。”星巴克这次会不会成功？现在下结论还太早。不过，假以时日，说不定星巴克咖啡会像在中国那样被广泛接受，只要他们不开进泰姬陵景区里。

法国：固执的文化战争

咖啡在17世纪传入欧洲，对于大部分欧洲人来说，咖啡馆不仅是喝咖啡的地方，更是摆脱生活沉闷的避难所。每个咖啡馆都有自己固定的支持者，通常他们都会在固定的时间里拿着报纸来这里小啜一杯，消磨掉几小时的光阴。在欧洲，大部分人很固执，很多城市都禁止星巴克连锁店在市内开设分店。而且比起很多既有历史、又有个性的独立咖啡店，星巴克无论在味道上，还是在价格上对欧洲人都没有什么吸引力。而美国的咖啡文化入侵无疑对当地的咖啡传统发起了挑战。

欧洲人的固执体现在很多方面。比如，当番茄第一次从美洲传进欧洲的时候，欧洲人不吃，认为有毒。据说是一个人不相信这东西有毒，写好遗嘱后试着吃下一个，结果没事，于是番茄才作为食物在欧洲流行起来。当土豆来到欧洲的时候也遭遇同样的事。傲慢的欧洲人觉得土豆很丑，是印第安人这种下等人的食物，所以不吃。很长时间，土豆都是作为观赏植物。要不是后来爱尔兰闹饥荒，他们用土豆解决了问题，欧洲说不定到现在还没人吃土豆呢！另外，汉堡进了法国之后，法国餐馆用上好的牛肉做汉堡，像做精致的法国菜那样做汉堡套餐，结果居然卖出四十几美金一个的高级汉堡，让廉价的美国汉堡连锁店颜面尽失。

有了这样的历史背景，可以想象，星巴克进欧洲多么难。在欧洲，星巴克被欧洲人通常视为令人毛骨悚然的“美国化”的象征。在巴黎几乎看不到星巴克，仅有的几家生意也一般。而市中心的几家特色咖啡店却是终日爆满，已经成了外国游客必到之地。

当星巴克终于冲破层层阻力，出现在巴士底歌剧院大街上的时候，尽管法国媒体对此嗤之以鼻，法国的年轻人却很激动，因为他们终于可以光顾他们所喜欢的美国电视连续剧《老友记》中那样的咖啡馆了。香榭丽舍大道上立着星巴克的广告牌：“星巴克——浓情咖啡”。事实上，对年轻人来说，这是一种罕见的异国情调，远比普通的法国咖啡馆令人激动。星巴克的比尔·奥谢说：“我想每当进入一个新市场时，我们都会带着崇高的敬意和浓厚的兴趣来研究当地的咖啡文化。我们承认这里的咖啡馆有着很长的历史，我们有信心我们会喜欢、提升并且融入到这种热情中去。”也有法国年轻人说：“我非常喜欢星巴克的焦糖咖啡，真的很好，我喜欢它在巴黎开张，我想法国人一定会喜欢星巴克的。我喜欢法国的咖啡馆，但是星巴克在美国如此流行，它是美国文化的一部分，现在它来到了法国，这很好。”

不过星巴克只说对了一部分，对于相当一部分法国人来说，这种全世界 7000 家星巴克咖啡店都按照同一个配方调制的咖啡，即使他们称作手工制作的饮料，也永远都无法代替街角的咖啡馆或巴黎特有的小杯咖啡。对于另一些法国人来说，这家大型的美国咖啡连锁店，可以出现在法国街头，但是绝对不可能把传统的家庭经营的小咖啡馆挤垮，因为他们需要那些有着本民族文化特色的小咖啡馆继续生存。

星巴克力图积极吸收其他国家的饮品特色，尽可能地降低文化的排斥性。让各种人种、各个年龄阶层、各种行业、不同文化背景的人都能在这里找到适合自己口味的饮品。多方尝试、多种经营，用这种温和的方式去与世界各地的文化进行交流，可能会帮星巴克更早走出低谷，迎来另一个发展的高峰。但是越来越多的食品和茶饮料，以及消费群体的不断扩大，是否也会稀释星巴克的品牌文化，磨去它赖以生存的个性，最终落得个四不像，从而泯然众人呢？

（资料来源：冰清．商界评论，2012.）

编后语

如何实现从品质到品牌的跨越

陈　明

为什么中国在取得出口额超越德国的骄人业绩、成为全球第一的同时，至今没有一家本土企业的品牌成为世界前十大著名品牌？为什么中国GDP总量已经跃居全球第二，但却需要出口八亿件衬衫才能进口一架空客380？为什么2010南非世界杯上“呜呜祖拉”品牌的塑料喇叭在本地能卖到每支54元人民币，但在浙江宁海西店盈吉塑料文具厂的出厂价只能定在2元人民币左右？

中国改革开放三十多年，为了改变国家落后贫穷的面貌，中央和地方做了很多的工作推动经济的发展，整个经济增长的思路大都是采用外向型经济拉动，所以引进了很多产品，引进了很多技术。企业对生产管理、对质量管理非常重视，中国的经济总量在30年间快速增长，一度跃升为世界前三的高水平。但是非常遗憾的是，这三十多年，我们忽略了一个非常重要的经济增长因素，那就是品牌的溢价。所以我们能够做出世界上最好的产品，但是却打造不出世界上最好的品牌！

那么，如何实现从品质到品牌的跨越呢？

品质管理的观念误区

讲到品质管理，我们今天的企业其实和世界级的水平相比还有很遥远的距离，这个距离来自于我们对质量、对品质的偏见，观念上的误区表现在：

1. 满足国家标准、部颁标准、行业标准，质量就是好。

误区：忽视需求变化和技术创新。任何的标准都是历史的产物。但是，随着顾客需求的改变以及技术的进步，过去的标准很难满足今天的市场需求；同时，顾客对质量的感知并不是依据国家和行业的标准，他们有自己的质量判断。

2. 没有出现残次品，因此质量是好的。

误区：唯检验是从，自定标准。我们认为没有残次品就是质量好的（其实残次品是我们检验出来的，三鹿出了问题，双汇出了问题，塑化剂问题等都是我们检验标准的问题，所以我们认为没有次品并不是市场就认为没有次品）。

3. 我们用的是最好的原材料，用的是全套国外引进的先进设备，所以我们的质量是有保证的。

误区：忽视了品质观念的决定性作用。有好的物质基础固然重要，但并不能保证质量的高水平和稳定性，企业上下的品质观念以及对品质管理的规范化才是保证品质的关键因素，内因的作用比外因更重要。

4. 以前我们一直这样做，从没有出现过问题。

误区：追求免检，一成不变。以前没有出现过问题并不能保证今天不会出问题或者未来也不会出问题。没有居安思危的思想，很可能为未来的质量危机埋下隐患。近年，因为免检的制度给国家和消费者带来的损害使得这一制度备受诟病，最终不得不宣布彻底退出历史舞台就是一个明证。

5. 我们已经通过了 ISO 9000 认证，质量不会有问题。

误区：体系构建形同虚设，走过场，应付检查。很多企业其实并没有真正理解和消化这些质量体系和标准的内在精神，满足于某一些条款和规定的落实而忽略了从观念到行为到组织系统全方位的品质保证的要求；更有企业认证的目的不纯，只是为了评级和达标，以换取政府和社会的资源，并不是从骨子里面真正重视品质。

6. 只要品质做好了，品牌就打响了。

误区：忽视品牌的象征意义，走进同质化的泥泞。咱们不否认品质是品牌的基础，这是非常关键的，因为有好的品质才能谈品牌经营，否则免谈。不然品牌做得越响，企业垮得越快。但是今天已经不是品质问题，几乎大部分企业的品质都经过严格管理，经过这几年的高度重视，我们已经做得很好，但是缺的是什么呢？缺的是从品质到品牌的跨越。

正确的品质观

那么，什么是正确的品质观？ISO 9000（2000 版）中明确定义：产品的品质就是“产品、体系或过程中一组固有特性满足顾客和其他相关方要求的能力。”按照现代经济中的质量观来讲，我理解有两个层次：

1. 传统顾客质量要求。在物质稀缺、产品供不应求的时代，消费者要求的品质是功能要强大、使用寿命要长、使用次数要多，而且产品的性价比要高。

2. 现代顾客质量要求。在物质和商品极大丰富的今天，顾客对品质的要求是便利性、适用性（即个性化）和舒适性（即人性化）。这个品质观在改变，咱们企业的品质理念也要调整。

在 ISO 标准体系里规定的品质管理的八项原则，第一项就是“以客户为中心”，这句话怎么理解呢？就是我们的企业依赖着客户，因此必须理解客户当前的和未来的需求，满足客户的要求并争取超越客户的期望。这里所谈到的不仅是我们企业的标准，客户有客户自己的质量标准，我们把它称之为客户感知质量标准。这些标准怎么理解，怎么实现，怎么通过所谓的标准制定来构建顾客所认知的品质，对于今天的企业来说，无疑是一个新的挑战。

管理大师德鲁克告诉我们：“经营企业的目的只有一个站得住脚的定义：即造就顾客。”不是叫造就合格的产品，合格的产品是造就顾客的前提，但不是我们的目的。一个企业做企业的目的，不是将产品做好就行，它要造就顾客，顾客认可你，顾客支持你，才是今天做企业的本质。如果企业的质量只是管理到产品上、实物上去，那是有问

题的，是不全面的。

那么“造就顾客”是什么意思？德鲁克接着说：“就是要创造独特的价值，给人们一个购买你的产品和服务的坚实的理由”。他（她）为什么要购买你的产品和服务呢，这里面除了产品和服务的质量以外，还有的东西我们要做，这些东西是什么呢？

LV 的成本是多少？600 元，还不是皮的，是人造革。但市场价卖到多少？2 万元～5万元！为什么啊？因为顾客买的可不是包啊。背上 LV 的包，就感觉身上的每个细胞都是充满了高贵的气质！这是品牌给我们的感受，不是质量。所以我们今天谈质量管理，不能老是围绕产品实物的品质做文章，我们希望能跳出这样一个基本的常识。产品是一种幻觉，它笼罩着个人的情感和价值判断，这才是我们对产品的真正理解。达到产品的质量标准是合格，但不是优秀，更不是卓越。一个优秀、卓越的产品应该是顾客满意的产品，而不是符合质量标准的产品。产品是价值的承载物，它体现了企业对顾客价值的理解力和表现力。我们说品牌更多的是客户视角，品牌是在消费者心中形成的产品印象，代表了影响、创新和征服，绝不仅仅是被动地符合既定标准的量化指标。这句话告诉了我们品牌与品质管理的关系。

品牌与品质管理的关系

那么品牌与品质管理的关系是什么呢？做企业有两大核心的任务（见图 1），第一是做产品，第二是做品牌。其实说白了，做一个企业那么复杂，你的核心工作就两个，一个就是把产品做好，一个就是把品牌打造出来。

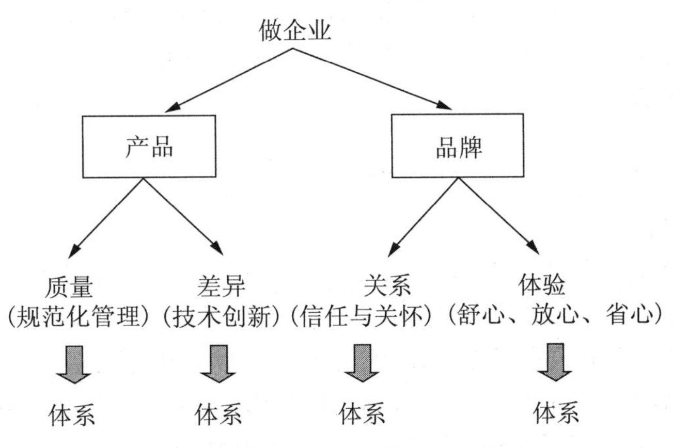

图 1　做企业的两大核心任务

今天我们企业的重心都是在做产品上，做产品要关注两个东西：一是质量，是产品的灵魂，质量需要通过标准化来实现；二是差异，通过技术的创新提高产品的差异化和竞争力，这是围绕产品所做的工作。我们花了很多的时间和精力，但是大家看看上图，我们缺了一条腿，没有了这条腿我们就站不起来。这条腿是什么呢？就是品牌。品牌与产品无关，品牌是什么东西呢？品牌是关系，你要关怀你的顾客，获取客户的信任，这是你做人的本质，不是做产品的能力。你要关爱你的客户，知道他需要什么，知道他的困难在什么地方。通过你的关怀、关爱得到他的信任，这是其一。第二，你同时要关注客户的体验，他的舒心、放心、省心的体验，这些体验和关系打造出了品牌的价值。只有这两条腿都站稳了，才能成为一个成功的企业，或者一个基业常青的企业。产品是会衰退的，会被替换掉，因为它有生命周期；但是品牌是永续的，是企业持续经营的基本前提。

“哈雷”的广告语怎么说的？“这不是摩托车，这是哈雷。”这说明品牌就不是产品，但这不是摩托车是什么啊？哈雷不是一台摩托车，它是一种生活方式，是一个价值信仰，所以品牌不等于产品。今天我们围绕着品质做思考，那是围绕着产品做思考。如果围绕着品牌做思考，那是围绕着顾客做思考。布兰森的“Vrgin”，这个品牌很伟大，从事了很多行业，从航空开始，延伸至电信、娱乐、服装、饮料、金融、零售、互联网等看似不相关的产业。为什么布兰森可以打造出世界上伟大的品牌呢？因为他创造了一种自由、开放、快乐、多元的生活方式。这些行业围绕着一个话题在做生意，所以布兰森自己本身也上天入地。他也是一个自由开放的人，打造出了一个征服消费者身心的品牌!

由此得知，品牌是企业与顾客之间的心理契约。我都不知道你是谁，为什么要买你的产品呢？因为他有一个契约，这是品牌带来的。对于可口可乐，我们相信大家都没见过它的老板，为什么你敢花钱去买它，这是一个契约。心理契约是品牌的价值，是企业与顾客关系的纽带，顾客依赖品牌来辨别、选择产品和服务，乃至依靠品牌来表现自身的品味、价值观和情感取向；而企业则通过品牌来传达产品及服务的质量和生产者的价值取向，以赢得顾客忠诚和随之而来的长远发展。品牌的培育，就是企业为提升品牌价值而开展的旨在提高履行承诺能力、增强竞争优势，并使这一承诺和竞争优势被其顾客获知和信任的全部活动。

品牌就是一种关系

那么，什么叫做品牌？

世界级的品牌大师 Walter Landor 告诉我们，首先，“简单说来，一个品牌就是一个承诺。通过识别和鉴定一个产品或服务，它表达一种对品质和满意度的保证。”所以做品牌就是做承诺。看看同仁堂这个品牌，同仁堂成立于康熙八年，离现在快 300 年了，它在建立之初，在门口挂了一副对联，这对联是“炮制虽繁必不敢省人工，品味虽贵必不敢减物力”。这是什么？这就是承诺。一承诺就是 300 年。如果哪一天违背了这个承诺，哪一天品牌就倒下来了，所以说做品牌就是做一个承诺。负责任的承诺，才能获得顾客的信任。我们讲品牌，从两个角度思考。一个品牌是一种关系，和顾客建立一种关系，没有关系顾客怎么会买你的产品呢，所以品牌是建立关系的一种手段，通过商品跟你的顾客建立的一种关系。

“蒙牛”告诉你，如果你是一个小孩，就喝“未来星”儿童学生奶。如果你是一个老人，就喝中老年奶粉。早上起来，喝一杯早餐奶。我想问各位，关系清不清楚啊？非常清楚，卖给谁他非常清晰，所以两百多个产品，针对两百多个市场需求，做到了

100个亿。但你仔细想想，这些不都是牛奶吗？“蒙牛”的品牌经营者从产品里面跳出来了，致力于跟目标顾客建立了一种关系。

所以讲到了品牌经营，就是五个“关”的工作。这五个“关”代表了整个品牌经营的灵魂。这个灵魂在于你要通过品牌的培育，体现对顾客的关联、关注、关心、关怀、关切。这五个“关”展开讲就是：

关联——您的产品卖给谁？

关注——他们有什么问题需要解决？

关心——问题是如何产生的？

关怀——我们的产品能不能够帮助他们？

关切——一路走来，他们还有哪些问题需要我们解决？

卖给谁说的是品牌的市场定位。买什么说的是品牌的产品定位，进行需求研究，才能找到我们产品卖什么。卖什么与顾客要什么是关联在一起的，你的卖点和买点要完全整合。所以品牌的广告不是一句空话，它是顾客最希望获得的价值。否则的话你随便做一句口号出来，你怎么能打动顾客呢。而且一路走来，顾客在不断改变需求，我们品牌价值也要随时调整，这就需要品牌的维护与更新。

“奔驰”，卖给谁？上流社会的精英阶层。这群人要什么啊？他要的不是一个代步的工具，他要的是身份、地位、财富的象征，所以奔驰给你一个身份感，它的品牌承诺是“精英眼界，奔驰人生”，这就是品牌力，质量一定没问题，但是除了质量，能不能给他质量之外的东西呢？这就讲到了品牌的内涵。

IBM的广告说：“IBM能帮助全球多家银行将开户时间从几天、几个小时缩短为几分钟，现在，银行能够为客户整合分散在不同部门的相关业务、信息，从而使客户体验到更加快捷、方便的服务，开始超越客户的期待。”你说银行的行长看到这样的广告激不激动啊？它很明白行长要什么，行长现在关注的是效率太低，排队太难，顾客投诉太多。这条广告能够打动顾客的需求，因为企业关注顾客的需求。这个广告没有一个字讲到产品，但是却能够真正打动顾客。因为它是价值导向，不是产品导向。今天我们企业表述品质，不是一个产品标准的表述，应该是一个顾客价值的表述，品牌广告和产品广告是截然不同的诉求。

品牌是一种体验

除了关系，品牌还是一种体验。苹果的乔布斯说：“不要去卖便宜的，要让顾客买便宜的。”这句话的意思就是哪怕你花了好多钱你也觉得值。你能想象一个4000多块钱的iPhone卖到几乎成为人手一部的街机？哪有这个可能，这是一个奢侈品啊。其实，人们要的可不是一部手机，要的是一种独特的体验。所以乔布斯的手机并不伟大，伟大的是手机背后有一堆所谓的APP store，一大堆体验式的软件，你装进去后就发现你完全离不开它。所以一个产品在顾客心目中它是无价的，顾客没有价格的概念，他有价值的概念，他觉得值还是不值。有一本书，叫做《无价》，里面有句话很精辟：“与其说我们在选择价格，还不如说我们在给选择价格一个合理的说法”，这个说法就是我们做品牌给顾客的感觉。你花两万块钱买一个LV，它合理，因为你觉得值。

我这里有三句话给大家思考：(1) 当你卖产品的时候，人们关注的是你的成本是多少，是否有性价比。所以跟你讨价还价。(2) 而当你卖身份和品位的时候，人们关注的是你比别人贵吗？越贵越有身份嘛。(3) 而当你卖信任与关怀以及价值观的时候，人们关注的是能跟你合作多久？这么好的一个企业，这么好的一个朋友，这么好的一个知音，为什么要离开你呢。咱们的价值观是一样的。所以“动感地带”跟你说，它卖的不是套餐，它卖的是“我的地盘听我的”，打动了一批学生，成为了他门的精神图腾。其实动感地带不就是一个优惠套餐吗？但是品牌不是套餐，品牌是一个价值，这个价值观征服了这些小孩，所以发现学生都在用“动感地带”。

一个品牌从知名度到美誉度，再到满意度，再到忠诚度，经历过三个阶段：第一，认知，知道你是谁；第二，喜好，喜欢你，为什么，讲得出理由来；第三，迷恋，迷恋的时候就讲不出理由，我就喜欢你，怎么样。到了迷恋这个境界，品牌就达到了至高境界。他根本看不到其他东西，一辈子跟着你跑。品牌经营就是要经历三大阶段，实现四大度，这就是品牌资产，可口可乐单这个牌子就是400亿美金，这就是品牌资产。

基于品牌塑造的品质管理

好了，基于品牌塑造，我们应该怎么做品质的管理？有一个铁三角的模型（见图2）。

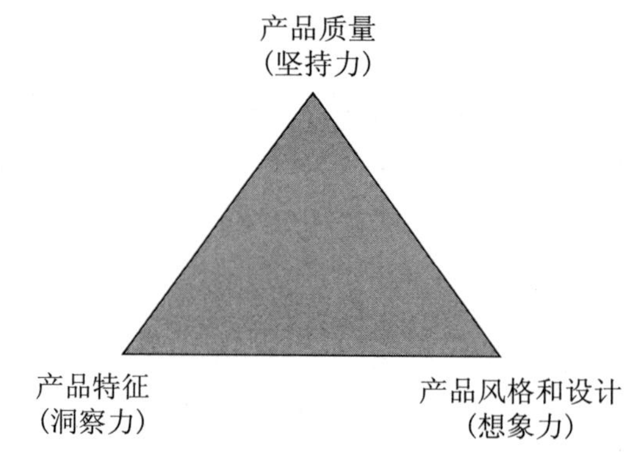

图2　基于品牌塑造的品质管理的“铁三角”模型

咱们讲产品质量，第一是要有坚持力，保持质量水平高之外还要保持质量的一致性。就是不能今天好明天不好，这个好那个不好，顾客买产品就像买六合彩一样，要靠运气，那就不行了。除此之外，第二就是产品特征，这是洞察力，就是要创造功能之外的附加值。附加值和产品没有关系，跟顾客的消费欲求有关系，通过产品它要表达什么。第三，你的产品还要有自己的风格和独特的设计，针对不同的市场你要有不同的理解，要有想象空间。这就是质量的三大体系。今天的企业做质量管理，其关注的仅仅是坚持力，而忽略了洞察力和想象力这两个基本的商业本质。做商业一定要有洞察力，一定要有想象力。

咱们来分析OXO的例子，美国的一个厨房用品的品牌。现在很多女同志都不太愿意进厨房，为什么？进去搞一餐饭没问题，但要想收拾起来就很麻烦。因为我们的厨具生产商只考虑刀切东西、锅煮东西，没有考虑切完煮完之后还有什么遗留下来的问题需要解决的。OXO就告诉你啦，我的产品不是简单的刀和锅的问题，它有三大概念：第一，产品质量（坚持力）：材料好，结实，锋利耐磨，使用寿命长；第二，产品特征（洞察力）：满足每一个角落的期望利益，使日常生活更容易，这是品牌的影响；第三，产品风格与设计（想象力）：生活，是一种艺术级的享受，每一款产品都带给您超乎想象的惊喜。我们来看一些例子，比如切披萨用的刀，切披萨要用力啊，它找到一个最好的用力的角度，切得非常省力，而且用力的地方它有一个弹性把柄，工作起来非常轻松，这就是我们讲到的产品理念。质量之外，还有一个舒适度的体验，而舒适度是品牌力。另外，看看它的便携水壶。我们今天喝水按的口就是喝水的口，一按下去你还敢喝吗？它将这分开，而且一定不漏水，非常封闭。还有床头灯，它的整个灯体都是塑胶的，非常柔软，你想想，晚上从睡梦中醒来，迷迷糊糊，你一摸一个冰冷冷的铁，你还不吓一跳？而且找开关也很麻烦，你还没醒来，开关去哪里找啊。而OXO的床头灯全身都是感应器，一摸就亮了，一摸就关了。它就这么做了，非常具有人性化的体验。还有一个切蛋的机器，今天小孩要吃一个鸡蛋，蛋黄是不吃的，口感不好，你看这样一切，蛋黄蛋白一起吃，营养就有保证了……所以我们说产品设计应该较少地思考产品特征和技术独特性，更多地考虑顾客会如何使用以及如何从产品中获益。这种考虑一出来，我们就有了品牌的思考，不再单纯的是产品质量的思考了。

品牌需要做足感知质量

品质有两层含义，一个是客观品质，一个是主观品质。客观品质叫做性能质量体系，主观品质叫做感知质量体系。大多数企业非常注重产品的性能质量，我们有很多体系，国家有国家的标准，行业有行业的标准，企业有企业的标准，但是感知质量我们确实没有很好的思考。

性能质量体系是关乎技术的东西。你看“九牧王”男装的广告，它告诉消费者“800万条人体曲线数据，23000针缝制，30次熨烫，5600人的共同努力，108道工序，100%的检验，才造就一条九牧王西裤。”你说这条西裤你买得值不值？它把它在性能质量方面做的事情告诉我们，这是品牌宣传的一部分，叫做品质宣传。有什么东西打动了顾客，打动了市场，这就是我们要告诉顾客的东西。

评价产品质量的指标是“性价比”。性价比就是性能与价格的比值。所谓性能，是指产品最终要达到什么目标的综合评价，是功能和质量综合作用的集中体现。功能，是指产品满足顾客某种或某些需要的物质属性，指产品的用途，用途越广表示功能越多。质量，是指产品能实现其功能的程度和在使用期内功能的保持性，用效率、效能和效果来测量和评定，效率越高、效能越强、效果越显著则表示质量越好。产品的质量属性包括质量水平（高和低）和质量的一致性（又称为稳定性），说白了就是“没有缺陷”，且无论是哪个还是任何时候都没有缺陷。

性价比有三个东西要思考，就是适用性、可靠性和实现性。适用性是指产品在使用时能成功地满足顾客需要的程度；可靠性是指在一定时间内、在一定条件下无故障地执行指定功能的能力或可能性；实现性是指产品在一定条件下实现预定目的或者规定用途的能力。有一些企业一讲产品就讲功能很强大，其实功能强大并不一定意味着质量就好，也不意味着性价比就高；质量好也并不一定就适合顾客使用。举个例子，你去买MP3。A牌的功能有20个，B牌的功能只有15个，价格所差无几。你会觉得哪个性价比高？这是很难判断的，要看顾客最关注哪项功能，而你是不是在这项功能上真正让顾客觉得买到了真正的价值。因此要想获得顾客的信任，必须深刻了解顾客的需求，二者兼备进行传播。

接下来我们来讲感知质量体系，我认为这是中国的企业普遍欠缺的。我们受工信部的委托去企业进行品牌培育的辅导，就发现哪怕是产值过亿的企业，我们只看到了一堆一堆的质量标准和文件，但是没有看到规定感知质量体系的文本。什么叫感知质量体系？我们讲一个例子。产品的定位有三大层次，功能、概念和价值关系。一瓶水，它卖什么？它要营销什么？水的功能是什么？解渴。做到了解渴，是产品的基本属性，不能成为卖点。你看哪一个水的品牌是卖解渴的？所以功能，一般不能成为产品的卖点，因为所有的水都具备同样的功能。你将这个产品的功能宣传出去，不是为你自己做广告，而是为这个行业做广告。除非你的功能做到超越同行，做到极致化，否则的话不要讲功能。功能不能成为品牌的卖点，更不能成为核心。你的品牌要有独特性，功能不是你的独特性。那么靠什么来打造品牌呢？农夫山泉有什么？有点甜。甜是一种感觉。它是一种概念，这就是品牌的价值。乐百氏27层过滤——安全，那是一个感觉。27层过滤，你看这个水是不是很安全啊。它们的成功在于放弃了功能性诉求。至于“依云”水，卖到几十块钱一瓶。我想问各位，你为了解渴，会花80块钱买一瓶“依云”吗？不愿意，但是你为什么要买它？比如哪一天我邀请你参加一个游艇会，极尽奢侈豪华，参加的人都是老板、企业精英，身上都是LV、爱马仕、香奈尔，你拿一瓶“农夫山泉”进去，你觉得好意思吗？你要拿个什么水，“依云”水。其实它不是水了，它是身份的象征，这就是价值关系。

所以我们今天做品牌，光靠功能是做不起来的，除非功能做到极致，所以质量不等于品牌。必须把概念、需求和价值关系弄清楚。有一句话给大家，这句话讲的就是品牌经营的核心关键：“将顾客价值体验的最高环节做到极致”。一做到极致，他马上产生品牌认知。什么叫做品牌认知？格力我们知道吧，有一次格力空调的老总董明珠女士在两会期间，受到了胡总书记的接见。总书记给了她一个意想不到的“批评”：“上次我到非洲访问，当地人说格力空调做得都很好，就是有一条不好，他们说下班的时候老忘了关空调!”董总吓一跳。你猜总书记怎么说？总书记幽默地说：“他说的意思，是您们格力空调的噪音太小了，根本没想到是开着的!”你说总书记是批评她还是表扬她啊。在场的广东省委书记汪洋笑着祝贺董明珠说：“总书记给你做了一个大广告”。客户体验的极致化追求使得中国自主民族品牌“格力”产销量位居世界第一。所以我们认为只有做到了极致化才能成就一个品牌!

再举个例子，导轨要怎么样做才能做到极致啊？导轨质量好不好不是你说了算，是顾客说了算。顾客认为导轨好不好用什么来评价？技术标准？不是，他不一定搞得清楚，但是他有自己的感知标准。这个抽屉拿出来，非常轻柔顺滑，而且听不到声音，这就是好导轨。“百博”导轨，德国的品牌，它为了消声，竟然申请了140多项专利。那我问各位，声音是不是我们品质管理的一部分啊？今天一个好导轨，顾客只有一个标

准——声音是不是没有？是不是非常轻柔？你看它的广告做到什么程度啊，一个抽屉抽出来，停在上面的那个蝴蝶都不飞。你说什么样的声音，毫不客气，世界第一品牌就是这么打造出来的。

所以说品质管理，除了技术以外，还要有感知的标准。大家有没有开过大众汽车？门关上去那个声音是不是非常的沉重啊。声音沉重你会觉得钢板厚，其实钢板并没有厚，是一样的。它这个声音是获得了世界专利的。这个声音和产品质量有关系吗？没有关系。它和顾客的感觉有关系。你发现这些个企业，都有感知质量体系，我们没有。韩国“现代”，一款 20 万元的中级车，车体空间和内饰居然达到了奔驰的水平，你说是不是好质量，是不是性价比很高，是不是物超所值。买不起奔驰，我开奔驰总可以吧，满足了顾客的感受。这就是我们讲的品质管理。品质管理怎么跟品牌挂钩？多去研究顾客的心态。有句话送给大家：质量是顾客的感受和评价，不是企业的标准。企业的标准只是其中的一部分而已。

品牌培育，中国企业的涅槃之路

中国经济形态的演变（见图 3），从单一的产品经济，讲究性价比，讲究质量，今天已经到了商品经济了，讲究差异化、个性化，再到服务经济，讲究关怀和体贴，再往前走一步是讲究体验。随着品牌的价值在不断提升，企业的经营理念也应该不断地提升才对。不能停留在产品经济阶段，那是 30 年前的事情。我们为什么要打造品牌，因为我们的企业进步太慢，你要跳到体验经济时代去思考。

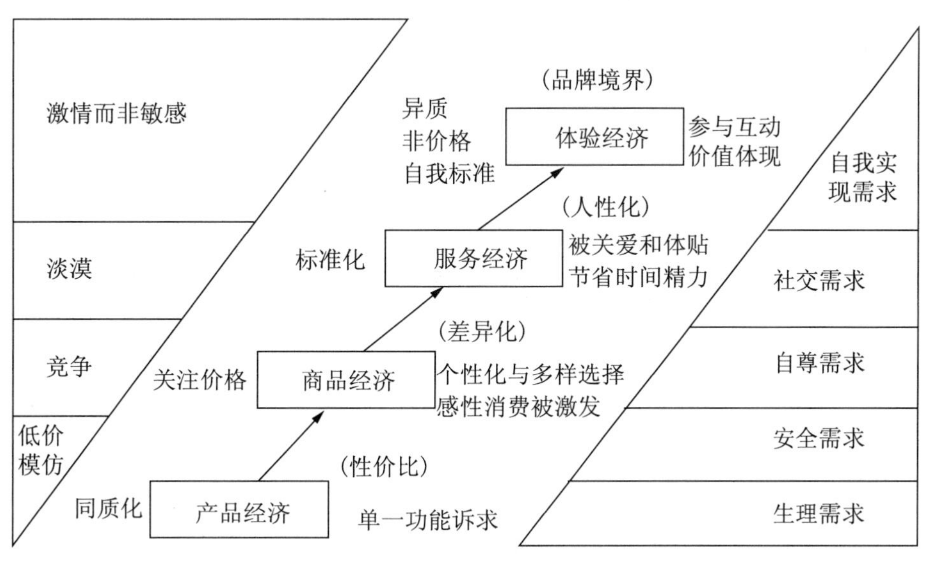

图 3　中国经济形态的演变

世界知名的创新管理专家加里·哈梅尔在其著作《创新战略》里面告诫我们：“我们不得不承认，全世界的企业在增值方面达到一个极限，压缩成本使一个新产品赶快上市，加快跟顾客需求的反应速度，使产品质量提高一些，抢占多点份额，这些都困扰着今天的管理者。但是在竞争者不断重构行业规则的时候，追求渐进的改善不利于面对罗马大国，无动于衷。”今天国际竞争者在以品牌打市场，我们还在以质量打市场，这就是我们之所以落后的根本原因，对手已经改变了行业的竞争规则，我们必须迎头赶上！改革开放30年，我们已经完成了生产、技术的积累，今天到了该思考如何实现从产品到品牌的跨越，创造世界级的企业，奠定百年基业的时候。所以希望中国的企业家能够快速行动起来，依靠品牌培育和品牌经营凤凰涅槃，再创辉煌！

参考文献

[1] Aaker J. Dimensions of brand personality [J] . Journal of Marketing Research, 1997, (Aug): 347 - 356.

[2] Burgelman R. A. Towardan Innovative Capability and Its Framework [J] . Strategie Management of Technology Innovation, 1988 (1): 31 - 34.

[3] D. L. Barton. Core Capability & Core Rifidities: A Paradoxin Managing New Product Develo pment [J] . Strategie Management. 1992 (1): 26 - 28.

[4] Dickerson C. Product Data Management: An Overview. Computer and Automated Systems Association of the Society of Manufacturing Engineers, 1995.

[5] David. A. Aaker and Kevin Lane Keller, Consumer Evaluation of Brand Extension, Journal of Marketing. 1990 (1): 27 - 42.

[6] National Academy of Sciences. Information Technology for Manufacturing. 1995.

[7] Tauber, Edward M, Brand Franchise Extension: New Product Benefit from Existing Brand Names. Business Horizons. 1981, 24 (2): 26 - 30.

[8] 阿尔·里斯，杰·特劳特．定位：头脑争夺战 [M]．北京：中国财政经济出版社，2002.

[9] 博丽塔·博雅·德·墨柔塔．设计管理：运用设计建立品牌价值与企业创新 [M]．范乐明，汪颖，金城，译．北京：北京理工大学出版社，2011.

[10] 陈劲．永续发展：企业技术创新透析 [M]．北京：科学出版社，2001.

[11] 陈春花．品牌战略管理 [M]．广州：华南理工大学出版社，2008.

[12] 陈明．广告审美取向的界定与分析 [J]．商业时代，2006 (13).

[13] 陈放．品牌学 [M]．北京：时事出版社，2002.

[14] 陈之昶．品牌定位的实施流程 [J]．商场现代化，2007 (8)：39 - 41.

[15] 陈锡富．工业品牌的特点和战略 [J]．现代管理科学，2007 (10).

[16] 陈洁．品牌资产价值研究 [D]．天津：天津财经大学，2010.

[17] 陈湘青．南海中小企业品牌创建研究 [D]．广州：广东工业大学，2003.

[18] 程宇宁．品牌策划与管理 [M]．北京：中国人民大学出版社，2011.

[19] 戴维·艾克．管理品牌资产 [M]．北京：机械工业出版社，2012.

[20] 戴维·艾克．品牌领导 [M]．北京：新华出版社，2001.

[21] 定民．营销史上最囧的败笔 [M]．武汉：华中科技大学出版社，2012.

[22] 范秀成．品牌权益及测评体系分析 [J]．南开管理评论，2000 (1)：9 - 15.

[23] 方冰．浅谈旅游品牌色彩识别设计 [J]．旅游论坛，2011 (6)．

[24] 冯虹茜．整合营销传播的典范——王老吉 [J]．时代经贸，2009 (4)．

[25] 菲利普·科特勒．营销管理［M］．梅汝和，等，译．北京：中国人民大学出版社，2001.

[26] 菲利普·科特勒．市场营销管理［M］．梅清豪，等，译．北京：中国人民大学出版社，2000.

[27] 菲特普·科特勒．营销管理：分析、计划、执行和控制［M］．上海：上海人民出版社，2001.

[28] 傅其三．生活美学［M］．北京：知识出版社，1993.

[29] 符国群．品牌延伸策略研究［J］．武汉大学学报：哲学社会科学版，1995(1)：49－53.

[30] 耿佩民．服务企业品牌的培育研究［D］.2008.

[31] 管明锐．品牌传播中的色彩价值研究［D］．济南：山东大学，2011.

[32] 龚振，消费者行为学［M］．广州：广东高等教育出版社，2004.

[33] 广东创势品牌培育技术咨询服务有限公司．管理体系内审和管理评审操［M］.广州：广东人民出版社，2005.

[34] 郭莉媛．外资并购下我国民族品牌的保护研究——基于政府规制角度的分析［D］．南京财经大学，2010.

[35] 高晓勤．品牌定位及品牌差异化［J］．管理科学文摘，2003 (7).

[36] 韩进军，罗立．消费品牌传播［M］．北京：北京大学出版社，2007.

[37] 何艳平．论企业品牌危机管理［J］．现代商贸工业，2011.

[38] 胡鑫鑫．品牌延伸决策及跟踪评估模型研究［D］．苏州：苏州大学，2010.

[39] 加腾邦宏.CI推进手册［M］．台北：艺风堂出版社，1992.

[40] 凯文·莱恩·凯勒．战略品牌管理（第2版）［M］．北京：中国人民大学出版社，2006.

[41] 蓝海林．企业战略管理［M］．北京：科学出版社.2011.

[42] 李雪．基于SPACE分析法的中小企业发展战略选择［J］．现代经济信息，2011.

[43] 李明吉，安文哲，译．I.R.I色彩研究所：色彩设计师营销密码［M］．北京：人民邮电出版社，2005.

[44] 李明合．品牌传播创新与经典案例评析［M］．北京：北京大学出版社，2011.

[45] 李业．品牌管理［M］．广州：广东高等教育出版社，2011.

[46] 李星．关于中国品牌文化的提升与探索研究［D］.2008.

[47] 卢泰宏，黄胜兵，罗纪宁．论品牌资产的定义［J］．中山大学学报（社会科学版），2000 (4)：17－22.

[48] 卢泰宏．品牌资产评估的模型与方法［J］．中山大学学报（礼会科学版），2002 (3)：88－96.

[49] 刘海燕．给予消费者行为的品牌文化研究［D］.2008.

[50] 刘永炬，陈相君．媒体组合［M］．北京：企业管理出版社，1999.

[51] 刘江．消费心理［M］．北京：中国经济出版社，2011.

[52] 迈克尔·波特．竞争战略［M］．陈小悦，译．北京：华夏出版社，2005.

[53] 马义爽．消费心理学［M］．北京：北京经济学院出版社，1996.

[54] 南云治嘉．日本高校色彩设计训练教程［M］．上海：上海人民美术出版社，2006.

[55] 刘卫东．品牌危机管理之策略分析［J］．中国市场，2010.

[56] 皮伟兵，卢德之．论市场经济条件下企业危机管理的重要作用［J］．时代经贸，2007（55).

[57] 仁科贞文．广告心理［M］．北京：外语教学与研究出版社，2008.

[58] 苏晓东，郭肖华，洪瑞升．720°品牌管理［M］．北京：中信出版社，2002.

[59] 申魁魁．品牌延伸的影响因素体系研究［D］．天津大学，2011.

[60] 石磊．论企业形象识别与品牌构筑中的标准色设计［D］．内蒙古大学，2008.

[61] 舒永平，吴希艳．品牌传播策略［M］．北京：北京大学出版社，2007.

[62] 孙福良，舒伟．听觉识别在CI中应用的研究［J］．艺术与设计（理论)，2009（10).

[63] 孙日瑶，曹越，刘华军．BCSOK：品牌建设体系［M］．北京：经济科学出版社，2009.

[64] 谭涛．品牌保护，任重道远［J］．创意传播，2010.

[65] 王永龙．21世纪品牌运营方略［M］．北京：人民邮电出版社，2003.

[66] 王宝桥．甘当绿叶的企业象征图形研究［J］．艺术与设计（理论)，2011（8).

[67] 王玲恩．企业品牌危机预警机制的研究［D］．河北经贸大学，2009.

[68] 王皓天．品牌再定位的正确选项［J］．企业改革与管理，2005.

[69] 韦福祥．品牌延伸的基本理论及其应用［J］．天津商学院学报，2000，(1)：42-60.

[70] 吴俊杨．互联网环境中品牌延伸的影响因素［D］．浙江大学，2011.

[71] 吴赣英．品牌延伸策略的再分析［J］．企业经济，2003（1)：103-106.

[72] 翁向东．中国品牌低成本营销策略［M］．重庆：重庆出版社，2003.

[73] 许晨．企业形象［M］．广州：中山大学出版社，1991.

[74] 许启贤．新时代的伦理沉思——伦理现代化探微［M］．北京：中国矿业大学出版社，1989.

[75] 杨纬隆，李介新．市场信誉机制不健全环境下的企业信誉管理［J］．商业研究，2007（9)．

[76] 余鑫炎，等．品牌战略与决策［M］．大连：东北财经大学出版社，2012.

[77] 于春玲，赵平．品牌资产及其测量中的概念解析［J］．南开管理评论，2003，(1)：10-13.

[78] 张树庭，吕艳丹．有效的品牌传播［M］．北京：中国传媒大学出版社，2008.

［79］张贤平，陈丽娟．服务品牌传播［M］．北京：北京大学出版社，2007.

［80］张燕．论平面设计中的象征图形［D］．内蒙古师范大学，2005.

［81］张霞．品牌维护的“内伤”［J］．经营与管理，2011.

［82］张有绪．品牌资产模型与测度方法研究［D］．沈阳：东北财经大学，2009.

［83］赵亿，王勇．品牌定位过程中的影响因素分析——基于三星电子品牌定位策略的个案研究［D］．湖北师范学院学报（哲学社会科学版），2005.

［84］周霞．从品牌和情感角度探讨现代吉祥物设计［D］．长沙：湖南师范大学，2008.

［85］周晓芬．网络品牌的视觉识别设计研究［D］．济南：山东大学，2011.

［86］周朝琦．品牌文化［M］．北京：经济管理出版社，2002.

［87］周和毅．产品广告的时间策略［J］．中华商标，2001（12）.

［88］朱德武．陈培根．品牌延伸需要彻底的观念更新［J］．管理世界，2004（5）：147－148.

［89］朱立．品牌文化战略研究［M］．北京：经济科学出版社，2006.